宇高 良哲 編

近世浄土宗史料集

青史出版

総目次

解　題

一　増上寺中興観智国師源誉存応関連史料集

増上寺中興観智国師源誉存応関連史料集は、『三康文化研究所年報』第四十四号（平成二十五年三月刊）に史料紹介したものに、その後確認された新出史料を追加したものである。観智国師源誉存応は近世初期に浄土宗教団の発展に功績のあった浄土宗僧侶である。存応は芝増上寺の十二世として、初代将軍徳川家康の帰依をうけて増上寺を中興して、関東の本山、檀林の筆頭、総僧録所、将軍家菩提寺としての地位を確立した。この史料集は存応に関する信頼できる古文書と古記録を編年体に整理して収録したものである。今後の研究者の便宜を計ろうとしたものである。

二　知恩院山役者浩翁院・良正院宗把関連史料集

知恩院山役者浩翁院・良正院宗把関連史料集は、『三康文化研究所年報』第四十三号（平成二十四年三月刊）に史料紹介したものに、その後確認された新出史料を追加したものである。知恩院山役者宗把については、これまでその業績が公表されていないが、近世初期に知恩院二十九世満誉尊照から三十二世雄誉霊巌までの四代住職をおよそ五十年間補佐して、知恩院を浄土宗の本山としての地位を確立させた陰の実力者である。山役者は知恩院の塔頭寺院の住職の中から選出されて、知恩院の運営にあたった実務者である。当時の知恩院には京都門中から選出された六名が役者として住職を補佐していたが、いずれも短期間で交替したために、一格下の山役者ながら五十年間四代の住職に仕えた宗把がもっとも知恩院の実情をよく把握していたので、自然に宗把のもとに権力が集中したのであろう。そのために宗把に関する史料が数多く残存するのである。従来宗把に関する本格的な研究がなされていないので、信頼できる古文書・古記録を編年体に整理して、今後の研究者の便宜を計ろうとしたものである。

三　増上寺所蔵『幹事便覧』

『幹事便覧』は、『三康文化研究所年報』第三十八号(平成十九年三月刊)と同第三十九号(平成二十年三月刊)に分載して史料紹介したものである。

江戸時代の増上寺は幕府の寺社奉行の下で、全国浄土宗寺院の行政事務を統轄する総僧録所であった。現在の宗務庁的な役割を果たしていた。その総僧録所の事務を執行したのは、増上寺の住職ではなく、役者であった。役者は山内の所化の上座から選出された所化役者二名と、山内の塔頭寺院の住職から選出された寺家役者二名で構成された。一宗の行政事務は主として所化役者が担当し、寺家役者は山内や御霊屋領などの管理にあたった。この役者のことを江戸時代後期になると幹事ともいった。この『幹事便覧』は増上寺の総僧録所で一宗の事務を担当した幹事が常時手許に置いていた行政事務の忘備録である。現在第三巻が欠本である。そのため役者・寺社奉行のリスト、有力寺院の由緒格式、一宗の規約・先例等の一宗支配の重要事項が所収されている。江戸時代後期の編纂書であるが、江戸時代の浄土宗教団の実体を知るのに恰好の史料である。

四　大正大学図書館所蔵『大樹寺御由緒旧記之写』

『大樹寺御由緒旧記之写』は、『三康文化研究所年報』第四十号（平成二十一年三月刊）に史料紹介したものである。大樹寺は愛知県岡崎市鴨田にある浄土宗寺院である。江戸幕府の将軍徳川家の前身である松平氏歴代の菩提寺として有名である。この大正大学図書館所蔵『大樹寺御由緒旧記之写』は、文政五年（一八二二）に大樹寺の役者が書上げて、増上寺に提出した由緒書の写である。この中に初期の松平氏歴代や大樹寺歴代住職の履歴が丁寧に書上げられている。詳細は検討を要するが、大変参考になる史料である。また当時大樹寺に残存していた重要な古文書類の写も所収されており、大樹寺研究の基本的な史料である。

五　増上寺所蔵『旧記並書簡写』

この増上寺所蔵の『旧記並書簡写』は、『三康文化研究所年報』第四十二号（平成二十三年三月刊）に史料紹介したものである。これは寛延二年（一七四九）の写本であるが、天正三年（一五七五）からの古文書を所収している。この写本の成立の経緯は、寛延元年頃筑後善導寺が本末帳を作成して本山京都知恩院に提出した。しかし知恩院側は善導寺の肩書に知恩院末寺と書き入れなかったために受取りを拒否している。善導寺側は単独本山を主張したが、知恩院には聞き入れてもらえなかった。そこで善導寺は触頭であった江戸の増上寺に願い出て、善導寺の関連史料を調査している。その時に増上寺の所化役者であった審誉察然が、善導寺の使僧真如寺円宥に必要な史料を書写して与えたのがこの綴本である。増上寺所蔵のこの綴本はこの時の副本であろう。この綴本は写しであるが、現存史料の少ない善導寺にとっては貴重なものである。

六　増上寺所蔵『宗名一件記』

『宗名一件記』は、『三康文化研究所年報』第四十一号（平成二十二年三月刊）に史料紹介したものである。江戸時代中期以降、度々浄土宗と本願寺との間で、宗派の名称をどちらが「浄土真宗」と呼称するかで、論争が起こって明治期まで継続している。この増上寺所蔵『宗名一件記』は、この論争が起こった当初の安永三年（一七七四）から同五年にかけて、浄土宗側の論争の実務担当者であった増上寺の所化役者である性誉順東が、浄土宗側の記録を整理して収録したものである。編纂書であるが、浄土宗側の関係者の文書類が数多く所収されており、浄土宗にとって初期の宗名論争の様子を研究するのに大変貴重な史料である。

七　建中寺所蔵『尾張国浄土宗寺院由緒書』

私は昭和五十五年（一九八〇）に増上寺所蔵の江戸時代の元禄八・九年（一六九五・九六）に全国の浄土宗寺院から総僧録所増上寺に提出された寺院由緒書五十六冊を『浄土宗寺院由緒書』（『増上寺史料集』第五・六・七巻）として公刊した。その際に増上寺には「尾張・三河・遠江」「紀伊　坤」「備中・備前・備後・美作」の三冊が欠本であったために、抄写本である『蓮門精舎旧詞』によって補塡した。

平成元年（一九八九）十月、私は名古屋建中寺の史料調査をさせていただいた。その際に尾張国の元禄寺院由緒書三冊を確認することができた。これは建中寺が尾張国の僧録であったので、領国内寺院の管理のために、増上寺に提出した寺院由緒書の控を保存していたのである。これらを見ると、尾張では、まず元禄八年に有力寺院の調査があり、翌年再度、末寺・寺家・塔頭クラスまでの調査が追加されている。また美濃や三河寺院の一部が所収されているのは、建中寺の僧録としての受持区域に含まれているためである。このように建中寺所蔵の尾張の寺院由緒書は貴重な史料であると思われるので、研究者や関係寺院の便宜を計るために平成二年に公刊した。しかしあまり世間に知られていないので、今回再度この史料集に収録した。

増上寺中興観智国師源誉存応関連史料集

増上寺中興観智国師源誉存応関連史料集

目次

1 雲誉円也授源誉存応宗脈 天正8・10・25……12
2 正親町天皇綸旨 天正11・10・18……15
3 正親町天皇女房奉書（天正11・10・18）……15
4 源誉存応授然誉呑龍宗脈 天正13・10・3……15
5 源誉存応授然誉呑龍円頓戒許可文 天正13・10・3……19
6 源誉存応授然誉呑龍円頓菩薩戒血脈 天正13・10・3……19
7 源誉存応授然誉呑龍璽書 天正13・12・7……20
8 源誉存応授真誉良徹円頓戒許可文 天正14・9・8……25
9 源誉存応授真誉良徹璽書 天正14・9・9……26
10 豊臣秀吉禁制 天正18・4……29
11 徳川家康書状（天正19カ）・9・7……30
12 徳川家康奉書 天正20・10・晦……30
13 源誉存応授相誉了的宗脈 文禄3・2・18……30

14 源誉存応授相誉了的円頓戒許可文　文禄3・2・18……34
15 源誉存応授相誉了的円頓菩薩戒血脈　文禄3・2・18……35
16 源誉存応授相誉了的璽書　文禄3・2・18……36
17 芝最勝院所蔵『頌義』奥書　文禄4・極……36
18 増上寺所蔵『釈氏源流』奥書　慶長元・12・15……36
19 源誉存応書状（慶長2）・2・22……37
20 源誉存応書状（慶長2）・9・11……37
21 関東浄土宗法度　慶長2・9・25……38
22 徳川家康下知状（慶長2）・9・25……38
23 源誉存応証状　慶長2・9・27……38
24 源誉存応高札（慶長2）・今・今……39
25 知恩院満誉尊照書状（慶長4）・2・25……39
26 後陽成天皇綸旨　慶長4・9・6……39
27 後陽成天皇女房奉書（慶長4・9・6）……40
28 知恩院満誉尊照綸旨添状（慶長4）・9・6……40
29 徳川家康書状（慶長4）・9・6……40
30 源誉存応書状写　慶長6・5・6……41
31 源誉存応書状（年未詳）・霜・18……41

32 源誉存応下読法度写　慶長12・5・朔……41
33 『梵舜日記』慶長13・8・26……42
34 『当代記』慶長13・9……42
35 『当代記』慶長13・9……42
36 『慶長見聞録案紙』慶長13・9・3……43
37 源誉存応書状（慶長13）・拾・2……43
38 後陽成天皇綸旨　慶長13・11・12……44
39 後陽成天皇綸旨　慶長13・11・12……44
40 後陽成天皇女房奉書（慶長13・11・12）……45
41 源誉存応書状（慶長13）・霜・25……45
42 『当代記』慶長14・2・20……45
43 源誉存応書状（慶長14）・2・18……46
44 源誉存応書状（慶長14）・3・2……46
45 源誉存応書状（慶長14）・3・7……47
46 源誉存応書状（年未詳）・9・3……47
47 源誉存応命名書（年未詳）・12・2……48
48 幕府年寄衆連署書状写（慶長14カ）・極・12……48
49 源誉存応書状（年未詳）・極・14……48

50 武家伝奏衆連署書状写（慶長15）・5・2 …… 49
51 徳川家康書状写（慶長15）・5・19 …… 49
52 普光観智国師源誉存応書状（慶長15カ）・7・12 …… 49
53 国師号案文（慶長15） …… 50
54 後陽成天皇宸筆徽号勅書　慶長15・7・19 …… 50
55 『御湯殿上日記』　慶長15・8・24 …… 50
56 国師号御礼物請取状　慶長15・8・24 …… 51
57 源誉存応国師成御礼参内御進物之請取覚　慶長15・8・24 …… 51
58 源誉存応国師成御礼目録（慶長15・8・24） …… 52
59 『光豊公記』　慶長15・8・24 …… 52
60 『時慶卿記』　慶長15・8・24 …… 53
61 『孝亮宿祢日次記』　慶長15・8・24 …… 53
62 『義演准后日記』　慶長15・8・24 …… 53
63 勧修寺光豊書状案（慶長15）・8・25 …… 54
64 普光観智国師源誉存応夢想　慶長15・8・25 …… 54
65 『梵舜日記』　慶長15・8・27 …… 55
66 勧修寺光豊書状案（慶長15）・8・晦 …… 55
67 『当代記』　慶長15・9・10 …… 55

68 知恩院満誉尊照書状（慶長15）・10・14……55
69 知恩院満誉尊照書状（慶長15）・10・14……56
70 幕府年寄衆連署寺領目録 慶長15・極・15……56
71 『義演准后日記』 慶長16・3・7……57
72 観智国師源誉存応書状（慶長16）・3・28……57
73 内藤若狭守忠清書状（慶長16）・卯・2……57
74 観智国師源誉存応書状（慶長16）・卯・3……58
75 正誉廓山書状（慶長16）・10・5……58
76 『駿府記』 慶長16・10・20……58
77 『当代記』 慶長16・10・月末……59
78 観智国師源誉存応書状（慶長16）・孟冬・2……59
79 『駿府記』 慶長16・11・7……59
80 知恩院役者浄福寺城誉法雲書状（慶長16カ）・霜・25……60
81 存虎書状（慶長17）・正・1……60
82 徳川家康判物写 慶長17・5・3……61
83 徳川秀忠判物写 慶長17・6・6……61
84 徳川秀忠黒印寺領目録写 慶長17・6・6……61
85 観智国師源誉存応書状案（慶長17）・10・3……62

86 普光観智国師源誉存応安居式目　慶長17・11・朔……62
87 観智国師源誉存応書状（慶長17）・11・9……63
88 観智国師源誉存応書状（慶長17カ）・霜・11……63
89 観智国師源誉存応書状（慶長18）・5・17……63
90 『駿府記』　慶長18・8・15……64
91 『本光国師日記』　慶長18・9・2……64
92 正誉廓山書状（慶長18）・9・25……64
93 『駿府記』　慶長18・10・朔……65
94 『駿府記』　慶長18・12・朔……65
95 普光観智国師源誉存応書状（慶長19）・霜・15……65
96 観智国師源誉存応書状（年未詳）・卯・18……66
97 普光観智国師源誉存応書状（元和元カ）・6・10……66
98 観智国師源誉存応書状（元和元）・6・14……66
99 観智国師源誉存応書状（元和元カ）・林鐘・晦……67
100 『駿府記』　元和元・閏6・8……67
101 『駿府記』　元和元・閏6・28……67
102 観智国師源誉存応書状（年未詳）・正・29……68
103 普光観智国師源誉存応置文（年未詳）・卯・18……68

122 普光観智国師源誉存応書状 元和3・10・10……79
123 普光観智国師源誉存応書状 元和3・10・22……79
124 観智国師源誉存応書状（元和3カ）・10・27……80
125 観智国師源誉存応書状（元和3）・12・15……80
126 普光観智国師源誉存応書状 元和4・3・13……80
127 観智国師源誉存応書状（元和4）・後3・3……81
128 普光観智国師源誉存応書状（年未詳）・極・4……81
129 酒井雅楽頭忠世書状（年未詳）・5・20……81
130 普光観智国師源誉存応下読法度 元和5・初夏・24……82
131 観智国師源誉存応書状（元和5）・霜・2……82
132 普光観智国師源誉存応筆感誉存貞談義所壁書 元和5・極・25……83
133 観智国師源誉存応書状（年未詳）・卯・13……84
134 普光観智国師源誉存応置文 元和6・卯・18……85
135 観智国師源誉存応書状写（元和6カ）・4・25……85
136 普光観智国師源誉存応浄土宗諸法度写并添書 元和6・9・朔……86
137 観智国師源誉存応書状（元和6）・10・4……86
138 源誉存応授伝誉璽書 元和6・10・18……87
139 観智国師源誉存応書状（年未詳）・8・6……87

1　雲誉円也授源誉存応宗脈

増上寺文書

（端裏書）
「初重　存応」

往生記血脈
光明大師（善導）
源空（法然）
聖光（弁阿）
良忠（然阿）
良暁（寂恵）
蓮勝（永慶）
了実（成阿）
了誉（聖冏）
酉誉（聖聡）
聡誉（酉仰）
音誉（聖観）
隆誉（光冏）
天誉（了聞）
僧誉（智雲）
杲誉（天啓）
道誉（貞把）
運誉（円也）
源誉（存応）

右任代々相伝之旨、慥以授弟子源誉之処也、早十七代相承之趣可被信行之状如件、

天正八年拾月廿五日　雲誉（円也）（花押）

（端裏書）
「二重　存応」

授手印血脈
源空
聖光
良忠
良暁
了実
了誉

西誉
聡誉
音誉
隆誉
天誉
僧誉
杲誉
道誉
運誉
源誉

右以代々相伝無異途之趣、手印、為誠証、授与弟子源誉畢、早任十六代相伝之信心決定、可励称名行之状々如件、

天正八年拾月廿五日　雲誉（花押）

（端裏書）「三重　存応」

領解血脈

弁阿
良忠
良暁
永慶
了実
了誉
西誉
聡誉
音誉
隆誉
天誉
僧誉
杲誉
道誉
運誉
源誉

右正守此旨、信心称名可致、是出絶生死之一大事因縁者也、

天正八年拾月廿五日　雲誉（花押）

（端裏書）
「四重　　存応」

決答血脈

然阿
寂恵
永慶
了実
了誉
西誉
聡誉
音誉
隆誉
天誉
杲誉
道誉
運誉
源誉

右代々相伝令授与弟子源誉、守此旨、信心称名可致、是
生死一大事因縁也、

天正八年拾月廿五日　　雲誉（花押）

（端裏書）
「五重　　存応」

第五重口授必伝血脈（凝思十念 三国伝来）玄忠大師伝

釈迦如来大和尚
天親菩薩大和尚
菩提流支三蔵
曇鸞大師
道綽禅師
善導大師
法然上人
聖光上人
然阿上人
寂恵上人
蓮勝上人
了実上人
了誉上人
西誉上人

聡誉上人
音誉上人
隆誉上人
僧誉上人
天誉上人
杲誉上人
道誉上人
運誉上人
源誉法師

右以浄土第五重凝思十念之口授、今令授与弟子源誉畢、
堅守此旨而願行円満、可遂一大事之証如件、
天正八年拾月廿五日　雲誉（花押）

2　正親町天皇綸旨　増上寺文書

著香衣令参　内、宜奉祈　宝祚延長者、依　天気執達如件、
天正十一年十月十八日　左中弁（万里小路充房）（花押）

長伝寺（武蔵国与野）住持源誉（存応）上人御房

3　正親町天皇女房奉書　増上寺文書

文のやうひろう（披露）して候へハ、たうゐん（当院）まつ（末）寺むさしのくに（武蔵国）
ちやうてん（長伝）寺ちうし（住持）けんよ（源誉存応）しゆつせ（出世）事、ちよつきよ（勅許）
にてめてたく候、かきいたし（書出）ハまてのこうち（万里小路充房）弁にて候よ
し申とて候、かしこ、

4　源誉存応授然誉呑龍宗脈　大光院文書

都部浄土五重相承血脈
第一重　往生記血脈　源空上人撰
難遂往生機十三重、四障四機種々往生機五番ニ十六
重、惣別合論則成三十重、
光明大師（善導）

源空（法然）
聖光（弁阿）
良忠（然阿）
良暁（寂恵）
蓮勝（永慶）
了実（成阿）
了誉（聖冏）
西誉（聖聡）
聡誉（酉仰）
音誉（聖観）
隆誉（光冏）
天誉（了聞）
僧誉（智雲）
親誉（周仰）
杲誉（天啓）
道誉（貞把）
感誉（存貞）
源誉（存応）
然誉（呑龍）

第二重　授手印血脈　弁阿（聖光）上人作

五正行　三心　七種四句　五念門　四修　三種行儀

源空
弁阿
然阿
寂恵
蓮勝
了実
了誉
西誉
聡誉
音誉
隆誉
天誉
僧誉
親誉
杲誉
道誉

感誉
源誉
然誉

第三重　領解血脈　然阿（良忠）上人作

五正行　三心　十六重四句　五念門　四修　三種行儀

弁阿
然阿
良暁
永慶
了実
了誉
西誉
聡誉
音誉
隆誉
天誉
僧誉

親誉
杲誉
道誉
感誉
源誉
然誉

第四重　決答血脈　良忠上人作

然阿
寂恵
永慶
了実
了誉
西誉
聡誉
音誉
隆誉
天誉

僧誉
親誉
杲誉
道誉
感誉
源誉
然誉

第五重　口授心伝凝思十念 三国伝来玄忠(曇鸞)大師伝

（中略）

霊山王舎城給孤独園釈迦牟尼如来大和尚
北天乾陀会婆藪般豆菩薩大和尚
北天後魏宗祖菩提流支三蔵法師大和尚
北斉大巌玄忠曇鸞大師玄閑菩薩大和尚
大唐西河玄忠道綽禅師大和尚
終南悟真光明善導大師浄業大和尚
日本吉水法然源空上人大和尚
鎮西聖光弁長上人大和尚
佐介蓮華然阿良忠上人大和尚
白旗智恵光寂恵良暁上人
大田蓮勝永慶上人
成蓮社成阿了実上人
酉蓮社聖冏了誉上人大和尚
大蓮社聖聡酉誉上人大和尚
明蓮社酉仰聡誉大和尚
定蓮社聖観音誉上人大和尚
文蓮社光冏隆誉上人大和尚
光蓮社了聞天誉上人大和尚
上蓮社智雲僧誉上人大和尚
天蓮社親誉上人大和尚
昌蓮社天啓杲誉上人大和尚
麐蓮社道誉上人大和尚
鎮蓮社感誉上人大和尚
貞蓮社源誉上人
源蓮社然誉比丘

右任代々相承之趣、更以無異途者也、然弟子然誉比丘、

為法器之仁、浄土之奥旨、悉以令伝授之畢、早守一十九代之奥義、可被弘通之状如件、

天正十三年拾月三日

仏子源誉（花押）

5　源誉存応授然誉呑龍円頓戒許可文

大光院文書

許可文

仏祖正伝菩薩戒之事

右此戒、是釈門一大事之因縁也、殊今真宗浄土相承者、直地正露、黒谷末弟也、故自非我浄土門人者、不可許伝灯師位者也、於是弟子然誉（呑龍）比丘、為法器仁、伝宗伝戒之間、具以黒谷戒儀古本令許之已畢、早以此旨為支証、可被伝授持来之追籍如件、

天正十三年拾月三日

仏祖卅五代仏子源誉（存応）（花押）

6　源誉存応授然誉呑龍円頓菩薩戒血脈

大光院文書

血脈

大乗円頓菩薩戒血脈戒儀

本師釈迦牟尼如来

南岳（慧思）大師

天台（智顗）大師

章安（潅頂）大師

智威大師

慧威大師

玄朗（左渓）大師

妙楽（湛然）大師

道邃和尚

伝教（最澄）大師

慈覚（円仁）大師

長意和尚

慈念僧正
慈忍僧正
源心(恵信)僧都
禅仁(光静)阿闍梨
良忍(慈眼)上人
叡空上人
源空(法然)上人
聖光(弁阿)上人
良忠(然阿)上人
寂恵(良暁)上人
定恵(良誉)上人
了誉(聖冏)上人
酉誉(聖聡)上人
聡誉(西仰)上人
音誉(聖観)上人
隆誉(光冏)上人
天誉(了聞)上人
僧誉(智雲)上人
親誉(周仰)上人
杲誉(天啓)上人
道誉(貞把)上人
感誉(存貞)上人
源誉(存応)上人
然誉(呑龍)和尚

右以仏祖三十五代伝戒、令授与弟子比丘然誉(呑龍)已畢、仍早
以卅二世之伝持、為新受者可被伝授之証明如件、
天正十三年拾月三日　　伝戒仏子源誉(存応)（花押）

7　源誉存応授然誉呑龍璽書

大光院文書

念仏往生浄土宗血脈相伝手次叓
左手印
右手印
日本
尊成(後鳥羽)天皇御時、法然上人撿出善導御義、令流布世間之時、

後白河法皇御臨終之時、被召御善知識、以善知識之身、早大(太)上法皇奉教一向専修之念仏、以三月十三日崩御、以件時尅、終以遂往生御畢、其後当第十三年之御遠忌、於蓮花王院之内、勤修六時礼讃・浄土三部経、御追善遂之、自此後花洛之諸人、皆以浄土宗修追善、爰法然上人以浄土宗之義伝弁阿(聖光)、今又弁阿、以相承之義并私勘文徹選択集、譲与沙門然阿(良忠)了、聞之人憶信之、行之、可遂往生、仍録祕法之状、以手次、

于時嘉禎第三歳八月一日

法然上人口決沙門弁阿(聖光)在御判

手印右左

源空(法然)上人・弁阿(聖光)上人・良忠(然阿)三代相伝事、世間無其隠、皆以所応(謳歌)可也、依之授釈寂恵(良暁)已畢、然者早三代義勢、可弘通之状如件、

弘安九年九月六日　良忠(然阿)在御判

手印右左

愚老製作伝通記以下文釈等、関東下向之後、弘安九年一流之大綱、寂恵房(良暁)、重令伝授畢、門弟中令違背此義勢者、非相伝之義、此外明王院相伝尺論十巻、以鈔物令伝授畢、

弘安十年六月日　良忠(然阿)在判

手印右左

右当流者、吉水之正流、鎮西之余風也、師資相承聊無違背、而弟子蓮勝(永慶)、為法器之上、浄土一部、悉令伝授之間、四代相承之旨、具令伝授之間(ママ)畢、早守此旨、可被弘通之状如件、

元応二年庚申卯月十三日　桑門良暁(寂恵)在判

手印右左

寔以師資稟承之次第、無相違旨明白也、而最初之血脈者、且依為器量仁、為弘法利生、病中染筆所伝授也、芳志余身、後日之厳札者、大悲伝普化、真成報仏恩、併当流相承伝事憑申候也、御命旨銘肝、彼此遺言、於愚身者也分(過)之仰、又以長御思出也、然而弟子釈了実(成阿)、為法器之上、浄土一

宗之奥義無所残、悉伝授之間、仍五代相承之旨、具以手
印令授之已畢、早守此趣、可被弘通之状如件、

元徳二年庚午六月廿九日

釈蓮勝(蓮勝)在判

手印右左

右依為附弟之仁、以代々相承血脈之正本、浄土一門実義
無残、授○(聖)冏法師、皆悉以手印、具令付属之已畢、仍守
六代相伝之旨、早可被弘通之状如件、

于時永和四年仲冬上旬第四天

真宗弘教沙門了実(成阿)在判

手印右左

右代々璽書、一々如前、於是弟子釈西誉(聖聡)、為法器之仁之上、
求法志叮嚀之間、一宗浄土之奥蔵、三国嚢祖之玄旨無所
残、皆悉以手印令伝授已畢、早任於前来指授之趣、永可
被弘通之処也、廼継於絶風、興於廃世、伝授状如件、

于時応永十季癸未九月十八日

釈了誉(聖冏)在判

手印右左

右一家浄土即相奥旨、以代々師資相伝之趣正本、慥令相
継弟子聡誉(西仰)已畢、早守此相承、可被弘通之状如件、

永享十一年八月廿二日

西誉(聖聡)在判

手印右左

夫以二尊出世元意者、宜実相開顕之玄旨、於今経六祖相
承祕証者、伝即相果証之深妙、於今宗者乎、殊当流者、
吉水・鎮西之正流、佐介・白旗之摘(嫡)風、及以正至了誉・
西誉、師資之相継、于今不断絶者也、爰弟子音誉(聖観)、為法
器之仁上、求法之志深重之間、一家浄土之口決、三国伝
灯之奥義、正以当家代々相伝正本無所残、皆悉令伝附已
畢、廼守此口伝之旨、永可被弘通之状如件、

宝徳元年二月十八日

先師西誉上人伝法弟子聡誉(西仰)在判

手印右左

右代々相継之旨、無異途者乎、爰弟子隆誉（光冏）、依法器、為
宗門法跡、慥以両（手脱カ）印為証、授与已畢、任此旨、尚以弘法
利生可励、為後代亀鏡所示如件、
文明十一暦仲冬念六日
伝灯仏子上人音誉（聖観）在判

手印 右左

夫真宗浄土之奥旨者、三仏大悲之極意、八祖哀愍之深源
也、爰雖為天誉（了聞）法師法眷之一分、依有別而懇志、令授与
処也、三国伝来相承、無異途者乎、早守此旨、為後輩可
被弘通之状如件、
延徳四年仲秋吉日
仏子隆誉（光冏）在判

手印 右左

夫諸仏出世之本懐者、度生方便為最、曩祖伝来之元意者、
弘法利生為勝、然仰而可仰者、若不伝法度、衆生畢竟無
能報恩者金言、信而可信者、願我慈悲無際限、長時永劫、
報慈恩妙尺乎、爰弟子僧誉（智雲）法師、為法器之仁上、依有行
学之志、摘（嫡）々相伝之旨趣、一々口決之深祕、以手印為支
証、令伝受之已畢、須勿住名利思、勿座憍慢心、挑法灯、
照誉愚闇、堅守此旨、可被弘通之状如件、
文亀二年二月
仏子天誉（了聞）在判

手印 右左

右代々旨趣、一々明鏡、以前以手印為支証、令頂戴之、
雖然依遠縁令紛失、依之重而被致懇望、不得辞之、令授
与杲誉（天啓）処実也、守此趣、可被弘通之状如件、
天文十三年梅雨吉日
僧誉（智雲）在判

手印 右左

右任代々相承趣、無違（異）途者也、然弟子道誉（貞把）、依法器之仁、
浄土之奥旨、悉以伝法伝戒已畢、開山上人於宝前被遂本
懐之条、尤神妙也、依之廿代之守奥儀、当寺法灯可被挑

者也、仍如件、

天文廿三年七月十四日　杲誉(天啓)在判

手印右左

右代々之璽書、如前々之、爰弟子感誉(存貞)、凌万里、越遠境、求法之志叮嚀之間、一宗浄土之奥儀無異途、以手印為支証、令伝受者也、早守此旨、可被弘通之状如件、

永禄六季卯月十五日　道誉(貞把)在判

手印右左

右代々相承之旨、無加増如前々、於是弟子運誉(円也)、路遠西海、学事成就於東関、故依為求法之器量、一宗之奥蔵、浄土之玄旨無所残、皆悉以手印令伝授畢、早任於前来指授之趣、慥以自証化他之法門可致弘通之状如件、

永禄九丙寅稔初冬四日　仏子感誉(存貞)在判

手印右左

右代々相承之趣、無異途者也、爰弟子源誉(存応)、依為法器親切之仁、浄土奥旨、於開山酉誉(聖聡)上人御影前、令伝法伝戒已畢、守此旨、可(衍)可被為弘通利生之状如件、

于時天正八年十月廿五日　仏子雲誉(円也)在判

左（右手印）

右（左手印）

右代々口決之玄意、無異途者也、爰弟子然誉(呑龍)、蛍雪之勤心、抜群明徹也、故器量異他、法功非私、以先懐之趣、以手印慥授与之已畢、早守此旨趣、二利成就可被遂本意之状如件、

天正十三季十二月七日　仏子源誉(存応)（花押）

8　源誉存応授真誉良徹円頓戒許可文

江戸崎大念寺文書

（端裏書）「『露地正統ノ処ヲ云ヘリ二直地正露ト一、
人王百七代天正十四年九月八日、従増上寺国師源誉（存応）受
之、書判有之、』
円頓戒許可　　　　　　　　　　真誉（良徹）」

仏祖正伝菩薩戒之事

右此戒、是釈門一大事因縁也、殊今真宗浄土相承者、
直地正露『諸本云露地正統』、黒谷末『嫡』弟也、故自非我浄土門人者、不可許
伝灯師位者也、於是弟子真誉比丘、依為法器仁、伝宗伝
戒之間、具以黒谷戒儀古本、令許可之畢、早以此旨而為支証、
可被伝授持来之追籍如件、

天正十四季九月八日

仏祖卅五代仏子源誉（花押）

○『茨城県史料』は源誉を慶厳としているが、花押から
みて源誉存応であろう。

9　源誉存応授真誉良徹璽書

江戸崎大念寺文書

（端裏書）「『人王百七代正親町院天正十四年九月九日、従増上
寺国師源誉（存応）受之、』
璽書　　　　　　　　　　　　　真誉（良徹）
『両手印用朱、如今、』　　　　　　　　　」

念仏往生浄土宗血脈相伝手次事

右手

左手

日本

尊成天皇（後鳥羽）御時

法然上人撿出善導御義、令流布世間之時、後白河法皇
御□□□□（臨終之時）召御善知識、以善知識之身、早□□□□（太上法）皇
奉教一向専修之念仏、以三月十□□（三日）崩御、以件時尅、終
以遂往生御畢、其後当第十三年之御遠忌、於蓮花王院之
内、勤修六時礼讃・浄土三部経、御追善遂之、自此後花

洛之諸人、皆以浄土宗修追善、爰法然上人以浄土宗之義
伝弁阿（聖光）、今又弁阿以相承之義并私勘文徹選択集□□□□（譲与沙門）
然阿（良忠）了、聞之（人脱）、慥信之、行之、可遂□□□□（往生仍録祕）法之状、
以手次、

于時嘉禎第三歳八月一日

法然上人口決沙門弁阿（聖光）在判

手印右左

源空上人・弁阿上人・良忠三代相伝事、世間無其隠、
皆以所応可也、依之□□□□（授釈寂恵）畢、然者早三代義勢可
□□□□（被弘通之状）如件、

弘安九年九月六日

良忠在判

手印右左

愚老製作伝通記以下文尺（釈）等、関東下向之後、弘安九
年、一流之大綱、寂恵房、重令伝授畢、門弟中令違背
□□□□（此義勢者）非相伝之義、此外明王院相伝□□□□（釈論十巻）以鈔物令
伝授畢、

弘安十季六月日

良忠在判

手印右左

右当流者、吉水之正流、鎮西之余風也、師資相承、聊無
違背、而弟子蓮勝為法器之上、浄土一部、悉令伝授之間、
四代相承之旨、具令授之已畢、早守此旨、□□□□（可被弘通）之状
如件、

元応二季庚申卯月十三日

桑門良暁在判

手印右左

寔以師資稟承之次第、無相違旨明白也、最初血脈者（之脱）、且
依為器量仁、且為弘法利生、病中染筆所伝授也、芳志余
身、後日之厳札者、大悲伝普化□□□□（真成報仏）恩、併当流相承
伝事憑申候也、□□旨銘肝、彼此（御）。遺言、於愚身者也分（過）。
（之）。仰、又以長御思出也、然而弟子釈了実、為法器之上、

浄土一宗之奥義無所残、悉伝授之間、仍五代相承之旨、
具以手印。(令)授之已畢、早守此趣、可被弘通之状如件、
元徳二季庚午六月廿九日
釈蓮□(勝)□(在判)

手印 右左

右、依為附弟之仁、以代々相承血脈之正本、浄土一門実義無残、授(釈脱カ)聖冏法師、皆悉以手印、具令付属之已畢、仍守六代相伝之旨、早可被弘通之状如件、
于時永和四季仲冬上旬第四天
真宗弘教沙門了□(実)□(在判)

手印 右左

右代々璽書、一々如前、於是弟子釈酉誉(聖聡)、為法器之仁之上、求法志叮嚀之間、一宗浄土之奥蔵、三国曩祖之玄旨無所残、皆悉以手印令伝授已畢、早任於前来指授之趣、永可被弘通之処也、廼継於絶風、興於廃世、伝授状如件、
于時応永十季癸未九月十八日
釈了誉(聖冏)□□(在判)

手印 右左

右一家、浄土即相真宗之奥旨、以代々師資相伝之趣正本、慥令相継弟子聡誉(酉仰)已畢、早守此相承、可被弘通之状如件、
永享十一季八月廿二日
酉誉□□(在判)

手印 右左

夫以二尊出世(之脱カ)元意者、宣実相開顕之。(玄)旨、於今教六祖相承祕証者、伝即相果証之深妙、於今宗者乎、殊当流者、吉水・鎮西之正流、佐介・白旗之摘(嫡)風、及以正至了誉・酉誉、師資之相継、于今不断絶者也、□(爰)弟子□□(音誉)(聖観)為法器之仁上、求法之志深重之間、一家□□□(浄土之)口決、三国伝灯之奥義、正以当家代々□□(相伝)正本無所残、皆悉令伝附已畢、廼守此口伝之畢、永可被弘通之状如件、
宝徳元季二月十八日
先師酉誉上人伝法弟子聡誉在判

手印 右左

右代々相継之旨、無異途者乎、爰弟子隆誉(光冏)、依法器、為

宗門法跡、慥以両印(手脱カ)為証、授与之已畢、任此旨、当(尚)以弘
法利生可励、為後代亀鏡所示如件、
文明十一暦仲冬念六日
伝灯仏子上人音誉在判

手印右左
夫真宗浄土之奥旨者、三仏大悲之極意、八祖哀愍之深源
也、爰雖為天誉(了聞)法師眷(為)之一分。(上)、依有別而(朱線ニテ、「依有別而」ヲ「別而依有」ト改ム)懇志、令授与処也、三国伝来相承、無異途者乎、早
守此旨、為後輩可被弘通之状如件、
延徳四季仲秋吉日
仏子隆誉(在判脱)

手印右左
夫諸仏出世之本懐者、度生方便為最、曩祖伝来之元意者、
弘法利生為勝、然仰而可仰者、若不伝法度衆生畢竟無能
報恩者金言、信而可信者、願我□□□(慈悲無)際限、長時永劫、
報慈恩妙釈乎、爰弟子僧誉(智雲)法師為法器之仁上、依有行学
之志、猶々(嫡嫡)相伝之旨趣可口決也(ヒ)之深祕、以手印為支証、
令伝授之已畢、須勿住名利思、勿発憍慢心、挑法灯、照
愚闇、堅守此旨、可被弘通之状如件、
文亀貳二年二月十二日
仏子天誉□□(在判)

手印右左
右代々旨趣、一々明鏡、如前以(以)手印為支証、令頂戴之、
雖然依遠(違イ)縁令紛失、依之重而被致懇望、不得辞〻(之)、令授
与杲(親)誉(天啓)処実(正)。也、守此趣、可被弘通之状如件、
天文十三季梅雨吉日
僧誉在判

手印右左(此間親誉譲状脱落、天文廿年五月廿五日)
右、任代々相承趣(少)。無遺(異)途者也、然弟子道誉(貞把)、依法器之
仁、浄土之奥旨、悉以伝法伝戒已畢、開山上人於宝(彫)前被
遂本懐之條、尤神妙也、依之廿代之守奥儀、当寺法灯可
被挑者也、仍如件、
天文廿三季七月十四日
杲誉在判

手印右左

右代々之璽書、如前々也、爰弟子感誉(存貞)、凌万里、越遠境、

求法之志叮嚀之間、一家浄土之奥儀無異途、以手印為支

証、令伝授者也、早守此旨、可被弘通之状如件、

永禄六季卯月十五日　　　　道誉在判

手印右左

右代々相承之旨、無加増如前々、於是弟子源誉(歴代次云二雲誉一今約二別求一、学二超越相伝一、故云二源誉一)、跡遠西

海、学事成就於東関、右依為求法之器量、一宗之奥蔵、

浄土之玄旨無所残、皆悉以手印令伝授畢、早任於前来指

授之趣、犒以自証化他之法門可致弘通之状如件、

永禄九丙寅稔初冬四日　　　　感誉在判

『若准当寺代々璽書、則此間、天正十七年八月十八日雲誉

譲状脱落、但次天正十四年九月九日者、依懇望、以超越

相伝ト見矣、又第四世良徹上人璽書中、天正九年辛巳六月

十五日、開山上人(慶巌)、従雲誉(円也)相伝有之、』

左(朱右手印)

右(朱左手印)

右代々相承之旨、無減失、如前々、於是弟子真誉(良徹)、旧跡

遠烟霞、蛍雪積学多少也、且求法之深志与云、且依為求法

器量之仁、従上祖意無残、以手印令伝授已畢、早任前来

指授之趣、犒以自証化他之法灯可被致相続之状、仍如件、

天正十四歳九月九日　　　伝灯仏子源誉(存応)(花押)

10 豊臣秀吉禁制

増上寺文書

武蔵国豊島郡江戸

増上寺

禁制

一、軍勢甲乙人等濫防狼藉事、

一、放火事、

一、対寺家門前之輩、非分之儀申懸事、

右条々、堅令停止訖、若於違犯之輩者、忽可被処厳科
者也、

天正十八年四月日　（豊臣秀吉朱印）

天正二十年十月晦日　加々爪奉之

江戸宿
三人之年寄

11　徳川家康書状　増上寺文書

此表出馬付而預御使僧候、遠路之条一入喜悦之至候、爰
元無異儀平均候、可御心安候、頓而令帰陣、以面謁可申
承候、委細者彼口上相含候、恐々謹言、

（天正十九年カ）九月七日　（徳川）家康（花押）

（源誉存応）増上寺

12　徳川家康奉書　東京開市三百年祭記事所収館興敬所蔵文書

『東京市史稿』（市街篇　第二所収）

増上寺跡之町之事、連著町同前、三人之年寄共異見可申
旨、御意候也、

13　源誉存応授相誉了的宗脈　増上寺文書

（端裏書）「都部」　（端裏押紙）「国師御筆」　「了的相誉」

都部浄土五重相承血脈

第一重　往生記血脈　源空上人撰

難遂往生機十三重、四障四機、種々往生機、五番ニ
十六重、惣別合論則成三十重、

光明大師
源空
聖光
良忠
良暁
蓮勝

了実
了誉
酉誉
聡誉
音誉
隆誉
天誉
僧誉
親誉
杲誉
道誉
感誉
雲誉
源誉
桑誉

左
右

源空
弁阿
然阿
寂恵
蓮勝
了実
了誉
酉誉
聡誉
音誉
隆誉
天誉
僧誉
親誉
杲誉
道誉

第二重授手印血脈　弁阿上人作

感誉
雲誉
源誉
桑誉

第三重領解血脈　然阿上人作

五正行、三心、十六重四句
五念門、四修、三種行儀

弁阿
然阿
良暁
永慶
了実
了誉
西誉
聡誉
音誉
隆誉

天誉
僧誉
親誉
杲誉
道誉
感誉
雲誉
源誉
桑誉

第四重決答血脈　良忠上人作

然阿
寂恵
永慶
了実
了誉
西誉
聡誉

音誉
隆誉
天誉
僧誉
親誉
杲誉
道誉
感誉
雲誉
源誉
桑誉

北斉大巌玄忠曇鸞大師玄閑菩薩大和尚
大唐西河玄忠道綽禅師大和尚
終南悟真光明善導大師浄業大和尚
日本吉水法然源空上人大和尚
鎮西聖光弁長上人大和尚
佐介蓮華然阿良忠上人大和尚
白旗智恵光寂恵良暁上人大和尚
大田蓮勝永慶上人大和尚
盛蓮社成阿了実上人大和尚
西蓮社聖冏了誉上人大和尚
大蓮社聖聡西誉上人大和尚
明蓮社西仰聡誉上人大和尚
定蓮社聖観音誉上人大和尚
文蓮社光冏隆誉上人大和尚
光蓮社了聞天誉上人大和尚
上蓮社智雲僧誉上人大和尚
天蓮社親誉上人大和尚
昌蓮社天啓杲誉上人大和尚

第五重口授心伝血脈、凝思十念三国伝来玄忠大師伝経之如是至心、令声不絶、具足十念云々、
(中略)
霊山王城給孤独園釈迦牟尼如来大和尚
北天乾陀会婆藪般豆菩薩大和尚
北天後魏宗祖菩提流支三蔵法師大和尚

麿蓮社道誉上人大和尚
鎮蓮社感誉願故上人大和尚
秀蓮社雲誉上人大和尚
貞蓮社源誉存応上人大和尚
伝蓮社桑（ママ）誉上人大和尚

右任代々相承之趣、更以無異途也、然弟子相誉依為法器之仁、浄土奥旨悉以令伝授之畢、早守二十五代之奥義、可被弘通之状如件、

文禄三年貮月拾八日　増上寺伝灯釈子源誉（花押）

14　源誉存応授相誉了的円頓戒許可文

増上寺文書

（端裏書）「円頓戒許可　了的　相誉」

仏祖正伝菩薩戒之事

右此戒是釈門一大事因縁也、殊令真宗浄土相承者、直地正露黒谷末弟也、故自非我浄土門人者、不可許伝灯師位者也、於是弟子相誉比丘、依為法器仁、伝宗伝戒之間、具以黒谷戒儀古本、令許可之已畢、早以此旨、而為支証可被伝授、将之追籍如件、

文禄三秊貮月十八日　増上寺伝灯仏子源誉（花押）

15　源誉存応授相誉了的円頓菩薩戒血脈

増上寺文書

（端裏書）「戒脈　了的　相誉」

大乗実円頓菩薩戒血脈　戒儀

本師釈迦牟尼如来
南岳大師
天台大師
章安大師
智威大師
慧威大師
玄朗大師
妙楽大師
道邃和尚

伝教大師
慈覚大師
長意和尚
慈念僧正
慈忍僧正
源心僧都
禅仁阿闍梨
良忍上人
叡空上人
源空上人
聖光上人
良忠上人
寂恵上人
定恵上人
了誉上人
酉誉上人
聡誉上人
音誉上人

隆誉上人
天誉上人
僧誉上人
親誉上人
杲誉上人
道誉上人
感誉上人
雲誉上人
源誉上人
相誉和尚

右以仏祖三十六代之伝戒、令授与弟子比丘相誉已畢、仍早以三十七世之伝持、為新受者、可被伝授之証明如件、

文禄三季貳月十八日

増上寺前住伝戒仏子源誉（花押）

16　源誉存応授相誉了的璽書

増上寺文書

(端裏書)「璽書　(端裏押紙)「国師御筆」　了的相誉」

念仏往生浄土宗血脈相伝手次事

左手印

右手印

日本

尊成天皇御時、法然上人撿出善導御義、令流布世間之時、
後白河法皇御臨終之時、被召御善知識、以善知識之身、
早大(太)上法皇奉教一向専修之念仏、以三月十三日崩御、以
件時尅、終以遂往生御畢、其後当第十三年之御遠忌、於
蓮華王院之内勤修六時礼讃・浄土三部経、御追善遂之、
自此後花洛之諸人、皆以浄土宗修追善、爰法然上人以浄
土宗之義、伝弁阿、今又弁阿以相承之義并私勘文徹選択
集、譲与沙門然阿了、聞之人慥信之、可遂往生、仍録祕
法之状以手次、

于時嘉禎第三歳八月一日

法然上人口決沙門弁阿在御判

○中略、良忠、良暁、蓮勝、了実、了誉、酉誉、聡誉、音誉、隆誉、天誉、僧誉、杲誉、道誉、感誉、雲誉等ノ授手印手次状ニカヽル、

右代々相附之旨、無加減、然弟子相誉(了的)径路歩行修功東関
成就、殊更依為弘法志深重、宗門奥蔵浄教之玄旨、無残
以手印令伝授畢、早任従上指授之趣、自利々他本懐、慥
可被弘通之証定如件、

文禄三季弐月十八日

増上寺伝灯仏子源誉（花押）

17　芝最勝院所蔵『頌義』第三十巻奥書

文禄四年極月於三縁山源誉上人座下□□□(書写了カ)

駿州衆　廓山

18　増上寺所蔵『釈氏源流』奥書

令此疏寄附之志趣者、為興隆仏法三国伝来無極之旨、兼

又拙僧往生極楽十念御廻向也、

慶長元丙申十二月十五日

証蓮社忍誉助信（花押）

増上寺源誉（存応）上人

19　源誉存応書状

京都大雲院文書

去夏之時分、御書中猶以一種給候、誠以珍物不打置、祝着不斜候、仍旧冬不慮仕合故、令出寺、内々遂上洛、心底致談合、可奉得御異見存候処、無程帰住之旨被仰出付而、自駿府下着候、先以可御心易候、然而西伝寺・法林寺兎角ニ付而、常（浄）福寺遠州奉行衆へ一書趣共、首尾不合之儀御座候、抑和漢両朝諸師、伝罪障煩悩滅尽之儀、無私候之処ニ、如此曲文、背道理之条、無申事候、幸貴寺御肝煎之由、及承候間、向後相違儀候者、可被仰越候、弘経寺（飯沼）其外衆中合、都鄙仏法正路落着致之度覚悟候、委口上含候間、不能具、恐々敬白、

（慶長二年）二月廿二日　　増上寺 源誉（存応）（花押）

大雲院 御侍者中

20　源誉存応書状

知恩院文書

急度奉啓上候、仍就安心問答ニ、関東諸談所知識衆、三国伝来安心之旨、殊経釈明文為証跡記録雖指上候、遠境之際遅々申候処ニ、御　本寺以筆記落着段、誠以都鄙仏法一途相定候、此上者彼悪解之人等、六十余州擯出堅被仰付極候、左様ニ候者、右旨高札ヲ被為立可然候、且者為是非明白、且者為仏祖御報謝、被遂御塩（梅）味尤候、若又於御油断者、関東中諸山違背儀可有之間、為御心得申上候、已上、

（慶長二年）九月十一日　　増上寺 源誉（花押）

進上知恩院 御役者御披露

21　関東浄土宗法度　　増上寺文書

関東諸寺家掟之事

一、従前々本末、以当位之意趣、不可背本寺之事、

一、諸談所之学徒、帰当流以後、於成他門他流者、可被処厳科之旨、入寺之時、一紙可被申付之事、

一、従古有由緒本末申掠、当院直末之望禁制之事、

一、同時出世之時、日之前後不可有相違之事、

一、去時分如　内府（徳川家康）仰出、致公事徒者、余談林江不可有許容之事、

一、不至年臘而致出世事、并其所之門中江不届而致法談儀、禁制之事、

右条々、得　国主（徳川家康）尊意相定処也、諸談林被得其意、若於違背輩者、可被処罪科者也、仍如件、

慶長弐酉年九月廿五日　　知恩院

満誉（尊照）（花押）

諸談林御住持

22　徳川家康下知状　　増上寺文書

関東浄土宗法度之儀、従本寺知恩院被相定条々、各不可有違背儀者（衍カ）候也、

（慶長二年）九月廿五日　　内大臣（徳川家康）（花押）

諸談林

23　源誉存応証状　　知恩院文書

謹而言上、抑増上寺門家出世之事、従或百万反（知恩寺）・或新黒谷（金戒光明寺）等申請儀、為曲事之間、最前之　御綸旨ヲ令毀破、従御本寺知恩院被遂奏聞、改被下　御綸旨、為正可令頂戴候、向後茂自余之以手次申請輩於有之者、永令擯出止参会、国主（徳川家康）江御理申、彼寺家ヲ可令退出候、仍為後証状、

右粗言上、

慶長二

九月廿七日　増上寺

源誉（花押）

進上

知恩院

御役者中

24　源誉存応高札　増上寺文書

高札

今度就念仏三毒不滅之儀申出候本人、遠州存龍、并於京
都同類之清林・祖天・道山・闇策・貞山・在龍・宗信・
万絶、安心之趣あやまり申候付而、御本寺（知恩院）より六十余州
擯出之儀被仰付候間、右之旨如件、

（慶長二年）今月今日　増上寺　源誉（存応）（花押）

25　知恩院満誉尊照書状　増上寺所蔵『筆蹟類聚』所収

以上

先年（慶長二年）以五ヶ条之書立雖申入候、猶以此度　内符（府）（徳川家康）様被仰
出、新旧之御法度不相乱之様、毀破之事、御肝煎頼入候、
為其一紙如斯御座候、恐惶謹言、

（慶長四年）二月廿五日　満誉（尊照）

（源誉存応）増上寺御侍者中

○徳川家康の内府就任期間は慶長八年二月十二日まで、この間の毀破の綸旨は慶長四年だけ。

26　後陽成天皇綸旨　増上寺文書

知恩院末寺増上寺住持、著紫衣令参　内、宜奉祈　宝祚
延長者、依　天気執達如件、

慶長四年九月六日　頭右中弁（勧修寺光豊）（花押）

源誉（存応）上人御房

27　後陽成天皇女房奉書　　増上寺文書

文のやう御ひろう（披露）申て候へハ、御てら（知恩院）まつしむさしのくに（武蔵国）
ゑと（江戸）さうしやうし（増上寺）のちう寺（住持）しゆつせ（出世）の事、ちよつきよ（勅許）に
てめてたく候、かきいたし（書出）ハくわんしゆし（勧修寺光豊）弁殿にて候へ
く候、このよししゆこう（准后）さま（陽光院誠仁親王妃勧修寺晴子）よりよく〱申とて候、
かしこ、

（切封）
くわんしゆ寺殿（勧修寺光豊）へまいる
申させ給へ

28　知恩院満誉尊照綸旨添状　　増上寺文書

貴寺（増上寺）任先例著紫衣之事、遂　奏聞之処、忝　勅許被成下、
綸旨并奉書調遣之候、弥真俗繁栄珍重候、（存脱カ）恐惶謹言、
九月六日（慶長四年）　満誉（尊照）（花押）
増上寺
御侍者中

29　徳川家康書状　　増上寺文書

増上寺紫衣之儀、暦（歴）然無紛候之処、今度奏聞祝著存候、
自余之望、以来在之間敷候、為其如此候、恐々謹言、
九月六日（慶長四年）　家康（徳川）（花押）
知恩院（満誉尊照）

30　源誉存応書状写

来札令披見候、仍慶林寺宗旨無法度之儀、此度委聞届申候、剰愚僧許状取候由、言語同断驚入候、且年来之無覚(悟)語、且偽申儀、兎角悪僧歴然候、依之小笠原殿以書状申達、其地早々被為払、奉頼候段、令落着候間、其御心得尤ニ候、自今以後宗旨無法度之僧於有之者、如法儀急度可被申付者也、恐々謹言、

慶長六丑年　　　　増上寺
五月六日　　　　　源誉　判
西教寺

○『知恩院日鑑』元禄二年の条所収。

31　源誉存応書状

盛岡大泉寺文書

雖未能面候、以一書申達候、仍高山寺就新寺之儀、理有之由聞届候、如御存知、日本国中自宗他宗、自流他流有之義無私候、彼人茂当流余派候間申届候、自分建立儀無相違和合候て、宗門建立尤候、若無届儀候者、可蒙仰候、急度可申付候、就而無知之人ニ、彼人袈沙被許之義以外候、先々者、且者依慈悲、且者依摸様、左様儀候得共、只今内府(徳川家康)様宗旨建立被思召、法度被仰付候間、貴子御存分可然候、彼方へも申渡候、委細期後音、恐々敬白、

霜月十八日　　　　増上寺
　　　　　　　　　源誉（花押）
大泉寺
　御侍者中

○本文書は徳川家康を内府としているので、日付から考えて慶長七年以前のものである。

32　源誉存応下読法度写

増上寺文書

下読之掟

一、万事下読坊主之下知、不可違背之事、不然者寺家追

放之事、

一、十人衆之指引、於違背者寺家追放之事、

一、於不出僧者過銭之事、廿銭、

一、法門之上(問、下同ジ)、吐悪言者可令追座事、

一、中老以下一不審之事、但、切磋許、

一、不審者五人以上江可打之事、

一、法門不過以前不可帰寮、違背之僧者過料之事、廿銭

右之条々能々可申付、若一ヶ(条脱カ)而違背之僧有之者、十人衆一同可致披露者也、仍如件、

慶長拾二年五月朔日

増上寺住源誉(存応)御在判

先師(源誉存応)御法度之趣、一ヶ条而於令違背者、寮坊主曲事ニ可申付者也、

元和八年陽月(十月)廿六日

増上寺十三世

正誉(廓山)(花押)

33 『梵舜日記』慶長十三年八月二十六日の条

八月廿六日、雨降、於御城、浄土宗江戸ゾウ(増上)浄寺長老(源誉存応)、所化衆百卅(三十)人計被召具、於御前法文御所望、数刻也、夜入令帰宅、江戸将軍(徳川秀忠)モ御聴聞也、

34 『当代記』慶長十三年九月の条

九月、自江戸増上寺浄土宗長老(源誉存応)駿府へ来臨、大御所(徳川家康)被保血脈、三日精進潔斎シ、十五日被行之、

○家康、九月十二日駿府ヲ発シ江戸ニ往ク、本書、血脈受授ノ事ヲ九月十五日ニ係ケタルハ誤ナラン

35 『当代記』慶長十三年九月の条

九月、去比ヨリ法花宗与浄土宗可有法論由、自法花之僧常楽院頻ニ被勤、京都之法華宗内々不可然由被思ケレ共、常楽院不用之ト云々、十一月十五日、去夏ヨリ有沙汰ケル法花宗浄土宗法論之事、今日於江戸新丸可被遂一決由

也、浄土宗所化衆ノ中、廓山ト云僧ヲ被出相手、彼廓山問云、五乗斉入之大願ハ三仏同証之所説、如何是三経無得道之意趣、法花第一之常楽院屈スルカ、又存不相応之相手由歟、為儀兵由存ル歟、称発病ノ由、令平臥更無返答、廓山進而曰、前問雖未及返答、重而下一問、汝之義門挙テ四十余年未顕真実之一句ニ、或執テ尋常頣咄宏言家之為秘、依之令会如来之正法、破私曲之邪義、夫未顕真実之一文ハ、法華使有縁機為令生信受、若約仏意之辺者、五時半満所説聊無嫌隔、故ニ無量義経ニ法誓合説シテ云、井池江河、渓渠大海、水性無差別ト云ヘリ、其上汝依経之譬喩品ニハ、我昔従仏聞如是法、見諸菩薩受記作仏ト説、文句ニハ方等教中聞大乗実恵与令不殊ト釈ス矣、是法花以前ノ諸経真実得道之明文ニ非ル耶、如何々々、此時も常楽院無返答、廓山重而訶曰、常楽院不叶返答者、法弟五人相寄一句導々ト、再三雖責、全如唖人、敢絶言語、故ニ宗論之任法義、常楽院并法弟五人之法衣請取之、明鏡被遂勝利畢、

于時慶長拾三戊申十一月十五日

判者高野山遍照光院在判

右之法衣請取衆中之事

第一　常楽院　第二弟子衆　上総国　連源(来カ)判

第三　堺衆　玄聴判　第四　同　玉雄判

第五　上総国　琳碩判　第六　同　可円判

已上師弟六人法衣請取者也、

36　『慶長見聞録案紙』　慶長十三年九月三日の条

九月三日、此頃増上寺長老(源誉存応)駿府江参上、内府様(徳川家康)血脈御受、三日御精進潔斎被遊、宗門之五重と中事御相伝、

37　源誉存応書状　増上寺文書

尚以、口上委申渡候間、早々、

遠路候処ニ使僧、外聞実儀忝次第候、如来意、不慮日蓮

義尾州ニ而一宗へ悪口誹謗之段、言語道断儀、依之不指
置之間、則及御披露候得者、尤与思召、急度宗論之儀被
御申付候、関東大寺家皆々被聞召届、其上法門(問)相定、是
非御落著可有之段候、仏法之儀候間、六十余州日蓮意口(異)
同音申候共、足下辺にも及間敷候間、可御心安候、乍去、
本尊・開山・鎮守へ各々祈誓可然候、由(油)断是強敵与申
伝候条、手前ニ者寸陰間も此心懸迄候、万吉期帰寺之砌
候条、早々、恐々謹言、

(慶長十三年)拾月二日　　増上寺　源誉(存応)（花押）

（切封）

増上寺　　自駿苻(府)
衆分中　　源誉

38　後陽成天皇綸旨　　増上寺文書

武蔵国増上寺住持、代々令聴著紫衣、奉祈　宝祚長久、
不可混余寺者、綸命如此、仍執達如件、

慶長十三年十一月十二日　　左少弁(万里小路孝房)（花押）

知恩院末寺
増上寺源誉(存応)上人御房

39　後陽成天皇綸旨　　増上寺文書

武蔵国増上寺、為　勅願所須開真宗弘通之玄門、奉祈
宝祚無疆之丹棘者、綸命如此、仍執達如件、

慶長十三年十一月十二日　　左少弁(万里小路孝房)（花押）

知恩院末寺
増上寺源誉(存応)上人御房

40　後陽成天皇女房奉書

増上寺文書

文のやうひろう（披露）申候（衍カ）て候へハ、ちをん（知恩）院まつ（末）寺ゑと（江戸）のそうしやうし（増上寺）、ちよくくハん（勅願）所のやうせんし（永宣旨）の御事、ちよつきよ（勅許）にてめてたく候、かき（書出）いたしはまてのこうし（万里小路孝房）左少弁にて候、かしこ、

41　源誉存応書状

岡崎随念寺文書

今度日蓮党常楽院（日経）事、霜月十五日於御城（江戸城）両度迄法門（問）為懸候得共、一答も不成候間、師弟六人袈裟衣を取候、猶以種々行被仰付候間、不便之体言語道断候、為御心得申届候、恐々敬白、

追而衣之切、為後日指遣候、

（慶長十三年）霜月廿五日　増上寺　源誉（花押）

随念寺

御侍者中

42　『当代記』慶長十四年二月二十日の条

慶長十四年二月廿日、去年可有宗論由曰シ法花宗常楽院、此度従江戸京都江被上、一昨日十八日京著、今日洛中小路々々被相渡、其上耳鼻ソグ、相従之法花宗上人上総国連（来カ）源、堺之玄聴、同玉雄、上総国琳碩、同可円、此五人モ被渡洛中、是ハ鼻計ソカル丶、其後右之六人之衆、耳鼻ソギシ後被追放、彼弟子五人内、余強鼻ヲ缺ケルニヤ、当座壱人死、京中廿一箇寺法花寺へ、大御所仰出ニ曰、不組常楽院、念仏無間ト不申由書付ヲ於上之者、不可懸其咎由下知シ給処、法花寺上人謂云、此度法問ハ曽不申出、是ハ理不尽御沙汰間、書付上間敷由言上、然者法花寺可有断絶由也、常楽院洛中被渡シ時、法問者不出言間無勝劣、是ハ以儀兵被行之間不及是非トテ、色々ノ吐放言ト云々、

二月廿九日、京都廿一寺法花宗、右之常楽院ト不一味、念仏無間由不申旨書付可上由、頻従所司代被譴責、努々書付不可上由雖存詰、渡世習歟、昨日廿八日、如右書付ヲ上ルト云々、

43　源誉存応書状

増上寺文書

一、身延(甲斐、久遠寺)一筆文言、更以不相済候、後之安(案)文弥々不及分別候、日蓮義自分之仏法ヲ此方へ渡一札ニ書入事以外候、此度之御諚者、念仏無間堕与言義(儀)、経釈ニ有歟無歟之仰出候処ニ、相違ニ者有之間敷候哉、此上我尽之儀申候者、不被打置儀候間、其分別尤候事、

一、常楽院(日経)都廿一ヶ寺ニ渡、耳鼻そき候儀、右之御定(諚)尤候、但、おい(追)放候義(儀)、自最前申上儀、如何可有之候哉事、

一、十二日ニ出仕大慶候、猶以毎切仕合共可然候て、愚も満足候事、

一、存虎煩故遅々申候、能成候間、廿日ニ此方を立候様申付候事、

一、見付(遠江浜松)之義(儀)、愚之分別其方之ニ少もかわり候ハす候、可心安候、皆々取成候得共、于今不及対面候、又一切経之事心得申候、又十頌論六十巻之書心得申候、存虎ニ越可申候、委重而早々、恐々謹言、

増上寺
源誉(存応)（花押）

(慶長十四年)
二月十八日
廓山公(正誉)

□

44　源誉存応書状

無量院文書

尚以、所用之間事候、

来札、尚以御酒并二種送給候、如仰、此中者互御物遠に打過候、扨々御音問之至忝存候、お念仏御座候由、御手透も有之間敷候処に、御心付之程何共無申事候、仍常楽

院事、二月廿日に京都車にて引渡、六条河原にて耳鼻そき、五人弟子共者鼻計そき、おい放候由、廿三日に伊賀守殿（板倉勝重）駿府へ被仰上候、京都之日蓮共一札仕間敷由申候間、宗論之旨御諚候、左候ハヽ、一左右次第駿府へ可参之由仰候、乍去治定難計候事候、恐々敬白、

（慶長十四年）
三月二日　　増上寺
源誉（花押）

（表書）
誓願寺　　源誉
御侍者中

増上寺文書

45　源誉存応書状

尚以、廓山（正誉）其地被参候間、細々同人可申候、大長寺被参候間、談合候而可然可被成候、委早々、

先度も以一書申候、届候哉、大長寺（晩誉源栄）（相模岩瀬）越候由御諚候間被参候、其地（駿府）様子能々談合可有之候、都・身延（甲斐、久遠寺）之様体何与候哉与、朝夕無御心許候、愚も一左右次第其地可参候、大切事候間、三人相談毎切無由（油）断指引尤候、委大長寺へ申渡候間不能具、恐々謹言、

（慶長十四年）
三月七日　　増上寺
源誉（存応）（花押）

了的公（桑誉）　　増上寺
源誉

岩瀬梅沢家文書

46　源誉存応書状

尚以もち米□

先度者其地参候砌、預□□成共忝候、其後者無音至候、兼□いかにも能有付候間可御心安候、老□へも御心得尤候、仍先日約束申候、もち米如何様ニも被成、六俵程求候而可給候、取かい申度候、必々頼入候、委大長寺へ申渡候間、不能具候、恐々謹言、

九月三日　　増上寺
源誉（花押）

梅沢御□　　自江城

○本文書は源誉の署名から考えて慶長十四年以前のものである。

47　源誉存応命名書

岩瀬梅沢家文書

梅沢源三
　正信

十二月弐日　□□□（増上寺カ）　源誉（花押）

○本文書は源誉の署名から考えて慶長十四年以前のものである。

48　幕府年寄衆連署書状写

増上寺所蔵『御判物類公儀当山御定書』所収

急度致啓上候、仍御寺領千石被遣候、其内小机（武蔵国）ニ而五百石被遣候、治大夫（小泉吉次）所江折紙遣候、御用次第御兵糧御請取可被成候、残五百石之儀者、御本領小石川（江戸）を相加、軈而

御書立可遣之候、只今者取籠候間、其御心得可被成候、恐惶謹言、

（慶長十四年カ）
極月十二日　安藤対馬守　重信在判
　土井大炊助　利勝在判
　伊奈備前守　忠次在判

（源誉存応）
増上寺様

49　源誉存応書状

鶴岡八幡宮文書

尚以、御本尊出来之処頼入候、

水泉花、猶以台之く〱たち送給候、忝次第候、扨々両種何れも初物、仍　御本尊様何比出来可申候哉、被為稼頼入候、万事、恐々謹言、

極月十四日　源誉（存応）（花押）

安気殿
　御申

○本文書は源誉の署名から考えて、慶長十四年以前のものである。

50　武家伝奏衆連署書状写

増上寺文書

追而申候、増上寺(源誉存応)国師之事、御執奏之旨申上候処、則勅許候、珍重存候、此旨可然様可被申入候、恐々謹言、

(慶長十五年)五月二日　(勧修寺)光豊
(広橋)兼勝

板倉伊賀守(勝重)殿
本多上野介(正純)殿

51　徳川家康書状写

増上寺文書

就国師成之儀、御使僧祝著候、綸旨之儀、板倉伊賀守(勝重)申付候、頓而令上洛候条、相調下可申候、委細者存虎可申候、恐々謹言、

(慶長十五年)五月十九日　(徳川)家康

増上寺(源誉存応)

52　普光観智国師源誉存応書状

先日御下之時分者、万方取紛故、馳走も不申、背本意候、仍了的公之儀、如約束差越申候、其元可然様ニ御指引尤に候、紫衣之参内之儀も遂御披露、自年寄衆、伊賀守(板倉勝重)殿へ一書を被進候、御心得候而、急速に紫衣之参内有之様に御取成尤候、委細之儀者了的に申含候間、不能具候、恐々謹言、

(慶長十五年カ)七月十二日　普光観智国師
源誉(存応)(花押)

○「黒谷誌要」（『浄土宗全書』二十巻所収）。

53 国師号案文

増上寺文書

就可被賜増上寺国師号、可被乗行状文体条目、

五条殿案文

一、従弱年以降行徳之事、

一、俗姓氏之事、但、不乗俗姓茂在之、

一、道号与諱之事、

一、増上寺山号之事、

一、嗣法血脈次第之事、

右大体如此、

是ハ五条殿より、行状ニ被遊候分、壱ツ書にて参申候、行状ニハ如此壱ツ書ニハ御無用ニ候、両通写進候模様可然候、此草案ハ紫野より上候分にて御座候、貴寺よりハ、御宗旨之徳を此草案之摸様ニ被遊、可被成御上候、か様ニ申上事如何候得共、国師成之儀ハ、常ニまれニ御座候故、今度両伝奏衆其地へ御下候時、失念にて御座候、我等罷上候而より、俄ニ被仰出候、定而か様之儀ハ可為御無案内と存申上候、以上、

54 後陽成天皇宸筆徽号勅書

増上寺文書

勅、法無取舎、用貴臨機、時有循環、心存応物、明珠不避濁水、大聖寧守一隅、慈昌(源誉存応)和尚浄社英雄、教門碩匠、智弁瀾起、如収万水之朝、才徳斗明、似受衆星之拱、引接十悪之妄性、済度三界之迷霊、親対龍顔之黼座焉、奏安心之秘要、益重吾宗之布縠矣、挙達志之美誉、肆加褒章、新染宸翰、特賜普光観智国師之号、

慶長十五年七月十九日

55 『御湯殿上日記』

慶長十五年八月二十四日の条

八月廿四日、はるゝ、そうしやう(増上)寺こくし(国師)の御事、

しやうくん《将軍》より申うけられ候ところに、ちよつきよ《勅許》なし下され候、かたしけ《忝》なきよし申て、御礼にしこう《祗候》申さるゝ、せいりやう《清涼》殿にて御たいめん《対面》あり、ほんかうはこ《盆香箱》、大たか《高》十てう《帖》、きかね《黄金》三まい《枚》、きやら《伽羅》の代きかね《黄金》一まいしん《進》上申さるゝ、

56　国師号御礼物請取状

増上寺文書

国師号御書出御礼物之事

合黄金五枚者

右為万疋分所請取申如件、

慶長拾五年八月廿四日　五条家雑掌

定勝（花押）

板倉伊賀守殿《京都所司代・勝重》

57　源誉存応国師成御礼参内御進物之請取覚写

増上寺所蔵『筆蹟類聚』所収

増上寺国師御参内之御進物之覚

禁裏様《後陽成天皇》　大高檀紙十帖　判金壱枚、但、伽羅代、

女院御所様《新上東門院晴子》　杉原十帖　銀子五枚、巻物之代、

御方御所様《政仁親王》　杉原十帖　同　五枚、同、

女御様《藤原前子》　杉原十帖　同　三枚、同、

長橋殿御局　杉原十帖　同　壱枚、同、

伝奏　広橋大納言殿《兼勝》　杉原拾帖　銀子弐枚、

勧修寺中納言殿《光豊》　同　断、　同　断、

四人　鳥目八貫文

右慥請取申候也、

慶長拾五年八月廿四日　立入河内守《康善》在判

速水右近大夫《良益》在判

速水右兵衛尉《光益》在判

井家（豊家）摂津守在判

（京都所司代・勝重）板倉伊賀守殿

58　源誉存応国師成御礼目録

増上寺所蔵『筆蹟類聚』所収

国師成御礼目録

盆香箱

大高檀紙　十帖

伽羅代黄金拾両

以上

（後陽成天皇）禁裏様

進上　参　内ニ付而、

杉原　十帖

黄金三十両

以上

増上寺

59　『光豊公記』

慶長十五年八月二十四日の条

八月廿四日、増上寺国師（源誉存応）参内、予所江入来、板伊州（板倉勝重）案内者、黒谷侍従住持紫衣御礼、香衣之僧十一人御礼、於予亭吸物勧盃、国師四方、広橋予三方、黒谷長老皆足打、予江国師之礼銀子二枚、上洛之礼杉原十帖、金一ッ被贈、従廊山銀子二枚、慶岩ヨリ同一枚、今一人同一枚、次参内、於清涼殿御対面、国師盆香箱香代トテ金一枚、并此度上洛為御礼金子三十両、杉原十帖、上段ニテ御礼被申、御座江進テ仏法之儀被申入、次退出、次黒谷御礼十帖一巻、予申次、次香衣衆十帖一本、右之内香衣黒谷之香衣有之、退出、於予亭振舞有之、板伊州、後藤源右衛門、田中治兵衛モ座敷江出、

60 『時慶卿記』
慶長十五年八月二十四日の条

八月廿四日、天晴、増長(上)寺(源誉存応)上洛参内、国師ニ被成御対面也、禁中桜ノ本ニテ見物候、内々衆又ハ当番計参勤也、見物衆貴賎群集也、
九月一日癸卯、天晴、晩雲、女院御所ヘ増長(上)寺国師被召、為御十念ト、時直、御方御所御供申参候由候、孝蔵主見物トテ被出、先西園寺門ニテ同道在之トテ見物候、錫食籠被乞候間遣候、其後此亭ヘ来(入来カ)シテ、庭田亭ヘ国師智恩(知)院御児宮ヘ御礼ト、孝モ被参候、其後此方ヘ来入候、御産所ニテ祝之、
六日、天晴陰、午迄雲、国師高台院殿ヘ被賞由候、
十二(三カ)日、天晴、後ニ聞、増長(上)寺国師下向ト、

61 『孝亮宿祢日次記』
慶長十五年八月二十四日の条

八月廿四日丙申、晴、関東増上寺(源誉存応)長老、今日参内云々、

62 『義演准后日記』
慶長十五年八月二十四日の条

八月十五日、晴、増上寺(源誉存応)上洛、セゝマテ使遣、菓子一折音信、
廿四日、増上寺参内、見物群集云々、
廿六日、増上寺可来由仰遣了、
九月朔日、陰、増上寺国師(源誉存応)、来四日可来由治定、用意、
四日、晩降雨、江戸増上寺号観知(観智)国師、来臨、板倉伊賀守(勝重)、米津《エノ木ダ》清右衛門同道、初献ホウサウスイ物、二献、次御膳七五三金銀、相伴彼同宿六人、右同道衆合八人、是ハ足付、国師ハ四方、過分ノ儀也、当時ノ式也、テンジン、

サウメン、マンチウ、金銀台折以下数合、猿楽渋谷簡十郎、役者皆以名人共也、国師ヨリ進物、銀五枚、蝋燭弐百挺、伊賀守ヨリ綾小袖一重、馬太刀、米津ヨリ馬太力也、国師同宿廓山、杉原十帖一巻、其外或一巻、或扇子等進上、成万院ニ段子一巻、大蔵卿宰相主水ニ同一巻宛賜之、侍従兵部卿大弐百疋宛賜之、猿楽衆ヘモ国師ヨリ折紙銘賜之、降雨ニ付入逢ノ時分帰京、献々如形、上下共(供)奉衆三百人計歟、酒飯賜之、山上衆皆奉行仰付了、
十三日、国師下向送ニ大蔵卿法眼遣之、大津ニ留也、仍主水使トシテ御樽送之、
十月十一日、栄任書状云、国師儀召請、其外種々馳走由上意、御耳ニ立、御満足被成云々、

63 勧修寺光豊書状案

『勧修寺光豊公文案』所収

昨日増上寺国師(源誉存応)被遂参内候、天気能　御前之御仕合共大慶存候、則仏法被聞召候、珍重存候、此等趣可被申入候、恐々謹言、

八月廿五日

本多上野介(正純)殿

追而申候、黒谷住持国師御同心にて参内被申候、猶自板伊州(板倉勝重)可被申越候、

64 普光観智国師源誉存応夢想

京都北野神社文書

夢想

植おきし竹の一本かすそひてもれる松の夏ふかきいろ

大御所(徳川家康)

慶長十五年　普光観智国師

八月廿五日　源誉(花押)

能舜

65 『梵舜日記』慶長十五年八月二十七日の条

八月廿七日、天晴、関東江戸祁（源）誉（存応）国師依上洛、予一礼申、杉原十帖、扇一本、於常徳寺申入、則住持取次也、同住持へ扇五本、仏光寺之内西坊依馳走如此也、則西坊へ蝋燭十丁、令持参了、

66 勧修寺光豊書状案

『勧修寺光豊公文案』所収

明日国師（源誉存応）御参之事、天気能珍重存候、則貴殿御案内候様にと、御内証仰に候、必々可有御出候、為念令申候、恐々謹言、

（慶長十五年）八月晦日

板倉伊賀守殿（京都所司代・勝重）

67 『当代記』慶長十五年九月十日の条

八月廿日、江戸増上寺浄土宗、住持、可有成国師（源誉存応）トテ被上大御所（徳川家康）厳命也、依之、紫野国師被闕、吾朝ニ国師二人無之故也、専念之宗、国師前代未聞、九月十日比、増上寺国師成就シテ、此比出京、路次々々人夫已下以外打擲、其外行儀夥体不可勝計、在京中知恩院之長老（満誉尊照）ト不快ト云々、彼増上寺募公儀、自他ニ付任我意被企慮外、時人悪マヌ者ハナシ、為此弟子宗門サヘ如斯、況於他宗乎、

68 知恩院満誉尊照書状

増上寺文書

以上

先度者上洛之処、彼是取紛馳走不申入、所存之外候、此旨増上寺（源誉存応）江茂以書状可申候得共、御火事之儀付早々使僧差越候間、無其儀候、可然様頼入候、定而　両御所様（徳川家康・秀忠）、御

機嫌能可為御仕合与致満足候、猶口上申含候間、不能具
候、恐々謹言、
（慶長十五年）
十月十四日　　満誉（尊照）（花押）
来迎寺（正誉廓山カ）侍衣閣下

69　知恩院満誉尊照書状　　増上寺文書

以上
重而令申候、大雲院（聖誉貞安）（京）事百万反（知恩寺）江住職之儀、於其地（駿府）取沙汰
有之由風聞候、治定候哉、彼僧儀者、対本寺（知恩院）及数度于今
不届儀候処、弥本山（知恩院）江敵対仕、百万反江致住持事、不寄
存知儀候、被窺　御気色、兼而此旨被達　上聞可給候、
増上寺（源誉存応）若於御取持者可被無曲候、貴僧之儀者勿論ニ候、
恐々謹言、
（慶長十五年）
十月十四日　　満誉（尊照）（花押）
来迎寺（正誉廓山カ）侍衣閣下

70　幕府年寄衆連署寺領目録　　増上寺文書

御寺領目録
一、高三百石　武州橘郡（橘樹郡）池辺村之内
一、高弐百石　同国郡　師岡村之内
一、高百三拾壱石　同国郡　巣鴨村之内
一、高三百六拾九石　同国郡　中里村之内
合千石
右為御寺領相渡申候、重而　御朱印相調進上可申候、以
上、
慶長拾五年　　大久保石見守（長安）（花押）
極月十五日　　青山図書助（成重）（花押）
安藤対馬守（重信）（花押）
土井大炊助（利勝）（花押）
増上寺
御納所

71 『義演准后日記』慶長十六年三月七日の条

慶長十六年三月七日、晴、普光観智国師（源誉存応）ヨリ為去年之一礼使僧、杉原十帖、段子一巻進上書状アリ、使召出二献賜之、於御次非時賜之、

72 観智国師源誉存応書状

中井家文書

此中者久々無音申候、仍本堂建立出来無残所候、御次も御座候者、将軍様（徳川秀忠）へ被達上聞頼入候、貴殿御手透者有之間敷候へ共何懸御目度候、棟梁共隙明候間御暇申罷登度之由申事候、万端　御前（徳川家康）御取成頼入候、恐々謹言、

（慶長十六年）三月二十八日　観智国師　源誉（花押）

本多佐渡守（正信）殿

○一連の中井家文書の年代推定は、拙稿「近世初期の増上寺」（『大正大学研究紀要』第62輯）を参照していただきたい。

73 内藤若狭守忠清書状

中井家文書

猶々、委可申入候へ共、三人之衆可被申候間、早々如此候、以上、

其已後者以書状不申入候、然者増上寺御普請、源右・又右・作右被入晴（精）付而早々出来申候、就其　将軍様（徳川秀忠）御機嫌能御暇被下被罷登候、将亦　大御所様（徳川家康）御上洛付而其元万事御取籠奉察候、増上寺御作事入目　将軍様より被仰付分小帳并一紙、右三人之衆へ相渡シ申候、能々御らん被成　御前能様可被仰上候、一紙なと悪敷候者小帳ニて御なをし（直）可被仰上候、国師様御気ニも一段入申候間、是又可有御心安候、猶爰元御下り之時分面上申承候間、不能具候、恐々謹言、

（慶長十六年）卯月二日　内（内藤）若狭守忠清（花押）

中井大和守（正清）様人々御中

74　観智国師源誉存応書状

中井家文書

先日者書中之趣令披見候、仍本堂建立無残所候、三人之棟梁衆入精被申付候、残所之建立之儀貴殿頼入候間、重被得御意打続作事成様之儀任置候、委細三人之棟梁衆申含候間、不能詳候、恐々謹言、

(慶長十六年)卯月三日　　観智国師　源誉（花押）

中井大和守(正清)殿

75　正誉廓山書状

大樹寺文書

尚以、為御音信玉虫色壱□、末広壱本被懸御意候、
過分忝令拝領候、以上、

貴封忝披閲及再見候、先以尊容御安全之由、珍重不過之存候、就中道幹(松平広忠)様贈号之由、綸旨之儀ニ附而、松雲老被指上候、遠境之儀、御大儀共候、則従国師(源誉存応)御綸旨相渡被申候、随而先年粗申上候一事、御違返(変)無之通□仰候、御懇意之段、誠々□謝奉存候了、拙僧近日上洛仕候条、万端以拝面得尊意候侭、不能具候、恐惶不宣、

(慶長十六年)十月五日　　正誉(廓山)（花押）

(表書)「尊答　　従江城
大樹寺金猊下　　廓山」

○『大樹寺御由緒旧記』によれば、道幹への贈号は慶長十六年三月。

76　『駿府記』慶長十六年十月二十日の条

十月廿日、増上寺観智国師(源誉存応)登城、改御装束給、有御対面、呑龍・了的・廓山等出御前、是国師之御弟子、当時浄土之知識也云々、

77 『当代記』慶長十六年十月月末の条

大御所(徳川家康)於江戸、徳川之先祖之位牌所ヲ被尋、年老ノ百姓申ケルハ、瀬羅田(世良)ノ近所ニ、其寺ノ旧跡有ト申間、使ヲ遣シ地ヲ掘テ見セラレケル、瓦石仏已下掘出ス、則江戸増上寺今国師(存応)越給、一寺ヲ可有建立之由曰、

78 観智国師源誉存応書状

大樹寺文書

遠路預使僧候、先度者悟真寺伝言申候之処、相届満足ニ候、以一書可申ヲ、駿苻(府)之取紛無拠候之間、如在之様打過候、仍而道幹(松平広忠)之院号・道号、彼是之様子書候之者(マヽ)、御綸旨指添、使僧ニ渡候、御心得可有之候、委細口上ニ中含候間、不能具候、恐惶謹言、

観智国師

(慶長十六年)孟冬二日　源誉(存応)(花押)

(包紙)「増上寺

大樹寺　」

○『大樹寺御由緒旧記』によれば、道幹への贈号は慶長十六年三月。

79 『駿府記』慶長十六年十一月七日・九日・十三日の条

十一月七日、増上寺国師(源誉存応)、依御掟来於忍給、不残長老・、呑龍長老、相随而参、於御前有仏法之御雑譚(談)云々、

九日、増上寺国師被赴新田、是御先祖新田義重贈官征夷将軍給、則於彼地、新田代々之御菩提所可有御建立、可然地形有之否可聞召故也、土井大炊助(利勝)・成瀬隼人正(正成)被相添云々、

十三日、今夜、増上寺国師及成瀬隼人正・土井大炊助、自新田帰参申云、於彼地、義重・義貞之菩提所、昔之旧跡有之云々、是以御気色快然云々、

80　知恩院役者浄福寺城誉法雲書状

増上寺文書

謹言上、仍(京)法然寺(玄誉)便之節、為御音信金子被(懸脱カ)御意候、誠度々
御芳志之儀共、過分之至、難申上候、兼亦此地諸式、万
事非如在候、但去春中、嵯峨(清涼寺)之別時并真如堂十夜之法談
等、他門之長老被致談儀(義)候、度々従各申理候得共、御法
度難立候、令迷惑候、此上以尊意方々往来之衆、自流・
他派共ニ法談一円致停止様ニ仕度候、諸事重而可得　貴
意候、恐惶敬白、

(慶長十六年カ)霜月廿五日　(京)浄福寺　(法雲)城誉（花押）

進上　(源誉存応)国師様

御侍者中

81　存虎書状

中井家文書

山門之御本尊之儀ニ付而廓山迄之一書、国師様(源誉存応)江申上候
処ニ御立腹之筋目無際限候得共、先々五六ケ条以一書ヲ
申候、

一、山門之御本尊も大仏之後光仏を一体心(ママ)作候者、冬中
出可申ヲ大和出頭之我か侭在故遅々候事、

一、増上寺之建立弐百年も賢(堅)固之様ニ被仰出候処ニ、四
月作事納六月下旬ニ者天上落、縁けたヲおしまげ、
柱ヲ押くぢき、方々之たれ(垂)木おしさがり、無是非体
無之事候、

一、畳ヲ申付候処ニ、自分之造作も不為入処ニ、申不付
儀如何様之存分之儀之事、

一、張付障子磨付ゐかく事、種々其方へ非(飛)脚被遣候得共
不仕事、

一、領堂ろうか先奉行之小屋之まわりニ、かわ付候朽去

板ヲ打付候間、当座よりも踏破候事、
右如之儀増上寺之建立ニ被為出候銀子ヲ者、二三駄つけかへし何とて半作ニ仕候哉、外聞如何与被思召　将軍様(徳川秀忠)よりたたみ磨付ゐかく事極月晦日ヲ切仰付候、国師様も三月上旬ニ者駿府御参可有之旨ニ候、急度御披露被成、大和ヲ召下一々御尋可有御存分ニ候、御心得尤候、

(慶長十七年)正月一日　　存虎（花押）

中井大和守(正清)殿

82　徳川家康判物写　　増上寺文書

武蔵国橘郡(橘樹郡)池辺村之内参百石、師岡村之内弐百石、巣鴨村百三拾壱石、中里村三百六拾九石、合千石、全可有寺納、并境内山林竹木、為守護不入令寄附上者、永代不可有相違者也、仍如件、

慶長拾七年五月三日　　御判(徳川家康)

普光観智国師(源誉存応)

83　徳川秀忠判物写　　増上寺文書

増上寺領、於武蔵国橘郡(橘樹郡)内所々都合千石目録在別紙事、并境内山林竹木為守護不入之地令寄進之訖、永寺務不可有相違者也、仍如件、

慶長拾七年六月六日　　御判(徳川秀忠)

普光観智国師(源誉存応)

84　徳川秀忠黒印寺領目録写　　増上寺文書

目録

一、参百石　　武蔵国橘郡(橘樹郡)池辺村之内
一、弐百石　　師岡村之内
一、百三拾壱石　　巣鴨村
一、三百六拾九石　　中里村

合千石者、
右、為増上寺領令寄附者也、
慶長拾七年六月六日　御黒印(徳川秀忠)
普光観智国師(源誉存応)

85 観智国師源誉存応書状案

『本光国師日記』所収

『本光国師日記』慶長十七年十月二十六日条、
一、従国師(源誉存応)尊書拝見申候、貴老之儀、懇ニ被仰越候、相応之御用疎意存間敷候、能化退居以後も、被執法幢候事、先例於有之者尤候、但申分出来無之様ニ御分別専用ニ候、恐々謹言、
十月廿七日　…………　(崇伝)
空鏡坊　法座下
此折紙栄任御中候間、乍斟酌遺之、
一、其以来者無音之至、煩故以一書不申、背本意候、仍、空鏡之儀、愚僧懇切申存候而、種々御取成之段辱候、

已来も、御前御取成頼入候、委細彼方口上申含候間不能具候、恐々謹言、
十月三日　観智国師
源誉(存応)
伝長老(金地院崇伝)　増上寺

86 普光観智国師源誉存応安居式目

『霊山寺寺社書上』所収

一、帰敬三宝之事、就中勤行専之事、
祖師之云、先勤大衆発願帰三宝等云々、
一、能化下知、世出共違背不可有事、
経云、雪山童子半偈投身等云々、
一、於衆中仏世之儀に付て、是非違乱堅不可有之事、
祖師云、帰僧息諍論　同入和合海等云々、
一、敬上慈下之事、
祖師云、観音頂戴冠中住等云々、敬上、観音経云、
官婆羅門婦女等云々、慈下、

一、毎物自宗他宗外、応有分別大衆同心、其旨可為肝要事、
祖師云、慙愧懺悔等云々、

増上寺中興普光観智国師
源誉（存応）（花押）

慶長十七年十一月朔日
大潮（専誉）住寺付　月行事中

87 観智国師源誉存応書状

『霊山寺志』所収

此中者物遠に打過候、仍其方新法幢之儀、此度御鷹野へ以聖吟（晃誉）申上候得者、何と成共愚老次第と御諚に候、心易物続（読カ）法問可有執行候、大衆へも此儀可為仰聞候、為其一書先以申、委細天光院（念誉春貞）ゟ可被申候、恐々謹言、

（慶長十七年）十一月九日　観智国師　源誉（存応）（花押）
大長（専誉）和尚

88 観智国師源誉存応書状

猶以申入候、黒谷（金戒光明寺）之事両上様（徳川家康・秀忠）へ取成申、一段之仕合にて帰洛候、次彼門徒中出仕無之仁も有之由被申事候間、急度被仰付頼入候、先例も御座候間申届候、委細者黒谷直に可被申述候、已上、

観智国師
源誉（花押）

（慶長十七年カ）霜月十一日

増上寺

板倉伊賀守殿（京都所司代・勝重）

○「黒谷誌要」（『浄土宗全書』二十巻所収）。

89 観智国師源誉存応書状

甲府尊躰寺文書

預使僧遠路与申、殊雨中之砌一入忝候、先日者石見殿（大久保長安）就死去、使僧指越申之処、被入念取成之儀、是又令祝着候、

委曲自正吟可被申越之間不能詳、恐々謹言、
（慶長十八年）五月十七日　　観智国師　源誉（花押）
増上寺
尊躰寺

○大久保石見守長安の忌日は慶長十八年四月。

90 『駿府記』慶長十八年八月十五日の条

八月十日、廓山（正誉）参府、則出御前、増上寺国師（源誉存応）、可有参府由言上、仏法有御雑談云々、
十三日、増上寺国師参府云々、
十五日、巳刻増上寺観智国師、駿府報土寺被居、大御所（徳川家康）于此寺渡御、御供本多上野介（正純）、安藤帯刀（直次）、成瀬隼人（正成）、村越茂助（直吉）、松平右衛門佐（正久）、其外百余輩、暫法問御聴聞、題一念弥陀仏即滅無量罪、午刻還御、従夫、南光坊（天海）宅渡御、暫仏法雑談、及昏黒還御云々、
十七日、国師源誉登城、法問有之云々、
十八日、同於殿中、国師法問云々、
九月二日、増上寺源誉国師登城、仏法御密譚（談）、不叶御内存云々、天台四門之処毀之給、不叶御意、天台宗御崇敬云々、

91 『本光国師日記』慶長十八年九月二日の条

慶長十八年九月二日、呑龍并国師（源誉存応）之使僧来臨、義重（新田）之御寺位牌之書様双（相）談也、大光院殿贈鎮守府将軍方山西公大禅定門と被相定由也、広忠（松平）之御位牌、大樹寺殿贈亜相府応政翰公大禅定門、此寺ハ三河ニ有之由也、

92 正誉廓山書状

中井家文書

猶々、大御所様（徳川家康）御機嫌能御座候而万端被得　御諚御上之由珍重ニ存候、万々期面談之時候間、早々以上、

遠路預飛札候、如来意経蔵之儀被入御念被仰付候故、結構ニ出来申候由被仰候而、国師(源誉存応)一段被成祝着候、定而大御所様も被成御覧候ハヽ、可被成御祝着候、随而大工右衛門助事対国師被成免許候由、懇ニ披露申候へ者一入忝思召候、拙子方より能々御礼可申之由被仰付候、彼者早々罷上り礼をも申度由申候へ共、国師之作事ニ取懸罷有候間、不能其儀候、将亦拙子も南都へ可罷上之由、大御所様被仰付候間、近日罷上候、万々以面談可申述候間、不能詳候、恐惶謹言、

(慶長十八年)九月廿五日　　正誉（花押）

中(中井正清)大和守殿御報　　廓山

○廓山が徳川家康の命で南都に赴くのは慶長十八年十月。

93　『駿府記』慶長十八年十月一日・七日の条

十月朔日、増正(上)寺国師(源誉存応)出仕云々、

十月七日、関東所化付浄土宗、召御前、愚癡無癡輩之往生令問給云々、

94　『駿府記』慶長十八年十二月朔日の条

十二月朔日、午刻、南光坊(天海)、仙波中院、於御前、仏法御雑談、移刻、御気色快然、則僧正、於仙波近所、寺領五百石被為寄附、仙波中院黄金十枚被遣之、両僧退出以後、増上寺国師(源誉存応)出仕、是亦仏法之御雑談、

95　普光観智国師源誉存応書状

増上寺文書

謹而奉啓上、不慮ニ(大坂)御出陣、寒天之砌与存耳候、定而無程落著可申候之条、目出度御帰城之時分可申候、恐惶敬白、

(慶長十九年)霜月十五日　　普光観智国師(源誉存応)（花押）

進上

将軍様（徳川秀忠）

御披露

96 観智国師源誉存応書状

静岡報土寺文書

以上

其地之住持之儀、源茂可然之由、上様（徳川秀忠）御諚之段後藤庄三郎（光次）殿、又御□（ママ）一書ヲ結候間、則申付指越候、衆分并檀那有同意取持尤候、万端源茂ニ申渡候之間、早々かしこ、

卯月十八日（慶長十六年～元和元年）　観智国師　源誉（花押）

報土寺

衆分中

97 普光観智国師源誉存応書状

知恩院文書

公方様（徳川秀忠）之以御諚、廓山（正誉）上洛被申候様子之儀、可被申上候、仍　綸旨頂戴仕度之由、弐拾六人御座候、年数之次第究候而申達候、正上人五人、権上人弐拾壱人、有奏　聞、綸旨御調、廓山ニ御渡頼入候、委細以書立申候、可被成御心得候、恐惶敬白、

六月十日（元和元年カ）　普光観智国師　源誉（存応）（花押）

知恩院

御役者中

〇増上寺所蔵五月十一日付正誉廓山書状・林鐘晦日付源誉存応書状参照。

98 観智国師源誉存応書状

徳富文書

以上

預使者候、猶以為御音信諸白ノ柳四ツ、并松茸漬、五十一本、昆布一台、丸山一桶、饋給候、則賞翫令申候、内々自此方以使僧可申を、祇園見物ニ無残罷出候間、無拠打過候、明後十六日御所様へ御目見得可申与存候、其後以参可申

述之間、先々早々、恐々謹言、

（元和元年）六月十四日　　観智国師　源誉（花押）

増上寺

（京都所司代・勝重）板倉伊賀守殿

伝通院（正誉廓山）

99　観智国師源誉存応書状　　増上寺文書

以上

昨日一書給候、即御報可申候得共、撰択頂戴之衆相尋候得者、七年之衆者此方ニも相付候、四年五年之数之衆者付ケ不申候、六年ノ衆、遠国与申、年寄候間一人付申候、其元ニ而も、年も寄、遠国之者ニ候者、免シ被成候而不苦候、御綸旨之事ハ十五年さへ権上人にて候、撰択頂戴仕候而も、香衣成之儀者不思寄儀ニ候、其元御分別候而、遠国・近国之様子尋被成、撰択頂戴尤候、恐々謹言、

（元和元年カ）（六月）林鐘晦日　　観智国師　源誉（存応）（花押）

100　『駿府記』元和元年閏六月八日・十四日の条

閏六月八日、廓山（正誉）上人出御前、浄土宗法度可成被下由依仰、件条及持参云々、大蔵一覧一部拝領之、先日松薫出御前、于時大中寺曹洞宗法度御朱印被出下、

十四日、今日賜浄土法度御朱印廓山上人云々、

101　『駿府記』元和元年閏六月二十八日の条

閏六月廿八日、増上寺国師（源誉存応）出仕、明日関東依可有下向御暇乞云々、了的（桑誉）・廓山（正誉）言上云、彦坂小刑部（元正）蒙御勘気、唯今可有御赦免歟之由御侘言申上、無御許容云々、

102　観智国師源誉存応書状

『飯沼弘経寺志』所収

（徳川家康）
大御所様より小袖二被遣候、大慶可被思食候、二十日に
罷出候得者、貴寺之法門（問）一段に御座候由、御物語にて
候間、尤之段に候者返答申上候間、可御心安候、委曲口
上に申演候条、不能詳候、恐々謹言、

正月二十九日　観智国師　源誉（存応）（花押）

（照誉了学）
弘経寺

○源誉の観智国師号勅許は慶長十五年七月、徳川家康の
没日は元和二年四月一七日。

103　普光観智国師源誉存応置文

大光院文書

一、新殿之儀伝灯相続為専、当夏別而仏法三昧衆僧和合
之仕置、可為肝要事、

一、我慢為先、毎物対他、無理を懸致族有之者、大衆同
意可令追放、其上（徳川家康・秀忠）両上様江可及御披露事、

一、愚老病身故、機労之間、仏世之指引、悉老僧任置候事、

呑龍　慶巌　存冏
了的　廓山

右之旨必々衆中之儀、更不聞届之間、大細事無隠取沙汰
頼入候、仍如件、

卯月十八日　源誉（存応）（花押）

（源誉存応）
普光観智国師

○源誉存応の観智国師号勅許は慶長十五年七月、慶巌は
元和三年正月没。

○両上様とあるので元和元年までのものである。

104　観智国師源誉存応書状

竹腰家文書

尚々、久懇切申坊主ニ候間、一宿申候ニ付て、委物
語ニ候間、如此申入候、御肝煎偏頼入候、此寺も坊

主も両上様(徳川家康・秀忠)御存知之事ニ候間、御耳ニ入候者、定而
替地可被下歟与存候、以上、

以一書申入候、仍熱田之正覚寺仏供田、宮ノ西ニ御座
候処、慶長十五年庚戌年、那古屋之御舟入之堀ニ罷成、
其後者御本尊之仏供香油難成候由被申候、只今之繩ニ
積候得者、五六十石程にて候、御年奇中(寄下同ジ)与有御談合、
替地も出申様ニ御才覚頼入候、仏神へハ新奇(寄)進さへ被
成事ニ候之間、如何様ニも替地被出候様ニ御心得尤候、
様子御尋ニ付而者、正覚寺委可被申上候間、不能一二
候、恐々謹言、

七月三日　　観智国師　源誉（花押）
増上寺

竹腰山城守(正次)殿

○両上様と観智国師とあるので慶長十五年以降元和元年
までのものである。

105　徳川家康署判浄土宗諸法度　増上寺文書

浄土宗諸法度

一、知恩院之事、立置　宮門跡、門領各別相定上者、不
可混雑寺家、引導・仏事等者、定脇住持、如先規可
被執行、於十念、為結縁、門主自身可有授与事、
一、於京都門中、択器量之仁六人、為役者可致諸沙汰、
曾不可有贔屓偏頗事、
一、碩学衆於円戒伝授者、調道場之儀式、可令執行、浅
学之輩、猥不可授与事、
一、対在家之人、不可令相伝五重血脈事、
一、浄土修学不至十五年者、不可有両脈(宗脈・戒脈)伝授、殊更於璽
書許可者、雖為器量之仁、不満弐拾年者、堅不可令
相伝事、
一、糺明学問之年臘、増上寺当住、并其談義所之能化、
以両判添状可啓本寺(知恩院)、於令満足二十年之稽古者、可

令頂戴正上人之　綸旨、不至弐拾年者、可為権上人事、
付、十五年以来之出世之座次、可有正・権分別事、
一、非古来之学席者、私不可立常法幢事、
一、不解事理縦横之深儀、著相憑文之族、貪著名利、不可致法談、縦亦蒙尊宿許可雖令勧化、空閣仏経祖釈、偏事狂言綺語、妄荘愚夫耳、剰自讃毀他、最是為法衰之因・諍論之縁、堅可制止事、
一、往来之知識等、其所之門中無許容、聊爾不可致法談事、
一、若輩之砌、及十箇年致学問、其後令退転之僧、望色袈裟者、依其人体、六十歳以後可許之、但於上人之義者、可有斟酌事、
一、為平僧分、縦雖老年、不可致引導事、
一、於浄土宗諸寺家者、縦雖為師匠之付属、恣不可住職事、
一、就相替古跡之住持者、可令血脈付法相続、若於為前住没後之入院者、至流義之源、可致伝受事、
一、紫衣之諸寺家之住持、致隠居之時、可脱紫衣事、
一、大小之新寺、為私不可致建立事、
一、借在家構仏前、不可求利養事、
一、於知識分座次者、以血脈・綸旨之次第、上下之品可相定事、
一、於法問商量之座敷者、以学文(問)之戒臘可定上下、至其外之衆会者、以出世之前後可著座事、
一、於所化・寺僧之会合者、選択以上者、可列座平僧之上事、
一、平僧分中、声明・法事等之役儀、有其嗜輩者、同臘之中可居上座事、
一、不弁階級之浅深、恣高挙自身、対上座致緩怠輩者、永不可会合事、
一、諸寺家之住持、任自己之分別、背世出之法義者、為寺中之老僧、兼日可加異見、不然者可属同罪事、
一、白旗流義諸国之末寺、随其大小、集調報謝銭、三箇年一度宛、以使僧可備影前事、
一、出世之官物之事、　綸旨之分銀子弐百文目、参　内之分五百文目、若為両様同時者七百文目相定上者、

不可論米穀之高下事、
一、末々諸寺家者、従其本寺可致仕置、若有理不尽沙汰者、可為本寺私曲事、
一、一向無智之道心者等、対道俗授十念、勧男女与血脈、誡以法賊也、自今以後堅可停止事、
一、悪徒出来、近年興邪教、違経文釈義、私勧安心、闕六字名号、唯称三字、廻種々謀計、令誑惑衆生、是須魔民之所行、速可令追払事、
一、号霊仏・霊地之修理、不可諸国勧進事、
一、如旧例、夏安居従四月十五日期六月廿九日、冬安居従十月十五日可至極月十五日、聊不可有延促事、
一、於一夏中、客殿(上読法問)之法問十則、下読法問十一則、無闕減可令決択、并湯日之外不可有談場懈怠、冬安居可為同前事、
一、解間之事、春従二月朔日期三月廿九日、秋従八月一日可至九月廿七日、如両安居、物読・法問不可有懈怠事、
一、頌義十人以下之僧、不可為寮坊主事、
一、諸談所之所化、自今以後縦雖令他山、老若共不可付替因名事、
一、於一寺追放之所化者、諸談所之会合不可有之事、付、寺僧・同宿等可為同前事、
一、諸談林所化之法度、悉以可復従上事、
右三十五箇之条々、永代可守此旨、若於有違背之仁者、随科之軽重、或令流罪、或可脱却三衣者也、
元和元年乙卯七月日　(徳川家康)(花押)
増上寺

106　普光観智国師源誉存応定書

高崎大信寺文書

一、大御所(徳川家康)様依　御諚、仕置之一通相渡候、惣門中法度之儀、急度可被申付候事、
一、往来之知識、辻説法、於無器量仁者、必可被停止之事、
一、仰出之所、違背之輩可有之者(於カ)、重而遂御披露、堅可申付候事、

右之条々、三ヶ寺有相談、無油断可被申付候、為其一行
如件、
九月五日　普光観智国師　源誉（花押）
報土寺
花陽院
龍泉寺

○本文書は慶長十五年以降、元和元年までのものである。

107　観智国師源誉存応書状

専称寺文書

以上
遠路使僧辱候、猶以料紙五束祝着ニ候、仍　両上様（徳川家康・秀忠）江御
礼之儀心得可申候間、心易可思食候、正月者養生有之、
御目見得可然候、委ハ属口上候、かしく、
（元和元年カ）十月廿九日　観智国師　源誉（存応）（花押）

108　徳川家康書状写

増上寺文書

為歳暮之祝儀、御使僧令祝著候、恐々謹言、
十二月廿日　（徳川）家康
（源誉存応）増上寺

○本文書は元和元年以前のものである。

109　『元寛日記』元和二年四月二十五日の条

元和二年四月廿五日、此時越後少将（松平）忠輝卿、就本多上野
介正純、伺御気色、正純申云、以愚臣等之計、将軍家（徳川秀忠）之
御機嫌難計、願被憑増上寺国師（源誉存応）、可有御陣防（陳謝カ）云々、

110 『梵舜日記』元和二年五月十七日の条

五月十七日、晴、大相国(徳川家康)御弔之事、於増上寺在之、京都寺之諷経無用之由ニテ無之、武州近国之寺衆来也、当日公方様(徳川秀忠)御焼香御成之由也、次施行一日ニ千人之由也、八木一升充之由也、

111 後陽成天皇女御藤原前子女房奉書

増上寺所『蔵筆蹟類聚』所収

(端裏書)「仰　元和二七八　ひろはし(広橋)大納言(兼勝)とのへ」
こくし(国師)そうしやう(増上)寺より、金子三枚しん(進)上候、ひろう(披露)
(源誉存応)申入候へは、おもしろく思しめし候よし、心え(得)候て申と
て候、このよしよく御心え候て、つたへられ候へく候、
かしこ、

112 観智国師源誉存応書状

三河西岸寺文書

濃州(本多忠政)御約束之御本尊其地迄御著之由、態以使札承候、扨々満足之儀、不及是非候、尤当月者御祝言之儀、無其隠候、来月之儀者、幸弥陀之御縁月ニ候間、尤之事ニ候、美濃守殿へも以一書可申候得共、御祝言前之儀候間、令延引候、可然様ニ其方御心得可有之候、委細者口上ニ申含候間、不能詳候、恐々謹言、

(元和二年)九月七日　観智国師　源誉（花押）

増上寺

西岸寺

113 普光観智国師源誉存応書状

増上寺文書

御本尊之儀、直談如御約束、早速下御申、御使者数々人

足遠路ニ御座候之処、御雑作之至、難申尽候、大座(台)・後
光参著時分、則致入仏、檀(壇)上供敬(恭)可申候之間、可御心易
候、為　大相国様(徳川家康)御奇(寄)進被成候旨、愚老以自筆、貴殿(本多忠政)之
御名、愚之代ニ御座候儀、後光ニ朱を以書付、年号月日
迄、筆跡末代留可申候、委細関牛へ申越候間、定而可有
披露候、万端期後音之節候条、不能詳候、恐惶謹言、
(元和二年)十月廿三日　普光観智国師　源誉(存応)（花押）
増上寺
本多美濃守殿
御報　慈昌

114　普光観智国師源誉存応書状

態預飛脚候、其元居住猶以紫衣之参内、外聞実儀大慶に
候、弥真俗之繁昌可然候、為愚老にも都鄙之覚不過之候、
来春者早々有下向、公方様(徳川秀忠)へ御礼尤候、殊更息災に有之
由肝要に候、吾々も一段気相好候、相国様(徳川家康)之御卵塔も
普請半に候、下向之時分可有参詣候、万事期後音之節候
之間、不能具候、恐々謹言、
(元和二年)十月廿七日　普光観智国師　源誉(存応)（花押）
○「黒谷誌要」(『浄土宗全書』二十巻所収)。

115　知恩院六役者連署書状

増上寺文書

尊書奉拝見候、仍　御綸旨毀破之仁可為本座之事、東山(知恩院)
江申達候、則御合点候而相済候、皆々其分心得申候、毎
事重而可得　尊意候条不能具、恐惶敬白、
(元和二年カ)霜月廿五日
浄福寺
城誉(法雲)（花押）
護念寺
十誉（花押）
法然寺
玄誉（花押）
善導寺
誠誉（花押）

正定院
肝誉（花押）
報恩寺
順誉（花押）

拝答
（源誉存応）国師様
御侍者中

116　徳川秀忠署判浄土宗諸法度

増上寺文書

浄土宗諸法度

一、知恩院之事、立置　宮門跡、門領各別相定上者、不可混雑寺家、引導・仏事等者、定脇住持、如先規可被執行、於十念、為結縁、門主自身可有授与事、

一、於京都門中、択器量之仁六人、為役者可致諸沙汰、曾不可有贔屓偏頗事、

一、碩学衆於円戒伝授者、調道場之儀式、可令執行、浅学之輩、猥不可授与事、

一、対在家之人、不可令相伝五重血脈事、

一、浄土修学不至十五年者、不可有両脈伝授、殊更於璽書許可者、雖為器量之仁、不満弐十年者、堅不可令相伝事、

一、糺明学問之年臘、増上寺当住、并其談義所之能化、以両判添状可啓本寺、於令満足弐拾年之稽古者、可令頂戴正上人之　綸旨、不至廿年者、可為権上人事、付、十五年以来之出世之座次、可有正・権分別事、

一、非古来之学席者、私不可立常法幢事、

一、不解事理縦横之深儀、著相憑文之族、貧（貪）著名利、不可致法談、縦亦蒙尊宿許可雖令勧化、空閣仏経祖釈、偏事狂言綺語、妄荘愚夫耳、剰自讃毀他、最是為法衰之因・諍論之縁、堅可制止事、

一、往来之知識等、其所之門中無許容、聊爾不可致法談事、

一、若輩之砌、及十箇年致学問、其後令退転之僧、望色袈裟者、依其人体、六十歳已后可許之、但於上人之

義者、可有斟酌事、
一、為平僧分、縦雖老年、不可致引導事、
一、於浄土宗諸寺家者、縦雖為師匠之付属、恣不可住職事、
一、就相替古跡之住持者、可令血脈付法相続、若於為前住没後之入院者、至流義之源、可致伝受事、
一、紫衣之諸寺家之住持、致隠居之時、可脱紫衣事、
一、大小之新寺、為私不可致建立事、
一、借在家構仏前、不可求利養事、
一、於知識分座次者、以血脈・綸旨之次第、上下之品可相定事、
一、於法問商量之座敷者、以学文之戒臘可定上下、至其外之衆会者、以出世之前後可著座事、
一、於所化・寺僧之会合者、撰択以上者、可列座平僧之上事、
一、平僧分中、声明・法事等之役儀、有其嗜輩者、同臘之中可居上座事、
一、不弁階級之浅深、恣高挙自身、対上座致緩怠輩者、永不可会合事、
一、諸寺家之住持、任自己之分別、背世出之法義者、為寺中之老僧、兼日可加異見、不然者可為同罪事、
一、白旗流義諸国之末寺、随其大小、集調報謝銭、三箇年一度宛、以使僧可備影前事、
一、出世之官物之事、綸旨之分銀子弐百文目、参内之分五百文目、若為両様同時者七百文目相定上者、不可論米穀之高下事、
一、末々諸寺家者、従其本寺可致仕置、若有理不尽沙汰者、可為本寺私曲事、
一、一向無智之道心者等、対道俗授十念、勧男女与血脈、誠以法賊也、自今以後堅可停止事、
一、悪徒出来、近年興邪教、違経文釈義、私勧安心、闕六字名号、唯称三字、廻種々謀計、令誑惑衆生、是須魔〔民脱カ〕之所行、速可令追払事、
一、号霊仏・霊地之修理、不可諸国勧進事、
一、如旧例、夏安居従四月十五日期六月廿九日、冬安居従十月十五日可至極月十五日、聊不可有延促事、
一、於一夏中、客殿之法問十則、下読法問十一則、無闕

減可令決択、并湯日之外不可有談場懈怠、冬安居可
為同前事、
一、解間之事、春従二月朔日期三月廿九日、秋従八月一
日可至九月廿七日、如両安居、物読・法問不可有懈
怠事、
一、頌義十人以下之僧、不可為寮坊主事、
一、諸談所之所化、自今以後縦雖令他山、老若共不可付
替因名事、
一、於一寺追放之所化者、諸談所之会合不可有之事、付、
寺僧・同宿等可為同前事、
一、諸檀林所化之法度、悉以可復従上事、
右三十五ヶ条々、任去元和元年七月日之先判之旨、
弥永可相守此趣者也、
元和弐年十一月日　(徳川秀忠)(花押)
増上寺

117 武家伝奏三条西実条書状写

増上寺所蔵『筆蹟類聚』所収

芳札本望之至存候、仍鎌倉光明寺(深誉伝察カ)継目之参　内之儀申上、
則参　内相済申候、猶光明寺可被申候条、不能一二候、
恐惶謹言、
(元和三年カ)三月十四日　(三条西)実条
国師
(源誉存応)増上寺　御報

○深誉伝察の光明寺入寺は元和三年五月。

118 武家伝奏広橋兼勝書状写

増上寺所蔵『筆蹟類聚』所収

鎌倉光明寺(深誉伝察カ)継目参　内之儀、被得　上意蒙仰候旨、則致
披露、御礼相済申候、珍重存候、猶期後便候条、不能詳

候、恐々謹言、

三月十七日(元和三年カ)　兼勝(広橋)

増上寺国師(源誉存応)

119 京都所司代板倉勝重書状写

増上寺所蔵『筆蹟類聚』所収

以上

尊書忝拝見仕候、鎌倉光明寺(深誉伝察カ)継目参　内之儀、被仰下、
奉得其意候、則両伝奏(広橋兼勝・三条西実条)江申入、早速相済申候、定而御満
足可被思召候、猶期後音時候、恐惶謹言、

三月廿一日(元和三年カ)　板倉伊賀守　勝重判

国師様(源誉存応)

御報

120 板倉重宗書状写

増上寺所蔵『筆蹟類聚』所収

以上

尊札忝致拝見候、仍而大樹寺(暁誉源栄)継目参　内可被成候付而、
御上落〔洛〕候折節、拙者儀其地江罷越候故、伊賀守(勝重)所ゟ
伝　奏衆(広橋兼勝・三条西実条)江申入候処、禁中方之儀無相違参　内被成、
只今帰寺之儀御座候間、御心易可被思食候、将又為年頭
御祝儀、杉原十帖・扇子一本被掛御意、是又過分忝奉存
候、猶期後音候、恐惶謹言、

五月二日(元和三年)　板倉周防守　重宗判

観智国師様(源誉存応)

貴報

○暁誉源栄の大樹寺入寺は元和三年。

121　武家伝奏広橋兼勝書状写

増上寺所蔵『筆蹟類聚』所収

参州大樹寺(暁誉源栄)当住持参　内之儀、被得　上意之旨、御書中之通則致披露、去月廿一日ニ被遂参　内候、珍重存候、仍拾帖一本送給候、喜悦之至候、何様罷下候刻、以参相積儀可申承候、恐惶謹言、

(元和三年)五月三日　　(広橋)兼　勝

(源誉存応)増上寺国師

○暁誉源栄の大樹寺入寺は元和三年。

122　普光観智国師源誉存応書状

越谷安国寺文書

一書指遣候、前々末寺之以筋目、浄安寺江出仕之儀神妙ニ候、向後諸末寺江可及其断之間、取持尤候、万早々、かしく、

元和三年巳 十月十日　　普光観智国師　源誉(存応)(花押)

安国寺

○この書状は安国寺文書の欠損部分を『祠曹雑識』巻十七所収の同書状によって補完したものである。

123　普光観智国師源誉存応書状

高崎大信寺文書

已上

円誉不残和尚就遷化、大信寺其方へ付属被成候、依之僧衆堪忍被申候者指南有之、一周忌迄之事者可然候、其上相続ニ付而者一段之儀ニ候、新法幢者御法度ニ候得共、愚老以心得先々用捨申候、可心易候、仍如件、

元和三年 十月廿二日　　普光観智国師　源誉(存応)(花押)

増上寺

大信寺

究巌老

124　観智国師源誉存応書状　高崎大信寺文書

覚

一、唯識論許可之書物、其方ニ論有之由候、其上不残存
生之内、契約之由候間、其地返置候事、

一、勅之御詠歌、其方へ指越候事、

已上

一、勅之御詠歌、又一乗院殿御返歌壹通者、此方ニ留置
候事、

一、先王様御持扇末広壱本、此方ニ留置候事、

一、血脈壱通、是も相留候、是ハ無所詮与存候得共、勝
願寺之日那衆、其方与取持様ニ被思候間、留置候事、

已上

右之分可有其心得候、已上、

(元和三年カ)十月廿七日　観智国師　源誉(存応)(花押)

(究巌)大信寺

125　観智国師源誉存応書状　大樹寺文書

已上

大樹寺住持之儀、以御諚指越申候、代々之仕置、彼是不
知案内ニ可有之間、可然様ニ御異見頼入候、委細者口上
ニ申候条、不能具候、恐惶敬白、

(元和三年)十二月十五日　観智国師　源誉(存応)(花押)

大樹寺
(魯道)隠居
御侍者中

126　普光観智国師源誉存応書状　源心寺文書

已上

源心寺之事、増上寺為直末之間、後代も其心得尤候、為

其一筆如件、
元和四年戊午三月十三日　　普光観智国師　源誉(存応)（花押）
源心寺

127　観智国師源誉存応書状　芝天光院文書

以上
態以一書申候、仍智恵光院之屋敷之儀、雅楽頭殿(酒井忠世)へ申入
候得者、廓山御出候ハて、不叶事ニ候与仰候間、此方へ
御出待入候、委細者智恵光院ゟ可有御申候間、不能一二
候、恐々謹言、
(元和四年)後三月三日　　観智国師　源誉(存応)（花押）
伝通院(廓山)

○存応が国師号を勅許された慶長十五年七月以降、没す
る元和六年までの閏三月は元和四年だけである。

128　普光観智国師源誉存応書状　出雲神門寺文書

去頃者書中、猶以一種贈給候、如来意弟分座下堪忍被申
候、以来者別而可令懇切之間可御心易候、随而此表相当
之用所候者可承候、如在有間敷候、万端令期後音時候間
不能詳候、恐々謹言、
極月四日　　普光観智国師　源誉（花押）
増上寺
神門寺

129　酒井雅楽頭忠世書状　出雲神門寺文書

従国師様(源誉存応)尊書忝拝見仕候、仍出雲之御出家、今日早々御
登城候様、御尤奉存候、昨日者俄之義御座候故、御上リ
無御座由奉得其意候、恐々謹言、

五月廿日　　酒井雅楽頭忠世（花押）

廓山

　御披露

○酒井忠世の老中就任は元和三年七月、よって本文書は元和四、五、六年のいづれかのもの。

130　普光観智国師源誉存応下読法度　　増上寺文書

下読法度

一、於下読座中仏世之儀、可為神妙之事、

一、頌義十人二不審宛、并中老迄可為一不審宛、但、切磋之儀者可除之事、

一、下読法門（問）之中一則も不可有懈怠之事、

一、同時之難者可為下座、不可有諍論之事、

一、下読坊主并部頭十人衆之毛頭も、指引不可有違背之事、

右之条々、於違背之輩者、急度可有披露、可及其断者也、

（元和五年）初夏廿四日　　普光観智国師　源誉（存応）（花押）

祖吟老（大誉）

131　観智国師源誉存応書状　　勝願寺文書

追而其方之住物（什）、皆々進之候、以上、

紫衣之御執奏相澄ニ而、日来之本望被達之条、猶以愚老存命之間、御披露事澄申、我等も満足不過之候、両僧御見舞ニ被参之間、以一書申候、御奏執之添状并吾等伝奏板倉父子（勝重・重宗）へ之添状も可進之間、御心易可思召候、委細口上ニ申含候之間、品々是式ニ候得共、小袖一ッ路次之寒防ニ遣之候、恐々謹言、

（元和五年）霜月二日　　観智国師　源誉（存応）（花押）

国師　増上寺

勝願寺（定誉恵天）　　源誉

○板倉重宗の京都所司代就任は元和五年七月十三日。存

応の没年は元和六年十一月二日。

132　普光観智国師源誉存応筆感誉存貞談義所壁書

福井運正寺文書

（端裏書）「浄光院法幢之壁書」

一、帰敬三宝之事、

一、敬上慈下之事、

一、勤行番次位不可乱、付、茶湯・香華・灯明可為厳密、至油断者、過料可出之事、

一、日中当番之仁、護念経之中ニ可出、不然者過銭之事、廿字、

一、法門（問）諍論、并世語不可有之事、

一、大衆列座之砌、対上座悪口之人有之者、可及進座、若至違背者、大衆同心可追放之事、

一、法門（問）之上同時之難者、可為下座之事、

一、対他宗、世出共不可致諍論、若違背之仁者、可追放之事、

一、談場不可懈怠、違背之仁者、過銭之事、廿字、

一、入寺之前後不可乱、退転之僧者、夏安居不出ニ付而者、一人宛可為下座之事、

一、掃除之砌不出人者、過銭之事、廿字、

一、夏安居之中於小寮楽法門（問）、可令停止之事、但、下読法門（問）ヲ者除、

一、寺中寺外白衣往行不可有之事、

一、夏安居之中他宿不可致、無拠儀ニ付而者、当月行事可届、不然者寺家追放之事、

一、掃除之時分、老若之上不可讒言事、若違背之仁者、寺家追放、

一、夏安居入リ高声・歌舞可令停止之事、

一、以行灯火ヲ不取者不可有之、至違背之僧者、寺家追放之事、

一、部超越不可有之事、

一、路次往来之砌、手ヲ取、楽雑談不可致之事、於違背者、寺家追放、

一、月行事指引不可違背之事、
一、談場略頌之内ニ可出、不然者、過銭之事、廿字、
一、法門（問）之時二蔵義、十人衆一不審宛之事、
一、落書不可立、披見之輩可為同罪之事、寺家追放、
一、辻法門（問）不可有之、寺家追放之事、
一、公事出来之砌、同国同寮同指南、法眷、是不是共贔屓不可致、縦本人者雖及帰寺、傍人者永可為追放之事、
一、頌義廿巻不読者、不可選択頂戴許之事、
一、頭巾・傘・足駄、頌義十人衆已上可許之事、但用捨可依時、
一、打礫不可打、寺家追放之事、
一、着座之後、及再三不可立之事、
一、非解安居者、離散不可有之、但帰国之仁者許之事、
一、乾地之足駄可令停止之事、
一、他寺相続可許之事、
一、他山之僧至入寺者、他寺之可為本部之事、
右此式目者、先師感誉大和尚法幢之条目を写置、愚老一代所化之遂介抱、末後迄無相違御座候、目出度候条、写遣候、弥々仏法造立専一ニ候、仍如件、

元和五暦　　普光観智国師（朱印）
極月廿五日　　源誉（存応）（花押）
浄光院随流（源誉）和尚

133 観智国師源誉存応書状

已上
以一書申候、仍　相国様（徳川家康）御直判之三十五ケ条之御法度書（浄土宗諸法度）之写進之候、以此旨其表門中之仕置可被成候、為其申達候、早々、恐々謹言、

卯月十三日　　観智国師　源誉（存応）（花押）
常福寺

134　普光観智国師源誉存応置文

増上寺文書

増上寺三縁山先師(雲誉円也)之代ニ炎上、以後建立不罷成、猶以茶飯断処、大相国様(徳川家康)不思議愚老(源誉存応)奉御機縁結、伽監(藍)数多御建立、剰一切経三部(宋版・元版・高麗版)迄御安置被遊、経蔵迄作事被仰付、其上千石知行拝領仕候、愚老中興開山罷成、位之儀国師被成被下儀、扨々御恩多生難報儀、二世成就之本望不過之候、然処、齢衰邁余残無幾、増上寺付与弟子黒谷上人(金戒光明寺)了的(桑誉)和尚存旨候、第一智恵日本無双、又御門跡・公家出会心得被申候、殊御一門衆檀那多御座候条、可然与存定候、此上　公方様(徳川秀忠)御掟次第御座候、

国師存意右之分落著仕候、以此一通、死後ニ御年寄衆奉願、上意調(可脱カ)被申究候、為後日、乍老筆仍如件、

元和六年卯月十八日　伝灯仏子源誉(存応)（花押）

普光観智国師（朱印）

黒谷了的上人

135　観智国師源誉存応書状写

駒込蓮光寺文書

追而百万返(知恩寺)紫衣御執奏之状、申懸候得共、御取込故達之申候、調次第進上可申候、此旨三条大納言殿(実条)へも御心得頼入候、以上、

一書奉啓上候、内々覧舞可申候処、老後之中風故、無拠罷過如在之至背本意候、仍百万返之後住職之儀、公方様(徳川秀忠)自去冬　御掟候間、蓮馨寺(尊誉源的)ゟ此中相定候、遂披露候得者、尤可然之由　御意候間、可被成其御心得候、貴殿別而御懇志頼入候、委細口上ニ申入候之条、不能一二候、恐惶謹言、

(元和六年カ)卯月廿五日　観智国師　源誉(存応)判在

広橋大納言殿(兼勝)

136　普光観智国師源誉存応浄土宗諸法度写 并添書

鎌倉光明寺文書

浄土宗諸法度

（中略）

右三十五箇之条々、永代可守此旨、若於有違背之仁者、随科之軽重、或令流罪、或可脱却三衣者也、

元和元年乙卯七月日

増上寺

右此三十五箇条之諸法度之式目、従　相国様(徳川家康)被出候、其写進之候、如　御諚、其表之門中仕置尤候、仍如件、

元和六年庚申

九月朔日　普光観智国師（朱印）

源誉(存応)（花押）

光明寺深誉(伝察)和尚

137　観智国師源誉存応書状

増上寺文書

猶以果候者、理益・潮呑ニ申置候間、早々下向候而、万事之儀両人有談合、仕置貸方任置候、委細者期後音之時候間、不具候、将又爰元病体ニ付而、一首読候間、自筆ニ書短冊、進之候、以上、

愚老(源誉存応)煩ニ付而、遠路預使札候、気相者散々ニ候得共、近日果可申模様ニ者無之候、果候者、不取敢下向尤候、理益(存誉)・潮呑(往誉)ニ申含候、飛脚を可越候、此度者往生可申事、存旨三ケ条候、

一、老期与申、頼母敷儀無之候事、

一、延寿院(曲直瀬正紹)合薬、五三十日打続用申候得共、験無之候事、

一、人界之中伝分者、命ハ在食与之儀者、三四ケ月之内、食一口も不成候、粟之粥、貝一ッ程成候、其外者御酒、是も小盞一ッ計ニ候間、難期候、乍去、世ハ難計候間、急ニ下向者御無用ニ候、諸余期後音候、恐惶謹言、

(元和六年)十月四日　観智国師　源誉(存応)（花押）

増上寺

金戒光明寺（京黒谷・桑誉了的）

参　　　　源誉

増上寺文書

138　源誉存応授伝誉璽書

璽書

念仏往生浄土宗血脈相伝手次事

（中略）

右従上曩祖之深秘無加増、皆以手印授与之畢、然弟子伝誉勤修志深、殊依法器之仁、一宗之奥旨無残令伝授之処也、早守此旨、可被弘通之状、仍如件、

元和六稔十月十八日

増上寺中興慈昌源誉（花押）

139　観智国師源誉存応書状

京都知恩院塔頭良正院文書

以上

出世之仁有之付而、一書差添申候、早速　綸旨頂戴申様ニ、其元肝煎尤候、委細彼可在口上候、早々、恐々謹言、

八月六日　　観智国師　源誉（黒印）

（ウハ書）
「　　　　増上寺

宗把老（良正院）　　　　」

140　源誉存応書状

『武州文書』所収東光寺文書

（ウハ書）
「東光寺　　　増上寺」

尚以、右ことく候、以上、

一宗之本末之儀、先年　大御所様（徳川家康）以仰出相定被申候、誰歟違背之旨可有之候哉、御百姓ニ急度断候而、其上如在

之儀有之者可及其意趣候、為以来候間、幾度も可被申届候、御証文迄被下候間、大方之事無之候、尚後日此一筆を以、必々可被申候、以上、

八月十八日　増上寺　源誉（花押）

141 観智国師源誉存応書状

千葉大蓮寺文書

已上

預一書候、如来意、久互絶音問候、仍浦口ニ御酒、只今古酒払底ニ候処、且遠路、且今程珍物、祝著之至候、何様冬中此方入来之刻、以面万可申談候、先々早々、恐々謹言、

九月七日　観智国師　源誉（花押）

大蓮寺

増上寺

142 観智国師源誉存応書状

五日市大悲願寺文書

尚々、能々御養生専一ニ候、委細者口上ニ申候条、不具候、以上、

幸便之間、一書令啓候、其以来者、遠境故無音之至ニ候、仍御煩気之由、能々御養生可被成候、於其地可然医者無之付而者、此方へ御越、薬をも可有御用候、万正的ニ申含候、恐々謹言、

九月十一日　観智国師　源誉（花押）

増上寺

吉祥院（海誉）　参

源誉

143　観智国師源誉存応書状

五日市大悲願寺文書

追啓、寒天も近ク御座候間、頭巾一ツ、しゆちんの
黒襪一足、御音信之首尾迄ニ候、諸余重而可申候、
以上、

遠路預使僧候、猶以一段之柿并柚、松茸何茂此口珍物ニ
御座候、就中松茸之事ハ珍敷賞翫申候、其以来者御物遠
ニ打過候、遠境之条不得便宜、背本意候、何様上様御下
向之時分御礼可有之間、正的寮も御座候間、無気遣、幾
日も可有御逗留候、必々申合候、彼仁をハ五拾石之知行、
寺山屋敷百石余之寺ニ申付候間、御心易可思食候、委細
期後音時候事候、恐惶謹言、

九月十五日　　観智国師　源誉（花押）

増上寺

（海誉）吉祥院御同宿中

144　観智国師源誉存応書状

『武州文書』所収龍宝寺文書

以上

続木之大めうたん、猶以こねり五十、諸事之抑（ママ）ニ御座候故、
一段新御座候、一入忝令賞翫候、御真実之御音信歟、何
様瑞花院を以御礼可申候、急早々、恐々謹言、

十月八日　　観智国師　源誉（花押）

増上寺

龍宝寺

侍者中

145　普光観智国師源誉存応書状

小田原浄蓮寺文書

来札令披見候、仍天衣寺本末之異論、春中如前々落着候
得者、此度京都下向之砌、以大念寺、於旦那共申分者、
末寺被仰付候者、宗旨替可申候、種々詫言候而、先々当
座神加之様ニ申候、別而直末ニ与返答候、然処ニ、何共
遠路之儀、慶超聞届侭ニ、殊更作事半之時分柄、取紛数

多候間、此上者惣門中無私正理指引尤候、皆々有一同、
必々忿相済様可然候、若又無理成儀被申方者、皆々談合
申、自此地可申付候、万事早々、恐々敬白、

十月廿三日　普光観智国師　源誉（花押）

増上寺

小田原

惣門中

146 観智国師源誉存応証文

岩瀬梅沢家文書

了香宛書付、尚其□□御□□□ニ□□被遣候、其元諸道
具并年貢之納方義、少も紛失無之様ニ各々有相談、慥ニ
承□□重又可然僧ヲ可被遣候、□□□ヲ被遣候、右　国
師様尊意ニ候、仍如件、

十一月十八日　増上寺

（壷形朱印、印文）
○「観智国師」

大長寺

留守居

梅沢□□

147 観智国師源誉存応書状

増上寺文書

其以後者音問無之間、無心許侭ニ、速以使僧可申候へ共、
方々取紛打過候、仍只今迄無何事神妙之由、外聞実儀大
慶候、此上如右法度、各々被心得、解安居尤候、若此上
も我侭之僧有之者、各々帰山之砌有相談、急度可申付候、
委細属口話、恐々謹言、

霜月十九日　観智国師　源誉（存応）（花押）

月行事中

148 『東武実録』元和六年十一月二日の条に

十一月二日、増上寺ノ住持普光観智国師源誉上人寂ス、行年七十五歳、在住三十七年、

149 『元和年録』
元和六年十一月二日の条

十一月二日、増上寺観智国師(源誉存応)遷化、此弟子廓山(正誉)・了的(桑誉)とて、名僧二人有、廓山ハ小石川伝通院之住持、了的ハ京百万遍(知恩寺)住持、○本書、了的ヲ知恩寺ノ住持トナスハ誤ナラン、此両人之内、国師之跡へ被仰付可被下由申置、廓山ハ権現様(徳川家康)御前能候へ共、当上様(秀忠)之御機嫌不宜、其上、国師も内々了的ニ、増上寺付属申度存候由、依之先当年ハ、増上寺之住持不被仰付、

150 『大悲願寺過去帳』

観智国師源誉大和尚位(朱書「世寿八十」)　同(元和六)庚申十一月二日、江戸増上寺十二世、(存応)由木豊前守子息、

追加1　増上寺国師源誉存応書状案

「増上寺旧記」

遠境之御書畏存候、抑真俗雖異、孝道専要ニ候、父子有別、長幼有序、必父兄之御儀御麁略不可思召、又御恨有之間敷候、四海之内御父兄之御領ニ候得者、松柱竹椽ニ而も、尊容を麁末ニ不仕事、是又右之故ニ候、只御前世之因業所感与而已被思召、現世不久事、未来蓮上ニ而被対御父君、御申開肝要ニ候もの歟、念仏御修行、如御尊父御往生可被遊候、此外不能筆呈候、恐惶謹言、

(元和三年)巳六月十日　増上寺国師　源誉

(松平忠輝)上総介様　御報

○本文書検討を要す。

追加2　観智国師源誉存応書状

福井運正寺文書

已上

度々預書札候、令祝着候、仍其元宰相（松平忠直）殿御懇意故、所化之介抱モ相続可有之儀、一段之事ニ候、依之感誉（存貞）上人之御壁書、殊ニ者従　相国様（徳川家康）、宗門之法度三十余ケ条、愚老ニ被仰付候ヲ書写遣之候、以此旨所化之御仕置尤ニ候、以来ニ者年数相続之仁有之ニ付而者可承候、綸旨之添状モ関東之談林惣次ニ可指遣候、其地御檀力故、仏法弘通之段、如何様御次而之時分　公方様（徳川秀忠）ニ可申上候、事々期後音節候、恐惶謹言、

（元和五年）極月廿五日　　観智国師　源誉（花押）

浄光院（運正寺）　　増上寺

御侍者中

追加3　運正寺源誉随流書状

福井運正寺文書

以上

謹而奉言上候、抑御尊体御息災之由承及、以之太慶奉存候、此方モ所化衆数多集会之儀候、尚期後音之時候、恐惶頓首、

（元和五年カ）極月拾五日　　随流（源誉）（花押）

進上　知恩院様（満誉尊照）

衣鉢侍者御中

知恩院山役者浩翁院・良正院宗把関連史料集

知恩院山役者浩翁院・良正院宗把関連史料集

目次

1 坂奉行連署売券　慶長元・極・6……103
2 坂奉行連署売券　慶長元・極・6……103
3 江戸増上寺源誉存応書状　(慶長2)・9・11……104
4 江戸増上寺源誉存応証状　慶長2・9・27……104
5 京都奉行前田玄以証状　慶長3・9・18……105
6 京都松田政行添状　(慶長3カ)・9・18……105
7 京都奉行前田玄以書状　卯・12……105
8 大工頭中井正清大工指置状　慶長9・閏8・6……106
9 井家豊家等連署書状　慶長14・卯・17……106
10 進物御礼覚　慶長14・卯・17……107
11 『本光国師日記』　慶長18・9・18……108
12 江戸増上寺普光観智国師源誉存応書状　(元和元カ)・6・10……108
13 生実大巌寺円誉潮流書状　(元和7カ)・初春・5……108

32 京都知恩院役者衆連署書状控（寛永5）・12・朔……117
33 京都知恩院役者衆連署書状控（寛永5）・12・朔……117
34 豊浦村給人手代衆連署書状（寛永5）・12・3……118
35 豊浦村正覚院弘誉書状（寛永5）・12・11……118
36 豊浦村給人手代衆連署書状（寛永5）・12・11……119
37 京都知恩院役者衆連署書状控（寛永5）・12・15……119
38 豊浦村給人手代衆連署書状（寛永5）・12・18……120
39 安土浄厳院等連署証文控 寛永5・12・21……120
40 京都知恩院役者衆連署書状控（寛永5）・12・23……121
41 京都知恩院役者衆連署書状控（寛永5）・12・23……122
42 京都知恩院役者衆連署書状控（寛永5）・12・23……122
43 京都知恩院役者衆連署書状控（寛永5）・12・23……123
44 安土浄厳院深誉文廓書状（寛永6）・正・9……123
45 安土浄厳院深誉文廓書状（寛永6・正）……124
46 安土浄厳院深誉文廓書状 2・20……125
47 安土浄厳院深誉文廓書状（寛永6）・閏2・14……125
48 江戸増上寺桑誉了的書状（寛永6）・閏2・17……126
49 安土浄厳院深誉文廓書状 3・24……126

68 京都知恩院役者書上覚写（寛永11）・閏7・10……133
69 金勝阿弥陀寺寂誉目安写 寛永11・5・6……134
70 安土浄厳院深誉文廓願書覚書 寛永11・5・6……136
71 伊勢山田歓喜院慶閑訴状 寛永11・閏7・吉……138
72 筑後善導寺団誉冏無書状写（寛永12）・5・8……138
73 安土浄厳院深誉文廓書状（寛永12カ）・5・23……140
74 京都知恩院山役者良正院宗把書状控（寛永12）・5・28……141
75 安土浄厳院深誉文廓訴状 寛永12・11……141
76 京都知恩院役者衆連署下知状写 寛永14・11・19……143
77 京都所司代板倉周防守重宗書状（寛永14）・12・11……143
78 某書状 5・24……144
79 佐倉藩主松平紀伊守家信書状 8・11……144
80 京都知恩院山役者衆連署綸旨添状（寛永19カ）・正・24……144
81 京都知恩院山役者衆連署綸旨添状（寛永19）・正・26……145
82 京都知恩院山役者衆連署綸旨添状（寛永19カ）・2・27……145
83 京都知恩院山役者衆連署綸旨添状（寛永19）・3・25……145
84 伊勢亀山藩主本多下総守俊次書状写（正保2カ）・3・19……146
85 会津藩主松平右衛門佐正之書状 8・20……146

86 京都知恩寺大蓮社円誉文覚書状 2・13……147
87 帝誉尊空書状 林鐘・25……147
88 帝誉尊空書状 6・3……148
89 帝誉尊空書状 7・朔……148
90 某書状 3・19……148
91 帝誉尊空書状 11……149
92 帝誉尊空書状 12……149

追加目次

追加1 京都所司代板倉重宗書状（元和8）・霜・28……150
追加2 増上寺正誉廓山書状（寛永元）・5・21……150
追加3 尼子金右衛門尉書状（寛永3）・2・25……151
追加4 岡山専称寺円誉書状（寛永3）・2・25……151
追加5 岡山報恩寺文佐書状（寛永3）・2・27……152
追加6 本部五郎右衛門書状（寛永3）・7・28……153
追加7 浩翁院規式 寛永6・4・15……154
追加8 池田忠雄書状（寛永7カ）・11・朔……155
追加9 良正院宗把書状案（寛永8）・閏10・25……155

追加10　良正院宗把書状案（寛永10）・正・13……156
追加11　良正院宗把書状案（寛永10）・正・13……157
追加12　源察等連署書状（寛永10）・正・14……158
追加13　鎮西善導寺団誉書状（寛永10）・9・23……159
追加14　鎮西善導寺団誉書状（寛永10）・拾・17……160
追加15　鎮西善導寺団誉書状（寛永13）・正・23……160
追加16　鎮西善導寺善龍・太岩連署書状（寛永13）・正・23……161
追加17　満嶺和尚書状（寛永13）・3・17……162
追加18　増上寺暁誉位産書状　7・28……162
追加19　増上寺暁誉位産書状　7・28……162
追加20　浄運院閑栄等連署書状　7・28……163
追加21　老中阿部重次書状　8・5……163
追加22　知恩院帝誉尊空書状　正・5……164
追加23　知恩院帝誉尊空書状　初春・7……164
追加24　知恩院帝誉尊空書状　7・24……164
追加25　知恩院帝誉尊空書状　2……165
追加26　良正院宗把書状案……165
追加27　知恩院門跡ニ付山役者頤誉宗把覚書……165

1　坂奉行連署売券

京都知恩院文書

（貼紙）「葬礼ニ付さかの書物」

知恩院より坂へ被下候御墓役之物、坂のからんこんり（伽藍建立）う仕候によつて、諸役のこらす銀子五まいに永代知恩院へ売渡申所、実正明白也、たとひ葬場何方にひらかせられ候共、少も相構事御座有間敷候、しせん（自然）天下一同并私の徳政参候共、少も違乱煩申あけましく候、為其昔よりの証文悉返進申候、向後書物出申候共、ほうく（反古）たるへく候、若何方よりも申分有之者、何時成共、此判形の衆罷出、其明可申分候、仍永代売巻（券）之状如件、

慶長元年極月六日

坂奉行惣代
但馬（花押）
備後（花押）
安芸（花押）
出雲（花押）
長門（花押）

知恩院
御役者中様
まいる

2　坂奉行連署売券

京都知恩院文書

知恩院より坂へ被下候諸御墓役料之事、向後一粒一銭取申間敷候、たとひいつかたに葬場ひらかせられ候共、少も相構儀御座あるましく候、則昔之証文悉返進申候、若於後々書物出申候共、ほうく（反古）たるへく候、永代諸御寄進仕候間、おそれなから御せうかう（賞功）にあつかるへく候、為後日寄進状如件、

慶長元極月六日

坂奉行惣代
但馬（花押）
備後（花押）
安芸（花押）
出雲（花押）
長門（花押）

知恩院
御役者中様
まいる

3　江戸増上寺源誉存応書状

京都知恩院文書

急度奉啓上候、仍就安心問答仁、関東諸談所知識衆、三国伝来安心之旨、殊経釈明文為証跡記録雖指上候、遠境之際遅々申候処ニ、御　本寺以筆記落着段、誠以都鄙仏法一途相定候、此上者彼悪解之人等、六十余州擯出堅被仰付極候、左様ニ候者、右旨高札ヲ被為立可然候、且者為是非明白、且者為仏祖御報謝、被遂御塩(梅)味尤候、若又於御油断者、関東中諸山違背儀可有之間、為御心得申上候、已上、

(慶長二年)九月十一日　増上寺 源誉（花押）

進上知恩院
御役者御披露

4　江戸増上寺源誉存応証状

京都知恩院文書

謹而言上、抑増上寺門家出世之事、従或百万反・或新黒谷等申請儀、為曲事之間、最前之　御綸旨ヲ令毀破、従御本寺知恩院被遂奏聞、改被下　御綸旨、為正可令頂戴候、向後茂自余之以手次申請輩於有之者、永令擯出止参会、国主江御理申、彼寺家ヲ可令退出候、仍為後証状、右粗言上、

慶長二
九月廿七日　増上寺 源誉（花押）

進上
知恩院
御役者中

5 京都奉行前田玄以証状

京都知恩院文書

当寺境内、公儀毎年上竹事、自今以後御免之上者、竹木等一切不可掘採・伐採、縦誰之雖為所望、不可有同心、況令沽却儀於在之者、可為曲事、為修理用所之時者、遂案内、可被随其者也、

慶長三

九月十八日　　　徳善院

玄以（花押）

知恩院

役者中

6 京都松田政行添状　折紙

京都知恩院文書

以上

当寺竹木之儀付、徳善院折紙請取令進之候、慥可被成御請取候、猶追而可申入候、恐々謹言、

松田勝右衛門尉

政行（花押）

（慶長三年カ）
九月十八日

知恩院

御役者中

7 京都奉行前田玄以書状　折紙

京都知恩院文書

（貼紙）
「むき年貢ニ付、徳善院ゟ状」

急度申達候、麦年貢之事、田方分三分一納所可被申付候旨、被　仰出候条、当寺領分被進内検帳を候、則在所ニ可被納置候、右帳面ニ若麦田被隠置候ハヽ、給人可為越度候旨候、可被入御念候、恐々謹言、

徳善院

卯月十二日　　　玄以（花押）

知恩院

役者中

8　大工頭中井正清大工指置状

京都知恩院文書

知恩院御寺へ指置申大工衆之事

一、一条宗賀組東洞院井筒屋町　惣右衛門尉
一、一条宗賀組真如堂町　与一兵衛
一、下京組浄貞組万里小路通十文字町　与次右衛門尉
一、中筋組下御霊町浄無組　仁右衛門尉
一、一条右衛門尉組東洞院三本木四町目　惣右衛門尉
一、一条右衛門尉組　同町　源右衛門尉
一、一条右衛門尉組　同町　喜右衛門尉
一、一条右衛門尉組相町泉丁　孫三
一、上柳原組甚七組上立売組　弥七
一、下京色こかた町浄貞組　弥三
一、中筋組下御霊丁浄無組　新五郎
一、同町　孫四郎
一、一条宗賀組角小路大炊町　藤右衛門尉
一、一条右衛門尉組柳馬場通ゟ五町目　喜兵衛
一、四条坊門通かりかね（雁金）屋町浄貞組　甚右衛門尉
一、下京一雲組川西綾小路堀川町　三郎左衛門尉
一、寺町下御霊町宗賀組　与助
一、錦小路壷屋町浄貞組　久右衛門尉
一、誓願寺通　与四郎
一、小川弁才天町久佐組　与市

右弐拾人之大工、御公方江遣候処ニ指置在之候間、如何様ニも御作事ニ可被成御遣候、已上、

慶長九年辰後八月六日　中井藤右衛門尉（花押）

東山知恩院
御役者
参

9　井家豊家等連署書状

京都知恩院文書

僧正成之御礼として、両伝　奏へ銀子三枚宛、つけ紙ニ

て御上なされ候を、只今銀子うけとり上申候、次ニ我等
三人へ銀子壱枚宛、為御祝儀拝領候、被成御心得、可被
仰入候、已上、

慶長十四年

卯月十七日　　速水右近　　良益（花押）

立入河内守　康善（花押）

井家摂津守　豊家（花押）

知恩院御内

宗把老

英伝老

10　進物御礼覚

京都知恩院文書

法印御礼御進物之事

禁裏様　　銀子五枚

女院御所様　　杉原十帖、銀子壱枚

御方御所様　　杉原十帖、銀子壱枚

女御様　　杉原十帖、銀子壱枚

新大すけ殿御局　　壱石弐斗

職事　　壱石弐斗

上卿　　壱石弐斗

右請取候て上申候、已上、

慶長十四年

卯月十七日　　速水右近大夫

良益（花押）

立入河内守

康善（花押）

速水右兵衛尉

光益（花押）

井家摂津守

豊家（花押）

知恩院

英伝老

宗把老

11　『本光国師日記』慶長十八年九月十八日の条

智（知）恩院之宗把来、智（知）恩院扇子十本来、

12　江戸増上寺普光観智国師源誉存応書状

京都知恩院文書

公方様之以御諚、廓山上洛被申候様子之儀、可被申上候、
仍　綸旨頂戴仕度之由、弐拾六人御座候、年数之次第究
候而申達候、正上人五人、権上人弐拾壱人、有奏　聞、
綸旨御調、廓山ニ御渡頼入候、委細以書立申候、可被
成御心得候、恐惶敬白、

普光観智国師
（元和元年カ）六月十日　源誉（花押）

知恩院
御役者中

13　生実大巌寺円誉潮流書状　折紙

京都先求院文書

猶々、九学（常称院）老ゟ書中幷銀子一包、慥ニ相置候、別
書ニ而可申候へとも、手透無之之間、此通頼入いた
し申候、以上、

御書中之通令披見候、先以当春之喜風同前之至ニ候、然
者為御遺言、金屏一羽御寄進、大巌寺之叢珍重ニ奉存候、
殊ニ源正様御下向、其元之様子、万無相違之体、満足不
過之候、此ホ（等）之儀貴僧御才覚故与存、弥々御頼母敷候、
源正様御修行無由（油）断、御増益被成候様ニ可有之候間、御
気遣有間敷候、羊僧眼病能罷成候得者、是又可有御心安
候、定而当年も為御礼可有下向之間、其刻具ニ可申述候、
恐惶謹言、

（元和七年カ）初春五日　大巌寺　円誉（花押）

宗把老
御報

○円誉潮流の大巌寺在任期間は元和二年十一月より寛永二年十一月まで。

14 生実大巌寺円誉潮流書状 折紙

京都先求院文書

以上

態一書令啓候、然者此僧　御綸旨望而被参、則増上寺御添状調令進候、無相違頂戴被申候様ニ奉頼候、生国ハ安芸州広嶋天長寺之住、年積ハ十五余、果名ハ恢誉と申候、委細者口上ニ申含候間、不能具候、恐惶謹言、

卯月三日　大巌寺　円誉（花押）

宗把御老

15 生実大巌寺円誉潮流書状 折紙

京都先求院文書

以上

良諸へ御雑談之趣、具ニ承、恢然之至此事候、定而貴様御取成可被成ことと存候、左候へハ、源正様当年御目見衛被成候て可然由、様々申つれ共、如何之思召候哉、御延引候、此度幸之儀候間、御目見衛有之様尤存候、様子ニ而御越可被成候間、其時分委細可申述候、恐々謹言、

卯月三日　円誉（花押）

宗把様

16 生実大巌寺所化然誉源正書状 折紙

京都先求院文書

一書申入候、

一、其元皆々無事候哉、此方も相替儀無之候、

一、浄善寺之不歴弟子了頓と申僧、　綸旨望付て、我ホ（等）
両老迄之文所望候、今程堅法度之由承候、種々斟酌申
候へ共、不成者不及力、是非文をと被申候間、令染筆
候、皆々才覚ニ成事候者　綸旨頂戴候様、肝煎頼入候、
一、南秀　綸旨相調令満足候、然者其節之書札、浩玄院
之事具披見申候、誠筋目通両老心中之程令感悦候、其
儀以別書申入候外者無之候、先々両老預分ニ而被置候
様ニ頼入候、委細自是可申候、恐々謹言、

（寛永元年）九月十九日　　源正（花押）

（補筆）「寛永元年九月
浩玄院無住ニ付文也、不入文也、
　宗把老
甲子九月
浩玄院無住ニ付文也、
　九学老」

17　京都知恩院山役者宗把書状　折紙

京都先求院文書

尚々、小性之儀相対尋候へ共、おもほしき者無之候、
此霊随へも内々物語仕候、房州佐貫辺ニハよき小性
可在候と存候、此以前も切々見申候間、如此候、以上、

幸便之条、一書令啓上候、霊巌上人之儀両御所（徳川秀忠・家光）様御前
相済、則被遂　御目見候由、爰元風聞候へ共、実説不承
候処ニ、今度霊随上洛ニ付委承候、京都諸人之大慶難及
筆紙候、偏貴様御取成故、本末之大悦難有過分ニ被存候、
迚之儀ニ此上尚以霊巌和尚へ被加御異見、万事神妙に被
仕候様奉頼旨、貴様迄我等共可申上旨、何も内存も御座
候、先度以便書申上候、致参着候哉、来春早々罷下、諸
余可得尊意候、恐惶謹言、

（寛永元年カ）十月七日　　宗把（花押）

（永喜カ）

18 岡山藩主池田忠雄書状

『知恩院史』所収

為良正院（池田輝政室・とく姫）殿御追善、相国様（徳川家光）江窺之上、其寺建立候、御
供養米五拾石永々可差贈候、猶御仏前武運長久国家安全
之祈願頼入候、永其寺可為檀那候、上（恐カ）惶謹言、

（寛永元年カ）十一月朔日　宰相　忠雄（印）

良正院　宗把老

19 尾張藩士滝川豊前守忠征等連署書状　折紙

京都知恩院文書

已上

当国性高院前住持順道、恥辱之儀相究通、檀那共ゟ最前
其元へ申入処、先月十七日順道目安被差上ニ付而被遂穿
鑿、様子以両使被申入候、委細口上ニ可申達候、恐惶謹言、

（寛永二年カ）八月朔日　竹腰山城守　正徳（花押）

阿部河内守　正与（花押）

滝川豊前守　忠征（花押）

知恩院

御役者衆中

20 尾張藩士朝岡平兵衛重政等連署書状　折紙

京都知恩院文書

以上

一書致啓上候、先度之御書付披露申候、則今十二日順道
并四ヶ寺之住持、光明寺之住持、於性高院脱却三衣、追
放被申付候、流罪之儀者被致赦免候、委細従性高院可被
申達候、恐惶謹言、

（寛永二年カ）八月十二日　矢嶋権右衛門　□□（花押）

朝岡平兵衛　重政（花押）

知恩院御内

（宗把）浩翁院

御同宿中

21　名古屋性高院光誉書状　折紙

京都知恩院文書

追而申上候、阿弥陀寺者往生被申候間、三衣も上不
被申候、
急度以使札申上候、然而其地ゟ如尊意、養林寺・法蔵寺・
深誓寺・光明寺・順道以上五人之三衣并御　綸旨請取申
候、則従　中納言（徳川義直）様、以使僧御本山江指上申候得由、被
仰出候条如此候、此ホ（等）之趣可然様御奏達所希候、尚従其
地万端被入御念候段、　殿様も御祝着ニ而候、万々後音
節可申上候、恐惶敬白、
（寛永二年カ）八月十三日　　性高院　光誉（花押）
御本山
　御役者中

○徳川義直は寛永三年八月に大納言に昇任。

22　名古屋性高院光誉書状　折紙

京都知恩院文書

猶以、御役者中へも以書状申入候、朝岡平兵衛（重政）殿も
聽而貴庵迄以飛脚申度由ニ而候、御使者之衆へ御伝
言忝奉存候、貴面を以御礼可申上候、以上、
追而申候、光明寺者是非共生涯之内一度御訴訟申度
由被申候間、御綸旨之儀も別而貴庵へ御預之分ニ
仕度由、返々被申候間、如此申上候、以上、
一書令啓上候、仍春中者以使僧申上候処、種々御懇札、
誠以過当至極奉存候、随而今度寺町中出入ニ付而、
中納言（徳川義直）様ゟ御使者被遣候処、被入御念之段、　殿様も御
祝着御座候、就其五ケ寺之三衣を請取進上申候間、可然
様奉頼入候、貴庵様為御礼御出可有様ニ承候間、乍御太
儀早々御光儀奉憑候、万々貴面節可申上候、恐惶謹言、
（寛永二年カ）八月十三日　　性高院　光誉（花押）
名古屋性高院ゟ
（宗把）浩翁院　　光誉

御同宿中

23　尾張藩付家老竹腰山城守正徳書状　折紙

京都知恩院文書

以上

准道長老出入之儀ニ付而、預芳札令拝見候、性高院無行儀、於尾州も取沙汰承候、様子之儀檀那衆能被存候、委細者松平助左衛門方松井(忠光)石見守・原田(忠政)右衛門尉、右両三人ゟ可被申入候、恐々謹言、

(寛永二年カ)極月廿九日　　竹腰山城守　正徳（花押）

(宗把)浩翁院

玄宿庵

智恵光院

報恩寺

本覚寺

浄善寺

永養寺

報土寺

御報

24　京都知恩院山役者衆連署書状

増上寺所蔵「旧記并書簡写」所収

今度善導寺団誉(冏無)上人御登山ニ付、随分致御馳走被遂参内、其上江戸江御下向、両(徳川秀忠・家光)御所様御礼被仰上、御仕合寺家御繁栄珍重存候、随分宗門儀式出世等ニ至迄、殊外御穿鑿御座候、貴寺制法被入諸念(ママ)候様ニ、団誉上人并善龍・良閑江申渡候、各可被得其意候、其地御住持於替目者、被窺当流御意候、尤ニ候、唯今如此申入事、雖似新儀、弥向後為無油断令申候、恐々謹言、

(寛永三、四年)十二月廿八日　　忠岸院　源察

信重院　栄順

浩翁院　宗把

筑後国　善導寺衆中江

25 松平出雲守勝隆書状

京都知恩院文書

尚々、右之書物貴僧御手前ニ無之候者、何方ニて成共、御才覚候て、御うつし御持参まち入候、以上、

一筆申入候、仍知恩院ニ御座候諸法度之 御朱印并浄土衆出世成之御書出ニ候、従 台徳院様(徳川秀忠)板倉周防殿(重宗)へ被仰出候書物も御座候由承候間、それニも写御座候者、御穿鑿候て、早今晩我等所迄御持参可有之候、恐惶謹言、

(寛永四年カ)七月三日　勝隆（花押）

「(ウハ書)宗把　松平出雲守」

26 『本光国師日記』寛永四年八月六日の条

為土大炊殿(土井利勝)御内証、松平右衛門大夫殿(正綱)、永喜(林)同道にて御出、智(知)恩院ニテ出世之官物御談合也、書付左ニ有之、

於智(知)恩院上人成出世官物之事

一、八木拾弐石　此内六石四斗 禁中へ納　五石六斗 知恩院へ納

是ハ御朱印ニ銀子弐百目と有之、御朱印出候年之八木之相場、百目ニ付六石充仕候、其積ニ候へハ拾弐石乎、

一、拾五石　此内六石四斗 禁中へ納　八石六斗 知恩院へ納

是ハ宗把内々存寄通、

一、拾三石　此内六石四斗 禁中へ納　六石六斗 知恩院へ納

是ハ拾弐石と拾五石と之中を取候へハ、如此可有之乎、

以上

27 年寄衆酒井雅楽頭忠世等連署奉書　折紙

京都知恩院文書

知恩院上人号官物之儀、連々従知恩院訴訟之処、達上聞候得者、今度銀子を相改、八木拾三石ニ被仰付候、其御心得尤候、右之趣於当地宗把ニも申渡候、恐々謹言、

永井信濃守

（寛永四年カ）十月廿八日

尚政（花押）

井上主計頭 正就（花押）

土井大炊頭 利勝（花押）

酒井雅楽頭 忠世（花押）

板倉周防守（重宗）殿

28 『本光国師日記』寛永四年極月廿三日の条

知恩院役者中八人連判ニて、十二月十日之状来、今度宗把罷下、馳走申忝候由、并城誉（法雲）上人十二月朔日遷化之由中来、小本寺出入之義覚書来、何もひとつニし目安箱ニ入、宗把極月十日之別状来、則連署之返書并宗把へ返書遣ス、

29 生実大巌寺所化然誉源正書状 折紙

京都先求院文書

猶上儀之様子無案内之故、兼而御侘言之儀、不能分別候、様子能様ニ御侘言申度候、貴老思案、此度偏憑入候、以上、

態飛脚書中令披見候、仍和尚へ之書状、則相届、返札之事候、然者先書之通、此比令密談候、上洛之儀者在之間敷所存候、和尚も可為尤之旨、夸異見之事候、縦如何様之 御上意出候共、上洛之儀堅有之間敷所存令落着候条、其意得にて様子能、無上都手ニ成候様ニ、思案にて可給候、兎角和尚も万直談有度之由候間、其元手透之時分発足尤候、恐々謹言、

（寛永五年カ）五月廿三日 源正（花押）

宗把老

○然誉源正の知恩院在住は寛永五年七月より同年八月まで。

30　生実大厳寺所化然誉源正書状　折紙

京都先求院文書

猶此僧南秀と申候、知童指南頭之事候、委細可為口
上候、以上、
此僧京都中川宗蓮寺浄誉直弟ニ候、今度　綸旨頂戴有度
之由候、然者当春帰京之所化一両人も　綸旨相調被罷下
候、京ニて請人者慥在之由候条、此僧不被上候ても、調
候様ニ仕度候由候、爰元近寮にて親出入被申候、我ホ(等)為
規模之間相済候様ニ、偏ニ頼入候、恐々謹言、

五月六日　源正（花押）

宗把老

31　生実大厳寺所化然誉源正書状　折紙

京都先求院文書

書中具令披見候、
一、和尚直演、委承、思外之仕合与満足不過之候、とか
く対面之時ならてハ、
一、今度不上都事、若年故、責而城誉(知恩院・法雲)往生迄と斟酌之由、
他聞尤候、談処之習いかめしけに望有人をハ、弟子兄
弟程にても、あしさまニ取成、言消ものニて候、其心
得頼入候、
一、板周防守(京都所司代・板倉重宗)へ判紙并卓然指越候、別永(林)喜なとへも遣、
可然候者と、判紙余慶共ニ三枚遣之候、
一、了雲院へ文参候、一見之上可然候者可遣候、
一、頂極一段気色能候付、是非江上望候条、則越候、法
眼へも書状遣事候、
一、聖教とたな、其方仏事建立のため申付ル事をしく候
へ共、重恩之心地ニ而申遣候、
一、兎角愚僧まいりてハ成間敷之所存故、万々令省略候、
但、二、三日中ニ定而下よミ(読)始候ハんまま、来廿二、三
日比ニ可参候、それより前ハいやニて候、伴僧衆も退
転ニ不成様ニ意得尤候、恐々謹言、

六月五日　源正（花押）

（端裏書）「

宗把老
」

32　京都知恩院役者衆連署書状控

京都知恩院文書「寛永五年留」所収

雖未申通候一書令申候、仍而其地正覚院（豊浦）対本寺浄厳院（安土）、
不参并弘誓寺（建部）与出入之由、右両寺上洛候間、被挙指書付
候間、急度正覚院罷上候様ニ被仰付可給候、為其如此候、
恐々謹言、

（寛永五年）十二月朔日　知恩院役者
栄順（信重院）
宗把（浩翁院）
誓誉（大超寺）
深誉（本覚寺）
観誉（長徳寺）
天誉（浄善寺）
顕誉（浄福寺）

（豊浦給人手代衆）浅井四郎兵衛殿
井上次左衛門殿

33　京都知恩院役者衆連署書状控

京都知恩院文書「寛永五年留」所収

尚以、弘誓寺与其方出入之事、并本寺浄厳（安土）江不参之
由、此両様ニ書付被指上候、被申分在之者急上洛し
て可被申分候、急上洛して可被申分者也、以上、
急度申入候、浄厳院并弘誓寺（建部）上洛ニ付、其方江可相尋儀候、
早々可被罷上候、時分柄之儀ニ候間、必々明後三日ニ上
着尤候、恐々謹言、

（寛永五年）十二月朔日
栄順（信重院）
宗把（浩翁院）
誓誉（大超寺）
深誉（本覚寺）
観誉（長徳寺）
天誉（浄善寺）
顕誉（浄福寺）

正覚院（豊浦）住持

34　豊浦村給人手代衆連署書状　折紙

京都知恩院文書

（端裏書）「寛五極月三日　（安土）浄厳院与同末寺（豊浦）正覚院公事付而所ノ
給人之手代衆ゟ状　」

已上

御状致拝見候、仍豊浦村正覚院、末寺出入之儀ニ付而、
可被罷上候由被仰下候、即御状者正覚院へ遣申候間、定
而可罷上候、其御意得可被成候、恐惶謹言、

（寛永五年）十二月三日　（豊浦給人手代衆）浅井四郎兵衛　□□（花押）
井上次左衛門　正吉（花押）

知恩院御役者中

御報

35　豊浦村正覚院弘誉書状　折紙

京都知恩院文書

（端裏書）「寛永五極月十一日　（安土）浄厳院与同末寺、右公事ニ付而、
（豊浦）正覚院ゟ返事也、　」

以上

先日預御尊書候刻罷上、可得尊意と用意仕候処、乍慮外
持病再発仕、延引之至一入迷惑存候、重而御書恐多御事
候、何も可申上儀共御座候間、験気次第遂参上可申上候、
恐惶謹言、

（寛永五年）十二月十一日　（豊浦）正覚院　弘誉（花押）

知恩院様

御役者様

御納所御申上

36 豊浦村給人手代衆連署書状　折紙

京都知恩院文書

(端裏書)「寛五極月　浄厳院(安土)与同末寺正覚院(豊浦)公事付而所給人手代衆ゟ状　」

以上

正覚院未被罷上候ニ付而、重而貴札令拝見候、先日御状之通慥ニ申遣候、于今不被罷上候由、御紙面ニ付而、則申遣候、此等之趣可然様ニ奉頼存候、恐惶謹言、

(寛永五年)十二月十一日　(豊浦給人手代衆)浅井四郎兵衛□□（花押）

井上次左衛門正吉（花押）

知恩院

御役者中

尊報

37 京都知恩院役者衆連署書状控

京都知恩院文書「寛永五年留」所収

尚以、此上茂能有穿鑿、急度被申付尤之旨、浄厳院(安土)江申渡候、

度々以書状申入候、浄厳院末寺正覚院(豊浦)終不罷上候、然上者申分茂無之故歟、末寺之儀者従本寺可致仕置之旨、古相国様(徳川家康)御掟候間、彼住持於悪僧者、改交割等寺家追放尤之由、浄厳院江申渡候、其御心得ニ而可給候、恐々謹言、

(寛永五年)十二月十五日　(信重院)栄順

(浩翁院)宗把

(大超寺)誓誉

(本覚寺)深誉

(長徳寺)観誉

(浄善寺)天誉

(浄福寺)顕誉

(豊浦給人手代衆)浅井四郎兵衛殿

井上次左衛門殿

38 豊浦村給人手代衆連署書状 折紙

京都知恩院文書

(端裏書)「寛永五年十二月十八日 対浄厳院(安土)へ末寺正覚院(豊浦)と申僧邪儀仕懸ニ付、罷上候様ニ、彼所代官衆へ以書状申候処ニ、早々被請取返事、代官衆ゟ文 」

以上

御状致拝見候、仍而正覚院儀最前被仰下候間、急度申付候、はや罷上候由被申、即罷出候由申候、未参着無之ニ付而、寺中之儀浄厳院へ被仰付之由、御出家上之儀不存儀候間、如何様共御分別次第ニ御座候、御紙面之体、又々可申付候、恐惶謹言、

(寛永五年)十二月十八日 (豊浦給人手代衆)浅井四郎兵衛□□（花押）

井上次左衛門正吉（花押）

知恩院

御役者中

39 安土浄厳院等連署証文控

京都知恩院文書「寛永十一年覚書」所収

対浄厳院(安土)正覚院(豊浦)可破法事仕懸之事

一、元和六年八月ニ四拾八日執行仕候時、於浄厳院ニ談儀可仕と申、及両度使を越候処、我等申分ニハ、正覚院ハ一向無智之平僧也、於当院正覚院談儀不謂儀と存同心不仕候、以其遺恨四拾八日廻向可破とて、企邪儀候事、

一、寛永元年六月朔日ニ当院寺僧しゆかんト申者、不儀之子細在之付、寺中追出仕候処ニ、正覚院七月十五日・十六日両度まてしゆかん儀ヲ佗言仕候へ共、我等同心不仕候、以其遺恨ヲ同キ年之開山忌之廻向ヲ可破とて企邪義候事、

一、寛永四年九月開山忌ニたけべ(建部)弘誓寺与焼香ノ出入ニ付、興邪儀ヲ廻向ヲ破へき企之事、

一、寛永五年二月十九日ゟ四拾八日之廻向ニ、近辺ヲ触廻シ、一人も出仕いたし候事、堅無用と廻文を遣候事、

一、寛永五年二月十九日ゟノ四十八日ニ弘誓寺闕当番、正覚院非番之身トシテ、焼香ヲ可仕とて企邪儀候事、
一、寛永五九月開山忌ニ出仕をやめ、剰小末寺ヲ引籠、於自院法事ヲ執行仕候事、
一、寛永五三月廿六日ニ正覚院執筆にて、本寺江不可致出仕との企連判催邪儀候事、
一、従古来無証拠儀ヲ申、弘誓寺ヲ正覚院末寺ト申懸候事、
一、於自院ニ椅子ヲかさり法談を仕候事、
右条々、各様於御前預御裁許、正覚院私曲ニ雖相究候為後証墨付可仕之旨、応貴命申上候、已上、

寛永五戊辰年十二月廿一日

浄厳院　深誉　判
(金勝)阿弥陀寺　寂誉　判
同寺僧筆者　実相庵　判
(永原)常念寺代僧　永松庵　判

知恩院様
御役者衆
御侍者御披露

40 京都知恩院役者衆連署書状控

京都知恩院文書「寛永五年留」所収

尚以、豊浦村之代官衆へ茂、紙面之趣以連署申入候、以上、

於貴院末寺中弘誓寺(建部)正覚院(豊浦)本末之出入、双方裁許候、弘誓寺儀浄厳院(安土)直末分明候、正覚院住持不謂企公事、剰対本寺江数ケ条之不届、別而背　御朱印悪僧候、然上者被相改交割等、彼寺家国中急度追放被申付尤ニ候、恐々謹言、

(寛永五年)十二月廿三日　知恩院役者

(信重院)栄順
(浩翁院)宗把
(大超寺)誓誉
(本覚寺)深誉
(長徳寺)観誉
(浄善寺)天誉

(浄福寺)顕誉

浄厳院

41 京都知恩院役者衆連署書状控

京都知恩院文書「寛永五年留」所収

今度(豊浦)正覚院当住対本寺(安土)浄厳院江重畳企邪儀事、并(建部)弘誓寺与出入、第一背 御法度儀堅及穿鑿、正覚院至極之迷惑、独身之非分別、檀方中依取持如此催之旨致白状ニ付、則其方達江役者中相理候処歴然ニ候、正覚院当住追放申付、無住之間、若彼院悪事出来候者、各江不足可申候、委者(文廓)浄厳院深誉上人可被仰遣候者也、

(寛永五年)十二月廿三日

(信重院)栄順
(浩翁院)宗把
(大超寺)誓誉
(本覚寺)深誉
(長徳寺)観誉
(浄善寺)天誉
(浄福寺)顕誉

正覚院

檀那衆四人之内

忠兵衛
庄吉
清右衛門
伝兵衛

42 京都知恩院役者衆連署書状控

京都知恩院文書「寛永五年留」所収

別而申入候、今度(豊浦)正覚院当住企邪儀条々、非独身檀方依取持如此催之旨、彼僧致白状候、則同心ニ罷上、檀那之内四人江相理候処ニ、是非之無返事候、就其正覚院無住之間、何篇之悪事可致興行茂不存候間、豊浦村中江能被仰付可給候、恐々謹言、

(寛永五年)十二月廿三日

(信重院)栄順
(浩翁院)宗把
(大超寺)誓誉
(本覚寺)深誉
(長徳寺)観誉
(浄善寺)天誉
(浄福寺)顕誉

(豊浦給人手代衆)浅井四郎兵衛

井上次左衛門

43　京都知恩院役者衆連署書状控

京都知恩院文書「寛永五年留」所収

尚以、正覚院(豊浦)当住(休波)追払、彼寺無住之間、不成悪事様ニ豊浦中江別而被仰付可給候、諸余浄厳院(安土)深誉(文廓)上人可被仰候、以上、

弘誓寺(建部)正覚院本末出入之儀、於当山(知恩院)双方裁許候処、浄厳院直末令落着候、正覚院不謂企公事、剰対本寺(浄厳院)数ケ条之不届、別而両　御所様(徳川家康・同秀忠)背　御朱印悪僧之上者、奉応　御法度之旨、正覚院住持(休波)事、彼寺家国中追放尤之通、本寺浄厳院江申渡候条、伊豆守(市橋長勝)殿御領知分者、急度被仰付可給候、可様ニ御無心申儀、委者先書ニ申入候、乍御六ケ敷頼入候、猶浄厳院長老可為演説候、恐々謹言、

(寛永五年)十二月廿三日

栄順(信重院)
宗把(浩翁院)
誓誉(大超寺)
深誉(本覚寺)
観誉(長徳寺)

浅井四郎兵衛殿(豊浦給人手代衆)
井上次左衛門殿
天誉(浄善寺)
顕誉(浄福寺)

44　安土浄厳院深誉文廓書状　折紙

京都知恩院文書

(端裏書)「寛永六年正月　浄厳院(安土)ゟ文、改年礼儀之事、去年本末公事相済帰参之事　」

尚々、軈而罷上、諸事御礼可申上候、恐多御座候へ共、別紙にて申上候、以上、

態奉捧愚札候、抑改暦之御慶追日珍重ニ候、弥不可有休期候、旧冬者永々滞留仕候処ニ、御懇之段忝奉存候、懸御苦悩候之処ニ、急度被仰付被下候事、当院御建立之様子、誠以忝次第難申上候、尤早々罷上、新春之御礼可申上本意ニ御座候得共、先以使札奉得尊意候、何様来月中ニ致登山、積鬱御礼申上候、委者乍慮外以別紙申上候、恐惶頓首、

(寛永六年)正月九日　浄厳院　深誉(文廓)(花押)

浩翁院(宗把)様

　御侍者御披露

45　安土浄厳院深誉文廓書状　折紙

京都知恩院文書

(端裏書)「寛永六年正月　一、去年江州浄厳院(安土)末寺正覚院(豊浦)公事、於本寺裁許、正覚院私曲ニ付、役所より被申付候へ共承引不申文、浄厳院ゟ文　」

以上

雖恐多御座候申上候、正覚院当住(休波)追放之御書、極月廿九日ニ豊浦村代官衆へ持せ遣候へハ、追払成間敷之由、口上之返事被仕付而、又去六日ニ重而以使札申入候へハ、国奉行之裁判仕候へとの返札被仕候、彼代官衆不守御法度之旨之様子、如何可有御座候哉、被成御分別候て可被下候、代官衆口上ニ被申越候ハ、板倉周防守殿(京都所司代・重宗)、又ハ小堀遠江守殿(政一)ゟ可被仰付候、我等として払申事成間敷候由被申候、左様ニ御座候へハ、御役者衆之御書ヲ、代官衆無請引仕立、何共迷惑ニ奉存候、右之御両殿様へ被成御届可被下候哉、最前遠江殿への御折紙、極月十八日ノ辰之刻ニ、京之御屋形へ拙僧参、以奏者上申候へハ、遠江殿御前之年寄衆ゟ被仰分ニ候、公事辺之儀者以目安申上候へ、教状御返候と被仰候て、御折紙返し被申候、正覚院当住并余党之者共放埒之過言ニ、御役者衆之為手柄、正覚院追放之折紙事笑敷儀と嘲申由風聞ニ承候、扨々懸御苦悩申非耳、彼等ニ左様之悪言吐申事無念迷惑ニ奉存候、豊浦村代官之指図にて、小堀遠江守殿へ申上、公事を仕返し候へと被申候とて、昨日正覚院伏見へ罷越申候、遠江殿へも御理被仰候て、急度追払被成可被下候、偏奉頼候、以上、

(寛永六年正月)(月日なし)　深誉(文廓)（花押）

浩翁院(宗把)様

46　安土浄厳院深誉文廓書状　折紙

京都先求院文書

尚々、浄土寺(市原)ゟ書状之写指上候、本文ハ拙僧罷上候刻、持参仕指上可申候、左様ニ被成御心得可被下候、以上、

一翰令啓上候、仍江州蒲生郡市原浄土寺儀、従先規御本山直末、其隠無御座候、則師檀後証之手形取申候、方丈様へ御十念ニ被成御出シ可被下候、将又貴体御堅固ニ被成御座候之由承、珍重ニ奉存候、拙僧御年頭遅参之儀迷惑奉存候、弥々御取成奉頼候、何様来月中旬之頃、致登山可得尊慮候、恐惶謹言、

二月廿日　浄厳院　深誉(文廓)（花押）

良正院(宗把)様

御侍者御披露

47　安土浄厳院深誉文廓書状　折紙

京都知恩院文書

(端裏書)「寛永十六年閏二月十四日　浄厳院(安土)より文」

尚々病患故ニ、此度上京不罷成、何共〱迷惑ニ御座候へとも、無了簡様子にて御座候、周防様(板倉重宗)江御届に様子如何様ニも奉頼候、以上、

又申上候、十二ケ寺之□□(破損)之書物写にて二通奉捧候、以上、

態令啓上候、先度者罷上、度々得尊意候処、御懇之段忝奉存候、最前御尊意ニ十二、三日比ニ拙僧ニ上候へとの御意候之条、上京可仕与存候処、十日ゟ散々煩出平臥之体にて御座候付て、不能其儀候、板倉周防守様(京都所司代・重宗)十七日ニ被成御参詣候ハヽ、一儀之様子被成御届可被下候、彼悪僧江戸へ罷下候付而、此地田夫野叟口、様々取沙汰仕候て、無念至極成ル事候、何様験気次第罷上、可得貴意候、恐惶敬白、

閏二月十四日（寛永六年）　　浄厳院　深誉（文廓）（花押）
浩翁院（宗把）様
御侍者御披露

48　江戸増上寺桑誉了的書状

京都知恩院文書

一筆令啓候、然者伊勢国山田誓光院住持、此度就被致毀破、以添状令申候、則前之　御綸旨請取指上申候、無申迄候得共、毀破以前之可為本座旨、右　相国様（徳川家光）如御定、従其元之添状ニ御書出専一ニ候、伝誉権上人宜被遂奏聞候、茂以相談　御綸旨被相調尤ニ候、無住故各へ申入事候、恐惶謹言、

己巳（寛永六年）閏二月十七日　　増上寺　桑誉（了的）（花押）
知恩院
御閏役者中

49　安土浄厳院深誉文廓書状　折紙

京都知恩院文書

（端裏書）「□□□年□□廿四日上着、本末公事ニ付、江州浄厳院（安土）ゟ文」

尚々、江戸へ使僧下候儀、何時成共御尊意次第ニ下可申候、目安之事ハ被成御分別可被下候、不慮之儀出来仕、去年以来打続懸御苦労申事、誠々面目至極候、兎角本末外聞可然様ニ御調候て可被下候、諸事恐多次第共ニ候、以上、

乍恐謹奉捧愚札候、此中者御手透も御座有間敷之処、切々被成御登山、不始于今御苦労忝奉存候、江戸へ使僧下候儀者、各様御尊意次第ニ可仕候、然者目安之儀、去年御裁許之上にて、彼僧背御法度申ニ付て被仰付候へ共、一切請引不仕、恣働致候、然上者御役者衆ゟ江戸御奉行衆へ、去年御裁許之通御書被成御挙□□（破損）如何可有御座□□（破損）被成御分別可被下候、預御裁許候迄ニ、御奉行衆へ

我等之目安者奉捧候事、理非未分明ニ不究様ニ罷成候か
と奉存候、但、我等方ゟ目安を御奉行衆へ挙候て、可然
と思召候ハヽ、目安之様子も被成御指南可被下候、拙僧
ハ十方無御座候而迷惑仕候、本末都鄙外聞可然様ニ、偏
奉頼外無他事候、恐惶敬白、

三月廿四日　浄厳院　深誉（文廓）（花押）

知恩院様
御役者衆
御侍者御披露

50 『本光国師日記』寛永六年卯月廿二日の条

久右衛門三月廿八日之状、良長老三月廿八日之状来ル、
知恩院宗把ゟ届ル、

51 『本光国師日記』寛永六年四月廿七日の条

智（知）恩院之内栄順・九伝・源察、三月廿九日之書状来、丹
後黒紬二端来、宗把持参、

52 安土浄厳院深誉文廓書状　折紙　京都知恩院文書

「（端裏書）寛永六年十二月　（安土）浄厳院ゟ文」

尚々、先度者御事繁御座候処、得尊意忝奉存候、一
儀之様子、仏乗坊（天台僧・秀珍）ゟ一左右御座候者可申上候、可然
様ニ被成御相談可被下候、以上、

態令啓上候、先度者罷上候之処、方丈様へ御礼早速ニ
相済申、忝奉存候、最前廿六日ニ御役者中へ致伺公
候へ共、長徳寺様・大超寺様（知恩院役者衆）御両所迄へ得貴意申候、御
両、三人ハ御留守にて不得尊意罷下申候、仏乗坊未坂本
へ御帰り無御座候故、一途何共知レ不申候、迷惑仕候、
仏乗坊ゟ一左右御座候者可申上候、早年内余日無御座候
条、来春罷上、諸事可得尊意候、恐惶敬白、

（寛永六年）十二月朔日　浄厳院　深誉（文廓）（花押）

拝上

浩翁（宗把）院様
御侍者御披露

53　『本光国師日記』寛永七年三月十六日の条

智（知）恩院宗把下ル、久右衛門三月四日状、良長老三月四日、松首座三月五日之状来ル、

54　『本光国師日記』寛永七年卯月朔日の条

知恩院宗把来ル、住持雄誉（霊巌）上人三月五日之状来ル、十帖一本来ル、従雄誉清兵衛方迄披露状、三月五日之日付、伽羅代銀子三枚来ル、

55　安土浄厳院深誉文廓書状　折紙

京都知恩院文書

（端裏書）「寛永七年九月中旬　為□□後証用心として」

尚々、此度以書付申上候事、いかやうニも被成御分別可被下候、御諚次第ニ我ホ（等）も罷上可得貴慮候、以上、

態以使札申上候、其以後者終ニ御見舞ニも不罷上令御無沙汰候処、可被成御赦免候、然者今度従江戸御奉行衆・御両殿様被成御上洛之由承候、就其彼一儀出入之事、此度以書付申候てハ、如何可有御座候哉、いかやうニも可然様ニ被成御分別可被下候、只今我等罷上可得御尊意候へ共、先月晦日ゟ四十八日執行仕候付て、不能其儀候、乍慮外奉捧愚書候、則御役者中へも不顧憚奉愚筆候、御両殿様御上洛ニ而、万端御手透も御座有間敷与奉察候へ共、万事奉頼候、将又去年極月ニ仏乗坊（天台僧・秀珍）被仰候ハ、知恩院御役者中ゟ御奉行衆へ被仰立候者、右ニ仏乗坊此扱候へ共、彼仁合点不仕候通、我等ニ申上候へ、右扱之趣、御奉行衆へ可申上と被仰候、承候へハ仏乗坊も此比御上洛之由ニ候、幸之儀ニ候之条被成御分別可被下候、偏々奉頼外無他事候、恐惶敬白、

（寛永七年）九月十六日　浄厳院　深誉（文廓）（花押）

浩翁(宗把)院様

御侍者中

56 『本光国師日記』寛永八年三月廿四日の条

知恩院宗把三月八日之状来、住持所労之由申来、

57 『本光国師日記』寛永八年九月三日の条

知恩院源察下ル、住持霊岩(巌)八月廿五日之状来ル、相国様(徳川家光)御見舞、宿老中迄之使僧也、宗把相煩故、源察下ス由之書中、

58 『本光国師日記』寛永九年二月十二日の条

知恩院宗把二月三日之状来、清兵へ・七右衛門方へ之状也、源察持参、相国様(徳川家光)之義申来ル、方丈供してやかて下候由之書中也、

59 『本光国師日記』寛永九年八月廿九日の条

智(知)恩院宗把八月十四日之状来、
智(知)恩院方丈雄誉(霊巌)八月十四日之状来、

60 『本光国師日記』寛永九年九月二日の条

知恩院方丈江返書遣ス、
宗把但良正院へも返書遣ス、

61 天野豊前守長信書状

京都先求院文書

「(端裏書)就 台徳院様(徳川秀忠)一周忌ニ僧衆下
伝馬 御朱印ニ付
寛永九年 就 台徳院様御忌御法事云々
極月

宗把御坊　　天野豊前（長信）」

以上

一筆申入候、来正月　台徳院様御一周忌為　御法事之、従当地僧衆御下之由、就其伝馬之御朱印可申渡之由、板倉周防殿（京都所司代・板倉重宗）ゟ被仰越候間、何時分御下候前方可被仰越候、貴僧ゟ何程入候、御手形ニ可給候、其次第書付可遣之候、大方当春下向之時のことく可為哉と、周防殿ゟハ被仰越候、恐々謹言、

（寛永九年）極月廿七日　（花押）

62　京都知恩院山役者宗把覚書控

「知恩院諸伽藍御作営ニ付法式留帳」所収

覚　但、奉行衆ゟ書付、返進申候、

一、小くり（庫裏）　出来
一、大くり　同
一、衆寮　同
一、文庫　同
一、物置　同
一、小方丈　同　但、奉行衆ゟハ不入候へ共、宗把
　　小方丈と書申候、

右分、奉行衆ゟ如此書付給候へ共、宗把書添進之申候、

（寛永十年）八月廿一日　知恩院内　宗把

大岡美濃守（忠吉）殿　但、無判

63　京都知恩院雄誉霊巌書状控

「知恩院諸伽藍御作営ニ付法式留帳」所収

一筆令啓達候、仍当院御作営木作初、今七日卯之刻、奉行衆被申付候、誠以忝仕合、宗門之大慶、可被成御察候、貴殿可為御満足と存、如此候、尚専念寺（宗把）・良正院より可申上候条、不能多筆候、恐惶謹言、

（寛永十年）十二月七日　雄与（霊巌）

松平越中守（定綱）殿

64　京都知恩院山役者宗把書状控

「知恩院諸伽藍御作営ニ付法式留帳」所収

一筆致啓上候、仍而知恩院御作営木作初、今日七日朝卯之刻、御奉行衆被仰付候、知恩院之儀者不及申上、宗門之大慶、忝次第、御察可被成候、委悉専念寺可被申上候、此旨越州様御前宜預御披露候、恐惶謹言、

（寛永十年）十二月七日　宗把

大坂之
久松十郎左衛門尉殿

65　京都知恩院山役者宗把書状控

「知恩院諸伽藍御作営ニ付法式留帳」所収

尚々、一段首尾能釿初相済、何も大慶ニ存候、直様致参上、可得貴意候、以上、

一書致啓上候、仍而知恩院御作事釿初、昨七日ニ御座候、丈室喜悦ニ被存候、紀州様（松平紀伊守家信）可被思召御満足と奉存候、知方よりも被及使者候、先以貴辺別而御平安之由、珍重奉存候、方丈一段達者在院候、我等儀散々相煩候へ共、能罷成、昨日御悦儀ニも罷出候、尚御上京之節、可得尊慮候、恐惶謹言、

（寛永十年）極月八日　宗把

紀州様にて
御小性中

66　安土浄厳院深誉文廓書状

京都知恩院文書

以上

（破損）□□□啓上候、先度之御折紙、十四日ニ三ケ寺へ持遣候へハ、大形合点之様ニ阿弥陀寺（金勝）ゟ一昨日申来候、（永原）常念寺并組下十六、七ケ寺師檀両判書状迄一昨日越候て、着帳判形越不申候、剰常念寺手前之書状、当院末寺百三、四十□□□（破損）候、書状相□□（破損）常念寺一ケ寺迄

物ヲ兼候様ニ御座候、乍慮外被成御披見可被下候、正
覚院兄称名寺ハ早速ニ着帳、書状調□□(破損)持参仕候、両
寺□□□(破損)仕、恣まて申迷惑仕候、
一、最前有増奉得御尊意候、甲賀水口真光(心)寺、先年ゟ浄(安土)
厳院末寺紛無之候条、師檀着帳判形可致と理申候ヘハ、
則檀那衆ゟ返事被仕候、乍慮外御披見可被下候、
一、蒲生郡羽田村光明寺、先年ゟ浄厳院末寺其隠無御座
候処、十□□□(破損)以来百万遍出世之長老、二代居住
被仕候、二代之中始之長老入院以後両年年頭被申候、
其以後不致出仕候、此度師檀着帳判形之理申候ヘハ、
□□□(破損)分ニハ、我々ハ百万遍(京都)之門中ニ而候条、知恩(京都)
院へ着帳判形仕間敷候、如何様檀那と相談仕、可致返
事と申、于今返事不仕候、承候へハ、百万遍之末寺ニ
可罷成と申、十四日ニ上京仕由承候、只今百万遍之末
寺ニ罷成候ハヽ、此方ゟ申分ハ如何可有御座候哉、可
得御尊意候、
一、正覚院(豊浦)檀那并組七、八ケ寺之師檀ニ着帳之儀理申候
へハ、嘲申事中々筆端ニ可申上様も無御座候、

一、水口真光寺へハ御折紙□□(破損)候ハヽ、定而別儀御座有
間敷かと存候、被成御分別可被下候、
一、着帳近日ニ挙申度御座候へとも、両寺ゟ未参候付而
延引ニ罷成候処、被成御分別可被下候、当月末ニハ指
挙可申候、恐惶敬白、

卯月十八日　浄厳院　深誉(文廓)（花押）

知恩院
御役者
御侍者御披露

67　永原常念寺円誉書状　折紙

京都知恩院文書

(端裏書)「寛十一年六月五日　浄厳院(安土)ト同末寺常念寺(永原)出入在之付
而常念寺ゟ状　」

以上

尊墨拝見之処、今月八日ニ登山可仕旨被仰下候へ共、当
寺宗体講之中ニ少出入御坐候ニ付而、浄厳院ゟ被相済候

様ニと申候へ共、終事済不申候而、背本意存候、左様ニ
御座候へハ、何ヶ度御折紙被下候而も、当寺之儀右之仕
合ニ御坐候、於様子ニハ浄厳院江可被成御尋候、其上申
分も御坐候者、自是急度罷上可得御意候、恐惶謹言、
(寛永十一年)六月五日　　常念寺　円誉（花押）
　　　　　　　　　　寺僧中　　（花押）
知恩院様
　御役者中
　　貴答

京都知恩院文書

68　京都知恩院役者書上覚写

(端裏書)「寛永十一年　江州浄厳院(安土)与同末寺出入ニ付、大炊頭殿(土井利勝)・
讃岐守殿(酒井忠勝)・周防守殿(板倉重宗)各書上申候、御上洛時上申候、」

一書申上候

一、江州　正覚院

一、同　阿弥陀寺

一、同　常念寺

右三箇寺者江州浄厳院末寺ニ而御座候、本寺与末寺公事
双方於知恩院遂穿鑿承届、則三箇寺私曲ニ申付候処ニ、
少茂下知承引不仕候、然上者向後諸末寺仕置不罷成候、
両(徳川家康・秀忠)御所様御朱印之表、永代不相背様、今度被　仰付可
被下候、粗言上、

　　右之外

一、水口　真(心)光寺

一、羽田　光明寺

此弐箇寺茂従前々浄厳院之末寺ニ而御座候処、近年背小
本寺、恣ニ在寺仕、浄厳院致迷惑候、粗言上、
(寛永十一年)閏七月十日　　知恩院　役者
(京都所司代・重宗)板倉周防守殿
　　　　御番所

69　金勝阿弥陀寺寂誉目安写

京都知恩院文書

「(端裏書)寛永十二、此本文大炊殿(土井利勝)御寄合之時上ケ申候、浄厳院(安土)
ト公事ニ付候て、阿弥陀寺目安の写、」

謹言上　　　金勝　阿弥陀寺

一、江州金勝山谷坊開山隆尭法印、同隆阿上人、此二代之間ハ諸末寺モ無之、独身ニテ御座候事、

一、阿弥陀寺開山厳誉宗真上人ハ、大道心者タル故カ、国中諸人奉尊敬、当宗ノ繁栄モ、方々之諸末寺モ、末代ノ諸法度モ、皆此時ヨリ始リ、万人帰復無限、雖然金勝山ハ結縁ノ地タルニヨリ、諸人結縁ノ為ニ東坂本ニ当寺ヲ御建立アリテ、文明十五年ヨリ始リテ、同十八年卯月十五日ノ暁ヨリ、昼夜不断之念仏ヲ始テ、毎年九月ニ開山忌ヲ執行之時ニ、谷坊ヨリ三人、当寺ヨリ三人、以上六人之奉行ニテ、如両輪ノ諸末寺ノ仕置異見ヲ申付候事九十二年ナリ、然処ニ天正五年ニ信長様為御意ト、当寺ヲ安土ヘ引可申之由被仰下候処、左様ニテ古跡退転仕候ト申上、本堂ヲハ御侘言申上、客殿ヲ引、則当寺山内ノ大小ノ竹木ヲ悉クキリテ遣シ、当寺之諸奉行ヲ仕、門徒中ノ坊主檀那ヲ相語イ、浄厳院ノ庫裏・客殿ヲ建テ、八幡山弥勒堂ヲ公儀ヨリ申請、本堂ヲ建テ、於彼地ニ開山忌ヲ執行仕事、天正五年ヨリ当年ニ至テ五十八年ナリ、右合一百四拾九年ノ間、古来之式法無相違別院ナカラ国中ニテ諸沙汰相勤申候、雖然今程者路次モ遠ク候故ニ、互ニ万事疎略ニ罷成候、少シ〱ノ沙汰ヲも彼方次第ニ仕リ申候ヘ者、今始テ諸末寺並ニ当寺ヲ被思召事迷惑仕、浄厳院ヘ理リ申上候内ニ、判形延引ノ様ニ罷成候事、

一、天正十七年九月、浄厳院例年ノ開山忌ヲ止テ、於当寺ニ執行仕候、其子細ハ後代ニ至テ、若輩之衆古法ヲ知サル者、阿弥陀寺ニハ開山忌ヲハ執行セサル事ト存候ヘハ如何トアリ、両寺ヨリ奉行ハ役者ヲ立テ、諸末寺不残飯米ヲ持参候而、当寺ニ相勤申候、別時役者ノ板帳、慥ニ書記シ御座候上ハ、少モ無其隠候事、

一、去ル天正九年十月七日ノ暁、当寺一宇不残焼失仕候、以後至近年漸ニ漏ヲトメ申体ナレハ、寺中ノ衰微、朝夕モツッキカネ申候ニヨリ、京都ノ出頭モ不罷成候故ニ、古来之作法モ不申上候ヘハ、定而当宗ノ内証ヲ無御存知事御尤御事候、浄厳院ハ今程者御繁昌故ニ、扨々御本山ノ御目見モ御座候て、一身建立迄ヲ可被仰□□（破損）条、当宗ヲ一人ノ本寺ト可被思召上候事、□（破損）々非其儀候事、

一、当宗ヲ浄厳坊宗ト申事、開山忌法印叡山ニ御住山ノ時ノ坊号ナレハ宗体ノ惣名ナリ、別而ハ谷坊ト阿弥陀寺ノ事ニ而御座候、諸方ヨリ浄厳坊ヘ寄進物モ、又ハ諸末寺・寺庵等ノ寄進ノ田畠帳モ、当寺ニ在之、大名小名男女凡下ニ至マテ、国中ノ人々浄厳坊ヘ死骸ヲ送ルト申モ、皆々当寺ノ事ニテ御座候、山ノ過去帳書記メ御座候、其主〱ノ御墓ニ法名并名字俗名、毎年書改テ香花ヲ備ル事、一百四十九年以来、少モ無相違御座候事歴然ニ御座候、谷ノ坊ヘ諸人ノ死骸ヲ送ル事無御座候、浄厳坊ヘ送リ物寄進物モ多分当寺在之儀候、爰ヲ以可預御尊察候、右ニ如申上候、去ル天正ノ初ニ安土ヘ当寺ノ諸道具・仏具・家具等迄遣シテ、客殿同竹木迄引越、当寺ヨリ建立ヨリ以来、浄厳院ト申候事、

一、去ル慶長十一年八月四日ヨリ、四拾八日別時念仏ノ談儀ニ、浄厳院広誉上人ヲ頼申候時分、阿弥陀寺儀向後浄厳院ノ末寺ニ罷成候ト、一札ヲ不仕候ハヽ、今夕ノ談儀ヲ被成間敷ト被懸仰候間、其返答ニ新儀非例ノ沙汰、中々不能分別ニ候通ヲ、寺僧中ゟ申入候処、又重而被仰候ハ、当寺々衆広誉之御前ニ出テ、末寺ニ可罷成旨口上計ニ而可申入ト承候ヘ共、猶以左様ノ儀ハ同心不申候間、浄厳院ハ可有御帰寺相定候処ニ、三浦一桜ト申仁、右ヨリ扱ニ罷出候間、為後訴ノニテ重而被申候ハ、新儀ノ被仰立無詮事ニ候条、御堪忍候て可然ト異見被申候処、無是非以来儀万事如先規ニト、従広誉被仰候間、其時寺僧共モ遺恨ヲヤメ堪忍仕、於于今互ニ入魂仕候処ニ、今度又候哉末寺分ニ可被成之由被仰懸候、中々不承届候事、

一、宗体ノ法式万事惣門徒中談合ノ上ニ而相定事ニ候処、

今度為御　公儀従知恩院様被仰下候、一儀迄ハ惣中へ御相談モ無之、急速ニ判形仕候へと被仰付候、何之子細モ不存候へ共、多分仕リ上申候、乍去以来申分無之旨一札仕候へと御座候、当寺ヲモ諸末寺並ノ一帳ニ書付候て、以来申分無御座候トハ難申儀ニ候条、浄厳院ヘ其理リ申上候中ニ延引ニ罷成候て、如何ノ儀候之間被仰下、判形ノ事ハ先知恩院江被召上可被下候事、

寛永十一年五月六日　阿弥陀寺　寂誉　在判

同寺僧中　惣在判

知恩院

御役者中

70 安土浄厳院深誉文廓願書覚書

京都知恩院文書

知恩院末寺

江州安土浄厳院住持

謹言上

一、今度従　知恩院白旗流義諸寺庵御改ニ付而、浄厳院并諸末寺等迄無落寺可書上由被仰下候付而、則相触候処ニ、諸末寺無別儀着帳仕候、然所ニ其中(金勝)阿弥陀寺不謂たくミを仕、企邪儀を候て、浄厳院与阿弥陀寺者両本寺ニ而候間、諸末寺並ニ着帳仕間敷由申、着帳不仕候、前代未聞之新義を申出候、阿弥陀寺儀者浄厳院之末寺たる事、実正明白ニ御座候事、

一、阿弥陀寺儀者、浄厳坊第三代之住持厳誉宗真上人開忌(基)被仕候、其子細者、金勝山者結界之地たる故ニ、万民為結縁、金勝山之谷ゟ五丁町くちに一寺を建立被仕候、阿弥陀寺儀者本寺之とりで旅所ニ而御座候、依之浄厳坊住持并寺僧下向候て、旅所ニ而開山忌執行仕候、其間者万事入用本寺浄厳坊ゟ賄申候事、

一、天正五年ニ　信長様金勝山之谷ニ御座候浄厳坊を安土へ被成御引、浄厳坊を院号ニ成シ被下、則称浄厳院ト、尓シヨリ以来、於浄厳院ニ例年之開山忌ニ九月五日より諸末寺致集会執行仕候、阿弥陀寺代々住持并寺僧、毎年無懈怠致出仕、開山前之相勤報謝来候、阿弥陀寺者浄厳院之末寺たる証文数通御座候事、

一、阿弥陀寺事、浄厳院之依為末寺、阿弥陀寺ゟ年頭礼儀之式日、先規ヨリ正月三日ニ相定候、進物者檀鏡并香銭、毎年無懈怠六里余路を急度持参仕祝礼申候、浄厳院ヨリハ、於其座中ニ為祝儀ト末広壱本・茶五袋遣之候、当年正月迄如此候、惣而組頭分之諸寺家へハ右同前ニ御座候事、

一、阿弥陀寺儀者、浄厳院之依為末寺、小僧沙弥法名、五条・七条けさの出世、先規ヨリ於浄厳院許之候、報謝物本寺之家とく故ニ于今相違無御座候事、

一、阿弥陀寺其外諸末寺相果候へハ、長老寺僧ニよらす、けさ衣ニ香銭指添、本寺浄厳院へ持参候事、

一、阿弥陀寺企邪儀、栗本・甲賀両郡江廻文を遣し、年寄之坊主衆を呼寄、去四月廿二日ニ被申渡候者、浄厳院知恩院を引請、着帳加判と被申候、此度引割可申候、両郡之宗体衆ハ阿弥陀寺江可有随着、自今以後浄厳院へ堅不可有出仕と被申渡候事、

一、阿弥陀寺住持・同寺僧、浄厳院へ嘉例之年頭、又ハ例年之開山忌、両度之不可致出仕との起請ニ企連判を、末寺を引割、本寺を忽ニ退転になすへき仕立、迷惑ニ存候事、

一、天正九年ニ阿弥陀寺焼失仕、其後不取合本堂建立仕候、阿弥陀寺くり殊外不弁に罷成、常住つゝき不申候て、迷惑仕候付而、本寺之開山忌を申請、台ニ仕（祠）堂供養とて四十八日念仏を執行申候ハヽ、諸人之志もあるへし、然者阿弥陀寺相続可申候、是非共本寺四人之寺僧同心候て可給と様々申ニ付而、昔之とりで一末寺ニ而御座候故ニ、末寺為相続無了簡、本寺より末寺之組頭之衆へ折紙遣シ、四十八日之内へ開山忌をくわへ申候、然天正十七年ニ開山忌執行仕候故ニ両本寺と申候事、中々不謂儀ニ而御座候事、

右之趣所詮古来之証文表以、如先規阿弥陀寺儀者、浄厳院末寺ニ被仰付被下候ハヽ、忝可奉存候、以上、

江州安土浄厳院住持

寛永十一年五月六日　深誉（文廓）（花押）

知恩院

御役者中

71 伊勢山田歓喜院慶閑訴状

京都先求院文書

乍恐申上条々

一、勢州山田岡本之郷歓喜院と申少寺、前々住寺《持》当真と申坊主開基仕候、然所ニ我ホ《等》を弟子ニいたし、永代譲被申候砌、此寺之儀ニ付、当真親類中少茂かまひ有之間敷旨堅申置、去年六月三日ニ相果被申候、其日則愚僧彼寺へ移申罷有候事、

一、我ホ《等》儀、上善寺にてかミ《髪》をそり《剃》弟子ニ罷成、朝夕之たはん《打飯》を被下居申候、其後歓喜院へ移居申候ても、彼庵ニ寺領とてハ麦五斗、屋敷之年貢銀廿五匁ならてハ無之堪忍難仕故、右之通ニ上善寺にて于今斎非時を給居申候事、

一、今度末寺下々迄御改被成候ニ付、拙子少庵茂上善寺之末寺ニ可罷成と申候、子細ハ右如申上候、上善寺之手を離申候へ者、少庵続かたく、其上当真、同親迄も上善寺之焼香ニ而候故、右之末寺ニ可成と申候処、彼当真親類中、上善寺之末寺ニなす間敷由、何角六ケ敷義を申かけ迷惑仕、致言上候事、

右之趣被聞召分、少庵つつき申候様ニ被仰付被下候者、忝可奉存候、已上、

寛永拾一年閏七月吉日　伊勢山田慶閑（花押）

進上　知恩院

御役者中様

《裏書》「右目安指上候、申分於有之者、返答書仕、急度可罷出者也、

寛永十一年閏七月十日　知恩院役者（印）

当真親類中へ」

72 筑後善導寺団誉冏無書状写

増上寺所蔵「旧記并書簡写」所収

態以使僧申入候、仍肥後国往生院　御本山《知恩院》江罷登候、然者彼天随至当寺《善導寺》不儀仕候段、条々申遣候事、

一、今度就着帳、肥後惣門中皆々相澄候処、彼僧壱人不
致名判候事、
一、前住大越迄者当寺江遂出仕、剰唱導迄仕、報謝之旨御座
候ヲ、彼天随代ニ罷成、于今不参候事、爰ニ口伝有之、
一、先年彼国之領主御入国之砌、九州ニ而両本寺ニ候間、
門中一番ニ可遂御礼候与申候得者、自寺奉行門中江此
旨尋候処、従上代終ニ不及承候与被申候ヘハ、唯 御
綸旨次第ニ捌候而、末座ニ礼申候事、
如右於度々慮外申候間、此節張本家老并寺奉行江理申
候、前々ノ違筋目、当寺江茂、又熊本中江茂、節々慮外
申掛徒仁ニ而候間、替住持可然仁ヲ申付、着帳名判仕、
早速可致上帳与存候処、貴寺之様罷登候、彼僧申候事、
一々実正無御座候間、御取上有間敷候事、
一、彼往生院事、当寺開山聖光上人、従筑後被御立寄、
授手印迄彼寺ニ而被成御製作候事、日本之浄土宗御存
知之前、彼寺ニ召置候授手印者、当寺什物二巻御座候
ヲ、一巻者先年関ヶ原弓箭之砌、濫妨ニ取候ヲ、彼寺
前々住然誉代ニ、長野三郎左衛門与申侍買取候而寄進
申候、当寺之末寺明白之処ヲ離候ハヽ、当寺も又本山
ヲ離可申乎、能々可有御吟味事、
一、西国近ヶ国掟目等ヶ条書及両度被下候、依之雖制法
申付候、宗旨之背筋目、違犯之族自一国抽一人、東山(知恩院)
江申上候者、如何様子細有之、被成御合点、其元ニ而
堅御法度向可被仰付候、従当寺者 御本山(知恩院)之請御意申
渡事ニ御座候、各中御分別之前候、万端 聖光前可然
様所仰候、恐惶謹言、

(寛永十二年)亥ノ五月八日　鎮西善導寺　団誉(冏無) 判

知恩院　御役者中

常称院　九達老
忠岸院　源察老
良正院　宗把老
大超寺　誓誉和尚
専念寺　信誉和尚
本覚寺　源誉和尚
浄善寺　天誉和尚
侍者御中

73 安土浄厳院深誉文廓書状

京都知恩院文書

以上

乍恐奉捧愚書候、最前者得御尊意忝奉存候、就其阿弥(金勝)陀寺新儀ヲ被申懸候付而、去六日ニ　各様被成御唹、阿弥陀寺ハ浄厳院末寺ニ落着仕候条、着帳加判之儀申越候へハ、彼寺被申候ハ、何共不致落着候之間、着帳加判成間敷と被申、則我等方へ返札被仕候、乍慮外被成御披見可被下候、御唹之上ニ而当院末寺ニ落着仕候通被仰下、着帳加判被申候様ニ、阿弥陀寺へ御折紙此者ニ被下候ハヽ、忝可奉存候、

一、最前有増申上候蒲生郡之内羽田村光明寺事、先規ゟ浄厳院末寺無其隠候処ニ、近年本寺へ出仕不被致候、雖然浄厳院末寺之儀にて御座候間、此度着帳師檀両判可給と申、四月十二日ニ御折紙ヲ写、我等書状を相添遣候へハ、長老被申分ニハ、如何様ニも檀那次第と被申、其後返事無御座候ニ付而、同月廿六日ニ重而以使僧申入候へ共、右之通ニ長老口上ニ而返事被仕候、又当月十四日ニ申越候へハ、(京都)百万遍之末寺ニ罷成候、着帳加判之儀、重而申越事無用と口上にて返事被仕候、左御座候へハ、百万遍へ理り申上候ても、如先年返し被下候事、難叶御事ニ而可有御座候歟、奉得御諚候、

一、甲賀郡水口真光(心)寺事、去十四日ニ重而以書状申入候へハ、檀那ゟ返事被仕候、近年真光寺住持、百万遍ニ而　御綸旨頂戴被仕候、其故ニ今程者百万遍之御下寺ニ罷成候間、浄厳院へ着帳加判仕間敷と申候、　御綸旨并添状ニ百万遍之末寺と真光寺之寺号載候てハ末寺ニ相究可申か、左様之巨細之段不存候間、奉得御尊意候、両寺之儀、百万遍へ理り申候ても、不可叶と思召候ハヽ、了簡無御座候、如先規当院へ返し被下候事、御同心不参候共、理り申上候て可然と思召候ハヽ、我々罷上理申上度候、万端御事繁御座候処ニ、重々事多奉得御尊意候事、慮外千万之儀ニ御座候へとも、両寺へ着帳之儀申懸候て進退難堪迷惑ニ存候付而、扨々申上

候、諸事多罪被成御赦免可被下候、恐惶敬白、

浄厳院
深誉（文廓）（花押）

（寛永十二年カ）五月廿三日

知恩院様
御役者中
御侍者御披露

74　京都知恩院山役者良正院宗把書状控

増上寺所蔵「旧記并書簡写」所収

猶以、法林長老於御入院者、真俗可為御繁栄与珍重奉存候、将又為御音信金子壱歩忝存候、併公事人之御進物不申請候間、乍慮外返進申候、以上、

正月廿三日之尊書、三月十九日参着拝見仕候、仍貴寺被成御隠居度付而、満嶺上人儀者其地好身在之、後住職被成度之由候へ共、是者不罷成候ニよつて、願者法林長老今度帰国候際、罷成儀候ハヽ、彼住職被仰付候ハヽ忝可奉存旨、増上寺より御状を　本寺知恩院江進候間、定御如在有間敷候哉、然者貴寺与肥後国往生院本末公事未相済候由、於本寺落着可被仰付与存候、不相済内我等於帰京者、皆々評定可承候、案外長在江戸仕候、猶期後音之時候、恐惶敬白、

（寛永十二年）五月廿八日　良正院　宗把　在江戸

拝答　善導寺
衣鉢閣下

75　安土浄厳院深誉文廓訴状

京都知恩院文書

乍恐謹言上　知恩院末寺　浄厳院住持

一、江州安土浄厳院末寺正覚院事、対シテ浄厳院江数ヶ年企邪儀ヲ一番御所様背御朱印ヲ、其外罪科之子細御座候付而、知恩院江ハ以書付ヲ申上候処ニ、双方被召寄裁許仕候処ニ、正覚院私曲ニ落着被申付候へ共、知恩院之捌ヲ一向正覚院承引不仕候、依之去年於京都ニ（土井利勝）大炊頭殿・（酒井忠勝）讃岐守殿江目安ヲ上ケ申候処ニ、御召状之

儀小堀遠江守(政一)殿へ被仰付候へ共、終御寄合場へ不罷出候、就其為御訴訟当年我等罷下候、正覚院私曲之証文知恩院江上ケ置候、幸宗把当御地ニ今逗留候間、右之様体被成御尋、彼悪僧急度被仰付可被下候事、

一、正覚院当住私曲之落着ヲ於知恩院ニ被仰付候処ニ、迷惑之余リニ、今度新儀ヲ申ニ付而、古来より之次第ヲ申上候事、

一、正覚院事、浄厳院之依為末寺、正覚院開山より百四十年以来本寺江出仕、寺役毎年無懈怠相勤来候事、

一、正覚院儀浄厳院之末寺たる証文数通御座候事、

一、正覚院儀浄厳院之依為末寺、正覚院ヨリ年頭礼儀之式日、先規より正月二日ニ相定候、進物者檀鏡・香銭毎年無懈怠急度持参候て祝礼申候、浄厳院ヨリハ於即座ニ為祝儀末広壱本・茶五袋遣之候、惣シテ組頭十二ケ寺者、右同前ニテ御座候事、

一、正覚院事、浄厳院之依為末寺、正覚院小僧沙弥法名并五条・七条けさの出世、先規より於浄厳院ニ許之申候、則当住法名并五条・七条けさの出世、右同前ニ而御座候事、

一、正覚院代々の住持相果候時者、浄厳院之依為末寺、浄厳院住持罷越引導仕候事、

一、正覚院住持并同宿ニ至ル迄相果候時者、けさ衣ニ香銭ヲ指添、先規より浄厳院江相送之候、為本寺故ニ如此ニ御座候事、

一、正覚院事、自分之公事等出来候之砌者、浄厳院并末寺老僧中江目安ヲあげ、則嗳ヲ請申候、浄厳院儀者正覚院之依為本寺、如此ニ而御座候事、

右正覚院第一背御法度ヲ儀、将又本末之出入、古来之証文之表ヲ以、如先規何レモ急度被仰付被下候ハヽ、忝奉存候、以上、

寛永十二年十一月日　江州安土浄厳院　深誉（花押）

進上

御奉行所

御評定場へ上ケ申候写　　深誉（花押）

76　京都知恩厳院役者衆連署下知状写

京都先求院文書

右往生院（当麻）之儀、本寺第十二世誓阿上人御開基、日域元祖（法然上人）直作之形像、誓阿上人彼院に被奉持移之候、此形像雖本寺之御堂ニ安置候、深妙不思議七度之　叡夢并誓大和尚高貴僧俗蒙霊夢事不知其数由、致祖語分明候、因茲任去応永十四年六月日本寺十八代先判之旨、為永代寺中相続、今度潤色而申遣候、不可混余寺、宗門一派之衆僧、堅可相守此旨、若於違背之輩在之者、可被及本寺之沙汰者也、仍下知如件、

本山知恩院役者

寛永十四丁丑年十一月十九日　良正院　宗把

常称院　九達

忠岸院　源察

本覚寺　源誉

浄善寺　天誉

往生院住持二十四代

雲誉上人

77　京都所司代板倉周防守重宗書状　折紙

京都先求院文書

以上

一筆令啓上候、来年正月台徳院（徳川秀忠）様御七年忌ニ付而、万部御経御執行、正月十五日ゟ御法事初候間如此、以前之声明役人弐拾弐人、此外行者弐人罷下候様ニと、御年寄衆ゟ申来候間、右之通被仰付、可被成御下候、恐惶謹言、

（寛永十四年）十二月十一日　（京都所司代）板倉周防守　重宗（花押）

知恩院方丈

役者中

78　某書状　折紙

京都先求院文書

御てんま《伝馬》の事ニ付而、ふんこをつかハ《遣》し候、今度きやう《京都》
とへのくハいふん《廻文》ニて候間、きつと《急度》せい《精》に入候て、御し
ゆいん《朱印》取候て、さう〱《早々》此方へかし可申候、委はふんこ
口上ニ申渡候、かしく、
　五月廿四日　（花押）
　　そうは
　　さかみ
　　　参

79　佐倉藩主松平紀伊守家信書状

京都先求院文書

以上
此中ハ手透無之ニ付、方丈様《雄誉霊巌》へも以書状も不申上背本意
存候、御次而之時分御取成奉頼存候、然者拙者親類之者
年来石塔を知恩院ニ望申ニ付而、大形石塔出来仕候、御
六ケ敷御座候共、石塔之場被仰付候而可被下候、奉頼存
候、いつれも伺透罷出伺得御意候、恐惶謹言、
　八月十一日　家信（花押）
　　　　　　松平紀伊守
　　　　　　　家信
　宗把様
　　人々御中

○松平紀伊守家信の忌日は寛永十五年正月十四日。

80　京都知恩院山役者衆連署綸旨添状

京都知恩院文書

貴寺出世之事、遂　奏聞候処、忝　勅許被成下、則綸
旨・奉書相調進之候、本寺《知恩院》無住御座候条如斯候、恐惶

謹言、

（寛永十九年カ）正月廿四日　知恩院役者　常称院九達（花押）

同　忠岸院源察（花押）

同　良正院宗把（花押）

蓮光寺

○知恩院三十二世雄誉霊巌の忌日は寛永十八年九月一日、円誉廓源の晋山は寛永十九年三月。

81　京都知恩院山役者衆連署綸旨添状

京都知恩院文書

貴寺出世之事、遂　奏聞候処、忝　勅許被成下、則
綸旨・奉書相調進之候、本寺（知恩院）無住御座候条如斯候、恐
惶謹言、

（寛永十九年）正月廿六日　知恩院役者　常称院九達（花押）

同　忠岸院源察（花押）

同　良正院宗把（花押）

信楽寺

82　京都知恩院山役者衆連署綸旨添状

京都知恩院文書

貴寺出世之事、遂　奏聞候処、忝　勅許被成下、則　綸
旨・奉書相調進之候、本寺（知恩院）無住御座候条如斯候、恐惶
謹言、

（寛永十九年カ）二月廿七日

知恩院役者　常称院九達（花押）

同　忠岸院源察（花押）

同　良正院宗把（花押）（印）

善導寺

83　京都知恩院山役者衆連署綸旨添状

京都知恩院文書

貴寺出世之事、遂　奏聞候処、忝　勅許被成下、則　綸

旨・奉書相調進之候、本寺（知恩院）無住御座候条如斯候、恐惶
謹言、

（寛永十九年）
三月廿五日　知恩院役者　常称院九達（花押）

同　忠岸院源察（花押）

同　良正院宗把（花押）

（伊予松山）
長建寺

84　伊勢亀山藩主本多下総守俊次書状写

『知恩院史』所収

一書申入候、其後者御状も不申通候、然者酒井左衛門尉（忠次）いはひ所之坊主之居候寺破損申候間、酒井宮内殿（忠勝）・牧野駿河殿（忠成）衆等三人寄合立可申候間、只今の寺屋敷之たてよこ間数、其上破損申候寺長横間数悉書付て、貴様より卯月中にも爰元へ被下候へば、一段之義存候、左も候はずば、唯今右之寺に居候若き御坊にても被下候被仰□□（庫裡）候、宮内殿・駿河殿も合点之事に候、只今破損申候をくりにいたし、又別に一つ立て可申候、金子等何程入可申候哉、有増見積りて可被仰越候、悉本多次郎左衛門方よりも可申入候、恐惶謹言、

（正保二年カ）
三月十九日　本多下総守　俊次　御判

宗把様

玉床下

85　会津藩主松平右衛門佐正之書状　折紙

京都先求院文書

以上

従方丈様（雄誉霊巌）油あけ之御菓子一折被懸御意候、拝受忝奉存候、御次而之刻、可然様ニ御取成所仰候、恐々謹言、

八月廿日　松平右衛門佐　正之（花押）

宗把老

○宗把の忌日は正保四年十月十三日。

86　京都知恩寺大蓮社円誉文覚書状

京都先求院文書

（ウハ書）
「〆　宗把庵主
　　　人々御中　　　　知恩寺　」

猶々、方丈御病中にて候間、宗把迄書状ニ而可被仰遣候由、周防守殿（京都所司代・板倉重宗）堅被仰候間、返書ニ可承候、以上、

急度申入候、然者三条ニ自古来了蓮寺末寺ニ而候処、近年出入候而、出仕不仕候間、今度相尋候之処ニ、知恩院ニ而綸　旨執之候間、知恩院末寺ニ可罷成之由申候、依是今朝板倉周防守殿へ直談ニ御理申候へハ、此儀者自古出入存候間、実正知恩院へ末寺ニ参候哉、宗把迄早々可被仰遣之由、周防守殿堅被仰候間如此候、近日江戸へ令下向候間、具返書待入候、恐々謹言、

二月十三日　　　　大蓮社（花押）

87　帝誉尊空書状

京都先求院文書

尚以、夜前御尋過分ニ候、過分ニ候、何様懸御目可申述候、かしく、

昨夕者御出被成本望ニ候、殊に此度御訴訟之儀相叶候事、家門繁昌、併貴辺御手柄ニ候、大慶大慶難申尽候、将又野僧ホ（等）迄珍重ニ存事、心底御推量可被成候、具ニは此者可申入候間、祝語期後音候、かしく、

林鐘廿五日　　　　（花押）

（端裏書）
「良正院殿（宗把）　　尊空
　　　　参　」

○帝誉尊空の知恩院在山は明暦三年より寛文三年まで。

○宗把の忌日は正保四年十月。

88　帝誉尊空書状

京都先求院文書

以上

一筆令啓候、仍夜前は近所火事出来候て、其元御きもつふしに候ん〔と〕推量仕候、さりなから寺内無別儀珍重ニ存候、為其申入候、かしく、

六月三日　　　　ら

〆　良正院との（宗把）　参　　尊空

89　帝誉尊空書状

京都先求院文書

尚以、内々申候所へ、参詣可申と存候、以上、

先刻者人を遣候へ共、万事様子能御座候よし承候て、珍重ニ奉存候、此瓜十二、折節出来候間送申候、菊も一いろ進候、猶懸御目可申述候、以上、

七月朔日

なしも五ツ進候　　ら

良正院との　参　　尊空

90　某書状

京都先求院文書

可然様ニ寺へ御申候て可給候、以上、

昨日申談候宿之事、先此方ニ有之事ニ候間、其通御申候て可給候、猶以面万事可申候、恐々謹言、

三月十九日　　為（花押）

〆　宗は老　　冷中

91　帝誉尊空書状　　京都先求院文書

此新米当年初にて候へハ進上申候、さりなからはや
貴僧はまいり可申と存候、以上、
御隙有間敷候へ共、必御報被出間しく候、少御出待
存候、
此四、五日は不申通候て、物遠にそんし候、今日は殊外
のあつさにて御座候、少御透ニ候ハハ奉待入候、かしく、

十一日　ら
宗把老　尊空
参

92　帝誉尊空書状　　京都先求院文書

尚以、爰許に茄子御座候も、いかにも少々に御座候
に、過分に存候、少御透ニ候ハハ、必々待入存候、
以上、
御状ことに（殊）新茄子送給候、能折節ニて、そのまま賞翫い
たし候、御気相すこし（少）あしく（悪敷）御座候由、心元なく存候、
御養生専一ニ存候、此方御隙もやかて相済申候、野子も
一段とそくさい（息災）にて罷在候間、御心安かるへく候、かし
く、

十二日　ら
宗把老　尊空
参

御祝義、金子壱両令進上候、可然様ニ披露頼入候、将亦、先日具ニ雑談如申候、相国様(徳川家康)御壁書之通、少も違背無之様ニ、方丈へも能々可被仰上候、出世之添状無之衆、綸旨之取次被成候者、以来之法度立間敷候間、左様之末断之儀於有之者、従此方之添状一切可令停止候、其御心得可有候、委細嶺笛口上ニ可被申候、恐々謹言、

増上寺

(寛永元年)五月廿一日　正誉（花押）

宗把公

参

(追筆)「甲子(寛永元年)在江戸、上洛之刻にて候御状也、出世添状ニてハ無之候、法度之儀不破様可然と使也、」

追加1　京都所司代板倉重宗書状　折紙

京都良正院文書

已上

新田大光院紫衣儀、従公方様(徳川秀忠)被仰付候、御下行代銀、如目録為持遣候間、可有御請取候、恐々謹言、

板倉周防守

(元和八年)霜月廿八日　重宗（花押）

知恩院

宗把坊

役者中

追加2　増上寺正誉廓山書状　折紙

京都良正院文書

尚以、乏少ニ候得共、帷子一重、祝義迄ニ候、以上、

一書申入候、明朝帰洛之由承候間、方丈へ之御報、幷為

追加3　尼子金右衛門尉書状　折紙

京都良正院文書

尚以、旧冬者、被入御念候御報、忝存候、慥ニ相届申候、当年者、早々御礼かた〳〵ニ御飛札可申上処ニ、手前何かと取紛、御ふさた、中〳〵書中ニ難申尽候、其段御免可被成候、頓而わさと是より可申上候間、早々申上候、以上、

従報恩寺、使僧を以被申入候条、致啓上候、新春之御慶、万々可被謝尊意候、然者報恩寺年頭御礼之儀ニ付、旧冬方々へ御状被遣候、当春何も被相違、御報共持せ被為進之旨ニ候、於様子ハ黒田出雲かたより具ニ申上候間、私より不及申上候、宮内少(池田忠雄)上京可被申候、供仕候者、尚以様躰口上ニ可得御意候、私不罷上候者、報恩寺旦那衆供被申候間、委口上ニ被得御意候様ニ可申談候、荒内(荒尾)匠供被仕候間、御参会之刻、報恩寺へ新地被申付候御礼と、年頭之様子、無相違様ニと可被仰談候、鉄道、私より能々相心得申入様ニと被仰事候、宮内少被罷上候節、必々右之両条、内匠へ被仰談可被下候、尚期後音候、恐惶謹言、

(寛永三年)二月廿五日　　尼子金右衛門尉　□（花押）

知恩院
宗把様
人々御中

「(端裏書)寛永参年三月、備前報恩寺直末継目御礼遅々仕候、為御届使者之時、尼子次左衛門尉より給候文、」

追加4　岡山専称寺円誉書状　折紙

京都良正院文書

以上

去冬報恩寺使僧被上候節、預御書、忝致頂戴候、就其、宮内輔少(少輔)殿御礼、出世次第之儀被仰下候、爰元御奉行へ

茂御状被遣候間、定而別儀御座有間敷候、正覚寺談合仕候而、奉行衆へ紙面之趣可申入候、随而愚僧二三ヶ年以前入院仕候へ共、不致登山、背本意、迷惑仕候、何茂罷上、御礼可申上候、恐惶謹言、

（寛永三年）二月廿五日　　円誉（花押）

（ウハ書）「岡山専称寺

浩翁院

御報」

追加5　岡山報恩寺文佐書状　折紙

京都良正院文書

尚以、但馬殿父子之御報被遣候、旧冬御書被遣候故、爰元公儀向、一段首尾能、諸旦那も忝由被申候、早々御礼ニ可罷登之処ニ、右如申上候、別時故延引、我等大筈者ト可被思召ト致迷惑候、頓而〳〵罷登、御礼可申上候、

追而申上候、御本丸御ツホネ様へ之御状、早々上ヶ申候、此度御隙入候而、御報無御座候間、跡より御返事取可進之候、以上、

旧冬者罷登、初而得尊意、始中終御懇切之段、難筆紙申上候、内々如申上候、正二月之内ニ、鉄道長老致供、御礼可罷登之処、正月十九日より四十八夜別時被頼候故、延引致迷惑候、余御無沙汰故、先飛脚を以申上候、来月中ニ必々罷上り、御礼可被申上候、将又、荒尾但馬殿父子へ之御書之通、宮内少殿（池田忠雄）へ御披露之処、菟角御本寺之御作法次第ト被仰候、是又尊老様之御懇志故と忝候由、諸旦方も被申候、宮内少殿も頓而上落（洛）被成候条、弥々其節御口説可忝候、恐惶敬白、

（寛永三年）二月廿七日　　文佐□（花押）

進上

浩翁院様

御同宿中

（端裏書）「寛永三年三月、備前岡山報恩寺直末継目御礼遅々

仕候、先為届使僧上洛候刻、備前報恩寺之内、文
佐より文、」

追加6　本部五郎右衛門書状

京都良正院文書

一書申上候、先度者、宮内少(池田忠雄)方より法定(方丈)様へ為使者参上仕候間、乍次而、御尋申上候処ニ、御煩之由ニて不懸御目候つる、其後、宮内少所へ御出之由候つれ共、不時ニて不得御意、于今御残多存候、然者備前報恩寺早々罷被上、御礼可御申上儀候を延引、近比々々めいわくニ存由、此比も又被申越候、やかて可被上由候へ共、其内ニも御次而候ハヽ、於御前、可然様ニ御取成、於我等奉頼存候、将又、黒田出雲・尼子次左衛門尉状こし申候間、もたせ進上申候、明後日たしか成便宜御座候間、返事可被成候、明晩御状取ニ進上可申候、両人方へ御返書御はしかき(端書)ニ、ほうおん寺(報恩)とまて不被上儀ハヽ、くりしう(庫裏衆カ)まかせ被仰遣候ハヽ、於我等可忝候、延引之段、坊主少も如在ニて無御座躰、我等よく〳〵存候間、右之通奉頼候、随而ほうおん寺事、宮内少へ此度急度御取合奉頼候、御末寺ニて候間、万事可然様ニ被申付様ニ、ほうでう(方丈)様より御頼被成なと、被仰入候へは、尤珍重存候、鉄道よき僧ニて御座候ゆへ、旦那大せい(勢)存付申候ニ付、年寄ともも、ちそうニて御座候、宮内少も無如在被存事ニ候、其御心得可被成候、様子之儀、面上之刻、万々可得御意候、此比おかしく候へ共、柿一折進上申候、任到来候、恐惶謹言、

(寛永三年)七月廿八日　直（花押）

(ウハ書)「　松平宮内少(池田忠雄)
本部五郎右衛門
(封)　宗把様　参　直」

(端裏書)「寛参年七月、直末寺成ルニ付、備前報恩寺御礼
遅々申候、為御届理り文、」

追加7　浩翁院規式

京都良正院文書

(端裏書)「浩翁院裏之法度書」

浩翁院之格式　示二三子

一、真前毎日行時、無間断可相勤事、

一、当院行時并茶湯、毎日無懈怠相勤、仏壇掃拭香燭之具、一日一夜為輪番、慇懃可相勤事、

一、仏前・真前并祠堂茶湯、無懈怠可致焉、其晡時、諸道具致点撿、可請取渡事、

一、非番之僧者、院内戸障子開闔、堂中処々掃可務焉事、

一、行有余力、則以可習復、仏教・学書可相努事、

一、方来之知識登山之時、如有当院之光賁、其時当厚礼尊敬而、慇懃可接待事、

一、院主他適之時、方来有使者、慇懃相接而、謹聴其言、受其事、而当帰院之時、毫釐無忘却、可奏達事、

一、表之縁、三日一遍可洒拭事、

一、眠蔵・廊下之掃地、並諸道具、三日一遍点撿、無失墜破損、可請取渡焉事、

一、庫司辺、一日一夜為輪番、諸用可申附事、

一、媾(姻)者、或雖親属、女子寮内許容、一切堅禁焉、男女之別、人倫之大方也、

一、亡人之止宿、留連、雖一朝一夕、不可淹滞、是国家之大禁、人々所知、非吾一人之法制乎、

一、朋友同類之人、択而後可交、与善人、則如人芝蘭之室、不染而自馨、侶悪友、則如游鮑魚之廛、不親而時臭、孔子曰、益者三友、友諒、友直、友多聞、益也、損者三友、友便佞、友便辟、友善柔、損也、以歓狎戯謔相交、則何終不疏乎、唯以切瑳琢磨為相与、則久而信友、以其徳可友、曽子曰、以仁輔友、以文会友、誠哉斯言也、

一、寺内並他処之賔客、無貴無賤、不挾富不挾貧、以礼義慇懃可接待之事、

一、不可説人之短、唯反己軀而可求仁、崔子玉曰、莫言人之短、毋説己長、施人而毋思、受施而勿忘矣、以是可為座右銘也、

一、仏殿出仕之時、不可寄他処事、
一、院之門外、妄不可出、如有用要者、断院主而後可往、
一衣不可離身、古昔沙門一衣一鉢不離躬者、仏門之軌範也、
一、院内、盗賊之難、失火之害、無間断可防之事、
右条目之件々、一事不可違犯焉者也、
維時寛永六載己巳結夏日(四月十五日)
浩翁院主宗把謹識焉

追加8　池田忠雄書状　京都良正院文書

為　良正院殿御追善、　相国様(徳川秀忠)江窺之上、其寺建立候、御供養米五拾石、永々可差贈候、猶於　御仏前、武運長久・国家安全之祈願頼入候、永其寺可為檀那候、恐惶謹言、

(寛永七年カ)十一月朔日　宰相　忠雄（花押）

良正院

宗把老

追加9　良正院宗把書状案　京都良正院文書

猶以、為良正院様御追善、末代迄之御造営被仰付義、可被思召御満足奉存候、弥従宰相様被仰付候武運長久・国家安全之祈願、永可抽丹誠候、以上、

態一書申上候、宰相様(池田忠雄)別而御安躰、御機嫌能被為成御座候由、目出度奉存候、爰許被仰付御作事出来、三奉行衆当月十九日ニ御国江被罷下候事、

一、貴賤之諸人、寺拝見仕、上方無双之為御建立旨、申候而戴申候、永代浄土一宗之外聞不過之由、知恩院被申、則以書状被申上候、誠以我等冥加之至、忝仕合、難及言上候、各迄得御意、彼地可罷移奉存候得共、先度吉村忠右衛門殿、将亦三奉行衆任御異見、移申候事、

一、三奉衆(行脱カ)、日夜諸法度以下迄、能被申付故、大分之御建立御座候得共、少も出入無御座、一段無事相済申候、

三奉衆昼夜苦身難申上候、此辺僧俗共、此等之義迄感入仕候事、

一、座敷金間、殊更絵之儀、三益被振筆勢、京都見物之貴賤、是又驚目候、乍慮外、達宰相様高覧度奉存候、万事被為入御念、難有旨、僧俗共奉存候、三奉無油断、掛大事、苦労被仕候通、御取成候而可被遣候、

一、爰元之様躰、委悉大森弥次兵衛より可為言上候事、

一、尤罷下、雖御礼可申上候、近日御国江可被成御座候間、令延引候、右之趣、御次之節、御前宜預御取成候、

恐々謹言、

（寛永八年）（閏）壬十月廿五日　宗把（花押）

荒尾志摩守殿

山田　茂庵老

安倍源五左衛門殿

此外ニ別帋ニ申入候事

別而令申候事

一、末代迄、上方無双之愚寺御建立被仰付、忝仕合も、数年貴老御取成故と、過分之至、中〳〵難及筆帋候、定而貴老も可為御喜悦存候、迚之儀ニ、向後も宰相様御前向之儀、宜預御指南候、偏頼存候事、

一、御国も一段無為之由、承及候事、

追加10　良正院宗把書状案

知恩院炎焼之次第

覚

一、当月九日亥刻火事出来、一番ニ宗把、方丈へかけ入、火本へ参候処ニ、早小方丈北かわ過半火移申候、方丈火中へ入候ハんと被仕候処ヲ、沙汰之限之由申、引留、人ヲ付候て、則宗把儀ハ奥へはいり、両御所様御朱印、諸灵（霊）宝不残、権現様より拝領之連署、悉取出し申候而、さて跡を捨置、大御影堂ヲ大事ニ奉存、参候而、方丈并寺内之衆中、一心院住持、近辺之衆、我等共、随分御影堂北之廊下取切候ハんと仕候処ニ、（板倉重宗）周防守様御家

中之衆、木ノ下宮内殿御かけつけ候而、何も被入御情(精)
候へ共、時刻到来か、大御影堂炎焼申候事、
一、丈室和尚、于今無十方上ニ病気、何も笑止ニ存候、
其内ニも他国之住居をも可被仕と被存候得共、皆々達
而抑留仕、光照院ニ隠(穏)便之躰ニ而被為居住候事、
一、御忌前無余日ニ付、法事等之儀、門中談合被仕候へ
共、方丈ハ取乱之上に病気、第一公儀之憚、彼是を以、
難被及返答ニ由候、就其、門中衆被申ハ、いにしへも
加様之儀出来之刻も、終ニ法事無懈怠執行仕候、先例
候間、隠(穏)便以少執行可仕旨、何も被申候事、
一、於当地者、従御公儀、如何様ニ可被仰付候不奉存候、
周防守(京都所司代板倉)様御機嫌、彼是以、皆々昼夜気遣、別而我等之
迷惑可有推察事、
一、爰元焼跡、松平越中守殿・同紀伊守殿御無心申上、
人足等被仰付、焼瓦此中取申候、然共、未皆迄ハ取不
申候事、
一、周防守様御機嫌、気遣千万ニ存候間、御小性中迄も、
以書状申入儀も不罷成候事、
一、千一、其元へ誰ニても罷下候而、爰元様躰申上候而
も、周防守様尤ニ可被思召候哉、其方達之一分ニ而、
そと御口引も被相聞候ハん哉、於爰元、方丈之儀者不
及申ニ、万民、別而我等共迷惑、中〳〵難申尽候、公
儀向おそろしく奉存候間、少成共、周防守様御ことは(言葉)
のはつれも、やハら(柔)かなるやうす(様子)不承候ハヽ、中〳〵
罷下儀ハ存も不寄候、此段御分別尤ニ候、委ハ喜右衛
門可申候、恐々謹言、

良正院
宗把（花押）

(寛永十年)正月十三日

源察老
九達老

追加11　良正院宗把書状案　折紙

京都良正院文書

態一筆令申候、知恩院当月九日亥刻就炎焼、方丈者半死
半生之躰候、従我等、即刻周防守(板倉)様迄者、以飛札申上候、

拙僧茂忘却仕候付而、其節各江者不及愚翰候、爰元之様
躰為可申入、喜右衛門差下申候、

炎焼之覚

一、方丈　大小二
一、衆寮　三
一、廊下　十四
一、庫裡　大小二
一、衆会堂
一、大御影堂
一、楼閣

此分致炎焼候事

右之外相残分

一、古阿弥陀堂
一、勢至堂
一、同台所
一、経蔵
一、山門
一、灵(霊)宝蔵
一、雑蔵
一、黒門
一、惣門
一、惣寺院中者、何茂不苦候、

九日之夜、周防守様へ申上候節者、別而無正躰故、書
付可致相違候、委者喜右衛門可申入候、恐々謹言、

(寛永十年)正月十三日　　良正院
　　　　　　　　　　　　宗把（花押）
源察
九達

追加12　源察等連署書状　折紙　京都良正院文書

正月六日御飛札、同十二日晩参着仕、拝見申候、御年寄
衆江之書状、何茂不残、我等共持参仕候、先可申上を(者カ)、
其元方丈向炎上仕候儀、板(板倉)周防守様御内衆より飛脚、今
十三日江戸参着仕候、則周防守殿我等共へ被仰聞、驚入、

昼夜共ニ安(案)シ暮計に御座候て、夜茂ねられさる仕合ニ御座候、方丈様并御寺中衆御機色、乍慮外、奉察候、就其、僧衆・行者衆内壱人成共、可指登と存候得共、とてもかへらさる儀と存、御法事向大事ニ存、執行仕候、爰元御法事相済候ハヽ、早々我等茂罷上り可申上候、爰元様子、委者左右衛門可申上候条、不能具候、恐惶敬白、

(寛永十年)正月十四日　源察（花押）
九達（花押）
雲岌（花押）
団郭（花押）
□□（花押）
豊後（花押）
土佐（花押）

良正院様

追加13　鎮西善導寺団誉書状　折紙

京都良正院文書

猶々、右之様子相澄候様ニ、貴老頼入候、精心光寺可有演説候、以上、

態令啓一翰候、去春之時分者、知恩院就炎焼、聞掛ニ、使僧指登せ候処、在江戸ニ而御座候間、空致帰国候、定書状届候歟と存事候、仍肥後国南蛮宗改ニ付而、一向宗書物、奉行所へ指出候、左様ニ候得者、浄土真宗と書出候、就夫、隈(熊)本浄家門中之申分者、前肥後守(加藤忠広)代ニ者、一向宗と書申候、如其被仰付候様ニと、数度越中殿(細川忠利)奉行衆へ侘事申候得共、不相澄候間、御本山之為可得御意、彼門中之内ヨリ心光寺上洛ニ而候、乍御六借、六条方へ被成穿鑿、従古来之旧式歟、又新儀私曲歟、乍御太儀、御尋所希候、宗旨之掟目ニ罷成候間、致添状候、此段方丈様へ可然様、御披露所仰候、恐惶不備、

(寛永十年)酉ノ　九月廿三日　鎮西善導寺
団誉（花押）

浩翁院
宗把老
侍者禅師

追加14　鎮西善導寺団誉書状　折紙

京都良正院文書

追、白銀五両令進献候、誠軽微之至、補空書面迄候、
猶々鎮西之覚候間、自当寺、寺々へ申触、一国ニ一
人宛、上帳持せ納候而社《コソ》、正当之御分別ニ而候、万
事可然様所希候、諸事善龍可申達候、已上、

態啓使札候、今年者、互不申通、其地御無事ニ候乎、承
度候、仍去年福岡極楽寺下向節、預芳翰候、其状ニ、諸
国宗旨寺々可被成御改之由、蒙仰候、但、従跡、精可被
仰越と書留候間、其状計ニ而者、触不被申候、其後到来
相待候処、為莵角儀無御座候、然処ニ、頃《コノゴロ》、豊前・豊後
両国直ニ御触状下候段申来、致仰天候、鎮西一派之於御
用者、当寺迄可被仰事、筋目之儀候、如何、兼日之御胸
中相違候、互無心元存事候、其故俄ニ善龍申付候、
方丈向可然様所希候、委曲使僧江申含候条、不能詳候、
恐惶不備、

（寛永十年）拾月十七日　善導寺
　　団誉（花押）

良正院
　宗把老
　　侍者御中

追加15　鎮西善導寺団誉書状　折紙

京都良正院文書

猶々、住持定候者、継目之参内之儀、万事頼入候、
細砕重而可申談候、已上、

改年之賀祥珍重々々申納候、仍其地永々滞留候事、御太
儀之至候、然者去年七月両使僧帰国之砌、預書翰、精令
披見候、就夫、旧規幷肥後・筑後両国之門中以連判、彼
往生院、当寺為末寺儀明白之由、書物ニ而候、夫ヲ豊後
大超寺と申長老へ持せ、去年九月雖指登候、貴老在江戸
ニ而候条、残之役者、宗把無上洛候際、我々計ニ而者難
澄候と、返礼ニ而候、定此脇相済可申と存候、将又去年

荒増如申候、近年病気指出候条、殊外労倦申候際、可致
隠居格（恪）勤候、左様候得者、従前々申談候間、満嶺和尚へ
可致付属と存候而、今度使僧申付候、其地万事能分ニ御
相談所希候、恐惶不備、

善導寺

（寛永十三年）正月廿三日　団誉（花押）

宗把老

侍者禅師

「（追筆）寛永十参年三月十九日到来、於江戸披見、筑後国
善導寺より後住職ニ付、」

追加16　善導寺善龍・太岩連署書状　折紙

京都良正院文書

尚々、鎮西ニ相当之衆、御相談奉頼候、いよ〳〵九
刕ニハ覚之衆無御座候、已上、

乍惶致啓上一書候、当春之御吉慶目出度申納候、去年者
江戸へ被成御下向、御太儀ニ奉存候、早々御上洛ニ而御
座候哉、承度奉存候、然者当寺持病指出、殊外草臥被申、
隠居仕度被存候而、江戸満嶺和尚へ後代之儀被申越候間、
万端奉頼候、此表へ相当之長老無御座候間、満嶺和尚此
表へ御越難成思召候者、東国ニ而可然和尚ヲ、衆中皆々
大望奉存候、若貴寺様、于今在江戸ニ而御座候者、鎮西
ニ相当之和尚ヲ御才覚奉頼候、恐惶敬白、

善導寺内

（寛永十三年）正月廿三日　善龍（花押）

太岩（花押）

進上　良正院様

御侍者御中

「（追筆）寛永十三年三月十九日到来、但於江戸、筑後国善
導寺より御隠居望、後住持之儀ニ付、」

追加17　満嶺和尚書状　折紙

京都良正院文書

尚以、右之通頼存候、以上、

一書令啓達候、仍鎮西善導寺より後代之儀付而、愚僧へ
申来候得共、拙僧之事ハ罷不成候、左様ニ候得ハ、爰元
ニ而可然仁、御下候様ニと存候間、貴殿思召寄之方も御
座候者、彼之使僧へ御内談最(尤)候、則鎮西よりも御状参候
間、可然様ニ頼存候、増上寺へも此等之趣申達候、委敷
ハ彼使僧可為口上候間、不能審候、恐惶謹言、

(寛永十三年)三月十七日　満嶺（花押）

良正院

侍者御中

(追筆)「寛永十三年三月十九日到来、在江戸中、筑後国善
導寺隠居望、後住職之儀ニ付、

満嶺上人より」

追加18　増上寺暁誉位産書状　折紙

京都良正院文書

尊書拝読、令得其意候、然者御綸旨副状之儀、板倉周防(重宗)
守殿仰出之由ニ而、良正院名付ニ指上候へ由、尤奉得其
意候、自今以後者、良正院江指越可申候、恐惶謹言、

七月廿八日　増上寺

暁誉（花押）

知恩院

侍者御中尊報

追加19　増上寺暁誉位産書状　折紙

京都良正院文書

書状之趣、具令披閲候、六月廿四日板倉周防(重宗)守殿仰出之
由ニ而、御綸旨副状、良正院名付ニ指越候へ由、尤自今
以後、其分ニ認可進候、恐々謹言、

七月廿八日
増上寺
暁誉（花押）
良正院
御侍者中

追加20　浄運院閑栄等連署書状　折紙

京都良正院文書

猶以、南芸・良億両人申上候、其御地方丈様より預
尊書候、御報却而軽ニ存、無其義候、御次之刻、宜
被仰上被下候、以上、
当十九日之飛札、忝令拝見候、然者御綸旨之役儀、周防（板倉）
守（重宗）殿御訴訟叶、先規之通、貴院江副状参候旨、珍重ニ令
存候、尤御紙面之趣、方丈江申上候間、可御心易候、夏
中永々在江戸被遊、御苦労被成候、乍去、首尾克御座候
而、満足可被成と令存候、猶期後音之時候、恐惶謹言、
浄運院
閑栄（花押）

七月廿八日
南芸（花押）
良億（花押）
良正院
御報

追加21　老中阿部重次書状　折紙

京都良正院文書

尊書拝見仕候、仍公方様（徳川家光）当夏少御不例、早速被為成御快
気、目出度被思召、以宗把被仰上候由、奉得其意候、弥
御機嫌能被成御座候間、御心安可被思召候、随而扇子一
箱三本入被懸御意、忝奉存候、委曲御使僧可為演説候、
恐々謹言、
八月五日
阿部対馬守
重次（花押）
宗把
御披露

追加22　知恩院帝誉尊空書状

京都良正院文書

猶待面上之時候、かしく、

改年之吉事、如書中申納候、次ニ一儀、今朝如申候、可然様ニ被計給候ハヽ、可為祝着候、恐々謹言、

正月五日　　尊空

（ウハ書）「（封）宗把老 へ参　より 尊空」

追加23　知恩院帝誉尊空書状

京都良正院文書

猶以、及外見ニ候ハぬやうニ頼入候、

寸隙も有間敷内ニ、念入之書中、不過之候、万事何様ニも貴方へ任置候、御分別候て給候へく候、拙僧眼立者、

筆帋不尽候、能思召候て、御覧候へく候よし申給へ、かしく、

初春七日　　尊空

（ウハ書）「（封）宗把老　より　御報　尊空」

追加24　知恩院帝誉尊空書状

京都良正院文書

西巌なと出候ハヽ、猶段《談カ》合可申候、

昨夜者、閙敷内ニ遂細段《談カ》、満足不過之ニ候、弥契約之通ニ候間、万端可然様ニ頼入候、かしく、

七月廿四日　　尊空

（ウハ書）「（封）良正院 へ参　尊　より」

追加25　知恩院帝誉尊空書状

京都良正院文書

書中具ニ拝見申候、昨夜者色々なくさみ、本望之至候、
随而青門主(青蓮院)ヘハ、唯今人を遣可申候、返事次第ニ可申入
候、かしく、

二日　(尊空)(花押)

(ウハ書)
「(封)　宗把さまへ
返事　尊」

追加26　良正院宗把書状案

知恩院文書「勢州鈴鹿郡亀山善導寺
記録之写」所収

折札令披閲候、仍而御直末寺幷末々寺等迄之着帳、即入
御内見候、御満足之旨意得可申入由ニ候、此上茂落郷落
郡落寺無之様に被遂穿鑿、於落帳者重而可蒙仰候、恐惶
謹言、

(寛永十一年)七月七日　良正院　宗把　印

勢州亀山
善導寺
貴報

右者寛永十一年御改之節、鈴鹿郡触頭善導寺へ被仰付候
時、則相改差上候分之写、

追加27　知恩院門跡ニ付山役者頤誉宗把覚書

増上寺文書「筆蹟類聚」所収

覚　知恩院門跡心得書之寫

一、知恩院被立置　宮門跡之事、知恩院満誉(尊照)僧正之時、
権現様(徳川家康)為御意、諸宗皆宮門跡云事有之故、(「毎」)物気高見江
候間、浄土宗茂　宮門跡可被立置被仰候得者、僧正、
御諚難有旨御請候而、頓而　八宮様(後陽成天皇皇子、良純法親王)を御請待被成、満
誉僧正為御弟子、則知恩院方丈之内、号花御殿、御部

屋之様ニ御殿を造、御馳走無其限、然時　権現様御参詣之節、僧正御申上候者、御門跡御請待被遊、難有奉存候、左様ニ御座候得者、頓而関東江御下向被為成、四五年御学問被遊候者、　某當寺隠居仕、御門跡江相渡可申与御申上候得者、　権現様其時何共不被　仰出、　還御被遊候、其後三十日程過、二条　御城江役者宗把(顧誉)を御見舞被進候刻、又　宮様之御事最前之通御申上候処、其時　権現様為御諚、知恩院　宮門跡立置事、其寺方丈之住持ニ非す、被為居置事、寺之荘計立置事候間、左様ニ御心得候様ニと、僧正江　御返答被遊候、僧正御聞候而、為何左様被仰事候哉と不審被思召候、何とそ此訴訟遂度思召候故、宗把重而江戸江被差下候時、又宗把ニ御申含、即右之段被申上候処、其時御諚之趣者、其寺ニ宮門跡立置事、直ニ其寺住持ニ可被成非す、為只寺之荘計ニ立置候、其門跡計只今四五年学問被成候共、末々者児喝食ゟ直ニ住持在之様ニ成候者、中々学問ニ及間敷候、左候得者、一宗之源軽成不可然、浄土宗者諸宗超過之宗旨也、諸宗者理之宗旨故、成佛難成、浄土宗者事理縦横之宗旨故、成佛易成、然者諸宗超過之宗旨、左様ニ法儀門軽成候而者、一宗源軽成候間、御門跡者方丈、不可為住職之旨御意被成候、其時押而　権現様御上洛被遊候時、直ニ　権現様御意ニ而、今之御殿を造思召在之、遷度被成候、其時最前五百石之知行ニ而者、御身上難被為成故、重而御加増被成、千石被進候、其後三十五ヶ条(元和元年)御定之時、知恩院立置宮門跡候事、門領各別相定上者、不可混雑寺家与被遊事、

一、右之通候故、八宮様被成御座候得者、満誉僧正万里小路(充房ヵ)子息為御弟子、玄証(然誉源正)御房与号、知恩院為後住、関東生実(下総)大巖寺江学問御下被成候、廿ヶ年御修行之成就之時、役者宗把御迎罷下、知恩院住持仕度由、大猷院(徳川家光)様江訴訟申上候処、無相違相叶、即御目見江迄被遂候処、俄ニ煩付被申、江戸ニ而遷化被成候故、其跡江霊巖(雄誉)和尚入院被成候、満誉僧正と玄証御房との間也、京都浄福寺法雲(城誉)和尚看主ニ御居被成候、雖為看主、久敷被致住山候故、霊巖和尚御心得を以、一代為住職

之位牌、御立置被成候事、

一、八之宮様世間人之沙汰者、　八宮様方丈江被為入事、御嫌候様申触候得共、一向左様ニ而者無御座候、方丈江被為入度思召候得共、役者宗把、　権現様御諚之趣慥承居申候故、方丈江入不申事、

右之書立覚候事、尊空(帝誉)和尚霊巌和尚之御弟子ニ御成候而、知恩院入室罷成候付、役者宗把能々右之通存候処、則尊空和尚江ケ様之事者、末代ニも可入事ニ御座候間、能々御覚置被成候様ニと、度々奉為申聞候事、

増上寺所蔵
『幹事便覧』一〜八

『幹事便覧』目次

幹事便覧第一之目録

幹事便覧第二之目録

幹事便覧第四之目録　（三は欠本）

幹事便覧第五之目録

幹事便覧第六之目録

幹事便覧第七之目録

幹事便覧第八之目録

『幹事便覧』解題

江戸時代の増上寺は幕府の寺社奉行の下で全国浄土宗寺院の行政事務を統轄する総僧録所であった。現在の宗務庁的な役割りを果たしていた。その総僧録所の事務を執行したのは増上寺の住職ではなく、役者であった。役者は山内の所化上座から選出された所化役者二名と、山内の塔頭住職から選出された寺家役者二名から構成された。一宗の行政事務は主として所化役者が担当し、寺家役者は山内や御霊屋領などの管理にあたった。この役者のことを江戸時代後期になると幹事ともいった。この『幹事便覧』は増上寺の総僧録所で一宗の事務を担当した幹事が常時手許に置いていた忘備録である。そのため役者・寺社奉行のリスト、有力寺院の由緒格式、一宗の規約・先例等の一宗支配の重要事項が所収されている。江戸時代後期の編纂書であるが、江戸時代の浄土宗教団の実体を知るのに恰好の史料である。

今回は『三康文化研究所年報』第三十八号、第三十九号に分冊して史料紹介したものを、研究所のご許可を得て一冊にまとめて公刊したものである。

平成二十年五月　宇高記

増上寺所蔵

『幹事便覧』一

幹事便覧第壱之目録

壱　一、御当山(増上寺)役者(所化)両僧、入役・退役年月記、并役者号始之事

弐　一、神祖(徳川家康)大樹寺へ御納御証文之写、八幡之御歌

三　一、神祖大樹寺御入之秘記

四　一、神祖より崇源院(徳川秀忠室)様へ被進候御文訓

五　一、文廟(文昭院廟・徳川家宣)御遺書

六　一、統誉(増上寺五十二世・円宣)大僧正入門之偈

七　一、来迎会、其外供養会、御尋ニ付書出之事

八　一、方丈登　城之節、御門片扇(扉)御開願之事

九　一、於御　城住職仰付之寺院、由緒書上之事

十　一、享和二戌護国殿御拝覧并御経堂へ御入一件

十一　一、御[破損]霊屋御参詣之節、方丈御引払等

十一(ママ)　一、享和[破損]護国殿・御経蔵・本堂へ御成之事

十二　一、安国殿御神秘之御由緒并御宮御造営三度之書上之事

十三　一、神道・山伏、自分葬式一件

十四　一、江州水口大徳寺、唐橋家猶子ニ相成之節、御問合

十五　一、御朱印焼失一件ニ付、鎌倉ヨリ書簡之写

十六　一、御霊屋下御供所并坊中構練塀被下切、御書付之写

十七　一、赤羽橋ヨリ将監橋迄、御山内外構生垣ニ被仰出候一件

十八　一、御三家方始、其外諸大名、御霊屋拝礼之節、供方之儀御尋一件

十九　一、御当山ニテ朱傘相用之寺院定之事

二十　一、御修復所御達書之写

廿一　一、祐天寺金入袈裟着用掟書

（一）

〇御当山役者両僧、入役・退役年月記并役者号始之事

役者之事、了的上人御代天光院道楽・浄運院閑栄、并御弟子大残・善哲、了学上人御代名見也、本誓寺ト誓願寺御弟子了門、源興院・浄運院、智童上人御代長屋・長波、後長屋代リ知哲、源興院・浄運院、同御代寛永十二乙亥年、（老中・利勝）土井大炊頭殿、御同役御老中へ御相談之上ニテ、御仏殿役者、従 公儀被仰付、此時より始テ役者ト号呼之、并輪番之名義モ此時ヨリ被仰付候事、

快龍
万量
源意
古岩
薫冏
長諾
連的
了也
知白
良我

流誉上人御代、元禄四未年

元禄十三辰年□（破損）月八日吟達後役

了古
呑随
白玄
円冏
秀道
岳雲
雲臥
円理
淳甫
円量
龍槃
吟達
秀円
見超
知宅
白随
観徹
了海

湛誉大僧正御代宝永四亥年

同

入役正徳三巳年閏五月廿三日
退役同四午年五月廿九日

退役享保六丑年十一月廿三日

入役正徳四午年五月廿九日
退役

入役
退役享保三戌年十一月廿三日

入役享保三戌年十一月廿四日
退役享保五子年三月六日

寿元

霊鑑

霊雲（ママ）

檀暦

霊旭

円龍

往的

利天

利天跡役
随澄

御当山役者入役・退役年月記

享保五子年七月三月ヨリ七月迄空役、

享保九辰年六月廿五日退役、

享保六丑年十一月廿三日入役、
同十二未年十二月四日退役、

演誉様御代、享保九辰年六月廿八日入役、
在役七年、享保十五戌年二月廿三日退役、

学誉御代、享保十二未年十二月五日入役、
在役七年、同十六亥年九月二日退役、

同御代、享保十五戌年二月廿四日入役、
在役十年、元文四未年十二月三日退役、

連察

弁弘

連察後役
大円

弁弘後役
擔梁

大円後役
義潭

同御代、享保十六亥年九月三日入役、
在役十二年、享保二戌年三月十二日退役、

尊誉御代、元文四未年十二月四日入役、
在役八年、延享三寅年四月十三日退役、

同御代、寛保二戌年三月十四日入役、
在役弐年、同三亥年九月廿七日退役、

同御代、寛保三亥年九月廿八日入役、
在役七年、寛延二巳年九月十二日退役、

走誉御代、延享三寅年四月十四日入役、
在役五年、寛延三午年十月二日退役、

門誉御代、寛延三午年十月三日入役、
在役弐年、同四未年正月十三日退役、

門誉御代、寛延四未年正月十四日入役、
在役六年、宝暦六子年四月九日退役、

走誉御代、寛延二巳年九月十三日入役、
在役六年、宝暦四戌年十月十九日退役、

同御代、寛延四未年正月十四日入役、
在役六年、宝暦六子年四月九日退役、

成誉御代、宝暦四戌年十月十九日入役、
在役六年、同九卯年八月七日退役、

同御代、宝暦六子年四月十一日入役、
在役七年、同十二午年正月廿八日退役、

妙誉御代、宝暦九卯年八月十日入役、
在役八年、明和三戌年二月九日退役、

同御代、宝暦十二午年二月四日入役、
在役弐年、同十三未年二月七日退役、

同御代、宝暦十三未年二月十一日入役、
在役弐年、明和元申年十一月廿九日退役、

同御代、明和元申年十二月二日入役、
在役九年、同九辰年四月六日退役、

同御代、明和三戌年二月十三日入役、
在役四年、同六丑年三月十日退役、

歓誉御代、明和六丑年三月十一日入役、
在役六年、安永三午年四月廿四日退役、

擔梁後役
説冏

義潭後役
念潮

説冏後役
了碩

了碩後役
円了

念潮後役
察然

察然後役
信的

信的後役
要信

円了後役
智英

信的後役
要信

智英後役
円海

要信後役
密厳

円海後役
祐月

密厳後役
察岸

察岸後役
単笛

単笛後役
曇龍

在定

在定後役
天随

典誉御代、明和九辰年四月七日入役、在役五年、安永五申年十月二日退役、
豊誉御代、安永三午年四月廿九日入役、在役六年、同八亥年二月九日退役、
同御代、安永五申年十月二日入役、在役六年、同十丑年二月八日退役、
便誉御代、安永八亥年二月十日入役、在役三年、天明元丑年九月十二日退役、
同御代、安永十丑年二月十日入役、在役五年、天明三卯年三月十五日退役、
同御代、天明元丑年九月十三日入役、在役六年、同六午年十二月六日退役、
同御代、天明三卯年三月十七日入役、在役四年、同六午年二月二日退役、
現誉御代、天明六午年二月四日入役、在役七年、寛政四子年六月二日退役、
同御代、天明六午年十二月八日入役、在役七年、寛政四子年二月二日退役、
統誉御代、寛政四子年二月三日入役、在役六年、同九巳年六月二日退役、
統誉御代、寛政四子年六月四日入役、在役七年、同十午年四月廿三日退役、
嶺誉御代、寛政九巳年六月三日入役、在役八年、享和四子年正月十四日退役、
同御代、寛政十午年四月廿五日入役、在役十三年、文化六巳年二月十日退役、
倫誉御代、文化元子年正月十五日入役、在役、文化八未年十月廿八日退役、
薫誉御代、文化六巳年二月十五日入役、同九申年三月廿二日退役、在役、
同御代、文化八未年十一月朔日入役、在役、同十酉年二月廿日退役、
同御代、文化九申年三月廿八日入役、在役、同十一戌年正月十一日退役、

曇龍後役 潮天
天随後役 順東
潮天後役 了璇
順東後役 了山
了璇後役 隆尹
了山後役 寂信
隆尹後役 在禅
寂信後役 法月
在禅後役 学円
法月後役 寛霊
学円後役 宣契
寛霊後役 秀海
宣契後役 察常
秀海後役 祐海
察常後役 在歓
祐海後役 徳定
在歓後役 香堂

同御代、文化十酉年二月廿四日入役、
教誉御代、同十三子年二月十八日、永役并御一宗拝領、典常ト改名被仰付、同丑正月十五日金入袈裟拝領、
教誉御代、文化十一戌年正月十四日入役、同十二亥年二月十二日退役、
同御代、文化十二亥年二月十四日入役、同十三子年五月廿八日役中病死、
同御代、文化十三子年六月五日入役、文政六未年退役、
空誉御代、文政二辰年九月廿四日入役、同十亥年七月廿八日退役、
宝誉御代、文政六未年五月廿二日入役、
同御代、文政十亥年七月晦日入役、

徳定後役 岱常
香堂後役 隆海
隆海後役 教我
教我後役 聖海
典常後役 天従
聖海後役 顕興
天従後役 祐麟

○(二)大樹寺(三河)深秘之記録中抜書

奉納参河国大樹寺仏像前

仏前跪謹言、武将某甲、先年為責清洲、発向尾州之処、不遂本意、加之一族尽被討、僅勢為方尽果、三河大樹寺構生害場、既見向之時、智者登誉之依教化、復調軍兵、臨打立時節、嗚呼弥陀願王化益之故欤、依為穢土凶(凶)敵、欣泰平国土、依去揚厭穢欣浄旟、殊者一世新田義貞、誅伐相模(法条高時)入道時、相模国鶴岡之八幡宮江、三日三夜社参之刻、一首短册蒙瑞夢、不思議也、此短册今住持依懐中、重馳向戦場、追伐所楯篭城廓賊徒野心之輩不残搦虜、一

一討首、達本懐、是故安平納、和光同塵結縁始、八相成道利物終明也、云彼云是、仏神力不思議、仰尚可仰、何時謝之故、某甲今拝仏像、捧心底於一紙畢、万端難尽筆上、仍而奉備書状、如件、

元和二丙辰歳二月四(ママ)　源家康　在御判

清和天皇二十五代之後胤、従新田義重十八代源家康、世良田子孫徳川氏、松平孫子至男女迄、可為浄土宗、若於違背輩者、可為天下滅亡者也、仍連署如左、

秀忠　在御判
家光　在御判
義直　在御判
丸津定勝　在判
同　宗国　在判
酒井忠勝　在判
本多正信　在判
前田康政　在判
岡崎八郎　在判
丸津義時　在判
同　兼経　在判
同　貞時　在判
同　時頼　在判
岡崎権太夫在判
細川頼之　在判
同　清光　在判
嶋津道長　在判
榊原正信　在判

今上皇帝聖久萬々歳、天下太平国土繁栄、三河国大樹寺納置之者也、

(二)○八幡之御歌写

義奈茂登濃《ミナモトノ》　和幾天彼佐士貴《ワキテヒサシキ》　伊和農靡都《イワノヒト》　奈加礼農寿《ナカレノス》
衛茂《エモ》　世世仁満模良武《ヨヨニマモラム》

以上

〇（三）大樹寺門外不出之秘書抜書

堺目合戦時、家康公大樹寺へ被為入候事

永禄年中堺目尾州三州一戦起時、家康公岡崎城主御向之時、御籏色替候故、従此鯉鮒野騎馬七騎ニテ、被為入大樹寺へ時、矢作川満水ニテ、大門郷渡リ兼させ給ふ所、鹿壱疋来リ渡りけり、于時本多平八云く、伊賀八幡より鹿御渡リ候間、無御気遣御渡リ候とて、御先へ乗込候得ハ、家康公ニも、其余之五騎、武者も共ニ乗込候処、御無難ニ被遊御渡候也、註ニ夫より此渡場を、鹿度リト申候、夫より直ニ被入大樹寺へ、御腹被為切之由、御沙汰有之、仍先ツ惣門を立関(門)貫木を指置候処、敵陣追懸来リ、鉄炮を打候ヘトモ、此玉寺中の塔の九輪の第弐番目ニ当リ破、于時往持十三代目登誉の云く、大将はとにもかくにも命が大切なり、何れニも御腹被召候事、今暫く御見合あるへし、当時寮舎百余軒あり、此僧共ニ申付、可為致後詰之間、先々御待あれと云々、家康公の曰く、出家之後詰は如何候、壱度敵に後を見せ候へハ、迚も切出所存なし云々、登誉云く、先ツ寺へ御入あれと申上候候へハ、則書院へ御通リ被成、御膳等差上、夫より住持申上候ハ、唯今迄被成軍候ハ、如何之御心持にて、被成軍候哉と申上候へハ、家康公の云く、天下領地を切取、我れ束(足)下となるへしと云々、登誉の云く、人の領地を切取ハ、奸賊と申て盗人なり、左様之御心得ニテハ不宜、御利運覚束なく、世乱れて万民殊之外憂候故、何卒此乱をしつめ、万民之心をやすんせしめんと、所詮万民之難儀御救ひ被成と御心持にて、万事何事ニも皆慈悲心を以て、軍を被成候ハ、自然ト仏神之御加護も有へし云々、家康公の云、然ハ其心にて、今一戦と仰あり、既ニ切出んとし給ふ所、其時之納所祖冏と申僧、門を押へて、容易に開さりけれハ、家康公被成御待、其時御刀を抜ゐて、門の閂貫のきりかけ給ふ、此門貫大樹寺ニ有于時大鐘為撞、大衆不残集め、其内三拾人ハ騎馬武者なり、残り七十余僧ハ歩行武者となり、此時納所祖冏、寺之施餓鬼籏を取り出し、厭離穢土欣求浄土とある籏をあけ、門内の松の木に掛け、門押開き戦ひ出る、其時祖冏九尺の太刀を以、一刀ニ弐拾人程ツツ切伏たり云々、追々敵も退き、散らせけれハ、夫より皆々御供致し、家康公を首尾能、岡崎の御城へおくり奉り、其場を不去三年之間ハ、広間之勤番相務にて云々、家康公菩提所の坊主衆へかたく世話をかけて、此礼ハ時ありて、天下を取り候ハ、其節可及謝礼(ママ)のにと云々、其後大阪落城以後ニ成、駿河御城ニ御座候節、兼テの任御約束ニ、大樹寺の寮舎壱ケ院、為惣世罷越、委細相願候得トモ、其時達御聞ニ、広忠公の為御斎料、大衆へ拾三石目被下置候、依之毎年極月、右之御判物高、寮舎配当致し候、道幹様御命日ニハ、毎月御斎会修業いたし候也、

家康公登誉上人簱御所望之事

登誉上人ハ家康公御帰依之僧ニテ、壱月之内ニ五、六度ツツ、被成御参会候時、大切之御出陣之時之簱、被成御所望、依之登誉上人速ニ、其時之簱を被奉進上候、家康公此簱をさへあけ候へハ、敵ハ負け、見方ハ勝候也云々、登誉云、此簱を御持御出陣之節ハ、可勝とも負へきとも、曽て御心ニ御思慮なく御出陣、此簱を御用ひあるへくと云々、家康公云、此簱を為持出陣之時ハ、いつの合戦にても、皆悉く勝利得候也と云々、家康公三州御在国之内ハ、御出陣之毎度、最初ニ大樹寺へ被成御参詣候て、登誉上人より被成十念御請候事、

前条、委悉無相違候事、

寛永三丙子年九月　　義直公之記

私云、右之文段之内、所々文言、具略有之候得トモ、所詮之意味、此通リ相違無之、本書広多ニ候得ハ、中々以容易ニ全文写し取りかたし、予蜜に拝見之時、夜中差急き写取候事故、彼是取交、文段之内所用之所計、趣意して写取候、必他写禁す、

大相国家康公

天文十一年壬寅十二月廿六日誕生、参州岡崎城母水野右衛門大夫忠政女、初弘治二年、於駿州加首服号元信、次於参州岡崎改元康、後永禄六年秋改家康、同九年任従五位下三河守、従是次第御昇進、慶長元年任内大臣、同八年任征夷大将軍、同年転任右大臣兼淳和・弉学両院別当源氏長者、偉矣盛矣、威霊盛徳赫々而与日月、斎相輝実源家之中興也、事具見諸家記録委、　元和二年三月十七

日任大政大臣、同年四月十七日薨、御寿七十九、治世
十九年、葬于駿州久能山、公曽テ告侍臣、我聞実ハ神、
有憂権ハ神、無若若夫、必成等正覚之後、為当家守護
神故、於武江増上寺普光観智国師、敬奉授徳蓮社崇誉
道和大居士、執行御中陰之御法事、殊受諸宗諷経、即
立霊廟、号安国殿、其次年二月廿一日奉敬東照大権現
宮、同三月九日贈正一位、同四月八日欽霊柩於廟塔後、
鎮座日光東照大権現宮云々、

(四)○神君様(徳川家康)駿河ニ被為在候頃、江戸表へ被為成候テ、還
御以後、駿府より　台徳院様(徳川秀忠)御台様崇源院へ被進
候御文之写
一筆申入候、まつまつ日増暖気ニ相成候テ、暮し能候、
其御程(許カ)いよいよ御無事、若達も息災ニ候哉、承リ度候、
冬年(ママ)ハゆるゆる(緩々)懸御目ニ悦入申候、其節ハ何角御両所
之御世話とも、老後之楽に御座候、能々表へも頼入候、
一、竹(竹千代・家光)・国(国松・忠長)、殊之外成人悦入候、夫ニ付、先頃其地へ参
リ候節、竹へ附人の事、被申付候様申置候、定テ被申
付候半と存候、
一、国事ハ、一体殊之外発明成生付ニテ、其御方別テ御
秘蔵のよし、左様ニ可有之事ニ候、存寄申入候間、能々
御心得、生立候様可被成候、
一、幼少の者、利発ニ候迚、立木の侭にて育候得ハ、成
人之節、気随我侭者ニ成リ、多くハ親の申事モきかぬ
ものニテ候、親之申事さへ聞ぬよふに成候得ハ、召仕
ひ候者の申事ハ、猶以の事ニ候、左候得ハ、後国郡を
治事ハ扨置、身も立申さぬよふニなり申候、一体幼少
の節ハ、何事も直成者ニ候、後々如何様ニ窮屈に育候
とも、最初より仕付次第にて、外より存る程ハ太儀も
無之候、是を植木ニ譬へ候得ハ、初メ二葉にてかい割
候節、産立と同し事故、ずいぶん養育いたし、最早一、
二年も立、枝葉多成り候節に、添木いたし、直に成り
候様ニ詰(結)立、其内あしき(悪)枝ハかきとり、年々右之通り、
手入いたし候へハ、成木の後、能木ニ成申、人も其通
りにて、四、五歳ヨリハ添木之人を附置候、悪敷枝の
我侭に育たぬ様ニいたし候と(ママ)、後直ニ能人と成申候、

幼少の時は、育さへ致せば能と心得、我侭に致置、年頃に成り、急に異見致候とも、我侭のあしき(悪)枝はかり繁り、本心の本木ハうせ候事故、直り不申候、是にハ今以存立候事有之候、三郎(信康)出生之節、年若にて子供珍敷、其上ひかいす(ママ)故、育さえすれハ能と心得、気のつまり候事ハ致させす、気侭ニ育、成人の上、急にいろいろ申聞候得ハ、とかく幼少の時、行儀作法ゆるやか(寛)に捨置、親に存(敬)する事を不及、心易く存、後ハ親子の争ひの様に成候て、毎度申ても聞入す、却て親を恨ミ候様ニ成行申候、こまり候まま、外の子供ハ幼少より、我等か前にて、行儀作法能仕付候者へ申付置、若少しにても不行儀我侭の事を、我等へかくし(隠)不申、速ニ申聞候様申付置候て承り置、前へ出候節、或ハしかり(叱)、又ハケ様ニハ致さぬものそと、一々申聞候故、かげ(陰)日向なく直ニ育申、第一親をこわく(怖)そんし候得ハ慎能、幼少より親へ孝行いたし候程を覚へ、其上小身者と違ひ、召仕候もの申事を能承り候様申事、専一に申聞候事、親の在る内ハ慎候ても、親の居ぬ時ニ成、我侭に成、国郡を失ひ候ハ、古へより多く有之候、兎角常々側にて召仕候守のもの、第一孝行と天命と、下へ慈悲をかけ、武家の事幼少ヨリ申聞候得ハ、自然と身持能成り候ものニ候、君臣と申事、定り之事ニ候得トモ、君たるもの幼少より、安部大蔵(定吉)毎度申聞かせ申候、尤臣としてハ、君に仕へ候事故に、如何様に無理成る事をも、無是非承、無道の君へもつかえ(仕)候得トモ、夫にてハまさかの時の用にたたぬものニ候、兎角上よりハ何事ニよらす慈悲をかけ、贔屓へんは(偏頗)なく、賞罰を正しく、臣を君の元と心得候へハ能候、臣ありての大名なれは、召仕の者なくてハ、大名もなく候、兎角幼少の者ニハ、召仕候者の申事を能きけきけと、常々御申聞せ被成候事、専一の事ニ候、人ハ人を鏡として、其身を正し候ヨリ外ハなく候、我侭にて終に願望叶事、決テ無事ニ候、第一我侭にてハ親を思わす、親にミか(見限)きられ、第二親ニ疎まれ、第三朋友に疎まれ、第四召仕ふものニ疎まれ、第五我身の願事悉く望叶わす、右五ケ条之通に成り候得ハ、身を恨ミ、天道を恨ミ、後ニハ頓て心乱懸より外なく候、唯幼少より物事自由ニならぬ事、能々心得申度事ニ候、大名ハ惣領ハ格別、次男よりハ召仕同様ニ心得候様ニ、常々申聞、育時より能々心得候様ニ、呉々可被申付候、惣領ヨリ次男の威勢強きハ、家の乱之元ニ候事、幼少の節より万事おふ(鷹揚)よふニ、軽き者の物言ひまねぬ様ニ心得候事、夫とも余りおほよふ過てハ、却テ下の情ニ委しからす、慈悲薄く成申候、常々の遊ひに国の名産の事、或ハ大名の家筋家柄の事、ならひ(並)に家来共あれは、何の代よりの譜代者、何の節に手柄、何節の高名等いたし候子孫杯咄いたし候得ハ、幼少ヨリ家中者之如在にならぬ事トモ聞及候得ハ、成人の後、自然と仕置行届申候、大名之自身ニ嗜日候事ハ、弓馬専一、鎗・長刀・剣術も心得申事、水心もなくてハならぬ事ニ候、学問ハ大名之自身博学ニ成に不及、学才有之ものニ、常々其道の講尺(釈)を承り、其外、物之儀理・善悪の行作之よき人の行儀・作法、名将・名臣の物語、佞臣主の心をくらまし、其国を乱し、代々の国郡を失ひ候事トモ、常々承り置、

我身の曲尺ゆかま(歪)ぬ様に心かけ候事、専一ニ候、兎角人の道ハ、五常を守り候ニととま(留)りて、其外の我身の鏡無くてハ、何事も知ぬ者ニ候、常々鏡と違ひ、外よりとく事ハなし、我心を心にてとぎ立申事、我身の行ひのあしき(悪)ハ、照らさぬ故にて候尽、其曇らぬ様ニ致し候事ハ、常々の身の行ひの善悪を、人に尋るより外ハ無之候、悪きを聞るを悦ひ、其座に其悪を改、善を作候者へハ、ほうひ(褒美)を遣し召仕候得ハ、次第ニ鏡ハ照し、身の善悪其席にて知れ、家中の善悪を聞事、民・百姓とり沙汰、居なから知れる事ニ候、我身の善を聞く事を好候人ハ、佞臣も気に叶ひ候事ばかり云よふニなり行、身の悪を聞事を悦ひ候へハ、君臣も日々に進ミ(ママ)、忠臣も気に叶ひ、時々聞事ハ一身の行ひにて、天地の道にハ叶事ニ候、此所主たるもの第一の嗜に候、召仕候もの利口にてきてん(機転)者立入所ニて候、何事も正直成友をえらひ(選)、召仕候事第一の事ニ候、井伊兵部(直政)事、平生言葉少く、何事も人にいわせ承り居、気重く見へ中候へトモ、何事も了簡決し候得ハ、直に申ものにて

候、取分我等何そ了簡違ひか、評議違ひか、為にならぬ事ハ、皆人の居ぬ所にて物静に悪を申者にて候、夫故、後に何事も先、内相談いたし候様に成申、身のたしなミ《(嗜)》の事、人にすききらひ、得手、不得手有之事にて候、兎角物のかたよらぬ様に為致候事、譬は四季の花いろいろさまさまに咲候て、何れも詠め有之候、どくだミ《(蕺草)》と申草、花いろも、香もあしき《(悪)》ものにて、何事の用にも立不申草の様なれとも、湿の葉にハ覚へ候程の事ハ承り置、何かの時に入用の事ある物にて、第一自身不得手の事ハ、人の致もいミきらひ《(忌嫌)》候物、まま有之事ニ候、夫ハ大名の別ていたさぬ事ニ候、我等中年頃迄碁を一向に不存、人のうち候さへ、不用のもの気つまり《(詰)》にて、用にもたた《(立)》ぬ事と計そんし《(存)》、人の好ミ候ハうつけ《(虚)》者の様ニ存候処、近年碁を覚へ候得ハ、雨降り徒然之慰にもなり、先達テうつけものと存候ものを相手にいたし候、是ニテ察し候、何事もせん《(詮)》のなき事ハ、古へより致さぬ事ニ候、呉々も自分気に入しものを善きと存候、気にいらぬものをあしきと存せぬようにいたすこと、第一の事ニそんし候、只身の智恵の届ぬ事朝夕そんし事ニ候、幼年の者に得手ハ気に入らぬ事を申聞せ候儀、側にありあう器杯をなけほり《(投放)》、物を損し候事、虫気ゆへとはかり心得捨置候事、甚親が毒を増と申ものにて候、先ツ虫気に候へハ、灸治薬を用ひ、つのら《(募)》ぬよふに致へく事ニ候、成人の後も何そ気にいらぬ事有之候へハ、物をそこない《(損)》候事間々有之、是全く我侭の募候故なり、器物ハ損し候へとも、其通りの事に候へハ不苦、後ハ召仕候者気にいらぬ事中ても、手打にいたし、気がさへ《(冴)》さへと致たる様に覚へ候様、済ぬ事ニテ、早々なを《(直)》す事に候、堪忍の事、身を守の第一に候、何事の芸術も堪忍なくては、いたし覚へ候事もならぬものニテ候、天道に叶ひ、身の我侭を致さぬ堪忍、地の理に叶て、先祖よりの一郡一城を失ひ申さぬ堪忍、人和を得ても我気随を致さぬ堪忍、其外身体ことごとく《(悉)》堪忍を用る事に候ニハ、我侭ニ召仕者并民百姓の賞罰を正しく致、疎をもめくミ《(恵)》、短をも足す、是仁の堪忍也、君に仕へて身命をかへりミ《(顧)》す、一度も約をたかへ《(違)》す、是義の堪忍なり、人の事を先にして身の事を後にし、起るより寝るまで行儀正しくする、是礼の堪忍也、我に慢して人をないかしろ《(蔑)》にせず、是智の堪忍なり、君父に仕ふより、かりそめ《(仮初)》にも表裏軽薄をなさす、是信の堪忍也、古法を守り、我物好ミをせす、美器・美服・美色に目を動さす、是目の堪忍なり、美香を好ます、穢らはしき匂ひにもおかさ《(侵)》れす、是鼻の堪忍也、雷、又ハ戦場にて弓・鉄炮の音も恐れす、先陣にすすミ《(進)》、高名をとくる《(遂)》、是耳の堪忍也、酒を過さす、美味を食せす、是の口の堪忍なり、其外手足にも堪忍あるなり、右堪忍を一生の間、全く守る者ハ、大身ハ家を起し、国を治む※1の気なしと言葉にも出し行ひしハ、※2「近世武田勝頼にて、夫ゆへ一生の行ひ常ニ叶わす、先祖ヨリ数代の家を失ひ、身を果し申候、織田《(信長)》殿ハ近世の名将にて、人をも能々遣ひ、大気ニテ智勇もすくれ《(優)》候人にて候得トモ、堪忍七ツ、八ツにて破るる故、光秀《(明智)》か事おこ《(起)》り候、又豊臣《(秀吉)》殿ハ古今の大気智勇、至て堪忍の《(つ)》よ《(強)》かりしゆへ、卑賤より二十年の中に、天下の主にもなられ候程の事ニ候得トモ、余り大気ゆへ、分限の堪忍破れ候、大気程能事ハなく候得トモ、夫も身の程を知らす、万事花麗に過分の知行、其外人に施す大気にてハなく、おこり《(奢)》と申ものに候、知行其外施《(す)》も品も、其分当事も奢心なく、物事倹約を用ひ、常に其程を能知るを以て、政道正しく候と」、「小身ハ身上をおこし、家を治む、堪忍の成事ハ、十分に至らねハ、※「」まで※1に入るか 家をも国をもおこす事ハならぬもの也、仮令十之内八ツ、九ツ守り候テも、一ツ、二ツ破リ候ヘハ、其破れ候所ニハ、夫迄の堪忍ハ、いたつら《(徒)》に成行ものにて、大方の堪忍強ものの、是迄ハこらへ《(堪)》しか、もはや堪忍ならぬと申事、間々申事にて候得トモ、夫も義によって破るるハ、破といふとも、行るるものニテ候へとも、多は我智恵みしか《(短)》きより、我侭に落入候て、身を果し候、家を破り国郡を失ふ、譬は弓を射るもの、手前よく引渡し、はなれ《(放)》にてゆるミ《(緩)》持出しなとして、初のよき手前もいたつらに成様になるものニテ候、兎角堪忍ハ十分ならねは、堪忍の詮ハなき事ニ候」、日本にて堪忍十分の者ハ、楠正成壱人にて候、亦初ヨリ一向堪忍いふ成ハ、※2「（」までここに入るか）下々ハ過分ニ知行、其外給物、其程其程に施し与るをは、奢ものに引当て、りんしや(吝嗇)くに取沙汰いたし候、昔より賢君賢主の過分に給物、万事花麗の行ひハなし、身の慎ミ倹やくを用ひし事候、惣して召仕、其者の能々得心いたし、向後改めさせ候様ニ致事、主人たるもの専一ニ候、我等事年秀(若)より専ら心かけ候ゆへ、異見をくわ(加)へ候もの、誤りを改めぬものハなく候、兎角如何様にも、人のすたら(廃)ぬ様ニ致慶事に候、先あやまち(過)候者へ、其あやまち候ばかり申てしかり(叱)候故、心得違ひ致し、主人を恨ミ候様ニ成行、夫迄能々勤候者も、不足の心出来、不勤ニ成候テ、主人もおろそか(疎)の様に成候事、全く異見の致方あしき(悪)故、人をすてる(捨)と申ものにて候、異見のいたし方ハ其者を呼出し、一人側に取なし候ものを置、外のものをしり(退)そけ、常よりも言葉を和らけ、前々に其方ケ様之節、何の手柄をいたし、何の節能勤候杯と、其もの心を悦ハしめ、其後ケ様不調法、其方ニハ似合ぬ事と申、能申聞、呉々此已後相改め、前々の通り心附勤候様ニ申聞候得ハ、其理に伏し、身の誤りを存知相改候ものにて候、主人たるもの一人にても能人出来、如何様之軽きものにても、科人の出来ぬ事のミを心かけ、身を慎ミ候事専要ニ候、如何成利発者も、主人の目よりハ行届ぬものニて候、増て並々の者ハ決テぬけ(抜)かちの事にて候、其行届ぬ所ハ、主人より行届候様ニ心付、不調法ニならぬ様ニいたし召仕候事、心懸第一の事ニ候、召仕候ものを科に申付候もの、多くハ主人の科にて候、主人之風儀ハ、側廻りニ召仕候者の風俗大切ニ候、上の事ハ下へ知れぬ様、下の事ハ能々上へ知れ候様ニ可有之事、取分気ニ入候もの、風俗心かけ肝要の事ニ候、其もの一人にて一家中の風俗変し、善悪有事ニ候、治世ニて身を楽ミ持候事、保養にもあしく(悪)、何ニテも業のなき時ハ、婦色、其外いろいろの悪き事出来候まま、朝起てより臥迄之行儀を定め、毎日其通りニいたし候事、食事も常々美味ばかりたへ(食)候テハ、うまきものにあらす、平日の食物ハ随分軽き味か宜敷候、月に両、三度は美味給へ候テも能由承り候、近年、日課念仏六万遍ツツ唱へ申事、老人のいらぬ過役ニ候、遍数へらし候様ニ皆々申聞候得トモ、数へらし候へハ、らく《(楽)》に成まいらせ候得ハ、幼少に戦国に生れ、多くころし《(殺)》候得ハ、責て罪亡しにも成申半、且年若より一日も隙に暮し候事ハなき身ゆへ、当世ハ静故、隙過て困り申候、何その業を致度候へトモ、夫もいらぬ事故、念仏を日々の稽古事の替りに致し候故、毎日朝起いたし、夜も早々ハ休ミ不申、おこたら《(怠)》ぬ様ニ心懸候事、夫故食事もあたり《(当)》不申、健ニテ念仏ノおかけ《(御陰)》と存候、古へより申伝へ候、先其主人の役儀を正さんと思ハハ、平日起臥刻限と、食事の日々同し事か、又多少ある欤にて、行儀の正、不正知れ申候由、左様ニ可有之事ニ候、惣して気丈過てハあやうき《(危)》事ニ候、勇気ハわけてなくてハならぬ第一の事ニ候得トモ、只和らかに大よふ《(鷹揚)》ニ有度事ニテ候、側ニ召仕候もの、がさつに無之様ニ可被申付候、

右之趣、能々御申聞せ、只直ニ父母・兄弟の中、礼儀作法ミたれ《(乱)》ぬ様ニ、呉々も御育可被成候、右之文ハ、国へ御渡し置、成人之後も能々相心得、ケ様御教可被成候、可説《(かしく)》、

二月二五日

(五)〇文昭院《(徳川家宣)》様御直筆御遺書之写

程久しけれは、心ならすなをさり《(等閑)》なるものなれハ、能々心を附へし　大猷院《(徳川家光)》殿　厳有院《(徳川家綱)》殿　御忌日、是又祖ニ可准、　常憲院《(徳川綱吉)》殿　御忌日、是は年月とふ《(遠)》からされハ云ニ不及、我世を去ハ、増上寺ニ葬すへし、近代の祖、各上野《(寛永寺)》に葬し、増上寺ハ追テ詣る人も多からす、然時ハ百年ニも及んてハ、　台徳院《(徳川秀忠)》殿　御忌日をも忘るる人も多かるへし、且ハ　台徳院殿を軽んし奉る基なり、爰を以て我此度命終ハ、増上寺ニ葬せよと言葉を残す、我心底をおもん《(慮)》はかりて、鍋松《(徳川家継)》兼々祖を軽んせさる事を能々心を附教ん事をおもふなり、古へより主重からされバ、威あら《(マヽ)》す事の知所なり、況やいとけ《(幼)》なき時ハ、威重からす《(マヽ)》故

に、却て臣威とこしなへ《(永遠)》にして、かろ《(軽)》からさる物なり、臣たるもの、幼主に祖を厚く崇敬する事を第一教へ、三家及連枝の類葉ニしたしミ《(親)》を薄くすへからす、重きに仁心を増長する事を教へよ、政事ニおゐてハ、極重悪たりといふとも、十に一ツも宥免すへき道理を逐穿鑿、重罪を軽罪になす事を真の政事と心得よ、惣て下々ハ全く愚なるものなれハ、上智を求るに近し、老中及奉行役人壱人の了簡を以て、法式を相極る事、好さる事ゆへ、九月上旬に定を出す所なり、末々一巳《(ママ)》混乱すへからす、各宜中合へし、且又役替等之事、役儀の年久敷を差越、近政の者を進る事用捨すへし、年久敷を越て、近政者を進る時ハ、古政の輩物毎に差控る心出来もの也、然る時ハ近政進る事、臣のしたしき《(親)》によると疑ふましきにあらす、然ハ正道を以て各遂相談、筋目有ハ旧役の輩を段々進すへし、其外諸願等滞る事あるへからす、尤以非の願等用ゆへからす、仮正道の願たりとも、同時節に願の事を、臣の身として親疎を忘れ、達《(遅)》速無之同様ニ可申渡、何事ニ寄らすかたよ《(片寄)》る事なかれ、老中及役人心を一ツとして、鍋松に正道をあらかしめ《(予)》教ゆへし、然る時ハおのつから《(自)》主かる《(軽)》からすして、威も又然り、よろしく是を味ふへきなり、我年久敷しく見るに、国主及大身・小身のものとも、種々の珍宝、或ハ金銀の作り物を捧る事、甚以心を煩はむ、懈たらす捧物を勧るを敬ふニ似てへつらふ《(諂)》に近し、依之治世の始に不時の捧物の事かたく《(堅)》いましむる《(戒)》、今鍋松幼稚なれは、臣たるもの心をつけよ、捧物をゆる《(許)》さす、減することを願へ、主ハ勿論、臣たるものも、貧る事ある時は乱に近し、臣たる物贈物になとか心をかたむ《(傾)》けん、増益の品に心を寄するハ、賎しきもののなす所也、今更いふに及さる事なれとも、百年過て世の風俗も違ふましきにもあらねは、爰にいましむる《(誡)》、年久しく間に、大身・小身の籏本のもの迄困窮する事、是皆無益の贈物に心をいたましめ、人におとる《(劣)》事悔ミ、分限に不相応の贈物をして、却て困窮する事をしらす、是又其ものの誤りにあらす、受るもののあやまり《(誤)》なきにしもあらす、臣たるもの　東照宮《(徳川家康)》及当家の深恩を思ハハ、残置遺誡を忘るへからす、諸国及江戸民屋末々迄、困窮せさらん事を心かけ、不及難儀様に政事を執行へ、是鍋松か為にあらす、天下の四民安かるへき事を思ふのミなり、掃部頭(井伊直該)老中の諸奉行・諸役人自分の楽ミ求る事なかれ、天下万民楽しく安心する事を求よ、末代たりといふとも、　東照宮の神恩及　台徳院殿　大猷院殿、御治世の記録を愚ニすへからす、恐るへし、慎しむへし、我命終るとも、我も跡に心を残すへからす、鍋松を天下の四民ハ人にして、父母のことく思ひ附ん事、宜敷執行へき也、

　正徳二年十月九日

右之御直筆を以、被為　御認置候御遺状写なり、予たまたま此写を得て、夜中ひそかに写し取置者也、世間に公にする事なかれ、若脱字・誤字あらは、後正本を得て、校合すへし、

(六)(増上寺五十二世・円宣・寛政二年四月十三日入寺)
○統誉大僧正御入院当日

慈雲普繞八州池　法雨新灑三脱門
　入門偈
蔽衣破笠雲水悠々今世縁熟慈休髑髏

(七)
○寛政十二申年五月四日、寺社御月番土井大炊頭(利和)殿ヨリ役人潮田四郎左衛門を以、御尋書付相渡、如左、

二十五菩薩来迎会、又ハ練供養ト申儀、於宗門法式も有之儀ニ候哉、右之濫觴由来之訳書付、可被差出候事、

但、執行之仕方ニより狂言綺語と紛敷筋ニハ無之候哉之事、

　覚

右之通、御尋ニ付、同月九日、御同所へ差出返書、如左、

二十五菩薩来迎会、又ハ練供養ト申儀、於宗門法式も有之儀ニ候哉、右之濫觴由来之訳、御尋ニ御座候、此段来迎会、又ハ練供養ト申儀、同体之異名ト奉存候、

　此儀宗門法式の通規ト申儀ニハ無之候得トモ、諸寺院之内古来より仕来ニテ、今時世上に間々修(執)行いたし候ハ、皆修行方儀(便カ)門之一分に御座候テ、自行化他共ニ厭離穢土欣求浄土之志を、増進せしめ

んが為の巧方便ニ御座候、其濫觴ト申候ハ、和州当麻寺并叡山楞厳院之先徳源信僧都と、二の因縁御座候、先に当麻寺の因縁と申候ハ、人王四十九代　光仁帝の御宇、宝亀六卯年春三月、中将法女終焉の刻、紫雲天ニ覆ひ、音楽地に響き、聖衆の来迎を感見し給、群集の道俗、篤信の輩、普く拝ミしかくより已来今に至り永式として、法女終焉の忌辰に当り、其形相を模し修(執)行いたし候由、是を今時当麻寺の踟供養と称し候旨、当麻曼陀羅日記第二の巻に相見申候、次て源信僧都の因縁と申ハ、人王六十五代　花山帝之御宇、寛和の頃、往生要集三巻編集し給ひ、数々厭穢欣浄の志深く切なる侭、山中の華台院におゐて、浄土三部妙典の中観無量寿経散善門所説、聖衆来迎の説相を模し、観信し給ひ、終焉の式相を預め常恒修行有之候よし、然処終に聖衆の応現を感見し給ふ、傍人寛印供養、保胤・寛印衆生利益の為にとて、此式相を丹後の国天の橋立に移し、毎年三月十五日修行有之、又天台の承円僧正も、此規式を大原の西林院に模し修行ありしより、委細叡山功徳院舜昌法印の述懐抄并塔裏抄第廿の巻等に相見申候、根本此二縁より起り候を、所々へ移し修行いたし候儀と奉存候、又無能の沙石集ニハ、丹後国普甲寺に初ると有之候得トモ、年代無之ニ付、初起之前後相知れ不申、

一、執行之仕方ニより狂言綺語ニ紛敷筋ニハ無之哉之旨、御尋ニ御座候、

此段所詮、自行化他共ニ、厭欣之志を増進せしめん為に修行ニ候得トモ、狂言綺語に紛敷筋、決テ無御座候、乍併修行いたし候当人の心得方ニ寄り、若哉紛敷筋ニハ可相成歟、此儀何とも難申上事ニ御座候、右依御尋申上候、以上、

五月　　増上寺　役者

大唐ニテ旧例ハ通鑑綱目四十五日、永泰元年秋九月置百高座、講仁王経、内出仁王経ニ宝輿、以人為菩薩鬼神之

杖、導以音楽歯薄、百官迎従至資聖酉明寺講之、
右唐代宗之時也、　桜陰腐談一〆四十九引

(八)
○御当山大僧正御方、紅葉山　御成ニ付、御登山之節、暁六ツ時前外桜田・坂下両御門御通行之毎度、并暑寒御尋之　上使、御請等ニテ御登　城之節、折ニ寄　御成御当日ニ候得ハ、大手門・桜田初、所々御門不残御〆リニ相成居候、右等之節、差掛リ御番所へ御開門之儀申込候ニも、当番之衆中心得方ニ寄、片扉被開候事も有之候、亦上野御門主・御三家方之外ハ御断無之ニ付、御開門不相成旨被申答候テ、一向片扉も不被開節も有之、甚差支候事、間々有之ニ付、無拠文化元子年十一月廿二日ニ、大久保安芸守(寺社奉行・忠真)殿へ願有之、書面察常(所化役者)持参、役人松下三郎兵衛へ面会相渡、如左、

覚

御玄関前御門　　外桜田御門
内桜田御門　　大手御門
百人組御門　　中之御門
紅葉山坂下御門　　所々冠木御門
西御丸所々御門御同様
右之通御座候、以上、
十一月

覚

別紙之通、前来方丈登　城并下　城之毎度、百人組御門・中之御門・紅葉山坂下御門之儀ハ、御開被下無差支被致通行候、然ル処　御玄関門前御門・大手御門・内桜田御門・外桜田御門之儀ハ、殊ニ寄御開被下候儀も有之、又ハ御開無之節も有之、区々御取扱ニ御座候、拙僧共心得ハ、何之御門も御開被下候儀ト相心得罷在候得トモ、天明度記録焼失いたし、何之書留も無之、唯申伝ノミニテ承知仕候、且供廻りも大勢召連、潜ヨリ被致通行候得トモ、万一御役人方始、諸侯へ御出逢被申候節、甚差支可申ト痛心至極仕候、殊ニ今度御修復被仰出候紅葉山御三方様正外遷座之節ハ、定テ夜ニ入可申、然ル処、夜

分之事故、御〆リニ相成候得ハ、差当リ差支可申痛心仕候、此段宜御賢察被成下、別紙ニ申上候御門之以来差懸及御断候ハヽ、御開被下候様奉願候、以上、

十一月　　　　増上寺　役者

文化二丑年正月廿日、大久保安芸守殿(寺社奉行・忠真)ヨリ御呼状ニ付、察常(所化役者)罷出候処、役人松下三郎兵衛面会被相渡書付、如左、

方丈登　城并退散之節、御門〆リ候砌、断之上、開候様致度旨、右ハ前々規定も有之儀ニ候得ハ、以来御門之片扉開筈ニ候、

右之通、御書付を以被仰渡候、依之御供方、其外へモ、別段ニ書付を以申達置候、且又右一件ハ、御当山永世之御寺格ニ拘リ候事故、寅年(文化三年)正八会談へも及吹聴、其上大衆方へも申達置候事、

(九)　○覚

一、御当山配下之内、於　御城住職被仰付候寺院、御由緒并由緒等之儀相糺、委細可申上旨、御尋ニ付、左ニ申上候、

京都　金戒光明寺

右金戒光明寺儀ハ、浄土宗之元祖円光大師(法然上人)、承安五年秋浄土宗を開創之砌、叡山之黒谷を辞し、紫雲の瑞を得て、今之黒谷ニ住居せられ候ニ付、右寺を新黒谷ト称し候、依之慶長年中、浄土宗四ケ本山(知恩院・知恩寺・金戒光明寺・清浄華院)之列ニ御定被成下、同十四酉年依　神君様(徳川家康)之上意ニ、勢州浄閑寺盛林上人へ移転住職被仰付候、又元和元卯年依　台徳院(徳川秀忠)様之　上意ニ、御当山観智国師(増上寺十二世・源誉存応)之高弟桑誉了的上人へ、右寺住職被仰付、同三巳年八月廿九日　神君様御息女阿姫君御逝去之節、依　台徳院様(徳川秀忠)之　上意ニ、御遺骸右寺へ御葬送、且了的上人へ御導師被仰付候、右等之御由緒を以、前文之通、慶長以来今以代々往持、於御城住職被仰付候儀ニ御座候、

京都　清浄華院

右寺ハ　清和天皇之御宇貞観四年、依　勅命ニ　禁裏之御内道場ト　御定被成下、其後　村上天皇之御宇康

保弐年ニ、諸宇御再興ニテ、山内塔頭四十八院有之、誠ニ洛陽之壮観ニ御座候由、然ルニ数度之火災ニテ、追々衰微、既ニ可及断絶之処、　高倉院之御宇依　後白河法皇之御帰依ニ、浄土宗元祖円光大師(法然上人)住職被仰付候、右之御由緒を以、慶長年中浄土宗四ケ本山(知恩院・知恩寺・金戒光明寺・清浄花院)之列ニ御定被成下、其後元禄六酉年九月廿日、依　常憲院(徳川綱吉)様之　上意、伝通院(檀林・小石川)伴頭超誉恢龍へ住職被仰付候、以来今以代々之住持、於　御城住職被仰付候儀ニ御座候、

京都百万遍　知恩寺

右寺ハ浄土宗之元祖円光大師(法然上人)住居之地ニテ、跡を弟子勢観房源智上人へ付属せられ候、其後　後醍醐天皇元弘元年之秋、天下一統疫病流行いたし候節、天皇万民之憂を哀痛し給ひて、諸寺社へ祈願被仰付候得トモ、其応験無之、依之知恩寺第八代善阿上人へ祈願可仕旨勅命有之、則善阿上人奉報、一七日之間弥陀之名号一百万遍を称して、丹誠被致祈願候へハ、天下流行之疫病、雲霧を払ふか如し、忽ニ歇む、於是　天皇御喜悦不斜、向後右寺を百万遍ト可称旨　勅命有之、且禁中御宝蔵之弘法大師真筆利剱之名号を被下置候、依之百万遍ト称候儀ニ御座候、又天文廿二年六月廿五日、右寺第廿八代岌長上人へ、常紫衣之　綸旨を被下置候、右等之御由緒を以、慶長年中浄土宗四ケ本山(知恩院・知恩寺・金戒光明寺・清浄花院)之列ニ御定被成下候、以来代々之住持、於　御城ニ住職被仰付候儀ニ御座候、右三ケ山(知恩寺・金戒光明寺・清浄花院)之儀ハ、御当山(増上寺)之配下ト申ニも無御座候得トモ、　御用向并法義之品ニ寄リ、支配仕候儀ニ御座候、

小石川　伝通院(檀林)

右寺・御菩提所之訳ハ、慶長七寅年八月廿九日　神君様之御母公(水野氏)、於二条之　御城ニ御逝去之節、尊骸知恩院へ御葬送被為在、御法号　徳泰院様ト称し奉リ候、然ル処、元和元卯年依　神君様之　上意、御当山観智国(増上寺十二世・源誉存応)師之尊弟正誉廓山上人へ、伝通院住職被仰付候、其後元和三巳年依　台徳院様之　上意、徳泰院様尊骸伝通院へ御改葬之節、御導師廓山上人へ被仰付、且御法

号を　伝通院様ト可奉称旨被仰出、永々　御菩提所ト
　御定被成下候、以来代々之住持、於　御城住職被仰
付候儀ニ御座候、

鎌倉　光明寺（檀林）

右寺開山良忠記主禅師、弘安年中於関東始テ浄土宗を
弘通せられ候ニ付、浄土宗関東本山称し候、右之由緒
ニ付、慶長年中関東浄土宗十八檀林之列ニ　御定被成
下、寛永年中依　大猷院様（徳川家光）之　上意ニ、岩付浄国寺（檀林）源
誉伝察へ移転被仰付候、以来代々之住持、於　御城ニ
住職被仰付候儀ニ御座候、

瓜連　常福寺（檀林）

右依水戸御家之為御菩提所、慶長年中依　神君様之
上意ニ、結城弘経寺（檀林）檀誉存把へ移転被仰付候、其後慶
長八卯年九月十一日、水戸御元祖武田万千代君信吉公
御逝去之節、右存把上人へ御導師被仰付、且十八檀林
之列ニ　御定被成下候、右之御由緒を以、慶長以来今
以代々之住持、於　御城ニ住職被仰付候儀ニ御座候、

飯沼　弘経寺（檀林）

右慶長年中、十八檀林之列ニ　御定被成下候、又元和
年中依　台徳院様之　上意ニ照誉了学上人へ、右寺住
職被仰付候、其後寛文六午年二月六日、台徳院様御
息女、御俗名千姫君様御逝去之節、御遺骸伝通院（小石川・檀林）へ
御葬送被為在候、御法号天樹院ト称し候、右為御菩提
所依　厳有院様（徳川家綱）之　上意、亦弘経寺へも　御廟塔・御
仏殿御建立、御位牌御安置之上、永々御菩提所ト　御
定被成下候、尤元和以来代々之住持、於　御城ニ住職
被仰付候儀ニ御座候、

新田　大光院（檀林）

右寺　御菩提所之訳ハ、足利式部大輔義国公之御嫡
男、御俗名新田大炊介義重公、建仁二戌年正月十四
日薨去、御法号大光院殿方山上西大居士ト称し奉り、
則尊骸上州寺尾之地へ御葬送被為在候、右大光院御建

立之由来ハ、慶長十六亥年十月廿五日、　神君様御当山へ被為　成候節、義重公ハ依為新田氏之元祖、為御菩提一宇御建立被遊度　思召之段、観智国師（増上寺十二世・源誉存応）へ　上意有之、依之同年十一月九日、御普請奉行として、国師并土井大炊頭（利勝）・成瀬隼人正（正成）を新田之地へ被遣、翌慶長十七子年之春、寺尾之旧跡ヨリ新田金山之麓ニ御改葬有之、義重山大光院新田寺を御建立之上、　御廟所・御仏殿御造立、　尊牌御安置、且為御供養料　御朱印三百名御寄附被成下、瀧山大善寺（檀林）然誉呑龍上人へ住職被仰付候、以来今以代々之住持、於　御城住職被仰付候儀ニ御座候、

館林　善導寺（檀林）

右寺中興開山智誉幡随上人ハ、　神君様之御帰依被為在候ニ付、慶長年中十八檀林之列ニ　御定被成下候、已来代々之住持、於　御城ニ住職被仰付候儀ニ御座候、

江戸崎　大念寺（檀林）

右寺開山源誉慶岩上人ハ、　神君様御帰依被為在候ニ付、慶長年中十八檀林之列ニ　御定被成下候、以来代々之住持、於　御城ニ住職被仰付候儀ニ御座候、

浅草　幡随院（檀林）

右寺開山智誉幡随上人ハ、　神君様御帰依被為在候ニ付、慶長年中十八檀林之列ニ　御定被成下候、已来代々之住持、於　御城ニ住職被仰付候儀ニ御座候、

鴻巣　勝願寺（檀林）

右寺中興惣誉清巌上人・第二代円誉不残上人ハ、　神君様御帰依被為在候ニ付、文禄元辰年二月、勝願寺へ被為成候節、不残上人へ法問論義被仰付、　御聴聞之上、拝領物被仰付候、右之由緒ニ付、慶長年中十八檀林之列ニ　御定被成下候、已来代々之住持、於　御城ニ住職被仰付候儀ニ御座候、

瀧山　大善寺（檀林）

右寺開山讃誉牛秀上人ハ、神君様御帰依被為在候ニ付、
慶長年中十八檀林之列ニ　御定被成下候、以来代々之
住持、於　御城ニ住職被仰付候儀ニ御座候、

結城　弘経寺(檀林)

右寺御建立由来ハ、　神君様之御二男結城中納言秀康
公之御嫡女、御俗名於祢々様御儀、文禄三午年十一月
九日、結城之　御城ニテ御逝去之節、御遺骸弘経寺へ
御葬送、檀誉存把上人へ御導師被仰付候、依之翌未年
為　御菩提、秀康卿新ニ寿亀山松樹院弘経寺を御建立、
御廟・御宝塔御造立、御位牌・御影御安置被為在、且
為　御供養料御黒印五拾石、御附被成下候、右之御由
緒ニ付、慶長年中十八檀林之列ニ　御定被成下候、已
来代々之住持、於　御城ニ住職被仰付候、且又寛永十
四丑年二月廿日、　大猷院(徳川家光)様思召を以、御黒印を　御
朱印ニ御改被成下候儀ニ御座候、

岩附　浄国寺(檀林)

右寺開山惣誉清厳上人・第二代教誉無月上人・第三代
深誉伝察上人へ、　神君様御帰依不浅、依之開山清厳
へ従　神君様寺領五拾石之　御朱印被下置、又第三代
深誉伝察代、慶長年中本堂再建被成下、猶又駿府　御
城内ニ有之候御門拝領被仰付、浄国寺へ御引移被成下、
則唯今之惣門ニテ御座候、依之本堂箱棟葵御紋并惣門
棟葺留瓦葵御紋被仰付、且下馬札被下置候、右之御由
緒を以、慶長年中十八檀林之列ニ　御定被成下候、以
来代々之住持、於　御城住職被仰付候儀ニ御座候、

小金　東漸寺(檀林)

右寺第七代照誉了学上人ハ、　神君様(徳川家康)御帰依被為在候
ニ付、慶長年中十八檀林之列ニ　御定被成下候、已来
今以代々之住持、於　御城ニ住職被仰付候儀ニ御座候、

川越　蓮馨寺(檀林)

右寺慶長年中十八檀林之列ニ　御定被成下候、以来今
以代々之住職、於　御城ニ住職被仰付候儀ニ御座候、

深川　霊巌寺(檀林)

右寺開山雄誉霊巌上人ハ、　神君様御帰依被為在候ニ付、慶長年中十八檀林之列ニ　御定被成下候、其以後寛永四卯年七月十九日、依　台徳院様(徳川秀忠)之　上意、右霊巌へ於　御前、法問論義被仰付候節、紺地金襴五条袈裟拝領被仰付候、又寛永十八巳年六月十四日、依　大猷院様(徳川家光)之　上意、右霊巌へ於　御前、法問論義被仰付候節、団扇壱把拝領被仰付候、右弐品、今以霊巌寺為什宝護持仕候、依之開山以来代々之住持、於　御城ニ住職被仰付候儀ニ御座候、

生実　大巌寺(檀林)

右寺第三代雄誉霊巌上人ハ、　神君様御帰依被為在候ニ付、時々被召出、拝領物被仰付候、右之由緒を以、慶長年中十八檀林之列ニ　御定被成下候、以来今以代々之住持、於　御城住職被仰付候儀ニ御座候、

本所　霊山寺(檀林)

右寺第二代照誉了学上人ハ、　神君様御帰依被為在候ニ付、慶長年中十八檀林之列ニ　御定被成下、尤其節ハ湯嶋之地ニ有之候、然ルニ其後檀林之法義断絶仕罷在候処、貞享二酉年十一月、　常憲院様(徳川綱吉)御代、唯今之地へ御引移、檀林所ニ御再建被成下、翌寅年六月廿四日、御当山伴頭廓堂へ住職被仰付候、以来今以代々之住持、於　御城ニ住職被仰付候儀ニ御座候、

西久保　天徳寺

右寺御菩提所之訳ハ、　神君様御妹君様、御俗名多劫姫君様、元和四午年六月七日御逝去、　御遺骸ハ天徳寺御葬送被為在、則御法号長元院殿ト称し候、又寛永十二亥年正月十二日、　神君様之御姫君(栄姫)黒田筑前守殿(長政)御内室御逝去、其後慶安元子年七月四日、　大猷院様(徳川家光)之御息男鶴松君様御逝去、又寛文十三丑年八月二日、

清揚院様之後之御簾中綾小路中納言殿御息女御逝去、右(徳川綱重)　御三方様天徳寺へ御葬送被為在候、右之御由緒を以、代々之住持、於　御城ニ住職被仰付、殊ニ　常憲(徳川

院(綱吉)様御代、元禄十一寅年十月十八日、右寺第二十一代
誓誉淳甫へ常紫衣被仰付候儀ニ御座候、

浅草　誓願寺

右寺御菩提所之訳ハ、元禄十一寅年　常憲院様御代
桂昌院(徳川綱吉生母)様御両親之御位牌、右寺へ御安置之上、御菩提
所ト　御定被遊、且御供養料　御朱印四百石御寄附被
成下、同年七月廿九日、御当山伴頭用誉龍岳へ住職、
且常紫衣被仰付、以来今以代々之住持、於　御城ニ住
職被仰付候儀ニ御座候、

三州　大樹寺

右寺御菩提所之訳書等、別紙壱册差上申候、

駿府　宝台院

右寺御菩提所之訳ハ、　神君様之御台様御俗名倉見様、
天正十七丑年五月十九日御逝去、御遺骸右寺へ御葬送
被為在、為御供養料　御朱印三拾石御寄附被成下候、
其後寛永五辰年依　台徳院様之　上意、宝台院へ一品
大夫人之御贈官被為在、本堂・方丈向・御神殿、其外
共御再建之上、　御朱印三百石御寄附被成下、同年五
月九日住持鏡誉存意へ常紫衣被仰付候、以来今以代々
之住持、於　御城ニ住職被仰付候儀ニ御座候、

三州　松応寺

右寺御菩提所之訳ハ、三河　御八代様之第八代目之松
平次郎三郎広忠公、天文八酉年三月六日御逝去、尊骸
岡崎能見之原ニおゐて奉御火葬、御全骨大樹寺へ被為
入候得トモ、右岡崎能見之原御火葬之場所ハ、松応寺
之地ニ御座候ニ付、為御菩提松応寺御建立、則　広忠(松平)
卿之御霊屋并御廟塔御造立、尊牌御安置被為在、且
又寺を松応寺ト称し候儀ハ、　広忠卿御逝去之年ハ、
神君様御八歳ニテ、右御火葬之御場所へ御参詣被遊、
御墓験ニ　御手自松一株被為植、且御逝去ニ松平家
於為繁栄ハ、此松之枝葉、其方ニ向ひ栄候様ニと、被
遊御祈念、其後慶長十巳年　神君様御寿六十歳、天下

一統ニ被知召、同十四酉年右御墓験之御松前へ、石垣・玉垣・御鳥居・御拝殿且御囲朱塗御門并惣囲栗木矢来等結構ニ御建立、御朱印百石御寄附被成下候、右之訳を以、能見山瑞雲院松応寺ト号し候、其後寛永十一年三月廿七日、大猷院様御代、住持黙然へ常紫衣被仰付候ニ付、常紫衣　綸旨頂戴として上京之節、上人人馬　御朱印被下置候、夫已来今以代々住持、於　御城ニ住職被仰付候儀ニ御座候、

三州松平　高月院

右寺御建立之由来ハ、三河　御八代様之元祖松平左兵衛尉親氏公、奥州塩竈六所大権現之霊告によって、三州松平郷被為入、貞治六未年高月院御建立被成下、其後応永元戌年四月廿四日、親氏公御逝去、御遺骸高月院へ被為入候、右之御由緒を以、元禄七戌年十一月廿八日、常憲院様御代、御当山一文字席上座天及へ、於　御城ニ住職被仰付、同十四巳年五月廿一日、右同人へ常紫衣被仰付候、今以代々之住持、於　御城ニ住職被仰付候儀ニ御座候、

三州　信光明寺

右寺御菩提所之訳ハ、三河　御八代様之御三代松平和泉守信光公、長享二申年七月廿二日御逝去、御遺骸信光明寺へ被為入、御廟塔御造営被為在候、右之御由緒を以、延宝三卯年　厳有院(徳川家綱)様御代、住持団廓へ常紫衣被仰付候、以来今以代々之住持、於　御城ニ住職被仰付候儀ニ御座候、

越前福井　運正寺

右寺之儀ハ　神君様之御二男越前中納言秀康公、慶長十二未年閏四月八日御逝去、御遺骸運正寺へ被為入、越前御家ヨリ　御廟・御仏殿御建立、御位牌御安置、為御供養料御同家ヨリ黒印三百石御寄附有之候、右之御由緒を以、　厳有院様御代延宝年中、同寺第八代梵誉薫悶へ常紫衣被仰付候、然ルニ右寺交代之節、前来ハ於御当山住職被申付候上、公儀へ継目御礼申上来

候処、安永七戌年十月、同寺無住之節已来、於　御城ニ住職被仰付候様、越前家ヨリ御願有之、則願之通相済、同年十二月廿五日、御当山月行事席諦真へ、住職被仰付候、則運正寺当住ニ御座候、

筑後　善導寺

右寺之儀ハ、浄土宗当流第二祖聖光上人之旧跡ニて、浄土宗鎮西本山、不混余寺ニ由緒ニ御座候、依之元和年中依　台徳院様之　上意、上誉大通へ右寺住職被仰付候、其頃九州一統邪宗門之余党致再発候ニ付、右之邪徒対治之儀、大通へ被仰付候、尤其節之領主田中筑後守(忠政)殿ヨリモ、道中警固被差添、右之邪徒致対治候ニ付、右之為御褒賞常紫衣被仰付候、然ル処、大通已後之住持ハ於御当山住職被申付候得トモ、前文之通、御由緒も有之儀ニ候故、明和八卯年右寺無住之節、已来於　御城住職被仰付候様、同年正月廿六日、(寺社奉行・)土岐美濃守(定経)殿へ、方丈書付を以、御願申上候処、同月廿九日願之通、已来於　御城ニ住職被仰付候旨被仰出候段、於　御同所被仰渡候、依之同年三月廿六日、右寺後住之儀、方丈書上御同所へ差出候処、同四月五日備中国笠岡源忠寺之戒全へ、善導寺後住被仰付候、以来代々之住持、於　御城ニ住職被仰付候儀ニ御座候、

讃州　法然寺

右寺之由来ハ、往古讃岐国那珂郡小松荘ニ、生福寺ト申一宇有之、建永之頃、浄土宗元祖円光大師(法然上人)行化之砌、暫被致住居候旧院ニ御座候、其後乱世ニテ、右寺退転いたし、僅かな草庵ニ円光大師(法然上人)自彫刻せられ候処之大師之遺像を安置有之候、然ニ寛永年中水戸中納言頼宣卿之御嫡男松平讃岐守従四位少将頼重卿、高松之城主ト被為成候節、円光大師旧跡化縁之地を被思召、則絶たる跡を起し、仏生山来迎院法然寺御建立、本堂・方丈向、其外共結構ニ御造営有之、其後廿七年を経て、寛文八申年同国百相村開発之地を、為寺領三百石御寄附御座候処、延宝元丑年　厳有院様御代、右寺領三百石を　御朱印ニ被成下候、其後同三卯年　厳有院様思

召を以、惣誉義天へ於　御城、右寺住職被仰付、且常
紫衣之　綸旨頂戴仕、御暇之節、時服拝領被仰付候、
以来今以代々之住持、於　御城ニ住職被仰付、且御暇
之節、時服拝領仕候儀ニ御座候、
右依御尋、御当山旧記之趣を申上候、以上、
三月　　　　　増上寺　役者

(十)〇享和二戌年十月十四日　文昭院(徳川家宣)様御霊屋へ御参詣之
節、御経堂へ御立寄被為在候事、大僧正御方(増上寺五十四世・倫誉念海)ニハ、御
霊屋ニおゐて拝迎計ニテ拝送無之候、御先へ御駆抜、
御経堂ニおゐて拝迎・拝送共被成御勤、尤役向四人・
御伴僧・両行者一同御供ニテ罷越、御経堂ニおゐて、
大僧正御詰所之儀ハ向拝入候、西之方東向、役向御同
所御白洲東向一列、御伴頭・行者・経蔵司ハ、御経堂
東之方、開山堂前あたり、本堂・鐘撞堂へも、御歩行
ニテ被為成候事、

(十一)〇享和三亥年四月　御台様(徳川家斉室)御当山　惇信院様(徳川家重)御霊屋へ
御参詣被為在候事、尤　安国殿(徳川家康廟)始表方惣御霊屋へも御
参詣有之事、右ニ付、大僧正御方(増上寺五十四世・倫誉念海)ニハ月界院(塔頭)へ御引移、
役者ハ昌泉院(塔頭)へ引移候事、御参詣相済恐悦、且御拝領
物之為御礼、翌二日両　御丸へ御登　城、御掛リ御役
人方へ御使僧、尤御回駕可有之所、御不快ニ付御断、

(十二)〇享和三亥年十月十四日、文昭院様御霊屋へ御参詣
之節、護国殿黒本尊可被遊　御拝覧之旨被仰出候旨、
阿部播磨守(寺社奉行・正由)殿ヨリ御達、役人加藤瀬左衛門掛リ、
一、十三日御膝突相渡、同日御納戸御焼香伽羅三枚相渡、
同日御守職(護脱カ)威徳院(塔頭)ヨリ使僧差出、為請取候事、
一、定例於御霊屋ニ拝迎計ニテ拝送無之、直ニ御先へ御
駆抜被成、於護国殿ニ拝迎・拝送共被成御勤候様、御
書付を以被仰出候、且又定例御霊屋へ御参詣之節、役
向御唐門内北之方御白洲へ相詰候処、此度ハ大僧正御

方御駆抜之節、御随伴申上候、抜き順宜敷、御見通ニ
不相成様、南之方御白洲へ相詰申度段、先達テ絵図面
を以申上置候処、是又其通被仰出候事、尤是ハ昨年御
経堂へ被為成候節之例也、
一、護国殿御安置之仏舎利龍珠能作生可被遊　上覧之旨、
被仰付候ニ付、諸品塔中ヨリ出之、塔前机之上へ、白
木三宝ニ紫縮緬葵御紋付之服紗を掛、其上へ有来り候
ふとんを敷、三品共餝り置、又服紗を覆ひ置候事、
一、寛延年中紀伊宰相宗為卿御寄贈有之候、唐刻蝋石之
十八羅漢、是も　上覧可被遊旨被仰出候ニ付、扉開き
置候事、但、是ハ前来護国殿御宮殿之後ニ御安置之事、
一、於護国殿御小納戸頭取中山志摩守(信勝)殿、万端差引可有
之候間、其節役者壱人進退共、可任差図旨被仰渡候事、
一、殊ニ寄、御経蔵・本堂へも、昨年之通可被為成も難
計、併是ハ護国殿へ被為成候上ニテ、差掛り御沙汰可
有之哉ニ候得トモ、兼テ其旨相心得用意いたし置へし、
是以中山志摩守殿御差図可有之候段被仰渡候、依之昨
年之通、両所共致用意置候事、

一、護国殿へ被為成候節、鐘撞堂脇塀重門ヨリ奥〆リニ
相成之旨、御達有之候事、
一、御経堂へ被為成候節、経蔵司壱人附置候旨、兼テ申
上置候処、是以中山志摩守殿可任差図旨御達有之、
一、護国殿へ被為成候節、御霊屋通大僧正御方、御香之
火伺可有之哉之旨、先達伺書差出置候処、伺之通被仰
渡候、
一、於護国殿ニ役向并御守職詰所之儀、北之方御白洲へ
相詰可申旨、絵図面を以伺置候処、是又伺之通ト被仰
出候事、
一、黒本尊前餝付五具足・生花壱対・御盛物壱対有来、
常灯明片(付脱カ)、梵天・帝天・四天王有来之通り、御宮殿戸
帳巻上、三方開扉 但、五具足之内、蓮之木花ハ御宮殿南北隅へ餝付置候事、
一、舎利塔前・十八羅漢前三具足計、花生花献置、其余
不残取払、
一、御香爐取扱候番僧ハ、威徳院(塔頭)ヨリ出之、尤早天より
御供所へ相詰居、虎之門御注進ニテ御香之火取計、
御本殿へ相備、又御供所へ引取、奥之衆ヨリ沙汰有之

迄ハ、決テ不罷出様、御作事奉行平賀式部少輔(貞愛)殿・御小納戸頭取中山志摩守(信勝)殿・御目付松平伊織(康英)殿、三人立合ニテ被申聞候事、

一、御経堂餝付傅大士・二童子・五具足有来リ通リ、其余不残取払、四隅四天王其侭、力士ハ八体共取払、

一、本堂内陣前机打敷并敷緒掛置、二祖大師(法然・善導)御厨子扉開置、尊牌壇ヘ打敷掛之、内陣入口白布幕引置、外陣水引幢掛置、其余不残三門回廊ヘ取片付、尤五具足ハ有来リ通餝付置候事、

但し、内陣入口白布幕之儀ハ、正敷本堂ヘ被為入候節、奥之衆中掛リニテ、左右ヘ被開候由、是ハ昨年も同様也、外ニ昨年ト違ひ候ハ、二祖大師扉開置候、猶又前机ニ打敷并敷緒掛置、外陣ニ幢掛置候儀、去年ト違ひ候、是ハ少々心得有之候ニ付、今年ハ掛置候事、

一、仏身仏舎利龍珠能作生之訳、荒増中奉書半切ニ認置候事、

一、本堂御安置之尊牌御座順并尊号等迄、委細ニ相認、南北壇分け、絵図面同様相認致用意置候事、

一、大鐘貫目、其外共昨年之通、委細相認致用意置候事、

一、御当日予参之大名衆・本堂御番之衆・両御番頭衆組共、奥〆リニ相成候上ハ、不残真乗院(別当)御供所ヘ引取候由、依之新規御幕張御出来、

一、十月十四日晴天、五時之御供揃ニテ　御成、御予参紀伊中納言(治宝)様・水戸中将(治紀)様、御先立松平讃岐守(頼儀)殿、御老中牧野備前守(忠精)殿・土井大炊頭(利厚)殿、若年寄京極備中守(高久)殿・立花出雲守(種周)殿、寺社奉行脇坂淡路守(安董)殿・水野出羽守(忠成)殿、御側御用御取次高井飛騨守(清寅)殿・大久保豊前守(忠温)殿、御小納戸頭取中山志摩守(信勝)殿、御目付松平伊織(康英)殿・土屋帯刀(直廉)殿、大目付井上美濃守(利恭)殿、御作事奉行平賀式部少輔(貞愛)殿、其外御役人如例御詰有之候事、

一、御道具注進ニテ、大僧正御方　文昭院様御霊屋ヘ御昇殿、御拝殿ニ御控、御駕籠之注進ニテ、寺社御奉行御両人共御場所ヘ御詰ニ付、役向并行者壱人御一所ニ罷出、表通二天門ヨリ御唐門内南之方御白洲ヘ相詰、

但、定例北之方也、四時前被為成候ニ付、大僧正御方拝迎如例、次ニ御香之火御伺御作法如例、畢テ御予参

御方ニ御引続、御下殿拝送無之、直ニ御先へ御駆抜、役向四人、御伴僧両人、行者壱人、御随従御道筋、御唐門ヨリ　勅額御門、夫ヨリ鐘搗堂脇塀重門、本堂前通南之回廊下ヨリ護国殿へ御詰、階下北之方、外ヨリ内へ弐本目柱外へ南向ニ御着座、

但し、役向ハ御同所北之方白洲へ、西ヨリ東へ次第ニ南向一列、秀海・察常（所化役者衆）・威徳院（守護職）・観智院（寺家役者衆）・良雄院被列居、御本殿北脇高石垣下之処へ、御伴僧・行者両人平伏、

御同所階下南之方柱外へ御手水相廻、奥之衆三人勤番、其後之方御縁脇へ御坊主両人控居、御門内薄縁リ上、北之方へヨリ、御小納戸頭取中山志摩守殿南向ニ着座、其後之方ニ御小性衆壱人、御長柄を被控居候、無程御側御用御取次高井飛騨守（清寅）殿被相越、御門内薄通リ上正中へ東向、御本殿を後ニいたし着座、暫過、御乗輿ニテ被為成、御門外石壇下ニテ御下乗、御供之衆直ニ文昭院様御霊屋　勅額御門下へ引退、此所塀重門〆切、奥〆リニ相成候、　公方様御下乗之上、御門内へ被為進候時、大僧正御方御平伏、直ニ御起座御昇殿、御焼香机之前へ御進ミ、北之方ヨリ御香之火御伺、直ニ御本間南之方隅へ御披き御平伏、　公方様ニハ高井飛騨守殿御先進ニテ、御門内中程之所ニテ御長を被為解、夫ヨリ階下南之方ニテ、立御之侭御手水被為済、速ニ御昇殿、御膝突之上へ被為進、御焼香被為在、畢テ御霊屋御参詣之通、篤ト　御拝、夫より御手を被為突、長々黒本尊并御宮殿及殿内之様子、暫之内上覧被為在、夫ヨリ又候篤ト　御拝被為在候テ御起座、舎利塔前へ御進、此時御老中牧野備前守（忠精）殿御差図ニテ、中山志摩守殿御口達有之ニ付、志摩守殿へ秀海致随従昇殿、北之方入側へ相詰平伏、此時志摩守殿を以、仏身仏舎利龍珠能作生之次、御尋ニ付、兼テ致用意候書付志摩守殿へ相渡候得ハ、御同人其御書付を備前守殿へ被差上、此時於　御前備前守殿、右之書付を御披読被成、達上聞候処、暫之内　上覧被為在、夫ヨリ十八羅漢前へ被為入、立御之侭　上覧、夫ヨリ御本殿後高石垣之様子上覧、畢テ須弥壇を南へ被為廻、正面之所より御下殿、

於階下ニ大僧正御方拝迎、於此所　上意被成下、夫ヨリ御歩行ニテ、御経堂・本堂へ被為入候旨御沙汰ニ付、志摩守殿役者壱人参リ候様被申候故、秀海・志摩守殿同道ニテ、御経堂へ罷越、昨年之通リ西之方白洲へ平伏、公方様(徳川家斉)御経堂内へ被為進、御長を被為解、御焼香被為在候、

但し、御香炉御焼香木之儀ハ、奥之衆持参ニテも有之候哉、此方ヨリハ差出不置候、

夫ヨリ　御手自輪蔵一帀被遊　御廻、次ニ昨年之通、輪蔵八角之内一方開戸被仰付　上覧、夫ヨリ又一帀被遊　御廻、畢テ堂内所々閲蔵亭迄被為入、　上覧相済、次ニ本堂へ被為成候ニ付、秀海・志摩守殿同道ニテ、御跡ニ附済罷越、本堂向拝石垣下南之方ニ相控居候処、

公方様御上堂、暫過志摩守殿縁輪ヨリ、秀海御控被成候ニ付、縁輪迄上候得ハ、若年寄井伊兵部少輔(直朗)殿御用ニ付被召候ニ付、御側近く相進候様被仰渡候ニ付、夫より内陣入口之所迄相進平伏致居候得ハ、牧野備前守殿両脇壇御安置之　尊牌并二祖大師之訳、御尋ニ付、兼テ致用意候書付差上、畢テ下堂、石階下ニ相控、夫ヨリ暫く御手間取候、定テ堂内所々無残所　上覧被為在候事歟、

但、昨年本堂　上覧之節ハ、向拝之縁輪ヨリ南へ一帀被遊　御廻候得トモ、今年無之、内通リ計　上覧、

夫ヨリ鐘撞堂被為成候、昨年之通所々　上覧、畢テ御同所西之方ニテ　御乗輿、塀重門ヨリ　勅額御門前通リ、御装束所へ　入御之事、大僧正御方ニハ護国殿に御控候所へ、御勤番之衆中ヨリ御引取之御沙汰有之ニ付、最初御詰被為成候道筋通リ、塀重門へ御掛リ　文昭院様御霊屋・勅額御門ヨリ御唐門内迄御帰、夫ヨリ例之通、御掃除口御通抜、十二日様(徳川家重)御霊屋御唐門内通リ、御供所玄関ヨリ御乗輿にて御帰、直ニ大方丈へ御越、御老中方・若年寄衆・御側衆へ被成御逢、御参詣無滞被為済恐悦、并護国殿御拝覧被為在難有奉存候旨、御礼被仰上御引取、

但し、定例御先達之御方へも被成御逢候得トモ、今日ハ讃岐守殿(松平頼儀)今以御引取無之ニ付、御神殿御修復御取掛リ之旨を以、御使僧観智院(寺家役者)相勤、尤右ニ付、種々掛合有之云々、

諸般無御滞被為済、九時前　還御被為在候事、天気能快晴、風も一向無之、

一、御当山(増上寺)大鐘之貫目、昨年被為成候節、御尋ニ付書上候、今年も致用意置候処、如何之事哉、今年ハ於御場所ニ御尋無之、御装束所へ　入御之上、御同朋頭平井専阿弥を以御尋ニ付、兼テ用意之書付差上、一昨日阿部侯ヨリ御内々御頼ニ付、今日御詰之御奉行方へ御湯漬差上候事、尤正五菜・酒・干菓子等出之、如例、

一、今日護国殿へ被為成候ニ付、右御礼大僧正御方御登　城モ無之、御役人方御回勤も無之、又別段之御使僧も無之、唯定例　御成済、為恐悦被差出候御使僧之御口上之外ニ、護国殿黒本尊　御拝覧被為在、難有奉存候旨、御添口上ノミニテ相済候事、尤昨年御経蔵御立寄被為在候節も、右同様ニテ相済、今年も其振合也、

一、前件之趣ハ、十月三日初テ御沙汰有之、十四日迄ハ漸日数十日之内ニ取調、首尾能相勤候次第、荒増相認廃忘多分之性得故、日数相立候テハ、間違勝ニ可相成欤之段致恐慮、法問論日前多用中及見聞候事トモ、前後次第不構、意得之現行其侭認置候、一体奥〆リニ相成候、中之事ハ見聞共見捨聞捨、他言ハ決テ不相成旨、武家方之定被申事承リ伝へ候、まして執筆ハ勿論之儀、依之甚以恐慮不少ニ候得トモ、　御当家御開祖　神君(徳川家康)様ヨリ　御三代将軍(徳川家光)様迄之内ハ、天下御一統御間も不被為在候故、如何哉難計事ニ奉恐察候得トモ、其余ニおゐてハ能々　将軍家之仏前へ被為成候テハ、　御拝覧ト申ハ珍敷、善光寺如来・嵯峨釈尊抔、為御取寄ニテ之事ニ候、然ル処、此度ハ右之振合とハ違ひ、何れ宗門之光輝難有事トモ、難尽筆紙ニ、古今未曽有、前代未聞とも可申欤、前文之次第故、衆人広座之披見・伝写必禁之、

○(十二)反古之内ヨリ見出候ニ付、其尽写置、如左、

　書記仕候モ奉恐入候得トモ、訳合相知かたく候故、不得止事、伝記之趣、筆記仕候、如左、

一、増上寺境内丸山ニ奉鎮座候　安国殿御宮尊像之儀ハ、

慶長六丑年正月元旦　御規式、畢テ被仰出候儀ハ、予当年六拾歳、本卦帰りと申テ可慎事也、
但し、通余ハ六十一歳本卦帰りと称し候処、前年ヨリ御心懸被遊候、尊慮ニテも有之欤、
乍去及老年ニ物事慎ミかたし、依之形代之像を可致彫刻之旨被仰出、丸津氏所之則(ママ)細工人相招き、御目通へ被召出、御束帯之侭ニテ、此通り可致彫刻之旨　上意有之候ニ付、天眼鏡ニ写し奉り、御身体之御様子御肉合御面部御皺之為寄候御様子、且御衣紋地合等迄、品々御等身寸分不違、ケ様奉写取候節、眉先ニハ是を可植之旨　上意ニテ、御手自御毛を被為抜被遊御渡候由、夫より不日ニ尊像御成就被為遊候テ、　御前へ被指上候処、常々御座所之御床ニ御安置被遊、朝暮　家康殿ト被為呼、其年ヨリ両、三年之内ハ、御自身ニハ御側衆之思召ニテ被為入候由、且又御除髪・御除爪之毎度、御爪髪を皆悉く御腹内へ被為納候由、其後元和二年正月廿一日ヨリ御不例ニ付、二月朔日　台徳院様(徳川秀忠)江戸御発輿、三日ニ駿府へ被遊御着、四月廿二日迄御滞留、
神君様ニハ三月十七日御転任被為在、四月二日御遺言被遊候ハ、神霊長く国家を守護する間、没後身体(執)を久能山へ納置、神に祝ひ申へく候、葬式法事ハ於増上寺ニ可致修(執)行、位牌ハ大樹寺(岡崎)へ可安置、一周忌ニ至テ日光山へ可鎮座由被仰出、四月六日増上寺住持(十二世)観智国師(源誉存応)并弟子了的・廓山　御目見被仰付、御直ニ被仰聞候ハ、先年彫刻之像を増上寺ニ移し可安置、本社之作ハ六拾六畳敷ニ致へし、其中央ニ居し、永々国家を守護すへしと被仰候由、同十七日巳之刻　御他界、十九日亥之刻久能山へ納め奉る、廿二日　台徳院様御参詣被遊、即日　御発輿ニテ、廿四日江戸表へ　御帰城被遊、五月十七日ヨリ増上寺ニテ、御中陰之御法事御修行有之、同晦日御結願ニ付、　公方様(徳川秀忠)御参詣被為在、夫ヨリ御神号等之儀ニ付、板倉内膳正(重昌)殿上京被仰付候処、七月十六日　故大相国(徳川家康)御事神に崇めらるる上ハ、院の宇不可有由、勅答有之、依之　安国殿ト申文字ニテ、先年ハ御鳥居ニ掛有之由、今現ニ宝蔵ニ納有之候、右尊像之儀ハ土井大炊頭(利勝)殿供奉ニテ御下り、増上寺境内ニおゐて御宮地御見分、元和二年十月二日御作

事御取掛、翌年春二月御成就、依之御神前ニ銅燈籠献備有之候、其銘ニ元和三丁巳年二月ト有之候、右之通之尊像ニテ、御鏡之尊像とも、又ハ御厄除之尊像トモ、又ハ御爪髪之尊像トモ称し奉り、現ニ今眉先御肉毛四、五本ツッ被為在、御腹内御爪髪・御身体・御肉合・御面御皺・御装束御紋ニ至迄、乍恐御在世之御容儀ニ異ならすと奉存候、尤御宮作ハ六拾六畳敷ニ御座候、厳有院様(徳川家綱)御代迄御参詣モ被為在候由、今以　御成御焼香机・御香炉・御香合迄有之、全く紅葉山　台徳院様御成先御香道具ト御同様ニ御座候、御膝突之形も有之候、然ル処、当時ハ御武家ニテも委敷御存知無之御方も有之様成り候テ、　神慮之程、何トモ奉恐入候次第ニテ御座候、乍恐尊像ハ日本無双之御形代御影、御宮ハ二度ト御作替御座候、御治世已来最初之御造営ニ御座候、此段御賢察奉願候、

寅十二月

御別当　安立院

日光山ハ御一周忌過候テ之御造営、紅葉山ハ御三回忌過テ之御造営、然ル処、御当山ハ最初ニ御座候、右寅十二月十八日御奉行安藤対馬守殿へ差出候事、

御役所御修復記

元禄七戌年閏五月十一日、同寅年四月十三日　常憲(徳川綱吉)院様御参詣被為在ト書留之、御宮作三度迄御作替被仰付候儀ハ、最初之御宮ハ元和二年十月御造営、即今之開山堂是也、弐度目之御宮ハ宝永十一年之御造営、則今之護国殿是也、三度目之御宮ハ宝永十八年之御造営、則今之御宮是也、御本殿内御左右鷹之墨絵六ヶ敷有之候、此御絵ハ　大猷院様(徳川家光)之御下絵之由、依之御修復之毎度、此絵計ハ古び候侭ニテ御差置、御唐門を鷹御門ト称し、是ハ駿府　御城之御玄関門之由、　大猷院様之　上意ニテ御引移ニ相成候由、尤腰掛之跡、且すたれ様之もの掛候様子も御座候、
右之通、御由緒ニ御座候、

（十三）〇寛政九巳年八月、松平右京亮殿（寺社奉行・輝和）へ差出候伺書、且御附札之趣、左之通、

覚

都テ神職之輩、前来菩提所之家判（宗）・引導頼来候処、吉田家へ相願、神道葬祭之許容を受、前来之宗判・引導相断候節ハ、最初其趣菩提所へ申入、得心之上ニテ、吉田家へ願立候筋ニ御座候哉奉伺候、右ハ平日支配下取扱之儀ニ付、相心得罷在度奉存候ニ付、此段奉伺候、以上、

六月　　増上寺　役者

右同年八月十六日、松平右京亮殿ヨリ御附札ニテ相下御附札、左之通、

神職之もの、従来菩提所有之候処、其寺院へ無沙汰、白川家・吉田家等へ申立、自身葬祭之伝授を請、是迄之菩提所を離候迚、及出入ニ候節、当人并親子ハ宗判為相除、女房・次男以下ハ、在来之通宗判可致旨、令裁許候儀も有之候得トモ、右寺格ニも寄リ候事ニテ、宗判請来候寺院納得も不致を、押テ自身葬祭ニ致度旨申立候分、先ハ神職之申分難立、万々吟味詰候筋ニ候、併聢ト御規定ハ無之事故、兼テ極候テハ難申達候、又壱通伺差出、如左、

覚

信州諏訪貞松院始惣門中、同所修験を相手取、領主役所へ致訴出候一件ニ付、一体修験身（自）引導之儀、公儀御規定之趣、拙僧共聢ト相知不申候事故、万一貞松院ヨリ相伺候筋も御座候節、差当リ返答ニも差支、且又右御規定之趣、平日支配下取扱之品ニ寄、相心得罷在度奉存候、依之左之条々奉伺候、

一、惣テ修験道相立罷在候者、只今迄他宗引導頼来候処、一派引導ニ相改候節ハ、其段前来之菩提所へ申入、菩提所納得之上ニ無之候テハ、於其本山自分引導被致許容間敷御規定ニ御座候哉之事、右御附札、如左、

是迄ハ菩提所納得ニ無之候テハ、許容致間敷旨、兼テ其本山へ申達置候儀ハ無之、本山ニテハ素より一派引導一統ニ致度、他宗之引導請来リ候を、不相当

被心得居之趣ニ付、是迄之菩提所納得之有無ニ不拘、一派引導ニ申付之趣ニ候得トモ、菩提所之不承知ニテ出入ニ成訴出候節、弥無沙汰ニ取計候段無相違候得トモ、本山之許容ハ不取用、在来之通ニ申付候事ニ候、

一、修験道自分引導ト申儀ハ、存生之内、其本山より許容を受候者ニ限り候儀ニテ、其法を伝受不仕、末々之修験、他宗引導受候儀ニ御座候哉之事、

右御附札、如左、

菩提寺も承知之上、本山之許容を受、一派引導成ものより、又外修験へ伝授いたし候テも、本山之許容ニ無之テハ、其菩提所猶更承知致間敷候事故、一派引導ニハ不相成筋ニ候事、

一、修験道自分引導之儀ハ、其本山ヨリ壱度許容を受候得ハ、子々孫々相伝リ、他宗之宗判相除候儀ニ御座候哉、又ハ其親へ自分引導之免許有之候テも、其子ハ別段ニ本山ヨリ免許を受候上、自分引導仕候御規定ニ御座候哉之事、

右御附札、如左、

菩提所も納得之上、一旦本山ヨリ許容を受候得ハ、子々孫々迄相伝候哉之儀ハ、其本山ニ規定ハ可有之候得トモ、公儀御規定ハ無之候事、

一、惣テ修験自身引導之伝授を受候触頭ハ、其伝を受さる支配下修験之引導・宗判迄モ、其触頭ヨリいたし候儀モ有之儀ニ御座候哉之事、

右御附札、如左、

古来より他宗之引導請来り候、仮令本山之許容候とも、配下迄新規ニ宗判・引導等引請候儀ハ難成候、併古来より配下之分、当人ハ勿論、家族迄も滅罪引請、宗判もいたし、俗家之檀方を持居候修験モ間々相見候、尤本山・当山・羽黒三派修験モ、天台・真言等一宗一派相立、夫々本山も有之候間、仕来之分ハ奉行所ニ差綺不申候事、

右之通、奉伺候、

六月　　　　　増上寺　役者

右ハ寛政九巳年八月十六日、奉行所より御附札を以下候

趣写置者也、

〇(十四)江州水口大徳寺現住周堂儀、唐橋家之御猶子相願候ニ付、右差支之儀ハ無之哉之旨、唐橋家ヨリ本山知恩院へ御問合有之候節、花頂(知恩院)様より御使僧を以、御同家へ被仰遣候趣、如左、

手控

当山末江州水口大徳寺周堂儀、先例モ御座候ニ付、今般御猶子ニ御契約被成度、於本山差支無之哉之旨、御問合之趣被致承知候処、差支之儀無御座候、尤先年被仰越候節申述置候通リ、於当山門末ニ堂上御猶子之寺格無御座候ニ付、於当山御猶子之取扱不致候、尚又明和三年寺社御奉行久世出雲守(広明)殿ヨリ、当山門末之寺院、堂上方猶子之訳御糺ニ付、由緒有之猶子ニ相成候テも、先規ヨリ寺格各別ニ取扱不致之段、当山并増上寺ヨリ書上置候、右之段為念今般も御断被申候、

知恩院大僧正使僧　恵月

右ハ為心得、花頂ヨリ申来候ニ付、写置者也、

〇(十五)御朱印焼失之儀ニ付、鎌倉ヨリ来書面之写

但し、年号不相知候、

御朱印焼失仕候寺院、重テ　御朱印被下置候旧例有之候儀、従御奉行所御尋奉承知候、愚寺末相州三浦郡穐谷村正行院、寛永十七年十二月七日之夜炎焼之時、御三代之　御朱印致焼失、出雲守殿此段紛無之候、業誉(還無)上人御紙面并松平出雲守(寺社奉行・勝隆)殿御通達モ有之候、如来儀正行院九世冏山現住之代ハ不相叶、雖然業誉上人当山ニ御住職被遊候故、達テ奉願候所ニ、重テ慶安元辰年八月十七日大猷院(徳川家光)様　御朱印頂戴仕候、尤　厳有院(徳川家綱)様　御朱印無之候間、此吟味仕候処ニ、如何様ニ申上御承知被遊候哉、乍憚出・不出も御座候哉、留モ無之候、尤愚寺方ニも一向記録不相見候、殊更正行院当住儀ハ、此春中付、勿論隠居極老病中ニテ罷在候得トモ、従此方取次を相尋候処、是又先住没後之住職故、委曲不存ト申儀ニ御座候、何分

ニモ以御慈悲　御朱印拝戴仕候様所希御座候、以上、
閏十月四日　　光明寺　学誉　印
増上寺　御役者中
追加、愚寺方へ差出候一札、為念懸御目ニ候、御披
見被成候テ、御返達可被下候、以上、
右大奉書半切ニ相認有之、
（十八）
〇天明八申年十二月、松平紀伊守殿（寺社奉行・信道）ヨリ御達之御書付
如左、　増上寺
一、文昭院様（徳川家宣）御別当構之内、御供米蔵・御道具蔵、
一、有章院様惇信院様同断、御供米蔵、御道具蔵、
一、清揚院様（徳川綱重）同断、御供米蔵・御道具蔵并上御供所へ
御用之井戸壱ケ所、
一、崇源院様天英院様同断、御供米蔵、御道具蔵、
一、桂昌院様月光院様同断、御供米蔵、御道具蔵、
右箇所之分ハ、是迄之通、破損等出来之節ハ、御修復
可被仰付候、
一、文昭院様御別当所構之内、自坊井戸并濡縁・戸棚、
其外共、
一、有章院様惇信院様同断、御膳所・調進所・御菓子部屋・番僧部
屋・其外共、
一、清揚院様同断、下御供所并塩味噌蔵・物置、其外共、
一、崇源院様天英院様同断、自坊住居続ニ有之候土蔵壱ケ所、御菓
子部屋・御膳所・調進所・番僧詰所部屋々々、并折廻
之瓦塀、其外共、
一、桂昌院様月光院様同断、下御供所・調進所、其外共、
右箇所之儀ハ、是迄御修復所ニ有之候処、此度夫々御
別当へ被下候間、以来ハ自分自分ニテ修復可致旨、増
上寺表門内通両側并松原通リヨリ表門迄塔頭構煉塀之
内、小路へ附候喰違之儀ハ是迄之通リ、破損等出来之
節ハ、御修復可被仰付候、其外塔頭構之分、煉塀之儀
ハ此度持前之自坊自坊へ被下候間、破損等有之節ハ、
自分自分ニテ手入修復等いたし、尤　御成之節、御目
障等無之様可致旨、
一、文昭院様御別当自坊台所、此節修復いたし候由ニ付、

先達テ仮調進所願も被申立候得トモ、此儀モ難被及御
沙汰ニ候、
右之通、此度被仰出候間、増上寺御霊屋附御別当、其外
塔頭ヘモ、前書之趣可申渡旨、越中守殿(老中・松平定信)被仰聞之、
十二月
右御書付之趣、同月十三日御別当ヘ相達、

(十七)○寛政元酉年閏六月十七日、松平右京亮殿(寺社奉行・輝和)ヨリ御達
之趣、左之通、
増上寺構赤羽根橋ヨリ将監橋迄、外構有来之栗丸太
矢来之所、以来生垣ニ相成候、植付之儀ハ　公儀よ
リ被仰付、末々苅込地所も場所ニ寄、追々生垣植付
相成候間、其持場所々向々、自坊自坊ヘ申渡候様、
増上寺役者ヘ可被申渡候、
閏六月
右御書付相渡候ニ付、同年八月十七日、御同所ヘ有来之
通、栗丸太矢来ニ被成下度段、願書差出、委曲如役記、

同年十一月八日松平右京亮殿相渡、御書付如左、
増上寺構赤羽根橋ヨリ将監橋迄、外構栗丸太矢来之
処、以来生垣之積、先達テ被仰付候処、右場所之儀
ハ　台徳院様(徳川秀忠)御霊屋御廟向、全く御
要害御場所之儀ニ付、有来之通、栗丸太矢来ニテ被
差出候様致度旨、被相願候処、右生垣ニ可相成候場
所ハ外構ニテ内々方、別院・所化寮等も有之、御宮・
御霊屋・御廟向之儀ハ、御程近ニ別段栗丸太矢来之
御構ハ有之候ニ付、御不〆リ之儀も有之間敷、其上
一旦生垣ニ被仰出候儀も有之候間、此度願之趣ハ不
被及御沙汰ニ、以来枯透等有之候ハヽ、自坊自坊ニ
テ不捨置、早速手入いたし候様備後守殿被仰聞候、

(十八)○寛政八辰年二月廿八日、板倉周防守殿(寺社奉行・勝政)ヨリ御当山御
霊屋ヘ参詣之節、中供廻リ人数之儀ハ、御尋ニ付、三
月朔日御同所ヘ書付差出、如左、

覚

一、御三家方・御両卿、松平越前守(重富)殿溜詰、其外諸侯方御当山、且紅葉山御霊屋へ御参詣之節、御供廻リ之儀、　勅額御門迄何方何人ト申定数取調可申上旨、御三家相糺候趣、左ニ申上候、

一、御三家方并御両卿方ハ　御唐門内御家老壱人、侍二、四人御召連有之候、

一、松平加賀守(治脩)殿　御唐門下迄、侍壱人被召連、

一、松平越前守殿　右同断、

一、喜連川左兵衛督殿　御唐門内迄、侍両人被召連、但し、左兵衛督殿前来　台徳院様御霊屋ニテハ、　御唐内外へ侍被相残候、然ル処、寛政二戌年正月二日参詣之節、間違ニテ　御唐門内迄被召連候ニ付、其段御別当ヨリ相断候処、已後　御唐門外へ残置可申旨、返答有之候、右之通リニ御座候、尤　勅額御門外迄ハ御供廻リ何人御召連有之候哉、相弁不申旨、御別当申出候、

一、紅葉山御霊屋へ御参詣之次第、御当山御霊屋へ御参詣之振合ト全同様之儀ニ御座候、勿論紅葉山ハ　勅額御門無之ニ付、紅葉山四足御門ハ、御当山御霊屋　勅額御門ニ相当仕候儀ニ御座候、尤紅葉山御霊屋拝礼有之候分、左之通御座候、

　御三家方・溜詰御先達之方、御老中・若年寄衆・御側衆・御目付衆、右之外ニも　公方様御参詣之節、詰合之御役人中拝礼有之候得トモ、御役名相知不申、右依御尋、御別当へ相糺、個々ヨリ申出候趣を以申上候、以上、

三月　　増上寺　役者

(十九)○御当山内ニテ朱傘相用ひ候ハ、伝通院(紫衣檀林)・光明寺(紫衣檀林)ニ限リ候、檀林紫衣外、紫衣・香衣檀林、本山御代僧も、朱傘ハ不相成候、青見傘相用ひ候事、

右何れも二天御門前迄、雨天之節雨柄も右同断、

右ハ天明三卯年六月、千部御法事ニ付、右之準例願、貞恭院(徳川家治養女)様御新葬御法事之節、伝通院仰誉聖道上人之時、御心得違有之六ケ敷候、

右ハ在禅上人、飯沼御住職中御直書を以被仰遣候書面写

置者也、

（二十）
○九月廿三日脇坂淡路守殿（寺社奉行・安董）ヨリ御達、左之通、
御修復所之儀ハ、平日別テ心を付可申儀ハ勿論之事ニ候処、何トなく心得違、等々閑々向も有之哉、近来自然ト間近ニ御破損申立も有之、御修復多ニ相成候哉、相聞如何ニ候、已後御修復現所保ち方之儀ハ不申及、掃除等迄常々精々心を配候様可被致候、尤御作事奉行時々見廻り有之、不行届儀ハ其度々奉行所へも申聞候筈ニ候間、得其意、厚心を附候様、急度可申付置候、
九月
右御評席ニおゐて御直達、諸向不残御呼出、伝通院聖道上人も御出席有之、御別当年番宝松院も罷出候事、役所ヨリ之達ニハ、恵照院・岳蓮社、坊中・伴頭并惣坊中、且御内証御勝手役人・座敷番・堂司・下陣番・開山堂・経蔵司等へ、御書付之御趣意、猶又具ニ申諭相達置候事、

（二十一）
○嶺誉大僧正御代（五十三世・嶺誉智堂）、寛政七卯年正月、目黒祐天寺当住へ被下候掟書之写、如左、
宗門之規則、金襴袈裟着用之儀ハ、非四ケ本山（知恩院・知恩寺・金戒光明寺・清浄花院）且檀林職及、御菩提所之能化ニハ、敢テ不許之候、然ニ其寺儀、前来如来寺務強化広及候段、於大僧正御方御随喜不浅寄特之至ニ被思召候、依之今般右為御褒賞、其許一代限リ金入袈裟着用之儀、御免許被遊候間、謙譲着用可有之候、仍連署如件、
寛政七卯年正月　増上寺五十三主 嶺誉大僧正御代役者
常行院（寺家役者衆）
観智院
宣契（所化役者衆）
寛霊
祐天寺　得誉祐全和尚

易乾文言
貞者事之幹也、言ハ事以貞立、猶牆垣有版幹也、貞固足以幹事、

増上寺所蔵

『幹事便覧』二

幹事便覧第二之目録

一　寺社奉行株筋大概

二　寺社成、其後転役之節、学頭・二﨟勤方之事
　　附、寺社司大検使参入取扱之事

寛永十二亥九月九日	万治元戌九月廿九日迄	堀（利重）市正	
万治元戌七月四日	寛文七未十二月御免	井上（正利）河内守	此跡戸田因幡守 本多山城守カ
寛永十二亥九月九日	万治二亥二月廿七日	松平（勝隆）出雲守	此跡加々爪甲斐守 小笠原山城守カ
寛永十二亥九月九日	万治元戌九月廿九日迄	松平（重長）右京亮	
万治元戌七月四日	寛文元丑十一月廿六日御免	板倉（重郷）阿波守	
寛永十七辰正月廿三日	万治二亥十一月十一日	堀（直之）式部少輔	此跡板倉伊賀守 本多山城守カ
寛文元丑十一月十一日	同十戌十一月十一日御役被召放配流	加々爪（直澄）甲斐守	此跡戸田伊賀守 本多山城守カ
寛文六年七月三日	延宝六午二月六日御免	小笠原（長頼）山城守	
延宝六午三月廿三日	天和元酉十一月廿九日御免	松平（重治）山城守	
天和元酉十一月廿九日	同三亥正月十日卒	酒井（忠国）大和守	此跡板倉伊予守 本多淡路守カ
寛文十一亥正月廿五日	延宝四辰四月十九日所司代	戸田（忠昌）伊賀守	
延宝四辰七月廿六日	同六午六月廿九日御城代	太田（資次）摂津守	
延宝八申閏八月十一日	同九酉三月九日御老中	阿部（正武）美作守	
延宝九酉四月九日	同年酉十一月十五日所司代	稲葉（正通）丹後守	
天和元酉十一月廿九日	同二戌十一月四日若年寄	秋元（喬朝）摂津守	
天和二戌十月十六日	貞享四卯五月十四日御役被召放	坂本（重治）右衛門佐	此跡戸田能登守 米津出羽守カ
寛文十一亥正月廿五日	延宝四辰十二月廿八日御免	本多（忠利）山城守	
延宝五巳六月廿一日	同八申九月廿三日御老中	板倉（重種）石見守	

延宝九酉二月十六日
貞享二丑五月廿一日御免
水野右衛門大夫（忠春）

貞享二丑七月廿二日
同四卯十二月十八日若年寄
大久保安芸守（忠増）

元禄三午十二月三日
同四未閏八月廿六日所司代
小笠原佐渡守（長重）

天和三亥二月二日
貞享四卯五月十四日御役被召放
本多淡路守（忠周）
此跡戸田能登守　米津出羽守カ

貞享四卯五月十八日
元禄元辰十月二日御役被召放
米津出羽守（正盛）

元禄元辰十一月十四日
同九子九月廿八日若年寄
本多紀伊守（正承）
此跡井上大和守　松平志摩守カ

貞享四卯五月十八日
元禄十二卯閏九月廿一日御免
戸田能登守（忠真）

元禄十二卯閏九月廿一日
宝永元申十月御免
阿部飛騨守（正喬）

宝永元申十月九日
同二酉九月廿一日若年寄
久世出雲守（重之）
此跡鳥井伊賀守　堀丹後守カ

元禄九子十月朔日
同十五午八月十九日御免
松平志摩守（重栄）
此跡鳥井伊賀守　堀丹後守カ

是ヨリ末四人株筋始

天和三亥二月二日
貞享元子七月廿六日御免
板倉伊勢守（重形）

貞享四卯三月十八日
元禄二巳七月御免
酒井河内守（忠挙）

元禄二巳八月三日
同三午十月十八日若年寄
加藤佐渡守（明英）

元禄三午十一月廿五日
同七戌十一月三日御免
松浦壱岐守（棟）

元禄七戌十一月十五日
宝永元申十月朔日若年寄
永井伊賀守（直敬）

宝永元申十月朔日
同七寅九月廿一日御免
三宅備後守（康雄）

宝永七寅九月廿一日
正徳四午九月六日若年寄
森川出羽守（俊胤）

正徳四午九月六日
享保二酉九月廿七日若年寄
石川近江守（総茂）

享保三戌八月四日
同七寅正月三日御免
酒井修理大夫（忠音）

享保八卯三月十五日
同十七子七月廿九日西丸御老中
黒田豊前守（直邦）

享保十七子八月七日
同十九寅五月廿三日御免
松平玄蕃頭（忠暁）

享保十五寅六月六日
同二十卯四月廿三日卒
仙石信濃守（政房）

享保二十卯五月七日
寛保二寅六月廿一日所司代
牧野越中守（貞通）

寛保二戌七月朔日
同三亥五月朔日御城代
堀田相模守（正亮）

延享元子五月十五日
同三寅五月十五日西丸御老中
松平右近将監（武元）

延享三寅五月廿八日
同四卯六月朔日西丸若年寄
秋元摂津守（涼朝）

延享四卯六月朔日
同年十二月廿五日御城代
酒井修理大夫（忠用）

延享四卯十二月廿三日
寛延三午二月十八日御役御免
稲葉丹後守（正甫）

寛延四未正月十五日
同二申四月七日御城代
松平右京亮（輝高）

宝暦三酉三月廿八日
同六子五月七日御城代
井上河内守（正賢）

宝暦六子五月七日
同十辰十二月三日所司代
阿部伊予守（正右）

宝暦十辰十二月三日
同十二午五月十九日御免
太田摂津守（資俊）

鳥井（居） 伊賀守（忠孝）
宝暦十二午五月廿三日
再役同年十二月九日西丸若年寄

土井 大炊頭（利里）
宝暦十三未二月十八日
明和六丑八月十八日所司代

牧野 越中守（貞長）
明和六丑八月廿六日
安永六酉九月十五日御城代

牧野 豊前守（惟成）
安永六酉九月十五日
天明三卯七月廿三日卒

堀田 相模守（正順）
天明三卯七月廿八日
同七未四月十九日御城代

稲葉 丹後守（正諶）
天明七未四月十九日
同八申六月廿六日御免
享和二戌十月十九日大坂御城代
文化元正月廿三日所司代

板倉 左近将監（勝政）
天明八申六月廿六日
寛政十午四月廿九日御免

松平 周防守（康定）
寛政元酉七月十八日、周防守ト改、
寛政十午五月晦日
享和三亥七月廿五日御免

水野 出羽守（忠成）
享和三亥八月九日
文化三寅十月十二日若年寄
文化十四丑八月廿四日御老中格
文政元寅八月二日御老中

松平 右京亮（輝延）
最初無株、出羽守殿転役以後、株筋引請相成、
享和二戌四月廿八日
文化十二亥四月廿九日御城代

青山 大蔵少輔（幸完）
文化十二亥五月廿八日
同年十一月廿八日卒

松平 和泉守（乗寛）
文化十二亥十二月廿八日再役
文政元寅八月二日所司代
同五午九月三日御老中

松平 伯耆守（宗発）
文政元寅八月廿四日

堀 大和守（親宝）

井上 大和守（正岑）
元禄九子十月朔日
同十二卯十月十六日若年寄

本多 弾正少弼（忠晴）
元禄十五午六月二日
正徳三巳閏五月七日御免

建部 内匠頭（政宇）
正徳四午七月十一日
同五未正月廿六日卒

井上 遠江守（正方）
正徳五未二月十八日
享保元申九月廿八日御免

安藤 右京進（重行）
享保二酉十月十五日再役
同三戌八月廿四日御城代

牧野 因幡守（英成）
享保三戌八月四日
同九辰十二月十五日所司代

本多 伊予守（忠統）
享保九辰十二月廿三日
同十巳八月廿一日若年寄

小出 信濃守（英貞）
享保十巳六月十一日
同十七子三月朔日西丸若年寄

西尾 隠岐守（忠尚）
享保十七子三月十三日
同十九寅九月十五日若年寄

北条 遠江守（氏朝）
享保十九寅十月十五日
同廿卯七月廿七日御免

大岡 越前守（忠相）
元文元辰八月十二日
宝暦元未十一月二日御免

鳥井（居） 伊賀守（忠孝）
宝暦二申四月廿三日
同十辰三月廿二日若年寄

小堀 土佐守（政方）
宝暦十辰三月廿二日
同十一巳七月廿八日御免

酒井 飛騨守（忠香）
宝暦十一巳七月廿二日
明和二酉八月廿一日若年寄

久世 出雲守（広明）
明和二酉八月廿一日
同六丑九月廿四日御城代

土屋 能登守（篤直）
明和六丑十月朔日
安永五申五月廿日卒

戸田 因幡守（忠寛）
安永五申六月五日
天明二寅九月十日御城代

因幡守殿御転役後、右株付暫之内阿部備中守殿御預リ之処、此度奉行衆五ヶ所ニ相成候ニ付、右株ハ松平伯耆守殿へ不残引渡之事、

天明四辰四月廿七日
同六午閏十月二日依願御免
松平 (資承) 伯耆守

安永六酉九月十五日見習
同八亥四月廿八日本役、新株処、
天明六午年伯耆守株相渡、
天明七未三月七日御老中
阿部 (正倫) 備中守

天明七未三月十二日
同年十二月十六日所司代
松平 (乗完) 和泉守

天明七未九月五日見習
同年十二月廿四日本役
寛政四子八月廿八日御城代
寛政十午十二月十八日所司代
享和元酉七月御老中
牧野 (忠精) 備前守

寛政元酉十一月廿四日
同二戌四月御側御用人
戸田 (氏教) 采女正

寛政四子九月廿日
同五丑八月廿五日若年寄
立花 (種周) 出雲守

寛政五丑九月廿四日
同十二申十月朔日御城代
享和二戌十月十九日所司代
文化元子正月廿三日御老中
青山 (忠裕) 下野守

寛政八辰十二月廿四日再勤
享和元酉七月十一日所司代
享和二戌十月十九日御老中
土井 (利和) 大炊頭

享和元酉七月十七日
享和四子正月廿三日御城代
文化三寅十月所司代
阿部 (正由) 播磨守

享和二戌正月廿一日
同四月九日御免
文化元子八月十五日西丸若年寄
青山 (幸完) 大膳亮

享和四子四月廿八日
文化七午六月廿五日御城代
文政元寅八月二日御老中
大久保 (忠真) 安芸守

文化七午六月廿八日
同九申四月四日西丸若年寄
有馬 (誉純) 左兵衛佐

最初無株之処、佐兵衛佐転役後、跡株引請ニ相成、

文化七午九月廿八日再役
同十四丑八月廿三日御老中
阿部 (正精) 備中守 初主計頭

文化十四丑九月十日
文政八酉年五月十五日御城代
同九戌年十一月廿三日所司代
水野 (忠邦) 左近将監

文政八酉年五月廿八日
土井 (利位) 大炊頭

宝永二酉九月廿二日
同五子五月廿六日御役被召放
堀 (直利) 丹後守

宝永六丑十一月廿三日
正徳三巳三月十二日御免
安藤 (重行) 右京進

正徳三巳三月廿八日
享保九辰閏四月十一日御免
土井 (利忠) 伊予守

享保十巳九月十一日
同十三申五月七日
太田 (資晴) 備中守

享保十三申七月六日
元文二巳九月十八日卒
井上 (正之) 河内守

元文四未三月十五日
延享四卯八月十七日卒
山名 (豊就) 因幡守

延享四卯九月十一日
同五辰閏十月朔日若年寄
松平 (忠恒) 宮内少輔

延享五辰閏十月朔日
寛延二巳七月三日若年寄
酒井 (忠林) 山城守

寛延二巳七月廿三日
宝暦八亥三月廿八日西丸若年寄
本多 (忠央) 長門守

宝暦八寅四月七日
同九卯閏七月十六日御免
朽木 (玄綱) 土佐守

宝暦九卯閏七月廿八日
同十四申二月四日御免
毛利 (匡平) 讃岐守

宝暦十四申二月十五日
安永四未八月廿五日若年寄
松平 (忠順) 伊賀守

安永四未八月廿八日
天明元丑閏五月十一日西丸若年寄
太田 (資愛) 備後守

天明元丑閏五月十一日
天明四辰四月十五日若年寄
享和二戌九月廿八日西丸御老中
安藤対馬守（信成）

天明四辰四月廿七日
寛政十午十二月八日大阪御城代
松平右京亮（輝和）

寛政十一未正月十一日
同十二申十一月朔日西丸若年寄
文政八酉年四月十八日御老中格
文政九戌年十一月廿三日御老中
植村駿河守（家長）

寛政十二申十一月朔日
文化三寅五月二日御免
堀田豊前守（正穀）

文化三寅五月六日
同五辰九月十日依願寺社ハカリ御免
阿部主計頭（正精）

文化五辰九月廿日
同十二月十日所司代、讃岐守ト改名、
文化十二亥四月十五日御老中、若狭守ト改名、
文政元寅七月廿三日西丸
酒井靫負佐（忠進）

文化六巳正月十二日
同十酉六月九日依願寺社御免
松平和泉守（乗寛）

文化十酉六月廿四日
同十四丑七月廿四日若年寄、紀伊守ト改名
内藤豊前守（信敦）

文化十四丑八月廿四日
文政五午年七月八日大阪御城代
文政八酉年五月十五日所司代
文政九戌年十一月廿三日御老中
松平周防守（康任）

文政五午七月十七日
太田摂津守（資始）

宝永二酉八月廿一日
正徳元卯六月十一日若年寄
鳥（居）井伊賀守（忠救）

正徳元卯十二月廿三日
享保十巳八月四日卒
松平相模守（近禎）

享保十三申七月六日
同十五戌七月十一日御城代
土岐丹後守（頼稔）

享保二十卯五月二日
同年六月五日若年寄
板倉伊予守（勝清）

享保廿卯六月廿二日
元文四未三月四日御免
松平紀伊守（信岑）

元文四未三月十五日
延享三寅十月廿五日御老中
本多紀伊守（正珍）

延享三寅十二月朔日
同五辰七月朔日若年寄
小出伊勢守（英智）

寛延元辰八月三日
宝暦八亥十一月廿八日御城代
青山因幡守（忠朝）

宝暦九卯正月五日
同十辰八月十五日御城代
松平周防守（康福）

宝暦十辰八月十五日
同十四申六月廿一日御城代
松平和泉守（乗佑）

明和元申六月廿一日
天明元丑閏五月十一日御城代
土岐美濃守（定経）

天明元丑閏五月十一日
同六午三月廿日卒
井上河内守（岑有）

天明六午三月廿四日
同八申六月廿六日御免
土井大炊頭（利和）

天明八申四月廿三日見習
同年三月廿六日本役
寛政三亥八月十八日卒
松平紀伊守（信道）

寛政三亥八月廿八日
文化十酉十一月十一日御役御免
脇坂淡路守（安董）

文化元子年十月六日被叙四品、中務太輔ト改、
文化十酉十二月朔日
文政五午年六月廿八日御役御免
松平右近将監（康任）

帝監間被叙四品、
右ハ当将軍家四十四男徳之佐殿
今般御養子被仰出候ニ付御免
文政五午年七月十三日
同八酉年四月廿八日若年寄
本多豊前守（正意）

文政八酉年五月六日
松平伊豆守（信順）

享和二戌正月廿一日
同四月九日御免
文化元子八月十五日西丸若年寄
（幸完）青山　大膳亮
明キ跡無之、御役義被仰付奉行五人高ニ相成、依願御免、已後無株付、諸帳面類、其節阿部播磨守株へ引請ニ相成候事、

享和二戌四月廿八日
文化十二亥四月廿九日御城代
（輝延）松平　右京亮

文化十二亥五月廿八日
同年十一月廿六日卒
（幸孝）青山　大蔵少輔

文化十二亥十二月廿八日
文政元寅八月二日所司代
（乗寛）松平　和泉守

文政元寅八月廿四日
（宗発）松平　伯耆守

最初明キ跡無之、御役被仰付奉行五人高ニ相成、其後水野出羽守転役後、株筋引請ニ相成、夫ヨリ青山大蔵少輔・松平和泉守、当時伯耆守株連綿いたし候事、

右五軒ハ、次上連名内ニ有之候得トモ、後来見合心得までニ認置ノミ、

右前来株筋帳相違有之ニ付、（寺社奉行・忠邦）水野左近将監殿役方へ、内々頼入校合改正するもの也、

文政四辛巳年七月

二　覚

一、御老中及寺社奉行被仰付候節、御祝儀として学頭・二臘参上之事、
但、いつれ之御役ヨリ御老中被仰付候トモ、寺社御奉行御同様ニ学頭・二臘参上之事、

一、寺社御奉行被勤候御方ヨリ、御側御側（マヽ）御用人、又ハ御若年寄、或ハ京都御所司代・大阪御城代被仰付候節、為御祝儀、学頭・二臘参上之事、
但し、外之御役ヨリ御側御用人・御若年寄・京都御所司代・大阪御城代被仰付候節ハ、学頭・二臘不及参上候事、

一、壱度寺社御奉行被勤候御方、或ハ御側御用人、或ハ御若年寄、或ハ初ニ大阪御城代、次京都御所司代、後ニ御老中ト段々御転役被仰付候トモ、其御方御一代ハ転役之毎度、為御祝儀、学頭・二臘参上之事、
但し、寺社御奉行、其外御退役後、御老中・御側御用人・御所司代・御城代・御若年寄被仰付候ト

モ、学頭・二臘参上之事、

丑三月

右之通、規定之上、月番慧海呼出、此書付相渡候、尤以来御役被仰付候節ハ、御別当八ケ院・坊中伴頭一臘へも、右規定之趣を以可相達候、且御別当年番へハ、御役被仰付候旨、御奉行所ヨリ御達有之候、即日ニ可相達候事、

寛政五丑年三月規定

○寺社司ヨリ為見廻、大倹(検)使役之もの罷越候砌、帳場下之間へ相達候上、役僧対話相済、畢テ役僧式台まて、広間壱人下座敷まて相送可申事、尤寛政十一未年三月八日之帳記注可見、但、小検使以下ハ、送之儀一切無之事、

三　服忌令

一、父母　忌五十日　服十三月　閏月をかそ(数)へす

一、養父母　忌三十日　服百五十日

遺跡相続、或ハ分地配当之養子ハ、実父母のことし、同性(姓)にても、異性(姓)ニテも、養方之親類実のことし、相互に服忌可受ハ、実方之親類ハ、父母ハ定式之服忌可受之、祖父母・伯叔父・姑は半減之服忌可受之、兄弟・姉妹は相互に半減之服忌可受之、此外之親類ハ服忌無之、遺跡相続せす、或ハ分地配当せさる養子ハ、同性(姓)にても、異性(姓)にても、養父母ハ定式之通、服忌可受之、養方之兄弟・姉妹ハ相互に半減之服忌可受之、此外之親類服忌無之、実方之親類ハ定式之通、相互に服忌可受之、

一、嫡母　忌十日　服三十日

対面無之候ハハ不可受服忌、通路いたし候ハハ、対面無之トモ服忌可受之、父死去之後他へ嫁し、或父離別するにおゐてハ、妾の子不可受服忌、但、嫡母之親類は服忌無之、

一、継父母　　忌十日　　服三十日
初より同居せされハ無服忌、父死去之後継母他へ嫁し、
或ハ父離別するにおゐてハ、不可受服忌、但、継父母
之親類にハ服忌無之、
一、離別之母　　忌五十日　服十三月　閏年をかそへす
一、夫　　忌三十日　　服十三月　同断
一、妻　　忌二十日　　服九十日
一、嫡子　　忌二十日　　服九十日
家督と定めたる時ハ、末子之服忌可受之、女子ハ最初
に生れても末子準す、
一、末子　　忌十日　　服三十日
養子に遣しても服忌差別なし、家督と定る時ハ嫡子之
服忌可受之、
一、養子　　忌十日　　服三十日
家督と定る時ハ、嫡子之服忌可受之、
一、夫之父母　　忌三十日　　服百五十日
一、祖父母　　忌三十日　　服百五十日
　母方　　忌二十日　　服九十日

離別せられ候祖母も、服忌無別儀、
一、曽祖父母　　忌二十日　　服九十日
母方に服忌無之、但、遠慮一日
一、高祖父母　　忌十日　　服三十日
母方にハ服忌無之、但、遠慮一日
一、伯叔父・姑　　忌二十日　　服九十日
　母方　　忌十日　　服十日
父母種替之兄弟・姉妹、半減之服忌可受之、
一、兄弟・姉妹　　忌二十日　　服九十日
別腹たりといふトモ、服忌に無差別、
一、異父兄弟・姉妹　　忌十日　　服三十日
一、嫡孫　　忌十日　　服三十日
嫡孫承祖たる時ハ、嫡子之服忌可受之、祖父母死去之
時も、嫡孫之方へも五十日・十三月之服忌可受之、此
外之親類服忌差別なし、曽孫・玄孫たりといふトモ、
同例也、
一、末孫　　忌三日　　服七日
女子ハ最初に生れても、末孫に準す、娘方之孫服忌同

前、

一、曽孫・玄孫　　忌三日　　服七日

娘方には曽孫・玄孫共に服忌無之、

一、従父兄弟・姉妹　　忌三日　　服七日

父之姉妹之子并母方も服忌同前、

一、甥姪　　忌三日　　服七日

姉妹之子も服忌同前

異父兄弟・姉妹之子ハ、半減之服忌可受之、

一、七歳未満之小児ハ無服忌

父母ハ三日遠慮、其外之親類ハ、同姓にても、異姓にても一日遠慮、日数過承候ハヽ、追テ不及遠慮、

但、八歳より定式之服忌可受之、

附、七歳未満之小児之方へも服忌無之、父母死去之時ハ五十日遠慮、其外之親類ハ一日遠慮、父母ハ年月を経テ承候トモ、聞付る日より五十日遠慮すへし、

一、聞忌之事

遠国におゐて、死去年月を経テ告来るといふとも、父母ハ聞付る日より忌五十日、服十三月、外之親類ハ聞付る日より服忌残る日数可受之、忌之日数過テ告来ハヽ、一日遠慮、服明候共同前、

一、重る服忌之事

父之服忌いまた不明内、母之服忌有之ハ、母之死去之日より五十日・十三月之服忌可受之、おもき服忌之内、かろき服忌有て日数終り、追テ不及受、服忌日数あらハ、残る服忌の日数可受之、

穢之事

一、産穢　夫十日　婦三十五日

遠国より告来、七日過候ハヽ穢無之、七日之内承候ハヽ、残る日数之穢たるへし、血荒・流産同断、尤妾之産穢之時も同例、

一、血荒　　夫七日　　婦十日

一、流産　　夫五日　　婦十日

形体有之ハ可為流産、形体無之ハ可為血荒、

一、死穢　　一日

家之内にて人死る時、一間ニ居合候ハヽ、死穢可受之、

敷居をへたて候へハ穢無之、一間に居合候トモ、不存候得ハ穢無之、二階にも揚り口、敷居之外に在之候得ハ穢無之、家なき所に死人有之時ハ、其骸有之地計穢、家主死去候ても、死穢之儀差別無之、死後其所に参り候ものハ、骸有之候トモ、踏合之穢也、

一、踏合　行水次第

一、改葬　遠慮一日

子ハ不残遠慮、但、不承候ハヽ、追テ不及遠慮候、忌掛り候親類改葬之場へ出候ものハ遠慮すへし、若不掛親類ハ、其場へ出候トモ不及遠慮候、改葬之主に成候ハヽ、他人にても一日遠慮すへし、

附、堀起候日より葬候迄、日数有之候ハヽ、子ハ不残堀起し候日と、葬候日と二日遠慮也、他人にても改葬之主に成候ものハ同断、但、堀起候翌日より葬候前日まて、尚幾日にても不及遠慮候、

改葬之儀、遠所にて申付、日限存候ハヽ、其日遠慮すへし、日限不存相済候後承候ハヽ、追テ不及遠慮候、

元禄六年十二月廿一日

追加

一、養父死去以後、義母同居せすといふとも、他へ不嫁候得ハ服忌可受之、他へ嫁するにおゐてハ服忌無之、

一、養父之妻、養ハれさる以前に死去候ハヽ、嫡母に準し、其親類服忌無之、

一、父之後妻と通路いたし候ハヽ、対面無之とも、継母之服忌可受之、

一、義絶之嫡子之服忌ハ、末子に可準之、此外之親類義絶といふとも、服忌別儀なし、

一、女子婚儀以前より養ハれ、或入聟を所家督相続之時ハ、養方之親類実のことし、相互に服忌可受之、

一、婚儀未相調内にても、祝儀取かハし候得ハ、夫婦相互に定式之忌之日数可遠慮、

一、父之妾、服忌無之、

但、服無之、

一、妾ハ服忌無之、但、子出生におゐてハ三日遠慮、血荒・流産有之計にてハ、妾死去之時遠慮無之、

一、遺跡相続せす、或分地配当せさる養子、養方之兄弟・姉妹、他家ニ養るるものには、相互に服忌無之、
一、同姓にても、異姓にても、一人へ両様之続有之ハ、重き方の服忌可受之、
一、名字を授候計にてハ、相互に服忌無之、本姓之方の親類、定式之通服忌可受之、
一、離別之女は、たとゐ実子有之、他へ不嫁候トモ、夫婦之縁きれ候故、相互に服忌無之、
一、子無之死去候者、名跡相続之ため、新規に家督相続之時ハ養父のことし、服忌可受之、死去候もの之妻養母に可準之、死去候者七歳未満ニ候ハハ服忌無之、五十日可遠慮、死去候もの親類ハ、相互に定式之服忌可受之、実方之親類ハ、父母は定式之服忌可受之、祖父母・伯叔父・姑ハ半減之服忌可受之、兄弟・姉妹ハ相互に半減之服忌可受之、此外之親類服忌無之、
一、養子願書差出之、老中請取之、其以後死去候ハハ、家督不定内にても、養父母計リ五十日・十三月之服忌可受之、

一、半減之日数三十日・八十五日也、余ハ准之、
　但、七日ハ四日也、三日ハ二日也、
一、一日と有之ハ、当夜之九時より明日夜の九ツ時迄也、九ツ前ニ候得トモ、たとゐ四ツ半過にも、一日之積也、右十六ケ条、元禄六年追加之内也、今般聊省略テ書戴之、

一、妾腹之子、其父嫡母・継母を以、養母に定むる時ハ、忌五十日、服十三月可受之、母方之親類之服忌、養実之差別、家督相続之養子のことくたるへし、嫡母之子継母之服忌におゐても、父之極次第、右に同し、但、継母方之親類に服忌無之、
一、家督相続之養子たる者、実方之養母・嫡母・継母服忌無之、分地配当せさる養子ハ、右之服忌可受之、
一、養方之伯叔父・姑・兄弟・姉妹、人に養るるものは、半減之服忌可受之、実方之伯叔父・姑・兄弟・姉妹、他家より養るるものも服忌無差別、
一、其身養子に参り、実方之伯叔父・姑・兄弟・姉妹之

内、人に養るるといふとも、其侭半減之服忌たるへし、
一、父養子にて、其子人之養子に参り候時ハ、父之父母・兄弟・姉妹、養実共に半減之服忌可受之、或父も養子、其身も養子の時は、養父之実方服忌無之、若実方に付て半減之服忌可受之、続有之ハ服忌可受之、
一、半減之服忌に祖父母・伯叔父・姑・兄弟・姉妹と有之、母方之祖父母・伯叔父・姑、異父・兄弟・姉妹も同例、
一、嫡子を人之養子に遣時ハ、服忌末子のことくたるへし、

右七ヶ条、更増補之、
元文元年九月十五日

服忌令追加、此度林大学頭、其外儒者共へも、吟味被仰候テ書加、或被相除、或省略之所も有之候、只今迄ハ服忌之儀、臨時ニ林大学頭へ被承合候得トモ、委細被相載候上ハ、大学頭へ承合候ニ不及、紙面を以、平日相糺し置可被下候、苦難心得所モ候ハハ、兼々大目付・御目付へ承合置、向後差懸り尋候儀無之様ニ可被致候、
一、所々へ相渡候服忌令、数通之儀ニ付、若書違等有之候テハ如何候間、板行申付候、大目付・御目付より可相渡候間、承合可被請取候、

右服忌令、役所上之開ニ有之写也、

四　増上寺配下寺院住職并御年礼相勤候次第

一、壱万五百四拾石　増上寺大僧正
右住職元文三午年十二月朔日、於御黒書院三畳目、住職并任官之　上意被成下候、翌日住職并任官之御礼願申上、同月十五日登　城、御白書院内三畳目ニ献上、三束弐巻弐通、内弐畳目ニテ御礼、畢テ御閾之内御右之方一畳目ニ着座之時、御老中御取合　上意被成下候、正月六日年頭之御礼登　城、御白書院内三畳目ニ献上、三束弐巻、内弐畳目ニテ御礼、畢テ御閾之内一畳目御

右之方ニ着座、一宗之寺院御礼相済、御老中御取合
上意被成下候、
一、住職於　御城被仰付分、住職之御礼申上候席并献上
物之品、
一、御朱印七百三石弐斗五升　京都　知恩院大僧正
　内弐百三石弐斗五升　役者料
右住職於御白書院御縁輪ニ御老中御列座、御用番被仰
渡之、翌日住職御礼願申上、其以後日限被仰渡登　城、
御白書院内弐畳目ニテ御礼献上、三束弐巻、内三畳目、
一、住職被仰付候翌年、為入院御礼下向、御礼願申上、
其後日限被仰渡登　城、御白書院内弐畳目ニテ御礼、
献上三束弐巻、内弐畳目、右之節、役者両人御白書院
御縁頬下ヨリ壱畳目ニテ　御目見申上、献上壱束壱本、
同下ヨリ弐畳目、
元文四未年住職、翌午歳継目御礼申上候、
一、御朱印百三拾石　紫衣　京黒谷　金戒光明寺
享保十二未歳住職、翌申年継目御礼申上候、
一、御朱印三拾石　同　京都　知恩寺
元文三午年住職、翌未年継目御礼申上候、
一、御朱印五拾石　同　同所　浄華院
享保十九寅年住職、翌卯年継目御礼申上候、
一、御朱印三百石　同　讃州　法然寺
右四ケ寺住職、於御白書院御縁頬ニ御老中御列座、御
用番被仰渡之候、此節住職之御礼ハ不申上、翌年為入
院御礼下向、御礼願申上、其後日限被仰渡登　城、御
白書院内壱畳目ニテ御礼、献上壱束一巻、内弐畳目、
元文三巳年住職継目御礼申上候、
一、御朱印八百三拾石　紫衣檀林　小石川　伝通院

元文三午年住職継目御礼申上候、
一、御朱印百石　永拾貫文　紫衣檀林　鎌倉　光明寺
同断
一、御朱印三百石　同　新田　大光院
元文四未年住職継目御礼申上候、
一、御朱印百石　同　瓜連　常福寺
元文四未年住職継目御礼申上候、
一、御朱印百石　同　飯沼　弘経寺
享保十一午年住職継目御礼申上候、
一、御朱印六百拾石四斗三升　紫衣御菩提所
参州　大樹寺
享保十六亥年住職継目御礼申上候、
一、御朱印三百石　同　駿府　宝台院

享保十一午年住職継目御礼申上候、
一、御朱印百石　同　参州　松応寺
元文元辰年住職継目御礼申上候、
一、御朱印百弐拾石八斗余　同　参州　信光明寺
享保十八丑年住職継目御礼申上候、
一、御朱印百石　同　同国　高月院
享保十五戌年住職継目御礼申上候、
一、御朱印四百石　紫衣御菩提所　浅草　誓願寺
元文三午年住職継目御礼申上候、
一、御朱印百石　同　西久保　天徳寺
右拾弐ヶ寺住職、於御白書院御縁頬御老中御列座、御用番被仰渡之、翌日住職御礼願申上、其以後日限被仰

渡登　城、御白書院内壱畳目ニテ御礼、献上壱束一巻、
内弐畳目、

享保二十卯年住職継目御礼申上候、
一、御朱印五拾石　　香衣檀林　　浅草　幡随院

享保二十卯年住職継目御礼申上候、
一、御朱印拾石外ニ境内壱万五千坪　　香衣檀林　　瀧山　大善寺

元文元辰年住職継目御礼申上候、
一、御朱印百石　　同　　生実　大巌寺

元文二巳年住職継目御礼申上候、
一、御朱印三拾石　　同　　鴻巣　勝願寺

元文三午年住職継目御礼申上候、
一、御朱印五拾石　　同　　江戸崎　大念寺

元文三午年住職継目御礼申上候、
一、御朱印五拾石　　同　　深川　霊巌寺

元文三午年住職継目御礼申上候、
一、御朱印弐拾石　　同　　河越　蓮馨寺

同断
一、御朱印五拾石　　同　　岩付　浄国寺

元文三午年住職継目御礼申上候、
一、御朱印五拾石　　香衣檀林　　本庄　霊山寺

同断
一、御朱印五拾石　　同　　結城　弘経寺

元文四未年住職継目御礼申上候、
一、御朱印五拾石　　同　　小金　東漸寺

同断
一、御朱印百石　同　館林　善導寺
右拾弐ヶ寺住職、於御白書院御縁頬御老中列座、御用
番被仰渡之、翌日住職御礼願申上、其後日限被仰渡登
城、御白書院御縁頬下ヨリ壱畳目ニテ御礼、献上壱
束壱本、下ヨリ弐畳目、
一、住職ハ於　御城不被仰付、住職之御礼計申上候分、
御城ニテ之席并献上物之品、
明和八卯三月廿六日、於　御城住職被仰付候段、依願
被仰出、元文二巳年於増上寺住職申付、継目御礼申上
候、
一、公儀仰付　紫衣　筑後国　善導寺
享保十六亥年於尾州様住職被仰付、翌酉年継目御礼申
上候、
一、　同　尾州　建中寺
享保十六亥年於紀州様住職被仰付、継目御礼申上候、
一、　同　紀州　大智寺
享保十一午年於増上寺住職申付、翌未年継目御礼申上
候、
一、公儀仰付　同　越前国　連正寺
享保十九寅年一派老輩之内、末山ヨリ致請待住職仕、
継目御礼申上候、
一、御朱印三拾石　西山派本寺紫衣　京都粟生　光明寺
享保二十卯年一派老輩之内、末山ヨリ致請待住職仕、
継目御礼申上候、
一、御朱印四拾三石　同　京都　禅林寺

享保十九寅年一派老輩之内、末山ヨリ致請待住職仕、
継目御礼申上候、
一、御朱印拾七石　深草派本寺紫衣　京都　誓願寺
享保十八丑年一派老輩之内、末山ヨリ致請待住職仕、
継目御礼申上候、
一、御朱印拾八石　同　同所　円福寺
享保十二未年本寺京都円福寺ヨリ、増上寺へ一派之内
弐ケ寺書上有之、大僧正掛点之僧へ、於円福寺住職申
付、翌申年継目御礼申上候、
一、御朱印百壱石五斗　深草派紫衣菩提所　三州　妙心寺
享保十五戌年於京都円福寺、住職申付、継目御礼申上
候、
一、御朱印百石　同　同国　大林寺

享保二十卯年於知恩院住職申付、継目御礼申上候、
一、御朱印四拾石　恵遠派紫衣　堺　旭蓮社
右拾弐ケ寺住職ハ、於　御城不被仰付、住職御礼願上、
其後日限被仰渡登　城、御白書院内壱畳目ニテ御礼、
献上壱束一巻、内弐畳目、
元文三午年於増上寺住職申付、継目御礼申上候、
一、御朱印七拾石　名越派檀林　岩城　専称寺
元文四未年於増上寺住職申付、継目御礼申上候、
一、御朱印六拾石　同　大沢　円通寺
元文二巳年清涼寺、伝奏万里小路中納言（植房）殿へ隠居・後
住共ニ願之上、　勅許之旨被仰渡住職仕、翌午年継目
御礼申上候、
一、御朱印九拾七石　嵯峨　清涼寺

一、　　　　　　　　　有章院様御別当　瑞蓮院
享保十六亥年於尾州様、住職被仰付、翌酉年継目御礼
申上候、

一、　　　　　　　　　尾州　相応寺

享保十一午年於知恩院住職申付、翌未年継目御礼申上
候、献上拾帖壱巻

一、御朱印境内　　　　長崎　大音寺

享保元申年於増上寺御別当申付、継目御礼申上候、

一、　　　　　台徳院様御別当　恵眼院

享保十六亥年於増上寺御別当職申付、継目御礼申上候、

一、　　　　　同　　　　　宝松院

元文四未年於増上寺御別当申付、継目御礼申上候、

一、　　　　文昭院様御別当　真乗院

享保十六亥年於増上寺御別当申付、継目御礼申上候、

一、　　　　　　　　　清揚院様御別当　通元院

享保十三申年於増上寺御別当職申付、継目御礼申上候、

一、　　　　　　　　　崇源院様御別当　最勝院

享保二十卯年於増上寺御別当職申付、継目御礼申上候、

一、　　　　　　　　　桂昌院様御別当　仏心院

享保二十卯年於増上寺御別当職申付、継目御礼申上候、

右住職ハ於　御城不被仰付、住職御礼願上、其後日限
被仰渡登　城、御白書院御縁頬下ヨリ壱畳目ニテ御礼、
献上壱束一本、同下ヨリ弐畳目、

一、住職御礼申上候以後、御暇被下候分、
　御城ニテハ席并拝領物之品

一、　　　　　　　　　京都　知恩院大僧正

右住職被仰付、翌年入院御礼申上候、以後宿坊へ以
上使、御使番衆白銀百枚・時服十拝領、御暇被下置候、
此節役者両人へモ時服二宛被下置候、

一、時服　五　京黒谷　金戒光明寺
一、同　五　京都　知恩寺
一、同　四　同所　浄華院
一、同　五　参州　大樹寺
一、同　四　駿府　宝台院
一、同　四　三州　信光明寺
一、同　四　参州　松応寺
一、同　四　同国　高月院
一、同　三　讃州　法然寺
一、同　五　筑後国　善導寺
一、同　三　尾州　建中寺
一、同　三　紀州　大智寺
一、同　三　越前　運正寺
一、同　四　粟生　光明寺

延享二丑年九月禅林寺継目御礼下向之節承合候処、拝領時服三ツニテ候由ニ申候ニ付改之、但、御代替之御礼之節ハ、時服四拝領ニテ候事、

一、同　三　京都　禅林寺
一、同　四　同所　誓願寺
一、同　四　同所　円福寺
一、同　四　参州　妙心寺
一、同　四　同国　大林寺
一、同　三　堺　旭蓮社
一、同　二　嵯峨　清涼寺
一、同　弐　尾州　相応寺

右住職御礼申上候以後、日限被仰渡登　城、於柳之間
ニ御老中御出座、御暇時服拝領被仰渡候、

一、時服　三　長崎　大音寺

右住職御礼申上候以後、日限被仰渡登　城、於桧之間
ニ寺社御奉行御出席、御暇時服拝領被仰渡候、

一、住職之御礼不申上候分

享保十六亥年無住ニ付、先格之通、後住之僧末寺・塔頭吟味之上、本寺粟生光明寺・京都禅林寺願出、許容相済、住職仕候、

一、御朱印五拾石　西山派紫衣　美濃国　立政寺

右御年頭御礼、独礼席ニ御座候へトモ、住職御礼ハ
不申上候、

於増上寺御別当職申付候、
一、　安国殿御別当　安立院
於増上寺住職申付候、
一、御朱印五拾石　西久保　大養寺
同断
一、御朱印三拾石　深川　本誓寺
右御年頭御礼、御内礼相勤候得トモ、住職御礼ハ
不申上候、
於増上寺住職申付候、
一、御朱印百石　浅草　西福寺
同断
一、御朱印五拾石　深川　雲光院
同断
一、御朱印弐拾石　小石川　無量院
同断
一、御朱印拾石　芝　西応寺
同断
一、御朱印三拾石　浅草　浄念寺

同断
一、　同所　寿松院
同断
一、　深川　法禅寺
同断
一、　糀町　栖岸寺
同断
一、　同所　心法寺
同断
一、　駒込　願行寺
同断
一、　浅草　龍宝寺
同断
一、御朱印五拾石　相州岩瀬大長寺
同断
一、御朱印拾石　相州玉縄貞宗寺
同断
一、御朱印五拾石　下総国佐倉清光寺

一、御朱印六拾弐石三斗　武州岩付浄安寺
一、御朱印三拾石　同国熊谷熊谷寺
於誓願寺住職申付候、
一、　浅草誓願寺中安養寺
右御年頭御礼、独礼席ニ御座候得トモ、住職之御
礼ハ不申上候、
一、正月六日年頭御礼独礼欤、御次一同欤、其外御白書
院欤、大広間欤、并献上物品共ニ、
一、献上弐束壱巻　京都　知恩院大僧正
右毎歳御年頭御礼使僧役者下向、御届申上候、其後
日限被仰渡登　城、御白書院御縁頬下より壱畳目ニ
テ、御礼献上物、内三畳目、
一、献上一束壱巻　小石川　伝通院
一、同断　新田　大光院
一、同断　飯沼　弘経寺
一、同断　西久保　天徳寺
一、同断　浅草　誓願寺

右毎歳正月六日御年頭御礼、御白書院内壱畳目献上
物、内弐畳目、
一、献上壱束壱本　台徳院様御別当　恵眼院
一、同断　同　宝松院
右両院隔年御年頭御礼相勤申候、
一、献上壱束壱本　文昭院様御別当　真乗院
一、同断　有章院様御別当　瑞蓮院
一、同断　清揚院様御別当　通元院
一、同断　崇源院様御別当　最勝院
一、同断　桂昌院様御別当　仏心院
一、同断　安国殿御別当　安立院
一、同断　西久保　大養寺
一、同断　深川　本誓寺
一、同断　増上寺役者　義潭
一、同断　同　説冏
一、同断　増上寺寮舎一﨟　隆崇院
一、同断　増上寺寺家役者　天陽院
一、同断　同　清光院

右毎歳正月六日御年頭御礼、御白書院御縁頬中ヨリ
壱畳目、献上物下ヨリ弐畳目、

一、献上壱束一巻　鎌倉　光明寺
一、同断　瓜連　常福寺
一、献上壱束一本　浅草　幡随院
一、同断　瀧山　大善寺
一、同断　生実　大巌寺
一、同断　鴻巣　勝願寺
一、同断　江戸崎　大念寺
一、同断　深川　霊巌寺
一、同断　河越　蓮馨寺
一、同断　岩付　浄国寺
一、同断　本庄　霊山寺
一、同断　結城　弘経寺
一、同断　小金　東漸寺
一、同断　館林　善導寺

元文四未年四月年礼番之処、病気ニ不出仕候、

一、同断　四年目ニ壱度御年頭御礼相勤申候、　岩城　専称寺

元文三午年正月御礼申上候、

一、同断　大沢　円通寺
一、同断　増上寺　末寺一臈
一、同断　浅草　西福寺
一、同断　深川　雲光院
一、同断　小石川　無量院
一、同断　芝　西応寺
一、同断　浅草　浄念寺
一、同断　浅草　寿松院
一、同断　深川　法禅寺
一、同断　糀町　栖岸寺
一、同断　同所　心法寺
一、同断　駒込　願行寺
一、同断　浅草　龍宝寺

元文四未年御礼申上候、

一、同断　四年目ニ一度御礼相勤申候、　岩瀬　大長寺

同断

一、献上扇子一箱　同断　玉縄　貞宗寺

同断
一、献上一束壱本　同断　佐倉　清光寺
元文四未年御礼申上候、
一、献上御茶一箱　同断　熊谷　熊谷寺
一、献上一束壱本　隔年ニ御礼相勤申候、　岩付　浄安寺
一、同断　誓願寺中安養寺
右之寺院、正月六日御年頭御礼、大広間独礼席ニテ
御座候、
享保廿一辰年御年礼申上候、
一、献上壱束一巻　五年目一度正月廿八日御礼相勤申候、　三州　大樹寺
元文三午年御年礼申上候、
一、同断　四年目ニ一度正月十五日御礼相勤申候、　駿府　宝台院
元文五申年御年礼番之所、病気ニテ不出仕候、
一、同断　五年目ニ一度正月廿八日御礼相勤申候、　参州　松応寺
元文四未年御年礼申上候、
一、同断　同断　同国　信光明寺
享保廿一辰年御年礼申上候、
一、同断　同断　三州　高月院

同断
一、同断　同断　同国　妙心寺
元文二巳年御年礼申上候、
一、同断　七年目ニ一度正月廿八日御礼相勤申候、　同国　大林寺
享保二十一辰年御年礼申上候、
一、献上壱束一本　五年目ニ一度二月十五日御礼相勤申候、　美濃国　立政寺
享保二十一辰年御年礼申上候、
一、同一束壱巻　七年目ニ一度二月十五日御礼相勤申候、　堺　旭蓮社
右之寺院、御年礼番之年、致出府、御届申上、其
後日限被仰渡登　城、御白書院内壱畳目ニテ御礼、
献上物内弐畳目、
於増上寺住職申付候、元文四未年御年礼申上候、
御朱印百七石
一、献上一束壱本　四年目ニ一度正月十五日御礼相勤申候、　上州高崎　大信寺
於増上寺住職申付候、元文三午年御年礼申上候、
御朱印三拾石
一、同断　七年目ニ一度正月十五日御礼相勤申候、　駿府　華陽院

於大樹寺住職申付候、享保二卯年御年礼申上候、
御朱印五拾石
一、同断　同断　　参州菅生　　随念寺
　寛延二巳年依願独礼御免、
於増上寺住職申付候、享保二十卯年御年礼申上候、
御朱印五拾八石
一、同断　同断　　遠州二俣　　清瀧寺
貞松院正月十五日御礼と書上候得トモ、是ニテ書入之時分致吟味候処、六日御礼ニテ候故、除之書直し被差出候、以下之大泉寺も同断、
御朱印三拾石
一、献上扇子一箱七年目一度正月十五日御礼相勤申候、信州諏訪　貞松院
於増上寺住職申付候、享保二十卯年御年礼申上候、
御朱印六拾石
一、献上一束壱本　同断　遠州横須賀　撰要寺
於増上寺住職申付候、元文二巳年御年礼申上候、
御朱印八拾七石余
一、同断　同断　　同国蒲　西伝寺
於増上寺住職申付候、享保二十卯年御年礼申上候、
御朱印八拾石

一、同断　同断　　三州吉田　悟真寺
於増上寺住職申付候、元文四未年御年礼申上候、
御朱印五拾石
一、同断　五年目ニ一度正月十五日御礼相勤申候、上州白井　源空寺
御朱印四拾石八斗余
一、同断　同断　　同国安中　大泉寺
於知恩院住職申付候、元文五申年御年礼申上候、
御朱印百石
一、同断　同断　　三州御津　大恩寺
於増上寺住職申付候、享保十九寅年御年礼申上候、
御朱印七石弐斗
一、献上一束壱本七年目ニ一度正月廿八日御礼相勤申候、甲府　尊体寺
右之寺院、御年礼番之正月致出府、御届申上候、
其後日限被仰渡登　城、御次一同ニ御礼申上候、
此外遠近之寺院、前々ヨリ御年礼相勤来候分、御年礼番之年致出府、御届申上、何モ正月六日大広間惣礼席、諸寺院一同ニ御礼相勤申候、

一、年頭御礼以後、御暇被下候分、　御城ニテ之席拝領物之品、

一、時服　弐　　知恩院大僧正使僧　役者

右毎歳御年頭御礼相済候以後、日限被仰渡、使僧登　城、於柳之間御老中御出座、御奉書御渡被成、御暇時服拝領被仰渡候、

一、時服　五　　参州　　大樹寺

一、時服　四　　駿府　　宝台院

一、同　　四　　参州　　信光明寺

一、同　　四　　同国　　松応寺

一、同　　四　　同国　　高月院

一、同　　四　　同国　　妙心寺

一、同　　四　　同国　　大林寺

一、同　　三　　美濃国　立政寺

一、同　　三　　堺　　　旭蓮社

右之寺院、御年頭御礼申上候以後、日限被仰渡登城、於柳之間御老中御出座、御暇時服拝領被仰渡候、

一、御朱印地之分ハ、　御朱印如何様ト申儀、

一、御朱印地之分、住職御礼并御年礼相勤候箇条ニ　御朱印高相認候、此外近国他国ニ知恩院・増上寺末寺并又末之寺院之内、　御朱印地之小寺数多御座候、正月六日大広間惣礼之分ハ相認不申候、

右住職御礼并御年頭御礼献上拝領物之訳御書付、御尋之次第箇条相立、増上寺配下御府内・遠国之寺院、右相認候通、相違無御座候、以上、

十一月　　　　増上寺　役者

此帳面、元文四未年十一月、大岡越前守殿（寺社奉行・忠相）ヨリ御尋ニ付、書上候下書也

右肩書之分、元文五申年閏七月、右之帳面御附札ヲ以、御尋に付書加へ被指出之、美濃之立政寺ハ、彼寺以飛札被相尋、返書之趣を以御書出之、

五　寛政元酉年十一月十五日役記見合之事

芝切通増上寺外境内御霊屋御用時鐘主由緒書

文政八酉年十月七日　若松藤右衛門差出写

一、芝増上寺外境内御霊屋御用時鐘主之儀ハ、元和五年長谷川豊前ト申もの、諸人為用弁之時鐘起立仕、西久保八幡山内へ建立、五拾弐年相続之上、寛文十戌年鐘撞割候ニ付、三箇年中絶仕候処、先祖若松藤右衛門、其節西久保大養寺門前町名主役、帯刀ニテ相勤罷在候節、持主長谷川豊前・大竹久右衛門、由緒も有之ニ付、撞鐘買請、株式譲請、乍恐　台徳院(徳川秀忠)様御入棺以後、三拾九ヶ年之間、八幡山ニテ時鐘撞候ニ付、右時鐘を以、御霊屋向御読経・御献膳、其外御用向相弁候処、類焼以後中絶仕候ニ付、延宝二寅年増上寺御霊屋御法会、其外　御成・御平日御献膳・御出仕・御読経等之節、刻限間違多く有之、御差支之筋有之候ニ付、時之鐘御建立之儀、増上寺より被仰立有之ニ付テハ、中絶之時鐘候間、再建いたし候ハヽ、抜群之御奉公ニモ可相成旨、御作事奉行大井新右衛門(政直)様并増上寺役者中よりモ、内意有之候ニ付、右訳合を以、御支配寺社御奉行所へ奉願候処、由緒等御糺之上、願之通被仰付、御霊屋御用時鐘役相勤候、為御手当御朱引御定被下置、御武家方御高割ニテ御出銀有之候様、御触流被成下、御大名様方ハ御留主居、御旗本様方ハ御用人中、連印承知之旨有之、時鐘役銀取集、則芝切通増上寺外境内、唯今之場所へ地面被下置候ニ付、時鐘築立相続仕、寺社御奉行所御支配ニテ、大養寺門前名主役相勤、苗字名乗、帯刀仕罷在候処、元禄五申年三月中、鐘撞五兵衛・長右衛門両人之もの口論之上、互に疵付合候ニ付、寺社御奉行所本多紀伊守(正永)様へ御訴奉申上、御検使被成下候処、増上寺地内ニテモ無之候間、支配ト申ニモ無之、大養寺門前町名主ニテハ難相済候、此場所ハ向後支配付ケ候様被仰渡、芝冨山町家持ニ加リ、小間拾間役之、町入用差出、時鐘役相勤罷在、其節ヨリ町御奉行所北条安房守(氏平)様・能勢出雲守(頼相)様御勤役中、御支配中被仰付、名主役之儀ハ病身ニ付難相勤、御免奉願上、大養寺門前町之儀ハ、夫ヨリ月行事持被成下、当時萱手町名

主藤吉方付、支配ニ罷成、家主等仕候ニ付、帯刀不仕、御霊屋御用之節ハ、先格之通ニテ、相替儀無之相勤罷在候、諸書物類、寛延二巳年十二月廿三日類焼之節焼失仕候間、為念町御奉行所へ御訴奉申上旨、名主伊左衛門へ相談いたし候処、　御判物等ニハ無之、自分記録ノミ之儀ニ付、御訴奉申上候ニハ不及段申候間、名主まて書付相達置候、

一、諸御武家様方鐘撞料御出銀相滞候御方モ有之、又ハ御屋敷替ニテ御出銀減少いたし、時鐘相続難相成旨、明和八卯年牧野大隅守(町奉行・成賢)様御勤役中奉願上候処、追々御吟味ニ相成、安永四未年三月御請証文被仰付、同四月御書付被下置、則御屋敷方へ持参仕相廻り候処、御大名様方ハ御留主居中、御籏本様ハ御用人中承知之分ハ印形申請、不承知之分ハ其段御訴奉申上候処、御家来中御呼出之上、不残出銀被仰付難有相続仕候、

安永四未年三月町御奉行被仰渡、左之通、

申渡　　芝冨山町　家主　藤右衛門

其方儀、先年ヨリ芝切通時之鐘請負罷在候処、近来諸家鐘撞料減少いたし、相続難成由願出候ニ付、吟味之上、先達テ差出候絵図面之場所、其方へ御役所ヨリ之書付添可遣之間、屋敷屋敷相廻り、前々出銀有之候割合之通、出銀有之候様いたし度旨相願、承知之分ハ相対ニテ、役人名印割合帳ニ為相載、不承知之分ハ、其訳屋敷ヨリ御役所へ相届可申旨申達、其方よりも其屋敷頭・支配等得(篤)と承可申候、割合帳面早々相仕立可差出候、右之趣、証文申付候、

未三月　　右　五人組

名主

右ハ板倉佐渡守(老中・勝清)殿御差図ト被仰渡候、

同年四月町御奉行牧野大隅守(成賢)様被遊御渡候御書付、左之通、

芝切通時之鐘請負人、同所冨山町家主藤右衛門願出候ハ、右時之鐘先年ヨリ汐溜橋ヨリ新銭座通リ、南ハ三田聖坂辺ヨリ麻布古川通リ鳥居坂辺、西ハ日ケ窪辺よ

り市兵衛町辺溜池端、北ハ虎之御門外御堀端を限り、武家出銀を以致相続候所、近来出銀減少いたし、其上場所ニテ洩候屋敷屋敷も有之、集り高致不足、時鐘請負相続難相成候ニ付、先年ヨリ之割合通リ出銀有之、洩候屋敷屋敷ヨリハ、以来同様出銀有之候様致度旨願出候、依之屋敷屋敷へ、右藤右衛門此書面を持廻リ可申旨、承知之分ハ、藤右衛門持参候割合帳へ、役人名印為相載、若不出銀差出かたき子細有之候分ハ、委細書面ニ相認、牧野大隅守(町奉行・成賢)御役所へ可被差出候、

未四月(安永四年)

牧野大隅守御役所

一、明和七寅年十月中、御霊屋御用ト申儀差加、由緒書板行ニ仕度段、牧野大隅守様御勤役中奉願上候所、容易御免難相成旨被仰渡、同年十二月奈良屋御役所へ、御吟味御下ケニ罷成候ニ付、名主・五人組同道罷越候処、以来時之鐘一件ニテ罷出候節ハ、名主・五人組同道不及、壱人立ニテ罷出候様被仰渡、以後壱人ニテ罷出、印形も一判ニテ相済申候、

一、天明六午年七月十五日、時鐘山崩候ニ付、町御奉行所へ御訴申上候節、両御番所ヨリ御組之衆中御出御見分有之、増上寺ヨリも佐藤新左衛門殿(寺役人)御見分之上、御普請之儀ハ十月十三日、増上寺ヨリ行者由中文周殿・佐藤新左衛門殿被仰立、外境内ニ付、御普請奉行御掛リ御見分之上、新規石垣、其外崩所御普請被成下出来仕候、

右御見分御出之御役人

御普請下奉行　田中喜作様
改仮役　石川次郎左衛門様
肝煎　浅岡百助様
下役　吉際安左衛門様
　堀江仙蔵様
棟梁　上野弥重郎
　中村源六

右之通、御出御見分済申候、

増上寺所蔵

『幹事便覧』四（三は欠本）

幹事便覧第四目録

一　神君(徳川家康)様御筆并御品物等之類

　右寛政元酉年八月、松平紀伊守(寺社奉行・信道)殿へ差出書付壱冊

二　台徳院(徳川秀忠)様御筆并御道具類

　厳有院(徳川家綱)様御筆

　常憲院(徳川綱吉)様御筆并御物等之類

　文昭院(徳川家宣)様御筆并御道具類

　有章院(徳川家継)様御道具類

　惇信院(徳川家重)様御道具類

　右寛政元酉年松平紀伊守殿へ差出書付壱冊

三　知恩院御由緒之訳

四　染網代乗輿御免一件并岩城・大沢同断(名越檀林専称寺・円通寺)

五　宝暦十三未年御定書之写　妙誉御代

六　御別当所御修復向後有無御付分ケ之事　享保三年

七　御山内僧俗役向、其外席順并給料等之訳書　寛政五年書上ケ

八　御山内道普請割合并捨子・倒物・変死等有之節、持場掛リ之事

九　御修理料高之事

十　延享四年増上寺へ被下候御判物之写

十一　（なし）

十二　御山内抱同心之訳

十三　御当山学寮類焼ニ付、拝借願之事

十四　学寮一囲一件御達書之事

十五　天明・寛政両度僧徒一件ニ付、被仰出候御書付之写

十六　一経院添地願之事

十七　御府内六ケ寺定書并申合下知状之写

十八　寛政十一年七月僧徒不如法一件御達之事

十九　紀州一国之内平僧鼠色袈裟着用一件

二十　正月廿四日・晦日　御成先御霊屋御鎊附御別当書

上

廿一　関口養国寺奉安置　御神像之訳書上之事

廿二　性高院殿御廟所之訳、天光院迄御屋形ヨリ御尋之
訳、且天光院ヨリ答書 寛政五丑年十一月九日、板倉侯へ役所ヨリ書上有、可見合、

一　神君様(徳川家康)御筆并御物等之類 寛政元酉年八月書上

慶長十五戌年五月十九日　神君様ヨリ御当山観智国師(増上寺十二世・源誉存応)へ
被下置候御筆、左之通、
就国師成之儀、御使僧祝着候、綸旨之儀、板倉伊賀守(京都所司代・勝重)申付候、頓而令上洛候条、相調下可申候、委細者存虎可申候、恐々謹言、
五月十九日　家康
増上寺

慶長十九年寅年九月七日　神君様ヨリ御当山観智国師へ
被下置候御筆、左之通、
此表出馬ニ付而、預御使僧、遠路之条、一入喜悦之至候、爰元無異儀平均候、可御心安候、頓而令帰陣、以面謁可申承候、委細者彼口上相含候、恐々謹言、
九月七日　家康　御書判
増上寺

元和元卯年十二月廿日　神君様御当山観智国師へ被下置
候御筆、左之通、
為歳暮之祝儀、御使僧令祝着候、恐々謹言、
十二月廿日　家康
増上寺

右三通、御当山宝物ニテ、平日ハ宝庫へ納置申候、
酉八月　増上寺　役者

覚

一、唐獅子頭
右ハからの頭を称し候て、神君様御秘蔵被遊候由、尤御秘蔵之御訳難計奉存候得トモ、御運御強き御守りにて、御陣中へ毎度為御持被遊、御側へ被

為置候由、往古ヨリ申伝ニテ、　台徳院様(徳川秀忠)御代、御
当山へ御納被遊候趣、古記書留御座候、
一、焼物獅子香炉　壱
右ハ　神君様御所持之御品ニテ、御当山観智国師へ
被下置候趣、古記書留ニ御座候、
一、払子　壱
一、竹篦　壱
右弐品ハ、慶長十九酉年春中　神君様駿府　御城ヨ
リ江戸　御城へ被為入候節、　御逗留之内御当山観
智国師登　城、　御目見且法話被申上候席、去冬中
駿府　御城におゐて、日蓮宗常楽院と観智国師之弟
子廓山・了的ト論議之次第被遊　御再聴候処、観智
国師念仏之功徳甚深之法説論議決択之趣、具ニ被申
上候得ハ、　御満悦ニ思召、実ニ我宗之法将なりと
の　上意ニテ、此弐品　御自手観智国師へ被下置候
趣、古記書留ニ御座候、尤御当山観智国師之後、右
廓山・了的相続ニテ、御当山へ住職被仰付候、
一、蜀紅錦九条袈裟　壱肩
一、同　五条袈裟　壱肩
一、同　座具　壱枚
右三品之錦ハ大閤秀吉公ヨリ　神君様へ御陣羽織被
進候御品ニテ、　神君様被遊　御召候処、秀吉公御
他界之後、右之御陣羽織を法衣ニ被仰付、則御当山
観智国師へ被下置候趣、古記書留ニ御座候、尤右之
御訳故、代々之方丈入院規式之節、今以為伝衣頂戴
被仕候儀ニ御座候、
一、宇津御釼　壱振
　但、中心壱尺壱寸六分
右ハ御当山観智国師之弟子廓山、大坂御陣中へ黒本
尊為護持御供仕候節、無刀ニテハ、此節御不安心之
旨被仰、　神君様御側ニ有之候御釼を、右廓山へ被
下置候趣、古記書留ニ御座候、
右八品、御当山宝物ニテ、平日ハ宝庫へ納置申候、
　酉八月　　　　増上寺　役者

二　寛政元酉年十二月書上候台様・厳様・常様・文様・有様・惇様御筆并御

道具等之書付

○台徳院（徳川秀忠）様御筆并御道具類

一、神君様　台徳院様ヨリ被遊御上候御書翰、左之通、

急度以飛脚申上候、仍今月十三日　御城へ被成御移之由、目出度奉存、早々申上候、此等之趣披露可申、恐々謹言、

後三月十九日　　武蔵守秀忠　御書判

右　台徳院様御筆、明暦二申年正月廿四日、村越治左衛門殿ヨリ、御当山へ被相納候ニ付、方丈内宝庫ニ相納、護持仕罷在候、

一、天満宮之神号　　壱幅

右　台徳院様御童名　長丸様御七歳之節、早春御試筆之由申伝、方丈内宝庫ニ相納、護持仕罷在候、

一、台徳院様御書翰

就大坂御入城之儀、早々御使札祝着之至候、此表弥平均被仰付候間、可御心易候、将又其元長々御在番御苦労察入候、猶得口上可令演説候、恐々謹言、

十月廿三日　　中納言秀忠　御書判

右　台徳院（徳川秀忠）様御筆ト申伝候、尤誰頂戴被仕候テ、何れヨリ被相納候哉、書留無御座候得トモ、古来ヨリ御別当所宝松院、護持仕罷在候、

一、御具足　壱領

一、御床机　壱脚

一、御鉄炮　壱挺

一、御鞍　壱口

一、御鐙　壱足

一、御馬柄杓　壱本

一、御轡　壱口

一、青江恒次御太刀　壱腰

中心弐尺七寸四分

一、備前兼光御腰物　壱腰

中心弐尺三寸

一、切刃貞宗御脇指　壱腰

中心壱尺三寸三分　幅壱寸三分

一、無銘御長刀

法城寺国光ト極　心長サ三尺六寸七分半

一、山城国出羽大掾藤原国路御大太刀　壱腰
　長サ四尺三寸
一、下坂出雲守貞重十文字御鑓　壱筋
一、御茶壷　　壱
　銘花真
右御道具　台徳院様御中陰後、御当山へ御納被為在候ニ付、方丈内宝庫ニ相納、護持仕罷在候、

○厳有院（徳川家綱）様御筆
一、万歳楽
右ハ御当山開祖ヨリ、二拾四代目本誉路白上人住職中御願被申上候ハ、代々住持隠居之地無之、難儀仕候ト被申上候得ハ、寛文二寅年夏中　厳有院様思召を以、於麻布一本松地面、且作事共ニ被仰付、永代之隠居所拝領被仕、無程願之通、隠居　御免被引移候後、本誉上人無事長久ニ罷在候様ニと、乍恐難有思召ニテ、右　御筆拝領被仕候趣、古記書留ニ御座候、尤方丈内宝庫ニ相納、護持仕罷在候

○常憲院（徳川綱吉）様御筆并御物等之類
一、瀧見観世音　　御掛物
右　常憲院様御筆、元禄六酉年九月二日御当山三拾二代目貞誉了也上人登　城、御講釈拝聴之後、御料理頂戴、御相伴被仰付候、其節　上意ニ、是迄御門主方へハ御画被進候処、増上寺へハ未不被遣候間、何ニテモ望候様被仰出候、依之瀧見観音之御画被奉願候処、同月十三日登　城、御能見物休息之内、右之御画於　御前拝領被仕候趣、古記書留ニ御座候、尤方丈内宝庫ニ相納、護持仕罷在候、
一、四書直解　　壱部
一、御見台　　壱
右　御弐品　常憲院様御所持物ニ御座候処、御当山貞誉了也上人代、元禄七戌年閏五月十二日、御当山　御成、御殿新規御出来之後、初テ　御成御膳後、中庸之初章　御講釈拝聴被仰付、其上右之御書物・御見台共拝領被仕候、且又御休息之内、貞誉へ可被任大僧正旨蒙　上意候、其後モ毎度　御成之上、被

遊　御講釈候節、右之御書物・御見台被差上候趣、古記書留ニ御座候、尤右御弐品共、方丈内宝庫ニ相納、護持仕罷在候、

一、和順　　　御掛物

右ハ　常憲院様御筆、貞誉大僧正代、元禄八亥年三月十日、柳沢出羽守(吉保)殿　御城ヨリ役者(所化)壱人被召候ニ付、登　城仕候処、大僧正へ先日　御直御約束被遊候　御筆被下候旨、於焼火之間出羽守殿御渡被成候趣、古記書留ニ御座候、尤方丈内宝庫ニ相納、護持仕罷在候、

一、金襴九条袈裟　　壱肩

右ハ貞誉大僧正、元禄七戌年八月廿六日登　城、常憲院様　御講釈拝聴被仰付、其上御料理頂戴仕、御紋梅散し金襴三巻拝領被仕、則右之袈裟ニ相成、今以為伝衣、方丈内宝庫ニ相納、護持仕罷在候、

一、緋精好素絹　　壱領

一、紫精好八藤指貫　　壱具

右ハ元禄九子年七月廿六日、貞誉大僧正登　城、常憲院様ヨリ被蒙仰、治国利民之講釈被仕、則於御座間御料理頂戴、其上　御手自御茶被仰付候、夫ヨリ御仕舞拝見被仰付、夜ニ入御暇之節、緋精好弐巻・紫精好八藤指貫地、其外品々拝領被仕、柳沢出羽守殿へ被仰付、御玄関ヨリ乗輿　御免、退城被仕候趣、古記書留ニ御座候、尤其節拝領被仕候内、右弐品今以方丈内宝庫ニ相納、護持仕罷在候、

○文昭院様(徳川家宣)御筆并御道具類

一、紺紙金泥観無量寿経　壱軸

一、紺紙金泥阿弥陀経　　壱軸

右弐軸ハ　文昭院様(徳川家宣)御筆、為　清揚院様(徳川綱重)御追善、御霊前へ被遊御備、則　清揚院様御霊屋附宝庫ニ相納、御別当通元院守護仕罷在候、

一、金紙金泥法華経　　八軸

　但、二重御箱入

右ハ　文昭院様御筆ニテ、　天英院様(徳川家宣室)御所持被為在候御経ニ御座候処、寛保二戌年六月、増上寺へ可納

置旨被仰出候段、松平左近将監(老中・乗邑)殿御奉書被相添、於
牧野越中守(寺社奉行・貞通)殿役者(所化)被召呼、御渡被成候ニ付、則　天
英院様御宝前附宝庫ニ相納、御別当最勝院守護仕罷
在候、

一、色紙六玉川古歌　　六首
右ハ　文昭院様御筆ニテ、御中陰之内被遊御納候ニ
付、御霊屋附宝庫ニ相納、御別当真乗院守護仕罷在
候、

一、文昭院様御遺書　　壱軸
右ハ　文昭院様薨去後、　天英院様御所持被遊、兼
テ御当山ヘ御内々御納可被遊思召ニ被為在、其段御
老女秀小路殿ヘ被仰置候ニ付、　天英院様御逝去之
後、右秀小路殿ヨリ、御当山ヘ御納被成候儀ニ御座
候、依之今以方丈内宝庫ニ相納、護持仕罷在候、

一、御具足　黒糸威　　壱領
一、青紅直次御刀　　壱腰
一、備前光忠御脇指　　壱腰
一、無銘十文字御鑓　　壱筋
一、藤原貞行御素鑓　　壱筋
一、美濃守藤原政常御寸鑓　壱筋
一、綱広御寸鑓　　壱筋
一、山城守藤原国次御寸鑓　壱筋
一、武州住照広御長刀　　壱振
一、御鉄炮　　弐挺
一、御鐙　　壱足
一、御鞍　　壱口
一、御馬柄拶　　壱本
一、御床机　　壱脚
一、御輿　　壱口
右御道具　文昭院様御中陰後、御当山ヘ御納被為在
候ニ付、方丈内宝庫ニ相納、護持仕罷在候、

○有章院(徳川家継)様御道具類
一、御具足　緋威　　壱領
一、備前友成御刀　　壱腰
一、行光御脇指　　壱腰

一、(徳川綱吉)山城国藤原国次十文字御鐔　壱筋
一、法城寺但馬守橘国正御寸鐔　弐筋
一、同御寸鐔　壱筋
一、康継御根鐔　壱筋
　心すかし有
一、同御長刀　壱振
一、御鐙　壱足
一、御鞍　壱口
一、御輿　壱口
一、御馬柄拶　壱本
右御道具ハ　有章院様御中陰後、御当山へ御物被為在候ニ付、方丈内宝庫ニ相納、護持仕罷在候、

○惇信院(徳川家重)様御道具類
一、御具足　黒糸威　壱領
一、義景御力　壱腰
　長壱尺九寸七分　中心六寸三分
一、青江恒次御脇指　壱腰
　長壱尺七寸三分　中心四寸七分半
一、三原御小サ刀　壱腰
　長壱尺五寸三分　中心四寸三分八厘
一、法城寺但馬守橘国正御長刀　壱振
一、相州住綱広対御鐔　弐筋
一、同十文字御鐔　壱筋
一、同御鍔鐔　壱筋
一、康継拋鞘御鐔　壱筋
一、御中柄傘　弐本
一、御台笠　壱本
一、御鉄炮　弐挺
　但、赤皮袋入　明乱共
右御道具　惇信院様御中陰後、御当山へ御納被為在候ニ付、方丈内宝庫ニ相納、護持仕罷在候、
　寛政元酉年十二月　増上寺　役者

三　(知恩院御由緒之訳)

一、大猷院(徳川家光)様御代、寛永十年正月九日、本堂・方丈向焼失、少に三門・経蔵之両所ノミ相残、其余ハ悉致焼失候処、達　上聞、早速片桐石見守(貞昌)殿御奉行として、古来之通リ御再建被仰付、且　権現様(徳川家康)　台徳院様(徳川秀忠)御真影、別段ニ被仰付候御霊屋御建立、御真影御安置、御由緒・御位牌之儀ハ大方丈御牌殿ニテ御供養申上候様ニと、其節之御所(京都)司代板倉周防守(重宗)殿ヨリ被仰渡候、御由緒・御位牌、当今ハ集会堂仏壇安置申上候、

一、厳有院(徳川家綱)様　常憲院様(徳川綱吉)御両代当山破損之儀、御修復之儀奉願上候処、御両代共ニ願之通、御見分之上、惣御修復被成下候、

一、慶長十年満誉大僧正(知恩院・尊照)駿府并江戸表参向之処、御両所(家康・秀忠)御馳走御叮嚀之至、御会釈之御儀、旧記ニ相見申候別紙有之、依之住持関東下向滞府之間、先年迄ハ御賄料・俵数等被下置候、併在府中御賄之儀ハ中頃御沙汰相止申候、然トモ当山住職被仰付、継目御礼被下候節ハ、以　上使御暇被下置、拝領物白銀十枚・時服十被仰付、役者面々迄時服拝領仕候、道中上下人足伝馬御朱印頂戴之儀ハ、古来之通今以被下置候、

一、知恩院寺格之儀ハ、　御当家御宗門浄土宗惣本山、且超誉上人(知恩院・存牛)之御由緒、相次テ満誉大僧正へ御帰依、最初御菩提所之御契約被成させ置候御事故、万事結構ニ被成下、其趣折々　上意之旨、旧記ニ相見へ、且御当地参　内之節モ、不混余寺公卿方出仕、武家繁困(ママ)有之、禁庭之内　御門より御階迄之間、日傘・杖　御免、今以同様之事ニ御座候、尤知恩院儀ハ如諸寺・諸山伝奏之方無御座、一宗末山之内香衣・出世等之儀、直ニ典侍之御方へ文使ニテ被申上、例年方丈参　内之節モ、典侍之御方へ御伺申上、日限被仰下参　内被仕候、

本堂西壇上

尊影

大権現様　東之方

徳泰院様　関東ニテハ奉称伝通院殿

台徳院様　西之方

大方丈
　尊牌
天崇院様　台徳院様御姫君
浄徳院様　常憲院様御息女
崇源院様　台徳院様御台様
有徳院様　清揚院様
常憲院様　大猷院様
大権現様　東
　本尊
台徳院様　西
厳有院様　文昭院様
有章院様　天樹院様　台徳院様御姫君
桂昌院様　常憲院様御母公
天英院様　文昭院様御台所
　御霊屋
徳泰院様　尊牌
大権現様　尊影　東方
台徳院様　尊影
大猷院様　尊牌

尊影・尊牌御安置之事

一、大権現様尊影・尊牌、御安置ニ御座候、
一、台徳院様尊影・尊牌、御安置ニ御座候、
一、大猷院様尊牌、御安置ニ御座候、
一、厳有院様尊牌ハ、御安置之様中伝候得トモ、其節之留書無御座候、但シ、御膳具之儀ハ、元禄年中小笠原佐渡守（長重）殿、御調進ニ御座候、
一、常憲院様尊牌ハ、当山ニテ奉安置候、
一、清揚院様尊牌ハ、御安置ニ御座候、
一、文昭院様尊牌、御安置ニ御座候、
一、有章院様尊牌、右同断、
一、有徳院様尊牌、当山ニテ奉安置候、
右御安置尊牌之前ニハ、御仏具并真鍮御膳具迄相備御座候、但、清揚院様御膳具ハ塗に御座候、
一、崇源院様尊牌、御安置ニ御座候、

一、天樹院様尊牌、右同断、
一、浄徳院様尊牌、御安置ニ御座候、
一、桂昌院様尊牌、右同断、
一、天崇院様尊牌、右同断、
一、天英院様尊牌、右同断、
以上

御老中方・御所司代御巡見之節入御覧候当山御判物等之目録

一、正親町院様毀破之　綸旨并奉書
浄土宗之官僧、知恩院之外、従余寺致奏聞候可毀破之御文言
一、後相原院様御宸翰阿弥陀経
御奥書ニ為一宗之本寺之御文言
一、御判物　寺領御黒印
一、元和年中之御判物　浄土宗三十五ケ条
一、台徳院様御判物　三十五条内御文言
一、権現様御直書　弐通

一、台徳院様御直書　壱通　年頭御礼以使僧申上候ニ付被成下候
一、大猷院様御直書　三通　右御同様
一、官米奉書　壱通　香衣綸旨官物御定書
一、(法然上人)円光大師御伝　四十八巻之内
一、第壱巻　後伏見院様御宸翰
一、第四巻　世尊寺従三位行尹卿御筆
一、第九巻　青蓮院尊円法親王御筆
一、第拾巻　同
一、第十四巻　後二条院御宸翰
一、第十六巻　姉小路庶流従三位済氏卿御筆
一、第廿一巻　転法輪三条太政大臣実重公御筆
一、第四十巻　伏見院御宸翰
一、画図　土佐光吉筆
右之通ニ御座候、以上、
丑六月　知恩院　役者

四　元文五申年七月十九日、於(寺社奉行・忠相)大岡越前守殿被成御渡御書付、左之通り、

増上寺ヨリ相願候香衣檀林拾弐ケ寺、染網代乗輿、願之通可被差免候、向後塗網代不紛様、堅可被申聞候、右松平(老中・乗邑)右近(左カ)将監殿御書付を被仰出候由、

寛保元酉年十二月廿五日、大岡越前守殿ヨリ役者(所化)説冏へ被成御渡候御書付、如左、

野州大沢　円通寺
奥州岩城　専称寺

右願之通リ、染網代乗輿　御免ニ候、其旨両寺へ可相達候、

十二月

五　宝暦十三年七月之定書、如左、

定

一、公儀前々被仰付候御条目、弥相守之宗門之規則、無異乱法務可為厳密之事、

一、浄土宗門十八檀林ハ、為天下安全　東照神君(徳川家康)被為建置、住持職之儀ハ、延宝・貞享両度御定之通、多年積功累徳之仁、蒙　厳命一宗之法儀を相糺、不容易為職分之間、世・出共不混余寺事、

一、於宗門金襴衣着用之儀ハ、従古来檀林・御菩提御由緒之寺院に限り、其余之寺院ハ不致着用之処、近来猥ケ間敷着用之輩有之由相聞候、不埒之至、依之向後右寺院之外致着用間敷候事、

一、宗門之寺院乗輿之儀、紫衣寺ハ一派往古より朱網代致乗輿、香衣檀林ハ元文年中達　公儀御許容、染網代致乗輿、不混余寺様相定候処候、近来心得違を以、檀林外之寺院染網代乗輿有之候由相聞、紛敷致方、自今関東之寺院ハ勿論、雖為遠国之寺院、染網代致乗輿間敷事、

一、宗門ニおゐて従来引寺、或ハ他宗寺号を引改、一宇建立之成就之寺院ハ、本寺・触頭相定可受支配、若其儀なきにおゐてハ、宗門之規則令異乱之基なり、仍テ右体之寺院ハ官寺ハ勿論、律院、且雖為捨世寺建立成就、称一寺之号輩ハ、諸法度本寺・触頭相定、寺社御

奉行所へ可被達置候、若不心得之族於有之ハ、其所之
録所・触頭可遂吟味事、
右之趣、永代為無令異変、此度相達寺社御奉行へ、請
加判相定候間、後急度可相守者也、
宝暦十三未年七月朔日　増上寺四十六代　大僧正妙誉　判

裏書

表書之條々、為不変宗法、一宗之寺院触置度旨、公
儀へ申達処、就宜任其意、弥後代為無改変、請求寺社
御奉行之加判者也、
宝暦十三未年七月七日　増上寺　定月　判
本文并裏書之趣、致承知令加印畢、弥右之定法、後代
之方丈相違有間敷候、以上、
(寺社奉行衆)毛利(匡平)讃岐守　印
酒井(忠香)飛騨守　印
土井(利里)大炊頭　印
松平(乗佑)和泉守　印

右御奉書御宝蔵ニ納有之、

六　享保三戌年十一月廿七日、於牧野(寺社奉行・英成)因幡守殿御宅に、
(寺社奉行・近禎)松平対馬守殿被仰渡候趣、左之通り、
役者(所化)　円龍
(別当衆)宝松院
恵眼院
瑞蓮院
真乗院
右四ケ所御別当所御修復之儀、向後御構無之、然ト
モ若火難等之時ハ、惣構・書院・台所・居間御建可
被下候、
(別当衆)安立院
仏心院
通元院
最勝院
右ケ所御別当所御修復之儀、向後御構無之候、右之

通御別当所八ケ院、両度ニ被召出、松平対馬守、両
度ニ書付ヲ以被仰渡候事、
但、役者円龍出席
寺院御奉行御同役
牧野因幡守（英成）殿
土井伊予守（利忠）殿
松平対馬守（近禎）殿
酒井修理亮（忠音）殿

七　寛政五丑年五月十六日、板倉周防守（勝政）殿へ差出書付之
写
覚
一、御当山内御別当・役者・役僧・所化方・坊中席順、
諸家・宿坊附、且諸役人之役名、向之手代之役名、惣
テ人数席順、所務格式并同心・足軽等之人数迄御尋ニ
付、左ニ申上候、但シ、宿坊附ハ別帳を以申上候、
御別当八ケ院左之通リ

一、御配当米百五拾石宛　台徳院様御別当　恵眼院
宝松院
一、衣料金拾五両ツツ　同手代リ僧　両人
一、同断米弐拾石ツツ　同御番僧　拾人
一、御宛行金拾壱両宛　同紅葉山御番僧　六人
一、御配当米五拾石宛　同御掃除頭　弐人
但、屋敷拝領、慰斗目着用仕候、
一、給料米拾五石宛　弐拾人
但、屋敷拝領、帯刀仕候、
一、御配当米百五拾石　文昭院様御別当　真乗院
一、同断五拾石　同手代リ之僧　壱人
一、同断弐石ツツ　同御番僧　拾人
一、御宛行金拾五両宛　紅葉山御番僧　六人
一、同断米三拾石ツツ　同御掃除頭　壱人
但、慰斗目着用仕候、
一、御配当米五拾石　安国殿御宮御別当安立院

一、衣料金拾五両　同手代リ僧　壱人
一、御配当米弐拾石ツツ　同御番僧　両人
一、御配当無之自分抱　同御掃除頭　壱人
一、御配当米百五拾石　崇源院様 天英院様 御別当　最勝院
御蔵米五拾俵
一、衣料金拾五両　同手代リ僧　壱人
一、御配当米弐拾石ツツ　同御番僧　八人
一、御配当無之自分抱　同御掃除頭　壱人
一、御配当米百五拾石　清揚院様御別当　通元院
一、衣料金拾五両　(手代リ之僧)同御番僧　壱人
一、御配当米弐拾石ツツ　同御番僧　六人
一、同断拾五石　同掃除頭　壱人
一、御配当米百五拾石　有章院様 惇信院様 御別当　瑞蓮院
御蔵米五拾石
一、御配当米百五拾石　同手代リ僧　壱人
御蔵米弐拾石
一、同弐拾石ツツ　同御番僧　拾五人
一、金拾壱両宛　同紅葉山御番僧　拾弐人
一、御配当米四拾石　同御掃除頭　壱人
一、御配当米百五拾石　桂昌院様 月光院様 御別当　仏心院
御蔵米五拾石
一、衣料金拾五両　同手代リ僧　壱人
一、御配当米弐拾石ツツ　同御番僧　七人
一、御配当無之　同御掃除頭　壱人

右御別当八ヶ院之儀ハ、御当山御宮并御霊屋御法楽・御供養等之儀司申候、格式之儀ハ御別当職闕如之節、相当之人物方丈被相撰、世寿・法臈書付被相伺、御差図之上、御別当職於方丈被申付、尤於御白書院御縁頬御別当職之御礼申上候、御年頭御礼右同断ニ御座候、右八ヶ院手代リ之僧　綸旨頂戴、香衣着用仕、御供養式等御別当病気差合之節、手代リ相勤申候、右八ヶ院御番僧之儀ハ、平日御霊屋御番相勤、具御膳・御高盛

調進、都テ御供物・御内陣向御掃除等取扱候儀ニ御座候、右御掃除頭之儀、御宮御霊屋御掃除之儀司申候、尤何れも慰斗目着用仕候、右之外御別当自分ニテ召抱候待・足軽等ハ、人数・宛行等、臨時之了簡ニテ増減有之儀ニ御座候得ハ、書上不申候、

三蓮社左之通リ

一、御配当米拾石　明信院様御別当　鑑蓮社
紀州御家ヨリ四拾石余

一、御配当米三石ツツ　同御番僧　両人

一、尾州御家ヨリ宛行　霊仙院御別当　松蓮社
本石拾七石

一、同三石宛　両人

一、御配当米弐拾五石　浄徳院様瑞春院様御別当　岳蓮社
御蔵米弐拾五俵

一、同拾六石宛　同御番僧　両人

右三蓮社并御番僧勤方之儀、大体前文に申上候八ケ院之振合ニ相準申候、尤三蓮社之儀、住職并年頭御礼ハ不申上候、勿論御別当被申付候儀、方丈存寄ニテ被申付候儀ニ御座候、

一、所化役者　但、一文字席・月行事席之内ヨリ選挙之、
右ハ方丈下司ニ御座候故、御霊屋向、其外惣テ一山一宗之儀、不依何事取計候儀ニ御座候、尤御年頭ニハ御内礼申上候、

一、寺家役者　但、坊中三拾ケ院之内ヨリ選挙之、両院
右ハ日々方丈役所へ相詰、別テ御霊屋料御収納・請払吟味仕、輪番所并御料分村方、及三十坊へ抱リ候諸沙汰差引いたし、且本堂・三門以下御修復願、又坊中并村方百姓等之儀ニ付願出候儀、寺家役者ヨリ御願申上候、又方丈隠居被蒙　御免候節ハ、即日ヨリ後代住職被仰付候迄、方丈役所へ昼夜相詰切ニテ、万端引受取計仕候役儀ニ御座候、御年頭御礼ハ所化役者同様ニ御座候、

一、役僧　但、縁類席・扇間席ヨリ勤之、　四僧
右ハ役者手代リ相勤、且惣テ一山一宗支配下ヨリ、諸願・届ケ等申出候節、取調之上、役者ヘ申達、其外御触并御当山触事申達候等取扱候役儀ニ御座候、

諸谷学寮軒数左之通

一、袋谷	拾軒	一、南中谷	拾弐軒
一、新谷	拾弐軒	一、三嶋谷	拾弐軒
一、三嶋中谷	拾七軒	一、神明谷	三軒
一、山下東谷	拾軒	一、山下西谷	八軒
一、天神谷	拾弐軒		

都合八拾六軒

所化階級等左之通

一、檀林所ヘ最初登山之僧、拾五歳以上ニテ所化ニ相成、大衆帳面ヘ致着帳候、是を初入寺ト称し候、右初入寺以来を名目部ト唱、次頌義部・選択部・小玄義部・大玄義部・文句部・礼讃部・論部ト相唱、此八部を一部ことに三年宛致修練候テ、次第ニ相進致部転候、論部之上を無部と称し候、右八部之名ハ所学之書籍を以、階級を立候儀ニ御座候、尤名目・頌義之両部を外座と中、平日布之黒衣致着用候、選択部以上を内座ト申、綟子之黒衣着用いたし候、此内座ニ壱番ヨリ拾四番迄之階級有之、其上座を縁輪席・扇之間席・一文字席ト相唱、漸次致昇進候、何れも所化之事故、平日ハ黒衣致着用、　綸旨頂戴以上之僧、重立候法要ニハ香衣致着用候儀ニ御座候、

一、縁輪席六拾四僧有之、右之内闕如之節ハ、前文ニ申上候通内座壱番側上座ヨリ、順次ニ為致席入候、尤上座空席次第相進候事故、御触何年以上ト申定候ハ無御座候、右縁輪席以上、別テ内講当役ニテ定式順番ニ相勤候外、臨時勝手次第致シ候講釈を内講ト称し申候、致し、法問論議、其外共致策励候、右六拾六人平日着用之衣ハ綟子之黒衣ニ御座候、

一、扇間席三拾四僧有之、右之内闕如之節ハ、縁輪席之上座ニテ、順次ニ扇之間席入申渡候、扇之間以上ニテハ別テ法問論議、其外共相励、内講之外席役定式之講

釈相勤、学業策励之勤功を以、一文字入札撰ニ相成候様心掛申候、右三十四人平日着用之衣ハ、縁輪席ト同断ニ御座候、

一、一文字三拾八僧有之、右之内闕如之節ハ、扇之間席之内ニテ、学業策励之功有之僧を相撰之、月行事拾弐人、所化役者両人、都合拾四人誓詞を以、各々了簡ニテ、其人物撰之入札仕、封印侭差出、右入札方丈被致披見候上、猶亦方丈被相撰候テ、一文字席入被申付候、一文字席以上ハ、一山之大衆ヘ法問論議之毎度致講釈候、是を法問之捌、又ハ論講ト申候、且毎年十一月五重并宗戒両脈相承之節、方丈被致伝授候通、新受之僧ヘ復述指南致候、是を再伝ト申候、猶亦一文字席ニテ、平日内講之外席役定式之講釈相勤、月行事席ヘ昇進之撰ニ相成候様人々心懸申候、右三拾八人ハ悉寮持ニテ御座候、格合之儀ハ御当山ニテハ、御表独礼相勤候寺院之格ニ取扱申候、平日着用之衣ハ黒衣、夏ハ亀甲模様之紗衣、冬ハ雲龍模様之絹衣ニ御座候、

一、月行事席拾弐人有之、闕如之節ハ在席之月行事拾壱人、所化役者両人、都合拾三人誓詞を以、各々壱人之了簡にて、一文字之内学席勤功有之僧を入札ニ相認、封印之侭差出、右入札方丈被致披見候上、猶又月行事相当之僧、方丈被相撰、月行事席ニ被申付、右拾弐人之儀ハ例年四度ツツ下読法問有之、其節ニ順番ニ壱人ツツ方丈名代トして、右法問取扱申候、尤右下読法問取扱之儀ハ、一山大衆法問論議是非之間を致決択、其決択之次第、方丈始一文字三拾八人、其外共ニ致聴聞、法問当役之僧学才相考候儀ニ御座候、且月行事拾弐人ハ年中順次ニ月番相勤、一山大衆学業策励、檀林所之寺法を以所化方之儀諸事致支配、檀林所ヘ致住職候迄ニハ、凡四拾年近く学席相勤、仏祖以来相承有之宗門奥義、伝法熟練之上、毎年十一月方丈伝法之後、新受者致再伝、且不断内講致し、一山所化修学不怠様策励指南専一ニ可心掛候儀ニ御座候、且檀林所無住之節ハ、諸向入札之上、尚又方丈被相撰、右月行事拾弐人之内并余檀林拾七ヶ所之伴頭拾七人、都合弐拾九人之内ニテ、両人宛檀林住持職之人器、方丈書上被申候、右

拾弐人之内上座五人を五人已上と称し、格別之勤方有之、別テ所化之学業策励等司申候、

一、所化之壱臈を伴頭ト称し、一宗之内ニテハ学頭職ト申候、右学頭闕如之節ハ、月行事始一山大衆一同願之上、猶又方丈被相撰、其職相当之人へ学頭職被申付候儀ニ御座候、学頭之次を二臈と称し、勤方大体学頭ニ相準申候、右壱臈・二臈ハ月行事拾弐人之内之上座ニテ、別テ格段之勤方有之、惣テ一山所化之儀司申候、尤月行事拾弐人格式之儀、御当山御霊屋へ　御参詣、御名代之節ハ御霊屋御白砂御目通へ相詰、御霊屋御法要等出勤仕候ニ付、於御当山ハ御年頭等之節、御内礼申上候寺院之格式ニ取扱候儀ニ御座候、且又月行事平日着用之黒衣絹縮、冬ハ縮緬ニテ御座候、

坊中格式等左之通

一、坊中　三拾箇院

右ハ　尊霊様方毎月御逮夜・御当日御法要ハ勿論、式日・佳節等、年中行事御定之通、御法要之出勤仕、其外諸堂之法要相勤、都テ御法要式、声明等之法儀を司、又非常之節ハ割合ニテ、御霊屋へ相詰御守護申上候、依之各院三拾壱石宛御配当頂戴仕候、且又御定之通、五ケ院宛年々輪番相立、御年貢御収納・請払、且村方公事・訴訟等之諸沙汰仕、入組候儀ハ、役者へ申達取計仕候、又　御朱印・御判物ハ勿論、　尊霊様方御寄附御道具類、其外方丈代々什物等三拾坊司之、毎年風入之節ハ坊中不残罷出、御品々相改、寺家役者・当輪番相封を以、御宝庫へ相納申候、又方丈交代之節、無住中ハ割合ニテ、方丈へ相詰守護仕候、又三拾坊之内上座拾三人を月行事席ト相唱、御当山　御成之毎度　御目通へ相詰、毎月　御名代之節も同断相詰申候、又月行事拾三人之儀ハ、順次ニ月番相勤、三拾箇院ニ相拘候儀諸沙汰致し、其筋ニ寄、役者中達、又ハ御奉行所へ御届等仕候、右拾三人之内上座五人を老僧ト称し、御霊屋料支配村々ハ勿論、坊中之取締等五人之老僧ヨリ方丈役所へ申出、諸事取計仕候、又老僧五人之内上座弐人を壱臈・弐臈と称し、一臈儀ハ黒本尊御守

常行念仏殿ニテ、住持之僧ハ弐百五拾戒之比丘僧故、寺格ハ別院ニテも律僧之事故、諸事格別之取扱ニ御座候、

妙定院　西蓮社　心光院　清光寺　福聚院
宝珠院　一経院　清林院

右九ヶ院格合、御当山ニテハ御表独礼之寺院並ニ取扱候、右別院ハ一山之内ニテ、別テ修行法司候儀に御座候、

一、宛行玄米弐拾石　開山堂別当　恭敬院

右御当山開山以来代々方丈肖像、且牌前供養式司申候、

俗役人并足軽等左之通

一、行者　三人

右ハ格合・司・所務等之訳、左之通リ、

一、格合之儀、入役之節、方丈直ニ被申付、剃髪之式并取名相授、譜代定席上座仕候、

一、御祝儀・御能ニ付、方丈登　城之節供仕、御城大

護職ニテ、交代之節ハ於御白書院継目申上候、御年頭之節ハ御内礼申上候、右月行事拾三人之儀ハ格別之勤方故、於御当山ハ御内礼申上候寺院之格式ニ取扱、月行事之外拾七ヶ院ハ、御表独礼申上候寺院之格式ニ準し取扱申候、又三拾坊衣体之儀ハ重立候時之衣ハ薄紺織色紋紗、又ハ藤紺緞子綸子之類、袈裟ハ何色ニテも、無金之品相用申候、上座五人、平日着用之夏衣ハ黒絹縮、冬衣ハ黒絹緬相用申候、五人以下廿五ヶ院之夏ハ黒、或ハ紺紋紗之類、冬衣ハ黒飛紋紗、綾龍紋等相用申候、

別院之訳左之通

一、御供米七拾石　(徳川綱吉生母)桂昌院様御念仏殿　恵照院
　　雑用米六拾石

一、御配当米三拾五石　同院知事

一、同断米弐拾石宛　拾弐人

一、同断米拾五石ツヽ　中間三人

右恵照院儀ハ　桂昌院様御遺言ニ依テ御建立御座候、

広間南之方御縁通ニテ、　御能見物、於桧之間御料理
頂戴仕候、且御法事済、御料理も被下置候、
但、装束黒衣直綴・白練袴・金入蒸尾短刀、本役勤
方之分、
一、千部御法事御法会之節、　御聴聞所　御着座御目通
出勤、其外惣テ御法要席御用勤仕候、
一、黒本尊前　御祈祷座勤役、
一、御当山・紅葉山　御成ニ付、方丈供仕、御霊前御白
砂へ相詰、御廟所御参詣之節モ同断、
一、御当山并紅葉山御霊屋へ　御名代之節、御手水役、
雨天之節御手廻御用（ママ）并仕候、
一、都テ方丈登　城之節、松之間御廊下へ相詰、御目付
衆・御坊主中へ用弁、
一、両御丸へ方丈献上之節、附添勤役、
一、日光山・上野、其外方丈納経之節、持経勤役、
一、両御丸御老女御参詣之節、案内勤役、
一、御作事方・御畳方・神宝方・御普請方・御賄方・御
徒目付方・御坊主中へ用向掛合并御納戸へ請取物出役、

一、都テ御山内・麻布隠居所・目黒下屋敷地面ニ付候儀
立合、其外寺院向見分用、又役所ニテ吟味等之節出役、
且広間徒士以下待分納所立合支配仕候、
右ハ表立候格合并勤方ニ御座候、其外諸向臨時用向勤
役ハ略書仕候、
右三人宛　行者壱人分
一、米四拾三俵　金拾六両　町屋敷壱ヶ所
但、六拾坪　右之外臨時寺院住職等ニ付、定式之収
納有之候得トモ、員数増減御座候、
一、代官
右格合、御当山開山之由緒有之、譜代席上座仕候、
一、安国殿　一、清揚院様　一、桂昌院様
一、御同所御念仏料
一、明信院様　一、浄徳院様
右御料并方丈領、且隠居領共、都合四千八百石、此村
方拾九ケ村、代官支配仕候、宛行左之通、
米四拾五俵　　四人扶持
役屋敷壱ヶ所　但シ、五拾坪

一、同手代壱人　宛行左之通リ、
給金五両　扶持料金弐両
一、目付役　壱人
右格合、譜代席宛行、左之通リ、
切符金四両　米三拾六俵
金　七両　銭拾四貫四百文
但、毎月銭壱貫弐百文ツッ　町屋敷壱ケ所
但、六拾坪

勤方左之通

一、御山内四ケ所門并方丈構門〆リ、向四ケ所辻番所并
番人共、方丈内足軽以下支配仕候、
一、御山内向并麻布隠居所・目黒下屋敷地面ニ相抱リ候
儀并横変等有之節取扱仕候、
一、御修復所見分立合并小破御取繕之儀、御作事方へ臨
時対談仕候、
一、御坊主并定町火消掛合仕候、

右目付役支配左之通

一、給金弐両弐分宛　表門御成門番頭　弐人
弐人扶持　但、譜代席ニ御座候、
一、玄米八俵　給金弐両　賄料弐両丈内仲間惣部屋代　壱人
但、抱席足軽小頭格下部屋目付兼
一、玄米八俵　給金弐両壱分　賄料金弐両宛　宝蔵番足軽　三人
一、同八俵　給金弐両　賄料金弐両宛　鐘役足軽　弐人
一、同断　押足軽　四人
一、金壱両三分弐朱　台所賄　中之口番足軽　壱人
一、玄米八俵　給金壱両壱文　賄料金弐両宛　玄関門番・勝手門番足軽　五人
一、金三両宛　但、給金扶持方賄料共　表門番足軽　三人
一、同断　御成門番足軽　弐人
一、同断　棚門番足軽　弐人
一、同断　涅槃門番足軽　弐人
一、同断　安国殿御宮前番所足軽　弐人
一、同断　三門前番所足軽　弐人

一、同断　文昭院様御霊屋御裏通番所足軽　三人

一、同断　有章院様・惇信院様御供所口前番所足軽　弐人

一、祐筆　壱人

右格合、譜代席勤仕向書簡相認申候、宛行左之通、

一、玄米弐拾六俵　但、六拾坪　役屋敷壱ヶ所

金三両弐分　上下小袖料

金拾五両程　役収納

一、元〆役　壱人

右格合、譜代宛行、左之通、

切符金四両弐分　玄米三拾六俵　銀弐枚　金三百疋

青銅三貫文　役屋敷弐ヶ所

右勤仕向・年中諸向、渡米取計之年貢米、収納米収納之節立合吟味仕、献上物仕立之節、下吟味取計仕候、

一、御霊屋料地方役方丈役所用金兼帯壱人、右宛行左之通、

金弐拾五両　米三拾俵

一、同断地方役　両人

右宛行、左之通、

金弐拾八両　米三拾六俵

右三人勤方

御霊屋料村方御年貢取立、其外諸事取扱仕候儀ニ御座候、尤壱人ハ役所用金取扱兼勤仕候、

一、輪番所蔵方役　両人

右宛行、左之通、

金拾四両　米弐拾四俵

右両人勤向、輪番所蔵方取締仕候、

並譜代席

一、山内掃除頭役　壱人

右手付中間四人　給金三両弐分　三人扶持

一、同断 広間役　但、勤向徒士　八人

給金四両　三人扶持

一、山廻り役、兼テ火之番　四人

右給金弐両弐文　三人扶持

一、同断 座敷番　勤方書院向預リ　弐人

右給金弐両　三人扶持

一、〔抱〕青侍勤方役者附　四人

給金三両　壱人半扶持

一、〔同断〕本堂外陣番　勤方本堂附　弐人

給金弐両　弐人扶持

八　享保八卯年九月触出

御山内道普請場所割合并捨子・倒者・変死等有之節之定、左之通り、

一、御霊屋御囲廻り、惣テ御霊屋ニ付候場所、右入用、方丈・輪番・御別当八ケ院・恵照院・大衆方・三十坊、尤右掛り場所ハ雑用入目、其所ヨリ出之、

一、方丈前　有章院様御堀通、右入用方丈、

一、方丈外輪裏門通道幅三ツ割　右入用弐ツハ方丈、壱ツハ坊中、

一、雲晴院・威徳院回り道　右入用坊中、但、学寮境ヨリ東之方ハ大衆方、

一、天光院脇ヨリ学寮四軒、源寿院脇ヨリ道幅三ツ割　右入用壱ツハ方丈ト輪番、弐ツハ其場所掛、

一、月界院前ヨリ常行院脇南之通迄道幅三ツ割　右入用壱ツハ方丈ト輪番、弐ツハ坊中、

一、仏心院北之方道幅三ツ割　右入用弐ツハ御別当、壱ツハ方丈輪番、

一、産千代稲荷脇堀端道幅三ツ割　右入用壱ツハ方丈ト輪番、弐ツハ学寮方、

一、仏心院前北角ヨリ安立院前南之角迄道幅三ツ割　右入用壱ツハ大衆方、弐ツハ御別当方、

一、三軒町瑞善院脇迄袋谷徳水院脇通　右入用大衆方、

一、安立院・清光寺脇通、右入用御別当方・坊中、

但、当時ハ清光寺別院ニ相成候事故、此坊中ト申ハ清光寺ニテ可然歟

一、最勝院裏瑞華院前通　右入用御別当・坊中、

一、瑞華院ヨリ林松院前迄道幅三ツ割　右入用壱ツハ方丈ト輪番、弐ツハ坊中、

一、恵昭院（ママ）・宝松院・最勝院脇通　右入用御別当、
一、天神境内　右入用宝松院、
一、茅野天神通道幅三ッ割　但、当時ハ四ッ割ニ致し、壱ッハ大衆
妙定院可加欤、右入用弐ッハ方丈ト輪番、壱ッハ大衆
方、但、学寮門路通へ向候場所ハ弐ッハ大衆方、壱ッ
ハ方丈ト輪番、
一、瑞蓮院前ヨリ通元院前迄道幅三ッ割　右入用ハ壱ッ
ハ方丈ト輪番、弐ッハ御別当、
一、宝珠院・恭敬院境内之儀ハ自分入用、
但、当時別院六ヶ院之儀ハ、享保八卯年頃ト違、格禄
共相応之事ニ候得ハ、不寄何事ニ入用・出方割合可然
事ニ候、併清林院・宝珠院・一経院、右三ヶ院之儀ハ、
前来貧窮之趣ニ候得ハ、致容赦ヲ可然哉、若又左様ニ
も難相成候筋ニ候ハヽ、別院六ヶ院之三分壱分之出方、
或ハ四ッ壱ト中様ニ減方割付可然哉、近来当内同心長
屋等修復割合、初テ別院為致出金候、乍併右三ヶ院ハ
其節も三分壱之割合ニ候事、
一、三門前通松原通リ表門武者溜丸山下通リ、安国殿辺
無縫塔・諸堂掛リ之場所、但、別院持場可有之事、茅
野蓮池辺、右之外、惣テ掛リ無之場所ハ雑用入目、方
丈ト輪番両方割合を以、行倒者、或ハ捨子、其外何ニ
ても怪敷者有之候節、右掛リ通相心得候様相達候、

所化月行事会談之趣

定

一、捨子并行倒者之類有之節ハ、其一谷中之庵主打寄可
致世話、尤其節谷頭立合、諸事差図可有之事、
附、右等之節谷頭、或ハ組中ヨリ月番へ早速可被相
届候、
一、右之入用ハ其谷中之学寮一軒ニ付、金壱分宛相済候
儀ニ候ハヽ、谷中ニテ可相済、若又右之金子ニテ不足
之節ハ、月番可弁之事、
但、月番ヨリ弁出候金子五両迄可差出、其余ニ及候
ハヽ、月箱ヨリ差出ヨリモ相止メ、臨時大衆へ配分
可申候、但、其処庵主ハ可除之、
一、谷中之庵主并同庵僕徒迄、自寮之通ハ勿論、其外一

谷中へ心附、右之類無之様、常々可心掛候事、
右三ケ条、惣月行事会談ニテ相定者也、
享保八卯年十月

九　御修理料高之事

安国殿御料高五百名　但、代官掛リ
右高之内　五拾五石　御修理料
但、閏月在之年ハ四十五石、尤御届無之、

台徳院様御料　崇源院様御料
高合三千石　但、右高之内
台徳院様御修理料　弐百七拾六石
但、閏月料拾五石共、尤御届有之、
崇源院様御修理料　弐百八拾九石弐斗
但、閏月料拾石共、尤御届有之、
文昭院様御料　千三百七拾石
右高之内百五拾三石　御修理料
但、閏月料拾石、尤御届有之、
有章院様御料　高千三百七拾石
右高之内百五十三石　御修理料
但、閏月料拾石共、尤御届有之、
清揚院様御料　高千石
右高之内百五拾石　御修理料
但、閏月料拾石共　尤御届有之、
桂昌院様御料　高七百石
外ニ常念仏料　五百石、此内ヨリ御修理料出之、
右御念仏料高之内六拾石御修理料
但、閏月料拾石共　尤御届有之
浄徳院様御料　高弐百石
但、右高之内弐拾四石御修理料

但、閏月料御配当無之、尤御届有之、御修理料ハ元来之御配当ニハ御年忌料ト有之、元文三年七月御修理料ト御改ニ相成、
右ハ享保十五年九月十四日御定、

惇信院様御供養料　高七百石　但、御蔵米
右高之内六拾石御修理料
但、閏月料拾石共、尤御届有之、
右ハ宝暦十一年八月八日御定

天英院様御供養料　高五百石　但、御蔵米
右高之内四拾石御修理料
但、閏月料拾石共、御届無之、
右ハ寛保元年三月廿三日御定

月光院様御供養料　高三百石　但、御蔵米
右高之内弐拾五石御修理料
但、閏月料五石共、尤御届無之、

孝順院様御供養料　高弐百石　但、御蔵米
右高之内弐拾石御修理料
但、閏月料御配当無之、尤御届無之、
右ハ寛政五年十二月御定

瑞春院様御供養料　高弐百石　但、御蔵米
右高之内弐拾石御修理料
但、閏月料御配当無之、尤御届無之、
右ハ元文三年七月十九日御定

麗玉院様御供養料　高弐石　但、御蔵米

十　増上寺へ被下候御判物御文言之写

武蔵国増上寺霊廟領八千八百四拾石、此外方丈隠居領、都合壱万五百四拾石目録有別紙事、依当家先判之例、於同国荏原・郡筑・橘村・豊嶋（荏原・都築・橘樹・豊嶋）四郡之内寄附之訖、其配方各年

中行事并目録載之、聊不可混乱者也、境内山林竹木諸役
等免除之、長日之勤行・供物・香花無怠慢、可抽仏法紹
隆之精誠之状、如件、

延享四年八月十一日　御花押

増上寺

右ハ数通之御文言、全御同様ニ候事、

十一（十一なし）（二）　御別当年番真乗院ヨリ差出書付、左之通、

覚

御山内抱同心之始末御尋ニ御座候、
此段宝暦十辰年五月十日、御別当年番記録之写左之通、
御役所ヨリ年番瑞蓮院直参申来リ、即刻参上之処、
仰出之趣ハ、先頃ヨリ山内へ怪敷もの致徘徊候ニ付、
諸向ヨリ依願、今般新同心四人抱置、昼夜共山内不
残相廻候、依之右同心へ申渡候趣、別紙之通ニ候間、
此段兼テ相心得、仲間中へ可致通達、尤同心給金之
儀ハ坊中所化方・御別当方ヨリ差出可申、割合八ケ
院ヨリ壱年ニ金五両ツツ可差出旨御達、

定

一、山内谷々残処無之様、昼三度・夜三度可相廻、尤昼
ハ壱人、夜中ハ両人ニテ可相廻事、
但、物騒敷節ハ時廻リ、或ハ半時廻リ、臨時之了簡
を以、可及差図事、
一、昼夜共、うろん（胡乱）ケ間敷もの、見当リ次第捕之、子細
相尋、紛敷返答ニ及候ハハ捕之、其最寄之坊舎へ預置、
早速役所へ可訴出候事、
但、捕違ひの儀ハ不苦候、
一、捨子・捨物・行倒・怪我人等見当次第、其最寄之坊
舎、或ハ番所ヨリ致附人置、早速役所へ可訴出候事、
一、近所出火之節并参詣群集之節ハ、四人とも罷出、無
油断可相廻候事、
一、昼七ツ時以後、夜中女人往来候ハハ、様子相尋、於
山内縁怙（依）有之ものハ、其所へ相断、門外へ可出之、若
無縁之往来ニ候ハハ、早々門外へ可出之事、
一、酒砕并狼藉もの、喧嘩・口論等有之節ハ、随分なた

め門外へ可出之、若強情相募候ハヽ捕之、最寄之坊舎
へ預置、役所へ可訴出事、
一、魚鳥ト相見へ候品ハ勿論、其外怪敷品物持之、致往
来候もの有之候ハヽ、見咎め之、早々門外へ可出之事、
一、坊舎ニおゐて及深更、時ならす出入之もの有之、博
奕類筋見請候ハヽ、無遠慮、其所へ入、訖度相断置、
役所へ可訴出事、
一、途中ハ勿論、其外於坊舎音曲・高声等有之候ハヽ、
相咎可申事、
一、暮六ツ時以後、坊舎之門開き有之候ハヽ、其坊舎へ
相断事、
一、御役所御用之節ハ、不限昼夜可罷出事、
　附、輪番所・代官所用事之節ハ、役所ヨリ差図次
　第可被罷越候事、
一、於他所ニ山内之者喧譁・口論、其外常ならさる働致
し候節ハ、其処ヨリ当役所へしらせ有之候ハ、為捕手
可遣事、
右之條々、急度可相守者也、

右御尋書留之趣申上候、以上、
　子八月　　　　　当年番　真乗院
　御勝手ヨリ差出書面、左之通、
　　覚
一、宝暦十辰年五月十日、御役所へ御納所并弥左衛門・
丹治被召呼、此度御山内廻リ常番共相止、新ニ同心四
人召抱、御山内昼夜共為相廻、新乱(胡カ)成ものは見請次第
捕之、役所へ訴出候様可被相心得旨可申渡候、且右同
心扶持共ニ、都合五人扶持宛、毎月可相渡之旨被仰渡、
尤一昨八日召抱候ニ付、当月八日ヨリ扶持方相渡候様、
御達、
一、同月十九日、今渡被召抱候同心扶持方之儀、中白米
ニテ相渡候様、御寮主ヨリも被仰渡、表帳場幡霊師ヨ
リも被申聞候ニ付、当月八日ヨリ晦日迄廿三日分、都
合五斗七升五合、五人扶持分、同心部屋頭木村八太夫
雑部屋ヨリ相渡之、尤今日初テ也、
一、安永三午年九月廿七日、御役所へ御納所弥左衛門・

長右衛門被召出御達、先頭同心四人暇差遣し候処、部屋頭杉野又市帰山申付、此度ハ渡リ同心三人相止、御譜代御取立之気味ニテ廻リ足軽四人被召抱候、是迄四人之処、此度部屋頭共五人ニ相成候ニ付、御勝手ヨリ米ニテ相渡、其代金勝手ヘ御渡可有之トモ、何れ追テ御定御沙汰可有之旨被仰渡候事、

　八月

十三　宝暦十二午年二月十六日、芝牛町辺より出火ニテ、新谷・南中谷・袋谷・三嶋谷・同中谷・神明谷、都合三拾七軒類焼、徳水院・安養院・浄運院・常照院・貞松院・光学院・源寿院、各自坊・門共類焼、花岳院・池徳院・花養院・源宝院、各自坊類焼、門残常照院・阿弥陀堂・花岳院・地蔵堂類焼、恭敬院同断、

右ニ付、学寮之分五拾両ツツ、拝借願差出候処、同年閏四月七日、酒井飛騨守殿(寺社奉行・忠香)ニおゐて御書付相渡、如左、

　増上寺山内学寮三拾七軒、当二月十六日類焼ニ付、右学寮瓦葺作事料として、御修理料溜リ金之内千百拾両拝借被仰付候、返納之儀ハ廿ケ年賦たるへく候、

文化三寅年三月四日、芝牛町辺ヨリ之出火ニテ、山内学寮五拾九軒類焼ニ付、宝暦年中度々之例を以、大久保安芸守殿(寺社奉行・忠真)ヘ拝借願差出候処、願之通許容、

十四　寛政四子年十二月、脇坂淡路守殿(寺社奉行・安董)ヨリ被成御渡候御書付、左之通、

　山内学寮近来雑費多分相掛リ候趣相聞ヘ、自然と一山之衰微ニテモ至リ可申間、以来一囲之中ニ衆寮を補理、取〆リ向専ニ致し、学徒教育有之候ハハ、精学一篇ニも相成候、往々法徳熟練之僧モ出来可申候、尤寮数ハ減候テモ、実ニ一宗之全盛ニも可至儀ニ付、此段申達候、併従来之姿ヨリ替リ候事故、差支之筋モ可有之哉、勿論是迄之仕来ニ相泥ミ、見越之沙汰を以、聊之差支等迄被申立候筋ハ、有之間敷儀ニ付、得(篤)ト相調否可被申聞候、

十二月

右之趣、方丈へ可被申達候、

十五　松平越中守（老中・貞長）殿被成御渡候由ニテ、天明八申年十一月廿三日、松平右京亮（寺社奉行・輝和）殿臨時御内寄合席ニおゐて相渡御書付、如左、

近来諸寺院之僧侶一体風俗不宜候哉、道徳殊勝之聞へ有之輩ハ稀ニテ、不律不如法之沙汰ノミ、間々相聞へ候、都テ諸宗之僧侶、夫々作法モ可有之処、畢竟本寺、又ハ役寺・触頭等之しめし方、等閑ニ成故之儀ニテ可有之、已来本寺・役寺・触頭等ニテ、常々無油断心を附、宗旨（脱）得達之僧侶を相すませ、聊も不如法成ものは夫々科メ等モ有之、配下之示教行届候様専一ニ為致可申候、尤本寺・役寺・触頭等之内モ万一不律不如法之聞へ有之ハ勿論之儀、或ハ利欲等ニ耽リ、寺務之実意疎成歟、又ハ一体其器ニ不当輩ハ、仮令大寺・本山之寺院たりと云とも、聊無用捨、厳ニ其沙汰可有之事ニ候、

右之趣、御沙汰ニ候間、得其意申談、夫々行届不取〆リニ無之様可被致候、

十一月

右御書付之趣、御奉行方御列席へ、諸宗之寺院召出、此已後奉行所ニおゐて、今般被仰出候趣を以取扱候間、其旨相心得、夫々行届候様可申渡段、厳重ニ右京亮殿被仰渡候事、

寛政元酉年三月十二日、松平右京亮（寺社奉行・輝和）殿ヨリ御達之御書付、如左、

重立候寺院隠居并死失、改入札奉行所へ差出候節、人器・学徳・世寿・法臈等取調、相撰候事勿論ニテ、夫々法中規則モ可有之候得トモ、先達テ被仰出候御書付之趣も有之候得ハ、仮令世寿・法臈未満ニテモ、其宗旨（脱）得達之僧侶を相すませ、配下之示教行届候様専一ニ可致候、万一転住之後寺務取計不行届歟、又ハ元来其器ニ不当人物、狂テ住職致し候歟、右等

之趣相聞ヘ候節ハ、其本山・役寺・触頭以下僧侶ニテモ厳重ニ可及沙汰候、奉行所ヘ不届、本山・本寺ニテ私ニ取計、住職申付候小寺之寺院、追々転住致し候得ハ、重き寺格ニ相成候モ有之、旁其本山・本寺ニテ聊無用捨、前文之趣を以可執計候、此旨先達テ被仰出候御書付有之、相分事ニハ候得トモ、万一心得違候輩モ有之候テハ如何ニ付、御老中ヘ伺之上、猶又相達候、

三月

右之趣、入札差出候輩ヘハ、本寺・役寺・触頭より不洩様可相達候、

右之御書付ハ、役人神谷弥平を以御達し有之、法月受取、尤諸宗之寺院ヘ相渡候事、

十六　一経院添地願

覚

一、当山涅槃門外脇ニ有之候、外境内薬師堂一経院地所之儀、古来　有章院様(徳川家継)御供所前ニ御座候処、御霊屋近ニ付、火之用心不宜候間、元文四年十二月、御月番牧野越前守(寺社奉行・貞通)殿ヘ、只今之地所拾弐間に六間之替地、御願申上候得ハ、翌申年三月願之通被仰付、牧野越前守(寺社奉行・貞通)殿役人中、且両町御奉行与力衆并町年寄地割役被相越、地所引渡相済候上、只今之居宅造立仕候、然ニ右境内殊之外間狭ニテ、参詣人群集之節難儀仕候、依之右薬師堂地面続北之方、当山山際ニ空地有之候、此所ハ別テ山際なたらかにて平生往還より人上り、夜中杯モ不用心ニテ御座候ニ付、山内用心之ためにも相成候間、此度右之空地、薬師堂境内ニ御添地被仰付被下候様奉願候、勿論御添地被成下候テも、堂社居宅等建不申候、早速囲為仕、有来之門壱箇所引付、并新規ニ入口門壱ケ所、且九尺四方之勧化所壱ケ所取立候ノミニテ御座候、尤委細絵図を以申上候、何分ニモ御聞済被成下、願之通御添地被仰付被下候様奉願候、以上、

九月　増上寺　役者

十七　　定

一、御府内六ケ寺之内無住ニ付、後住未被仰付砌、若ハ病気、或湯治等之故障有之候テ、寺役之導師不相勤候節、施主・大家ヨリ、右寺院之内何寺誰別縁有之、頼来候テハ勿論、又ハ不頼来候トモ、宗門建立之化儀ニ候間、右寺院之内ニテ法臈之之座次、或時之了簡を以相互ニ申請、如法ニ規式可有之候、尤其節施主家ヨリモ、其寺院へ被相頼候様に可致候、五ケ寺寺役故障同時有之、請待ニ応せす、施主家ヨリ、又時節を不相待之節ハ、臨時之了簡を以、化儀相調候様可被致候事、

一、紫衣寺ヨリ香衣寺を請待候時モ、宗儀建立ニ候間、送迎等諸事懇（望カ）重有之候様可被致候事、

一、縦雖為町家檀方、山主之焼香願来候ハヽ、多ハ役僧へ代香申付候様可被致候事、

一、法号之事、惣テ導師可授与之事ニ候得トモ、及ひ遅滞候テハ致難儀モ可有之候間、臨時ニ住持授与可被致候、但、香衣寺ニおゐて、紫衣寺導師相勤候節ハ、道号等之一号遺置之、請待之導師意楽ニ随テ致贈加之、若紫衣寺ニおゐて、香衣寺導師相勤候節ハ、贈加之法号遠慮有之候様可被致候事、

但、伝通院ハ為格別之間、授与之法号、雖為紫衣寺不可改之候、若法号及遅滞ニ難儀之節ハ、其寺之住持より遺置之、後時ニ可被引替候、自余之同紫衣、同香衣ニテ、互ニ請待之節ハ本文ニ准し、階臘之次第ニ可被致候事、

一、存生之内、能化之血脈を致受持候ハヽ、如先規不依座之高下、互ニ其法名を相用、若世間寺授与之法号ハ、雖不可用候、導師意楽ニ随テ、用否有之候様可被致候事、

右雖為先規定法、近来相濫化儀不宜候、依之各会談之上、願書被差出候刻、遂披露候処、御尤被思召、右箇条之通御改被成、自今以後無改変、急度可相守之旨被仰出候、仍如件、

享保十三年戊申年十一月　増上寺三十九世学誉大僧正御代役者　擔梁

（御府内六ケ寺）伝通院　大円

誓願寺
天徳寺
霊山寺
霊巌寺
幡随院

別紙御定書ニ付六ケ寺申合下知

第一ケ条之内

一、如本文施主家別縁を以、五ケ寺之内請待之節ハ格別、縦雖無請待、其寺より五ケ寺之内相頼申請之時モ、其施主家より請待之使者有之候様ニ申談之節、若施主家請待之儀遠慮候トモ、右定格之旨、具ニ申述之、尤導師相済候以後、使者ハ勿論、礼式等曽テ施主家より心遣無之趣可申談之事、

第一ケ条之内

一、其寺より請待之導師へ、以使僧礼式等之儀ハ、従施主家被相贈候、送葬之信施、於其山之定格之導師施物之分量、不残過減格合宜相務、請待之導師へ可贈之事、

第一ケ条之内

一、其寺無住之節ハ、宿坊之僧より五ケ寺之内請待可仕之事、

第一ケ条之内

一、其寺無住之節ハ、其山内ニ導師之宿坊相定、請待之寺院へ宿坊之僧モ相添可被差越候、尤導師へ礼式等之儀、前条之通無相違可務之事、

第三ケ条之内

一、多は役僧へ代香可申付之儀ハ、為武家簡別等之被仰出候得トモ、化益門ニテ候間、於施主願ハ、直焼香有之候テ尤之事、

右本文并下知状之趣、相互ニ永々不可有改変、仍テ令連署者也、

享保十三戊申年十一月

(御府内六ケ寺)伝通院
誓願寺
天徳寺
霊山寺
霊巌寺

幡随院

十八　寛政十一未年七月廿三日、脇坂淡路守殿（寺社奉行・安董）ヨリ御達、
如左、

申渡

諸寺院之輩ヘ天明八申年御沙汰之趣有之候テ、以来出家等慎之程、別ニ貞固ニ可有之儀ニ候処、其後モ又不如法之次第共相顕れ、夫々重き御仕置被処候モ、既ニ及数度歎敷事共ニ候、本寺・触頭ハ勿論之儀、惣テ所化僧ニ至迄、其法之師・兄弟・又ハ法類、或ハ寮主等、悉く銘々其因ハ有之儀ニ候得ハ、破戒・不如法之事等ハ、其教示不行届所、亦不軽事ニ候間、以来其筋々を以、本寺・触頭、又ハ法類・師・兄弟等、教戒之沙汰とも、不及等閑之儀モ候ニおゐては、是又其科と可及沙汰ニ儀ニ候条、其旨相心得、法類一同弥堅固成様、精々厚申合可相守候、

右之趣、天明八申年御沙汰之趣申渡候処、其後不如法成ものも不少候間、此度御老中ヘ伺之上、猶又申達候間、夫々行届不取締無之様可致候、

十九　寛政十一未年十月十九日、御内証ヨリ役所ヘ被遣候書面之写

以手紙得御意候、浄土宗鎮西流平僧之分、麻鼠色七条袈裟着用之儀、紛敷衣体ニ付着用不相成候旨、去ル卯年六月御門末ヘ被相触候由、於紀州大智寺申出候、夫ニ付右衣体着用之儀、倹約ニモ相成候ニ付、紀伊殿領内平僧共致着用度由願出候旨、享保年中大智寺ヨリ寺社役所ヘ申出候ニ付、相糺候処、鼠色之儀御宗旨禁置之由不相聞、勿論領分之儀ニ付、外ヘ指障筋も無之儀ニ付、其通可致旨申聞、大智寺より一等ヘ相触有之儀ニ付、以来モ領内ニテハ享保之極を相用ひ、能分ニ不紛様、弥地合ハ麻毛綿ニ限、絹裏等之儀ハ堅不致様、尤右衣体着用ニ付テハ、寺役向ハ勿論之儀、何分ニも能分・平僧之境不混様、猶又被申付候積ニ御座候、此

段一通申達置候様、国許役人共ヨリ申越候、依テ得御
意候、以上、
六月十一日　久米武兵衛
知恩院　御役者中　木村粂右衛門

沙門常(衣)相法服、懐色之青黒木欄致被服候儀ハ、仏制ニ
御座候、然処　朝廷被為加僧官より、宗々におゐて今
時衣相差別御座候、於浄土宗緋衣・紫衣・金襴袈裟を
始、其已下　綸旨頂戴僧侶、香衣・色袈裟着用、且檀
林掛錫之西堂、純衣・黒衣・色袈裟着用、
一、平僧之分袈裟・衣共、純黒衣着用、尤平僧色衣着用
之儀ハ、雖為布衣、純黒衣之外、色変候法衣制禁之事
ニテ御座候テ、一宗内官寺之塔頭、其外門末・平僧寺
之分、色衣ハ勿論、雖為鼠色袈裟、宗門之規則トして
着用不相成事ニ候、
但、本寺塔頭・平僧、尤能分等之寺法取扱致し候、
無拠訳合有之分ハ、惣本山、又於録所ニ取調之上、
致免許候儀モ御座候得トモ、右各別之事ニ御座候、

一、惣門末之内律院・斎戒道場之分ハ、通々之鼠色之法
衣を着用致し候事ニテ、尤官寺之塔頭、又ハ官寺門中
ニ加リ候平僧之分、其寺を隠居・遁世致し、隠居ハ境
界ニ相成候テ、斎戒道場ニ相加リ、布鼠色之袈裟着用
致し候儀ハ、制外之事ニ候、
右之通、宗門之規則、古今相定、惣本山并録所等ヨリ
申達、一宗内門葉異体・異風之儀無之、宗門之規則不
相乱様、可相守旨達置候事ニ御座候、
六月廿九日

二十　御別当中ヨリ差出書面、如左、
台徳院様御霊屋へ晦日　御成之節、御荘附左之通、
一、御生花　御須弥壇之上
一、御前机　御木地花生 一対　御蝋燭立 一対　但、敷絹懸申候、
一、中央御机　但、敷絹懸申候、
一、御花瓶　壱対　御前机左右
一、御焼香机　御香炉　御香合

但、御香炉・御香合共、御蓋取仕廻置申候、
一、御天蓋　御花鬘　御幢　御掛花生
大鏡　大扇　緒角　御太皷　御水引
但、御水引立之糸花鬘ハ、取仕廻置申候、
御拝殿外廻リ御鉤灯篭
一、御翠簾　御本殿　御廊下　御拝殿
右之内正面弐ケ所ハ巻上ケ、其余ハ不残下ケ置申候、
一、御本殿外四隅御宝幢　四掛
一、御唐門内外御糸幢　拾弐流
右之通御座候、以上、
子正月　宝松院(台徳院別当)
恵眼院

覚
一、大盛物　壱対
一、百味御盛物　壱対
一、生蝋燭拾挺立　壱対
一、御高盛御膳　五々三皆具　壱通

右四口ハ、御祥月ニ付御荘厳故、晦日　御成之節ハ
無御座候、
正月

覚
一、文昭院(徳川家宣)様御霊前へ、明晦日　御成之節、御餝付之儀
御尋ニ御座候、
此段
一、御本殿御須弥壇之上、三重竹花足御盛物壱対致献備
置候、
一、御須弥壇左右金蓮壱対、御平日御餝付之通差出置申
候、
一、御前机　敷絹計懸置申候、
一、御前机之前　御焼香机并御膝突差出置申候、
一、御本殿并御拝殿へ法幢・法被・御水引・糸花鬘、相
懸置申候、
一、御唐門内外御庭幢弐拾六本相立置申候、
右之通ニ御座候、以上、

正月　　　　　　　　　　(文昭院別当)真乗院

覚

一、御本殿御拝殿ニハ、宝幢・法被・水引・糸花幔、相懸置申候、

一、御前机之前　御焼香机・御膝突相置申候、

一、御前机ニハ三重御花足壱対宛献備仕置、滅金蓮花壱対、御餝付之侭差置申候、

右例年正月廿四日　御成之節、御餝附ニ御座候、若日延引ニ相成候、晦日ニ　御成被仰出候節ハ、　御当日様へ御高盛御膳壱通り献備仕置、其余ハ廿四日　御成先御餝附之通ニ御座候、以上、

正月廿四日　　　　　(有章院・惇信院別当)瑞蓮院

廿一

覚

一、(増上寺)御当山配下関口養国寺鎮守八幡宮御合殿ニ奉安置候(徳川家康)東照神宮(ママ)様御神像之儀、何之頃、何れ之御奉行所へ御届申上置候哉之旨、御尋ニ御座候、

此段相糺候処、養国寺儀開山寂誉玄貞ト申僧、松平九郎右衛門殿帰依ニテ、養国院殿為菩提、寛永元甲子年一宇建立有之、同三寅年家伝之　御神像、同寺へ被預、其以来鎮守八幡宮御合殿ニ奉安置来候由、然ル処、御神殿経年暦及大破候ニ付、去ル寛政二戌年三月、有形之通建直、御修復申上度旨願出候ニ付、前来御奉行所　御神像御安置御届之有無、養国寺へ相糺候処、小寺之儀経数年来候事故、古来之書留一向相知不申段申答候由、依之当山記録可相糺候処、寛永以後延宝四辰年九月、宝永二酉年四月、天明三卯年十二月、三度之焼失ニ付、一向難相分、乍併伝来正敷　御神像之儀、其上御安置以来経年暦候事故、定テ是迄之内、御届申上儀ハ有之間敷哉に被察仕候テ、先役共より(寺社奉行・氏教)戸田采女正殿へ添簡差出候儀ト奉存候、然ル処、其以後寛政七卯年(寺社奉行・勝政)板倉周防守殿ヨリ　(徳川家康)東照宮様御神像・御神影・御神牌御安置申上候寺院之分御尋ニ付、諸向へ相糺、翌辰年二月六日両度ニ集次第、御同所へ書上候書留ニ御座

候、然ル処、其節養国寺ヨリ御当山へ届出候ニ付、違ひ無之趣御座候得トモ、先役共如何調違仕候事哉、両度書上ニ認落有之候、是ハ全其節手違ニ相違無御座候間、何卒去辰年書上置候書面之内、此度御書加被成下様奉願候、年数相立、今更申上候モ甚以奉恐入候得トモ、時々取扱不申儀故、一向心附不申、此度御尋ニ付、取調漸心附候仕合ニ御座候、何れニも伝来正敷　御神像之儀ニ御座候得ハ、前分之趣、幾重ニも御願申上候、

右依御尋取調候趣申上候、以上、

五月　　増上寺　役者

養国寺　　知恩院末

同郡関口法樹山安楽院、開山静蓮社寂誉玄貞和尚、生国三州奥平村、姓氏等不知、剃髪師鎌倉光明寺円誉廊源和尚、初ハ西久保大養寺三世住、後寛永元甲子年三月当寺建立、至今元禄九丙子七十三年、明暦三丁酉年正月廿八日、於麻布六本木崇巌寺寂、至今元禄九丙子年四十年也、又松平九郎右衛門息女法号養国院、為此菩提建立之故為寺号云々、

元禄九丙子年四月廿三日

書上

廿二　尾州御家ヨリ御尋之覚

一、性高院(松平忠吉)様御堂、先年惣墓所之入口ニ有之候由、于今右之場所ニ有之哉、

但、右御堂近来念仏堂ニ相成候様ニも承リ申候、弥左様ニ候ハヽ、何頃右之通ニ相成候哉承り度事、

一、性高院様御石塔御山内ニ有之哉、

但、右殉死石塔名前相知居申候哉、承リ度事、

一、性高院様ト申御額御座候由、只今何方ニ納居候哉、

但、右筆ハ并右御額納候子細相知居候哉之事、

五月　　中西主税

尾州御家ヨリ御尋之覚

口上ニテ演達之覚

一、性高院（松平忠吉）様御石塔、殉死四人之石塔共ニ、惣墓所ニ在之候由、建中寺当住訖度覚罷在候段被申候、
但、小笠原監物（忠重）家臣、為主人致殉死度由、依願主人致許容殉死仕候、此石塔も主人石塔之脇に有之由申伝候事、
一、性高院ト申御額、先年迄有之由、尤高貴之御方御筆跡ト承リ及候、于今御座候哉、若御不用之品ニも有之候ハヽ、御所望可相成候哉、又ハ御記録等に相当り、御宝蔵ニ納リ、御所望難相成候訳合ニ相成候哉、
一、源敬公（徳川義直）尾州へ御改葬ト申事、御日記并申伝等ニモ無御座候、勿論性高院ニテも御改葬ト不申候、一統ニ御分骨ト申伝候事、其訳ハ忠吉卿最初武州忍之御城主ニテ、則同所正覚寺当住へ御帰依ニ有之、清須へ御所替之節も、正覚寺を被召連一宇致建立、則正覚寺ト申候、于今清須ニ有之候、其後忠吉卿御逝去、源敬公名護屋御在城之砌、正覚寺当住於名護屋表自力ニ性高院を建立致し、欲謝高恩、右之趣源敬公被聞召、寄特ニ思召、材木・作事等之助成被仰付、依之最初自分ニ建立いたし候処ハ、只今ニ自分作事、其余ハ御作事掛リニ御座候、依之任仰御改葬無御座候事、
一、尾州性高院ニ御石塔有之候得トモ、御分骨ニ御座候、惣テ三ケ所へ納リ有之候、増上寺・性高院、今一ケ所清須正覚寺ニテ有之候哉、聢ト相分リ不申候、
一、御廟堂余所へ引ケ、念仏堂ニ相成候訳合、聢ト承リ度候事、
一、小笠原監物父和泉守（吉次）意味合有之御勘気蒙リ、豆州大場へ蟄居仕罷在候処、国師（観智国師）依御推挙御高免有之候段申伝候、其後和泉守如何相成候哉、御記録等ニ其訳ハ無御座候也、

以上、

市ヶ谷御屋鋪へ指出書之控

性高院
尾陽愛知郡名護屋南寺町、大雄山、開山円蓮社満誉玄道、不祥氏族、所生駿州府中、修学檀林相州鎌倉光明寺、雖然不知薙髪・附法二師、住職性高院以後閑居三

州岡崎源空寺、寛永三丙寅歳十月二十九日、春秋七十
一示寂、
当院開基由来、薩摩守忠吉公、武州崎玉郡忍庄為城主
時、母君宝台院殿也、尊牌安于庄之正覚寺、慶長五庚
子年忠吉公、替移城於尾州春日井郡清須郷、維時於清
須奉為宝台院殿、新建立一寺而、是又称大雄山正覚寺
焉、結構梵地、於庄内寄附仏供百石矣、嘗有深契拓、
満誉為開山、忍正覚寺住持惜哉、公行年廿八慶長十二
丁未稔三月五日、於武州芝逝去、(増上寺十二世・源誉存応)観智国師有焼香、送
遺骨於清須立霊廟大雄山、法名号性高院殿憲営玄白、
慶長十五庚戌歳牽清須城、移于名古屋時、寺亦随従、
肆改正覚寺号翻性高院、即忠吉公成菩提所、当寺是也、
清須之寺跡起立一宇名正覚寺、今有之、又以満誉為開
山、自清須開基、至元禄八年九月、九十六歳也、

正覚寺　性高院末
尾州春日郡清須、大雄山正覚寺、開山円蓮社満誉玄道、
開山行状欤、本寺性高院如縁起、慶長十五移城名古屋
時、寺跡地従国主賜之、建立一宇而、為満誉開山、成
性高院末寺、今有之、本依宝台院殿尊牌所、国主独礼
之寺也、

慶長十三年丁未二月
一、六日忠吉卿清須ヨリ御参府被成候処、未江府ヘ御屋
形無之故、芝大久保加賀守(忠常)忠常宅ニ御止宿セラル、前
来御不快ニ付、則同月廿六日ニ登　城、秀忠君ヘ御
対顔也、其後御病気追々御差重、於忠常宅三月五日戌
ノ刻　御逝去、御寿廿八歳、大樹秀忠公御同腹ニテ御
母　宝台院様　尾陽大守従三位行左近衛権中将兼薩摩
守源朝臣忠吉卿、
法号　性高院殿憲営玄白大居士　　三月五日
　大厳了心居士　　三月六日　近臣稲垣監物
　投学善正居士　　三月六日　同石川主馬介
　花玉清空居士　　三月六日　同中川清九郎
　旧杲一感居士　　三月六日　同小笠原監物
右監物故有之、前年ヨリ奥州松嶋ニ蟄居せり、主君之

趣を聞テ、夜を継て駈来、
一説ニ父和泉守より知セ遣セ来ル云々、
右四人殉死、主君廟之脇ニ石牌有之、
一、廿日　忠吉卿御遺骸、増上寺地へ葬ス、後年　源敬公　性高院殿ヲ改葬ス、尾州一寺建号性高院、仏食附百石ヲ給ふ
一、慶長十二年丁未閏四月廿七日、清須　忠吉卿従者悉大守義直公へ戻セラル、
一、御改葬之後、御廟堂崩次第相成候処、宝暦年中山余所へ引之、常念仏堂ニ致し修復、于今存在ス、
一、御廟之跡へ明和五子年一宇建立シ、当時ハ常念仏修（執）行、今之安蓮社是也、
一、性高院殿之御位牌并近臣四人之位牌モ、山内広度院ニ納有之候、以上、

五月　　　　天光院

〈キーワード〉増上寺　幹事便覧　寺社奉行　役者
徳川家

増上寺所蔵

『幹事便覧』五

幹事便覧第五之目録

一、高五石三斗　知末（知恩院）　深見　仏導寺

　献（大猷院）常（常憲院）徳（有徳院）信（惇信院）明（浚明院）　月（行カ）界（増上寺塔頭）

一、高九石七斗　滝山末（大善寺）　倉見　作安寺

　献　徳　信　明　天光

一、高拾石　増末（増上寺）　独礼寺　玉縄　貞宗寺

　右同断　常行

一、高拾五石　知末　浦之郷良心寺

　神（神君様）台（台徳院）献　厳（厳有院）常　徳　信　明　源興

一、高弐貫文　鎌倉末（光明寺）　長谷　長谷寺

　右同断　天光

一、高壱貫六百文　知末　大町村安養院

　右同断　名越流本山　天光

一、高三石五斗　名越安養院末　原宿　大運寺

　献　常　徳　信　明　天光

　陸奥国　六箇寺

一、高七拾石　知末　岩城　専称寺

　献　厳　常　徳　信　明　浄運

一、高拾五石　瓜連末（常福寺）　棚倉新町蓮家寺（花カ）

　献　常　徳　信　明　瑞華

一、高拾四石五斗　岩城専称寺末　下郡山浄林寺

　献　常　徳　信　明　天光

一、高拾石　知末　天明帳ニ岩城末　折木村成徳寺
献　常　徳　信　明　天光
一、高拾五石　岩城専称寺末　北迫村林蔵寺
献　常　徳　信　明　天光
一、高弐拾石　知末　山崎村如来寺
献　常　徳　信　明　天光
出羽国　弐箇寺
一、高百石　岩城専称寺末　山形　常念寺
献　厳　常　徳　信　明　天光
一、高六石四斗　岩城専称寺末　楯西村正覚寺
献　常　徳　信　明　天光
甲斐国　弐箇寺
一、高三拾石四斗余　知末　板垣村善光寺
神　献　常　徳　信　明　池徳
一、高七石弐斗　知末　府中　尊体寺
献　常　徳　信　明　天光
外ニ二千三百四拾坪隠居屋敷
信濃国　六箇寺
一、高三拾石　知末　下桑原村貞松院

常　徳　信　明　雲晴
一、高拾五石　知末　松城　西念寺
献　常　徳　信　明　（記載ナシ）　浄運
一、高百石　松城　大英寺
献　厳　常　徳　信　明　浄運
一、高拾四石五斗　知末　東寺尾村長明寺
献　常　徳　信　明
一、高拾三石　知末　駒場村浄久寺
右同断　（記載ナシ）
一、高拾弐石　笹平村正源寺
右同断
越後国　弐箇寺
一、高五拾石　知末　高田寺町長恩寺
献　厳　常　徳　信　明　池徳
一、高四拾石　知末　高田関町洞仙庵
献　常　徳　信　明　池徳
山城国　四拾壱箇寺
一、高七百三石二斗五升　内弐百三石弐斗五升　役者料　京東山知恩院

一、高四拾三石　西山流本山　紫衣　同所禅林寺
神　台　献　厳　常　徳　信　明　池徳
一、高五拾石　鎮西本山　紫衣　京都　浄華院
右同断　御黒印御朱印（記載ナシ）　月界
一、高百三拾石　金戒光明寺
御判物御朱印　浄運
神　台　献　常　徳　信　明
一、高三拾石　鎮西本山　紫衣　知恩寺
御黒印御朱印　源流
神　台　献（記載ナシ）　厳　常　徳　信　明
一、高三拾石　獅々谷法然院
常　徳　信　明　池徳
一、高三石　知末　御黒印御朱印　一条　浄福寺
神　台　献　厳　常　徳　信　明
一、高弐拾六石（記載ナシ）　同所　仏佗寺
神　台　献　厳　常　徳　信　明
（記載ナシ）　二条新善光寺
一、高拾七石余　知末　御黒印御朱印　二条川東見性寺

神　台　献　厳　常　徳　信　明　観智
一、高弐拾五石（記載ナシ）　御黒印御朱印　同所　三福寺
神　台　献　厳　常　徳　信　明
一、高五斗　知末　天明帳ハ百末　同所　大恩寺
右御同断　源流
一、高拾八石　西山流深草派大本寺　紫衣
右御同断　三条　円福寺
一、高三石　京円福寺末　宝幢院
右御同断
一、高三石　禅林寺光明寺両山末　四条寺町善長寺
神　台　献　厳　常　徳　信　明
一、高六石　知末　御黒印御朱印　浄教寺
神　台　献　厳　常　徳　信　明　観智
一、高三拾壱石　知末　五条　本覚寺
右御同断
一、高四石（記載ナシ）　五条東寺町　永養寺
右御同断
一、高拾八石四斗九升　禅林寺光明寺両山末

御黒印御朱印　金仏　同所　延　寺
神　台　献　常　厳　徳　信　明
一、高弐拾七石　無本寺　五条下寺町　長講堂
御黒印御朱印
神　台　献　厳　常　徳　信　明
一、高三石　（記載ナシ）御黒印御朱印　寺町　勝円寺
神　台　献　厳　常　徳　信　明　観智
一、高拾七石　西山流深草派本山　紫衣
御黒印御朱印　同所　誓願寺
神　台　献　厳　常　徳　信　明
一、高七石壱斗余　南北九十一間 東西八十一間 知末　御黒印御朱印　京小川報恩寺
神　台　献　厳　常　徳　信　明
一、高六石五斗九升　百末　千本　石像寺
右同断
一、高壱石　（記載ナシ）　水落　西光寺
常　徳　信　明
八幡神原町　昌玉庵
一、高五百石　（記載ナシ）　八幡　正法寺

同所　念仏寺
同所　智善寺
同所　玉祥院
同所　慶林庵
同所　奥　庵
同所　世音庵
同所　安心寺
同所　西光寺
同所　宝光庵
同所　円通庵
一、高四拾五石九斗四升　（記載ナシ）五条下寺町　来迎寺
神　台　献　厳　常　徳　信　明　観智
（記載ナシ）　森川院
一、高九拾七石　無本寺　京嵯峨清凉寺
神　台　献　厳　常　徳　信　明
一、高拾壱石　（記載ナシ）御黒印御朱印　京西京花開院
神　台　献　常　徳　信　明
一、高三拾石　西山流西谷派本山　紫衣　粟野光明寺

常徳明信
一、高六拾八石　知末　下島羽法伝寺
神台猷厳常徳信明　清光
大和国　三箇寺
（記載ナシ）
一、高三百石　当麻寺奥院
台猷厳常徳信明　源興
一、高五拾石　知末　南都　宗徳寺
神猷厳常徳信明　浄運
一、高三拾石　知末　同所　安養寺
神台猷厳常徳信明　浄運
和泉国　三箇寺
一、高四拾石　無本寺　紫衣　堺　旭蓮社
台々猷々厳常徳信明　徳水
一、高弐拾石　旭蓮社末　同所極楽寺
台猷厳常徳信明
一、高五拾石　禅林寺光明寺両山末　天明帳改来　同所北十方
猷常徳信明
伊勢国　壱箇寺
一、高弐拾石　知末　六呂見村観音寺
猷常徳信明　源興
尾張国　壱箇寺
一、高四拾石　三州崇福寺末　大野村東龍寺
参河国　八拾箇寺
外ニ神主壱人
一、高六百拾六石四斗三升　知末　檀林引込　紫衣
御判物　大樹寺
神台猷厳常徳信明　浄運
一、高百弐拾石八斗余　知末　紫衣　岩津信光明寺
神台猷々厳常徳信明
一、高百石　知末　紫衣　能見郷松応寺
神台猷厳常徳信明　源興
一、高百石　知末　紫衣　松平郷高月院
神台猷厳常徳　浄運
一、高百壱石余　円福寺末西山流深草派　紫衣
神台猷厳常徳信明　岩津妙心寺
一、高百石　円福寺末西山流深草派　紫衣　岡崎

神台献厳常徳信明　　大林寺
一、高八石八斗　御津大恩寺末　牛久保村光暉庵
献常徳信明
一、高拾三石五斗　円福寺末　道目記村不退院
神台献厳常徳信明
一、高拾六石四斗　矢田養寿寺末　大浜村海徳寺
献厳常徳信明　浄運
一、高拾六石弐斗　矢田養寿寺末 天明帳大樹寺末　清浄院
献厳常徳信明　浄運
一、高拾弐石弐斗　大樹寺末　常行院
献厳常徳信明　浄運
一、高拾九石九斗　海徳寺末　棚尾村妙福寺
御判物御朱印　浄運
神献厳常徳信明
一、高四石九斗　大樹寺末　小嶋村四方寺
献常徳信明　御書壱通　浄運
一、高拾石　大樹寺末　岡崎安養院
献常徳信明

一、高拾石七斗余　中崎村崇福寺末荘原村西福寺
献常徳信明
一、高五拾石　大樹寺末　独礼寺　岡崎随念寺
神台献厳常徳信明　浄運
一、高八拾石　知末　悟真寺
神台献厳常徳信明　源興
一、高弐拾四石　尾州祐福寺末　渡村善国寺
神台献厳常徳信明
一、高弐拾六石　岩津妙心寺末　小嶋村西方寺
右同断
一、高百石　知末　御津大恩寺
右同断
一、高拾壱石余　京円福寺末　岡崎誓願寺
献常徳信明
一、高弐拾三石弐斗　知末　中郷村大聖寺
右御同断　内五石者自持庵以（頭カ）　月界
一、高五石三斗余　岩津信光明寺末　大門村大円寺
右御同断　浄運

一、高五石　大樹寺末　上青野村来迎寺
右御同断　浄運
一、高拾六石　上野行福寺
神　台　猷　厳　常　徳　信　明　源興
一、高五石　大樹寺末　赤渋村松林寺
猷　常　徳　信　明
一、高三拾石　御判物御朱印　上野隣松寺
神　台　厳　常　徳　信　明
一、高七石　大樹寺末　岩津西林寺
神　台　厳　猷　常　徳　信　明
一、高八拾弐石九斗余　京円福寺末 西山流深草派　山中法蔵寺
御判物御朱印　香衣檀林
神　猷　厳　常　徳　信　明
一、高拾弐石　山中法蔵寺塔頭　山中嘉勝寺
神　台　猷　常　々　徳　信　明
一、高五石　知末　田原城宝寺
神　猷　厳　常　徳　信　明　月界
一、高五石余　寺津村養国寺末　寺津村義光院

右御同断　御黒印御朱印
一、高三石七斗　寺津村養国寺末　寺津村妙光寺
猷　常　徳　信　明
一、高拾石六斗　京円福寺末　道目記村恵験寺
右御同断
一、高三拾六名　谷田村養寿寺
神　台　猷　厳　常　徳　信　明
一、高三拾五石九斗　京円福寺末　谷田村桂岩寺
右御同断
一、高弐拾壱石　京円福寺末　寺津村養国寺
右御同断
一、高三拾石　三州崇福寺末　吉田村宝珠院
右御同断
一、高壱石八斗余　大樹寺末　深溝村三光院
猷　常　徳　信　明　浄運
平口村　浄土宗　修法庵
日蓮宗　善行房
一、高四石弐斗　禅　宗　清秀寺

神　献　厳　常　徳　　禅　宗　松覚庵
信　明　　禅　宗　西奥庵
中田村　浄土宗　地蔵庵
一、高弐拾石　御津大恩寺末　牛久保村上善寺
神　台　献　厳　常　徳　信　明　月界
一、高三石五斗　御津大恩寺末　赤坂村妙寿院
献　常　徳　信　明
一、高三拾石　京円福寺末　中嶋村宗福寺
神　台　献　厳　常　徳　信　明
一、高拾六石　京円福寺末　清田村安楽寺
献　常　徳　信　明
一、高弐石余　中嶋村宗福寺末　永良村妙安寺
右御同断
一、高弐石弐斗余　中嶋村宗福寺末　宝村林松寺
右御同断
一、高三石八斗余　中嶋村宗福寺末　貝次村正頬寺
右御同断
一、高三石五斗余　清田村安楽寺末　水竹村崇心寺
右御同断
一、高壱石余　中嶋村宗福寺末　駒場村東向寺
右御同断
一、境内　中嶋村宗福寺末　次味村如意寺
右御同断
一、高弐拾石　京円福寺末　上和田村浄珠院
神　台　献　厳　常　徳　信　明
一、高拾石七斗余　上和田村浄珠院末　萩原村海蔵寺
献　常　徳　信　明
一、高六石五斗余　上和田村浄珠院末　横手村西光寺
御判物御朱印
一、高八石九斗余　矢田村養寿寺末　筑籠村光粒庵
神　献　厳　常　徳　信　明
右御同断
一、高四石三斗余　矢田村養寿寺末　楠村阿弥陀院
右御同断　御判物御朱印
養国寺末 養寿寺末　長縄村観音院
一、高四石七斗余　矢田村養寿寺末　東光寺

神　献　厳　常　清海村養国寺末　福生院
徳　信　明　　清海村養国寺末　瑞用庵
一、高七石　崇福寺末　借宿村常福寺
献　常　徳　信　明
一、高四石壱斗　江樹院末　一色村今済寺
御朱印御判物
神　献　厳　常　徳　信　明
一、高三拾壱石七斗余　崇福寺末　味浜村満国寺
献　常　徳　信　明
一、高七石壱斗　借宿村常福寺末　行用村福泉寺
御判物御朱印　天明帳崇福寺末
神　献　厳　常　徳　信　明
一、高三石九斗余　味浜村満国寺末　赤羽村西福寺
御判物御朱印
神　献　厳　常　徳　信　明
一、高弐石七斗　寺津村妙光寺末　行用村楽善寺
御判物御朱印
神　献　厳　常　徳　信　明

不即院末　道目記村福徳寺
日蓮宗　妙満寺
一、高六石三斗余　浄土宗　曽帖村　修福寺
神　献　厳　常　徳　信　明
禅　宗　禅昌寺
浄土宗　今川村　養林庵
赤羽村　瑞雲庵
一、三斗　天明帳　満国寺末　一色村　源北庵
浄土宗　一色村　崇用庵
浄土宗　一色村　妙音寺
一、高四石壱斗弐升　浄土宗　八ケ尻村香秀寺
神　献　厳　常　徳　信　明
浄土宗　一色村　蓮屋庵
浄土宗　筑籠村　宝地庵
満国寺末　一色村　東向寺
一、高弐石六斗　矢田村養寿寺末　徳永村安養寺
神　献　厳　常　徳　信　明
一、高四石五斗　矢田村養寿寺末　筑籠村岩松庵

御判物御朱印　右御同断
一、高五石余　矢田村養寿寺末　徳次村　信龍寺
右御同断
天神々主　酒部勘之丞
遠江国　拾四箇寺
一、高八拾七石余　知末　蒲　西伝寺
神台献厳常徳信明　浄運
一、高五拾石　蒲西伝寺末　白羽村　法蔵寺
献厳常徳信明
一、高拾石壱斗　蒲西伝寺末　笠井村　法永寺
献常徳信明
一、高拾石　蒲西伝寺末　弥十村　西光寺
右御同断
一、高五石　蒲西伝寺末　馬領家村　栄秀寺
右御同断　浄運
一、高三石　蒲西伝寺末　笠井村　定明寺
右御同断　浄運
一、高五拾八石弐斗余　知末　二俣村　清瀧寺
神台献常々徳信明
一、高弐石六斗　蒲西伝寺末　掛塚村　西光寺
献常徳信明　浄運
一、高拾五石　知末　見付宿　大見寺
右御同断　瑞華
一、高六拾石　知末　横須賀　撰要寺
献厳常徳信明　池徳
一、高拾弐石四斗　撰要寺末　内田村　応声院
献常徳信明　池徳
一、高五石弐斗　知末　見付宿　慶岩寺
右御同断　源興
一、高三石　宇苅市場村　林光寺
右御同断　徳水
一、高三石　知末　浜松　玄忠寺
右御同断　徳水
駿河国　拾四ケ寺
一、高三百石　知末　鎮西流　府中　宝台院
檀林　引込　紫衣　源興

神台献厳常徳信明

一、高三拾石　知末　華陽院
右御同断　常行

一、高拾三石弐斗余　知末　葛山村　仙年寺
献常徳信明

一、高拾壱石余　知末　吉原宿　称念寺
右御同断　月界

一、高拾石五斗　吉原宿　大運寺
右御同断　月界

一、高五石九斗　宝台院末　小川村　教念寺
常徳信明　源興

一、高拾弐石　知末　原田村　清宿寺
右御同断　清光

一、高拾五石　知末　上足洗村　来迎院
御朱印御黒印　徳水
神台献厳常徳信明

一、高七石壱斗余　知末　大宮町　大頂寺
献常徳信明　源興

一、高三石弐斗余　知末　大宮町　平等寺
右御同断　清光

一、高五石八斗　川振藤川村　化成院
右御同断　源興

一、高拾九石三斗　知末　府中宮ヶ崎村　報土寺
御判物御朱印　源興
神献厳常徳信明

一、高拾石六斗　増末　源良村　西安寺
献常徳信明　源興
伊豆国　弐箇寺

一、高拾石弐斗余　知末　松崎村　浄泉寺
右御同断　瑞華

一、高拾三石八斗余　知末　岩科村　天然寺
献常徳信明　瑞華
近江国　六箇寺

一、高五拾石　知末　草津宿　常善寺
献厳常徳信明　池徳

一、高五石　安土浄厳院末　永原村　常念寺

献　常　徳　信　明

一、高弐拾九石三斗余　知末　水口　大徳寺

右御同断

一、高拾壱石四斗余　八幡中村　西光寺

右御同断

一、高五拾石　知末　伊香立村新智（知）恩院

献　厳　常　徳　信　明　天光

（記載ナシ）　安土　浄厳院

美濃国　壱箇寺

一、高五拾石　禅林寺光明寺両山末 西山流西谷派　紫衣　立政寺

献　厳　常　徳　信　明

播磨国　五箇寺

一、高五石　禅林寺光明寺両山末　浜田村　西方寺

献　常　徳　信　明

一、高三拾石　禅林寺光明寺両山末　奥之浜村　大覚寺

右御同断

一、高弐拾石　禅林寺光明寺両山林　阿弥陀宿村時光寺

右御同断

一、高拾八石四斗　禅林寺光明寺両山末　神吉村　常楽寺

右御同断

一、高三拾石　東田村生木　法界寺

美作国　壱箇寺

一、高五拾石　里方村　誕生寺

常　徳　信　明　天陽

讃岐国　壱箇寺

一、高三百石　無本寺　紫衣　法然寺

厳　常　徳　信　明　源興

肥前国　弐箇寺

一、高五拾石　知末　唐津　浄養寺

献　厳　常　徳　信　明

一、敷地境内山林　知末　長崎　大音寺

献　常　徳　信　明

外ニ御役人御連判御奉書壱通

筑後国　壱箇寺

善導寺

惣高三百五拾壱箇寺

外ニ三州大樹寺支配天神社神主壱人
弐　宝暦十一巳年正月ヨリ三月迄、　御判物　御朱印御
改ニ付、同年二月御掛松平和泉守(寺社奉行・乗佑)殿・戸田采女正(奏者番・氏英)殿
ヘ差出、御当山　御判物等之写如左、
御判物并寺領目録之手目録、左之通、

増上寺

一、高壱万五百四拾石
権現様(徳川家康)御判物　慶長十七年五月三日
境内山林竹木守護不入
台徳院様(徳川秀忠)御判物　慶長十七年六月六日
同断
大猷院様(徳川家光)御判物　寛永十一年五月廿三日
境内山林竹木永代不可有相違
厳有院様(徳川家綱)御判物　寛文五年八月廿四日
境内山林竹木諸役御免除
常憲院様(徳川綱吉)御判物　貞享二年六月十一日

同断
常憲院様御判物　宝永三年八月廿四日
境内山林竹木諸役御免除
有徳院様(徳川吉宗)御判物　享保三年七月十一日
同断
大御所様《惇信院様》(徳川家重)御判物　延享四年八月十一日
同断
浚明院様(徳川家治)御判物　宝暦十二年八月十一日
同断
右御判物九通
○外ニ　○此之二字天明帳ニ無之
台徳院様御黒印　慶長十七年六月六日
郷村《寺領》御目録
寺領御目録　天明帳ニ
○以上　○天明帳ニ此二字無之
権現様御代御老中御連判
寺領御書出　慶長十五年極月十五日
厳有院様御代御老中御連判

寺領御目録　寛文五年八月廿四日
常憲院様御代御老中御連判
寺領同断　貞享二年六月十一日
常憲院様御代御連判
寺領同断　宝永三年八月廿四日
有徳院様御代御老中御連判
寺領郷村御目録　享保三年七月十一日
大御所(徳川家重)様御代御老中御連判
寺領右同断　延享四年八月十一日
浚明院様御代御老中御連判
寺領右同断　宝暦十二年八月十二日
巳二月　密厳 学円
御老中御連判寺領御書出壱通　祐月 法月
御老中御連判寺領御目録壱通　観智院 浄運院
申二月　良源院 月界院

年中行事御配当目録
有徳院様御代御老中御連判
尊霊様方年中行事配当目録一冊　享保十五年九月廿四日
有徳院様御代御老中御連判
瑞春院様年中行事配当目録一冊　元文三年七月十九日
有徳院様御代御老中御連判
天英院様年中行事配当目録一冊　寛保元年三月廿三日
大御所惇信院様様御代御老中御連判
月光院様年中行事配当目録一冊　宝暦二年十月十九日
浚明院様御代御老中御連判
惇信院様年中行事配当目録一冊　宝暦十一年八月八日
右五通　増上寺役者(所化)　密厳 学円
巳二月　祐月 法月
増上寺寺家役者　観智院 浄運院
右配当目録　五通　良源院 月界院
右之通御座候、以上、

覚

増上寺役者(所化)　祐月 学円
同寺家役者　観智院 月界院

同輪番頭　常行院《威徳院》
同役僧　諦善《白英》
　　　　智湛《智天》
増上寺行者　田中永保
　　　　　　田中永保（マヽ）
　　　　　　田中満周

右之通、　御判物御改之節罷出申候、以上、
　二月　　　　増上寺　役者

御本書并控、写之差出之写ト三通リ読合相調候上、通元院ヨリ小長持借用、御本書并写、寺領御目録御本紙并写及年中行事御配当帳四通、右長持ニ入て、錠前封印之、十六日暁六ツ時過、輪番頭常行院（堵頭）御先乗、次　御判物長持、永保（行者・田中）相添侍三人・足軽弐人・持人四人・台持両人、祐月（所化役者）・観智院（寺家役者）・諦善・智湛、何れも跡乗、尤諦善少先へ罷越、戸田殿（奏者番・氏英）広間取次中へ、増上寺　御判物追付持参仕候間、御玄関ヨリ上ヘ御界持被下候方、両人御差出可被下旨申達、且控席見置、夫より　御判物相見、玄関出迎、則持人・侍両人被出、長持被界上之、使者之間後小座敷立切、入口ニ増上寺ト下札有之、右座敷上之方ニ毛氈被敷置、其上ニ長持差置候、此方ヨリ罷越、面々右之席ニ相控居候処、煙草粉盆・茶・大鉢出ル、夫ヨリ掛リ役人案内ニテ、御改之席等致一見、暫過、掛役人中山治太夫被罷出、追付御改有之候間、可致用意旨被申付候ニ付、

御判物等之写、此席ニテ御渡可申段申之、此方ヨリ手目録持参、引合相渡、則被受取之、　御判物手目録に引合相揃、寺領御目録、年中行事・御配当目録帳モ手目録ニ引合相揃、尤黒塗文庫蓋弐枚被差出候ニ付、右蓋振分ケ乗之控居候処、無程役人案内有之、　御判物ハ諦善、寺領御目録・年中行事帳面ハ智湛持出之、御書院次之間迄先へ罷出、其所ニ控居、次祐月・観智院・常行院、書院敷居内正面ニ罷出列居之時、増上寺役者祐月、寺家役者観智院、輪番頭常行院ト名披露有之、夫ヨリ敷居内ニテ　御判物祐月請取之、和泉守殿（寺社奉行・松平乗佑）是ヘト任仰、祐月相進ミ　御判物乗候蓋共ニ和泉守殿御請取被成候、前ニ有之候文台之上ニ被指置、祐月次之間ニ退座、次ニ寺領御目

録等是又敷居内ニテ観智院請取之、相進ミ乗候蓋共采女正殿御請取被成、文台之上ニ被指置、観智院・常行院一同に次之間へ退座、暫控居候内、御読合等延享度之通ニ候由云々、暫過、役人案内ニテ一同先席へ罷出、祐月相進ミ候時、御本書之通相違無之旨、和泉守殿被仰、　御判物被成御渡候ニ付、請取之退座、尤直ニ被引取候様、役人被申候ニ付、一同引取、次之間へ諦善へ相渡、一同控居候席へ罷越候処、寺領御目録・年中行事・御配当目録御本紙并写読合有之候間、暫控居候様、役人被申候ニ付相待居候、追付役人寺領御目録等被持出、手目録ニ引合請取相済、長持ニ入之持人・侍両人被掛、界之玄関迄被持出候ニ付、夫ヨリ此方持人請取之引取云々、取次式台迄被相送、　御朱印御改御掛リ酒井左衛門尉(老中・忠寄)殿并松平和泉守(寺社奉行・乗佑)殿へ御改相済候御礼、(老中・忠寄)且御届方祐月・観智院同道ニテ罷越、尤采女正(奏者番・戸田氏英)殿ニテハ立帰御礼相勤候事、帰山之上、御改相済候旨披露申上、坊中五人以上為恐悦役者へ参上、

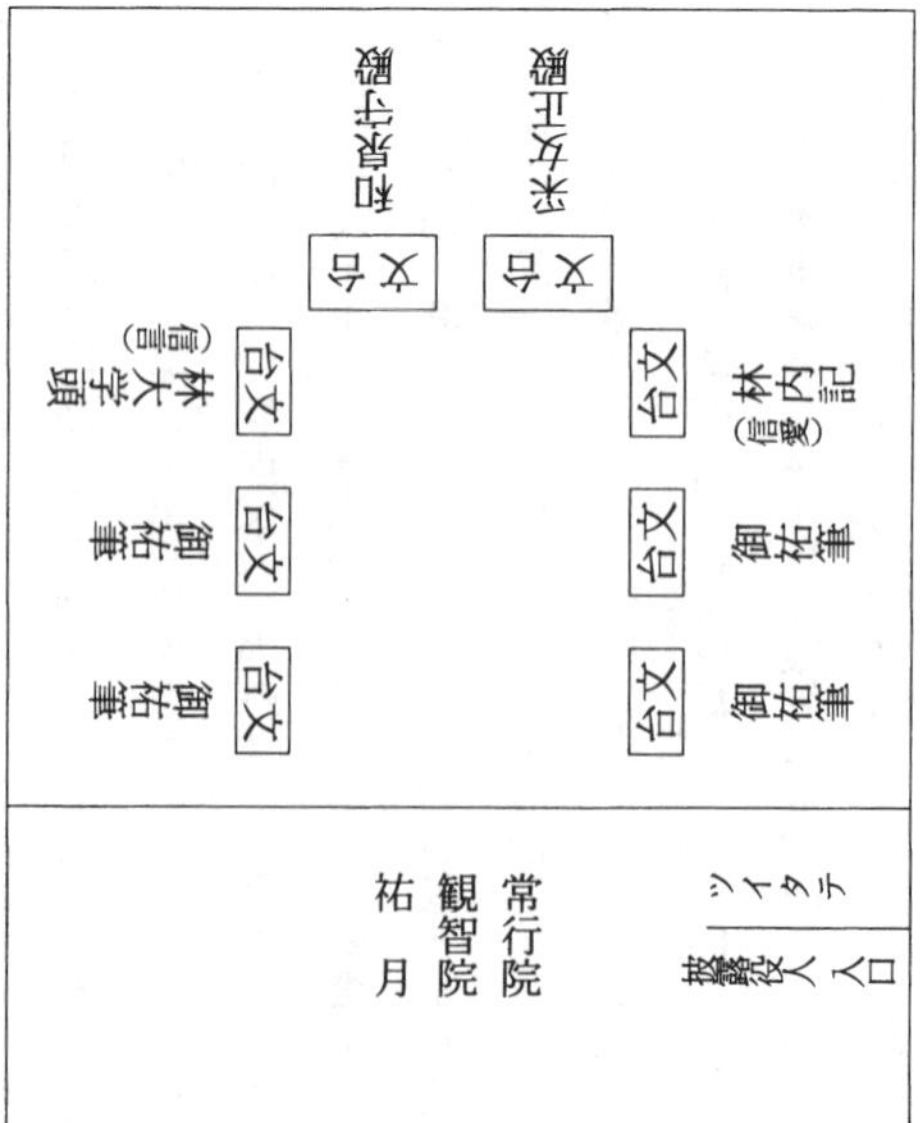

大猷院(徳川家光)様　御判物ニ目録在別紙ト御文言ニ候得トモ、寺領御目録無之、前々如何相済候哉、享保之度・延享之度共ニ、手目録ニモ無之相済来、尤否之訳モ書留無之、依之左(古カ)記録遂吟味候処、正徳年中御改之節、手目録ニ　大猷院様　御判物年号月日ト相認候下ニ、寺領目録無御座候ト相認候、尤其節ハ寺社御奉行(奏者番カ)松平備前守(正久)殿ニテ、正徳元年卯閏七月廿三日　御判物写等相納候ト書面有之候、

且　御判物　御条目類之目録帳面ト、輪番方之帳面トニ
寺領御目録ハ無之、其節被下置候哉、又不被下候哉、相
知不申旨沙汰有之ニ付、支配御目録之年号月日相糺候処、
　御判物之年号月日ト同様ニ候得ハ、御文言之別紙在目
録ト有之候ハ、、右之支配御目録之事ニテ可有之候、其上
寛永之頃ハ郷村目録御代官伊奈備前守(忠治)殿へ被成候趣、書
留有之候得トモ、何ニも御尋有之ハ、寺領御目録ト申ハ
無之、尤先年寺社御奉行松平備前守殿へ御断相済候旨申
披、其上御文言ニ有之候ハ、支配御目録之事ニテ可有御
座ト申立、可然段評議之上、御尋有之候ハ可差出心得ニ
断書相認、

覚

大猷院様　御判物之内ニ、目録在別紙ト之　御文言ハ、
支配目録之儀ニテ御座候、郷村目録ハ段(ママ)其節無御座候、
右郷村目録無御座候写、正徳元卯年七月　御朱印御改被
仰出候節、寺社御奉行松平備前守殿へ書上仕候間、右御
断相済申候、以上、

二月　　増上寺　役者

右書付之儀、昨日祐月戸田殿へ罷越、手目録等差出節、
何之沙汰無之ニ付、右書付持帰リ候事、後来為見合記置、
宝暦十一巳十一月十日、最早此間中大名方　御判物　御
朱印相渡候由、依之例之通御掛ル御歓被仰合、左之通、

一、銀拾枚　　酒井左衛門尉(老中・忠寄)殿
　昆布壱箱
一、金五百匹ツツ　　役人三人へ
一、銀五枚　　松平和泉守(寺社奉行・乗祐)殿へ
　昆布壱箱
　　銀壱枚　　寺社役菅沼兵左衛門
　　同弐枚ツツ　　寺社役両人
　　同弐枚ツツ　　掛リ役人四人
一、銀五枚　　戸田采女正(奏者番・氏英)殿
　昆布壱箱
　　銀弐枚ツツ　　掛リ役人五人へ
御朱印　御改御掛御老中　酒井左衛門尉殿
御判物　御掛リ御老中　秋元但馬守(涼朝)殿

御朱印　御改ニ付諸寺院勤式

弐百石以上之御礼　六ケ寺
一、金　三百匹　御
一、同　百匹ツツ　四役者
一、銀　拾匁ツツ　帳場　行者
一、同　三匁　壱　書記　祐筆
一、金　百疋　取次

百石ヨリ百九拾九石迄　拾七ケ寺
一、金　弐百匹　御
一、銀　拾匁ツツ　四役者
一、同　五匁ツツ　帳場　行者
一、同　七匁五分　書記　祐筆
一、同　拾匁　壱　取次

三拾石ヨリ九拾九石迄　拾七ケ寺
一、金　百匹　御
一、銀　五匁ツツ　四役者
一、同　三匁ツツ　帳場　行者
一、同　五匁　壱　書記　祐筆
一、同　五文目　取次

拾石ヨリ廿九石九斗迄　百拾七ケ寺
一、銀　拾匁　御
一、同　三匁ツツ　四役者
一、同　三匁ツツ　帳場　行者
一、同　壱両　書記　祐筆
一、同　五匁　取次

五石ヨリ九石九斗迄　六拾ケ寺永銭所持弐ケ寺
一、銀　五匁　御
一、同　弐匁ツツ　四役者
一、同　七匁五分　帳場　行者
一、同　弐匁　壱　祐筆
一、同　三匁　取次

四石九斗以下境内計所持之寺院　四拾六ケ寺

一、銀　壱両（マヽ）　御

一、同　五匁　壱　四役者

一、同　壱両（マヽ）　壱　帳場　行者

一、同　弐匁　壱

一、同　弐匁　壱

右之外、異流之寺院ハ前来取次無之候、本山（知恩院）且又伝通（小石川）院（檀林）ハ、後当山（増上寺）添簡無之、御礼も不相勤候、城州八幡正法寺ハ先年ヨリ及異論、添簡不申請候、

参　増上寺境内丸山に奉鎮座候

安国殿（徳川家康廟）御宮之神像ハ、慶長六辛丑年正月元旦、御規式畢テ被仰出候ハ、当年六拾歳本卦帰ト申テ可慎之年也、但し、通途ハ六拾壱歳を本卦帰リト申候処、前年御発被為遊候ハ、前以御慎ミ深く為在候御儀ト奉恐察候、去なから老年に及ひ物事慎ミかたく、依之形代之像を彫刻可致旨被仰出、丸津氏承之、則職方相招き、御目通へ召され、御束帯之侭ニテ、斯之通彫刻可申上之　上意ニ付、乍恐天眼鏡に奉写、御身体之　御肉合、御面部御皺之被為寄候御真姿、且　御衣紋・御地合品々迄、　御等身寸合不違奉写、備　御内覧候節、　御髪先ニハ、是を可植とて、　御毛を　御手目被為抜御植被遊、夫ヨリ不日　尊像御成就被遊候テ、　御前へ差上候処、御平常御座所御床に御鎮護被遊、朝暮家康公々々ト被為称、其年ヨリ両、三年之間ハ、御側衆御同様之　思召ニテ、何事モ御自由ニ被遊、且又　御除髪・御除爪之節、　御髪・爪を　御腹之内へ為納候由、然処其後元和二年正月廿一日ヨリ御不例に被為在、同二月朔日公方様（徳川秀忠）江戸　御発輿ニテ、二日ニハ駿府へ　入御被遊、四月廿一日迄　御滞府、　神君様（徳川家康）ニハ三月十七日御転任被為在、四月二日被仰出候ハ、若此度他界候ハ、　神霊ハ永く国家を守護する間、没後　身体を久能山（駿河）へ納め、神に祝ひ、一周忌に至て、日光山へ鎮座すへし、尤代々為浄土真宗上ハ、葬儀・法事等ハ増上寺ニテ執行可致、位牌ハ　先祖菩提所なれは、大樹（岡崎）寺ニ安置すへしと、　御遺命被為在、四月六日増上寺

観智国師(十二世・源誉存応)并了的(桑誉)・廓山(正誉)、三州大樹寺為窺御不例御機嫌罷出候処、早速　御目見、　御直ニ被仰付候ハ、先年彫刻之像を増上寺に移し可安置、本社之作りハ六拾六畳敷ニ可致、其中央に居し、永く国家を守護すへし、神木ニハ銀杏を植へし、異国之朝帝を守る名に便りありとや、上意被為在、其節増上寺普光観智国師驚　御法号を奉授、　徳蓮社崇誉道和大居士ト、同十七日巳刻　御他界、同十九日亥刻　御神像を久能山へ納め奉り、　御神像実ハ正二位内大臣御装束御形代ニ御座候ヘトモ、　御遺命ニテ　御神体ト被為成候、同十二日公方様(徳川秀忠)御社参被遊、即日江戸へ　御発輿ニテ、同廿四日　還御被遊候上、依　御遺命五月十七日ヨリ増上寺ニテ、　御中陰之御法事御執行有之、同晦日　御結願ニ付、　公方様御参詣、夫ヨリ　御神号等之儀ニ付、板倉内膳正(重昌)上京被仰付、七月十六日　故大相国(徳川家康)御事、神に崇め申さるる上ハ、院之字不可有之由　勅答有之、　安国院殿ト申　御法号之院之字除候様被仰出候、依之　安国殿ト奉称候、則　勅額ハ　安国殿ト申文字ニテ、先年御鳥居に奉掛候処、当時ハ御宝蔵へ御仕舞置ニ相成申候、　尊像ハ土井大炊頭(老中・利勝)供奉　御下リ、増上寺境内御宮地見分被仰付、則土井大炊頭御当山三日之間相越、御用地見定之上、　御再建奉行被相勤候由、御棟札ニモ右姓名相見へ申候、元和二年十月二日御作事ニ御取掛リ、翌年二月　御成就、此時　御神前ニ銅灯籠献備有之、其銘に元和三丁巳年二月ト有之候、以来御厄除之尊像、又ハ御鏡之尊像、又ハ御爪・髪之尊像ト奉称、現今　御髪先御左右、御肉毛四、五本宛被為在、御腹内　御爪・髪、御神体御皺・御装束・御衣紋ニ至迄、乍恐御存生之御容儀に全く御同様ト奉申上候、尤　御遺命之通　御宮作リ六拾六畳、且御神木ハ銀杏ニテ、囲リ壱丈七尺余之大木、少モ朽無御座候、

一、厳有院様(徳川家綱)御時代迄、毎月　御当日　御参詣御座候由、今に　御参詣、机・御香炉・御香合等有之、紅葉山台徳院様(徳川秀忠)　御成先之御香道具ニ御同様之御品ニ御座候由、且又御膝突之形モ相残リ居候、

一、元禄七戌年閏五月十二日、同寅年四月十三日

常憲院（徳川綱吉）様　御参詣御座候由、
一、御宮作リ三度迄御改被仰出、最初之　御宮ハ元和二年十月御造営、弐度目之　御宮ハ寛永十一年御造営、三度目之　御宮ハ寛永十八年御造営、　御宮地今之場所ニテ御座候、
一、御本社内御左右ニ鷹之墨絵六ケ所有之、此御絵ハ大猷院（徳川家光）様御筆之由申伝、御修復之毎度、鷹計ハ御古ひ之侭ニテ、御取繕ハ無御座候、
一、惣御門之鷹御門之中ハ、駿河御城御玄関門之由、御存生之御砌、御平生御賞美被遊候趣を以、寛永十八年御再建之節、　大猷院様思召ニ付、御引移御建立被仰出、当時迚モ往古御建前之侭ニテ御座候趣申伝候、
右御由緒記抜書之趣御座候、　御宮之儀ハ乍恐星霜程移候得トモ、御在世之御砌、格別之　御意願故哉、御威徳日々新ニ、乍恐心願之儀祈誓仕候得ハ、響之音ニ応するか如くニ、　御霊験被為在、拝礼之方々其外共一同厚　御崇敬奉申上、　御威霊御繁栄被為在候御儀、別テ難有奉存候、

右　御由緒之大旨ハ、去ル天明二寅年十二月中、寺社御奉行安藤対馬守（信成）殿ヘモ認取リ差出申候、以上、

四　御廟所勤行式

香偈　三宝礼　四奉請　要懺悔　四誓偈　念仏一会
御回願　願以此功徳文　四弘誓願　三帰敬礼　奉送偈
右畢テ、　御宝塔　三帀囲遶　誦経念仏
　御掃除、且非常之儀モ無之哉、見廻リ申候事、

御霊前　御晨朝
御茶湯　加持呪
香偈　三宝礼　四奉請　四誓偈　念仏一会　御回願
願以此功徳文　四弘誓願　三帰敬礼　奉送偈

御供養式
御膳献供　献香　加持呪　御箸供献
香偈　三宝礼　四奉請　略懺悔文　変食呪　此色色（食）香

味文　弥陀経　念仏一会　御回願　願以此功徳文　御
十念

御祈願
心経　舎利礼　神力之文　十念　四弘誓願　三帰敬礼
奉送之偈　御箸撤之

御初夜
香偈　三宝礼　四奉請　天親之偈　念仏一会　御回願
願以此功徳文　四弘誓願　三帰敬礼　奉送偈

夕御時御供養式
御膳献備　献香　加持呪　御箸供献
香偈　三宝礼　四奉請　変食呪　此食色香味文　彦際
偈　念仏一会　御回願　願以此功徳文　十念　四弘誓
願　三帰敬礼　奉送偈　御箸撤之

掟

一、御平日惣御霊屋常番之僧着衣之儀、先達テ申上候通り、詰合中法衣着用罷在候事、
御宮惣御霊屋御高盛御調進之儀、野菜等之儀御品物取揃、清洗等之儀ハ俗役之者御取扱仕候ヘトモ、役僧へ請取候テ、下御供所ニテ御取扱仕候ニモ法衣着用仕候、正敷上御供所へ上リ候テハ、法衣着用、且仕候事、
但、御廟所御玉垣内之御掃除、御番僧相勤候事、
一、御霊屋御本殿并御拝殿及御廟御拝殿・御外廻リ、御掃除之儀ハ御掃除頭之懸リ仕、前来之通、厳重ニ申付候事、
一、寺社御奉行衆御場所御見廻リ、御案内之僧はきものハ草履相用候得トモ、若雨天ニ候得ハ、板附草履相用来候事、
但、平日共雨天之節ハ右同断、
一、安国殿(徳川家康廟)御場所向御回廊無御座候ニ付、御奉行御見廻リ、若雨天ニ候得ハ、板附草履差出申候事、
但、平日御番僧御草履相用候得トモ、御見廻リ之節、

若雨天ニ候得ハ、板附相用候事、

一、御奉行衆御場所御見廻リ之儀相知候ハヽ、早速各院へ為知候節、手札を以順次申継、御差支無御座候様、入念可申付置候事、

一、御番僧上御供所御番相勤候僧、勿論下御供所勤之僧、委細書并御掃除委細書、此度致一冊ニ、御役所并所化方見廻リ月番及御別当年番へ納置、時々交代等相改、御届等規定仕置候事、

一、御番僧着用之儀、先年被仰渡候通、御用向之外、布衣・綿服、急度申付置候事、

一、御番僧平日共御場所向ハ不及申、山内進止往来、如法厳重ニ申付置候事、

一、於上御供所御用之外、僧俗共私用応対、前来製禁之通、堅停止仕候事、

一、御場所ニおゐて御用之暇、聖賢之典籍拝見、書写手跡稽古之外、其余之雑書なと披見不仕、勿論遊芸ケ間敷品、決テ取扱不仕候事、

右当時御場所向御崇敬御締之姿ニ御座候、此段依御尋ニ申上候、以上、

御別当　八院

五　三州大樹寺御由緒書上帳

三州大樹寺御草創之次第

一、御先祖松平左京進親忠公、三州岡崎ニ御在城之時、応仁年中同州額田郡伊田野ニおいて御合戦有リ、御勝利之後、右戦死之骸骨一所ニ集、葬て塚を築石之塚大樹寺領之内首塚、千人塚と申て今に有之候、御弔被遊候得ハ、彼幽魂の妄執猶残り、冥途之苦患も未た止さるにや、夜毎に其塚鳴動し、鯨波之声人を驚し、年を経て猶やます、剰さへ疫病流行して、諸人を悩ませしかは、横死之もの数を知らす、依之親忠公御歎き思召、御一門の患限りなく、神社仏閣に御祈願被為成候得トモ、其験もなく、此上ハ道徳之僧を以、済度を相頼より外是なく被思召候処、勢誉(愚底)トいへる僧、諸国化益のため、三河国ニ来リ、宇称(マヽ)郡福

林寺（今ハ大樹寺末ニ相成申候、）にて、説法致し候事御聞及ハれ、件の戦亡の苦患得脱之御頼被遊候得ハ、承諾いたし、則伊田野に仮屋を御取立、弥陀の絵像を懸（当時大樹寺什宝ニ仕、毎年十月十夜之砌、本堂ニ掛ケ奉リ候、此十夜ニ付、権現様御末寺等、無懈怠出勤可仕旨、御条目被成下候、）七日七夜念仏興行し、御一門を始奉り、戦亡并疫死之者回向致し、結願之時ニ至リ、導師勢誉大音声にて、上ハ有頂、下ハ遠路之底、願以此功徳　平等施一切　同発菩提心　往生安楽国等、回向致し候得ハ、種々の奇瑞是あり、其口より塚の鳴動、鯨波の声、人民の疫病洗かことし、相止候得ハ、親忠公不思議ニ思召、御感心の余り御帰依厚、人皇百四代　後土御門院之御宇、文明七年、右之場所へ一宇の精舎を御建立被遊度、奏聞をとけさせられ候処、則　勅許之上、右之仮屋を少し隔て、一宇御建立被遊、勢誉を開山となし玉ふ、則今の大樹寺ニテ御座候、

　七日別時仮屋之跡ハ、後に一寺御建立、長親山西光寺と号し、大樹寺の末寺ニテ御座候、

大樹寺山号・院号・寺号之事

一、親忠公山号を勢誉ニ御請ひありけれは、勢誉(愚底)黙然して、暫ありて、成道山松安院大樹寺と名付候ハんと申上候得ハ、親忠公御聞被遊、成道山ト松安院ハ如何成訳ニテ名付られ候、尤大樹とハ　将軍の異称成故、遠慮あるへき事なり、被仰れしかハ、勢誉御答申候欤、愚僧此山に成道して、　御当家を擁護し奉り、御子孫の栄久ならん事を祈候故、成道山と名付、松安院ト申テ御姓氏の一字を取り、天下御安治の意を含ミ、松安院と名付、大樹寺とハ御子孫に至り、　御当家天下御治世なさせられ候様に御祈願仕、弥天下御領掌之上ハ、則　将軍家之御菩提所と成へき寺にて候得ハ、大樹寺ト名付候ト申上候得ハ、親忠公御悦喜浅からす、厚情之程感し玉ひ、向後我も師と心を合せむ、子孫ニ至リ　将軍と成へきの仁出生致し、永く天下を保つへき事を守護し給ふと仰られ、御互に御誓約被遊、御喜悦限りなし、益々御帰依之上、松平一門之菩提所ト相定むへきよし仰せられ、則御先祖・御三代御廟を大樹寺へ

新に築せられ、永く大樹寺を御子孫之御菩提所と御定
被為成候事、右御三代と申候ハ、三州御先祖松平太郎
左衛門尉親氏公御法名芳樹院殿俊山徳翁大禅定門、第弐
代松平太郎衛門尉泰親公御法名良祥院殿秀岸祐金大禅定
門、第三代松平和泉守信光公御法名崇岳院殿月堂信光大
禅定門、

一、親忠公御逝去以前御遺状被成下置候御文言、
西忠(松平親忠)往生之時儀式、同弔之事
一、往生仕候ハヽ、大樹寺へ可被召寄事、
一、だび(荼毘)の事ハ例式、
一、中陰ハ二七日、但、初七日過候ハヽ、縁者、親類・
女子共可帰候、隙ニテ可有候間、三郎(松平光直)も其日限リニ
城へ可帰候、道閲(松平長親)、其外兄弟ハ二七日之間、色ニテ(倚廬)
可有候、馬つれ内のものも初七日過候ハヽ可帰候、
一、当流御門中妙心院衆・同大林寺衆、一日招請被申
候テ可然哉、御長老様(熱誉愚底)為御計可被含仰候、
一、四拾九日ハ御寺衆計心さし可有候、
一、百ケ日如形心さし有へく候、
一、一周忌ニハとん(頓写)者也、
一、第三年前ニハ七日御法談、亦一日一夜不断念仏に
て可然候、但、蚊時なとにて候ハ、一日計ニテ可然
候、
一、七年以後ハ何成トモ、如形心さし可然候、
一、往生時節、十月より後の月に候ハヽ、幸御念仏に
相加可被弔候、
一、千部経之事、何れ無力にて候間、事たらぬ体ニテ
ハ、しんせをかふむるへく候、但、子共の中に若内
力の者出来候ハヽ、心さしとして二万匹之公用なと
と進上申候ハ、可有御行興(マヽ)之哉、
一、大樹寺様之御事を大切ニ子共存候ハ肝要ニ候、御
寺之事ハ如在候ハヽ、何様之弔候トモ、其心さし届
間敷候、
一、西忠存分如斯ニ候得トモ、御長老様可為計候、光
明寺道閲ニも可被仰含候、
一、前ニ大形申候得トモ、二七日之中陰ハ御末寺衆・
同光明寺衆御返し候て、子共ハ小者壱人ニテ、奍者

両人計置き候テ、ひそひそ（密々）と可有御弔候哉、

明応十年五月廿五日

右御遺状寺宝ニ仕候、

一、第四代松平左京進親忠公、御法名松安院殿大胤西忠大居士御導師開山勢誉、右尊牌御安置、御廟・御宝塔御造立、

御直筆御書物　数通

阿弥陀如来立像　一軀

此尊像ハ御先祖御代々御伝来之本尊ニテ、源頼光之遺骨を尊像之体中へ被為納置候旨被仰贈候テ、御寄附ニ御座候、

一、御一門方連署之事、

親忠公御逝去、大樹寺へ御入城せられ候ニ付、御一門方より大樹寺を守護被成へき旨、連署之御状被下候、

右写左之通り、

於大樹寺定事

一、於当寺中狼籍之事、

一、竹木伐取之事、

一、対僧衆致非儀之事、

右於背此旨ハ、堅可処罪科候、当寺之事、西忠（松平親忠）為位牌所上ハ、自然国如何様之儀出来候トモ、為彼人数可致警固者也、仍テ如件、

文亀元年辛酉八月十六日

次第不同

丸根美作守　家勝　在判

田原孫次郎　家光　在判

上野左衛門大夫親堅在判

岩津源吾　光則　在判

岩津大膳入道常蓮　在判

同　弥九郎　長勝　在判

同　弥四郎　信守　在判

同　八郎五郎親勝　在判

同　左馬允　親貞　在判

長沢七郎　親法（清）在判

形原左近将監貞光　在判

牧内右京進　忠高　在判

竹谷弥七郎　秀信　在判

岡崎六郎　公親　在判
細川次郎　親世　在判
岩津源三　算則　在判

第五代松平出雲守長親公　御法名棹舟院殿一閑道閲大居士　御導師宝誉　右尊牌御安置、御廟・御宝塔御造立、

　御直筆書物　数通

　御寄附物　数品

長忠（ママ）公ハ三河国安城より、大樹寺塔頭清友院被為成御隠居へ、右清友院ハ長忠（ママ）公御兼中月窓清友大姉之御造立之処、長忠（ママ）公御逝去已後、御法号を以棹舟院ト改称仕候、

第六代松平蔵人頭信忠公　御法名安栖院殿泰孝道忠大居士　御導師玉誉　右尊牌御安置、御廟・御宝塔御造立、

　御真筆御書物　数通

　御寄附物　数品

第七代世良田次郎三郎清康公　御法号善徳院殿年叟道甫大居士　御導師宝誉　右尊牌御安置、御廟・御宝塔御造立、

　御真筆物　数通

　御寄附物　数品

一、大樹寺之儀ハ、清康公御代七堂ニ御造立御座候処、年数相経て、大猷院（徳川家光）様御代再七堂ニ被成下御建立候、当時之寺立ハ　大猷院様御建立ニ御座候、

第八代松平次郎三郎広忠公　御法号大樹寺殿贈亜相応政道幹大居士　御導師鎮誉　御院号初め瑞雲院殿ト奉称候処、　権現様天下御一統被遊、御贈官之節、大樹寺殿ト改めさせられ候、

右尊牌御安置、御廟・御宝塔御造立、

　御贈官口宣案　壱通

　同　宣旨　壱通

　御真筆御書物　数通

　御寄附物　数品

一、長親公・信忠公御所望ニ依テ、開山勢誉認置候大樹寺記文式定左之如し、

右当大樹寺ハ、大檀那松平左京進親忠公ト勢誉ト同志を以開基する所之一字也、是ニよりて西忠之子孫

たる人は男女同し、浄土門ニ帰依を定め、懇志をはこはれ、累葉弥万世におよハんと認候得ハ、長忠公(マヽ)・信忠公御悦喜不斜、則 御両所様勢誉ともに、末代之亀鑑のため、花押なしおかれ、今に寺宝ニ仕候、聢 神君様(徳川家康)御真筆ニテ被下置候、

御定書御文言左之如し、

一、諸法度勤行等可為如先規、其上不随住持之命ハ、可被成擯出門徒事、

一、寺領・祠堂・諸所田畑、別テ古井・佐々木、如鎮誉(祖洞)上人御代可被成直務事、

一、寺中并門前屋敷等、如法誉(鎮)上人御代可被仰付候事、

右之条々、雖為親昵平交、雖為一門郎等、不可存抑揚依怙、不可作謀計利潤、道理明鏡之面、堅可被仰付、若違背難渋之輩有之ハ、急度被仰越可申付者也、仍テ如件、

閏十二月日(永禄六年)　　松平蔵人　家康　御判

大樹寺進誉(愚耕)上人

従　神君様(徳川家康)惣門前御制札被下置候、御文言左之如し、

定

一、於寺中并門前不可殺生之事、

一、為不入之地間、縦有罪科之輩、号奉行人不可験(検)断、若於有重科族ハ、自寺家可有追罪(罰)事、

一、於寺内并門前、不可致喧嘩事、

一、国中諸士等不論貴賤、可有於惣門下馬事、

一、寺中門前諸役、一切停止之事、

右条々、於違犯之輩ハ、可加成敗者也、仍テ如件、

永禄十二乙巳年六月廿五日

徳川三河守　家康　御判

大樹寺登誉(天室)上人

同御上書ニ、

大樹寺登誉上人　徳川三河守　家康

従　神君様(徳川家康)大樹寺祠堂物并末寺寮舎迄之御掟書被下置候、御文言左之如し、

大樹寺法式之事

一、国中之諸士、至民以下、於公事申掛ハ、令糺明理

非、急度可申付事、
一、祠堂物借引之事、米銭三和利ニ文字に相定故（上）ハ、縦天下一同之徳政・国次之徳政・私徳政雖入来、令除之事、
一、寮舎へ従先規有志之族ハ、寺領等寄附之処、其子孫令（雖）難渋、不可悔還事、
一、従先規之諸末寺領、先祖寄附之処、為其領悔還、巧出公事、私ニ没収之事、甚以可為曲事、付、坊主於不応機ハ可渡弟子、於無弟子ハ可為本寺之計事、
一、諸末寺年頭・開山忌・別時、以上年中ニ三度可有出仕、於懈怠ハ堅可申付事、
一、諸役課役令免許事、
一、方丈并衆中被官、於仮権門之威ハ、寺内門前可被払事、
右条々、違背有間敷者也、仍テ如件、

天正七卯三月廿日　家康　御判

大樹寺勢蓮社麿（勇聞）誉上人

同御上書ニ、

大樹寺勢蓮社麿誉上人　家康

従　神（徳川家康）君様新法度之御掟書被下置候、御文言左之通り、

大樹寺新法度之事

一、今度対所化衆、不可有喧吼口論事、
一、夜中ニ紛、瓦・礫をうち、諸事不可有狼藉事、
一、日暮ニ女、寺家へ不可出入事、
一、住持之儀、悪事於有之ハ可申上、為私不可誹謗事、
一、於寺中開山以来之法度、於有違犯之僧、為惣一列可申上事、
右従前々雖有不入判形之、為後代重て申定畢、諸役等之儀、自然国次所用之儀付ハ、以朱印可申付、無朱印ハ一切不可有許容者也、仍テ如件、

天正九年辛巳四月十六日　御朱印

大樹寺

小田原（相模）攻之節、使僧を以御窺申上候得ハ、従　神（徳川家康）君様御直筆之御返翰被下置候、御文言左之通り、

猶々、此表之儀、急速可令落着候、随テ種々送給候、為悦之至候、以上、

芳翰披閲喜悦之至候、仍此表之儀、敵城構限へ押詰候、北条(小田原城主)滅亡不可有程候、猶期帰陣之時候、恐々謹言、

卯月十日(天正十八年)　　家康　御判

大樹寺

右御書翰御字形、御本文之侭ニ写之候、

一、神君様御宮御鎮座、　御神影ハ依御遺命御木像なり、

一、御判物　御朱印

一、御真筆御書物等　数通

此外、従　神君様御寄附物品々、亦拝領物御座候、

一、永禄年中　権現様(徳川家康)大樹寺ニおいて御陣之時、住持登誉(天室)一山之大衆もろともに御加勢仕り、厭離穢土欣求浄土の旗を建、身命をかへりみす相戦ふ、寺ニ大力の僧あり、祖冏と名付、　権現様の御馬の口に添ひ、先かけ仕候時、敵門前ニ寄けれハ、　権現様門を開けよと仰ありけれハ、祖冏暫と御留申上候を、御待兼させられ、御刀を以門の貫の木を、二刀・三刀切付給ふ、その貫の木、今に寺宝ト仕有之候、或時尾州義直卿御覧あり、誠ニ権現様御刀跡を眼前ニ拝見致事、其時之御一戦存出し申事と、御感心之余り、末代迄も寺宝ニ致し大切ニ可仕旨、念頃ニ被仰、則袋箱等御寄附御座候、年来故袋箱等大破ニおよひ候故、宝暦年中惇信院様綿之包もの御紋付箱、御寄附被遊候事、

此時大勢の敵敗北し、　権現様御勝利を得させられ候故、御家臣并法師・武者等供奉仕、岡崎(三河)之城へ入　御成させられ候、夫より討死の大衆御穿議御座候処、凡七拾余人、右之大衆之ためニ塚を築大衆塚と申て今に有之候、両度迄追善法事御座候、

牌銘曰、当時摩訶衆座宝蓮華中各位、其之位牌今に有之候、其後登誉を益御帰依あつく、御出陣之節ハ毎度大樹寺へ被為入、十念御受被遊候テ、御出陣あらせられ、厭離穢土の御旗ハ吉例之旗なりと御所望によりて、是を差上候事、登誉伝曰、　権現様へ勧示之事、　家康公御生害し玉んと思召、先門戸を鎖し給ふ之所、登誉諌て云、名将は命を不可軽、一山之大衆身命を惜ます、厭離穢土欣求浄土之旗を建、一戦仕候ハヽ、勝利

を得給ふ事案之内なりと、　公(徳川家康)曰、出家の加勢如何、登誉の曰、三井(園城寺)・山門(延暦寺)の大衆其例なり、誰人か是を謗んや、　公此語を聞玉ひて御生害を止り給ふ、　公曰、此旗を建て出陣之時ハ、実ニ勝利を得る哉、登誉曰、此旗を以御出陣ある時は可勝可負之心なし、無念無想ニて、唯南無阿弥陀仏と一心ニ念せらるへし、甲冑を着せらるとも、弘誓の鎧大刀を帯せらる、利剣即弥陀(名脱カ)号の力と観念遊さるへく候、然ル時ハ御自身御働の上ハ、他力本願之ものの具、諸仏護念之加勢有故に、敵の目には十人を百人と見、百人を千人と見受、度を失わん事他力浄土之不思議なりと申、且宗門之奥義、委悉に談話致されけれは、　公御得心あらせられ、御出陣之処御勝利あらせられ候、依之其後御出陣之毎度、十念を御受被遊、御勝利を得給ふ事、常の例なり、

一、永禄年中、三州土呂・針崎一向宗一揆之節、寺院破却之本尊大小七体、大樹寺へ御納、今に有之候、

清康(松平)公御代　勅願所綸旨并　勅額賜之候、　綸旨御文言左之如し、

大谷知恩院(京都・本山)末寺成道山大樹寺之事

勢誉(愚底)上人為開基、松平一門令建立、至于今蒙彼助縁、当住持玉誉(愚道)上人抽修造之功再興訖、尤神妙也、今度為本寺　勅願寺并　勅額之事執申者也、弥可被致天下安全懇祈、者(之脱カ)天気如此、悉以状、

十二(一カ)月一日　　権左少弁(万里小路惟房)　在判

(天文四年カ)大樹寺住持(玉誉愚道)上人御房

一、慶長年中　勅願所　綸旨　勅許被成下候、其御文言左之如し、

三河国大樹寺為　勅願所、須開真宗弘通之玄門、奉祈宝祚無彊之丹棘、者綸命如此、仍執達如件、

慶長十一年九月七日　　頭左中弁(広橋総光)　花押

知恩院末寺

大樹寺暹誉(魯道)上人御房

一、台徳院(徳川秀忠)様御霊屋　尊牌御安置

一、御判物　壱通

一、御朱印　壱通
一、大猷院（徳川家光）様より　浚明院（徳川家治）様迄之　尊牌御安置、右御八代様之　御判物頂戴之仕候、　尊牌之分、何れも従公儀被仰付候、　御安置申上候右御九方之尊牌ハ、本堂之東御所之間　御安置、　親氏（松平）公より　清康（松平）公迄之御七代之尊牌ハ西御所之間に　御安置、　広忠（松平）公尊牌ハ本堂御内陣へ　御安置、右尊牌　御安置申上候ニ付、即本堂ハ御霊殿ト称之候、
一、親忠（松平）公ト勢誉（愚底）、大樹寺御草創之節、御子孫御武運長久之御誓約有之候上ハ、殊更御祈祷殿別ニ被為成　御建立候得ハ、毎年三月廿八日大衆一同ニ御祈祷殿へ集会、護念経一千巻読誦、天下安全之御祈願申上候、其御祈祷札云、

奉読誦護念経一千巻天下安全
松平御門葉御武運長久祈処
内守護符收

其後正・五・九之月、各廿八日於　御宝前、一時千巻護念経を読誦、益々御武運御長久之旨、大衆一同抽丹

誠を奉御祈願候、
一、大樹寺末寺二十九ケ寺、此内八ケ寺ハ御先祖様方并御家臣衆之御建立ニテ、各々　御朱印頂戴仕候、
一、大樹寺寮舎拾ケ院、是亦御先祖様方并ニ御家臣衆之御建立ニテ、　御判物頂戴之、亦御祠堂金并地所御寄附有之、各々御由緒厚き寮舎ニテ御座候、右御由緒之訳ハ省略仕候、
一、大樹寺儀ハ依御由緒格別、従御先祖様相継テ　御代々様御掟書并御添翰等、惣テ三百六拾余通有之候、

奉納三河国大樹寺仏像前

仏前跪謹言、武将某甲先年為責清洲、発向尾州之処不遂本意、加之一族尽被討、僅成勢為方尽果、三河国大樹寺搆生害場、既見向之時、智者登誉之依教化、復調軍兵臨打立時節、嗚乎弥陀願王化益之故欤、依為穢土凶敵、欣泰平之国土、依去、揚厭穢欣浄旗、殊ハ一世新田義貞誅伐相模入道（執権・北条高時）時、相模国鶴岡之八幡宮、三日三夜社参之刻、一首之短册蒙瑞夢、不思議也、此短册住持依懐中、重馳

向彼戦場、追伐所楯篭城廓賊徒野心之輩、不残搦虜、一々討首達本懐、是故四海安平納、和光同塵ハ結縁之始、八相成道ハ利物之終明也、云彼云此仏力之不思議、仰尚可仰、何時謝之故、某甲今拝仏像、捧心座於一紙畢、万端難尽筆上、仍テ奉備書状如件、

元和二丙辰年二月四日

清和天皇二十五代之後胤、従新田義重十八代源家康、世良田子孫徳川氏松平之孫子ハ、至男女迄代々可為浄土宗、若於違背輩ニ可為天下滅亡者也、

一、我辱も雖為清和之苗裔、受生ヲ乱世、為賊徒被困久シ矣、動義兵七十三度、列戦シテ欲就死地十八度、憑浄土門之勧示、免糯羊逼藩之危、今蒙惣追補使両院別当所、如所記基其酬於譜代国、鼎建檀林十八院、是を以子孫累世可為浄土宗門事、

一、移叡山転在城ハ、非彼学王城立東百官倣平氏驕、征夷将軍之在城ハ則警衛也、皇子天台之親王家を奉請、所冀伏悪性暴之鎮護也、天皇分身之御名代成レハ、敬礼之格亜　天子可尊崇事、我立所之条々、治国平天下大綱成レハ、則将軍家之職分也、具ニ至遺誡我子孫、山筆海墨モ不能尽之、唯我志しを移シテ為一巻付嘱ス、雖我百年之後、照此条目可観志、子孫違背之者有之ハ不当将軍之器、非我子孫、我老婆心至嘱云々、今上皇帝聖久萬々歳、天下泰平国土繁栄、三河国大樹寺納置之者也、

清和天皇七代之後胤八幡太郎義家二十六代嫡孫、

源家康　御判

右上件者大樹寺旧記之趣を以申上候、以上、

三月　　増上寺　役者

右大樹寺由緒、寛政六寅年三月、板倉周防守(寺社奉行・勝政)殿差出之、又文政十亥年土井大炊頭(寺社奉行・利位)殿御尋ニ付、同五月写取差出之、

一、御当家浄土御宗門之儀ハ、　御先祖新田義重大光院殿、
当山(知恩院)開山法然上人御帰郷向(ママ)深く、然しより御孫葉相続
信仰、十三代之後親忠(松平)公信光公御嫡子右京亮、御法号ハ松安院殿　別テ当寺(知恩院)廿三
世勢誉(愚底)上人即三州大樹寺之開山、悉如護国扁に御(依)帰依有之、同廿五世(知恩院)超誉
存牛上人ハ即親忠公之第五男、御出家御剃髪積功累徳
之後、当山へ御住職有之候、上人ハ出雲守長忠公、御法号掉舟院殿之御舎弟、信忠公之御為ニハ御叔
父也、道徳兼備之儀、木下若狭少将勝俊之和論語等も被載之、
一、同廿九世(知恩院)満誉(尊照)大僧(ママ)正ハ万里小路右大臣秀房公之孫、
正親町皇帝育して被為成　王子、当寺(知恩院)廿八世浩誉(聰補)上
人之室ニ被為投、御剃染之後、関東修学御望ニテ御下
向、生実大巌寺(檀林)二世安誉虎角上人之座下ニテ御嗣法、
蛍雪之功を被為積、三十四歳之時御帰京、則当寺御住
職、其節　権現様(徳川家康)伏見ニ被為遊御座、度々御相見有之、
御帰依最深く、師檀之御契約、御代々之御菩提所ト御
治定被為在候、
一、慶長七年八月廿九日　権現様　御母公(水野氏)　御逝去、即
当山(知恩院)へ御葬送・御追福・御法事等有之、尊牌等　御安

置奉称候、徳泰院様(水野氏・家康生母)関東御居城之後、小石川之地へ御
改葬被為成、其後ハ　伝通院様ト奉称、
一、右御師檀之御契約、御菩提所ト御定被遊、且　徳泰
院様被為入候御事故、当寺御建立之儀ハ急ニ被仰出、
境内等御改、慶長九年より同十五年迄ニ御建立、本堂
ニ御安置有之候、
(脱文アルカ)
権現様被聞召、我家ハ歴代浄土宗ヲ菩提場とす、我累
葉何ソ忽に変更せん哉と　上意有之、即当山満誉大僧
正導師被為請、御法号を　浄光院殿(結城秀康)森巌道慰運正居士
ト御改、於越前浄光一宇御建立、当今ハ運正寺ト申候、
一、慶長十五年御建立御成就之後、　権現様(徳川家康)御真影被仰
付、仏工法印康猶本堂西之方壇之上ニ御安置之儀被仰出候、
御神影之儀ハ古来より西国鎮護の神影ト申伝候、尤旧
記ニモ其趣粗相見申候、尓より　御安全之御祈祷、日々
無怠慢奉執行候、
一、台徳院様(徳川秀忠)尊影之御儀ハ、三門・経蔵御建立之砌、
神君様(徳川家康)思召を被為□(破損)、本堂西之方壇上に御安置御事、

一、慶長廿年二月五日　権現様御姫君(督子)池田家へ被為入候御逝去、依
　上意当山へ御葬送、依之池田家より一院建立有之、
御法号を以良正院(池田輝政室)ト申候、
一、関東十八檀林諸法度之儀、本寺知恩院より可被相定
之旨、　上意有之節、満誉(知恩院・尊照)大(ママ)僧正掟書被指上候処、
御添書御黒印被成下候、
一、浄土宗三十五ケ条之儀も　御判物被成下、　台徳院(徳川秀忠)
様御同様被成下候、御治世最初当山大殿(知恩院)御建立、殊更
宗門之規模を被為思召、新ニ宮門跡被為立置、且当山
永代之儀被為思召、京都門中之内六人為役者、諸沙汰
可仕旨、御条目之通ニ御座候、

増上寺所蔵

『幹事便覧』六

幹事便覧第六目録

壱　一、御無住中御進献有之、御奉書御請差出候例
弐　一、御住職御礼不相済内、芍薬花献上之例
参　一、公儀御忌中ニテモ菊花・芍薬花献上之例
四　一、十二日様(徳川家重)御霊前へ年中御進献之控
五　一、十四日様(徳川家宣)御霊屋　御成先御香炉之控
六　一、本堂・三門御修復済御礼、御登　城之次第
七　一、明信院様(鶴姫・徳川綱教室)百回御忌御法事済、御登　城之次第
八　一、御台様御参詣済、　西御丸へ御登　城之次第
九　一、御当山住職御礼不相済内　御参詣一件、檀林方
仰付御出席
十　一、右之例京都へ御使僧へ人馬　御朱印被下候例
十一　一、大僧正御住職御礼ト、檀林方住職御礼ト、同日
へ相成候例
十二　一、御当山御住職御白書院ニテ被仰付候例
十三　一、大僧正御方御病気ニ付、寒中御桧重并八代　上
使之御請御代僧ニテ相済候例
十四　一、歳暮献上代僧ニテ相済候例
十五　一、摂家・宮門跡方御霊屋参詣、下乗之次第

○(壱)御当山(増上寺)御無住中、御霊屋御進献有之、右御奉書御請
之儀ハ、増上寺隠居大僧正ト相認差出候例

一、寛政十一未年四月六日ニ有之、
右ハ三月廿四日嶺誉(智堂)大僧正御隠居御免有之、後住仰
付ハ四月十五日也、

○(弐)御当山御住職之御礼、御登　城不相済内、菊花・芍
薬等之内献上相済候例

一、寛政十一未年四月廿六日、高井飛騨守(側衆・清寅)殿御掛ニテ、

芍薬花内献上相済候、
右ハ綸誉(念海)大僧正四月十五日、光明寺(鎌倉・檀林)ヨリ移転被蒙仰、
同月廿八日御住職御礼被仰上候、
一、文政(化)五辰年四月廿七日、高井飛騨守殿御掛ニテ、芍
薬花内献上相済候事、
右ハ薫誉(在禅)大僧正四月朔日、鎌倉ヨリ移転蒙仰候処、
同月十五日御黒書院不時ニ相成候ニ付、御当山御礼
流ニ相成候、同月廿八日御住職之御礼被仰上候、

○(参)一、菊花・芍薬等之内献上、公儀御忌中ニ相済候例
天明六午年十月六日、菊花献上相済、
右ハ同年九月八日、浚明院(徳川家治)様御他界ニ付、御忌中
ニ付、
右ハ同年四月十日、芍薬花献上相済、
寛政五丑年四月八日、一橋刑部卿(治国)殿御逝去ニ付、公(家斉)
方様御忌中ニ被為在候事、

(四)覚
吹上梅花　桜田杜若　隅田村西瓜
真桑瓜　金山松茸　小布施栗
桜田菊花　薯蕷　枝柿
右中九度
御上使御側衆被相勤候、尤其前ヨリ当番御目付中ヨ
リ、以書状為知来候事ニ御座候、
九月十二日　瑞蓮院(別当)

○文昭院様御霊屋へ御成之節、被遊御焼香候黄金
御香炉　壱通
但、目方九百三十目
右ハ享保四亥年七月、牧野因幡守(寺社奉行・英成)殿より被成御渡、
但、前来蓋無之候、
御成之節、御控ニ相成候、
一、銀御香炉　弐通

但、掛目四百三拾目ツッ、尤蓋有之候、

(六) 享保(和)元酉年十二月十五日、本堂・三門御修復済御礼、
御登　城之次第　　綸誉(念海)大僧正御代

一、公方様(家斉)・大納言様(家慶)へ献上之御品三束弐巻ツッ、十五日暁六ツ時過、行者秀保(田中)差添、御本丸中之口迄差出候事、

一、暁六ツ時之御供揃ニテ、六ツ半時御出駕、五ツ時頃御　城着、尤今日ハ式日故、御三家方御登　城有之ニ付、上之間御部屋差支候故、例之通大広間後、御屏風仕切之処へ、御案内申上候、尤御台司・御火針出有之、

一、御坊主を以御登　城之旨、脇坂淡路守(寺社奉行・安董)殿へ御届申上候事、

一、五ツ半時頃、寺社司阿部播磨守(正由)殿・松平周防守(康定)殿御揃ニテ被成御見舞候ニ付、大僧正御方御送迎如例、無程御目付衆山木若狭守(正富)殿、御習礼之儀被申聞候ニ付、松之御廊下中程迄、御案内申上候、

但、御習礼之事故、素絹・五条ニテ桧扇被為持候テ相済、御習礼畢テ又候屏風仕切之御処へ御引取、御素絹・御七条御取替、無程山木若狭守殿為御寄旨被申聞候ニ付、又候松之廊下中程迄、御案内申上、御同所打曲リ之処ニ相控居候、

御白書院出　御之上、御三家方始武家方漸々御礼相済、次御当山大僧正御方御礼、巡々操上ニテ、桜之間ヨリ献上之三束持出、御下段下之敷居之内横畳ニテ、三畳目御正面ニテ、三尺程帝鑑之間之方被為寄備置、帝鑑之間之御入側へ引取、次ニ又候桜之間ヨリ、御進物番衆壱人ニテ献上之、弐巻壱台持出之、三束ト並へ備之引取、次ニ大僧正御方御起座、御下段御敷居外まて御歩行、此所ニテ御着座、夫故御敷居内弐畳目へ御摺入御平伏、此時御奏者番故、増上寺大僧正ト言上有之、右御披露畢テ、直ニ御敷居外迄御摺出、夫ヨリ御中腰ニテ、御上段ヨリ右之方御障子際迄、凡ソ壱間計歩行、御敷居外ニ御着座、夫より御下段御敷居内壱畳目へ摺入、斜ニ御平伏、次ニ御進物番衆帝鑑之間御入側ニ相

控、三人同時罷出献上之、三東弐巻御勝手へ引之、次御用番之御老中、本堂・三門御修覆被成下御礼申上候ト言上有之、右畢テ直ニ御退去、又候大広間後屏風仕切之処へ御引取、御道具衣・御五条ニ被取替、暫御休息、無程寺社司御三、両人御揃ニテ御越ニ付、大僧正御方御送迎如例、屏風仕切之内へ御奉行御着座時、大僧正御方御口上、無滞御礼申上難有奉存候ト御口述、畢テ直ニ寺社司御引取事、引続大僧正御方御下　城、尤御目付衆御用多ニ付、御送リ断有之、

一、大納言(家慶)様へ之献上、三東弐巻ハ御坊主取扱を以、西御丸御坊主組頭へ引渡、尤秀保(行者・田中)取扱候事、

一、御下　城ヨリ御回駕、如左、

西御丸御老中　水野出羽守(忠友)殿

御口上、今般本堂・三門御修覆御出来ニ付、御礼申上候、難有奉存候、依之伺公候、

当月御月番代　戸田采女正(老中・氏教)殿

但、当月ハ牧野備前守(老中・忠精)殿御用番ニ候処、御忌中ニ付、代戸田侯御勤被成候故、御回駕之節、戸田侯へ被成御勤候事、

御本丸若年寄御月番　立花出雲守(種周)殿

同御老中御修覆御取扱松平伊豆守(信明)殿

寺社司御用番　阿部播摩守(正由)殿

同　脇坂淡路守(安董)殿

右都合五ヶ所、御回駕之外御使僧も無之、又御進物一切無之事、

○(七)享保(和)三亥年四月十二日、明信院様(徳川綱教室)百回御忌御法事済、即日御登　城之次第、

一、御白書院御縁頬ニおゐて御老中方御謁、最初御機嫌伺、次口上　明信院様御牌前へ御香典被遊御備候ニ付、為御請登　城仕候、御下　城より井伊殿へ御入、御口上　明信院様御法事無滞被為済候ニ付、致参上候、

○(八)享保(和)三亥年四月廿日、御台様御参詣被為済候ニ付、

翌　両御丸へ御登　城、

一、御白書院御縁頬ニおゐて、御用番之御老中方御謁、最初ニ御機嫌伺、次ニ御口上、　御台様御参詣無御滞被為済、恐悦申上候、猶品々拝領仕難有奉存候、

一、西御丸へ御登　城、当番ハ御奏者番衆御謁、尤御白書院御縁頬ニテ御口上、全御同様、勿論御奏者番衆故、御機嫌伺無之、

但、西御丸ニハ前来下之御部屋へ御入、書面ト申事ニテ、今日モ下之御部屋へ被為入候事、勿論御台司ハ出有之、尤是も御数寄屋入口ニ出有之事、

御下　城御回駕、御口上如左、

御台様御参詣無滞被為済、恐悦申上候、猶品々拝領仕、難有奉存候、右為御礼致伺公候、

御本丸御老中　松平伊豆守殿(信明)
同断　牧野備前守殿(忠精)
寺社司御掛　松平右京亮殿(輝延)
御本丸御老中　土井大炊頭殿(利厚)
西御丸御老中　安藤対馬守殿(信成)
御本丸御老中　戸田采女正殿(氏教)
同若年寄御掛　堀田摂津守殿(正敦)
御留守居　亀井壱岐守殿(清容)
御台様御用人　小笠原大隅守殿(義武)
御留守居　松浦越前守殿(信程)
同断　駒木根大内記殿(政永)
御台様御用人　東條信濃守殿(長祗)
同断　中嶋伊予守殿(行敬)
御留守居御掛　酒井因幡守殿(忠敬)

右之通御回勤ニ相成候処、雨天故、於　御本丸ニ阿部(老中・正精)備中守殿へ御渡、御不(ママ)之旨御断申上、両　御丸計立、其外ハ御使僧良雄院(塔頭)相勤候事、

御当山　御成之節、大僧正御方御出勤無之例、歓誉(弁秀)大僧正御代、明和七寅年四月廿九日御参詣之節御出勤無之、同月廿七日夜より御病気ニ付、御用番土屋能登守(寺社奉行・篤直)殿へ曇龍相届、紅葉山例を以、伝通院(小石川・檀林)御白洲へ相詰候事、

同年八月九日御隠居初願、松平伊豆守殿(奏者番・信礼)へ御差出、同

月十三日御差留、
上使土屋（岐）美濃守殿・牧野越中守（寺社奉行・貞長）殿也、同年十一月三日
再願、土屋能登守（寺社奉行・定経）殿へ御差出、同日願之通り御免、
上使土屋能登守殿・牧野越中守殿也、在住五年、
一、門誉（覚瑩）大僧正御代、宝暦三酉年十月十四日、御参詣之
節御出勤無之、
同月六日御隠居初願、青山因幡守（寺社奉行・忠朝）殿へ御差出、
同月十四日御差留、
上使青山因幡守殿・鳥居伊賀守（寺社奉行・忠孝）殿也、
同年十一月六日再願、井上河内守（寺社奉行・正賢）殿へ御差出、
同月廿日願之通御免、
上使井上河内守殿・青山因幡守殿也、在住四年、

○（九）御当山惣御霊屋へ　御成之節、　台徳院（徳川秀忠）様御霊屋并
御装束所計へ御出勤之例、
嶺誉（智堂）大僧正御代、寛政十一未年四月廿四日　御成之節
御出勤無之、御月番脇坂淡路守（寺社奉行・安董）殿へ御届申上候、文昭（徳川家宣）院様御霊屋、有章院（徳川家継）様・惇信院（徳川家重）様御霊前へハ、伝通
院霊麟（聖誉）上人御詰被成候、
同年二月御隠居初願、土井大炊頭（寺社奉行・利和）殿へ御差出、
同月十七日御差留、
上使土井大炊頭殿・植村駿河守（寺社奉行・家長）殿也、同年三月十八日
再願書、松平周防守（寺社奉行・康定）殿へ同月廿四日御免、
上使土井大炊頭殿・松平周防守殿也、在住八年、

○（十）御当山御住職之御礼不相済内、京都へ御使僧之道中、
人馬被下　御朱印并御奉書相渡候例、
文化五辰年四月朔日、薫誉（在禅）大僧正御当山へ御住職被仰
付、翌二日御掛寺社司大久保安芸守（忠真）殿、先規之通願書
差出置候処、四月十九日於御同所に　御朱印并御奉書
相渡候事、
京都ニて御使僧定学和尚也、私曰、朔日、御登　城仰
付ト候故、同月十五日御礼相済へく筈之処、当月ハ諸
大名之参勤・御暇折重候ニ付、十五日月次之御礼無之、

御黒書院出　御ニテ、不時御礼ニ相成候、夫故御白書院出　御無之候ニ付、無拠御当山御礼十五日流ニ相成候、夫故御礼不相済内相渡候次第、願書差出候テヨリ十八日目ニ相渡、御当山御住職御礼御登　城へ、同月廿八日ニ相済候事、

(十一)○御当山御住職之御礼不相済内、檀林方移転住職仰付之登　城被仰出、其節大僧正御方御登　城御出席有之候例、

御当山四十四代門誉学瑩大僧正、寛延三午年三月朔日、光明寺(鎌倉・檀林)ヨリ移転被仰付候、然処如何之訳哉、御住職之御礼御登　城ハ、四月朔日ニ相成候、依之右御礼不相済内三月廿六日、檀林方移転住職登　城被仰出候事、

百万編知恩院へ　大念寺
鎌倉光明寺へ　常福寺
瓜連常福寺へ　東漸寺
江戸崎大念寺へ　増上寺伴頭　仙　雄
小金東漸寺へ　同寺二臈　冏林

右之通、同日登　城被仰出候節、大僧正御方御登　城被遊候事、

又、五十五世薫誉在禅大僧正御代、文化五辰年四月朔日、光明寺ヨリ移転被仰付候、然ル処、同月十五日諸大名参勤・御暇等折重候ニ付、御黒書院ニテ出　御ニテ不時御礼ニ相成候、依之御当山御住職之御礼、同月廿八日ニ相成候、其内同月廿四日新田大光院(紫衣檀林)典海(教誉)上人・生実大巌寺(香衣檀林)実海(膽誉)上人・学頭了歓(神誉)、登　城被仰付、大光院光明寺、大巌寺大光院へ、学頭大巌寺ニ移転、住職被仰付、右当日大僧正御方御登　城被遊候事、

(十二)○寛延三午年四月朔日、御白書院出　御、門誉(覚瑩)大僧正御代也、

右三束弐巻ツツ住職任官之御礼　増上寺大僧正
右壱束壱巻住職之御礼　京都知恩寺
同断　鎌倉光明寺

同断　　　瓜連常福寺
同断　　　江戸崎大念寺
右ハ壱束壱本ニ御座候、
右同断　　　小金東漸寺
又、文化五辰年四月廿八日、薫誉大僧正御住職并御任
官御礼登　城有之、同日鎌倉光明寺典海上人・新田大
光院実海上人・生実大巌寺了歓上人、各移転住職御礼
登　城有之事、
御当山御住職仰付之儀、古来御黒書院出　御被仰付候
御仕来ニ候所、折節御黒書院御修覆中ニテ、御白書院
出　御ニテ被仰付候例、
寛政十一未年四月十五日、倫誉(念海)大僧正光明寺(鎌倉)ヨリ移
転被仰付候処、御黒書院御修覆中ニ付、御白書院出
御ニテ被仰付候、尤後例ニハ不相成候旨、御掛松
平(寺社奉行・康定)周防守殿ヨリ御口達有之候事、
○(十三)豊誉(霊応)大僧正御方御病中、寒気御尋之　上使并八代橀

柑　上使有之、御請等之次第、
一、前以御月番へ始末申上候、手続等差出置可申事、
一、安永六酉年十二月十日、御月番牧野豊後守(前)(寺社奉行・惟成)殿へ御届
書差出、尤此節御忌中ニ付、太田備後守(寺社奉行・資愛)殿へ御頼被成
候由、
一、同月十二日、太田備後守殿役人中ヨリ手紙を以、同
之通可相心得旨申来候事、
一、同月十五日、寒中御尋御桧重被下之、
一、同月廿三日八代橀柑被下候、　上使水野清六(御使番・忠郷)殿御越
之処、前後始末代僧御請之進退共、全去十五日御桧重
被下候通故畧之、
右為御請代僧了琁登　城之処、於桧之間ニ御目付堀
帯力(秀隆)殿被謁候、諸般無滞相済、下　城之節牧野豊後守(前)(寺社奉行・惟成)
殿へ罷越、役人中面会始末相届引取候事、
一、御城ニテ御坊主へ相渡手札、如左、
今日　上使を以、八代橀柑拝領被仰付、難有奉存候、
病気ニ付代僧を以、御請申上候、
増上寺方丈代僧役者　了琁

右之通、奉書紙手札ニ相認、

〇(十四)一、豊誉(霊応)大僧正御方御病気ニ付、安永六酉年十二月廿四日例之通、御歳暮献上次第、先達テ御月番牧野豊前守殿へ、書面差出有之処、廿三日御同所ヨリ伺之通可相心得旨、御達有之、

上使河田半助殿御越之処、役者(所化)順東被出御請申上候、大方丈壱之間閾内へ相進平伏、上意御演承之、方丈へ可申聞旨申述候、退座、右御披露中ニ例之通、茶・煙草盆・干菓子等出之、右畢テ順東罷出、初之席へ相進、御請口上申述、

寒中為御尋、　上使を以御桧重拝領被仰付、難有奉存候、此節病中ニ御座候ニ付、御請之儀代僧を以申上候、

右ニ付、差出手札如左、

増上寺方丈病気ニ付、代僧役者　順東

右之通、奉書紙手札ニ相認、美濃紙折、懸包ニ致、上書ニ覚ト相認差出、其外之次第、定例之通リ畧之、

一、即刻、右之御礼として、代僧順東登　城之処、於桧之間ニ御目付田沼市左衛門(意致)殿被謁、無滞相済、下　城之節太田備後守殿へ罷越、役人中へ面会、委細相届引取候事、

一、廿四日早天、御品行者附添　御城へ上ル、引続代僧順東登　城之節、四ツ半時頃松平右近将監(老中・武元)殿・御奏者御当番井上河内守(正定)殿、御同間ニ御着座、御入側ニ戸田因幡守(奏者番・忠寛)・御目付日下十郎兵衛(房正)殿御着座、代僧順東竪目録持参、蘇鉄之間ニ相控居、御目付衆ヨリ御差図次第、順東起座、桧之間内壱畳目へ相進、竪目録井上河内守殿へ御渡申上候得ハ、右之目録、直ニ右近将監殿へ御上被成候、此時牧野豊前守、増上寺方丈歳暮御祝儀ト御披露有之、右畢テ退去、右之通、諸般無滞相済、下　城之節牧野豊前守殿罷越、役人中へ面会御謁之御名前書付、御届申上候事、

○（十五）

覚

一、摂家衆・宮衆、四足御門之前、石段之下ニテ、長柄ヨリ御下之事、

一、御門跡衆同断、

一、大納言・中納言・宰相・院家・僧正衆、惣門之前ニテ輿ヨリ下リ可被申事、

一、中将・少将・侍従、其外無官之院家ハ、山門南之橋ニテ下可被申事、

一、山門南之橋ヨリ公家衆之供、帽子着なきもの入申間敷事、

但、坊官ハ格別たるへし、

正月廿四日

以下諸簡畧要之内抜書

一、有髪入寺奉行所へ添簡之次第

一、乱心之僧御関所御手判願

一、評定公事之詔状ハ不及添簡

一、離檀之儀一向御免之訳

一、寺門前出火訴出御月番へ相届候次第

一、行倒レ・即死之者御検使願

一、添簡不出、但、御届之事、附、又府外ハ御代官所へ届候例

一、腹切津崎市郎左衞門一件

一、乱心自滅之者一家相対ニテ弔候事

一、出火之寺院御届并伺之上逼塞之事

一、下目黒幡龍寺出火之事

一、沢全寮ヨリ出火之事

一、近火之節御位牌退場之御定

一、出火御月番へ届候事

一、火屋ヨリ手あやまち

一、首縊御検使

一、大檀那他宗へ葬送ニ付、菩提所ヨリ当山へ願出候事

一、内礼・独礼・惣礼之寺へ住職申付之事

一、関八州触頭寺院之事

一、北国寺院へ触出之事

一、御朱印寺ハ開基檀那之願不相立事
一、浄土宗年忌之書上
一、御紋遠慮之訳
一、増上寺乗輿中雀御門改候訳
一、権僧正・正僧正・大僧正、紅衣不同之訳
一、仏像・仏具金箔泥不用不苦候哉、金入袈裟之類、外之切ニテも不苦候哉等之御尋
一、寺院住職申付もの、御代々之御条目、別テ宝永之新条目を以取扱候事
一、御府内寺院員数之事
一、属番外之寺院之訳
一、御幼稚之御方之御位牌向御安置之訳御達有之事
一、御霊屋向御取締一件御達等之事
一、綸旨箱葵御紋相付候訳
一、作州誕生寺領主支配請候様相成候事

有髪入寺　公儀へ添簡之訳

一、入寺御免之事、為寺格霜月解夏之前月廿七日迄也、依之　公儀へ出家願之添簡も、廿七日切ニ相止之、廿八日解夏已後、添簡不出、翌年正月十一日過ヨリ添簡出之、若其内ニ無拠顕露之願有之時ハ、山内直弟とても、右同断ニ　公儀へ不出、添簡も不仕、当山切ニ相済、先為致剃髪、十一日入寺相済候上、十二日已下勝手次第ニ致添簡、御月番へ為届申候、扨冬年ヨリ当至正月、府内末寺内弟子無拠願出候故、旧冬解夏過致許容候得ハ、此已後例式之様ニ罷成、依之今年冬夏前ニ法度出置候テ、正月十二日已下願出候様ニ申渡可置事致評議候事、右享保十七年正月八日手帳、

乱心之僧御関所御手判願

一、享保十七子年正月廿三日帳私鑑廿二日委細、同十六亥年七月周天内庵之例有之、必可見合、

評定公事之詔状ハ不及添翰

一、享保十七子四月四日帳、寺社御奉行計へハ無之候故、

添簡無、五日私鑑、

離檀願一向御免無之訳　又享保七寅三月三日・十日状

一、吾妻清見寺（上野国）并檀方之鐘打共、名方（主カ）・組頭今日河内守（寺社奉行・井上正之）殿御内寄席ヘ被召出、離檀ト申事ハ一向不相成候訳被仰渡候事、

六月廿七日両鑑・古鑑、右享保十七子年閏五月十八日、

寺門前出火訴出御月番相届候

一、享保十七子年大家徳右衛門牛込西方寺門前店喜兵衛宅ヨリ、昨夜六ツ半時過出火之由、但、類焼ハ無之、御月番ヘ為届候、猶又当山ヘ被仰渡、可為知申渡候、追付西方寺参上、西尾隠岐守殿（寺社奉行・忠尚）ヘ相訴候得トモ、常々火之元麁末ニ仕候趣手咎有之候、向後入念候様被仰渡候、帳鑑之朔ヨリ、又享保六丑二月十六・七日両鑑、廿二日御免長髪ニテ代ル、

行倒レ・即死之者御検使願

一、享保十七子年極月十六日、麻布御隠居所東北之柵外桁下ニテ、私鑑委し、

添翰不出、但、御届之事

一、捨物類・行倒レ・即死・首縊・出火等、享保十九寅年四月晦日、私鑑、

又府内外ハ御代官所ヘ届

一、享保十巳九月晦日、役所首縊奥沢浄心寺（九品仏）ニ有之、黒田豊前守殿（寺社奉行・直邦）御差図、御代官ヘ届、験（検）使可相願、先年も其例有之由、

腹切津崎市郎左衛門

一、右享保十九寅年五月朔日、内玄関障子之内ニテ腹切、深疵にても無之候、七ツ時過故下察候、帳場海信広間十五郎一同之申口、長右衛門召寄、広間之者共無念之段呵之、先外科・本道共ニ早速呼置、療治ハ後刻御検

使被参候テ、指図を請候間、医師掛可申候、
一、御月番西尾隠岐守（寺社奉行・忠尚）殿、長右衛門参上書付、左之通、
今日七ッ時前、浪人体之侍広間ヘ掛込候ニ付、当番之者様子相尋候処、水野和泉守（忠之）殿御家来之由、先月廿九日不調法之儀共有之、右屋敷罷出候処、今日途中ニテ右屋敷之者見咎メ被追掛候ニ付、掛込候由ニテ、彼是申不罷出候、其内玄関障子之内ニ罷在、致自害腹咽ニ疵付申候ト相見候、今以存命ニ御座候得トモ、口上モ申兼候、御検使被成下候様奉願候、依之（増上寺）役人佐藤長右衛門参上仕、宜御聞届被仰付可被下候、以上、
五月四日　　　隆崇院（寺家役者）　印
西尾隠岐守様御当番中　　　説冏（所化役者）　印
一、夜四時、隠岐守殿ヘ長右衛門罷越候処、（名主）加藤伊右衛門罷出、書付披見之上、有増之尋有之、書付之趣相答、追付検使可被遣之由被申渡候段、九ッ時過罷帰り候事、
一、八時検使役屋代善右衛門（繁房）・岸本杢右衛門被相越、長（佐藤）右衛門・（田中）周保立寄、右自害人見分、

乱心自滅之者一家相対ニテ弔候事
一、享保十九寅五月八日、山内観智院（塔頭）檀那御台所衆、於御城内乱心ニテ自滅仕候由、然ル処一家之者共、観智院ヘ相願候ハ、自滅ト申ハ跡目難立候故、内々ニテ病死之分ニ仕、宿ヘ引取申候、無疵者ニ被成、無沙事御取置被成下候様ニ願申候段相届候、尤一家者共ヨリも一札も可遣、右無相違之旨、其前ヨリ若御年寄本多伊（忠統）予守殿ヘ御届相済候段、書付申筈ニ候、此上其通ニ候、弔可申哉之伺相答候ハ、此方ヘ表向左様ニ被相伺候テハ、右左之挨拶難致候、右之趣ニ候ハヽ、内々ニ其方ヘ引請、能様可被致、右之証文も後刻持参ニテ見置候、惣テ乱心自滅跡目之事、乱心已前之嫡子ニ候得ハ、跡目相立申候、尤已後之子供ハ仮嫡子ニテも難立御定ニ候、

出火之寺法御届并伺之上逼塞
一、享保元申年十月廿日六半時過、石川近江守（寺社奉行・総茂）殿ヘ、円龍書付持参、如左、

覚　　市谷　安養寺

一、右之寺、昨十九日暮六ツ時過、位牌堂ヨリ致出火、本堂・座敷・庫裏不残焼失、并門前町屋敷類焼仕候、依之御届申上候、以上、

十月廿日　　増上寺　役者

取次雨森文右衛門、近江守殿又右衛門を以被仰出候趣、出火之寺院逼塞日数、其品御尋差当リ覚不申之旨答候、近江守殿ヨリ罷帰リ詮議之上、其例共書付差越候様と、御申越之書付差出、如左、

一、正徳二辰年四月廿九日明七ツ時、芝西応寺末二本榎相福寺薪小屋ヨリ出火、門前町屋三軒類焼、御月番本多(寺社奉行・忠晴)弾正殿ヘ御届申上、於当山(増上寺)逼塞申付候、

一、同月十日、伺之上、逼塞赦免申付候、

一、正徳五十(ママ)月廿日暁七ツ時、三河嶋常照寺灰小屋ヨリ出火之処、早速手前ニテ相鎮之候、

一、右之趣、御月番松平(寺社奉行・近禎)対馬守殿ヘ御届申上、同廿三日於当山逼塞申付候、

一、同月廿六日、対馬守殿ヘ伺之上、逼塞赦免申付候、

一、正徳六年正月十六日暁七ツ時、幡随院末湯嶋称迎院門前藤九郎殿貞正と申、火元ニ付、同月十三日御月番井上(寺社奉行・正長)遠江守殿ヘ、役者被召、称迎院門前ヨリ出火ニ付、称迎院儀於当山遠慮申付候、且又借地藤九郎儀ハ、於称迎院遠慮可申付被仰渡候、

十月廿日　　増上寺　役者

一、同月廿四日、遠江守殿ヘ役者被為呼、円龍(所化役者)参上之処、称迎院遠慮赦免可申付之段被仰渡候、以上、

一、石川近江守殿ヨリ手紙来ル、如左、

申達之儀有之候間、各之内壱人、只今可相越候、以上、

十月廿日　　石　近江守

利天(所化役者衆)
円龍

依之円龍罷越候処、又右衛門口上之趣、近江守御　城ヨリ申越候ハ、安養寺儀急度逼塞、於其許御申渡可被成候、此段得御意候様との事ニ付、依之罷帰リ手紙遣ス、如左、

御用之儀有之間、使僧壱人・組壱人同道ニテ、参
上可有之候、以上、
(日付ナシ)
増上寺　役者
市谷　安養寺

差上申一札之事
一、愚寺儀、昨十五日暮六ッ時過、位牌堂ヨリ出火致し、本堂・座敷・庫裏不残焼失、并門前町屋、且板倉遠江守殿御屋敷・長屋少々類焼仕候、尤火之元用心厳重ニ可仕之旨、前々被仰渡候処、無念之段一言申訳無御座候、依急度可被仰付之処、御容赦を以逼塞可仕之旨被仰渡、難有奉存候、若少モ於相背ハ、何分ニも可被仰付、為後証仍テ一札如件、
享保元申年十月廿日　市谷　安養寺
右之趣、組中一同ニ奉承知候、尤逼塞之内、急度為致蟄居可申候、若猥ヶ間敷儀御座候ハヽ、組共ニ何分ニも可被仰付候、為其奥印仕候、
申十月廿日　組惣代大久保　専念寺
増上寺　御役者中

右之趣ニ付、安養寺使僧・組大久保専念寺参上、於集会之間逼塞申付、為致証文文言如左、

御免之事
一、霜月三日、石川近江守殿ヨリ手紙来ル、如左、
申達儀有之候間、各之内壱人、今八ッ時過可被相越候、
十一月三日　石　近江守
利天
円龍
依之八ッ時過、利天参入之処、雨森又右衛門対談、近江守殿ヨリ被仰候ハ、市ヶ谷安養寺出火ニ付、遠慮之儀組之寺院度々願出候故、日数間も無候得トモ、免許之段於其許可被申渡候、尤直談可申候得トモ、御用取込故、取次を以申達候、
一、利天罷帰リ、尤今晩安養寺・組共招き、遠慮御免之段可申儀ニ候得トモ、最早晩景候故、明五ッ時参上候様、手紙出之、

御用之儀有之間、明四日五ッ時、市谷安養寺并組
二、三輩、参上候様相達、同道可有之候、以上、
右取次常行院(増上寺・塔頭)出之、
一、四日、市ヶ谷安養寺并組弐ヶ寺・取次常行院、同道
ニテ参上候処、於集会間同役列席、安養寺逼塞間も無
之処、近江守殿依御心入御免之段、昨晩被仰渡候旨相
達候事、
右之御礼ニ、安養寺早速近江守殿ヘ罷越、御差越次第
御同役中も可被相廻候、組中ハ近江守殿計リヘ参上致
候様、是又申渡候、
一、右逼塞御免之御礼として、近江守殿ヘ御使僧、帳場
ヨリ相勤候事、

下目黒幡龍寺出火

一、享保六丑正月三日雨、類焼無之、夜五ッ時過ニテ、
九ッ時過当輪番所ヘ名主共相届、馬場伊兵衛・円龍寮
ヘ罷越相届ケ候、尤幡龍寺ヨリも相届候、委被遂詮議、
口書等被申付、御奉行所ヘハ夜明候テ、六ッ時分参候
様可仕候、夜中参候ニ及不申候段申渡候事、委細如日
鑑、亦同年七月九日御触有之、
一、下目黒幡龍寺、昨三日之夜致出火、本堂并居間・庫
裏不残焼失仕、門壱ヶ所相残リ候、為御届如斯ニ御座
候、以上、

正月四日　増上寺　役者

一、七ッ時壱人罷越候様ニと申来ル、連察(所化役者)参上仰渡候、
住僧之儀ハ新田ヘ参リ、其留守之内之由、急度不申付
置候ハヽ、無念之至、又留守居之僧瑞泉儀ハ麁末之仕
方ニ候、依之住持之遠慮申付候間、於宿坊随分相慎可
罷在候、又宥免、於宿坊致蟄居候様可仕候、
右宿坊ハ新谷光伝ニテ候、銘々請証文等之様如日鑑、
九日ニ御免、瑞泉儀ハ廿三日ニ御免也、

沢全寮ヨリ出火　享保十三申十月廿六日

一、今昼九ッ時前、新谷沢全寮ヨリ出火、隣リ聖瑞寮ヘ
火移リ、不残類焼、火元沢全寮ヨリ勝手向過半相残リ
火鎮リ、外ニハ類焼無之、右ニ付、(寺社奉行・正之)井上河内守殿・小(寺

社奉行・英貞）出信濃守殿御出、且拾組之火消方七組、并当山近所之
大名衆方、左之通人数被差出候、
牧野（忠寿）駿河守殿　細川（興生）伊豆守殿　土方（雄房）河内守殿
植村（家敬）右衛門佐殿　一柳（頼邦）兵部少輔殿　池田（政晴）丹波守殿
阿部（正喬）豊後守殿　大久保（忠方）加賀守殿　松平（正容）肥後守殿
関（長広）但馬守殿　松平（伊達吉村）陸奥守殿　森（長生）越中守殿
脇坂（安興）豊之助殿　加藤（明経）孫三郎殿　有馬（一準）左衛門佐殿
田村（村顕）内膳殿
一、御目付本多（正庸）弥八郎殿、
一、土岐（寺社奉行・頼念）丹後守殿役人野沢織右衛門参上、役者対談有之、
右両僧之名付、書付持参之事、
右御同所へ大円持参之書付、左之通、

覚

今昼九ッ時前、寺内新谷沢全寮ヨリ出火出シ、西隣聖
瑞寮不残類焼仕候、尤火元沢全寮ハ過半相残リ、早速
火鎮申候ニ付、御届申上候、以上、
一、右両僧寮地之絵図相済持参之、且又先達テ谷頭秋印
并沢全組徳音召呼、出火之様子相尋候処、其趣有増相
答、沢全儀出火之已後、何方へ立退候哉、行衛相知不
申候段申述候ニ付、是又口上ニテ被相届候事、
一、井上河内守殿へも、右之書付絵図、擔粱（所化役者）持参候事、
一、土岐丹後守殿検使役原六郎兵衛被参、場所見分絵図
書付等被相届候ニ付、浄運院（塔頭）出合認之遣候事、
一、松平（武郷）民部大輔殿家老柴田左門、人数欠引共ニ被相届
候、但、民部殿出馬無之事、
一、新谷頭秋印相招キ、沢全寮焼跡炭片付可申旨、焼残
リ候家も勝手次第墜取候様、組中へ可被相達候旨申渡
候事、
一、霜月朔日、土岐（寺社奉行・頼稔）丹後守殿へ大円（所化役者）持参之願書、左之通、

覚

先月廿六日、当山内新谷沢全寮出火ニ付、沢全儀寺内
立退罷在候、依之同谷中庵主度々帰山願仕候間、御慈
悲を以帰山御免被仰付、
一、四日ニ土岐丹後守役人ヨリ所化役へ手紙之趣、
相達儀御座候間、御壱人唯今御出可被成候、
一、右返書遣、即擔粱被参候処、沢全儀願之通、帰山御

免被仰出候段被申渡候事、
一、罷帰リ披露申上、月番并谷頭秋印、且沢全組両僧相招キ、右仰渡之趣申渡、尤此段早速沢全方へ相達、参リ次第帳場迄相届候様可申通之旨、是又組両僧へ申付候事、
一、沢全儀帳場迄罷出候ニ付、致剃髪、明朝五ッ時過参上候様申渡候事、
一、新谷沢全参上候処、帰山御免被仰出候段申渡、勿論時節とハ乍申不調法ニ被思召候、依之寺内仕置、急度可被仰候得トモ、御容赦を以、其分ニ被成下候間、向後随分相慎ミ可相勤之段申渡候事、
一、土岐丹後守殿へ沢全帰山御免之御礼、御使僧以被仰入候事、

近火之節御位牌退場之御定 享保三戌六月廿四日、帳鑑

一、松平対馬守(寺社奉行・近禎)殿役者被呼、利天(所化役者)参上之処、今般 御仏殿火之御番四ケ所共、懸リ被仰付、向後近火之節ハ、寺社御奉行衆之内御両人衆被相越候テ、 御位牌御退場之節ハ供奉被成候由、依之御別当被得其意、番僧・御掃除頭へ、兼テ申付置、万一急成事も可有之、 御位牌宜方へ御退き候様可仕旨被仰渡候ニ付、四ケ所御別当并 台徳院(徳川秀忠)様御掃除頭相招キ、右之趣可被申渡候、
右御位牌・尊影御退場之所、南之方ハ 安国殿(徳川家康廟)前松原、北之方ハ 文昭院(徳川家宣)様後通り、四ケ所共 御位牌御一所ニ、右之処へ出火之最寄次第御退候様ニ、兼テ申合可相心得旨被申渡候事、

出火御月番へ届之事

一、元文元辰年霜月十七日、浅草誓願寺塔頭仁寿院手あやまち、早速打寄もミ消申候段、当山迄届来候ニ付、書付を以、御月番相届候様申渡候処、大岡越前守(寺社奉行・忠相)殿罷越御届申上候、格別之御咎も無之、書付計納リ相済候段届ニ参候事、
一、享保十八丑年霜月廿九日、下屋敷(増上寺)正福寺地蔵堂ヨリ出火、一軒焼、月番清岸寺ヨリ義潭(所化役者)へ、 公儀へ届様之次第を内証ニテ問合有之、差図致し遣候書付相認、

正福寺并組三ケ寺之加判ニテ、御月番玄蕃頭（寺社奉行・松平忠暁）殿へ差出
候、然ルニ正福寺并堂守も代出之由、依之書付案紙、
如左、
目黒増上寺下屋敷正福寺境内東之方ニ有之候地蔵堂
ヨリ、今七ッ時出火仕、類焼ハ無御座候、早速正福
寺手替并近寺ヨリ欠付、尤近所屋敷方ヨリ大勢被参
消申候、住持病気ニテ医者之方へ参候テ、留守ニテ
右堂司老衰之道心者差置罷在候処、難防人々欠付候
内ニ焼立申候、毛頭此外ニ怪敷儀無御座候、組中近
寺立合遂吟味、相違無御座候訳、使僧ニテ差遣候処、
其分ニテ相済、検使も無之、増上寺へ相届候様被仰
渡候由、右届ニ参上之事、

火屋手あやまち

一、享保十九寅年七月廿六日、橋場正憶院ニ有之候、昨
廿五日暮六ッ時過火葬之節手あやまちニテ焼失、尤外
ニ類焼ハ無之段相届、依之御奉行所へ為御届候之事、

首縊御検使　帳場日鑑委シ

一、元文元辰年霜月廿日、是ハ山門前南之松原也、又去
八月七日、石橋之上杉林之事ニテ、是も首縊、松平紀
伊守（寺社奉行・信岑）殿へ届、御検使願帳鑑ニ控、又享保十八丑年六月
八日、涅槃門惣囲丸太矢来外通首縊、瑞蓮院（別当）より相届、
西尾隠岐守（寺社奉行・忠尚）殿へ御検使願、委如日鑑、

大檀那他宗ニテ葬送、菩提所ヨリ当山へ願之訳

一、三田済海寺檀那牧野駿河守殿隠居成喜（忠辰）殿死去、遺骸
池上へ被相送候訳ニ付、済海寺願出候ハ、何卒御当山
御威光を以、開基大檀那之訳相立候様ニ、書付を以願
出、役所ヨリ取次昌泉院（塔頭）を以、屋敷へ願書遣之候、享
保七寅年八月九日帳鑑、十二、三日迄委細可披見之、

内礼・独礼・惣礼之寺へ住職申付

一、享保六丑正月廿六日、役所ニ内礼・独礼寺へハ、一
文字已上僧住職、惣礼之寺院へハ、扇之間已下之僧、
是ハ　御条目ニテ無之候得トモ、元禄十六未年惣テ大

小遠近寺院、不依規格立置申候、
一、内礼弐ケ寺、本誓寺・大養寺ハ方丈被仰付候也、
　　武蔵　相模　上野　下野　安房　上総　下総
　　常陸之触首寺院、左之通、
一、檀林十七ケ寺并天徳寺・誓願寺　　相州中郡 円徳寺
　相州中郡 泉流寺　房州 金台寺　佐倉 清光寺
　宇津宮 光琳寺　大鹿 弘経寺　房州 大巌院
　鏑木 光明寺　熊谷 熊谷寺　玉縄 貞相寺
　千葉 来迎寺　平方 林西寺
　　府内五口并葛西筋・岩渕筋　廿四日 御別当
　　塔頭 輪番所　方丈跡 代官　右ハ各通
　大沢 円通寺是ハ関八州之外ニテ候得トモ、触下関八州ニ有之候故遣候、　川崎 教安寺
　神奈川 成仏寺　同慶運寺三ケ寺連状　小机 泉谷寺
　鵜木 光明寺三ケ寺連状　小田原 無量寺　城源寺　大蓮寺三ケ寺連状
　木更津 選択寺　津 大乗寺弐ケ寺連状　高崎 大信寺
　同 安国寺　白井 源空寺　吾妻 善導寺　大覚寺
　清見寺　宗本寺八ケ寺連状　右ハ　御朱印寺也

　　北国之寺院へ触出之時
一、出羽・奥州・越後、此三ケ国へ毎々触来リ候、其外ニ大沢（円通寺）・岩城（専称寺）へ触遣候、是ハ三ケ国ニ末寺・支配も有之候ニ付テ也、
　　御朱印寺ハ開基檀那之願不相立
一、住持替リ之節、願不相立寺格、其例無之、右ハ稲毛泉沢寺後住之儀ニ就テ也、享保六丑五月七日、役同廿五日、
　　浄土宗年忌之書立
一、享保十一午年九月十日、黒田豊前守殿（寺社奉行・直邦）役人へ書付遣之、控、
　　覚
一、壱周忌　一、三年忌　一、七年忌　一、拾三年忌
一、拾七年忌　一、廿三回忌　一、廿七回忌　一、三
十三回忌　一、五拾年忌　一、百年忌　一、百五拾
回忌　一、弐百年忌　一、弐百五拾年忌　一、三百

年忌

右之通相勤、後々ニ遠忌も准之申事ニ御座候、以上、

九月　　　　　増上寺　役者

又享保十三申年二月十六日、後々又々黒田豊前守殿へ書上之覚、

覚

一、壱周忌已下如何、於浄土宗追善を営ミ候事、若生縁を求め候テハ、限テ中陰之中ニ御座候得ハ、四十九日之内ニ、夫々之分ニ応して力を尽し、徳本を植候、若又為孝養、或ハ為報恩なとニ追福仕候ハ、山ハ不厭高、海ハ不厭深、善ハ不厭積、罪ハ不厭除、と申候ヘハ、終ニ際限不可有事ト奉存候、但、遠近之年回を期し候テ、作福追善仕候ハ、儒家之礼法ニ准ス、且ハ上宮王子之定置給ふ弔奠之礼ニ准して、今に至りて年久しく候、然ル処宮ハ人者ニ依テ相務候、期年一准ならす候、尤忌年間も御座候得ハ、孝を尽すニ疎候、又恩を報するに難く候、依之期年定置、厳蜜ニ取行ひ、随分ニ可勤之希候得ハ、百年已後之遠忌ハ、誠以家族之伝体、相続不仕候テハ難勤儀ニ御座候、若法中ニテハ宗脈連綿として可相施候故、千歳之後ニ至迄、回忌相勤候事又不施候、

二月　　　　　増上寺　役者

御紋可致遠慮之訳

一、享保六年七月八日、役所高崎大信寺十一代已前真誉代ヨリ、御膳具之外、惣テ諸道具ニ御紋附来候由、城主松平右京大夫殿(大河内輝貞)被成御覧、御咎有之、於御当地仏心(別当)院へ御咄シ有之、役者円龍(所化)承之、連署遣候、如控、

増上寺乗輿中雀門改候訳

一、享保六(元年歟)年六月廿八日、石川近江守殿(寺社奉行・総茂)御尋、円龍(所化役者)答、大僧正御代替之御礼、且又年始等之御礼之節、献上物御前へ持出候、其人体如何成衆中ニ候哉、此方ニテ相知不申候、円龍答ニ、分明ニ難申上候、先年ハ中奥諸大夫衆ニテ御座候由、然ルニ拙僧役儀已来御進物番衆仮諸大夫ニテ持出候、何時分ヨリ何様ニ被成候哉、

詮議仕候得トモ、相知不申上候ト被申候、増上寺ニモ記録焼失故、往昔之儀ハ一向相知不申候、但シ、愚案仕候ニ、根元中奥之諸大夫衆ニテ可有御座儀ト、乍憚奉存候、其子細ハ方丈御能見物之節、於其席御茶被下候、其給仕中奥之諸大夫衆ニテ御座候、且又御料理被下候節、毎度給仕中奥諸大夫ニテ御座候、左候得ハ、献上物御進物番ニテ有御座間敷奉存候、然ルニ何之時ヨリ御進物番衆ニ成リ行候哉、我等共相歎申候、夫ニ付テハ愚案仕候ニ、中奥之諸大夫相止ミ候、其子細ハ流誉(増上寺三十一世)孤巌和尚代ニテ候ハん歟と存候、其意趣ハ御存通リ、前々ハ増上寺乗輿御玄関へ横付ニテ御座候、是ハ権現様(徳川家康)・親王之格式と、増上寺之儀御定被遊候故、右之趣ニ候、然ルニ流誉孤巌和尚之代ニ、中雀御門ニ相下リ候、此儀ハ孤巌和尚、前之方丈生誉(増上寺三十世)霊玄和尚ト申方丈之時入院之節、堀田(老中・正俊)筑前守殿入院之為御祝儀、方丈へ御出之節、其挨拶不礼ニ有之ニ付、筑前守殿甚立腹之由、且又惣テ此霊玄和尚、大学匠ニテ有之候得トモ、為其性釈門之法義堅ク執、惣テ諸大名・諸役人へも出家之身として手をさけ候事ハ、釈門之法義無之とて、無礼多候故、左様之事ニ候歟、入院之翌年正月六日、御年礼之節ヨリ方丈之着座相止之候、其上檀林入院之儀ニ付、被相背御条目ニ候間、　公儀ヨリ押テ隠居被仰付候、左様之不首尾之跡ニテ候故、孤巌和尚之時ヨリ、右之通中雀門へ乗輿下リ、左候得ハ、此時増上寺之格式自ニ下リ候故、献上之事も右之趣ニ候歟、勿論着座之儀ハ貞誉(増上寺三十二世・了也)大僧正之時復昔候、然ハ献上持出候事も、大方貞誉大僧正之時ヨリ、中奥衆ニ罷成候ハん歟、其後御進物番ニ罷成候、此段ハ一向記録無御座候故、愚意一通申上候、已上、

権僧正　正僧正　大僧正　紅衣不同之訳

一、享保五子三月十三日、役所公辺牧野因幡守(寺社奉行・英成)殿御尋ニ、増上寺之装束、何色之装束ニ候哉、円龍答、是ハ権僧正ハ准紅色ノミ着致し候、正僧正・大僧正ハ紫衣・紅衣共着致し候、別テ大僧正ハ、何之色ニテも、心次第之事に御座候得トモ、官衣ニテ有之候故、前々より紅衣ノミ被致着候、因幡守殿、其紅衣ハ何モ同様之事ニ

候哉、円龍答、権僧正ハ染色之紅衣、正僧正ハ織色之紅衣ニテ御座候、然トモ是ハ裏表御座候、大僧正ハ糸織ノ紅衣ニテ御座候、裏表無御座候、此差別有之候、因幡守殿、扨装束之趣ハ、増上寺之大僧正も、外之大僧正も一同ニ候哉、円龍答、増上寺大僧正ハ禁色并ニ瓜ニ霰之装束ニテ御座候、此等諸門跡御一同之筋之趣ニ申候、其段聞請、其次第書付可被差越之、如次下、

一、金襴衣ハ着用之寺院ハ相定居申候哉、円龍答、仰之通本山方御菩提所・諸檀林着用仕候、平之寺院ハ不致着候、因幡守殿、平之寺院モ金襴衣俱(ママ)相見候、円龍答、権化寺之於寺院モ御菩提所、并又ハ触頭職ニテ格別之筋目有之寺院、又ハ於国々其国主之菩提所抔へ、国主之依願差免も有之候段申候、其段も書付、

一、色衣を着し、又ハ黒衣ニテ色袈裟成ハ如何成筋ニ候哉、円龍答、宗門之法式、学席拾五年相勤候時ハ、権上人之綸旨頂戴仕候、弐拾年相勤候時ハ、正上人之綸旨頂戴之上、香衣を着仕候、此段ハ元和元年之御条目ニテ御座候、且又黒衣色袈裟之儀ハ、学臈八年相勤候得ハ、宗門之血脈ト申候致相承候、是ハ人を助ケ候奥旨を相伝仕候故、血脈已上之僧ハ、和尚ト称美仕候段申候、因幡守殿、増上寺之塔頭ハ、黒衣色袈裟掛ケ候ハ如何成事ニ候哉、円龍答、右之通八年已上之僧ハ血脈致相伝候、然ルニ増上寺塔頭之内ニハ、綸旨頂戴之僧侶ハ、猶更多御座候、然ハ八年已上之僧ハ、和尚之徳を備候故也、色袈裟を着用仕候、如斯色袈裟掛ケ事も、元和元年之御条目之趣ニテ御座候、尤四年ニテ五重相承致し、八年ニテ血脈相承仕候ハ、宗門之寺格ニテ御座候段申候、因幡守殿、其旨書付差出候様ニとの事、如次下、

一、帽子如何成訳ニテ年内中着致し候哉、円龍答、九月節句ヨリ三月節句迄着致し候次第委申候、是又書付出候様ニとの事、如下、

覚

一、三縁山大僧正装束皆具
一、素絹　紅精好
一、剃貫　禁色　八藤

一、法服
一、表袴　瓜ニ霰
一、直綴
一、九条
一、七条
一、五条
一、座具
一、珠数
一、帽子
一、桧扇子
一、沓

以上

一、京都四ヶ山并御菩提所、且諸檀林、大概紫衣寺之外
金襴衣着用之寺院、

駿州　花陽院

右ハ三州寺部之城主大河内左衞門佐元綱之御息女、同国苅屋城主水野右衞門大夫忠政之室、　伝通院殿御母公也、　東照神君(徳川家康)御祖母源応尼公、花陽院ト号し奉る、

右御菩提、慶長年中一宇御建立、即花陽院是也、

上州高崎　大信寺

右ハ　台徳院(徳川秀忠)様御三男権大納言忠長公、峯厳院殿ト号し奉る、右為御菩提所之着用許ノミ、

駿州　報土寺

右ハ　東照神君(徳川家康)御帰依之霊地ニテ、奉安置大樹寺殿御位牌、且慶長三戌年五拾回御忌御法会之道場、依之駿州一国着用許ノミ、

甲州　善光寺

右ハ信州善光寺生身之如来臨地之霊場ニテ、苑林堂一宇、尤国中大伽藍也、依之甲州一国着用許ノミ、

下総国下小堀　浄国寺

右ハ宗門関東法幢之開基、記主禅師(良忠)之開基ニテ、且為触頭之間、於其所ニ着用許ノミ、

佐渡　法界寺

右ハ一国之触頭ニテ、臈長高徳之僧、為寺務之間、佐州一国之着用許ノミ、

相州岩瀬　大長寺

右ハ知恩院(京都・本山)御門主尊統親王へ勤方之功を以、格別之許
容、依之現住ニ限る着用許ノミ、
備前岡山 浄念寺　奥州白川 森巌寺　信州松本 春了寺
右之三ヶ寺、国主為牌所之間、依城主之懇望ニ、各其
於領分着用許ノミ、
一、檀林修学稽古、為弐拾年臈之時ハ、正上人之　綸旨
頂戴、且為拾五年之時ハ、権上人之　綸旨頂戴之上、
香衣着用、
一、修学之臈八年ニ及時ハ、宗之法脈令相承、蒙和尚号、
色袈裟着候事、　蓋宗門之軌則ニテハ、且三縁山(増上寺)塔頭之
僧侶ハ、雖為黒衣寺格、螢雪之功、和尚之誉れ有之候
条、色袈裟致着用候、
一、帽子之事、九月節句ヨリ至三月節句之内着用、蓋是
防寒之法衣、或ハ是如来之宝冠を表、又ハ菩薩之天冠
を表し、此式有之候、
三月　　増上寺　役者
因幡守殿御尋之条々、円龍(所化役者)答之趣、
一、享保五子五月七日、役所ヨリ公辺、私之標目、円龍
答之趣、
一、継目御礼之外、紫衣・香衣着等之御礼無之事、
一、増上寺金襴袈裟、又ハ紫衣相済候事、
一、紫衣ハ寺付故、隠居之後ハ、黒衣ニ成る事、
一、貞誉(増上寺三十二世・了也)大僧正隠居之節、　十日様(徳川綱吉)　上意ニテ、隠居後
も緋衣を着し、度々登　城、証誉(増上寺三十四世・雲臥)大僧正ハ右同断之事、
一、任官之事、貞誉之次、詮誉(増上寺三十三世)白玄中絶ニテ御座候、是
ハ入院翌年遷化故也、
一、即席任官ハ顕誉(増上寺三十八世・祐天)僧正已来也、已前ハ何モ住職已後、
年月を隔、任官被仰付候事、
一、於宗門任官ハ、貞誉始(マヽ)ニテ無之、其已前浄花院(京都・本山)定玄
僧正、知恩院(京都・本山)満誉(尊照)大僧正、
一、於増上寺国師(観智国師)ハ有之、僧正ハ貞誉已来、
一、僧正ハ国師ト勝劣之事、大僧正ハ官也、国師ハ徳号
也、天子之戒師を奉勤之時、此号有之候得ハ、国師勝
る事、
一、国師ハ知恩寺(京都・本山)如一(如空)国師、浄花院恵照(等熙)国師、増上寺観(源
智(誉存応)国師也、

一、宗門紫衣初之事、
一、異流之訳、
一、円光大師(法然上人)宗門興起之訳、
一、仏法日本へ流転之次第、
一、牧野因幡守(寺社奉行・英成)殿御尋、誓願寺(浅草)・東漸寺(小金・檀林)継目御礼願ニ付、是ハ先紫衣成、香衣着之御礼ハ無之事ニ候哉、円龍(所化役者)答、他宗ニハ仰之通、御礼御座候得トモ、宗門之儀ハ継目御礼計リ願来リ申候段申述候故、因幡守殿何とて、浄土宗ニハ香衣着等之御礼ハ無之哉、円龍答、他宗之儀式ハ、真言宗ニハ仁和寺宮様、又ハ護持院ニおゐて其許有之候、天台宗ハ従東叡山(寛永寺)其許有之候由承及候、然ルニ宗門之香衣ハ、奉　綸旨頂戴　勅許ニテ御座候故、香衣着之御礼ハ不申上、檀林住職之儀ハ、元ヨリ御寺同前之筋ニテ、　公儀奉拝領候故、其住職之御礼不申上筋ニ御座候、紫衣着之儀ハ、禅宗之紫衣ハ其人ニ付、宗門之紫衣ハ其寺ニ付候、依之其紫衣寺へ住職被仰付候ニ付、継目御礼申上候筋ニテ御座候、香衣檀林住職之節、金襴之袈裟ハ於増上寺登　城之翌日、儀式相調、僧正ヨリ金襴之袈裟被遣之候、又初テ紫衣寺へ住職之時ハ登　城之翌日、是又於増上寺大僧正ヨリ遣候段申述候、因幡守殿、然ハ致隠居候テも、金襴之袈裟、又ハ紫衣を着し候哉、円龍答、右之通、寺附ニ候故致隠居候得ハ、黒衣ニ罷成候段申述候、因幡守殿、然ハ大僧正も隠居已後黒衣ニテ候哉、円龍答、大僧正ハ已後も緋衣を不脱候、其子細ハ貞誉(増上寺二十二世・了也)大僧正隠居之節、常憲院様(徳川綱吉)　上意ニ隠居已後も緋衣着ニテ、数度登　城候、相次テ雲臥(増上寺三十四世・証誉)大僧正も同断ニテ御座候、夫ヨリ已来隠居已後も緋衣ニテ御座候、因幡守殿、貞誉僧正已来無断絶大僧正ニテ候哉、円龍答、詮誉白玄中絶ニテ御座候、是ハ九月廿九日住職被仰付、其翌年七月二日遷化被致候故、不被任大僧正候、其故ハ増上寺住職被仰付、即席任官ハ顕誉(増上寺三十六世・祐天)大僧正已来ニテ御座候、夫ヨリ已来ハ、何モ住職数月已後、任官被仰付候段申述候、因幡守殿、浄土宗門ニおゐて、大僧正ハ貞誉初ニテ候哉、円龍答、往昔浄花院(京都・本山)におゐて定玄僧正、知恩院(京都・本山)満誉(マヽ)大僧正有之候、但、於増上寺ハ国師(観智)ハ有之候得トモ、大僧正ハ貞誉已前ニハ無御座候、因幡守殿、大僧正ト国師トハ、何レか勝レ候哉、円龍答、其段ハ御挨拶難仕候、其所謂ハ大僧正ハ官ニテ御座候、国師ハ徳号ニテ御座候、然ハ国師ハ　天子之奉戒師奉勤候得ハ、此人無御座候、夫故国師ハ其類無御座候、大僧正ハ同時類例有之候、然ハ国師相勝候次第申述候、因幡守殿、浄土宗ニテハ国師詮々ニテ候哉、円龍答、於知恩院如一国師、於浄花院恵照国師、増上寺観智国師之次第申述候、因幡守殿、浄土宗門之紫衣ハ何之時ヨリ有之候哉、円龍答、当初鎌倉光明寺（檀林）開山記主禅師（良忠）、　後深草院　勅許有之候得トモ不渡後代候、其以後又　土御門御宇、光明寺第八世観誉祐崇和尚常紫衣　勅許有之候段申述候、因幡守殿、然ハ紫衣ハ其寺ニ附、不付人之間、香衣檀林ニハ無之事ニ候哉、円龍答、仰之通リニ候得トモ、但、鴻巣勝願寺（檀林）ハ別ニ子細御座候テ、紫衣着之住持有之候段申述、因幡守殿、其趣承及候、勝願寺ハ如何成故ニテ如左候哉、円龍答、此段決テ難申上候得トモ、勝願寺開山ハ記主禅師ニテ御座候故、別段之筋目を以、右之通ニ候哉之趣申述候、因幡守殿、三州大林寺・妙心寺ハ異流ト申事、如何成儀ニ候哉、又異流ニテも増上寺支配ニハ罷成候哉、円龍答、異流ニテハ候得トモ、御菩提所並ニ候故、我々支配ニテ御座候、異流と申儀ハ元祖円光大師（法然上人）之弟子四ツニ分レ候、其内妙心寺・大林寺ハ、西山流儀ニテ御座候、諸檀林ハ鎮西流儀ニテ御座候、鎮西流儀之眼より見申候時ハ、西山を異流ト申候、因幡守殿、浄土宗、天台宗ヨリ出候由承及候、弥其通リニ候哉、円龍答、天台宗より出候と申事ニテハ無之、夫ニハ子細有之候、其段事六ケ敷儀ニ御座候得ハ難申上候、因幡守殿、少シ成トモ承度ト被仰候、円龍答、其源　欽明天皇即位当十三年ニ、只今之朝鮮国を其節ハ三幹（韓）と申候、其三幹之内之百済国之聖明王ト申ヨリ、初テ我朝ヘ仏法相渡ス、其時浄土之三部経相渡リ候、然ルニ三十四代　推古天皇之御宇、聖徳天子守屋大臣を御退治被成、普く仏法を御弘メ之時、明眼論ト申書を御製作、悉三部経を引テ、念仏を御初メ、其後　舒明天皇之時、釈恵隠法師ニテ、浄土三部経之内之無量寿経を被合講、是日本宮講之始ニテ候、然ハ此時阿弥陀如来本願之功徳弘リ候得トモ、恵隠禅師を浄土之開祖トハ不仕候、其後四十五代　聖武天皇之御時、行基菩薩普く念仏を御弘メ、知（智）光・清海等普く念仏を弘といへとも、是また不致開山ト、其後　孝謙天皇之御宇、当麻曼陀羅出現、其後五十代　桓武天皇之御時、延暦弐十三年五月弘法大師（空海）入唐、同年七月伝教（最澄）大師入唐、然ルニ伝教大師翌弐十四年ニ帰朝候テ、天台宗之法門并ニ念仏を弘メ、亦大同元年弘法大師帰朝、是亦念仏を弘むといへとも、浄土宗之開山と不仰、相次て慈覚大師（円仁）・智証大師（円珍）、別て恵心僧都（源信）、其後永観・珍海等之諸師、念仏を被弘候得トモ、何れも不致開山、其後七十七代　後白川（河）之御宇、元祖大師（法然上人）初テ専修之門ニ入リ、浄土宗を御弘メ候を、開山ト仰候事ハ、重々子細有之候、別テ承安五年三月十四日、謁異朝善導大師ニ、悉如来伝々之奥旨を御相伝被成候故、開山ト奉仰候、然ニ円光大師、始天台ニテ御座候故、浄土宗ハ天台宗ヨリ出候ト、人々誤テ唱候得トモ、右之次第ニテ御座候、伝教・弘法も元ハ華厳宗ニテ、南都東大寺之学匠ニテ候得トモ、入唐已後、天台・真言本朝之開山ニ仰候テ、華厳宗より出たる天台・真言宗トハ唱不申段、委細申述候也、

仏像・仏具金箔泥不用不苦候哉、金入袈裟之類、
外之切ニテも不苦候哉等之御尋

一、享保六丑年五月廿五日、役所土井伊予守（寺社奉行・利忠）殿書付御渡、此書付之次第御上意之御尋ニ候、然トモ表立候事ニテハ無之、御内々之事ニ候、

一、金箔泥ニテ仕、致彩色候像、

一、金入袈裟之類、五条・七条共ニ金入ニテ無之、外之切計リニテ不苦候哉、

一、神前・仏前、金銀之荘厳、

一、位牌・厨子、金箔、

一、寺社之額、金銀之泥、

右金銀之箔不用候テハ難成儀ニ候哉、木地或ハ外之彩色ニテも相済可申候哉、此書付之趣如何被致候哉、其

方達、存寄も御尋之上、思召被分之儀ニ有之様ニ相聞候、其上ニテ御触ニも可及哉、又其通リニ可成哉難計候、此段外之触頭へ尋候事ニテハ無之、東叡山(寛永寺)・其元(増上寺)両山へ被申上候趣ニテ、思召有之様ニ相聞へ候との御申、

一、円龍(所化役者)、第一御尋之儀ハ、古仏ハ中々有来箔被落候筋ニテハ無之候、此已後御停止之儀ハ、其通リニも可有御座候哉、併仰之趣ニ候得ハ、答之趣ニテ、天下之定式ニも可被成哉、大切之筋ニ候得ハ、罷帰リ、同役相談之上、所存之程申上度奉存候、第弐之条箇之儀ハ、此段堅御請難申上筋、其子細ハ尤宗々ニ金入之袈裟ハ、其子細可有之候、別テ浄土宗之儀ハ、檀林并御菩提所之住持職着用仕、此色衣を以寺格之差別相立候趣、委敷申述候、伊予守殿(寺社奉行・本多忠統)仰ニ、此儀ハ御上ニおいて、思召有之事ニ相聞候、其子細ハ元釈迦之御意ニハ、金入抔之袈裟ハ有間敷様ニ被思召候、但、麁相成袈裟、釈迦之定之由、但シ、金襴之袈裟も釈迦已来之事ニ候哉、円龍答、仰之趣ハ成程一通リ其所謂有之候、其段ハ如法衣ト申テ袈裟、色ハ黒木蘭、此三色仏製ニテ御座候、是ハ青黄赤白黒之正色之外、右之境色ト申テ、沙門之着仕事ニ御座候、且又金襴衣之儀も、自元如来之御袈裟ニテ御座候旨申述候、伊予守殿、然ハ金襴之袈裟も、釈迦之袈裟ニテ、今時之出家モ掛候テも、釈迦之定ニも不相背候哉、円龍答、成程仏之定ニ背不申、平語ニテ申候得ハ、本金襴之袈裟ハ、如来之姨母大愛道女ト申候が、世尊へ金襴を被献候、如来入滅已前、御弟子迦葉尊者ト申へ御附属御座候テ、夫ヨリ已来出世大僧正之僧侶着用仕事ニテ御座候、依之右之通り、於宗門ハ別テ積徳臈長之者着用仕事ニ御座候、若此度御制止ニ御座候テハ、宗門之規則相立不申旨申述候、伊予守殿、左候ハヽ、其止候テハ於浄土宗ニ相障之旨、其方達、所役之通り書付之可被差出候、但、七条・五条之外、金入ニテ無之候トモ、檀林・御菩提所之住持懸候テ不苦袈裟無之候哉ト御申、円龍答、御書付ニハ七条ニ、五条ニ御座候得トモ、此外ニ九条種子袈裟ト申御座候、種子袈裟ト申ハ略衣ニテ御座候、金入ニテ無之

候テも、檀林之住持等着仕不苦候、其子細ハ此種子袈裟ハ、天台・真言等之宗旨ニハ、格別之衆中着用仕候事、浄土宗門之儀ハ内所ニテハ着用仕候歟、又ハ遠路往来之節着仕候、格式之席ヘハ着仕候九条之儀ハ大衣ト申候テ、別テ大切之袈裟ニテ御座候、此御書付ニ無之事ハ、御上之不被思召分故ニテ可有之候、然トモ於宗門ニ大切之袈裟ニ候ハ、九条書加ヘ、口上書被相認候、又種子袈裟金入ニテ不苦候ハ一段之事、一々御尋之趣を被相背之儀、如何ニ候得ハ、不苦之趣可相認候ト御申、第三・第四・第五之三ケ条ハ、其通リニテも相済可申哉之趣答候、伊予守殿、右之次第書付出来次第ニ、明日差上候様ニト申、依之罷帰、御前へも委細遂披露、尤同役相談之上書付差遣ス、如左、

覚

一、金箔泥ニテ仕立彩色いたし候仏像、惣テ仏体ハ金色ニテ御座候得ハ、今更箔泥不用候テハ、如何ト奉存候、其上金色ハ世人所貴衆色之根本ニ候故、仏像致拝見、自然ト信心増進、其利益可有御座候哉ト奉存候、

一、金入之袈裟之類・五条・七条共ニ金入ニテ無之、外之切計リニテも不苦候哉、五条・七条・九条金入之袈裟ハ、宗門之棟梁職之標幟、依之檀林并御菩提所、一宗之内ニ由緒有之寺院ニ致着用、其余之僧侶且テ着不仕候、若外之切相用ニテも、積徳﨟長之差別無御座候、宗門之規格相紊可申哉ト奉存候、但、種々袈裟ニテ候故、外之切ニテも不苦候、

一、神前・仏前金銀之荘厳、木地或ハ外之彩色ニテも相済可申哉と奉存候、但、拝見仕候節、帰敬之意、自然と微薄ニ相成可申哉ト奉存候、

一、位牌厨子金箔、木地或ハ外之彩色ニテも相済可申哉ト奉存候、

一、寺社之額、金銀之泥不用候テも不苦候哉ト奉存候、

以上、

五月　　　　増上寺　役者

寺院住職申付候ハ、御代々之条目、別テ宝永之新

条目

一、享保六丑五月十八日、役所当山支配住職之寺院ハ、住職御代々之条目、別テ宝永四年之新御条目を以、右大小遠近之寺院住職之式取扱申候事、

府内支配寺院之員数

一、享保七寅十月廿日帳、伝通院（小石川・檀林）ヨリ尼寺感応寺迄、弐百五拾九ケ寺也、外ニ目黒幡龍寺、

属番外之訳

一、寺門番・方丈番共ニ、一、二人暮之寺上リ候時ハ属番之外ニ候、元文四年五月平塚仲台院方丈番之処、右之趣を以属番之外ニ候事、

一、此度御幼稚ニテ御逝去之御方之御位牌御安置之品、
未（寛政十一年）八月四日植村駿河守殿（寺社奉行・家長）ヨリ御直達書、左之通リ、
別紙之通リ被仰出候付、麗玉院（徳川家斉女）様御位牌、向後御回向等ニテ不及、何方ヘモ納置可申候、

一、瑞巌院（徳川家斉子）様御位牌之儀ハ、是迄之通ニ候事、
右之通リ、増上寺方丈ヘ可被達候事、

八月

御幼稚ニテ御逝去之御方々様、御位牌御安置・御回向等之品、只今迄ハ御定モ無之候得トモ、御代重リ候ハハ、御位牌相増可申事ニテ、無際限儀ニ思召候、享保年中御代々之御霊屋モ御相殿被仰出、御法事之品ニも御省略有之事ニ候得ハ、御幼稚之御方之も御制度可被定置事ニテ、七歳未満之御方御忌服モ不被為在、御成長之御方トハ御同積ニ可被成置事ニハ無之候間、御位牌永々御安置ハ被仰付間敷候、百ケ日之御供養過候以後ハ、御膳具不及相備候、御忌日ハ御茶・御菓子ヲ相備可申候、御一周忌過候ハハ、御備物相止、御位牌ハ御一所ヘ相納置可申候、

一、右之通リ相成候以後モ、盆中又ハ御年回等、其寺院ニテ、何方ヘなりトモ、仮御位牌を遷座いたし、御供養申上候儀ハ、法中之心次第可仕候、勿論　公儀ハ御構無之候、

一、御七歳未満ニテモ、　若君様ト申上候御方ハ、是迄
之通リニ候、
一、御代々様之御子様方ハ、其節之思召ヲ以、御位牌御
安置、御仏供料御寄附之事ニ候間、尤是迄之通ニ候、
右之通リ被仰出候間、増上寺方丈へ可被達候、

八月

右ニ付、八月廿一日手紙添、植村殿役人遠藤
与七ヘ相遣、左之通リ、

麗玉院様御位牌、何方ヘモ納置可申旨、今般御書付
を以被仰出候、依之右御位牌大方丈仏殿之内納置申
候、此段御届申上候、以上、

八月　　増上寺　役者

未八月廿九日植村殿察常(所化役者)持参、役人ヘ相渡候
書付、左之通リ、

覚

麗玉院様御位牌、先達テ御届申上置候通リ、大方丈
仏殿之内ヘ納置申候、依之岳蓮社(別当)ニ被為在候、　御
三方様御位牌ニ元御座順通リ御安置仕候、此段申上候、
以上、

八月　　増上寺　役者

未(寛政十一年)四月廿一日脇坂淡路守殿(寺社奉行・安董)ヨリ呼状ニ付、察常(所化役者)罷
出、於評席御達之書付、左之通リ、

一、安国殿(徳川家康廟)并御霊屋向御別当所、近来何トなく不取締に
も有之、日々献供物仕立方等之儀も、不行届訳も有之
欤ニ相聞候、御場所柄之儀、右体ニハ有之間敷事候得
トモ、若心得違いたし居候ものも有之哉、如何ニ存候、
依之往々取締行届可申趣法、厚く遂勘弁可申聞候、一
山之内杯ニテ取締役ト申もの、両、三人モ申付候テハ
如何可有之哉、此等之処迄モ、方丈ヘモ得(篤)ト申談、永
続取締方存寄之趣、残さす申出候様可致之事、

右之外、近来何トなく、御場所向不取締之様子相
聞へ、右ニ付十一月十九日脇坂淡路守殿ヘ、御別
当所取締方書面認、岡田新吾迄致添手紙遣候、左
之通リ、

覚

先達テ御達御座候、御当山　安国殿并御霊屋御別当所取締方之儀、彼是相考、方丈へも申達候上、拙僧共存寄之趣申上候、右取締方之儀、御別当へ精々申付置候得トモ、御場所柄不容易儀ニ御座候得トモ、方丈ニも甚不安心ニ被存候、依之自今方丈側向役僧之内、寮司職并内役両人、為目付不時見廻リ申付、可否共ニ直ニ方丈へ申達置候上、被及褒貶之沙汰ニも候ハヽ、往々之取締ニモ可相成哉、依之右之通リ可申付ト、方丈被奉存候、右寮主職并内役之儀ハ、御寺附之役名ニ御座候トモ、代々方丈身寄之弟子ニテ相勤候事故、方丈交代之節ハ、是迄之寮司職并内役両人退役いたし、後代方丈之弟子へ、右役被申付候儀ニ御座候、右役柄之儀ハ、方丈内証向取締方何事ニよらす、右三人ニテ身廻リ役被申付候趣意ハ、方丈側向ヨリ致役出候ハ、御別当所諸向ニテモ、右役申付候テハ、可否等直々方丈へ申達候ニも、便利不宜候、依之右之趣ニ可被申付ト方丈被奉存候、此段奉伺候、以上、

十一月　　増上寺　役者

一、十二月十一日脇坂侯ヨリ呼状ニ付、察常罷越候処、御達ニ左之通リ、

安国殿并御霊屋御別当取締之儀ニ付、先達テ申達候処、其後取調被申出候趣、御老中へ伺之上、右之通リ被仰出候間、得其意、方丈へモ申聞、夫々被申達候、

右ニ付、脇坂侯へ届書、左之通リ、

覚

寮司職　寂念
内　役　霊諄
内　役　弁海

右三僧へ、以来御霊屋向取締方、不時身廻リ被申付候、此段御届申上候、以上、

十二月　　増上寺　役者

以来右役三人交代之節ハ、名前其時之御月番へ可申之事、

申十二月十六日

覚

寮司職　衆海

御霊屋向見廻役、今般寂念退役ニ付、右之僧ヘ後役被申付候、此段御届申上候、以上、

十二月　　増上寺　役者

一、綸旨箱ヘ葵御紋付有之候ハ、如何之訳ニ候哉之旨御尋ニ付、貴山御旧記聢ト相分兼候故、相糺進候様、尤先年支配下之内ニテ、　綸旨箱紛失後引渡有之節、右之訳御尋有之、其節被仰越候由、右等之趣取調、差出候様、御紙面之趣致承知候、紛失之　綸旨箱御引渡之節、御尋ニ付被仰越候儀難相分、尤寛政三年九月十一日菅谷弥五郎(長昌)殿御代官所石州浜原村妙用寺ヘ這入候盗賊貞助、取持雑物之内、備中国羽嵩村心鏡寺忍誉　綸旨有之、板倉周防守(寺社奉行・勝政)殿右御達之上、曲渕甲斐守(勘定奉行・景漸)殿役宅ニテ、貴山役僧ヘ御渡之　綸旨箱葵　御紋附之訳無之ニ付、御紋摺落御渡、其後貴山ヨリ、右　綸旨当山ヘ御引渡御座候節、　御紋附之訳ニテモ、貴山ヘ御尋之有無、当山ニテハ難分リ候、

一、今般御紋附来候由来書、別紙差進候間、此上宜敷御取調御差出可被下候、往時ヨリ附来候御紋、今更彼是有之候テも如何ニ御座候間、御宗門　綸旨頂戴之僧徒光栄之一端ニも御座候間、此段御勘考可然御取計被下度、右御報如斯ニ御座候、恐々謹言、

九月十四日　　上善寺(知恩院六役衆)　弘誉　花押

秀海和尚(増上寺所化役者衆)　　天性寺　洞誉　花押

察常和尚

追加、菊桐之御紋ハ　禁裏御所御用ひ之御紋故、附来候儀ニ御座候、右之御尋等も無御座候ニ付、別紙書加不申、可然御差含御取計可被下候、　綸旨箱ニ葵御紋有之候ハ、如何之訳ニテ候哉之旨、

御尋ニ付、左ニ申上候、

一、当山(知恩院)之儀ハ　勅願所・浄土宗惣本山ニテ、往古ヨリ一宗之僧徒之　綸旨　奏聞いたし来リ候、然ニ当山廿五世超誉(存牛)上人ハ、御先祖松平左京進蔵人頭親忠公御二男ニテ、　後柏原院依　勅請、当山ヘ御住職、配下之僧徒　綸旨　奏聞之上、於当山為致頂戴、宝祚延長并

御武運長久御祈願、厚教示を以其頃ヨリ　綸旨箱ニ御
吉兆葵　御紋を附相渡候、其上　東照宮様(徳川家康)御開国最初、
当山廿九世満誉(尊照)大(ママ)僧正御師檀之御契約、御菩提所御定、
浄土宗諸法度僧徒之規則、檀林所掛錫修学成就、出世
之僧　綸旨頂戴、官物等迄も御規定、御条目被成下候、
猶以宝祚延長天下安全御武運長久御祈願、可抽丹誠、
依　台命御吉兆之葵御紋、往時ヨリ　綸旨箱ニ相用、
恭護持為仕候儀ニ御座候、
右依御尋申上候、以上、

九月　知恩院　役者

文化二丑年春中本山役中ヨリ来書

一、作州誕生寺儀、領主土井大炊頭(利厚)殿ヨリ、自今ハ不寄
何事ニ、領主支配請候様申来候得トモ、是迄領主支配
ニ不預ニ付、古来仕来之通致度段及掛合候得トモ、相
務かたく、夫ニ付御当山へ、右様規定ハ無之哉之旨尋
来候ニ付、右様焼失ニ付、記録振合分兼候旨及返答候
処、其後彼方より申被越候趣、左之通リ、

一翰致啓上候、残暑之節ニ御座候得トモ、各位弥御安
静被成御勤、珍重ニ奉存候、然ハ作州誕生寺、領主之
儀ニ付、先書得御意候処、御用多之中、早々御報書忝
致拝見候、然処土井家ヨリ寺社司水野出羽守(忠成)殿へ御問
合有之候処、誕生寺儀仕来之儀申立候得トモ、大炊頭
領分に孕リ居候テ、　御朱印御書替之節取扱を請、宗
門人別帳モ差出来候上ハ、大炊頭方を領主相心得、指
揮可請筋ニ付、諸事領分　御朱印地寺院幷ニ通被扱候
様、御差図有之候間、以来領主被心得、寺法之外ハ諸
事領主役所へ願事・届事等申立、可被請差図之条被申
達候旨、当山へモ被申聞候、前来仕来相改候ニ付、当
地御奉行所へも相届候上、承知之趣及御答候、此段得
御意如斯ニ御座候、恐々謹言、

八月廿一日　専念寺(知恩院六役衆)　周誉　花押
浄運院　鏡誉　花押

察常和尚様
祐海和尚様

覚

凡当時御宗門檀林所住持之面々ハ、大概常並之品格ニ有之、学業・道徳等格別抜群之者モ相見へ不申候、依之学席階級之次第相立、何れも年臈之多少ニ准し、学解・徳行も自然ト相積候儀ニテ、当節之次第ハ鎌倉光明寺（檀林）・小石川伝通院（檀林）、当時無住之弐ケ寺ハ弐転之紫衣寺、次飯沼弘経寺（檀林）・新田大光院（檀林）・瓜連常福寺（檀林）之三箇寺も初転之紫衣寺、次香衣檀林拾弐ケ寺之首座生実大巌寺（檀林）迄以上之六僧ハ、滝山大善寺（檀林）よりハ年臈・道徳相勝レ、将又大善寺次座、江戸崎大念寺（檀林）以下之拾ケ寺迚モ（此内当時岩付浄国寺無住）、漸次ト年臈・道徳之勝劣有之候、随テ延宝・貞享度々御条目・御下知状之御趣意を以、弐転之紫衣寺、初転之紫衣寺、及香衣寺共無住之砌、席順ト方丈書上被致候儀ニ御座候、巨細之儀ハ、去ル寛政三亥年九月ヨリ、翌四子年春中迄、松平右京亮殿（寺社奉行・輝和）御調之節書上候趣ニ御座候、此旨御含迄ニ申上置候、以上、

二月　　増上寺　役者

覚

滝山　大善寺　典常（岱誉）

右之僧、学業・道徳等格別之ものニテ、年臈も有之候哉之旨御尋ニ御座候、此段当学之僧徒、一体ニ博学・知行抜群之輩ハ稀ニ候故、典常事学業・道徳共格別之者ニ候由之御答ハ難仕候、尤若年ヨリ御当山之学林へ入列之間、縁輪席・扇間席・一文字席・月行事席ト、次第転進之毎度、自他宗之書籍・講釈・論議等致し、兼テ役儀ニテも精勤仕、七年已前秋大善寺交代之砌、後住之儀時之方丈人撰書上被致、将又檀林十七箇寺并所化之面々入札之上、同人へ右寺住職被仰付候、以後如法ニ在堪仕候処、当時香衣檀林拾弐ケ寺之二々番迄階級を積、今年学席之年臈四拾四世、寿五十八歳ニ罷成候、右御尋、依之申上候、以上、

二月　　増上寺　役者

知恩院略記抜書

一、本堂西方壇上

徳泰院殿容誉光岳智香大姉、慶長七子年八月廿九日逝

去、後江戸伝通院ニおいて奉号　伝通院殿、右　尊影ハ宮殿之内ニ安置す、但し、　尊影ハ　東照宮(徳川家康)之御母堂也、将又知恩院御造営ハ、此尊霊様之御為也、此之故ニ　東照宮之仰ニ、依之此尊霊を安置、又ハ号　光岳永照智香大姉、伝通院容誉トハ、江戸ニおゐての御改名也、

　右ハ三州水野正康之女、徳川広忠之室なり、即知恩院へ御送葬、

一、東照宮　台徳院殿(徳川秀忠)、右　両尊影ハ見超上人(知恩院・照誉)、為西国鎮護、奉移西壇、

一、東照宮御影堂　三間四面　小方丈東北ニ有之、

一、御堂之内東之方ニ　東照宮御神影、宮殿之西之方ニ
　台徳院殿(徳川秀忠)　御尊影御安置、

右ハ三十三世円誉(廓源)上人代、寛永之末正保之初、所司代板倉周防守(重宗)言上、依之　大猷院殿(徳川家光)御造営、但し、其時迄ハ大方丈ニ、尊影并ニ御位牌有之、御影堂成就ニ依テ、大方丈ニハ御位牌計リ安置、　両尊影ハ阿弥陀堂ニ奉移、

一、宝暦十三未年、曹誉(沢真)大僧正為招待、智恵光院(知恩院六役衆)・既成院参府中、寺社司毛利讃岐守(匡平)殿ヨリ御尋有之、書上候控、左之通、

　知恩院ニおゐて、古来葵御紋付由来之儀、御尋ニ付申上候、

一、知恩院ハ　権現様御宗門ト申、御先祖新田義重公、開山円光大師(法然上人)へ御帰依、其後信光公知恩院御帰依、殊ニ知恩院廿五世超誉(存牛)上人ハ、徳川親忠公御五男、右御由緒を以　権現様於伏見御城に、知恩院廿九世満誉大僧(マヽ)正へ師檀御契約、御治世之最初知恩院を御菩提所ニ被為定、慶長七年八月廿九日、　権現様御母公徳泰院様為御菩提之大伽藍御建立、本堂西壇上　尊影・尊牌御安置、其節為西国鎮護、　神君様御神影、同壇上ニ御安置被仰出候、　権現様之思召を被為継、　台徳院様三門・経蔵御建立之上、御神影同壇上へ御安置被仰付候、右超誉上人御由緒を師檀御契約之節、永世葵御紋御免被成下候、依之御建立御礼等、駿府　大御所様関東御祝礼被相兼、満誉(マヽ)大僧正直参被仕候処、御対顔

等結構被仰付、尤御紋付諸道具等御免ニテ、往来之節
も被相用候、其以来代々方丈、如先規致持用候趣御座
候、以上、

十月　　　　　　知恩院　役者

御八代様(松平氏)ヨリ御代々浄土御宗門ニテ、御当山御菩提所
ニ御定被為置候、随テ御三卿方ハ　御本丸御準、同浄
土御宗門之由緒柄勿論之筋ニ候処、如何之儀候哉、近
来ハ凌雲院へ計、御入棺被為在候、乍恐　神君様　台
徳院様御在世ハ、御子孫様方迄浄土宗へ御入棺被為在
候、即　神君様御父君広忠公、大樹寺殿ハ浄土宗大樹
寺へ御入棺、御母公　伝通院殿ハ伝通院へ御入棺、
神君様薨御、御神ニ奉崇候処、猶以御中陰御法事・万
部修(執)行、諸宗之納経拝礼、増上寺へ被仰付、観智国師(増上寺・源誉存応)
御導師被申上候、　台廟(徳川秀忠)并忠吉卿(松平)之御母公宝台院殿(西郷氏)ハ、
浄土宗之宝台院(駿府)へ御入棺、武田万千代君(信吉)之御母堂下山
之御方良雲院殿ハ、浅草浄土宗西福寺へ御入棺、忠輝(松平)
君之御母堂茶阿弥之方朝覚院殿ハ、小石川浄土宗宗慶
寺へ御入棺、尾州義直(徳川)公之御母堂於亀之方相応院殿ハ、
浄土宗相応寺(名古屋)へ御入棺、水戸頼房(徳川)卿之御養女於勝之方
英勝院殿ハ、太田道灌之裔ニテ、其頃日蓮宗ニ候ヘト
モ、浄土宗鎌倉英勝寺へ御入棺、　神君様(徳川家康)御嫡子岡崎
三郎信康君ハ、浄土宗清滝寺(二俣)へ御入棺、督姫君良照院
殿ハ、知恩院へ御入棺也、越前秀康(結城)卿御逝去、初メ禅
宗福井孝顕寺ニ葬リ候処、　神君様当家ハ代々為浄土
宗門旨、　上意を以、浄土宗運正寺へ御改葬、浄光院
殿運正居士ト御法号モ相改リ候、薩摩守忠吉卿性高院
殿ハ、増上寺へ御入棺、振姫君昌清院殿ハ、浄土宗黒
谷金戒光明寺へ御入棺、武田万千代信吉君浄鑑院殿ハ、
水戸(常)浄福寺へ御入棺、上総介忠輝君寂林院殿ハ、信州
諏訪浄土宗貞松院へ御入棺、仙千代君高岳院殿ハ、尾
州名古屋浄土宗高岳院へ御入棺、将又　台廟之御台所
崇源院(於江与)殿ハ、増上寺へ御入棺、御姫君天樹院(千姫)殿ハ、伝
通院へ御入棺、御長男長丸君秋徳院殿ハ、増上寺へ御
入棺、勝姫君天崇院殿ハ、西久保浄土宗天徳寺へ御入
棺、初姫君興安院殿ハ、伝通院へ御入棺、駿河大納言

忠長卿（松平）ハ、上州高崎浄土宗大信寺へ御入棺、右ハ　神祖・台廟御両代ハ、上件之通留間之御改葬被仰付候程之御事ニ候、御三卿方ニも、既ニ　有廟之　御嫡孫恵学院殿ハ、田安御館ヨリ伝通院（小石川・檀林）へ御入棺被為在候次第之所、其いつとなく上野凌雲院（天台宗・寛永寺学頭）へ計り御入棺有之、御当山（増上寺）へハ御入棺之御方不被為在候得ハ、自然ト参詣之衆も薄く、何となく御疎縁（遠）ニ相成候段、住職之身分ニ取候テハ、乍恐幾計歎ケ敷奉存候、何分　神君様　台徳院様御遺意之如く、御当山へも御入被為在候様、偏ニ奉歎願候、以上、

五月　　　　増上寺大僧正

大猷院（徳川家光）様御三男

一、清揚院（徳川綱重）様、延宝六午年九月十四日御逝去、伝通院へ御遺葬、其後宝永二酉年十月五日、御当山御改葬被為在候、御別当ハ通元院ニ御座候、同七寅年九月十四日、翌正徳元卯年九月十四日、右両年御参詣被為在候、但、文昭院（徳川家宣）様御時代之事、

台徳院様御台様

一、崇源院（徳川秀忠室）様、寛永二寅年九月十四日御逝去、御別当ハ最勝院（増上寺山内）ニ御座候、御参詣被為在候書留相見へ不申候事、

文昭院様御台様

一、天英院（徳川家宣室）様、元文六酉年二月廿八日御逝去、　崇源院様御相殿、御別当ハ最勝院ニ御座候、寛保二戌年ヨリ天明二午年迄、御参詣被為在候、但、有（徳川家継）様　惇（徳川家重）様浚明院（徳川家治）様御時代之事、

大猷院（徳川家光）様御部屋様

一、桂昌院（徳川綱吉生母）様御事、初メお玉之御方ト申、後ニ秋野之御方ト御改名、若君様御誕生被為在、則　常憲院（徳川綱吉）様御実母様、宝永二酉年六月廿二日御逝去、御別当ハ仏心院（増上寺山内）ニ御座候、但、御参詣之書留メ相見へ不申候事、

常憲院様御部屋様

一、瑞春院（徳川綱吉妾）様御事、初ハお伝之御方ト申、　姫君様・若君様御出生被為在、則　浄徳院（徳松）様　明信院（鶴姫）様御実母様、常憲院様薨御之後、　瑞春院様ト称し候、元文三戊年六月九日御逝去、御別当ハ岳蓮社（増上寺山内）ニ御座候、御参詣

無之事、

文昭院様御部屋様

一、月光院(徳川家宣妾)様御事、初ハ喜世之御方ト申、若君様御誕生被為在候、後ニ左京之御方ト御改リ、三之御部屋ト称し、則有章院(徳川家継)様御実母様、宝暦二申年九月十九日御逝去、桂昌院様ト御相殿、御別当ハ仏心院ニ御座候、御参詣之書留相見へ不申候事、

常憲院様御部屋様

一、瑞春院様御事、初ハ於伝之御方ト申、若君様・姫君様御出生被為在、則浄徳院様天明三年五月廿八日岳蓮社、明信院様宝永元年四月十三日御逝去、鑑蓮(増上寺山内)社、

一、常憲院様薨御之後、瑞春院様ト称し、元文三戊年六月九日御逝去、御別当ハ岳蓮社(増上寺山内)ニ御座候、

孝順院(徳川家斉子)様

竹千代君様御母堂お万方様、寛政五年六月廿四日、岳蓮社、

清湛院(徳川家斉女)様

淑姫君様御母堂於万様、文化十四年五月十九日、松蓮(増上寺山内)社、

麗玉院(徳川家斉女)様

綾姫君様御母堂於万之方様、寛政十年三月廿八日、増上寺

神君様御嫡男

岡崎三郎信康様　遠州二俣　清滝寺

同御二男

結城黄門秀康卿様　越前福井　運正寺

御二女

督姫君様　知恩院

御三男

中将忠吉卿様　御当山

御三女

振姫君様　城州東山黒谷　金戒光明寺

御五男

万千代丸君様　浄鑑院　常州水戸当時常福寺兼帯

御六男

上総介忠輝卿様　　信州諏訪　貞松院
　御八男
仙千代君様　　尾州名古屋　高岳院
　御九男
尾張亜相義直卿様
　尾州禅宗水野浄光寺へ奉葬候得トモ、為御霊屋別ニ
　建中寺ニ御建立被為在、奉称建中寺ト候、
　御十男
水戸黄門頼房卿様　御儒葬常州瑞龍山へ奉葬候得トモ、
常福寺を御菩提所ニ被為定、御霊牌所ト奉称候、
　御九男(ママ)
市姫君様　　華養院
　此外松千代君様・松姫君様も、浄土宗へ御入棺御座
　候、又御養女間々至リテも、
大凉院様(徳川家康養女)　　西久保　天徳寺
光照院様(徳川家康養女)　　深川　霊巌寺
峯高院様(徳川信康女)　　飯田(信濃)　峯高寺
栄寿院様(徳川家康養女)　　天徳寺

此外
台廟様御母堂宝台院様　　駿河　宝台院
義直様御母堂相応院様　　尾州　相応寺
信吉様御母堂良雲院様　　浅草　西福寺
忠輝卿様御母堂朝覚院様　　小石川宗慶寺
頼房卿様御養母英勝院様　　英勝寺
台廟様御子孫様方ニテ
　北之丸様　　伝通院
　超丸君様　　御当山
　勝姫君様　　天徳寺
　初姫君様　　伝通院
　亜相忠長卿様　　大信寺
御養生方ニテハ
　龍昌院様(松平秀康女)　　天徳寺
　宝珠院様(徳川秀忠養女)　　長恩寺
大猷院様御台所
　本理院様(徳川家光室)　　伝通院

増上寺所蔵

『幹事便覧』七

幹事便覧第七目録

壱　寛政五丑年十一月廿日［破損］守殿ヨリ御達書、
左之通、

一、浄土宗ニテ於　御城住職被仰付候寺院之分年頭御礼、其外都テ登　城之節、下馬・下乗より供廻り減方、御玄関迄召連候侍分何人・下人何人、其外挾箱都テ為持物等、何々ト申候儀迄、寺格・寺例ニテ差別可有之候間取調、早々書付可被申候、

右御尋［破損］相糺、夫々書出候趣写取、翌寅年二月廿一日板倉周防守殿(寺社奉行・勝政)へ宣契(所化役者)持参、寺社役松原仁蔵へ相渡、書付左之通り、

覚

惣テ浄土宗之訳、寺院於　御城住職被仰付候分、住職且住職御礼・継目御礼并年頭御礼、其外都テ登　城之節、召連候供廻り下馬・下乗等ニテ、何程残リ候哉、将亦御玄関迄召連候侍分何人・下人何人并挾箱、其外惣テ為持物等、何々ト申儀迄、寺格・寺例ニテ差別可有之候間、取調可申上旨御尋ニ付、先［破損］拾七檀林、且天徳寺(西久保)・誓願寺(浅草)登　城之節［破損］供廻リ、左ニ申上候、

無量山寿経寺　小石川　伝通院(紫衣檀林衆)

天照山蓮華院　鎌倉　光明寺
右弐ケ寺惣供立
一、伴僧　弐人
一、侍　四人　或ハ弐人
一、先徒士　七人　或ハ五人
一、押　壱人
一、長柄持　弐人　但シ、手代リ共
一、爪折朱傘持　弐人　但シ、手代リ共
一、草履取リ　壱人
一、陸尺　八人　或ハ六人
一、挾箱持　弐人
一、合羽篭　五荷
一、弁当持　弐人
一、伴僧供　壱人
右之内
一、先徒士　不残
一、朱傘持　不残
一、長柄持　壱人　但シ、手代リ
一、弁当持　弐人
一、合羽篭　五荷
一、陸尺　四人　但シ、六人之節ハ弐人
右下馬ニ残候分
一、陸尺　四人
一、長柄持　壱人
一、挾箱持　弐人
右下乗ニ残リ候分、尤雨天之節ハ、御玄関前迄長柄持召連候事、
一、侍　四人
一、押　壱人
一、草履取リ　壱人
一、伴僧供　壱人
右御玄関前ニ残リ候分
一、伴僧　弐人
右大広間御廊下脇之方へ為控候事、且献上物有之節ハ、
一、献上番之僧　弐人

一、献上物長持　弐人
一、草履取り　壱人
右御玄関、或ハ中之口迄罷越候事、
草地山蓮華院　瓜　連（紫衣檀林衆）常福寺
寿亀山天樹院　飯　沼　弘経寺
義重山新田寺　新　田　大光院
右三ヶ寺惣供立
一、伴僧　弐人
一、侍　弐人
一、先徒士　五人　或ハ三人
一、押　壱人
一、長柄持　弐人　但シ、手代リ共
一、爪折朱傘持　弐人　但シ、手代リ共
一、草履取り　壱人
一、陸尺　六人
一、挟箱持　弐人
一、合羽篭　三荷
一、弁当持　弐人

一、伴僧供　壱人
右之内
一、朱傘持　弐人　但シ、手代リ共
一、長柄持　壱人　但シ、手代リ共
一、弁当持　弐人
一、合羽篭　三荷
一、陸尺　弐人
右下馬ニ残リ候分
一、陸尺　四人
一、長柄持　壱人
一、挟箱持　弐人
右下乗ニ残候分
一、侍　弐人
一、押　壱人
一、草履取り　壱人
一、伴僧供　壱人
右ハ御玄関前ニ残リ候分、尤雨天之節ハ、長柄持
壱人、御玄関前迄召連候事、

一、伴僧　弐人
右ハ大広間御廊下脇之方へ為控候事、且献上物有之候節ハ、御玄関前、且中之口上へ罷越候人数、
左之通、
一、献上番之僧　弐人
一、献上物長持　弐人
一、草履取　壱人
右之通、各寺登　城前ニ差出候事、
終南山見松院　館林　善導寺(香衣檀林衆)
正定山智光院　江戸崎　大念寺
神田山新知恩寺　浅草　幡随院
天照山良忠院　鴻巣　勝願寺
観池山往生院　滝山　大善寺
寿亀山楞厳院　結城　弘経寺
仏眼山英隆院　岩付　浄国寺
仏法山一乗院　小金　東漸寺
孤峯山宝池院　川越　蓮馨寺
道本山東海寺　深川　霊巌寺
龍沢山玄忠院　生実　大巌寺
常在山二尊院　本所　霊山寺
右拾弐箇寺惣供立
一、伴僧　弐人
一、侍　弐人
一、先徒士　三人
一、押　壱人
一、長柄持　壱人
一、日傘持　壱人
一、草履取り　壱人
一、陸尺　六人
一、挾箱持　弐人
一、合羽篭　三荷
一、弁当持　弐人
一、伴僧供　壱人
右之通
一、先徒士　三人
一、日傘持　壱人

一、弁当持　弐人
一、合羽篭　三荷
一、陸尺　弐人
右下馬に残候分
一、陸尺　四人
一、長柄持　壱人
一、挾箱持　弐人
右下乗に残候分
一、侍　弐人
一、押　壱人
一、草履取　壱人
一、伴僧供　壱人
右御玄関前ニ残候分、尤雨天之節ハ、長柄持壱人、
下乗ヨリ御玄関迄召連候、
一、伴僧　弐人
右大広間御廊下脇之方へ為控候事、且献上物有之
節ハ、
一、献上番之僧　弐人

一、献上物長持　弐人
一、草履取リ　壱人
右各寺登　城前ニ、御玄関前迄差出候事、
光明山和合院　西久保（紫衣衆）天徳寺
田嶋山快楽院　浅　草　誓願寺
右弐ケ寺惣供立
一、伴僧　弐人
一、侍　弐人
一、先徒士　五人
一、供頭　壱人
一、長柄持　壱人
一、押　壱人
一、爪折朱傘持　壱人
一、草履取リ　壱人
一、陸尺　六人
一、挾箱持　弐人
一、合羽篭　三荷
一、惣供　弐人

右大広間御廊下脇之方へ為控候事、且献上物有之節ハ、

一、献上番之僧　弐人

一、献上長持　弐人

一、草履取り　壱人

右各寺登　城前御玄関前、或ハ中之口迄差出候事、

右依御尋、向々へ相糺候処、右拾九ケ寺より書出候ニ付、其趣を以、先御答申上候、其余諸国寺院之分、追々書出次第、猶亦取調書上可申候、以上、

二月　増上寺　役者

私云、右本文之内致省略相認置候、前後ハ全く写置、尤本文之内、惣供立三人数之処ハ、委敷取調写置候故、決テ間違無之候事、同年三月御同所へ書上候、諸国寺院登　城之節、供立次第左之通、尤も文段之処、私ニ致省略相認置候、併供立人数之所ハ得ト(篤)取調写致候故、決テ間違無之候事、

華頂山大谷寺　京　都　知恩院大僧正(本山)

右惣供立

右之内

一、先徒士　不残

一、爪折朱傘持　壱人

一、惣供　弐人

一、合羽篭　三荷

一、陸尺　弐人

一、押　壱人

右下馬に残候分

一、陸尺　四人

一、長柄持　壱人

一、挟箱持　弐人

右下乗ニ残候分、尤雨天之節ハ、長柄持壱人、御玄関前迄召連候事、

一、侍　弐人

一、供頭　壱人

一、草履取り　壱人　私云、伴僧共如何ニ候哉、書上無之、

右御玄関前ニ残候分

一、伴僧　弐人

一、下座見　壱人
一、対先挟箱　四人　但シ、手代リ共
一、長柄持　弐人　但シ、手代リ共
一、先徒士　拾人
一、駕篭脇中小性　六人
一、伴僧　弐人
一、行者　壱人
一、陸尺　拾人
一、草履取　壱人
一、袋入杖持　壱人
一、爪折朱傘持　弐人　但シ、手代リ共
一、対跡挟箱　四人　但シ、手代リ共
一、茶弁当持　弐人　但シ、手代リ共
一、六役者壱ケ寺　跡乗
一、山役者壱ケ寺　跡乗
右跡乗両人、各侍弐人、陸尺六人、草履取リ壱人、
長柄持壱人、挟箱持弐人召連候事、
一、惣供　壱人

一、合羽篭　拾荷
一、釣台持　四人
一、押　三人
右之内
一、先挟箱持　弐人　但、手代
一、長柄持　壱人　但、手代リ
一、合羽篭　拾荷
一、釣台持　四人
一、押　弐人
一、両役者陸尺　四人　但シ、弐人ツヽ
右下馬ニ残リ候分
一、下座見　壱人
一、先徒士　四人
一、茶弁当持　弐人　但シ、手代リ共
一、両役者陸尺　八人
一、同断挟箱持　四人
一、同断長柄持　弐人
右下乗橋外ニ残リ候分

私云、此中間ニ中之御門外ニ残候分、書上可有之筈ニ候所、無其儀ハ如何ニ候哉之事、

一、先挟箱持　弐人
一、先徒士　六人
一、六役者　壱人
　但、侍弐人、草履取壱人召連候事、
一、山役者　壱人
　但シ、侍弐人、草履取壱人召連候事、
一、中小性　六人
一、伴僧　弐人
一、行者　壱人
一、長柄持　壱人
一、朱傘持　壱人
一、草履取リ　壱人
一、杖持　壱人
一、押　壱人
一、惣供　三人　私云、供立之処、惣供壱人ト有之候、然ニ此処三人トハ如何、
一、跡挟箱持　弐人　私云、此手代リ弐人ハ、何方ニ残候哉、

右之通、御玄関前まで召連、尤中之御門外、石壇上ニテ横付ニ下乗有之、夫ヨリ御玄関まて爪折朱傘差掛候事、

私云、役者・行者・伴僧等之控処之書上も無之、又献上有之節ハ、献上番之僧、且献上物・長柄持・草履取等、御成門へ定テ入込可申処、是も何之沙汰無之、惣テ杜撰之書上候事云々、

紫雲山　黒谷　金戒光明寺(京本寺)

右惣供立

一、先挟箱　四人　但シ、手代リ共
一、長柄持　壱人
一、先徒士　七人
一、伴僧　弐人
一、行者　壱人
一、侍　四人
一、陸尺　八人
一、朱傘持　壱人
一、草履取リ　壱人

一、跡挾箱持　三人　但シ、手代リ共
一、合羽篭　五荷
一、惣供　弐人
一、押　弐人
右之内
一、先徒士　七人
一、陸尺　弐人
一、合羽篭　五荷
一、押　弐人
右下馬ニ残リ候分
一、先挾箱持　四人　但シ、手代リ共
一、長柄持　壱人
一、陸尺　六人
一、跡挾箱持　弐人　但シ、手代リ共
右下乗橋外ニ残候分
一、爪折朱傘持　壱人
一、跡挾箱持　壱人
右中之御門外ニ残候分

一、侍　四人
一、草履取リ　壱人
一、惣供　弐人
右御玄関前ニ残リ候分、尤雨天之節ハ長柄持壱人、
御同所迄召連候事、
一、伴僧　弐人
一、行者　壱人
右御広間御廊下脇之方ヘ為控候事、且献上物有之
候節ハ、又拝領物等有之節ハ
一、献上番之僧　弐人
一、献上物長持　弐人
一、草履取リ　壱人
右之通登　城前ニ御玄関前迄差出候事、
京　都　清浄華院(京本寺)
右惣供立
一、菊金御紋対先挾箱四人　但、手代リ共
一、長柄持　壱人
一、先徒士　五人

一、打物持　壱人
一、伴僧　弐人
一、行者　壱人
一、侍　四人
一、陸尺　八人
一、朱傘持　壱人
一、草履取リ　壱人
一、菊金御紋跡挟箱　三人　但、手代リ共
一、合羽篭　五荷
一、惣供　弐人
一、押　弐人
右之内
一、先徒士　五人
一、陸尺　弐人
一、打物持　壱人
一、合羽篭　五荷
一、押　弐人
右下馬に残候分

一、菊金御紋先挟箱　四人　但、手代リ共
一、長柄持　壱人
一、陸尺　六人
一、菊金御紋跡挟箱　弐人　但、手代リ共
右下乗橋外ニ残リ候分、尤雨天之節ハ長柄持、御
玄関前迄召連候事、
一、朱傘持　壱人
一、菊金御紋跡挟箱持壱人
右中之御門外ニ残リ候分
一、侍　四人
一、草履取リ　壱人
一、惣供　弐人
右御玄関前ニ残候分
一、伴僧　弐人
一、行者　壱人
右大広間御廊下脇之方ニ為控候事、献上物有之節、
一、献上番僧　弐人
一、献上物長持　弐人

一、同宰領　壱人
一、草履取　壱人
右登　城前ニ、中之口迄差出候事、
長徳山功徳院　百万遍　知恩寺（京本寺）
右惣供立
一、先挟箱持　四人　但、手代リ共
一、長柄持　壱人
一、先徒士　七人
一、打物持　壱人
一、陸尺　八人
一、伴僧　弐人
一、行者　壱人
一、侍　四人
一、朱傘持　壱人
一、草履取リ　壱人
一、跡挟箱持　四人
一、合羽篭　五荷
一、惣供　弐人

一、押　弐人
右之内
一、先徒士　七人
一、陸尺　弐人
一、打物持　壱人
一、合羽篭　五荷
一、押　弐人
右下馬ニ残候分
一、先挟箱　四人　但、手代リ共
一、長柄持　壱人
一、陸尺　六人
一、跡挟箱持　弐人　但、手代リ共
右下乗ニ残候分
一、朱傘持　壱人
一、跡挟箱持　壱人
右中之御門外ニ残候分
一、侍　四人
一、草履取リ　壱人

一、惣供　弐人
右御玄関前ニ残候分
一、行者　壱人
一、伴僧　弐人
右大広間御廊下脇之方ニ為控置申候、尤雨天之節
ハ、下乗ニ為持置候長柄持、御玄関前迄召連候事、
且献上物有之節ハ、
一、献上番之僧　弐人
一、献上物長持　弐人
一、同断宰領　壱人
一、草履取リ　壱人
右登　城前、御玄関前迄差出候事、
成道山松安寺　三　州　大樹寺(菩提寺)
右之寺惣供立
一、先挾箱　四人　但、手代リ共
一、先徒士　五人
一、打物持　壱人
一、長柄持　壱人

一、伴僧　弐人
一、侍　四人
一、陸尺　六人
一、朱傘持　壱人
一、草履取リ　壱人
一、跡挾箱持　四人　但、手代リ共
一、茶弁当持　壱人
一、同台持　壱人
一、惣供　弐人
右之内
一、先徒士　五人
一、打物持　壱人
一、茶弁当持　弐人　但、台持共
一、合羽篭　五荷　私云、惣供立之内ニ合羽篭ト申ハ無之候、
右下馬ニ残候分
一、陸尺　六人
一、先挾箱持　四人　但、手代リ共
一、跡挾箱持　四人　同断

一、惣供　弐人
一、押　弐人
右下乗ニ残候分
一、侍　四人
一、草履取リ　壱人
一、朱傘持　壱人
一、惣供　壱人
右御玄関前ニ残候分
一、伴僧　弐人
右大広間御廊下脇之方ヘ為控候事、尤雨天之節、
私云、長柄持何方迄召連候哉、晴天之節ハ何方ニ残候哉ニ云々、但、献上物有之節ハ、
一、献上番之僧　弐人
一、献上長持　弐人
一、同断宰領　壱人
一、草履取リ　壱人
右登　城前、御玄関前迄差出候事、
金米山龍泉寺　駿　府　宝台院(菩提寺)
右惣供立

一、先挾箱　四人　但、手代リ共
一、先徒士　五人
一、長柄持　壱人
一、伴僧　弐人
一、侍　四人
一、陸尺　六人
一、朱傘持　壱人
一、草履取リ　壱人
一、跡挾箱持　三人　但、手代リ共
一、合羽篭　五荷
一、惣供　弐人
一、押　弐人
右之内
一、先徒士　五人
一、合羽篭　五荷
一、押　弐人
右下馬ニ残候分
一、陸尺　六人

一、先挟箱持　四人　但、手代リ共
一、跡挟箱持　四人　但、手代リ共
一、長柄持　壱人
右下乗ニ残候分、尤雨天之節ハ、御玄関前迄長柄持召連候事、
一、侍　四人
一、草履取　壱人
一、朱傘持　壱人
一、惣供　弐人
右御玄関前ニ残候分
一、伴僧　弐人
右御広間廊下脇之方へ為控候事、但シ、献上物有之候節ハ、
一、献上番之僧　弐人
一、献上物長持　弐人
一、同断宰領　壱人
一、草履取り　壱人
右登　城前ニ、御玄関前迄差出候事、

天下山安全寺　三州松平村　高月院(菩提寺)
右惣供立
一、先徒士　五人
一、伴僧　弐人
一、侍　四人
一、陸尺　六人
一、長柄持　壱人
一、草履取り　壱人
一、挟箱持　三人　但、手代リ共
一、合羽篭　拾人　但、手代リ共
一、弁当持　弐人
一、伴僧　弐人
一、押　壱人
右之内
一、先徒士　五人
一、陸尺　弐人
一、合羽篭　拾人
一、弁当持　弐人

一、押　壱人

右下馬ニ残候分

一、陸尺　四人

一、侍　弐人

一、長柄持　壱人

一、挾箱持　三人

一、伴僧供　壱人

右下乗ニ残候分、尤雨天之節ハ、長柄持御玄関前
迄召連候事、

一、侍　弐人

一、草履取リ　壱人

一、押　壱人

一、伴僧供　壱人

右御玄関前ニ残リ候分

一、伴僧　弐人

右大広間御廊下脇之方ニ為控候事、且献上物有之
候節ハ、

一、献上番之僧　弐人

一、献上物長持　弐人

一、同断宰領　壱人

一、草履取リ　壱人

能見山瑞雲院　三州岡崎　松応寺(菩提寺)

右御玄関前ニ残候分　私云、先徒士三人、挾箱弐人ハ何方ニ残リ候哉、此書上ケ無之不審也、

一、伴僧　弐人

右大広間御廊下脇之方ヘ為控置候事、且献上物有
之節ハ、

一、献上番僧　弐人

一、献上長持　弐人

一、同断宰領　壱人

一、草履取リ　壱人

右登　城前ニ、中之口迄差出候事、　御暇拝領物
之節、同断、

森巌山浄光院　越前福井　運正寺(菩提寺)

右惣供立

一、先挾箱持　弐人

一、先徒士　五人

一、跡挟箱持　弐人
一、押　壱人
右下乗ニ残リ候分、尤雨天之節ハ、長柄持御玄関前迄召連候事、私云、陸尺八人ハ何方ニ残リ候哉、
一、侍　四人
一、草履取リ　壱人
一、押　壱人
右御玄関前ニ残候分
一、伴僧　弐人
右大広間御廊下脇之方ニ為控置候事、尤献上物有之節ハ、
一、献上番之僧　弐人
一、献上物長持　弐人
一、同断宰領　壱人
一、草履取リ　壱人
右登　城前ニ、中之口迄差出候事、　御暇拝領物之節同断
仏生山来迎院　讃　州　法然寺（法然上人由緒寺院）

一、打物持　壱人
一、長柄持　壱人
一、陸尺　八人
一、伴僧　弐人
一、侍　四人
一、朱傘持　壱人
一、草履取　壱人
一、跡挟箱持　弐人
一、合羽篭　五人
一、押　弐人
右之内
一、先徒士　五人
一、打物持　壱人
一、合羽篭　五人
右下馬ニ残候分
一、先挟箱持　弐人
一、長柄持　壱人
一、朱傘持　壱人

右惣供立
一、先挾箱持　四人　但、手代リ共
一、長柄持　壱人
一、先徒士　五人
一、打物持　弐人　但、手代リ共
一、伴僧　弐人
一、侍　四人
一、陸尺　六人
私云、陸尺六人ハ何方に残置候哉、
一、侍　四人
一、草履取リ　壱人
一、惣供　壱人
右大広間御廊下脇之方ニ為控置候、且献上物有之
節ハ、
一、献上番之僧　弐人
一、献上物長持　弐人
一、同断宰領　壱人
一、草履取リ　壱人

右登　城前ニ、中之口迄差出候事、　御暇拝領物
之節同断、
終南山光明院　筑　後　善導寺（聖光上人由緒寺院）
右惣供立
一、先挾箱持　四人　但、手代リ共
一、先徒士　五人
一、長柄持　壱人
一、打物持　壱人
一、伴僧　弐人
一、侍　四人
一、陸尺　六人
一、朱傘持　壱人
一、草履取リ　壱人
一、跡箱持　弐人
一、合羽篭　五人
一、惣供　弐人
一、押　弐人
右之内

一、先徒士　五人
一、打物持　壱人
一、合羽篭持　五人
右下馬に残候分
一、先挟箱持　四人　但、手代リ共
一、長柄持　壱人
一、朱傘持　壱人
一、跡挟箱持　弐人
一、押　弐人
一、惣供　壱人
右下乗ニ残候分、尤雨天之節ハ、長柄持御玄関迄
召連候事、私云、陸尺六人ハ何方ニ残候哉、書上無之ハ如何、
一、侍　四人
一、草履取リ　壱人
一、惣供　壱人
右御玄関前ニ残候分
一、伴僧　弐人
右大広間御廊下脇之方ニ為控置候事、且献上物等
有之節ハ、
一、献上番之僧　弐人
一、献上長持　弐人
一、同断宰領　壱人
一、草履取リ　壱人
右登　城前ニ、中之口迄差出候事、　御暇拝領物
之節同断、
寛政六寅年六月三日、板倉周防守殿ヨリ書付を以、
大僧正登　城之節、供立之次第御尋ニ付、書上候次
第、左之通、

覚

方丈登　城之節、被召連候供廻リ、如何様之次第ニ
候哉之旨、御尋ニ付、左ニ申上候、
一、案内者　壱人
一、先挟箱持　四人　但、手代リ共
一、徒士　拾人
一、伴僧　弐人
一、行者　壱人

一、駕籠脇中小性　八人
一、陸尺　拾人
一、草履持　壱人
一、杖持　壱人
一、長柄持　弐人　但、手代り共
一、朱傘持　弐人　但、手代り共
一、下目付　壱人
一、跡挾箱持　四人　但、手代り共
一、所化役者　壱僧跡乗
但シ、侍弐人、陸尺六人、草履取壱人、長柄持壱人、挾箱持弐人、
一、寺家役者　壱ケ院跡乗
右同断
一、押　弐人
一、中押　壱人
一、供若党　六人
一、又供　五人
一、供箱持　六人

一、押　弐人
一、合羽釣台持　九人
一、宰領　足軽　壱人
一、両役者合羽篭持　四人
右之内
一、釣台持　九人
一、合羽篭持　四人
一、宰領　壱人
一、又供　弐人
一、供箱持　六人
一、押　弐人
一、両役者陸尺　四人　但、弐人ツヽ
右下馬に残り候分
一、案内者　壱人
一、両役者陸尺　八人
一、同長柄持　弐人
但、雨天之節ハ御玄関前迄召連候、
一、同挾箱持　四人

右下乗橋外ニ残リ候分
一、方丈乗物　　壱挺
一、跡挟箱持　片　壱人
一、長柄持　　弐人
一、押　　壱人
一、陸尺　　拾人
右中之御門外ニ残リ候分
一、先挾箱持　　四人
一、所化役者　　壱僧
但、侍弐人、草履取壱人召連候、
一、寺家役者　　壱院
右同断
一、伴僧　　弐人
一、行者　　壱人
一、中小性　　八人
一、徒士　　拾人
但、跡へ召連候事、
一、朱傘持　　弐人　但、手代リ供

尤御玄関前迄差掛ヶ申候、
一、下目付　　壱人
一、草履取リ　　壱人
一、杖持　　壱人
一、若党　　六人
一、跡挾箱持　　壱人
一、又供　　四人
一、押　　弐人
一、下座敷持　　壱人
右御玄関前迄召連候、
尤右之内
一、伴僧　　弐人
一、行者　　壱人
一、所化役者　　壱僧
一、寺家役者　　壱院
右松御廊下迄被召連候事、
八月　　増上寺　役者

二　寛政六寅年六月三日、板倉周防守殿（寺社奉行・勝政）ヨリ御達書如左、

一、於知恩院六役者ト唱ヘ候役分有之候趣、右職分、何々司リ罷在候哉之事、

一、山役者ト唱ヘ候モ有之趣、是又同断承リ度候事、

一、知恩院行者職分之儀モ承リ度候事、

右之次第御尋ニ付、早速知恩院ヘ申遣候処、彼方より書出候趣、左之通、

一、於知恩院六役者ト唱ヘ候役分有之趣、右職分、何々司リ罷在候哉之事、

此儀

一、元和元卯年七月　東照宮様（徳川家康）、惣本山知恩院ヘ被成下候浄土宗諸法度三拾五箇御条目并元和四年六月　台徳院（徳川秀忠）様御同断被成下候御条目第二条御文言、

一、於京都門中択器量之仁六人、為役者可致諸沙汰、曽不可有贔屓偏頗事、右御文言ニテ六役者ト唱ヘ、門葉之諸沙汰仕候職分ニテ御座候、尤平日相詰、御代々様尊影・尊牌御供養方勿論、御寺守護、貫主随伴相勤申候、但、月番を定置、壱ヶ寺昼夜相詰罷在候、且方丈交代無住之節ハ、六役者一統昼夜相詰、御寺守護尊牌御供養等相勤申候、

一、方丈交代之節、為請待六役者壱人、山役者壱人参府、御奉行所ヘ御届申候得ハ、於　御城方丈住職被仰付候、六役者・山役者被召出、知恩院後住職被仰付候旨被仰渡候、尤御老中、其外御役人方ヘ、右為御礼伺公仕候、右住職之為御礼、方丈登　城、　御目見被仰付候節、椙原三拾帖・金入弐巻献上、六役者・山役者十帖壱本ツツ献上、　御目見被仰付候、

一、継目御礼方丈参府之儀、御所司代ヘ方丈御伺被申上、御下知之上、道中人馬　御朱印之儀、六役者より先例を以、御願申上候得ハ、六役者壱人被召呼被下置候事、

一、継目参府之節、方丈登　城被仰出、則三十帖三巻献上、於御白書院　御目見御礼被申上候節、六役者・山役者壱人宛十帖壱本献上、　御目見被仰付候、

一、上使を以、方丈ヘ　御暇被成下、白銀百枚・時服十拝領被致候節、六役者・山役者時服弐ツツ拝領仕候、

一、方丈大僧正任官被仰付候節、并御礼登　城之節、六役者・山役者随伴登　城仕候、

一、毎歳方丈御年頭御礼、為使僧六役者壱ヶ寺参府仕、登　城於御白書院　御目見被仰付、於柳之間御用番様御暇被成下、右使僧時服弐拝領仕候、

一、御慶事ハ勿論、其外御法事等之節、奉納経代僧六役者参府相勤申候、依之登　城十帖壱本献上、　御目見被仰付、　御暇之節時服拝領仕候、尤登　城　御目見被仰付候節ハ、先例を以、六役者参府之節相勤申候、

一、　御朱印御改之節も、六役者之内壱人参府、御改御願申上候、尤　御判物頂戴之節ハ、先例を以、御所司代へ六役者壱ヶ寺被召呼、御渡被成候、但、　御判物寺領高、都合七百三石弐斗余、内五百石方丈領、弐百三石弐斗余役者分、

一、知恩院宮御方、関東御参向之節ハ、六役者壱人、山役者壱人供奉仕候、尤於御白書院宮御方　御対顔被為済候上、六役者・山役者供奉登　城、於菊之間御料理頂戴仕候、　御暇之節六役者へ銀拾枚・時服三、山役者へ銀拾枚・時服弐拝領仕候、

右六役者役分撮要ニ御座候、

一、山役者ト唱へ候儀并役分之事、

此儀、知恩院山内塔頭役務相応之仁物（人）、弐ヶ院相撰ひ、役儀被申付候、山内ヨリ相勤候故、山役者ト唱へ申候、平日尊影・尊牌御供養、其外法事方之儀相司、日々諸門葉諸沙汰之儀、六役者ニ差加り、用弁相勤申候、且正徳四年御所司代松平紀伊守（信庸）殿ヨリ、六役者へ差加り、相勤候様被仰渡置候、

一、方丈交代之節為請待参府并継目御礼等之節、方丈随伴登　城、六役者同様献上、　御目見等被仰付、時服拝領仕候、尚又　宮御方関東御参向之節、山役者壱人供奉仕、六役者同様献上、　御目見被仰付候、尤　御暇之節、銀拾枚・時服弐拝領仕候、

右山役者役方撮要ニ御座候、

一、行者職分之事、

此儀、平日方丈側向相勤候故、方丈　参内・登　城等之節随伴仕、役者之指揮を受、尤法要之節ハ勿論、一

山守護方及門葉諸沙汰之節、不寄何事に詰合用弁仕候
役分ニテ御座候、
右依御尋申上候、以上、
六月　　　　　　　知恩院　役者

三　寛政六寅年十一月、御当山配下并末寺之内、開基
且大檀家有之寺院へ交代之節、後住之僧願込一件申達、
請書為差出候次第、左之通、

差上申御請一札

一、拙寺共住持交代之節、御当山所化学席廿年ニ相満し、
御寺法差支無之、勿論行跡如法之僧ニ候得ハ、開基・
大檀那家ヨリ之被為任願、住職可被仰付候得トモ、其
余他山之所化・隠者等へハ、仮令右大檀那家ヨリ被相
願候テモ、向後住職不被仰付候、尤此段ハ宝永四年
常憲院(徳川綱吉)様御条目之御趣意を以、御奉行所へ被仰達候上、
前件之趣被仰渡、則開基・大檀那家へも相達置、各寺
一同承知奉畏候、仍御請一札差上申度、如件、

寛政六寅年

麻布　崇巌寺　印
牛込　清源寺　印
三田　済海寺　印
赤坂　法安寺　印
駒込　蓮光寺　印
同所　瑞泰寺　印
同所　浄心寺　印
同所　常徳寺　印
小石川　台雄寺　印
青山　梅窓院　印
四谷　太宗寺　印
同所　法蔵寺　印
下谷　永昌寺　印
糀町　栖岸寺　印
弐本榎　松光院　印
三田　光台院　印
増上寺御役者中

右本紙、役所司箱入蔵之事、

四　文化三寅年三月十三日　紀州様御用人梅沢十助殿
ヨリ、察常方（所化役者）へ被差越候書面、如左、
以手紙致啓上候、春暖ニ罷成候、弥御平安被成御座、
珍重奉存候、先頃之火災、御山内も類焼有之、何角御
心配之御事、然ハ方丈御別条無之、珍重御儀ニ奉存候、
然ハ　明信院様（徳川綱吉女）御牌前へ、永代為常灯御供養料、今度
鑑蓮社（別当）へ紀伊殿より、金弐百両被致寄附候、就夫右金
子方丈へ差出置、利潤を以、永代無怠慢相勤候様仕度
旨、鑑蓮社相願候由之処、外寺院方よりモ、右体之儀
相願候得トモ、御断之由ニ付テハ、鑑蓮社之儀も難被
及御取扱候趣ニ御挨拶有之候由、鑑蓮社申聞、至極御
尤之御事ニ御座候、然処右寄附之儀ハ、紀伊殿ニハ厚
存寄ニテ被致寄附候儀ニ付、何卒永世麁略ニ不相成様
致度候、外々へ預置候テハ、後世滞之程も無覚束候故、
何卒方丈へ御預り有之様致度候事御座候、外寺院方よ
り相願候ハ、如何様之品々金子ニ候や不存候得トモ、
　明信院様御事ハ、昔年方丈御内仏ニ御安置も有之事
ニ付、右等之御趣意を以、御内輪之御取扱ニ被成、方
丈中之御作略ニ相成候ハ、強テ外々へ響候事も有之間
敷哉、右等之処を以、今一応御勘考被成遣候様致度候、
依テ御内々得御意候、以上、
　三月十三日　　梅沢十助
　　察常様
右書面、御用部屋文箱ニ入、南役寮へ持参、役出之留
守中ニ付、状箱之侭預置、翌日鑑蓮社へ口上ニテ承知
之旨、返答申遣候事、
一、紀州様ヨリ寺社奉行衆へ御達之書面、如左、
明信院様御牌前へ、永代為常灯御供養料、此度鑑蓮社
へ紀伊殿ヨリ、金弐百両被致寄附候、就夫右金子増上
寺方丈へ預置、右利分を以、永代無怠慢相勤度由、鑑
蓮社相願候ニ付、被任其意候、此段御達申置候様被申
付候、
上之張札ニ　寺社奉行衆　　下之方ニ　紀伊殿　御城附ト認有之、
右之書面、於　御城大久保安芸守殿（寺社奉行・忠真）へ被相渡候由之旨
鑑蓮社申出、
一、鑑蓮社赤坂御屋形へ被召、御用部屋ニテ懸御用人中

被相渡候由ニテ、役所ヘ持参之書面、如左、
明信院様御牌前へ、永代為常灯御供養料ト、此度鑑蓮社へ紀伊殿ヨリ、金弐百両被致寄附候、就夫右金子方丈へ預置、右利分を以、永代無怠慢相勤度由、鑑蓮社願出候ニ付、鑑蓮社より申出候ハ御聞届有之、永代無滞利分相渡候様、其筋へ被御達候様被致度候、
上之張札ニ
増上寺方丈ト認有之
右中奉書半切ニ認、則鑑蓮社御使ニ来リ、依之当方ヨリも御答書文候、鑑蓮社へ相渡遣、如左、
明信院様御牌前へ、永代為常灯御供養料、此度鑑蓮社へ金弐百両被成御寄附候ニ付、右金子御当山役所へ預置、右利分を以、永代無怠慢御供養相整候様、掛り役筋之者へ可申聞置旨、被仰越候趣、委細承知仕候、
右中奉書半切ニ認遣、
一、寺社御月番大久保安芸守(忠真)殿へ、右一件相届書面如左、
(所化役者)察常持参、役人松下三郎兵衛へ相渡、

五　宝暦十一巳年六月　惇信院様(徳川家重)御新葬御法事御施物
一、白銀弐千枚　御導師大僧正(妙誉定月)御方
一、同百弐拾枚　役者四僧(密厳・祐月・観智院・良源院)
一、同拾四枚　内役両僧
一、同弐拾八枚　帳場四僧
一、同拾四枚　書記両僧
一、同拾四枚　茶堂両僧
一、同四拾枚　行者
一、同三枚　御祐筆
一、同八拾四枚　役出拾弐人
一、同百九拾六枚　方丈内所化廿八人
一、同拾四枚　寺内座検両人
一、同三枚　六月大衆方　月番
一、同三枚　七月同断　月番
一、同三枚　六月坊中　月番
一、同三枚　七月同断　月番
一、同三千百廿九枚　出僧四百四拾七僧
右ハ所化方読経　但、壱人分七枚宛

一、銀七枚　頌義部頭
一、同七枚　名目部頭
一、同百四拾四枚　殿司四拾八人　但、壱人分三枚ツツ
一、同四百五拾枚　声名衆三拾僧
一、同五拾枚　内陣殿司拾人
一、同百拾枚　楽人拾壱人
一、同三拾六枚　花籠役拾弐人
一、同七百拾六枚　残僧七百拾六人
一、金弐百拾九両　黒衣 残僧八百四拾四人
一、銀弐拾四枚　詰衆拾弐人
一、同三百五拾枚　惣御門前もの
一、同三百五拾枚　惣百性(姓)共
一、同百四拾枚　御別当七ヶ院
一、同拾枚　瑞蓮院
一、同三拾枚　同院伴僧
一、同弐枚　同院御掃除頭
一、同弐拾枚　同院御掃除者
一、同拾枚　真乗院手代

一、同七枚　恵眼院手代
一、同七枚　宝松院手代
一、同七枚　安立院手代
一、同七枚　最勝院手代
一、同七枚　仏心院手代
一、同七枚　通元院手代
一、同八拾六枚　惣御番僧
右ハ　安国殿　台徳院殿
文昭院殿　清揚院殿
崇源院殿　桂昌院殿
天英院殿　月光院殿
一、銀六枚　台徳院様　御掃除頭弐人
一、同弐拾枚　御同霊様　御掃除之もの
一、同弐枚　文昭院様　御掃除かしら
一、同弐枚　清揚院様　御掃除かしら
一、同弐枚　有章院様　御掃除かしら
一、同弐拾枚　御同霊様　御掃除かしら
一、同弐拾枚　惣御掃除之もの

右ハ　安国殿　　文昭院殿
　　清揚院様　天英院様
　　桂昌院様　月光院様
一、同三枚　　恵照院
一、同壱枚　　同院知事
一、鳥月四貫文　同院詰衆　他山僧弐人
一、銀壱枚　　心光院
一、同弐枚　　恭敬院
　以上山内、已下ハ山外、
一、銀百枚　　伝通院
一、同五拾枚　光明寺
一、同五拾枚　常福寺
一、同百枚　　弘経寺
一、同百枚　　大光院
一、同五拾枚　大樹寺
一、同五拾枚　宝台院
一、同五拾枚　天徳寺
一、同五拾枚　誓願寺

一、同五拾枚　松応寺
一、同五拾枚　信光明寺
一、同五拾枚　妙心寺
一、同五拾枚　大林寺
一、同三拾枚　浄国寺
一、同三拾枚　蓮馨寺
一、同三拾枚　善導寺
一、同三拾枚　大善寺
一、同三拾枚　大巌寺
一、同三拾枚　幡随院
一、同五拾枚　霊山寺
一、同五拾枚　東漸寺
一、同五拾枚　大念寺
一、同三拾枚　弘経寺
一、同三拾枚　勝願寺
一、同五拾枚　霊巌寺
一、同三拾枚　専称寺
一、同三拾枚　円通寺

一、同三拾枚　高崎　大信寺
一、同三拾枚　玉縄　貞宗寺
一、同七枚　伝通院　持経者
一、銀七枚　弘経寺　持経者
一、同七枚　大光院　持経者
一、同七枚　幡随院　持経者
一、同七枚　霊山寺　持経者
一、同七枚　霊巌寺　持経者
一、同弐拾枚　西久保　大養寺
一、同弐拾枚　深川　本誓寺
一、同弐拾枚　浅草　西福寺
一、同弐拾枚　小石川　無量院
一、同弐拾枚　芝　西応寺
一、同弐拾枚　深川　雲光院
一、同弐拾枚　同所　法禅寺
一、同弐拾枚　浅草　龍宝寺
一、同弐拾枚　同所　寿松院
一、同弐拾枚　同所　浄念寺

一、同弐拾枚　糀町　心法寺
一、同弐拾枚　同所　栖岸院
一、同弐拾枚　下屋敷　正福寺
一、同弐拾枚　同所　最上寺
一、同弐拾枚　了福寺
一、同弐拾枚　善長寺
一、同弐拾枚　本願寺
一、同断　下屋敷　戒法寺
一、同断　(ママ)牛込　光取寺
一、同断　同所　光眼寺
一、同断　三田　大信寺
一、同断　同所　願海寺
浅草　大増寺
同所　正覚寺
麻布　新光明寺
品川　光専寺
浅草　願行寺
品川　欣浄寺

同所　法禅寺
駒込　願行寺
下谷　宗源寺
同所　正行寺
浅草　天嶽院
三田　大松寺
浅草　了源寺
浅草　慈源院
同所　宗円寺
今戸　心光院
小石川　光円寺
浅草　宗安寺
赤坂　浄土寺
牛込　正定院
同所　西方寺
赤坂　専修寺
深川　心行寺
浅草　貞源寺

下谷　永昌寺
麻布　専称寺
三田　称讃寺
青山　長安寺
四谷　太宗寺
浅草　善徳寺
四谷　法蔵寺
小石川　西岸寺
浅草　清光寺
四谷　西迎寺
同　成覚寺
駒込　浄心寺
白金　専心寺
同所　正源寺
牛込　法正寺
四谷　了覚寺
麻布　教善寺
四谷　正受院

三田　林泉寺
麻布　正信寺
小石川　一行院
新鳥越　瑞泉寺
赤坂　法安寺
本芝　西信寺
三田　実相寺
高輪　常光寺
三田　貞林寺
麻布　深広寺
深川　正源寺
二本榎　永信寺
浅草　満泉寺
同所　光感寺
三田　正泉寺
駒込　潮泉寺
浅草　源空寺
三田　済海寺

駒込　天栄寺
浅草　専光寺
四谷　長安寺
浅草　清徳寺
麻布　長伝寺
今戸　蓮花院
市ケ谷　珠宝寺
赤坂　清巌寺
浅草　聖徳寺
新鳥越　光照院
下谷　西蓮寺
山谷　仰願寺
白金　西光寺
本郷　昌清寺
山谷　念仏寺
同　広徳寺
美輪　浄閑寺
三田　瑞応寺

本所　重願寺
浅草　正安寺
本所　霊光寺
小日向　還国寺
下谷　泰寿院
深川　西光寺
麻布　善学寺
小石川　法伝寺
牛込　来迎寺
同　宗源寺
千駄ケ谷長善寺
浅草　易行院
新鳥越　源寿院
中村町　西光寺
山田　大善寺
橋場　法源寺
行徳　法伝寺
小塚原　誓願寺

板橋　知清寺
岩渕　正光寺
葛西　金蔵寺
瀧野川　正受院
与野町　長伝寺
戸田　常福寺
横曽根　西福寺
足立　専称寺
河崎　東明寺
行徳　清岸寺
河崎　教安寺
田端　仲台寺
尾久　満光寺
板橋　乗蓮寺
田端　円勝寺
葛西　浄興寺
同所　浄心寺
小松川　仲台院

三河嶋　浄心寺
大鹿　弘経寺
葛西　西念寺
行徳　大徳寺
同　大蓮寺
板橋　東光寺
片山　法台寺
増林　林泉寺
関口　大泉寺
行徳　源心寺
船橋　浄勝寺
行徳　浄閑寺
六ケ村　浄法院
行徳　善眼寺

右ハ銀弐拾枚ツヽ拝領

六　天明六午年九月　浚明院（徳川家治）様御新葬御法事諸寺院納

経御施物記

一、鳥目三百貫　代金七拾五両　知恩院代僧
一、同三百貫　代金同断　便誉（隆善）前大僧正
一、同百五拾貫　代金三拾七両弐分　光明寺
一、同百五拾貫　右同断　伝通院
一、右同断　右同断　弘経寺
一、右同断　右同断　常福寺
一、右同断　右同断　大光院
一、鳥目百貫　代金弐拾五両　大樹寺
一、同百貫　右同断　誓願寺
一、同断　宝台院
一、同断　天徳寺
一、同断　松応寺
一、同断　高月院
一、同断　妙心寺
一、同断　大林寺
一、同五拾貫　代金拾弐両弐分　大厳寺
蓮馨寺

霊山寺
勝願寺
大善寺
弘経寺
東漸寺
霊巌寺
幡随院
善導寺
浄国寺
大念寺
円通寺
専称寺

右ハ五拾貫文ッツ同断、

一、鳥目三拾貫　代金七両弐分

惠眼院
宝松院
瑞蓮院
通元院
仏心院

真乗院
安立院
最勝院
祐天寺
本誓寺
大養寺
寂信
法月
坊中伴頭　安養院
浄運院
月界院
知恩院塔頭惣代　信重院
末山壱﨟　浄念寺
小石川　無量院
深川　霊光院

右三拾貫文ッツ

西福寺
安養寺

清光寺
貞宗寺
一、鳥目五拾貫　高崎　大信寺
一、同三拾貫　駿府　華陽院
一、同　甲州　善光寺
一、同　小机　泉谷寺
一、同　鏑木　光明寺
一、同三拾貫　代金七両弐分　六呂見　観音寺
一、同弐拾貫　蒲　西伝寺
一、同　二俣　清瀧寺
一、同　吉田　悟真寺
一、同三拾貫　猶葉　成徳寺
一、同　矢目　如来寺
一、同　大鹿　弘経寺
一、同　大網　大巌院
一、同弐拾貫　房州　金台寺
一、同三拾貫　鎌倉　安養院
一、同　三州　法蔵寺

一、同　同所　宗福寺
一、同　藤田　高声寺
一、同弐拾貫　山形　常念寺
一、同　大網　養林寺
一、同三拾貫　遠州　天然寺
三州　大聖寺
養国寺
不退院
安楽寺
桂岩寺
誓願寺
恵験寺
右三州　養寿寺
大樹寺　塔頭惣代
宝台院　塔頭惣代
信光明寺右同断
松応寺　右同断
高月院　右同断

右ハ三拾貫宛
一、同百貫　代金弐十五両　浄華院
一、同　金戒光明寺
一、同　知恩寺
一、同　信光明寺
一、同七拾貫　代金拾七両弐分越前　運正寺
一、同　讃州　法然寺
一、同　紀州　大智寺
一、同　京都　誓願寺
一、同　同　光明寺
一、同　同　円福寺
一、同弐拾貫文　安土　浄厳院
一、同三拾貫文　信州　大英寺
一、同弐拾貫文　同　長恩寺
一、同三拾貫文　三州　浄珠院
一、同弐拾貫文　千葉　来迎寺
一、同七拾貫文　濃州　立政寺
一、同三拾貫文　和州当麻三ケ院惣代　奥院

七　大方丈脇壇安置土井家宝地院殿（土井利勝）位牌之訳、右屋敷書留之抜書、左之通、

元文元辰十月二日、増上寺方丈ヘ御使者ニテ被仰遣候御口上書之控、御朱印長持ニ入候、御答相済、御進物之覚、

口上之覚

冷気之節、弥御堅勝珍重之御事ニ御座候、将又先祖宝地院殿位牌、古来より御内仏ニ有之候処、参詣之儀致中絶候、貴寺ニハ訳も御座候間、自今以前之通致参詣度改候、右可得御意、以使者申述候、

十月二日　土井大炊頭使者　中村与右衛門

大炊頭（土井利実）参詣之儀、御挨拶相済候ハヽ、同姓之衆中モ被致参詣ニテ可有御座由、口上ニて申述候、

一、右挨拶相済
方丈へ　一種　義潭（所化役者衆）
四人役者　説冏
衆中へ　天陽院（寺家役者衆）
金五百疋　清光院

外ニ和紙二十束　義潭
百疋ッツ　行者 田中永周
鳥目壱貫文　田中文周
銀弐枚　堂司 義問へ
右之通可被為贈候、
一、御挨拶相済、始テ御参詣之節、宝地院殿牌前へ、
太刀馬代　銀壱枚
右之通可被致持参候、
右ハ進物被下物も向へ内談致、書面之通被遣候、
増上寺方丈ヨリ、

口上

向寒ニ御座候得トモ、弥御堅勝被成御座、珍重之御事候、然ハ御先祖宝地院殿御位牌、古来より当山内仏壇ニ御安置之処、御参詣之儀及中絶、宝地院殿当山御廟所御位牌も被建置候儀、御内談之訳被思召、今般御改、向後ハ御位牌前へ御参詣可被成旨被仰聞、委細致承知、御篤情之至、不浅於愚老方ニも致随喜候、此上御参詣之節、御手支無之様ニ、従役者共御家来中へ致対談候様ニ申付候、右為御挨拶以使僧申達候、以上、

十月三日　増上寺大僧正使僧　海信

増上寺内仏壇宝地院様御位牌之儀、覚書　御朱印長持へ入置候控、

覚

一、増上寺内仏壇宝地院様御位牌之儀、元文元丙辰九月義問申談、役者義潭へ義問承合候処、古来ヨリ内仏ニ有之段申候旨、依之同月十八日為内見、潮田勘右衛門・中村千右衛門被遣、義問案内ニテ、内仏壇へ宗御位牌致拝見候、其節行者田中永周罷出、諸事申聞、宝地院様御位牌之儀ハ、三十二年以前宝永二年酉四月晦日、方丈雷火ニテ炎上之節、御位牌も焼失仕候、依之其節、公儀より御建被置候由、永周申聞候、
一、内仏壇ニ　大光院様(新田義重)初其外　公儀御位牌共有之、御三家様御宗門様方御位牌有之候、其外ハ青山伯耆守(忠俊)様・松浦肥前守(鎮信)様御先祖様之御位牌有之候、尤となた様ニも御参詣無之、松浦兵部大輔様計、御参詣御差合候節ハ、御名代被遣候由、永周申聞候、

一、役者義潭へ義問を以、向後御参詣被成度段、内談致させ相済、十月二日中村与右衛門御使者ニテ、御口上を以、向後御参詣被成度趣被仰越候処、同三月増上寺より使僧口上書を以、向後弥御参詣被成候様ニ、御挨拶有之候、

一、右御挨拶相済候付、同十日初テ内仏へ御参詣、御牌前へ御太刀・馬代、銀壱枚被相備候、

一、同十一日、増上寺ヨリ使僧を以、内仏壇ニ御位牌、古来ヨリ被建置候儀、并向後御参詣被成候儀之御証文壱通、大僧正御直判ニテ被遣之候、則御預ケ　御朱印長持ニ入置候様被仰付入置候、

元文元年辰十月十六日　潮田勘右衛門

佐々木茂右衛門

宝地院殿へ今般御参詣之儀ハ、復往古御追孝之御厚情不浅御事候、宝地院殿廟所・位牌、当山被立置候ハ、

台徳院様へ御随身之可為思召候哉、宝地院殿往昔

権現様依厳命　尊霊様浜松以来之御執権職、被及　大猷院様御代候事、諸家之記録詳也、増上寺へ御因縁之儀ハ、尊霊様御導師了学(照誉)上人ハ、御旧領佐倉従松林寺、当山被仰付儀、是偏ニ宝地院殿御執計ト申伝候、新田大光院御建立之節も、観智国師(源誉存応)一同被蒙　上意候由、当山御由緒不成一方御事、然ル処、及近年中絶之儀復往古、向来御参詣之次第致感悦候、猶更幾久真俗御繁栄不可有際限候、御熟篤思召為可及御子孫如此御座候、以上、

元文元丙辰十月十日　増上寺四十一世大僧正
通誉(頓秀)判

土井大炊頭(利実)殿

右之趣、土井家書留之趣、文政十一子年三月写来ルニ付留置候事、

八　享保十二未年正月廿九日

享保十二未正月八日、於増上寺如例諸檀林会合有之、当光明寺(鎌倉)伝通院(小石川)次座候得トモ、光明寺座席之事ハ、先年定有之故、光明寺に上座をゆつり、自分其次ニ着座し、又神文之連判之事ハ、意趣各別之事ニ候間、最初

ニ可相認ト存候処、浄国寺(岩槻)円龍進前して被申候ハ、当役者中ハ次座光明寺之格式ハ無存知由被申候、拙僧役儀之内其事度々有之、委細存知候、光明寺上座之節ハ勿論之事、仮次座たりといへトモ、最初に名判被成候、其例度々之中に近く申時ハ、伝通院了鑑(然誉)和尚・光明寺冏鑑(学誉)和尚御住職之時、次座之冏鑑和尚、最初に名判被成候、前々如此と被申候、自分ハ其等之儀難心得候得トモ、先例其通ニ候ハヽ、左も右もと及挨拶候得ハ、光明寺観徹(義誉)和尚、最初ニ名判被致、其席ハ相済候、同十三日右判形之儀ニ付、自分増上寺へ罷越候所ニ、役者中他出故不能面談、帳場義潭へ委細申置罷帰リ、其口上ニハ光明寺座席之儀ハ、四十年以前当山孤岩(流誉)和尚之代、始テ被申出候事ニ候、光明寺ハ関東之本山たる故、階臘にかまハす、諸檀林之上座たるへしとの事なり、然トモ其以後、或時ハ光明寺上座、或時ハ階臘次第、随時不定ニテ紛敷体ニ相見へ候、近年詮察(松誉)僧正之代ニ至リ、重テ光明寺ハ関東の本山たるの間、不構階臘可為上座、但、出世方ニ掛リ候事ハ、可為階臘次第と被申出候、其節之光明寺岸了(通誉)和尚ハ、伝通院弁恵(称誉)和尚之次第ニテ候得トモ、上座之念ニ付テ、無思慮何事も先ツ当様に被存、最初ニ被致名判候を規矩として、其以後十四年之間、次座之光明寺被致初判候訳に相決候、抑光明寺ハ記主(良忠)前なる故、本山と申事ハ法中内証の崇敬にして、　公儀にてハ全不相立事に候、然に　公儀へ指出候書物等に位階を乱し、光明寺・伝通院と被書上候事、理として有間敷事ニ候、又詮察僧正出世方に掛リ候事ハ、階﨟次第と被申出候にも、大小相違に罷成候、且又両寺相対して申時ハ、光明寺記主前ニテ候得ハ、又伝通院了誉(聖冏)前ニテ候、尤御菩提所ニテ御上之思召も厚く御座候にや、近年再建・再々建、両度迄被成下、又従古来増上寺へ　御成・御代参之節ハ、毎度御仏殿へ相詰、当時　大納言様紅葉山御仏参之節も相勤候、ケ様之勝たる寺格を捨置、又住持之階﨟をも不相立、万端光明寺ヨリ引下ケ相勤候得ハ、何方ヨリ之定ニ候哉、更ニ心得かたく候、且去ル八日披見いたし候節、法﨟の帳面に光明寺観徹(義誉)、伝通院見超(照誉)ト有之、又乗輿之書付にも光明寺、伝通院ト不次第に有之由、一円不得其意候、所詮自分之所存には光明寺上座之事ハ、法中内証之崇敬にて候ヘハ、少モ難渋無御座候、惣テ　公儀表立たる時ハ階﨟次第、連名・連判等之書付次第不乱様ニいたし度所存ニて候、此等之趣各方料簡ニテ改リ候様ニ頼入候、若御了簡難成儀ニ候ハハ、直ニ大僧正ヘ申達、作法能致度候と委細申入罷帰候、同十六日役者(所化)弁弘方ヨリ帳場義潭を以、両度被仰聞候事、承知之由申来候ヘトモ、所詮之返答無之ニ付テ、同廿四日ニ罷越、重テ委細に理を尽し、近々返答承(度カ)知由、義潭ヘ申置罷帰候、同廿六日役者弁弘手札に僧正之使僧を相兼入来、僧正之口上に弁弘方ヘ両度被申達候儀、委細承知尤之儀存候、早速返答に可及之処、

　御成前取込及延引候、光明寺上座之儀ハ、本山たる故無異儀思召之段尤に存候、連名・連判之書物等之儀ハ階﨟次第ニ被成度旨、是又尤之事ニ候、弥思召之通リ被相定候間、左様に御心得可被成候、乍併諸檀林ヘ当分申遣候儀ハ、遠方殊に急成儀ニテも無之、来春会合之節可申談候、右之口上被仰越候、依之同廿九日ニ増上寺ヘ罷越、直々之御□(虫損)述候、其節役者中帳場相改被入披見候、最早異変有間敷儀ニ候得トモ、迚も之事ニ□(虫損)度之次第、日鑑に被留置候様ニと頼入候様、弁弘最早記置候由被申候、左候ハハ手前之日鑑にも記置可申由相届罷帰候間如此ニ候、以上、

享保十二丁未正月廿九日

伝通院照誉見超代

増上寺大僧正学誉冏鑑和尚代

増上寺所蔵

『幹事便覧』八

幹事便覧第八目録

壱　寛政四子年十二月廿九日、寛霊(所化役者)へ松平右京亮殿(寺社奉行・輝和)ヨリ御尋ニ付、差出書付如左、

覚

香衣檀林後住入札之儀ニ付、拾七檀林之入札ハ方丈之開封披見無之、又御当山一文字三拾八僧、且所化役両僧并ニ御府内檀林四箇所所化之二臈、右四拾四人之入札ハ、方丈開封披見有之ハ、如何之訳ニ候哉之旨御尋ニ御座候、

　此段貞享二年十一月廿九日

一、常憲院(徳川綱吉)様御代御当山(増上寺)ヘ被下置候、

一、御下知状ニ毎歳正月六日御年礼相勤候以後、増上寺ヘ拾七檀林之住持不残令会合、浄土一宗之僧侶弥学問策励之、諸法式無混雑様可有評定候、次ニ香衣檀林住職之事、増上寺月行事拾弐人、諸檀林伴頭拾七人、都合廿九僧之事、但、解間寺持之僧除之、檀林住持相応之器量撰之、能化之中銘々致入札、則以封印箱に納、其箱之上封、諸能化令合判預置増上寺、其年中檀林住持替之節、如例増上寺上座三拾八僧、所化役者両人并江戸檀林四ケ所之二老相加、各廿九僧之中、不依座之高下可為能化之僧入札致之、方丈被遂披見吟味之上、両人書付可被差出候、

右御文段之中諸檀林能化之入札ハ、諸能化致合判、増上寺ニ預ケ置ノミ有之、又所化入札之御文段ニハ、方丈被遂披見吟味之上、両人書付可被差出ト有之、右之御趣意を相守、古来ヨリ檀林之入札ハ、方丈不被致披見候、又所化之入札ハ方丈披見被遂吟味候儀ニ御座候、

右依御尋ニ申上候、以上、

十二月　　　　　増上寺　役者

二　寛政四子年十二月廿四日、寛霊ヘ松平右京亮殿ヨリ御尋ニ付、差出書付如左、

覚

香衣檀林後住入札之儀、拾七檀林之入札、且御当山所化入札之次第、又方丈書上之次第、委細可申上旨、御尋ニ御座候、

此段香衣檀林後住書上入札之儀ハ、正宝(保)五年三月廿四日　厳有院(徳川家綱)様御代々　御条目、又貞享二年十一月廿九

日　常憲院様（徳川綱吉）御代々　御条目・同御下知状之御趣意を以、毎年正月八日諸檀林之住持、御当山へ致会合、浄土一宗之僧侶、弥学問策励いたし、諸法式混雑無之様可相守旨評定仕候節、香衣檀林後住之儀、是迄ハ御当山月行事拾弐人、諸檀林之伴頭拾七人、都合弐拾九人之中ニテ、不依座之高下ニ、檀林住持相応器量有之候者を、諸檀林之能化致誓詞、銘々壱人之了簡を以撰之、三僧宛致入札来リ候、然処右書上入札之儀ニ付、当閏二月三日被仰出候御趣意、方丈始諸檀林一同、其外何レモ奉畏罷在候得ハ、以来右雖為弐拾九人之外、常々無油断広く諸山を致穿鑿置、若余山之中ニ法徳格別ニテ、檀林住持相当之僧有之節ハ、是又銘々壱人之料簡を以、其人を可致入札儀ニ御座候、右之入札封印を以箱ニ納之、其箱之上封ハ檀林之上座三箇寺ニテ合判之上、御当山ニ預リ置候儀御座候、尤其年中之内、香衣檀林住持無住之節、御当山一文字席三拾八人、且所化役者両人并御府内檀林伝通院（小石川）・霊巌寺（深川）・幡随院（浅草）・霊山（本所）寺、右四ケ寺所化之弐﨟四人相加、都合四拾四人之面々誓詞を以、是迄ハ御当山月行事拾弐人并諸檀林之伴頭、都合弐拾九人之中ニテ、不依座之高下に、檀林住持相応之器量有之者を、銘々壱人之料簡を以、致入札来候得トモ、是又以来ハ、右雖為弐拾九人之外、常々無油断広く諸山を致穿鑿置、若余山之中ニ法徳格別ニテ、檀林住持相当之僧有之節ハ、銘々壱人之了簡を以、其人を可致入札儀御座候、勿論右之入札、銘々御当山へ持参仕、則大方丈拙僧共両人ニテ、壱人毎に次第ニ請取、得ト取調之上、右四十四人之入札、拙僧共ヨリ方丈へ差出候、方丈開封被致披見候間ハ、拙僧共両人其席を辞して、次之間ニ控罷在、方丈披見相済候節、又復罷出、右之入札、拙僧共両人ニテ惣封仕、其封印ハ方丈直印被致候、右相済、拙僧共暫引取候内、右四拾四人之入札之中ニテ、檀林住持相応之人体、猶又方丈撰之、両人書上被相認、自身ニテ封之被致直印候上、并四拾四人之入札・誓詞共一具ニ箱ニ納、尤其箱之上封ハ、是亦方丈之直印ニテ御座候、右之入札箱、且正月八日御当山ニ預リ置候諸檀林之入札箱共ニ、御奉行

所へ持参仕候儀ニ御座候、
右依御尋申上候、以上、
十二月　　　　増上寺　役者

三　寛政四子年十一月廿九日、宣契（所化役者）へ御達ニ付、十二月
七日松平右京亮殿ヨリ御尋ニ付、差出書付如左、

覚

檀林書上入札人撰之儀、古来之御定法、且当閏二月中
被仰出候以来之御定法、其手続之次第、委細書付可申
上旨御尋ニ付、左ニ申上候、
一、香衣檀林拾弐ケ寺之後住書上入札之儀ハ、延宝五年
三月廿四日　厳有院様御代　御条目、又貞享二年十一
月廿九日　常憲院様御代　御条目、同御下知状之御趣
意を以、毎年正月八日諸檀林之住持、御当山へ致会合、
浄土一宗之僧侶弥学問策励いたし、諸法式混雑無之様
評定仕候節、香衣檀林後住之儀、御当山月行事拾弐人、
其余拾七檀林之伴頭拾七人、都合弐拾九人之中ニテ、
不依座之高下、檀林住持相応之器量有之者を、拾七檀
林之能化致誓詞、銘々一人之了簡を以撰之、致入札封
印を以箱ニ納、其箱之上封ハ檀林之上座三ケ寺ニテ合
判之上、御当山ニ預リ置候儀に御座候、尤其年之内香
衣檀林住持無住之節、御当山一文字席三拾八人、且所
化役者両僧、及ひ御府内檀林伝通院（小石川）・霊巌寺（深川）・幡随院（浅草）・
霊山寺（本所）、右四ケ寺之所化之弐臈四人、都合四拾四人之
面々誓詞を以、前文之通御当山月行事拾弐人、并拾七
檀林之伴頭共、都合弐拾九人之中ニテ、不依座之高下、
勿論檀林住職相応之器量有之者を、銘々一人之了簡を
以入札仕候、尤右之入札ハ御当山ニ取集、方丈披見吟
味之上、其中ニテ猶又檀林住職相当之人体撰之、両人
被致書上候儀に御座候、右方丈之書上并四拾四人之入
札・誓詞共、一具ニ箱入、且先達テ御当山ニ預リ置候
諸檀林之入札箱共ニ、御奉行所へ拙僧共持参仕候儀ニ
御座候、
一、御当山且知恩院（京都・本山）後住并小石川伝通院（紫衣檀林衆）・鎌倉光明寺・
瓜連常福寺・飯沼弘経寺・新田大光院後住之儀ハ、延

宝五年三月廿四日　厳有院様(徳川家綱)御代　御条目之御趣意を以、檀林住持之中、其進之口之法臈席順次第ニテ、両人ツツ方丈被致書上候計ニテ、拾七檀林、其外都合六拾壱人之入札ハ無御座候、

一、京都金戒光明寺(本山衆)・同所知恩寺・同所浄華院、又三州大樹寺(菩提寺衆)・駿府宝台院・西久保天徳寺・浅草誓願寺、右七ケ寺後住之儀ハ、香衣檀林拾弐ケ寺之内ニテ、其寺住職相認之者を方丈撰之、被致書上候儀、古来之寺法仕来ニ御座候、

一、三州松応寺(菩提寺衆)・同所高月院・同所信光明寺、又筑後善導寺(由緒寺院)・越前運正寺、右五ケ寺無住之節、後住之儀ハ多分御当山月行事、或ハ一文字席上座、又伝通院・霊巌寺・幡随院・霊山寺、右四ケ所之伴頭、或ハ二臈等、右之面々へ住職之鑿(穿脱カ)有之候哉否之儀、御当山ヨリ尋申達、右之内ニテ望之旨申出候得トモ、其上ニテ、猶又住職相当之者を方丈撰之、被致書上候儀御座候、此段ハ貞享二年二月　常憲院様(徳川家綱)御代之御下知状ニ、檀林之所化・大老(ママ)、殊ニ其器量於有之ハ、檀林住職之外、紫衣寺、或ハ四ケ本寺之末寺へ可為入院事、右之御趣意を以、前文之通、方丈被致書上候儀ニ御座候、

一、讃岐法然寺(由緒寺院)儀ハ、延宝三年閏四月　厳有院様御代松平讃岐守殿御先祖頼重侯之御願ニよりて、常紫衣ニ被仰付候、右之御由緒を以、右寺無住之節ハ、松平讃岐守殿より御当山へ御頼有之、同国浄願寺、又御当山一文字席等之内ニテ、右法然寺住職相当之人体、猶又方丈被撰之、口上ニテ被致書上候儀ニ御座候、

右五ケ寺之次第ハ、去亥年十月四日委細書付を以申上置候儀ニ御座候、

一、当閏二月三日於脇坂淡路守殿(寺社奉行・安董)、香衣檀林後住書上之儀、御当山月行事并諸檀林之伴頭、都合廿九人之内計致入札候得トモ、以来ハ右之外たりとも、相当之僧有之節ハ書上可申、おのつから諸山策励之基、且ハ一宗衰眇致ましき為ニも可相成候、尤香衣檀林之書上ノミに不限、惣テ此趣を以可相応得候、然トモ右ハ余山法徳格別之僧有之事ニ候、闕如毎に必余山を可加ト申儀ニハ無之旨、御書付を以仰渡候ニ付、其後御同所へ再

三御伺申上、亦御尋も有之候上、当三月廿七日御同所へ伺書且誓詞写三通并申上書、都合五通差出候、右写左之通、
一、香衣檀林後住書上之儀、増上寺山中月行事并諸檀林之伴頭、都合弐拾九人之内計致入札来候事ニ候得トモ、以来ハ右之外たりとも、相当之僧有之節ハ書上可申候、おのつから諸山策励之基、且ハ一宗衰眊いたすましき為にも可相成候、尤香衣檀林之書上ノミニ不限、惣テ此趣を可相心得候、然トモ右ハ余山ニ法徳格別之僧有之節之事ニテ候、闕如毎ニ必余山を可加ト申儀ニハ無之候、然上ハ常々無油断広く諸山を可致穿鑿置儀専要ニ候、
右之趣ハ仏法之衰眊を可被助為被仰出候御書付之趣、方丈并檀林其外へも申達、一同難有承知奉畏候、然ル処、香衣檀林後住入札之儀、是迄ハ延宝五年・貞享二年之　御条目・御下知状之通、檀林拾七箇寺之住職并御当山一文字席三拾八人、所化役者両人、及御府内檀林四ケ所之所化之二臈、都合六拾壱人、銘々誓詞を以、御当山月行事拾弐人并檀林拾七ケ所之伴頭、都合弐拾九人之中ニテ、不依座之高下ニ、檀林住職相応之所化を入札仕来候得トモ、以来ハ右弐拾九人之外たりとも、法徳格別ニテ檀林住職相当之僧有之節ハ、入札仕候様、此度被仰出候ニ付、右之御趣意を以、銘々之誓詞へ書加候様可仕哉ト奉存候、尤誓詞之儀檀林一列同文言、又一文字席ト役者ト同文言、又他山二臈同文言ニテ御座候、
右三通ともニ前書之中へ、以来ハ別紙附札之通書加可申哉、依之右誓詞之写并附札を以、此段奉伺候、
右之通、方丈被存候趣を以、御伺申上候、以上、
五月　　　　　　　　増上寺　役者
此所へ誓詞三通之写、附札共ニ可書入、初ニ檀林、次ニ一文字ト役者、次他山二臈之誓詞并附札共、此間ニ相認候事、
覚

四　香衣檀林後住書上入札之儀、是迄ハ延宝五年・貞享二年之　御条目、且御下知状之通、御当山月行事拾弐人、并諸檀林之伴頭、都合弐拾九人之中ニテ、致書上入札来候処、此度被仰出候御趣意奉畏罷在候得ハ、以来余山之中ニ諸人唯し挙テ法徳格別之僧ト称し、檀林住職相当之僧有之候節ハ、其人を相撰、諸向入札可仕、且方丈も書上可被致、尤香衣檀林之書上のミに不限、惣テ此趣を相心得罷在可申儀ニ御座候、然上ニ若左様之僧無之節ハ、前来之通、延宝之　御条目、且御下知状之御趣意を相守、随分ニ相撰、諸向入札可仕、且方丈も書上可被致候、此段申上置候、已上、

三月　　増上寺　役者

右都合五通を以御伺申上候処、翌廿八日於御同所に同之通、御聞済之旨被仰渡、且此度御伺申上候誓詞・附札之通、以来諸向ニテ相心得候様可申述旨をモ被仰渡候、右依御尋延宝・貞享以来、且当二月以後檀林書上入札手続之次第、御答申上候、

十二月　　増上寺　役者

五　寛政十午年知恩院(京都・本山)誠誉定説大僧正御隠居、黒谷金戒(京都・本山)光明寺霊長上人御隠居、結城弘経寺(檀林)全海上人遷化ニ付、新能化三ケ寺同時御書上ニ可相成モ難計、依之予め心子(文)度致度候処、御書上之次第一名両入札ト申振合ニ可相成事哉、近来珍敷儀故、振合難相分、夫故無拠同年九月廿四日察(所化役者)常脇坂淡路守殿ヘ罷越、役人塩山小源太ヘ致面会、極内々ニテ去安永九子年八月、新能化弐ケ寺同時御書上ニ相成候振合記録之写、頼入申請候次第、如左、

上包・認方

> 上　　増上寺　大僧正

小石川伝通院後住　　新田大光院
世寿六拾五　法臈五拾壱　　(遍誉)在定

飯沼弘経寺
世寿六拾弐　法臈四拾七　　(実誉)興玄

安永九庚子年八月七日　増上寺大僧正便誉隆善　印

上包紙・認方、全如前、各極楷書認、

又壱通

　瓜連常福寺後住　本所霊山寺

世寿六拾壱　法臈四拾六　了因（見誉）

安永九庚子年八月七日　増上寺大僧正便誉隆善　印

上包・認方、全如前、何れも極楷書認、

又壱通

　本所霊山寺後住　増上寺伴頭

世寿五拾壱　法臈三十七　鸞山

　増上寺二臈

世寿五拾　法臈三十六　善住（衆誉）

安永九庚子年八月七日　増上寺大僧正便誉隆善　印

上包・認方、全如前、何れも極楷書認、

又壱通

　瀧山大善寺後住

世寿五拾　法臈三拾六　善住

安永九庚子年八月七日　増上寺大僧正便誉隆善　印

上包・認方、全如前、尤何れも極楷書認、

　都合五通

享和元辛酉年十月十六日、伝通院霊麟（聖誉）上人知恩院へ移転被仰付候、依之翌十七日御掛り阿部播磨守殿（寺社奉行・正由）へ、伝通院以下移転住職御書上ニ相成候振合写置、如左、

上包・認方

右大美濃紙包・楷書

小石川伝通院後住　瓜連常福寺

世寿六拾壱　法臈四拾七　智厳（君誉）

　飯沼弘経寺

世寿六拾壱　法臈四十七　在禅（薫誉）

享和元辛酉年十月十七日　増上寺大僧正倫誉念海印

右楷書

紫衣檀林後住　　　岩付浄国寺
世寿六拾　法臈四十六　　（泰誉）在心
　　　　　　　　　川越蓮馨寺
世寿五拾八　法臈四拾四　（教誉）典海
享和元辛酉年十月十七日　増上寺大僧正倫誉念海印
右極楷書

又壱通

香衣檀林後住　　　増上寺伴頭
世寿四十九　法臈三十三　（冠誉）了珉
　　　　　　　　　増上寺二臈
世寿四拾六　法臈三拾二　（好誉）在妙
享和元辛酉年十月十七日　増上寺大僧正倫誉念海印
右上包紙・認方、全如前、極楷書、
例年正月八日諸檀林入札認方如左、裏有之、
檀林職分之僧

　　　　誰
　　　　誰
　　　　誰
年号　　何寺
正月八日　誰印

右六折之紙ニ相認、尚又年柄ニ寄、正八之入札、二臈相済候上ハ、奉行所へ伺之上、江戸檀林四ヶ寺登山ニテ、臨時入札被相認候、其節モ矢張三僧被相認候由、幡随院（運誉）観善上人物語ニ御座候、

六　諸檀林及御菩提所、惣テ於　御城ニ仰付ニ相成候寺院、移転住職仰付登　城之節、大僧正御方御登　城無之、役者登　城ニテ相済候先例、

一、元文三午年十一月、京都浄華院後住并香衣檀林後住御書上相済候後、同月廿二日大僧正（通誉頓秀）御方、願之通御隠居御免被仰付候テ、同月廿四日本所霊山寺（浄誉）擔梁浄華院

へ、御当山伴頭了風（団誉）霊山寺移転住職被仰付節、大僧正
御方御隠居御免後之儀ニ付、御登　城役者ニ（テ脱カ）相済、
一、宝暦三酉年十月廿三日、京都浄華院後住・香衣檀林
後住御書上相済候後、門誉覚螢大僧正御願之通、十一
月廿日御隠居御免被仰付、翌廿一日鴻巣勝願寺碩巌（法誉）浄
華院へ、御当山伴頭秀（教カ）厳（忍誉）勝願寺へ、移転住職被仰付候
節、御無住中ニ付、役者登　城ニテ相済、
一、明和七寅年十月牧野越中守（寺社奉行・貞長）殿御掛ニテ、浅草誓願寺
後住并香衣檀林後住御書上相済候後、歓誉弁秀大僧正
十一月七日御願之通、御隠居御免被仰付、翌八日岩付
浄国寺祐翁（珍誉）誓願寺へ、御当山伴頭霊忠（謙誉）浄国寺へ、移転
住職被仰付候節、御無住中ニ付、役者登　城ニ付（テ）相済、
一、安永六酉年十一月廿六日、太田摂津守（寺社奉行・資俊）殿御掛ニテ、
浅草誓願寺後住并香衣檀林後住御書上有之、十二月十
二日生実大巌寺諦善（聴誉）誓願寺へ、御当山伴頭円徹（利誉）大巌寺
へ、移転住職被仰付候節、豊誉霊応（増上寺・四十九世）大僧正御病気ニテ
御登　城無之、役者ニテ相済、
一、寛政三寅年十月牧野備前守（寺社奉行・忠精）殿御掛ニテ、鎌倉光明寺
紫衣・香衣移転住職御書上相済候後、同月廿日新田大
光院周仁（梵誉）鎌倉光明寺へ、小金東漸寺泰嶺（高誉）大光院へ、御
当山伴頭俊海（逾誉）東漸寺、移転被仰付候節、統誉（増上寺・円宜）大僧正御
病気ニ付、御登　城無之、役者ニテ相済、
一、文政十一子年三月十二日、三州松応寺御当山二臈寂
仭へ住職仰付之節、宝誉（顕了）大僧正御方御当病ニ付、御登
城無之、役者祐麟（所化）（貌誉）差添罷越、同寺御掛リ堀大和守（寺社奉行・親宝）殿
へ、御坊主を以相断、仰付之節桜之間ニ役者相控居、
仰付畢テ、当人へ御祝詞寺社司被申述、次ニ大和守殿
方丈へ其旨申達候様被仰渡候事、但、仰付之節御取合
ハ寺社司上座ニテ役之、
一、寛政三亥年十月四日、松平右京亮殿へ学円（所化役者）持参之書
付如左、

覚

香衣檀林後住之儀、御当山所化之入札、且諸檀林一同
ニ入札有之、其上方丈撰之、被致書上候事ニ候、右方
丈又々書上并入札共、何レも其進之口ニ望居リ候を、
順々書上入札有之様ニ相見候、然処　公儀　御条目御

奉行所之御書物之上ニテハ、不依座之高下ニ、其器量之者を致入札、且方丈之書上モ可有之、将又御当山所化ニ不限、於余山モ器量之者有之ハ、書上入札可有之事ト被思召候旨、御尋ニ付、左ニ申上候、

一、香衣檀林後住書上入札之儀ハ、延宝五年三月廿四日厳有院（徳川家綱）様御代々　御条目、又貞享二年十一月廿九日常憲院（徳川綱吉）様御代々　御条目、同下知状之御趣意を以、毎年正月八日諸檀林之住持、御当山へ被致会合、浄土一宗之僧侶、弥学問策励致、諸法式混雑無之様可相守旨、評定仕候節、香衣檀林後住之儀、御当山月行事拾弐人、諸檀林之伴頭拾七人、都合弐拾九人之中ニテ、不依座之高下、檀林住持相応之器量有之候者を、諸檀林之能化致誓詞、銘々一人之了簡を以撰之致入札、則封印を以箱ニ納、其箱之上封ハ、檀林之上座三ケ寺ニテ合判之上、御当山へ預リ置候儀ニ御座候、尤も其年之内香衣檀林住持無住之節、御当山壱文字席二拾八人、且所化役者両人并御府内檀林伝通院（小石川）・霊巌寺（深川）・幡随院（浅草）・霊山寺（本所）、右四ケ寺之所化之二臈四人相加、都合四拾四人之面々誓詞を以、右御当山月行事・諸檀林之伴頭共、都合弐拾九人之中ニテ、是又不依座之高下、檀林住持相応之器量有之候者を、銘々壱人之了簡を以致入札候、勿論右之入札御当山ニ取集、方丈披見吟味之上、其中ニテ檀林住持相応之人体を撰之、両人被致書上候儀ニ御座候、右方丈之書上并四拾四人之入札・誓詞共、一具ニ箱ニ入、且先達テ御当山ニ預リ置候諸檀林之入札箱共ニ、御奉行所へ拙僧共持参仕候儀ニ御座候、則延宝・貞享之　御条目、且御下知状之写、別紙三通差上申候、右両度之　御条目・御下知状之御趣意を相守、前件之通、御当山月行事拾弐人并ニ諸檀林之伴頭拾七人、都合弐拾四人之中ニテ、檀林住持相応之者を撰ひ、銘々一人之了簡を以、聊モ依怙贔屓無之入札仕、方丈吟味之上撰之、被致書上候儀ニ御座候得トモ、其進之口相望居候者を、順々書上入札仕候儀ハ無之、勿論余檀林之所化ニハ、書上入札無之ト申筋ニハ、決テ無御座候、又檀林初転之紫衣寺へハ、必香衣檀林ヨリ相進ミ、又檀林弐転之紫衣寺へハ、必初転之紫衣寺住持之

外ハ、不相進様ニ方丈書上有之、且又其向ニハ入札モ無之、方丈之書上計ニ候ハ、如何様之訳ニ候哉之旨、御尋ニ付、是又左ニ申上候、

一、延宝五年三月廿四日　厳有院様御代々　御条目、香衣檀林十一箇所之外、後住之儀ハ戒臈次第、是又両人意得可被上候事、

右　御条目之御趣意を以、香衣檀林十弐ケ所之外、京都知恩院并紫衣檀林後住之儀ハ、檀林住持之中、其進之口之法臈席次第ニテ、両人ツツ方丈被致書上候計ニテ、檀林其外之入札ハ無御座候、且御当山後住書上之儀ハ、方丈隠居再願被申上候、為　上使御奉行方御両所御当山へ御出、願之通り隠居御免之旨、　上意御演達、猶又後住書上有之候様被仰候ニ付、御寺之儀ニ御座候得ハ、可申上様無御座候得トモ、住位法臈之次第書上可申旨、御答申上退去之上、法臈次第弐ケ寺相認、方丈直ニ　上使之御奉行方へ被差上候、又方丈書上之草案壱通、別ニ役者ヨリ　上使之御奉行方へ差上候儀ニ御座候、将又右　御条目ニ、香衣檀林十一箇所ト御座候ハ、本所霊山寺儀　神君様十八檀林之列ニ御取立被成下候処、其後断絶仕候ニ付、貞享二年　常憲院様御代、御再興被仰付候、以来古来之通、香衣檀林拾弐ケ寺全備仕候儀ニ御座候、又天徳寺(西久保)・誓願寺(浅草)等之紫衣寺へハ、香衣檀林之内より移転有之、又三州高月院・信光明寺等之紫衣寺へハ、所化之内ヨリ住職いたし候、如何様之訳ニ候哉之旨、御尋ニ付、是又左ニ申上候、

一、京都浄華院・同所金戒光明寺・同所知恩寺、右三ケ寺ハ京都四ケ本寺之列ニテ、是を三箇本山ト称し、不混余寺ニ寺格ニ御座候、又三州大樹寺・駿府宝台院・西久保天徳寺・浅草誓願寺、右四ケ所ハ御菩提所訳を以、是又不混余寺ニ寺格ニ御座候、尤右七ケ寺ハ其寺住職限、余寺へ転昇仕候儀ハ無御座候得トモ、前文之寺格御座候ニ付、香衣檀林拾弐ケ寺之内ニテ、其寺住職相応之者を方丈被撰之、後住之書上被致候儀、古来より之寺法仕来ニ御座候、尤貞享二年　常憲院様御代之御下知状之第三ケ條ニモ、檀林能化御菩提所并四ケ本寺へ移住ト之御文言有之候、右御文段之御菩提所ト

申ハ、三州大樹寺・駿府宝台院・西久保天徳寺・浅草誓願寺ニ相当リ申候、四ケ所本寺ト申ハ京都知恩院・浄華院・金戒光明寺・知恩寺ニテ御座候、尤知恩院ヘハ伝通院・光明寺之内ヨリ移住仕候得トモ、清浄華院・金戒光明寺・知恩寺ヘハ、香衣檀林之内ヨリ移住仕候、依之右御下知状御文段ハ、檀林能化ト申ハ伝通院・光明寺、香衣檀林拾弐ケ寺之住持ニ相当リ申候、勿論右御下知状之御趣意ハ、檀林之住持十八檀林之外、御菩提所幷四ケ本寺ヘ移住之節、是迄其能化檀林住職中、致随従居候所化共を、檀林・増上寺ヘ帰山入寺為致候儀ニ御座候得トモ、是又香衣檀林之内ヨリ、浄華院・金戒光明寺・知恩寺・大樹寺・宝台院・天徳寺・誓願寺ヘ、移住仕候寺法仕来之趣分明ニ御座候、又三州高月院・同所信光明寺・同所松応寺・越前運正寺、右四ケ寺ハ御菩提所、格別之御由緒有之、又筑後善導寺ハ浄土宗鎮西本山ニテ、不混余寺寺格ニ御座候、前文之次第ニ御座候得ハ、右五ケ寺無住之事、後住之儀ハ多分御当山月行事席拾弐人、或ハ一文字上座、又伝通院・霊巌寺・幡随院・霊山寺、右四ケ所之所化伴頭、或ハ二臈等、右之面々住職之望有之候哉否之儀、御当山ヨリ尋申達、右之内ニテ住職望之旨申出候得トモ、其上ニテ猶又住職相当之者を方丈撰之、被致書上候儀ニ御座候、此段ハ貞享二年十一月　常憲院様御代之御下知状ニ、檀林之所化・大老（マヽ）、殊ニ其器量於有之ハ、檀林住職之外、紫衣寺或ハ四箇本寺之末寺ヘ可為入院事、右御下知状御趣意を以、前文之通、方丈被致書上候儀ニ御座候、将又讃岐之法然寺儀、往古ハ浄土宗之元祖円光大師（法然上人）之草庵ニ、本尊幷円光大師之像安置有之候処、松平讃岐守殿御先祖頼重侯、同国御入部之後、右之旧跡御再建有之、且延宝三年閏四月　厳有院様御代頼重侯之御頼ニよりて、常紫衣ニ被仰付候、右之御由緒を以、右寺無住之節ハ松平讃岐守殿より、御当山ヘ御頼有之、同国ニテ浄願寺、或ハ御当山一文字席等之内ニテ、右法然寺住職相当之人体、猶又方丈被撰之候上ニテ、被致書上候儀ニ御座候、

又香衣檀林後住方丈之書上幷諸檀林住持及ひ諸檀林所

化之入札、且知恩院・増上寺、其外紫衣檀林後住方丈書上之儀ハ、凡一宗之内ニテ何方之寺院ニテモ、其道徳之聞へ有之者ハ、広く其人を撰之、方丈書上有之様ニハ不相成事ニ候哉、然処常並寺院住持之中ニ、仮令道徳之僧有之候テモ、諸檀林住持并諸檀林之学席相勤居候もの之外ハ、方丈書上不相成趣ニテハ、甚狭き事ニ被思召候旨、御尋ニ付、是又左ニ申上候、

一、香衣檀林後住方丈之書上并諸檀林之住持、御当山一文字三拾八僧、且所化役両人、御府内檀林四ケ所之所化之二臈入札之儀ハ、御当山月行事拾弐人・諸檀林之伴頭拾七人、都合弐拾九人之中ニテ、檀林相応之器量撰之、銘々一人之了簡を以入札仕、尤貞享二年十一月常憲院(徳川綱吉)様御代御下知状第一ケ条、解間寺持之僧除之ト有之、右之御趣意を以相守、常並寺持之僧ハ勿論之儀、解間寺持之僧共に、右入札撰ニハ相除申候、其上右之入札、方丈披見之上被遂吟味、両人ツツ書付被差上候儀ニ御座候、将又知恩院(京都・本山)・御当山(増上寺)、其外紫衣檀林後住、方丈書上之儀ハ檀林住持之中、其進口之法臈席順次第ニテ、両人ツツ書付被差上候、前文之趣ハ、延宝五年三月廿四日　厳有院(徳川家綱)様御代々　御条目、且貞享二年十一月廿九日　常憲院様御代々　御条目・同御下知状之御文面に有之、則別紙写之通ニ御座候、右　御条目且御下知状之御趣意を以、常並寺院住持之中ニ、仮令希ニ道徳之僧有之候テモ、諸檀林之住持并檀林学席相勤居候者之外ハ、書上・入札共ニ無之儀ニ御座候、右之訳ハ諸檀林住持職之儀ハ、仮令道徳殊勝之僧ニ御座候テモ、唯道徳ノミニテ、学解微薄ニ候テハ、其職分に堪不申候、亦道徳学解相兼候者ニテモ、檀林住職ニ不堪者モ有之候、抑檀林住職之器ハ、最初若年之時、檀林へ入寺致掛錫候、以来凡四拾年之法臈を積、檀林所之寺法・格式等を熟知致、其上一山之大衆、大勢之所化を領して、宗法之奥義、仏祖以来伝々相承之旨を致相伝候師位之職分、且法問論義之是非を決択し、一山之大衆を能く令帰伏職分ニ候得トモ、其器量無之、且檀林之寺法・格式等不案内者ハ、万事差支之儀有之候得トモ、檀林住職之器ニ無御座候、右之次第故、御

当山月行事席ニ相進ミ候ハ、前来檀林之寺法・格式を相守、別テ伝灯師位之職分を心掛、宗門奥義之伝法熟知致し、勿論学席之恒式有之、数度之講釈等モ仕、法問論義之是非を決択して、平日一山之所化を教諭仕候儀ニ御座候、依之貞享二年十一月　常憲院様御下知状ニ、月行事ハ令指南初学之所化之旨、彼岸時節転席之僧、上座三拾八人之中不依座之高下、右役儀可相勤器量之所化、月行事中致入札、方丈吟味之上可被申付事ニ有之、右之御文段、且前文ニ申上候御下知状之御趣意ニ候得ハ、常並寺院住持之中ニ、仮令希ニ一分道徳学席計ニテ、伝法師位之職分ニ不堪、且檀林之寺法、公私之格式等不案内ニテハ、一山之大衆帰伏不仕、諸事差支有之候ニ付、檀林能化之職分ニ相当不仕候、前件重々之訳合ニ御座候ニ付、仮令道徳之僧ニ御座候テも、早く檀林所を退き、常並之寺院へ住職仕居候僧へハ、書上・入札共ニ相除き申儀ニ御座候、尤当時法益衰微仕候事故、檀林住持之面々、且方丈迚も古徳ニ比校仕候時ハ、全く其職分に相当仕候ト申処ニハ至り不申候、此段ハ方丈始め被致慚愧悲歎、何卒復古候様ニト被心掛、　御条目之通、学席之中ニテ、随分ニ其職分ニ相当仕候者を相撰、被致書上候儀ニ御座候、扨又出家之職分、修行之為学解ニ候得ハ、学解熟練之上、仏道修行仕候事ト人々心懸罷在候儀ニテ、檀林始一同道徳之僧を懇望仕候ハ、勿論之儀ニ御座候得トモ、学者ハ得易し、道者ハ得難儀ニ御座候、仮令希ニ一分道徳学解之聞ヘ有之候テモ、檀林住持職分相当之儀ハ、取捨有之候儀ニ御座候、

右依御尋、延宝・貞享之　御条目、且御下知状之御趣意并御当山古来ヨリ寺法仕来之趣を以申上候、以上、

十月　　増上寺　役者

右ハ役人神谷弥平掛り也、

七　延宝五巳年三月廿四日　厳有院様(徳川家綱)御代、増上寺ヘ被下置候　御条目、左之通、

定

一、増上寺方丈入院之時、附来上座之僧、於被列之ハ不
可過二人、座配ハ月行事中遂僉儀可定之事、
附、他山之所化、入寺又ハ帰山之僧有之ハ、撰其器
量、隆(障)之儀於無之ハ、凡座配可有許容事、
一、香衣檀林拾壱ヶ所後住御吟味之時、増上寺所化上座
三十八人并役僧相加之、以来月行事拾弐人・檀林拾六
ヶ所之伴頭、都合弐拾八僧之内、不依座之高下、器量
相応之僧、以入札書出、其上増上寺方丈被遂僉儀、両
人可被書上之事、
一、香衣檀林十一ヶ所之外、後住之儀ハ戒﨟次第、是亦
両人書上可被上之事、
右之条々、向後不可有違背者也、
延宝五年三月廿四日
但馬守(老中・土屋数直) 書判
大和守(老中・久世広之) 書判
美濃守(老中・稲葉正則) 書判
雅楽頭(老中・酒井忠清) 書判

八 貞享二丑年十一月廿九日 常憲院(徳川綱吉)様御代、増上寺へ
被下置候 御条目、左之通、
定
一、毎年於増上寺諸檀林之住持各令会合、元和元年以来
被仰出以 御条目、糺浄土一宗之法式、学問無懈怠様
可有沙汰事、
一、香衣檀林住職御吟味之儀、先規 御条目雖有之、今
度御僉議之上、諸檀林之住持并江戸檀林四ヶ所之二﨟
相加可撰之旨、被仰出之事、
一、浅草霊山寺為檀林所之処、就令断絶、此度再興被仰
付之条、諸檀林如法式可相勤事、
一、増上寺方丈入院之時、以先例上座之僧両人ツヽ、於
随身ハ弥器量吟味之上可被連候、尤寺法等無障様可被
致之、且又諸檀林之所化増上寺へ入寺・帰山之儀、正
路可被申付事、
附、増上寺(江戸檀林衆)・伝通院・霊嚴(巌)寺・幡随院・霊山寺へ新
来之所化減之、人数可相定事、
一、正月・五月・九月廿四日、於増上寺法問之節、江戸

四ヶ所之伴頭并二臈差添参堂可致聴聞、但、遠境伴頭・
二臈之儀、可為志次第事、
右条々堅可被守之、委細寺社奉行中可被相達者也、
貞享二年十一月廿九日
日向(松平信之) 印
山城(戸田忠昌) 印
豊後(阿部正武) 印
加賀(大久保忠朝) 印

九　同下知状、左之通、

覚

一、毎年正月六日御礼相勤候以後、増上寺へ拾七檀林之住持不残令会合、浄土一宗之僧侶弥々学問策励之、諸法式無混雑様可有評定候、次に香衣檀林住職之事、増上寺月行事拾弐人・諸檀林伴頭拾七人、都合弐拾九僧之内、解間寺持之僧除之、檀林住持相応之器量撰之、能化中銘々致入札、則以封印箱納、其箱之上封、諸能化令合判、預置増上寺、其年中檀林住持替之節、如例増上寺上座三拾八僧・所化役者両人、并江戸檀林四ヶ所之二老四人相加、右弐拾九僧之中、不依座之高下、可為能化之僧致入札之、被遂方丈披見吟味之上、両人書付可被差出候、其刻増上寺役者并(一文字)上座之所化、檀林二老之入札取揃へ、最前檀所住持中認置候入札箱ニ差添、寺社奉行所へ役者可致持参候、尤其年中住持撰於無之ハ、翌年之正月檀林住持中参会之節、右之通入札改替可申候、向後此法式不可有懈怠事、

一、正・五・九月廿四日、於増上寺御報謝法問之節、諸檀林伴頭并二臈令参堂聴聞之時分、座席之儀高座左右構仮席、左方伴頭、右方二老、尤戒臈次第可為着座事、

一、増上寺方丈入院之時、以先例上座之所化両人於随身ハ、撰器量、増上寺ニテ諸事不障様可被致之、上座以下之所化随従之儀ハ、不可過五拾人候、且又、拾七檀林所ニ相勤秀学器用之僧、後来可入能化之撰所化、廿年ヨリ廿五年迄之法臈壱人、(脱文アリ)(廿五年より三拾年迄之法臈壱人、)以上両僧、其檀所ニ住職之中、従壱ヶ所二人ツツ、能化断次第増上寺へ入寺・帰山可有許容候、

但、座席之儀、縦戒臈ハ上座、或ハ扇之間、或ハ縁頬之列ニ相当候トモ、其席之人数闕如無之内ハ、先無部之上座列之、戒臈相当之座明候節可令転席、若同法臈之所化従諸檀所同時ニ入寺於有之ハ、増上寺へ申届、帳面之先次第、着座可相定候、雖為右両僧之外、前々入寺・帰山仕来候所化ハ可准旧例、就中檀林能化・御菩提所并四ケ本寺へ移転、或ハ於檀所住持遷化之節、此等之弟子ハ任願可為致入寺・帰山候、但し、解間寺持退転之僧、戒臈年数并部転不分明之所化、如有来寺法令停止事、

一、江戸五ケ所之檀林へ新来之所化員数、増上寺へ七拾人、伝通院(小石川)へ五拾人、霊巌寺(深川)・幡随院(浅草)・霊山寺(浅草)へ三拾人ツツ可限之事、

一、拾七檀林之伴頭銘々法臈・俗年可書出之、勿論秀学器量可為能化僧侶於有之ハ、明直書付、増上寺へ差出之、帳面ニ記置、右書出之趣、寺社奉行所へモ相達、檀林住職撰入札之人数ニ可相加事、

一、先年厳宿(信誉)和尚如被相極、檀林之所化・大老(ママ)、殊に其器量於有之ハ、檀林住職之外、紫衣寺或ハ四ケ本寺之末寺へ可為入院事、

一、檀林所伴頭闕如之時、最前断を以増上寺上座へ入置候所化、其出所之檀林へ令帰山、為伴頭儀可為檀林所住持之心得次第事、

一、部転之儀如有来法式、一部三年ツツ勤学之以後可転之、縦雖為老僧初学之所化ハ名目之席ニ三年差出置、頌義之座へ可移之、不満年席僧部転儀、堅可為無用事、

一、田舎檀林拾三箇寺近辺有之知恩院・増上寺両末寺之分、其檀所之或ハ末寺、或支配ニ相附可申候、但、無拠由緒之寺院断有之ハ、被遂穿鑿、於無其謂ハ、急度可被申付事、

一、月行事ハ、令指南初学之所化之間、彼位席明き候節、転席之僧、上座三拾八人之中、不依座之高下、右役成可相勤器量之所化、月行事中致入札、方丈吟味之上可被申付事、

一、檀林住持拾七人、増上寺月行事拾弐人、役者両人并上座三拾八人、江戸檀林之二臈四人、誓詞案文之通、

壱人一紙銘々相認、入札箱之内へ一所ニ可納置候、勿論自今以後、右誓詞一列之面々、其職分或ハ座席相替之度々無断絶、誓詞可仕置事、

右拾壱箇条ハ、今後以　御条目之旨趣を、委細令演達者也、

貞享二乙丑年十一月　本多淡路守（忠当）
坂本内記（重治）
大窪加賀守（大久保・忠増）

十　宝永四亥年八月九日　常憲院様（徳川綱吉）御代、増上寺へ被下置候　御条目、左之通、

定

一、前々被仰出　御条目堅相守之、寺法先規之通リ万事受増上寺方丈之下知、可任月行事之指揮也、為下座企我意、不可致法外之働事、

一、一山之大衆、学業専一勤之、講釈・法問等不可懈怠、縦雖有学才、於挾邪心好訴論ハ、檀林住職之選ハ不申及、不可入月行事席・一文字席座事、

一、結徒黨之儀、堅令停止之、隠密に無用之会合禁制之、若無拠儀於有之ハ、其子細達月行事、許容之上、一文字之席ヨリ五人、扇間・縁輪より三人ツッ可会合、一番輪以下八部之所化ハ不可会合、若無拠願ハ、是又達月行事ニ、部頭壱人罷出へく事、

一、住持替之節、独礼・惣礼遠近を不論、寺院一分ハ方丈、二分ハ大衆方之僧、住持可申付之、尤独礼之寺へハ、可選器量之人体之事、

附、内礼之寺院ハ、月行事望無之ハ一文字之僧へ可申付事、

一、檀越之由緒有之寺院、并内寺等、可任其檀越之望、又年臈・法臈相応之直弟有之ハ、可任師匠之願、外人不可相争事、

附、雖為檀越之望・師匠之願、於他山之僧ハ、不可有許容事、

右条々可相守之、若令違犯ハ可為曲事者也、

宝永四年八月九日

（井上正岑）河内守　書判
（大久保忠増）加賀守　書判
（秋元喬知）但馬守　書判
（土屋政直）相模守　書判

十一　檀林方隠居願先例

一、延享二丑年四月十九日、鎌倉光明寺洞誉玄達上人隠居願、

一、宝暦九夘年閏七月八日、岩付浄国寺了天（常誉）上人隠居願、阿部備中守（寺社奉行・正右カ）殿へ差出、同月廿三日御免、

一、宝暦十一巳年六月六日、生実大巌寺要信（皎誉）上人隠居願、太田摂津守（寺社奉行・資俊）殿へ差出、七月十八日御免、

一、天明四辰年六月三日、深川霊巌寺嶺誉智堂上人隠居願、阿部備中守（寺社奉行・正右）殿へ差出、

一、寛政三亥年十一月廿四日、結城弘経寺龍道（真誉）上人隠居願、水野出羽守（マヽ）殿へ差出、十二月朔日御免、

十二

一、田舎檀林住職被仰付、其寺院へ入院相調、重テ致出府継目御礼申上候処、此度ヨリ直ニ在府之中相願、継目御礼申上候テ入院可仕候、尤向後右之通リ相心得候様被仰渡候、勿論檀林不限、惣テ他国之寺院、住職被仰付候節此趣也、

十三

一、香衣檀林并御別当住職御礼、御白書院ニおゐて、香衣檀林ハ御内之外、二畳目ニ献上置之、御霊屋御別当ハ、同外三畳目ニ献上置之、右之内他宗（マヽ）之寺院家ハ二畳目之外、香衣檀林ハ二畳目之上少矣有之、右ハ宝暦三酉年十二月三日、於青山因幡守（寺社奉行・忠朝）殿役人大野四郎右衛門ヨリ書付ニテ申、

十四　檀林後住御書上并諸向入札御奉行被成御進達候御手続、土岐美濃守(寺社奉行・定経)殿御記録之由ニテ、阿部殿ニおゐて、内々致拝見候ニ付、後来為心得記置、左之通、

一、寺社奉行四人、例刻登　城、豊前守殿ニハ、忌中ニテ登城無之、老衆揃後、順阿弥を以右京大夫(老中・松平輝高)殿へ、御列座之申込、但、尋有之候ハヽ、伝通院、其外後住之儀ニ候間、其旨申呉候様叱置、御承知之旨、同人ヨリ申聞候ニ付、大目付正木志摩守(康恒)・御目付安藤郷右衛門(惟徳)へ、今日御列座之申達、夫より老衆溜へ被出候ニ付、寺社奉行ハ中之間羽目ニ罷在、羽目之間ニ扇子置之、四人一同罷出致時宜、美濃守少し進、伝通院後住・瓜連常福寺・紫衣檀林後住・香衣檀林後住、増上寺方丈書上候段、五通壱所ニ御用番右京大夫殿へ進達、伝通院後住之儀ハ、此所へ記ニ不及候ヘトモ、此度一同ニ相成候ニ付、此所ニ記ス、右京大夫殿御披見相済、周防守(老中・松平康福)殿へ被相廻候テ、香衣檀林入札、寄書付差上候段申上、右京大夫殿へ進達御披見相済、周防守殿へ相廻ニテ、紫衣檀林一所ニ方丈書上候先例書差上候、夫ヨリ順々御披見相済請取候段、御挨拶有之引取候事、

十五（ナシ）

○鎮西上人(聖光)諡号之儀御尋ニ付請書之事

文政十亥年十月廿一日、松平伊豆守(寺社奉行・信順)殿ヨリ呼状ニ付、祐麟(所化役者)罷越候処、於別間役人小田清太夫面会、御尋之次第、請書文段之通略之、則翌廿二日御同所へ差出之、左之通、

覚

筑後国善導寺開山鎮西聖光上人ハ、当宗第二之祖師、道徳殊勝之高僧ニ候間、国師号(正宗国師)御免ニ相成候テモ、於宗門聊差支無之候、兼テ愚老始諸檀林一同心願罷在候儀ニ御座候、猶委細ハ役者共可申上候、以上、

十月　増上寺大僧正

○同断ニ付、役者ヨリ差出候、如左、

筑後国善導寺開山聖光上人、行状道徳殊勝之人ニテ、国師号　御免ニ相成候テモ、於宗門差支之儀無之哉之旨、御尋ニ御座候、

此段当一流古代末孫之内ニも、御当山一代観智国師(源誉存応)、知恩院一代如一(如空)国師、京都浄華院一代恵照(等熙)国師、鎌

倉光明寺一代記主(良忠)禅師杯之知識、何れも諡号　勅許
被為在候儀ニモ有之、勿論聖光上人ハ元祖円光大師(法然上人)
之嫡脈、第二祖道徳殊勝之高僧ト相崇候間、若国師
号　御免ニ相成候ハ、諸檀林末派ニ至迄、決テ差支
之儀無御座候、其上宗旨之光暉ニモ相成候次第、別
テ難有可奉存候、尤聖光上人行状之記、本ハ巻数多
故、撮要之一通ニテ、具ニハ難申上候、
右ハ方丈ヘモ相達、則別紙書面被差出候ニ付、猶又拙
僧共以書取申上候、以上、

十月　　増上寺役者

行状

○筑後国善導寺開山鎮西聖光上人、諱ハ弁長、姓ハ香月、
小狭田彦之裔則茂之子也、応保二年生于筑前国香月荘、
年甫七歳、従妙法法師、始受典籍、賦性峻魏、十四歳
春剃髪受戒、学天台教、明年遠遊叡山、稟一宗秘頤遮
那・止観両業於証真法印、業成帰郷、時年廿九、明年
補油山学頭、偶有所感、深思身後升沈、即閣所学之法、
偶修浄土之業、其後入于洛陽、憶昔法印、常讃法然上
人、乃詣吉水、初謁大師、大師為説善導勧化法要、聞
此説、巳心大歓喜、不須史離大師座下、謹受教化、明
年受為月輪殿下(九条兼実)所製選択集及円頓大戒、承事大師、凡
八年矣、入室参学都無虚日、於是大師深相器異、誓以
伝燈、安貞二年冬造授手印、治黙之、朝親見善導和尚、
蓋証明此書也、従謁大師帰仏本願、以来六時礼誦、六
萬称名、曽不懈廃、嘉禎三年八月一日、授記主(良忠)禅師菩
薩戒及浄土要法、以継正統、凡其所著疏鈔、利益法験
奇瑞非一、恐繁不載、明年二月廿九日吉祥而寂、寿七
十七、臘六十四、

右三通差出之、

左之通、

○同断、最初知恩院御門主(尊超法親王)御方ヨリ　主上(仁孝天皇)ヘ御推挙状、

浄土宗第二祖筑後国善導寺開山鎮西聖光上人六百回
忌正当、来酉二月二十九日也、雖然有故、今月令執
行之、爰京師本山及三大寺・関東十八檀林、其余一
宗、凡嗣法於此師、諸州衆徒将欲輪、次予修報恩法
要、仍願賜国師徽号于祖師、殊以筑紫善導寺所願也、

於蒙　勅許者、祖師面目、宗門光栄、何事如之、普天之下、卒土之濱、一宗歓喜踊躍、宜奉祈宝祚延長也、此趣偏仰奏達耳、

文政十年九月

勅賞、善靡遺王綱所以保氏(民)紹宗弗墜仏法所以済衆、故聖光弁阿上人為弘覚大師第一神足、戒根清浄、乗力明瑩夙探止観妙諦、終得念声宗源、身膺選択之伝、舌奮広長之弁、曽命指南之車、慧日高耀扶桑、更還鎮西之駕、法雲遠連祇樹、述三心之要義、排一念之邪辞、周導有漏城之衆生、悉躋無量寿之浄城(域)、賢愚之到雖均、善悪之因自別、格民心於黙々之際、資我治平冥々之中、可謂真宗正統、吉水嫡流也、前朝褒章、尚有闕典、爰濡宸翰、追贈徽号、宜日大紹正宗(聖光上人)国師、

文政十年十一月二十二日

○寛政元己酉四月、信州上田役所より領内諸寺院被相触書付之写

一、近年以来出家の風儀、心得違ひ有之様相聞候、仏道ハ第一五戒を持ち、十善を修し、次に六度万行を修し、次にハ三徳を貯へ、四智を明にし、元より諸行無常に候得ハ、聊も名聞を衒ひ候事無之、一心を空寂にし、外縁執着の念を絶て、煩悩を脱し、衆生を済度するを本意と致候は勿論候得トモ、全く是を行ひ得候事ハ、迚も可及事ニも有間敷候得ハ、逼て慈悲忍辱を専にし、一郷一村之人にも敬はれ、愚民をも教化可致所存候ハハ、薙髪緇衣の身と相成かひも少しハ可有之候、然に　皇朝より官位をも賜る身分ニ候とて、法衣を粧ひ人に傲候のミにて、内心は外縁に馳て、甚しきは口外も難成程の穢行も有之、菩提寺の住持として、教化をも加ふへき檀那より、却テ異見を受候様成儀有之候テハ、却テ衆生に済度せらるにて候、仏法に違ひ国法に背き、不埒之至りに候、

一、出家は平民の家より出ても、高位にも昇り候事故、

市井郷村に住居を致候テも、諸人之尊敬に預り候ハ、法衣を着したる計りにてハ無之候、畢竟ハ行跡凡俗をはなれ、一寺の住僧ともなり、衆生を済度する徳あるを以てなり、然ハ仏の戒を全く持ち候事は出来不申トモ、責てハ少し凡夫の心をひるかへし、貪欲瞋意の焔を消滅し、頑愚の民博奕、其外の不埒にして、家産致滅却候様成者をも、教化を加へて納得いたさせ、又は貪欲に迷ひ、瞋意にひかれて公法を犯し、我と悪趣に沈ミ候者をも救ひたすけ、或は往古より有之候殿堂伽藍の頽(廃)敗に至らさる様修覆を加へ、中興の住山とも可成と心懸候筈之処、左ハ無之のミにあらす、中々持戒之沙汰にも不及、専ら名聞を衒ひ、風流の今様に身をもちなし候儀、沙門たる者の可有事にあらす、其上身分の栄耀に檀那信施の財を費し、或ハ筋なき云事を巧み、訳なき願事を企て、数代有来候田畑をも売払ひ、其寺衰廃して殿堂大破に及へとも、修理すへき力もなく、開基之志願を空敷なし果し候儀、仏道に於て本意とは云かたかるへく候、

一、出家の身分に候とも、凡俗の交を絶候てハ、衆生済度の方便モ難成候故、仮諦の説も有之候ニ付、専ら塵俗に和同く候事も、畢竟委く人間の有様をも知り、悪を変して善に赴かしむるの手段なるに、其本意を取失ひ、妄想制しかたく、専ら自分の楽を求めんか為に、ひたすら戯場遊興の席なとにたつさハり候得ハ、仮変して真となり、飲酒・妄語の戒も破れ、色欲等の戒もやぶれ候事、天下古今の通情にて、凡そ人界に生候者逃れさる事に候、本然の真諦を目当にして、取はなすましきと心を用ひて、幽窓の下に経巻を繙き、山水の清きに耳を洗ひ、心を澄して閑寂を甘し候得ハ、意馬心猿の狂立も不防して、自分退き持戒に心なくして、戒を破るに至らさるへし、是を本として、かりにも凡俗の交りを致し候得ハ、凡俗にも貴み思われ、教化済度の方便ともなり、人々の信仰も厚かるへき事ニ候、

一、濫其形服者誅之云ハされハ、出家ハ宗旨それそれの法服を着し、旅行往来何方ニて見候ても、何宗の出家と見へ候様可致事に候、然処近来出家の体、平俗に同

しく帯刀無之迄ニテ、僧俗之見分無之も間々有之候、是又仏道に於テ不本意なるへき事ニ候、

一、出家は檀家に代り、平日精進潔斎し、昼夜となく称名の声絶されハ、其体尤殊勝にして、檀中参詣之者も、是を聞てハ、自然ニ一念発起をも致させ候様ニ可有筈之処、近来寺院ニおゐて歌舞伎も間々有之ゆへ、精進潔斎の道場、却テ戯場遊興の席と成る、一寺の住僧として、其凡俗に失なる事なきより、檀中にも軽しめられ、我より吾道をせはむるなり、是又不本意之事たるへく候、

一、凡ソ人ハそれそれの職分ありて、今日の務をなし、世の用をなささるハなし、士の政務を掌りて、国天下の法令をしき施し、万民を安堵せしむるハ不及云、民の農業を務め、五穀を作り、年貢を出し、夫役をつとめ、工の家作をなし、器物を作り、商の交易して、有無を通し候より、牛馬鶏犬に至るまて、田を耕し、荷を運ひ、時を告ケ、夜を守るの徳ありて、人の用をなす故に、食物を与へて人家に畜ひ置也、出家は古来より其地を除き、年貢出さす、夫役をつとめす、其上高位を賜りて、人の尊敬に預るハ何そや、畢竟仏の戒を持ち、心堅固にして、衆生を教化済度するの徳あるを以てなり、然るに其行跡凡俗に不異のミにあらす、却テ種々の悪行起りて、檀中の異見をうけ、厄介に預る様にてハ、聊世の用をなす事なきのみならす、却テ害になるへきなり、徒に引導滅罪し、法会に招かれ、経巻を読誦するのミにて、出家の務を尽せりと思ふは大なる誤なるへし、仏戒を破る身分にて、経巻を誦するとも、其徳あるへき様無之、畢竟出家を自分の渡世と存し、凡夫を済度し、自身得度するの本意を忘れ候故、ケ様之心得違も可有之候、

一、大智禅師の一日不作、一日不食といひしハ、素餐せさる事を云也、今の出家たるハ年貢を出さす、夫役をつとめす、其上除地・官位を賜りて、筋骨心思ハ苦労もなく、しかも世の尊敬に預る事ハ、農業に艱苦せし百姓より、十分勝れる身分にして、破戒悪行ハ凡俗に劣れる事あらハ、素餐是に過たるハ有へからす、四民

各世に艱苦して、衣食を求むる事と思食也、天堂地獄もしあらは、是等の出家ハ果して何れの処にか至らん、後世度牒の制廃絶[（破損）]今は産業の為に僧と成る事多ケれハ、戒律を持ち得さるも、深く責るにはたらされとも、儼然たる一寺の住持として、法衣を粧ひ、仏前にむかふ時少し恥る所ならむ也、

一、凡僧といへとも、人間を全く行ひ尽すにはあらす、悪行不法の者も有之事に候、乍然出家・社人、其外四民ハ不及言、穢多・乞食といへとも、それそれ相応之業ありて、世の用をなす事なれハ、たとひ悪行ありとも功罪相半すと可申候、出家ハ元来糞雑衣を着し、食を人にこふて、世を渡へき身分の者也、四民の業をなさす、何にても世の用を成す事なけれハ、無ても事欠さる者なるに、古より征役を務めす、其上除地を賜り、官位授け、尊ひ事、四民それそれの業ありて世の用をなす者より、貴き事をあるを以てなり、畢竟仏の戒を持ち、凡俗の難及行跡ありて、天下万民の功徳とも可成を以てなり、出家にして持戒の一条を去時ハ、天下の土地・金銀・米穀を盗に当れり、天子・公卿も帰依し給ふ、さしも貴き出家の身分にて、天下第一之贅物とならは、不本意の至りたるへし、古人の云へり、豈不念皇賜度牒不与征役者人主之恵哉、豈不念辞親棄俗当、為何事哉、豈不念光陰易往而道業難成、豈不念道眼[（破損）]而四恩難報哉、豈不念行業不修而濫膺恭敬哉、豈不念[（破損）]修而誰修哉、豈不念正法[（破損）]魔法増熾哉、沙門たる者は此儀を省察して、刹那の間も仏戒を不破、深く可慎事ニ候、

一、三界唯一心外無別法、三界唯心万法唯識、直指人心見性成仏等の語を見れハ、衆生の汚穢を遠離して、一心を澄すの外、仏道ハ無之と見へたり、乍然仏ハ衆生の汚穢に混雑して、汚穢に不染して、蓮の泥中に生して、泥に不染ことくなるを以て、経の題号を妙法蓮花経と名け、蓮花則心法の譬なれハ、是又心の[（破損）]にあらす、是一部の要領にて、仏道の極功なるへけれとも、此境界に至る事甚難き故、名僧の山林に遊居せしハ、此故なるへし、今の僧ハ戒牒の初より人中に雑居し、

飽まて世態妄情□（破損）して、強く情欲を制せんともせす、たまたま制すれとも、終に心火の消滅せさるハ活計の為に僧と成者ハ論せす、真に仏道にいらんと思ふ者ハ、修行の手段により、成仏の期もある事にや、千里に行ものハ必一歩より起る、近く居、常に清規を守り、仏道の掟に有すハ、則国法にも違ハすして、世の善人といわるへし、已に善人に成たる上、高妙の論にも及ひ、成仏をも願ふへし、徒に円頂方服して、其行跡凡俗に恥る所ありて、人に菩提を□（破損）昧に入らん、欲する者はたとへ一切経五千余巻を暗誦し、精微を尽し、□（破損）論すといへとも、永く諸趣に沈淪して成仏の日□（破損）

一、仏道の儀ハ、宗旨夫々の□（破損）至る、深長の理は元来平俗の可知儀に無之候、定テ本寺・役寺為師匠者、平日教誡可有之候得ハ、可差構儀に無之候、乍然仏道の意を失ひ候沙門も有之、　公儀御触に違し、本寺之規則、政道ハ一向不相立儀ニ付、釈門之崖略を書して申触候、意味之玄遠、宗体之派別ハ、各伝法有之候得ハ不及評論候、尤為一寺之住持者、右体之行跡ハ有之間敷候、弟子之内心得違有之候者には、為師匠□（破損）教誡候、万一住僧破戒律候者ハ、本寺・役寺より可相□（破損）、於違犯有之ハ可仰□（破損）裁者也、

〈キーワード〉　増上寺　知恩院　大樹寺　御霊屋　役者

大正大学図書館所蔵

『大樹寺御由緒旧記之写』

（表紙）

然

大樹寺御由緒旧記之写

弐巻之内

覚

一、其御寺地何国何郡何村、山号・院号・寺号、
一、領主代官之名并四隣之在名、
一、江戸ゟ之方角并路程・馬次・関所・船渡、
一、山林之形像并境内古跡・廟所・本堂・方丈・庫裏・寺家・所化寮等迄一枚絵図、但、縁山（増上寺）之絵図之模様、
一、諸堂・方丈・庫裏・三門等之間数并造作之年数、
一、本尊之尺寸并仏師之新古、其外什宝之仏像・仏絵、
一、御代々御朱印之写并其外寺附之山林・田畑・祠堂金之員数、
一、什物品々并来由書、又ハ言伝之趣、
一、開山并代々伝記并住職転住之年序、

附、基立（起）之由緒、及法要之年中行事、
一、境内名勝旧跡ニ付、若記録又ハ言伝之趣、
一、寺内ニ葬候貴人・高家牌名・年月、
一、鐘銘并大小分量、及賜紫綸旨之写、
一、墓誌・碑銘并本堂・山門之額字、

右之条々、委細相認、当五月中迄ニ御差越可被成之旨、方丈被　仰出候、尤先年起立書参候得共、荒増ニテ不分明ニ候間、重テ如此候、以上、

二月　増上寺

役　者

三河国額田郡鴨田郷成道山松安院大樹寺

一、守護不入大樹寺四隣之在名、東ハ百々村山也、南ハ伊田村、西ハ新屋村、北ハ井之口村、右之四隣、岡崎領水野監物殿領分也、
一、江戸ゟ方角ハ、未申ニ相当候、路程東海道品川ゟ大樹寺迄七拾八里半、岡崎ゟ壱里、北へ入、関所箱根・今切両所也、船渡六郷・馬入・富士川・天龍・新居五ケ所也、逆川・興津川・阿部川・大井川四ケ所、川越人足也、
一、山林形像・境内・本堂等之絵図、如別紙、

諸堂・方丈・庫裏・山門等、間数・造作・年数之事、
一、東照宮（徳川家康）御宮
京間三間壱尺弐寸四方　唐門向七尺　控之間三尺
一、台徳院（徳川秀忠）殿御霊殿　同断
一、多宝塔　京間弐間壱尺四寸四方　土瓦葺也、
天文四乙未年卯月廿九日、大檀那世良田次郎三郎清康（松平）、
安城四代岡崎殿ト塔之身柱ニ書付有之、玉誉（愚道）代也、宝永
五年迄百七拾四年也、
一、仏殿　桁行京間六尺三寸　梁間四間五尺三寸　土瓦
葺也、毎年正・三・五・九、廿八日、天下安全之御祈祷、
護念経一時千巻致読誦候故、名祈祷堂共申伝候、
一、開山堂　一、廊下桁行八間　梁間本堂へ移所京間弐
間六尺四方
一、本堂　一、廊下桁行三間半　梁間壱間、本堂へ移所
桁行京間拾五間　梁間拾間
一、大廊下桁行拾間　梁間三間、大庫裏へ移
所
一、鎮守社　桁行六尺九寸　梁間五尺三寸

拝殿　桁行京間三間半　梁間弐間
一、三門　桁行京間五間弐尺五寸　梁間三間五寸　土瓦
葺也、東西両方之廊　桁行壱丈五尺　梁間壱丈
一、千体堂　桁行弐間壱尺五寸　梁間壱丈五寸
一、鐘楼　桁行京間弐間三尺三寸　梁間壱間五尺三寸
一、衆寮　桁行京間拾壱間　梁間四間
一、廊下桁行九間　梁間壱間、本堂へ移所
一、雪隠　桁行京間五間　梁間弐間半
一、浴室　桁行京間五間　梁間弐間半
一、大方丈　桁行京間拾間半　梁間七間
一、廊下桁行京間五間　梁間弐間半、本堂へ
移所
一、小方丈　桁行京間五間半　梁間四間并四間ニ三間之
納戸大方丈ゟ廊下三間ニ九尺
一、小庫裏　桁行京間拾間半　梁間六間、右之内ニテ茶
之間・溜之間を取候、
一、廊下桁行六間　梁間壱間、大方丈ゟ移所
一、大庫裏　桁行京間拾壱間半　梁間七間、此内食堂を

取、
一、雑部屋　桁行京間八間　梁間三間
一、中間部屋　桁行京間四間　梁間弐間
一、木蔵　桁行京間五間　梁間三間
一、土蔵　桁行京間六間　梁間三間
一、什物蔵　桁行京間六間　梁間三間　土瓦葺也、
　　御廟御参詣門也、
一、四足門　桁行壱丈三尺　梁間九尺八寸
一、南表門　桁行京間三間　梁間壱間弐尺五寸
一、庫裏門　桁行京間壱間三尺　梁間五尺八寸
一、東裏門　明間京間壱間三尺五寸　控之間六尺
　　右四ヶ所共土瓦葺也、仕様帳之通書出候、
右之通両　御仏殿・諸堂等、（徳川）家光公新御建立也、
寛永十五寅年二月廿二日ゟ普請始、同寛永十八年十一
月十二日普請成就、従出来宝永五年迄六十八年也、
廿一世　栄誉存栄代也、
御修復　延宝四丙辰年ゟ元禄十年迄廿二年也、
（徳川）家綱公御代
廿五世　迹誉存樹
御修復　御仏具等出来元禄十丁丑年・宝永五年十二月、
（徳川）綱吉公御代
廿八世　忍誉円碩
本尊之寸尺并仏師之新古、其外什物・仏像・絵之事、
一、客殿仏　坐像五尺　行基菩薩之作
一、祈祷殿　弥陀立像三尊　（源信）恵心僧都之作　中尊一尺八
　　寸　二菩薩壱尺弐寸
一、弥陀仏之立像　作不知
此仏ハ元一向宗之本尊也、永禄七年三月、於三州一向
一揆之時、（徳川）家康公土呂之善秀寺を破却被成、本尊ハ
大樹寺へ被遣、須弥仏段（壇）・金柱等ハ随念寺へ被下候、
其節使者倉橋相三郎久勝ト申者也、
一、多宝塔仏　釈迦坐像弐尺
　　同　弥陀坐像　壱尺
　　　右弐体共ニ新古作不知也、
一、千体堂　弥陀三尊立像中尊弐尺一寸　二菩薩一尺七
　　寸　新仏也、

一、三門　釈迦三尊坐像壱尺六寸五分　文殊普賢八寸八分
十六羅漢壱尺五寸　新仏也、
一、方丈仏弥陀立像三尺七寸　恵心僧都之作也、
右之本尊ハ源頼光安置仏ニテ　御先祖様ゟ御寄附、
右之本尊胎内ニ頼光之御骨納、于今無紛失御座候、
一、食堂仏　弥陀三尊立像　中尊一尺四寸　二菩薩七寸
五分　運慶作
此本尊ハ親忠（松平）様御寄進也、開山時代ハ客殿仏也、
小仏故今ハ食堂ニ致安置候、
一、誕生仏　木像七寸　弘法（空海）大師作
一、舎利殿　有舎利二粒
一、山越弥陀絵像　恵心僧都之真筆
右弥陀之絵ハ、文明七年戦場死亡之霊魂為追福、
七日七夜別時念仏修（執）行之時、仮屋之本尊也、依之
于今毎年十月別時念仏之時、本堂ニ掛致供養候、
一、曼陀羅　六尺四方　極彩色　表具等致破損候、
家康公御寄附　隣誉（底鈍）代
一、唐絵釈迦三尊　一幅　同羅漢絵　四幅

家康公御寄附　麿誉（魯聞）代
一、三尊弥陀絵　極彩色
家康公三州一向一揆之時、彼宗門ゟ御取置候を、十四
代成誉（一笑）へ被下候由言伝也、
一、一尊弥陀　極彩色　四幅内弐幅ハ思恭真筆也、
一、二十五菩薩　極彩色　恵心僧都真筆、
一、涅槃絵像　極彩色　信忠（松平）公御寄附也、
一、釈迦・羅漢共　極彩色　一幅　清康（松平）公御寄附也、
一、如意輪観音絵　同断
一、三尊弥陀　極彩色　一幅　同断
一、聖徳太子絵　極彩色　一幅　広忠（松平）公御寄附也、
一、円光大師（法然上人）御真筆之影像　一幅　同断
一、開山（勢誉愚底）影像　一幅
一、絵入弥陀経　一巻　但、判（版）木也、
一、聖徳太子木像　一体
御代々御朱印写并山林・田畠・祠堂金員数之事、
家康公御書判写
大樹寺領　寄附状

一、参百拾九石三斗弐升　大樹寺村之内
一、百九拾五石五斗九升　鴨田村
一、百壱石五斗弐升　大樹寺之内

都合六百拾六石四斗参升

右全可有寺納、幷寺領之山林・寺内・門前諸役令免許訖、
仏事勤行修造等、無懈怠可勤仕之状、如件、

慶長七年六月二日
内大臣(徳川家康)　御書判

法式御朱印

大樹寺法式

一、仏事勤行修造等、不可有懈怠事、
一、於背住持・老僧之掟輩ハ、可為擯出事、
一、寺中空寮、無理住持不可破取、若於無相続ハ、可為
住持之事事(計)、
一、諸末寺如前々相改、可致出仕事、
一、寺内・門前之竹木、無理住持不可伐取事、
右守此旨、聊不可有違背者也、

慶長七年六月二日
内大臣(徳川家康)　御朱印

秀忠公(徳川)　御書判之写

当寺領参河国大樹寺村内・同国鴨田村、都合六百拾六石
余但、寮舎方共事、任去慶長七年六月二日先判之旨、永不可有
相違之状、如件、

元和三年二月廿八日　御書判(徳川秀忠)

大樹寺

法式御朱印

大樹寺法式事、守去慶長七年六月二日先判旨、弥不可有
相違者也、仍テ如件、

元和三年二月廿八日　御朱印(徳川秀忠)

家光公(徳川)御書判之写

当寺領参河国大樹寺村之内・同国鴨田村、都合六百拾六
石余但、寮舎方共事、任慶長七年六月二日・元和三年二月廿八

日両先判之旨、永不可有相違之状、如件、
寛永十三年十一月九日　御書判(徳川家光)
大樹寺

家綱(徳川)公御書判之写

当寺領参河国額田郡鴨田村并大樹寺村之内、合六百拾六石余但、寮舎方共事、任慶長七年六月二日・元和三年二月廿八日・寛永十三年十一月九日先判之旨、全収納永不可有相違之状、如件、
寛文五年七月十一日　御書判(徳川家綱)
大樹寺

綱吉(徳川)公御書判之写

当寺領参河国額田郡鴨田村并大樹寺村之内、都合六百拾六石余但、寮舎方共事、任慶長七年六月二日・元和三年二月廿八日・寛永十三年十一月九日・寛文五年七月十一日先判之旨、全収納永不可有相違之状、如件、
貞享二年六月十一日　御書判(徳川綱吉)

大樹寺

御祠堂米金

一、金四拾弐両弐分　右祠堂
米六拾壱俵余　同断
一、金子拾両　泰心院祠堂金　学誉(通光)寄附
右新古合五拾弐両弐分也、則米金共寮舎拾弐軒へ預置、致支配候、

什物之品々

一、勅額本書一幅　同御綸旨一通　同添状弐通　六代目
玉誉(愚道)
一、勅願所綸旨一通　同奉書一通　同満誉(知恩院・満誉尊照)大僧正添状弐通　十七代目　暹誉(魯道)
一、道幹(松平広忠)様御贈官　口宣壱通　暹誉代
同宣旨壱通
一、御先祖御書物・判形等弐巻　多分田畠寄附之証文也、
一、家康(徳川)公御書物壱巻　御法度式目也、
一、義元(今川)判形壱巻　守護使不入式目也、
一、御代々御朱印七通内弐通ハ、法式御朱印也、

一、円光大師(法然上人)之名号　弐幅
一、中将姫紺紙観経　壱巻
一、鎮西(聖光)・記主(良忠)御判形掛物　壱幅
一、開山(勢誉愚底)自筆式目　壱巻　同勤行次第書　壱巻
一、式定　壱巻　同直筆辞世　壱幅
一、開山知恩院移住之　御綸旨写　壱幅
一、御年譜　壱巻
一、長親公(松平)　広忠公(松平)御自筆短冊　壱幅
一、伝馬御奉書
一、御貫木
神君様(徳川家康)　御開運之御貫木ト奉称来候、永禄年中尾州ト
三州境目一戦之時、大樹寺へ被為入時、切給御貫木也、
委細登誉記之下有之候、　袋ハ源敬公(徳川義直)御寄附、
一、錦九條　壱肩　大蔵一覧　壱部
福林寺之鐘　和田壺　壱
　右ハ家康公御寄附也、
一、金紫香箱　壱　同香盆　壱　天龍寺焼香炉　壱
長刀

一、慶長十三年九月江戸御城中ニテ、時之諸本山向へ寸々
を被下候内也、
一、開山(勢誉愚底)之法衣
一、於安土日蓮宗論之時、彼法衣剥取候切　壱巻
一、竹之絵　壱幅　檀紫瑞筆
一、枇杷之絵　壱幅
右弐幅家康公ゟ麿(魯聞)誉拝仕候を、什物ニ収置候、但、
表具無之候、
一、書社(ママ)之絵　壱幅　一、竹切之絵　一幅　山水之絵
一幅
右之外、両御仏殿御道具・荘厳具、祈祷殿本堂荘厳具、
御先祖御仏具、皆以有之候、世具之類数多有之候、
開山(勢誉愚底)并代々伝記并住職転住之年序
　附、基立(起)之由緒及法要之年中行事
開山伝記并基立(起)由緒之事
一、開山真蓮社愚底勅諡勢誉訓公上人、此寿牌有什物
山城国之人也、人王百三代後花園院御宇、文安元年甲子誕生洛陽、俗姓并剃髪師、尋其年月不分明也、或説ニ

云、父母祈願八幡懐妊之矣、訓公幼稚ノ時、不交遊群童ト、天性聡敏ニシテ嫌俗縁、常日望ム往僧舎、見仏僧ヲ輙チ拝喜ス、感知父母児カ異体ヲ故ニ令出家セ、雖幼年ト好学文、至精ニシテ不厭夏冬昼夜ヲ也、是ノ故ニ下向関東ヘ到下総国飯沼弘経寺、以了暁上人為修学之師、稽古浄土法問ヲ二十有余年、漸ク熟得四義要文等、三国伝来之口授・布薩・円頓之戒儀、宗門秘要皆以従了暁相承之也、尓勢誉伝法・授戒之後、偏ニ隠遁志深故、閣世出之勤修ヲ、経回シテ諸国ヲ、勧化念仏、粤ニ初向三州ニ、碧海郡宇称部村有寺、号千手山福林寺、到彼暫住ス、於此地昔以来在千手観音像立像五尺余、行基菩薩作感應非一、人王九十九代後光厳院御宇三州在藤原氏長者悲歎無子孫祈願彼千手像ニ、不経年月生一男子、即名千手丸、依之文和二年冬、建立堂塔、令寄附洪鐘等也故ニ一国遠近之人参詣不絶也、対彼道俗歎、勧称名易修功高徳深諸行超絶之旨ヲ故、聴聞之男女貴此ヲ、信伏シ勧説ニ積日群集ス、其比松平左京亮親忠卿三十八歳詣彼寺テ、聞説浄土法要ヲ、則帰依専修念仏一行ニ、愚底厥ノ後同国鴨田郷結盧舎、号西光寺移住此テ、精進ニ勤行シ、不退ニ法談ス故、親忠卿為師檀契約、帰仏信法心日々ニ深、供養志夜々ニ厚、于時人王百四代後土御門御宇、応仁元年丁亥八月廿二日、於三州伊田野ニ、向品野・伊保等之多勢ニ、以親忠少兵ヲ五百騎相戦時是云伊田野合戦ト、忠公得大勝利、自尓経九年之春秋ヲ、文明七年乙未戦場死亡之霊魂、昼夜挙鯨波、塚鳴動夥シ、近里聞者驚走恐懼止絶往来、於遠近村里之諸家有疫癘患、臥者多死屍満巷路ニ、由之親忠卿遂奏聞、同年二月廿二日、急建立一宇、以勢誉上人(愚底)行年卅二為開山、号成道山大樹寺、寄附弥陀之三尊ヲ令安置客殿今在食堂、即為亡魂脱苦、一七日修行別(執)時念仏、至結願日時、師唱曰、上有頂下奈洛有界　群類悉衆生　願以此功徳　平等施一切　同発菩提心　往生安楽国、回向畢、一時疫癘悉除、鯨波即止尓以来改伊田野云魂場野亡魂、塚今有、寺領内亦云首塚也、於是親忠卿感仏威神果号功徳テ、信仰銘肝、徹骨髄、或時忠公云、大樹ハ　将軍之唐名也、為菩提所寺号如何、勢誉曰、至我末々欲令為将軍菩提寺、由意願号大樹寺、忠公予亦如師、至末孫令治天下掌、思願之言也、彼此意楽不思儀一ナリ、果テ遂誓約也、訓公勝地叵棄雲心、永繋住コト此ニ卅ケ年、六時勤行一日不怠、昼夜不床臥、教化浄業ヲ、忠公幕下類葉之人、無シ不運懇志ヲ、故日繁盛テ寮舎造五拾有余軒多分断絶、今拾二坊、同国於所々へ建立多寺院皆末寺也、断絶之地多シ、弘通念仏ヲ、化導満近国ニ、帰敬之道俗不知数也、又後柏原院御宇、永正元年甲子八月廿七日蒙 勅許、洛陽本山知恩院移住、八ケ年之後、永正八年還来テ大樹寺テ、新造愚ト舎ヲ庵号今絶、無地跡也 為閑居所、自行化他弥勇猛也、門弟・旧檀之喜敬越古新、今同拾年癸酉孟秋上旬、依長親(松平)・信忠(松平)之請、寺中法式并松平一家子孫男女可依大樹寺式定書之、両将加判以為亀鏡故、至于今式法不断絶也、永正十三年丙子四月十一日午剋、春秋七十有三臨命終、専心不乱採筆、辞世 七十三年 物妄真亦自他、即今々々南無阿弥陀書畢、合掌高声念仏数遍、身体柔軟如眠端坐之遷化矣、真筆辞世在什物、

大樹寺草創人王百四代後土御門之御宇、文明七年乙未二月廿二日也、至宝永五年戊子迄二百三拾四年也、基(起)立之由緒ハ、伝記中委細有之故、不及別記也、

二世暁蓮社昇誉魯鈍 山城国之人也、言云・俗姓・剃髪等之形状不知也、忌日四日、年月(不)知、

三世慶蓮社雲誉愚廓 大和国之人也、俗姓不知、開山勢誉(愚底)上人直弟也、移住蒲西伝寺、即彼之開山也、勢誉本山(知恩院)転住之後、大樹寺及大破退転、然ニ雲誉ト長親・信忠合志力修造之、勢誉本山(知恩院)退院之後、依両将所(マヽ)之所望テ、当寺永代式定書、雲誉・長親・信忠加判之為亀鏡也、八月三日寂、年号不知、

四世済蓮社観誉愚解 伝記不知、忌日十五日、年月不知也、

五世証蓮社眞誉南香 三河国之人也、俗姓・剃髪等不分明、移住従京都西岡町樫原無量院、即彼寺之開山也、三州赤渋村建立松林寺、為隠居所、則末寺也、天文六年丁酉五月十五日寂、

六世充蓮社玉誉愚道 俗姓等形状不知、多宝塔并七堂清康(松平)公御建立也、又勅額・勅願所被仰付、即 御綸旨・奉書・ 青蓮院(京都・天台宗門跡)殿添状有之、天文五丙申年七月三日寂、今川義元へ被仰付、守護不入之地ト成る、女房奉書被

下、七世広蓮社泉誉愚深　移住大和長谷何寺院歟不知、
伝記不知、享禄四卯年七月朔日、
八世等蓮社宝誉愚珍　九州之人也、何国歟不知也、天
文四乙未年十二月五日清康公之導師、天文十三甲辰年八
月廿一日長親（松平）公之導師、天文十八己酉年六月八日寂、
春秋八十四才、
九世呈蓮社鎮誉魯耕　移住従飯沼弘経寺（檀林）、伝記不分明、
弘治二年丙辰正月五日寂、
十世重蓮社隣誉底鈍　三河国之人也、俗姓不知、永禄
四年辛酉八月二日随念院殿之導師、又広忠（松平）公荼毘所松
応寺開基、同国大浜建立常行院、為隠居所、即開山也、
元亀三壬申年七月八日寂、
十一世専蓮社法誉悦叟　三河国寺部人也、形状不知、
在位三年、元亀三年壬申十二月十六日寂、
十二世昇蓮社進誉愚耕　三河国之人也、俗姓等不知、
家康公諸法度式目被下、寮舎造愚耕院、為隠居所也、
家康公五石目御寄附有御書物、天正五年丁丑八月十五
日寂、

十三世信蓮社登誉天室　相州小田原之人也、移住京都
東山一心院より、言云・形状不分明、　家康公御帰依
之住僧也、其由ハ永禄元年、尾州ト三州堺目一戦之時、
家康公彼戦場之様体為一見、本田平八等主従八騎、御
忍彼城外之松原中明給、尓未明合戦無間テ不分勝負、
公見之駿河方松平勘四郎へ加勢テ、松陰伝敵横合近々
忍、主従八騎鏃調如雨射掛、敵被射敗軍故、帰城之時、
経山路上野村出、尓矢作川満水故、大門之郷へ渡兼給
所、鹿壱疋来渡、本田平八云、伊賀八幡鹿渡給、是河
渡之神瑞也云、先前乗込　家康公余六騎共乗込、河渡
無難従尓名鹿渡也、岸上見跡時、上野面旗数多見、敵大勢追掛
来、　公言無下後見無云、甲斐無、河岸侍請可為討死
被仰、供奉面々承、先大樹寺へ有入御可然諫、公随此
語則入大樹寺、欲為自害時、先鎖門戸、其間敵追掛、
大勢鉄砲打塔九輪之二目当破、於爰登誉（天室）諫曰、惣名将ハ可重命、
不可軽、寺内塔頭有一百軒、彼等為致後詰、君奉身命
拒戦、豈不得一旦利乎、　公曰、出家後詰如何、登誉
曰、山門・三井是其例也、誰人謗之有何恥辱、　公聞

此語テ、止為自死、随師諫言戦敵、即切出給時、鎖門戸不及是非、貫木二刀切給貫木什物有之、依之急鐘撞大衆集、三拾人為騎馬武者、七拾人為歩行武者、納所祖同七十人力、此僧厭離穢土欣求浄土之幡、為軍陣旗出陣、不顧身命拒戦故、多討死、其間法師武者　家康公供奉帰入岡崎城、尓以来　公登誉御帰依不浅也、此時永々至末孫迄、可為浄土宗有御誓約、御信敬深重也、一月中御対顔度々、不隔五日也、大事之出陣ハ旗有御所望時、公曰、此旗指挙出陣時得勝利哉、登誉曰、持此旗出陣時、可勝可負心無思惟、無念無相テ、唯南無阿弥陀仏計可念、既被弘誓鎧之、鎧着利劔、即是弥陀号之太刀帯、皆是他力本願之粧也、然則自分働、上他力本願之物、具他力護念之加勢、仏智不思議智軍法、天魔拱手所以無住勝負念矣、　公於此委悉在御得心、出陣之時果テ勝利数度也、出陣之節ハ必受得十念也、尓後経数月、為討死大衆有追善供養也、永禄十二己巳年六月廿五日、　家康公守護不入等式目御書判、登誉被下置也、元亀二年辛未六月十七日寂、

十四世賢蓮社成誉一笑　移住三州御津大恩寺、清康(松平)公御兄弟也、　家康公伯父也、天正三乙亥年四月廿五日寂、

十五世勢蓮社麿誉魯聞　移住三州岡崎随念寺、即彼寺開山也、当山九世鎮誉(魯耕)上人之直弟也、　家康公御帰依之僧、御対顔之節ハ、問浄土肝要法義数(度カ)決安心、遠近出馬之時、定テ受得十念也、天正三乙亥年大樹寺ヘ転住、同四年十二月十五日、永禄年中為討死、大衆造牌弔之、牌銘曰、当寺摩訶衆生宝蓮花中各位、天正七年三月廿一日、　家康公大樹寺ヘ諸法度状御書物御書判被下置、天正七年五月廿七日於江州安土日蓮宗法論之時被加聴徒、彼宗負論、依之西光寺貞安彼宗之袈裟剥取、其袈裟衣之切持来テ、什物付置候、于今有之、天正三年七月十二日、笑月乗心居士、俗名松平三郎次郎親盛、導師麿誉(魯聞)、在住五年、随念寺寮舎魯芳院隠居、慶長五年庚子二月廿三日寂、

十六世英蓮社透誉慶円　従飯沼弘経寺(檀林)住職、天正九年広忠(松平)公三十三回忌法事勤行、三年法幢執行云也、家

康公新法度御式定有之、来会之僧一百人、飯料等送贈之給也、所化寮地跡裏門左右有之也、慶長三年道幹（松平広忠）公五十年忌御追善、一夏法幢并御法事執行と也、来集之僧飯料等如三十三年忌也、又天正七年九月十五日、信康（松平）公遠州二俣清瀧寺生害、透誉焼香記録有之、又或説磨誉焼香言云也、同九年十一月朔日、松平甚太郎家忠導師、慶長五年庚子二月廿五日寂、

十七世要蓮社運誉魯道　移住三州寺部随応院、則大樹寺末寺也、此時慶長十一年九月七日、為勅願所・常紫衣也、則　御綸旨・奉書・添状在之、寮舎要蓮院為隠居所、寛永六年巳三月十九日寂、

十八世昌蓮社乗誉祖的　移住従駿州報土寺、元和三年　御先祖御石塔并大樹寺寮舎共御建立也、奉行黒柳寿（畔カ）学、同年　家康公御一周忌御法事、於大樹寺千部読経執行并於（施カ）行御法事料三千俵三千貫也、奉行本多豊後守・同縫殿助・水野隼人・松平和泉守・丹羽勘助、其外三河組大名衆也、其以後ハ尾州大納言（徳川義直）殿ゟ御弔有之也、元和三年丁巳八月六日寂、

十九世星蓮社暁誉源栄　移住従相州鎌倉大超（長）寺、在住二年、元和四戊午年十月十日寂、

二十世品蓮社九誉一吟　移住武州江戸糀町浄土寺、在住九年、寛永六己巳年九月十八日寂、

廿一世光蓮社栄誉存栄　移住武州江戸糀町浄土寺、寛永十三年　家光（徳川）公　東照宮（徳川家康）　台徳院（徳川秀忠）殿両御仏殿・七堂、其外諸堂等新御建立也、慶安元年戊子三月六日、　道幹（松平広忠）様御百年忌御法事、千部読経・頓写・施餓鬼・法問三則執行之也、同両御仏殿遷坐、御法事之中被仰付相勤者也、在住廿一年、慶安元年戊子十月十八日寂、

廿二世随蓮社万誉連意　移住従慶安元年十二月瀧山大善寺（檀林）、武州熊谷寺九誉万海弟子、在位三年、慶安三年五月廿五日寂、

廿三世滴蓮社一誉霜月　移住従駿州報土寺幡随上人弟子、在住九年、明暦四年戊戌正月廿五日寂、

廿四世縁蓮社三誉輪超　移住従万治元年江戸崎大念寺（檀林）、剃髪師越後泰崇寺深誉弟子、初学檀林新田大光院、以往誉無絃和尚為師、浄土論注（註）等之末抄多述矣、在住十

三年、寛文十年勢州横瀧隠居、延宝五年巳十月廿七日
寂、
廿五世源蓮社迹誉存樹　移住従川越蓮馨寺(檀林)、増上寺十
四代桑誉了的上人弟子也、延宝四年家綱(徳川)公　両御仏殿・
本堂等、寺内不残御修復、寮舎十二軒、御修復料弐拾
両宛被下置候、在住十一年、延宝八年申十月廿八日寂、
廿六世道蓮社一誉霊円　移住従結城弘経寺(檀林)、剃髪師相
州二之宮知足寺弟子、中比小金東漸寺(檀林)為弁誉主天和尚
弟子、初学入寺増上寺(檀林)、在住十二年、元禄四年未二月
十九日寂、
廿七世松蓮社勁誉紘良　移住従結城弘経寺(檀林)、剃髪師武
州神田幡随院(檀林)岳誉感随和尚、初学入寺同断也、大樹寺
領向山首塚辺常念仏開闢、于今不断絶相勤也、在位五
年、元禄八年乙亥二月十九日寂、
廿八世貞蓮社忍誉円碩　移住武州江戸浅草幡随院(檀林)、剃
髪師武州山谷専念寺開山厳誉諦順弟子、初学入寺結城
弘経寺(檀林)乗誉珂天和尚之代也、元禄十年御修復御仏具等
願相叶未(ママ)出来、同丑二月　道幹(松平広忠)様百五十年忌御法事之

願、同年九月廿六日相叶、貞誉(増上寺了也)大僧正被仰渡、忍誉病
気ニ付出府難相成也、在位三年、元禄十年丑九月廿八
日寂、御修復最中也、
廿九世正蓮社学誉通光　移住従元禄十年十月廿三日鴻
巣勝願寺(檀林)、剃髪并授戒・附法瓜連常福寺(檀林)十九世白誉而
通和尚為師、初学入寺増上寺本誉上人御代也、転住仰
付之砌、　大樹寺殿(松平広忠)百五十年忌御法事御請申候、御修
復ハ極月出来、同月廿九日　東照宮(徳川家康)　台徳院殿(徳川秀忠)両御仏
殿御遷坐被　仰付相勤、翌寅年三月六日御法事、千部
読経、法問致執行之也、又元禄十二年卯六月五日、尾
州中納言誠綱(徳川)卿逝去、号泰心院、同廿四日於尾州建中
寺葬礼、即彼地参焼香并中陰之御法事、千五百部導師
相勤候、
右大樹寺ハ御先祖御代々各別之御由緒故、紫衣寺列座
之時、檀林紫衣寺之次座、三河其外紫衣寺之分、不論
先官後官、上座被仰付候、然ニ延宝九年酉正月　台徳
院様五十年忌御法事之砌、信誉(増上寺)厳宿和尚御代、宝台院・
信光明寺・松応寺、先官次第之儀致訴詔候処、同月十

六日寺社奉行仰渡、　大樹寺ハ格別之儀ニ候間、不論
先官、早晩可為上座旨、御役者(増上寺所化)白玄・円冏へ被仰渡候、
依之至于今不論前後致上座来候、

御法要年中行事

一、正月元旦晨朝　四奉請　四誓偈、晨朝　礼讃　同大
経読誦、三ケ日同断、
一、五日　善徳院殿(松平清康)逮夜　四奉請　初夜礼讃　弥陀経
念仏、晨朝同断、寮舎不残昇堂、十二軒ゟ弐僧宛、御
斎罷出候、毎月同断、
一、同日　泰心院殿(徳川誠綱)　同断、
一、六日　大樹寺殿(松平広忠)勤行同断、御斎ハ寮廻番相勤候、
一、八日　厳有院殿(徳川家綱)勤行如前、寮舎弐僧宛罷出候、毎月
同断、
一、十日　松安院殿(松平親忠)　勤行等、如前同断、
一、十一日勢誉上人(大樹寺開山・愚底)　客殿勤行過、於影堂　四奉請　弥
陀経　念仏、寮舎壱僧宛御斎罷出候、毎月同断、
一、十七日御宮(徳川家康)　従御逮夜勤行、四奉請　弥陀経　初夜
礼讃　念仏、晨朝同断、両僧宛御斎罷出候、毎月同断、
一、十九日御忌勤行、日中礼讃　三部経一巻宛読誦、初
夜勤行如常、廿五日　日中迄同断、
一、廿日　大猷院殿(徳川家光)　如十七日同断、
一、廿一日　棹舟院殿(松平長親)　勤行等如前、
一、廿四日　台徳院殿(徳川秀忠)　御祥月御仏殿荘厳・御盛物、七
五三御逮夜、賛鉢　四奉請　弥陀経　初夜礼讃　念仏、
御晨朝同断、御飯斎　弥陀経　念仏、寮舎不残御斎罷
出、同日　四奉請　弥陀経　日中礼讃　念仏、
一、廿五日　御忌日中回向、
一、廿七日安栖院殿(松平信忠)　御逮夜　四奉請　弥陀経　初夜礼
讃　念仏、御晨朝勤行同断、
一、廿八日天下安全之御祈祷、一時千巻護念経読誦相勤
中候、
一、二月彼岸勤行如常、
一、十五日涅槃会、客殿勤行過、於涅槃像前　四奉請
弥陀経　舎利礼　念仏、晨朝同断、
一、三月三日鎮守祭礼　四奉請　護念経　念仏、寮舎不

残罷出候、
一、六日　大樹寺(松平広忠)御祥月、道場荘厳・御盛物、七五三御
逮夜　四奉請　讃鉢　弥陀経　礼讃行道　回向　後唄、
御晨朝勤行同断、御飯斎　弥陀経　念仏、同日　日中
礼讃　弥陀経　念仏、寺中不残罷出候、御斎有之、
一、十四日善導大師御忌、勤行正月如御忌、
一、廿八日於御祈祷殿、天下安全之御祈祷、一時千巻護
念経読誦、寺中不残昇殿、斎并点心、
一、四月八日　延(誕)生会　如涅槃会、
一、十一日開山忌、道場荘厳七五三、逮夜　四奉請　弥
陀経行道　初夜礼讃中柏子回向　後唄　念仏、晨朝如常、
飯斎　四奉請　弥陀経行道　回向　後唄　念仏、末山
集会、寺中不残相勤、非時斎有之、
一、十六日　入夏勤行　四奉請　四誓偈　日中礼讃　伽
陀読経　回向　声明
一、十七日　安国院殿(徳川家康)　御祥月、勤行式等如台徳院殿(徳川秀忠)、
一、廿日　大猷院殿(徳川家光)　御祥月同断、
一、五月八日　厳有院殿(徳川家綱)　御祥月同断、
一、廿八日　天下安全之御祈祷、如正月・三月、
一、六月五日　泰心院殿(徳川誠綱)　御祥月如前、
一、廿八日　解夏、日中勤行如入夏、
一、七月朔日ゟ七日迄、為戦場討死諸精霊、日中勤行并
施餓鬼、寮舎不残出勤、
一、十四日　御先祖惣御施餓鬼、寺中惣出勤、
一、十五日　松安院殿(松平親忠)御墓所、於魂場野、寮舎惣出勤執
行仕候、
一、十六日　客殿　日中　礼讃　伽陀　弥陀経　回向
声明　念仏、寮舎惣出勤、
一、十七日　安国院殿(徳川家康)　御施餓鬼、荘厳等如御祥月、於
御宮　晨朝過、惣出勤、寺中御斎ニ罷出候、
一、廿日　大猷院殿(徳川家光)　御施餓鬼、同断、
一、廿四日　台徳院殿(徳川秀忠)　御施餓鬼、同断、
一、八月十日　松安院殿(松平親忠)　御祥月、道場荘厳七五三、勤
行等如正月廿四日、寺中惣出勤、御斎罷出候、同日魂
場野御墓所勤行、如七月、
一、九月廿八日天下安全之御祈祷、如五月、

一、十月十二日ゟ十夜勤行始、十五日迄三日三夜別時念仏、日中非時之法事、讃鉢　四奉請　弥陀経　礼讃行道　念仏開闢、住時(持)説法、十三日日中　弥陀経行道引声念仏、初夜　引声念仏、餅供養有之、

十四日　飯斎之法事、日中如前日、住持説法・初夜如前日、

十五日　晨朝　弥陀経　礼讃行道　引声念仏　回向、右十夜中、末山・寺中集会、惣出勤仕候、

一、節分初夜、引続住持寺中着大衣遶堂十弐ヶ所、　四誓偈壱巻　十念勤之也、

右勤行次第、従古来至于今無退転候、夏中ハ三時尋常、初夜・晨朝二時勤行、住持・寮舎無懈怠相勤候、

名勝旧跡之事、境内無之候、

寺内葬貴人・高家之牌名年月、

一、松安院殿大胤西忠道山大居士

松平左京進親忠卿、明応九年八月十日逝去、大樹寺開山勢誉(愚底)上人焼香、御石塔元和三年之御造立也、但、御送葬之場、亦御廟ト申テ、境内外魂場野有之、御墓木榎、大阪御陣之時葉不出、落城之後、至六月葉出、其後嶋原陣之時モ如右、如此不思議多矣、記録有之、

奉再興五輪、元和三丁巳暦仲律初五日　施主敬白ト在之、

一、棹舟院殿一閑道閲大居士

松平次郎三郎長親卿、初ハ左京進、後出雲守、天文十三甲辰年八月廿一日逝去、大樹寺八代宝誉(愚珍)焼香、御石塔ト上同断、

一、安栖院殿泰孝道忠大居士

松平左京亮信忠、後越前守、享禄四辛卯年七月廿七日逝去、大樹寺六代玉誉(愚道)焼香、御石塔同断、

一、善徳院殿年叟道甫大居士

世良田次郎三郎清康公、天文四乙未年十二月五日逝去、大樹寺八代宝誉(愚珍)焼香、御石塔同断、

一、大樹寺殿贈亜相応政道幹大居士

初号瑞雲院殿、　御贈官以来改御法号也、松平次郎三郎広忠公、天文十八年己酉三月六日逝去、大樹寺九代鎮誉(魯耕)焼香、御石塔御宝塔也、御再興御同

断、
一、家康公迄御六代之御菩提所也、
右御五代之御廟所・御石塔、大樹寺境内有之也、
一、芳樹院殿俊山徳翁大禅定門
徳川左京亮親氏公、三河御始祖、応永元戌四月廿日、松平郷高月院葬、
一、良祥院殿秀岸祐金大禅定門
松平太郎左衛泰親君、永享二戌九月廿日逝去、前同断、
一、崇岳院殿月堂信光大禅定門
徳川和泉守信光君、長享三酉年七月廿二日逝去、岩津信光明寺葬、右御三代之御石塔五輪、（松平）親忠卿御造立也、今ハ御八代之御石塔、御一列並立也、
一、玉洞院殿瑞翁善嘉居士　酒井左衛門尉康忠、文亀二年壬戌正月十六日、廟所・石塔・五輪・寮舎、回向院地内有之、
一、回向院殿高岳賢勝居士　酒井小五郎忠勝、文明二庚寅年十月十一日、廟所・石塔・五輪、回向院地内有之、
一、常寿院殿前向州香誉梅巌居士
石川日向守家成、慶長十四己酉年十月廿九日、廟所・石塔・五輪・寮舎、善揚院地内有之、供養料拾八石弐斗目、
家康公御朱印有之
一、開華院殿一玉白清居士　岩津大炊助源五郎光則、大永五乙酉年五月廿一日、仏事料拾石目寄附、寮舎開花院、委細寄附状有之、
一、竹用院殿西翁心光居士　堀平十郎宗政、天正元年九月廿日、廟所・石塔・五輪・寮舎、竹用院地内有、堀平右衛門入道一子、三州宮崎於瀧山、家康公（武田）ト勝頼一戦之時討死、大樹寺十四世成誉（一笑）焼香、為彼菩提十四石余　家康公御寄附、即御直筆御黒印有之、
一、源高院殿前拾遺心蓮社深誉道徹大居士
松平和泉守乗寿、承応三甲午年正月廿六日、石塔・五輪、施主岡崎城主水野監物、寮舎信楽院地内被

造立之也、

一、閑照院殿皎月珠光大姉
親忠(松平)卿室、永正十癸酉年八月廿二日逝去、開山
勢誉(愚底)上人焼香、御廟所・石塔、信楽院地内ニ有之、

一、宝樹珠玉大姉　岩村六郎母儀供養料　拾四石五斗目、
家康公御寄附御黒印、寮舎宝樹院有之、

鐘銘并大小分量及紫賜　綸旨之写

奉鋳懸

鴻鐘一基

初於門中入流亡所所入、既寂動静二相了然不生如是、
漸増聞所聞尽々聞、不住覚所覚空空覚、極円空所空滅
生滅、既滅寂滅、現前合十方一切衆生、与諸衆生同一
悲仰云云、
伏以天長地久征夷大将軍従一位左大臣源家光(徳川)公御願円
満、当知三州額田郡鴨田郷成道山大樹寺廿一代光蓮社
栄誉(存栄)上人、幸来人道感天恩者也、仍如件、
再新鴻鐘銘　前文同故略
伏以天長地久
正二位内大臣右近衛大将征夷大将軍源家重(徳川)公御願円満、
当知三州額田郡成道山松安院大樹寺、三十三代若蓮社
般誉上人迎阿必生粱存大和尚、
于時延享四丁卯年十一月十一日

奉行　齋木甚五衛門正虎

治工　三州宝飯郡北金屋村

一色末葉

中尾太兵衛藤原重次

鋳師三州宝飯郡北金屋村

正保五年四月十七日　藤原朝臣中尾市左衛門兼次

右懸鐘楼堂渡三尺三寸

参州碧海郡宇祢部郷福林寺

奉　鋳　懸

鴻　鐘　一基

右為天長地久御願円満、当郷安穏諸人快楽六道四生平等
利益、檀那并結縁与力也、仍所奉鋳如件、

文和二年癸巳十一月廾七日

大檀那藤原千手丸

大工河内国丹南郷住藤原国女

右ハ客殿より庫裏移大廊下、懸渡一尺九寸也、

此鴻鐘致置苅谷之時鐘候、　家康公上意を以、当山へ御
寄附也、元ハ開山師（勢誉愚底）廻国之節、初来暫住地福林寺千手丸
寄進之鴻鐘也、今亦成什物、誠不思議因縁也、

　紫賜御綸旨之写　十七代目暹誉
参河国大樹寺住持代々、令聴着紫衣、奉祈宝祚長久、不
可混余寺、者綸命如此、仍執達如状（件）、
　慶長十一年九月七日　頭左中辨（広橋総光）　判
　知恩院末寺
　　大樹寺暹誉（魯道）上人御房

　　女房奉書写
　裏ニ　　　　　　　　上書ニ
　　慶長十一暦九月七日　　ちおん院（知恩）へ
につた殿（新田）か申により、三かわ（河）のくに（国）ぬかた（額田郡）のこふり
かもた（鴨田郷）のかう、大しゆ（樹）寺のちうし（住持）しゑ（紫衣）の事、ちよつきよ（勅許）
にてめてたく（目出度）候、かきいたし（書出）ハ、とうのさ（頭左）中弁にて候、
　かしく

　満誉大僧正添状（ママ）　弐通
貴寺紫衣出世之事、遂　奏聞候處、忝　勅許被成下候、
則　綸旨・奉書調進之、可有頂戴候、弥眞俗繁栄珍重候、
恐惶謹言、
　九月七日（慶長十一年）　満誉（知恩院・尊照）　判
　　大樹寺
　　　御侍者中

　同
任常紫衣之旨、遂　奏聞候処、忝　勅許被成下候、勅願
所ト云、不混余寺事、弥眞俗繁栄珍重候、恐惶謹言、
　二月廿七日（元和四年）　満誉
　　大樹寺暁誉（源栄）上人御房
　　　暁誉ハ十九代目ニテ候、

勅願所并勅額綸旨写　六代目玉誉（愚道）

大谷知恩院末寺成道山大樹寺之事、勢誉上人為開基、松平一門令建立、至于今蒙彼助、当住持玉誉（愚道）上人抽修造之功再興訖、尤神妙也、今後為本寺、勅願寺并勅額之事被執申者也、弥可被致天下安全懇祈、者天気如此、悉之以状、

十一月一日（天文四年カ）　権左少弁（万里小路惟房）　判

大樹寺住持上人（玉誉愚道）御房

青蓮院殿（京都・天台宗門跡・尊鎮）添状

末寺参州大樹寺之額、被染勅筆候、尤珍重候、猶泰顕法橋含仰候也、

判

知恩院徳誉（光然）上人

おつほね（御局）并薮大納言殿添状壱通　玉誉（愚道）代

ちおん（知恩）院のまつ（末）寺大しゅ（樹）う寺の事、ちよくくわん（勅願）寺たに（他）ことなる（異）事にて候ほとに、てら（寺）の事へちきな（別儀）くいま（今）川申つけ候ハハ、よろこひ（喜）おほしめし（思召）候ハんするよし、たけん（泰顕カ）によくよくおほせ（仰）事候へく候よし、申候へく候、

かしく

やふ

新大納言（四辻季遠）との（殿）へ　うわかき（上書）

御下向之後ハ欝々非本意候、仍而テ知恩院末寺三州大樹寺之事、勅願寺異他儀候間、女房奉書被下候、可然様太守（本寺カ）へ御取成専一候、法然寺下向之由候間、委細可被申候条、閣筆候、頓首敬白、

霜月十七日　季遠（四辻）拝

雪斎

侍司下

追申、来春ハ早々御上洛奉待候、返々此義相当事、御入魂可然由被仰出候、

勅願書綸旨写　十七代目暹誉

参河国大樹寺為勅願所、須開真宗弘通玄門、奉祈　宝祚無疆之丹棘、者綸命如此、仍執達如件、

慶長十年九月七日　頭左中弁（広橋総光）　判

知恩院末寺

大樹寺暹誉（魯道）上人御房

右勅願所綸旨、玉誉（愚道）・暹誉両度也、暹誉之時ハ、常紫衣
之御綸旨、年月同日也、

一、道幹様（松平広忠）　御贈官　慶長十六年三月廿二日
綸旨・口宣　有之、

一、人王百六代後奈良院様三門之額字竪　大樹寺
右御箇條書之次第、致僉議候処、就中開山（勢誉愚底）并代々
之伝記、委細雖難知、依旧記・言伝之趣、粗記大
概進之候、

大樹寺廿九代
宝永五戊子六月廿日　学誉通光

大樹寺寮舎御書判之写并由緒

竹用軒

一、為堀平十郎殿塔頭被為立置候、
堀平十郎就討死、依無遺跡、為彼菩提、安城之内
しやくし堂、限道南方、有由緒抱之地、結草庵置
所也、同所志之寺領為不入、出判形間、永諸役令
免許畢、至子々孫々不可有違乱者也、仍テ如件、

天正元年癸酉十一月　家康御書判

堀平右衛入道殿

一、為岩村六郎殿母儀塔頭

宝樹院

御書判之写

宝寿為霊供米、於三州坪所あち和・宮崎、弐石五斗五
升成并大門・黒崎壱石成所、合三石五斗五升、任売券
旨、永代大樹寺之内宝樹院へ令寄附畢、此内黒崎分弐
百文之事、木奉成之由在之売券別紙在之、次ニ鐘相加進入
候、仍テ寄進状如件、

天文十六年七月四日　遠山左衛門尉

景前　在判

知徳

参

奉寄進宝樹院領之事

合五石九斗目者
一、壱石壱斗五升　北田
一、六斗目　井田・茶木嶋
一、壱石目　大門・黒崎
一、弐石五斗五升目　阿知波・宮崎
一、六斗目　山之田
右彼下地公方成并反別等之無諸役、可有御所務、額田藪
田之上、本僧(マヽ)共令寄進処、賢(堅)実永不可有相違者也、仍如
件、
松蔵
永禄九丙寅年三月　家康　御書判
大樹寺進誉(愚耕)上人
石川日向守殿塔頭
善揚院
御書判之写
青野郷内小栗分買徳方五百疋之田地、大樹寺昇蓮社進誉
上人寄進之事、右令領掌候条、永不可有相違者也、仍如
件、
蔵人

永禄九丙寅年五月廿一日　家康　御書判
石川日向守殿
開花院
一、松平大炊助殿塔頭被立置、(松平)親忠公ゟ御代々大樹寺
御廟御参詣之節、御装束所ニテ御座候、
判形之写
永代寄進由下地之事
合四段ハ
右彼下地ハ、永代寄進申所実正也、下地之名ハ下和田五
郎四郎屋敷之内也、
公方年貢百三拾文仕付申候、此内入道一期後ハ、可有御
沙汰候、畠方ハ開花院為修理田也、田方ハ施餓鬼田也、
仍為後日寄進状、如件、
永正十一年甲戌十二月十三日　白清　在判
棹舟軒
一、道閲(松平長親)様　道幹(松平広忠)様御塔頭被為立置、為右御両人之御供
料田御寄進、
御書判之写

大樹寺棹舟軒寺領之事
西光寺阿弥陀堂五石目、地蔵堂五石目、観音堂五石目、
三ケ所合拾五石目令寄進候、於子々孫々違乱有間敷候、
仍為後日如件、
　　天文七戊戌年二月五日　　道閲《長親》　御書判
　　　　　　　　　　　　　道幹《広忠》　御書判
　　　　智閑　参

大樹寺向根乗海坊地蔵堂紫草基原之事、南ハ谷田より東
道切、北ハ谷溝切、是ハ拾五貫文目之外、令寄進候、基(其カ)
年貢弐百文下大門蘆谷より年々乗海坊へ納所也、仍為後
日如件、
　　天文八己亥年七月廿二日　道閲《長親》　御書判
　　　　乗海坊智閑
　　　　　　参
　　　　花香庵
一、光岳智香様　桂滕泰栄様、右御両人大樹寺御参詣之
時御宿坊也、
　御書判之写

大正大学図書館所蔵『大樹寺御由緒旧記之写』

奉寄進下地之事
右力ハ、地分田畑共大樹寺之内花香庵へ末代寄進申候、
此上ハ何方よりも違乱有間敷候、御西忠様より之本文を
相加候て渡申所、如件、
　　天文三年甲午正月吉日　　ちやち　在判
　　　　　　　　　　　　　忠正《鳥山三郎左衛門》　在判
　　　　　　　　　　　道閲(松平長親)　御書判
　　　　　　　　　　愚耕院
一、大樹寺十二代進誉(愚耕)上人隠居所也、則　家康公御判形
屋敷也、
　　寮屋敷之事
右寮地之大小并紺場之畑之儀、可為御覚悟次第候、後々
住持・其外寺僧不可有違乱、殊塔頭・寺領等任御遺言、
何之雖為御弟子、尊意之計可被仰、聊疎意有間敷者也、
仍テ如件、
　　永禄九丙寅年八月日　　家康《蔵人》　御書
　　大樹寺進誉(愚耕)上人
御書判之写　　　　　　慈光院

鎮誉（魯耕）上人御隠居所、呈蓮社寺領之事、壱石弐斗目
在所白沢妙西田、五斗五升目焼香分、在所高田、此弐ヶ所、鎮誉
上人任御一札、永不可有相違者也、依テ如件、

九月　日　　家康　御書判

大樹寺

伝翁　　信楽院

一、吉良右京大夫殿、塔頭御立置、
回向院

一、酒井左衛門尉殿、塔頭御立置、
要蓮院

一、松平伊豆守殿、塔頭御立置、大樹寺暹誉（魯道）上人隠居所
也、　法性院事　忍阿院

一、足立右馬丞殿、塔頭御立置、

已上拾弐軒

万延元庚申六月書写之、

仰阿

（表紙）
然

大樹寺御由緒旧記之写

弐巻之内

寛政十二申年十月十日出之御達書、四日切ニテ十六日来着、文言左之通、

三州
大樹寺

御代々様御由緒之儀、書伝候留帳之類、且御家人之墳墓等モ有之哉、法名・由緒等書伝候品々之事、

右之通相糺、書出候様、可被相達事、

別紙壱通、従脇坂淡路守（寺社奉行・安董）殿御達有之候間、被得其意、本坊ハ勿論、坊中ニ至迄、由緒并墳墓等不洩様取調、致帳面、早々御差出可被成候、以上、

増上寺
十月十日　役者

三州
大樹寺

右従奉行出候御達書ト、致一封来候ニ付、即旧記之類相糺、且寺内・由緒等不残相調候テ、如次下弐通認奉行所縁山差出候事、

御代々様御由緒等之儀、書伝候留帳之類、御家人之墳墓等モ有之哉、法名・由緒等書伝候品、相糺可差出旨被仰渡候ニ付、左ニ申上候、

一、三州御元祖

松平太郎左衛門尉親氏公

御法号

芳樹院殿俊山徳翁大居士ト奉称候ハ、有親公之御息、正慶元壬申年、於上州世良田御誕生、後ニ三州至松平郷、松平太郎左衛門尉親氏公ト奉称候、御寿六拾三歳にして、應永元甲戌年四月廿日、於松平逝去、

一、御二代

松平太郎左衛門尉泰親公

御法号
良祥院殿秀岸祐全大居士ト奉称候ハ、　親氏公御舎弟、延元二丁丑年、上州御誕生、同至三州、御二代松平太郎左衛門尉泰親公ト奉称、近国ニ発武名猛威を揮ひ、後ニ被為蒙三州目代候テ、被任　徳川三河守ニ候、于時応永十六乙（己カ）丑年九月廿日、御寿七拾三歳ニして、於御同所御逝去、

一、御三代
松平和泉守信光公
御法号
崇岳院殿月堂信光大居士ト奉称候ハ、　親氏公御息、至徳元年甲子年、於三州松平郷御誕生、後ニ岩津御在城、御子四拾八人御出生と申伝候、其頃安城之城御入掌、即御三男　親忠様へ御譲、于時応仁二戊子年七月廿二日、御寿八十五歳ニして、於岩津御城御逝去、右御三代之　尊牌　御廟御宝塔ハ、　親忠様御当山御草創之砌、御一列ニ被遊　御安置候儀ニ御座候、委細ハ親忠様御由緒之中ニ申上候、

一、御四代
松平左京亮親忠公
御法号
松安院殿大胤西忠道山大居士ト奉称候ハ、　信光様之御息、永享十戊午年、於三州岩津ニ御誕生、御童名竹千代君ト奉称、天性御利根ニして、御幼少より
　御父君御合戦之毎度御軍功有之、雖為　御三男、因御遺命被為継　御家督、然に応仁元年同州額田郡井田町にゐて御合戦有之、其軍　御勝利之後、戦死之者共を憐給ひて、死骸を集て塚を築給ふ今時千人塚と申て御当山領内ニ有之、　其後此塚叫喚鳴動する事如鯨波、聞人驚愕して往来絶す、加之近里疫癘に罹る者又甚多、親忠公哀憐して、亡魂得脱之御回願懇重也といへとも、鳴動猶止すして、瘟疫弥々流行す、依之若有智高徳之龍僧にあらすんハ、亡魂之妄執消滅して、解脱すへき事難からんと、衆評御一決之後、其道徳之僧を懇求し給ふに、粤に宇祢郡之福林寺に於て、其頃当寺開山勢誉（愚底）上人愚底、念仏之弘通日を追ひ、月を重

て益盛なりと、此事を聞召及ハれ、勢誉を招請有て、其事之始末を語り、亡霊得脱を乞願ハせ給ふ、勢誉云、弥陀善逝果号之功力を以て回さハ、大願業力何そ亡魂之罪障を滅せされんと被申上けれハ、速ニ井田野に於て、仮屋被為建、於茲山越弥陀之画像を掛て、蓮徒集会、異口同声之念仏を勤修して、七日七夜を期す、其満七日回向之時に臨て、導師勢誉一心合掌し、尊顔を瞻仰して云、一念大利無上功徳也、況七日之別行をや、伏願くハ万徳洪名以此善勲罪滅福成超生浄土と、高声に唱え、至心に回向成けれハ、奇哉鳴動之声忽に止、疫癘亦頓ニ愈、　親忠公感情不浅して、是宗門之良導、吾其人を得たりと随喜し給ひ、弥願王果号功徳を信して、一寺御建立之思召立有、遂に　人王百四代後土御門院御宇、文明七年に被為遂　奏聞、　勅許之上、一寺御草創被為成、即勢誉を以て令住職、因て開山となし給ふ、今大樹寺是也、

一、開山勢誉ハ、其後惣本山知恩院へ転住之処、又福林寺へ隠居、没後遺骸御当山へ送葬也、

一、宇祢部之福林寺ハ、当今阿弥院ト改称、即御当山之末寺也、

一、右別時仮屋之跡ハ、後に　長親公一寺御建立有之、長親山西光寺ト号す、是又御当山之末寺也、

一、戦亡之木牌、是又本堂ニ有之、其銘ニ云、

応仁(元年)丁亥暦井田野戦亡諸精霊

一、山越弥陀之像ハ、今猶現存して、御当山十夜之節、本堂ニ掛る所之画像是也、十夜之別時七日を期る事ハ、右之亡魂七日之別行ニテ、得脱する法則に因て也、十夜之砌、諸末寺出勤之規則ハ別に従　神君(徳川家康)様御式條を賜ふ、其余因繁省略之仕候、

一、親忠公勢誉に御尋問被為成候ニハ、山号・院号・寺号之三ツハ、一寺に全く備る事、是定則也、今草創之寺に、此三号如何可号哉と、勢誉先に覚悟之儀故、御尋ニ随て、成道山松安院大樹寺と書之、備貴覧候得ハ、親忠公其時、成道山松安院と号する、其趣意あらん、子細如何様之訳にやと、勢誉答て云く、抑此二号之訳

ハ、庸愚得果成道之後ハ、永世　御家を擁護と生平寤寐に不忘、至心ニ発願す、　御家之御政事モ亦正道を以てせハ、御願望随て可成就旨モ兼用す、因之成道山と号す、又松安院と号する事ハ、松者御姓氏之一字を採り、松平之　御家安全にして、遂天下を御領掌被為成、永世　御子孫様方御相続被為在候様ニと、於此寺孜々として祈願精至を加へハ、必ず興廃之功あらんと、因之松安院と号す、皆是儀法有之嘉字を用と反復暁諭し奉候けれハ、　親忠公被聞召、山号・院号之儀論ハ、昭々乎として其理明白也、且師之精致を感す、惜哉寺号之一事、師之慮り欠たるに似たり、大樹ハ夫将軍之異称にあらすや、用之今寺号とせん事、殆其恐少からすと、勢誉之云、万事皆有願成す、無願時ハ巳ぬ、願あらハ無不成、爰に松平之御家に於て、治世安民之素願有其素願、不空ハ遂ニ大樹之寺とならん事必せり、大樹寺と号せんニ、夫何之恐慮し給ふ事かあらん、今
　君懐其志、其時未到して素願を果し給ハすといふとも、将来　御子孫其遺情を続て、必天下之御祈願、且御菩提所とならん、寺号之証験以て此時ニ顕れんと、舌頭泉の流るゝ如く、具ニ其理を演説有けれは、　親忠公熟聞し給ひて、疑滞忽霽懽抃無量歎称して曰、偉哉師之志師也、於我家曽心耳我亦以此寺後毘変更なく、松平一門之祈願并菩提所と定んと、遂に勢誉と倶に永世之事を誓約し給ふ、因茲御当山を以、松平之　御家御子孫御代々之御祈願并御菩提所ト御儀定被為在、何卒　御子孫様方天下御一統之上、永代武運長久之御祈願奉申上候様、勢誉へ被　仰付、即御祈祷殿別ニ被為成　御建立、依之今に晨昏之御祈念ハ勿論、其外別段毎歳正月・三月・五月・九月廿八日ニハ一山大衆　御祈祷殿ニ集会、護念経一千巻読誦、各抽丹誠天下安全之御祈願奉申上候、御祈祷札云、

奉読誦護念経一千巻、天下安全松平御門葉御武運長久祈処、

且御菩提所之儀、　御子孫様ノミニあらす、当国　御元祖従　親氏様、　泰親様　信光様迄、御三代之尊牌御廟御宝塔モ、御当山へ御一列ニ被為遊　御建立、

是より御菩提之規則全備り、御年回御相当之節ハ、御
当山ニテ御追福之御法事等、被　仰付候御事ニ御座候、
其後明応六丁巳年十月廿日、　親忠様被為在　御隠居、
御息　長親様へ御家督を御譲、御剃髪之上、御院号ハ
御志願之旨を標し、　大樹寺之院号を即　御用ひ、
松安院殿ト御唱被遊、　御法名ハ西忠様ト奉称、御法
体之後ハ一入格別ニ、大樹寺へ被為運御懇志を、毎時
被為遊　御参詣候、同十月酉年五月御遺言書、御自筆
ニテ被遊　御認候、其御文言左之通、

西忠（松平親忠）往生之儀式同吊（弔）之事

一、西忠往生仕候ハ、大樹寺へ可被召寄事、
一、たミ（荼毘）之事ハ例式、
一、中陰ハ二七日、但、初七日過候ハ、縁者・親類・女子供可帰候、隙ニテ可有候間、三郎も其日限ニ城へ可帰候、道閲（松平長親）・其外兄弟ハ、二七日之間色（倚廬）ニテ可有候、馬つれ・内之者も、初七日過候ハ可帰候、
一、当流御門徒中・妙心院衆・同大林寺衆、一日招請御中候テ可然候哉、但、御長老様（勢誉愚底）為御計可被仰合候、
一、四十九日ハ、御守衆計心さし可有候、
一、百ケ日、如形心さし可有候、
一、一周忌ニハとんしや（頓写）、
一、第三年、前七日御法談、又一日一夜不断念仏ニテ可然候、但、蚊時なとにて候ハ、一日計ニテ可然候、
一、七年より以後ハ、何成共如形心さし可有候、
一、往生之時節、十月より後之月ニ候ハ、幸念仏ニ相加可被吊（弔）候、
一、千部経之事、何モ無力に存候間、事たらぬ体にてハ、しんせを蒙るへく候、但、子共（供）之中に、若内力者出来候テ、心さしとして二万疋（公用脱カ）之なとも進上申候ハ、可有御興行候哉、
一、大樹寺様之御事を大切ニ、子共（供）存候者肝要候、御寺之事を如在候ハ、如何様之吊（弔）候共、其志ととくましく（届間敷）候、
一、西忠存分如斯候へ共、御長老様可為御計候、光明寺道閲（松平長親）にも可被仰合候、
一、前に大形申候へ共、二七日中陰ハ御末寺・同光明寺

衆、悉御返候テ、子共(供)ハ小者壱人ニテ、奏者両人計置候て、ひそひそと可在御吊(弔)候哉、

明応十年五月廿五日

右之通、御在命之内被為　御認、御当山へ被為贈候、至誠之御志、乍恐御殊勝之御事ニ御座候、然ル処、同年七月上旬ゟ御悩ニテ、　御心地例ならす、終ニ御寿六拾歳にして、八月十日被遊　御逝去候ニ付、依御遺命　尊骸を於井田野奉茶毘、　御遺骨ハ御当山へ奉御送葬、御導師開山勢誉(愚底)御焼香申上、　御廟御宝塔ハ、　御先祖様御一列ニ御建立被為在、　尊牌ハ　御霊殿ニ　御安置被遊、随テ御中陰以後之御法事等、　御遺命之通、御丁嚀被仰付候事ニ御座候、

一、井田野　御火葬場之御跡ニハ、因　御遺命、　長親(松平)様一樹被為　御植置候、当今即　親忠(松平)様御印之松ト奉称候テ、毎年七月於　御松前、一山之大衆　御施餓鬼執行仕候、

井田野御合戦之砌、戦死之亡魂叫喚之声不止ニ付、其節より右之野を遠近共ニ、魂場野と申ならわし候テ、唯今ハ惣名を魂野と相唱申候、御当山より五丁程東之方、岡崎領之内　西忠(松平親忠)様御火葬場と奉称、弐拾間四方程之御場所、惣廻りにハ松を植候テ、中央ニ御茶毘所御座候、最初　御印之一樹ハ、榎を被為　御植置候処、年経て枯れ候得共、其当分ハ其侭有之候処、　東照宮(徳川家康)様大坂御陣御勝利之年、此枯木再ひ枝葉栄候由、古来より申伝候テ、今に此所ハ近里之者大榎ト申候、其後右之榎朽損候処、自然ト御松実生仕候テ、当今ハ、御印之松ニ相成有之候、右茶毘所へも　東照宮様度々　御参詣被為遊候趣、旧記ニ相見申候、右　御松御囲壱丈弐尺四方、高さ五尺弐寸之御囲垣、古来之通、今時御厳重ニ御修復等被仰付候儀ニ御座候、

一、御一門方御当山を御警固、儼制之御書、連署之御文言如左、

於大樹寺定　此二字損滅　事

一、於当寺中狼籍(藉)之事、

一、竹木伐取之事、

一、対僧衆致非儀之事、
右於背此旨輩ハ、堅可処罪科候、当寺之事、西忠（松平親忠）
為位牌所上ハ、自然国如何様之儀出来候共、為彼
人数可致警固者也、仍テ如件、
文亀元年辛酉八月十六日　　次第不同
丸根美作守　家勝　在判
田原孫次郎　家光　在判
上平左衛門太夫　親堅　在判
岩津源五　光則　在判
岩津大膳入道　常蓮　在判
岩津弥九郎　長勝　在判
岩津弥四郎　信守　在判
岩津八郎五郎　親勝　在判
岡崎左馬允　親貞　在判
長沢七郎　親清　在判
形原左近将監　貞光　在判
牧内右京進　忠高　在判
竹谷弥七郎　秀信　在判
岡崎六郎　公親　在判
細川次郎　親世　在判
岩津源三　算則　在判

一、大樹寺御草創之砌、開山勢誉（愚底）ト御深厚之御誓約不空
して、終に其　御子孫　東照宮様（徳川家康）之御時に至り、慶長
之度　親忠様（松平）百回　御忌御相当之年、天下御領掌被為
在候ニ付、　神君様（徳川家康）右　尊霊様之御素願之程、深く御
感慮被為遊、大樹寺へ被為在入御候節ハ、毎度　御先
祖様方、別テ　大樹寺様（松平広忠）・松安院様（松平親忠）尊牌之御列を、御
手自被為直之、御廟御宝塔之苔をも、御手自被為取之
候御事、書留ニ御座候、
但、開山勢誉最初発願寺号之一件、大樹之儀論も、
東照宮様不浅　御感被為　在候故、開山忌法要之
儀ニ付候テモ、御定書被　下置候、御文言略之、
一、親忠様　御直筆　御花押之　御書物数通、御寄附之
御品数多御座候、
一、阿弥陀如来立像　一躯
此尊像ハ　御先祖様御代々御伝来之本尊ニテ、源

頼光之遺骨を、尊像之体中ニ被為収置候旨、被仰贈(置)候
テ、西忠様(松平親忠)御代御寄附寺宝ニ仕候、其外御一代之御事
不違悉載、採要省略之仕候、

一、御五代

御法号

松平出雲守長親様

棹舟院殿一閑道閲大居士ト奉称候ハ、　親忠様(松平)之御
嫡子、文明五癸巳年当国岡崎之御城に於て御誕生、
御童名奉称竹千代君ト、御成長ニ随テ、御英雄之御
名将ニテ、所々御合戦ニ数度被為在御勝利候故、次
第御手広ニ被為成候、　御嫡子信忠様(松平)へ御家督被
仰付、即安城之御城を被為譲、　御二男内膳正信定(松平)
公へ桜井之城を御譲、　御三男甚太郎親春(松平)公へ春野
之城を被為譲、　御四男勘解由利長(松平)公へ藤井之城を
御譲、　御五男右京亮親盛(松平)公へ福釜之城を被為譲、
御自身ニハ御当山塔頭清友院へ被為遊　御隠居、御
剃髪之上　御道号を棹舟軒道閲様ト奉称候、但、清友院之儀ハ、
長親様之御室月窓清友大姉為御菩提御造立也、長親様御逝去已後、御法号を以当
今棹舟院ト改称仕候、御寿七拾弐歳にして、天文十
三甲辰年八月廿一日清友院ニおゐて被為遊　御逝去、
因　御遺言ニ尊骸を御当山領内井田野向山西光寺境内ニテ
奉荼毘、　御遺骨御当山へ御送葬、御導師第八世
宝誉(愚珍)御焼香申上、且　御廟所御宝塔　御先祖様御一
列ニ御造立、　尊牌ハ　御霊殿ニ被為在　御安置、
是亦　御代々様　御同列ニ御座候、

一、御火葬場之御跡ニハ、　因　御遺命　信忠様(松平)一樹之
松被為御植置、当今即　長親様(松平)御印之松ト奉称候テ、
毎年七月於　御松之前、一山之大衆御施餓鬼執行仕候、
右之御場所へ　御先祖様方ハ勿論、　神君様(徳川家康)御当
山　御参詣之節ハ、毎度此　御火葬場へモ被為遊
御参詣候之旨、旧記ニ御座候、随テ御松御囲ハ
壱丈弐尺四方、高五尺弐寸之御囲垣、古来之通り
当今御厳重御修復被(付脱カ)　仰候儀ニ御座候、

一、御真筆御花押之御書物　数(ママ)

一、舎利塔　但、仏舎利五粒納　壱基

一、誕生釈迦如来木像　壱躯

一、廿五菩薩　　　　　　　壱幅

一、長親（松平）様　信忠（松平）様之御所望に因て、開山勢誉（愚底）為後来書上候式定、文言左之通、

右当寺大樹ハ大檀那松平前京兆親忠（松平）公、法名大胤西忠（松平親忠）ト勢誉以同志、為開基処之一宇也、已経三十回不退転行学焉、然依為日域宗門之本寺、為報恩住洛陽東山大谷（知恩院）八年之間、興国中大乱及寺院大破矣、爰当住雲誉（愚郭）重謝徳軽身貤再興厳重也、然則　忠公ハ於蓮上定知見覧、老僧ハ於現前感恩謝者乎、因茲為　西忠之子孫人ハ、男女同於此寺定帰依、被運懇志者、累葉弥以及万世焉、為愚老之門葉輩ハ老若共、以此地仰本所被致報謝者、末葉益成栄久矣、仍偏思永世之興隆、不顧当寺之機、欲述式定ノミ、

以下箇條書因繁省略之仕候、

右之趣書上候処、　長親（松平）様　信忠（松平）様御喜悦之上、御直ニ御花押被為成置、末代之亀鑑ニ被為備候、随テ勢誉・雲誉モ致花押置候、是亦寺宝ニ仕候、

一、御六代

松平蔵人佐信忠様

御法号

安栖院殿泰孝道忠大居士ト奉称候ハ、　長親（松平）様之御嫡子、延徳二庚戌年、於安城之　御城御誕生、　御童名奉称　竹千代君ト、御若年より御隠遁之思召深く、大永三未年御嫡子次郎三郎清康（松平）様、被為成　御十三歳候時、被為譲　御家督、　御自身ニハ同州大浜ニ被為遊　御隠居、然ニ御寿四拾二歳、享禄四辛卯年七月廿七日被為遊　御逝去候ニ付、　尊骸ハ被為入御当山御送葬、御導師第六世玉誉（愚道）御焼香申上、於塔頭慈光院ニ、即当今安栖院ト相唱申候、奉荼毘、　御廟御宝塔御先祖様方御一列ニ御造立、　尊牌ハ　御霊殿へ御安置被為在、是亦　御代々様　御同列ニ御座候、

一、御茶毘所　御跡ニハ、　清康（松平）様御手自松樹被為御植置候、是即　信忠（松平）様御印之松亦御旗掛之松共相称候、奉称候テ、毎年七月於　御松之前、一山之大衆御施餓鬼執行仕候、

右御旗掛之松ト奉称候訳ハ、

神君（徳川家康）様永禄三庚申年五月、大樹寺御陣之節厭離穢土欣

求浄土之旗を被為　挙テ、御合戦之所被為在御勝利候
其陣之儀後ニ至テ申上候　尓来此御松を御旗掛之松ト奉称候、且前文
申上候　御茶毘所、最初茲光院と相称候処、第九世鎮
誉（魯耕）隠居所として再建造営之上、呈蓮社ト改称仕候、即
従　神君様　御直筆　御判物頂戴之、今ニ安栖院珍敬
仕候、然ニ　信忠（松平）様御遺跡之依為地、　神君様上意ニ
テ　御法号を以、安栖院ト被為　御名附候御儀ニ御座
候、
一、絵阿弥陀経　但、朝鮮本　壱巻
一、東鑑　廿八巻
一、楞厳経　十八巻
一、釈迦如来涅槃像　大幅　壱幅
此画中に　御自身之真影、　御法体之御姿を画き
被為入置、御殊勝に拝れさせ候、此外　御染筆
御花押之　御書物数通御座候テ、何れも寺宝仕候、
一、御七代
世良田次郎三郎清康公
御法号
善徳院殿年叟道甫大居士ト奉称候ハ、　信忠（松平）様　御嫡
子、永正八辛未年御誕生、　御童名奉称　竹千代君ト、
御幼年にして御家督被為継、　御成長随ひ、寛仁英才
御勇名扶桑に普く、世挙テ奉仰天下之御武将ト候、然
ニ天文四乙未織田信秀ト、於尾州森山挑戦有之、其砌
同年十二月五日不慮ニ被為在　御逝去候之所、御合戦
中故、露顕為無之、密ニ御遺骸を岡崎菅生丸山へ奉移、
翌六日右之　御場所ニテ御火葬之上、　御全骨奉葬御
当山へ、　御導師第八世宝誉（愚珍）御焼香申上、　御廟御宝
塔　御先祖様方御一列ニ御造立、　尊牌ハ　御霊殿へ
被為在御安置候、且右菅生丸山之地へモ為　御菩提、
御廟塔御造立、一宇御建立被為在、即随念寺ト号し、
御当山之末寺ニテ御座候、
一、清康（松平）様御代天文年中、御当山七堂伽藍并諸堂社共ニ
御再建被為　在、其砌二重之多宝塔多宝佛一体釈迦佛一体御寄進御
建立、則真柱之銘文ニ、　大檀那世良田次郎三郎清康
安城四代岡崎殿ト御座候、此二重塔ハ永禄三庚申五
月、　神君（徳川家康）様大樹寺御陣之節、敵陣より打懸ケ候鉄砲、

塔九輪ニ中リ候テ、中古迄九輪砕損有之候処、　大猷(徳川家光)院様　御代再ひ七堂伽藍諸堂社共御建立被遊候節、此九輪之砕損等御修復被成下候旨、書留ニ御座候、然共塔之御有形ハ、天文年中御建立之侭ニテ御座候、

一、勅願所　勅額之儀被為遂　奏聞候之処、　勅許被成下候、即　綸旨写左之通、

大谷知恩院末寺成道山大樹寺之事

勢(愚底)誉上人為開基、松平一門令建立、至于今蒙彼助縁、当住持玉(愚道)誉上人、抽修造之功再興訖、尤神妙也、今度為本寺勅願所并勅額之事被執申者也、弥可被致天下安全懇祈、者天気如此、悉之以状、

(天文四年カ)十一月一日　権左少弁(万里小路惟房)　在判

大樹寺住持上人御房

右勅額ハ　後奈良院　御染筆、今時山門ニ掛有之候、

一、御寄附之御品　数多、

一、御染筆　御花押之　御掟書并御書物数通御座候、御文言等省略仕、何モ寺宝仕候、

一、御八代

徳川次郎三郎広忠様ト奉称候ハ、　清康(松平)様之　御嫡子、大永六丙戌年於岡崎之御城御誕生、御幼名仙千代君、後ニ竹千代君ト奉称、御歳十三ニテ　御父君清康(松平)公被為　御後れ、即被為継　御家督、十五歳ニテ被為在　御元服、奉称徳川次郎三郎広忠公ト、由ヘ有之、駿州今川ニ至り給ひ、十七歳之御時、天文六年五月朔日、岡崎ニ　御帰城、其後所々御合戦有之、数度被為挙　武名候由、且御宗門ニ御帰依厚、廿一歳之御時、御当山九世鎮誉(魯耕)ゟ血脈被為　御受、御信心之由申伝候、于時天文十八己酉年三月六日、御寿二十四歳、於岡崎御城　御逝去、　御辞世、

廿チ成る四年の花を盛りにて

尊骸ハ於岡崎能見当今松応寺是也、奉荼毘、御遺骨ハ　御当山へ奉葬、御導師第九世鎮誉御焼香申上、　御廟御宝塔ハ　御先祖様方御一列御造立、　尊牌ハ　御霊殿御内陣へ奉安置候、即　御法号　大樹寺殿贈亜相応政道幹大居士ト奉称候、　御法号初ハ　瑞雲院殿ト奉申候処、　神君(徳川家康)様天下御一統之後、道幹(松平広忠)様贈官

之儀被為遂　奏聞候得ハ、贈従二位大納言　勅諚
御座候テ、此時　御院号モ　大樹寺殿ト可奉改称旨
被　仰出、即　御贈官ハ慶長十六年三月廿二日、
綸旨・口宣御当山ニ有之候、尤　親忠(松平)様御当山御草
創之節、寺号之大樹ハ将軍之異称ト御座候を被為含
意味、御改称被為　遊候由、書留之趣御座候、其訳
親忠様　御由緒之中ニ委細中上候、且　親忠様　御
当山　御建立、文明七年ゟ道幹(松平広忠)様御贈官、慶長十六
年迄惣テ計ニ百三拾七年也、此時ニ至て改テ大樹寺
殿ト奉称事、寺号之儀論素願大樹自然ト脗合するも
実ニ不思議也、

一、御贈官口宣案　壱通
一、同　宣旨　壱通
一、御真筆御花押之御書物　数通
一、聖徳太子絵像　壱幅
一、法然上人真筆真影　壱幅
一、長親(松平)様御自筆御自詠之御短冊
一、広忠(松平)様御自詠御自筆之御短冊

此御表相(装)ハ壱幅ニ被為成、　広忠様之御寄附ニ御
座候テ、右何れも寺宝仕候、

一、神君(徳川家康)様　御宮　御鎮座
御神影ハ因　御遺命、御木像ニテ御座候、
一、御判物寺領并寮舎共　壱通
一、神君様　御真筆法式御掟書被　下置候、
御朱印御文言左之通

大樹寺法式

一、仏事勤行・修造等、不可有懈怠事、
一、於背住持・老僧之掟輩ハ、寺中可為擯出事、
一、寺中空寮、無理住持ニ不可破取、若於相続ハ、可為
住持之計事、
一、諸末寺、如前々相改、可被出仕事、
一、寺内・門前之竹木、無理住持不可伐取事、
右、守此旨、聊不可有違背者也、
慶長七年六月二日
内大臣(徳川家康)　御朱印

一、御真筆ニテ進誉（愚耕）へ被下置候　御判物之御掟書、
御文言左之通、
一、諸法度・勤行等可為如先規、其上不随住持命者、可
被成擯出門徒事、
一、寺領・祠堂・諸所田畠、別テ古井・佐々木、如鎮誉（魯耕）
上人御代、可被成直務事、
一、寺中并門前屋敷等、如鎮誉上人御代、可被　仰付事、
右条々雖為親昵平交、雖為一門郎等、不可存抑揚依怙、
不可泥謀計利潤、道理明鏡之面、堅可被　仰付、若違
背雖渋之輩有之ハ、急度被　仰越可申付者也、仍如件、

松平蔵人

（永禄六年）閏十二月　　家康　御判

大樹寺進誉（愚耕）上人

一、御真筆ニテ惣門前守護不入等之御制札、登誉（天室）上人へ
被下置候御文言左之通、
一、於寺中并門前、不可殺生事、
一、為不入之地間、縦雖有罪科之輩、号奉行人、不可験（検）
断、若於有重科族ハ、自寺家可有追罰事、
一、於寺内并門前、不可致喧嘩事、
一、国中諸士等、不論貴賤、於惣門前可有下馬事、
一、寺中・門前、諸役一切停止之事、
右条々、於違犯之輩ハ、可加成敗者也、仍如件、

永禄十二己巳年

六月廿五日　　家康　御判

大樹寺登誉（天室）上人

右御上書　　徳川三河守

大樹寺登誉上人　　家康

一、御真筆ニテ御当山祠堂物并末寺・寮舎迄之御掟書、
十五世麿誉へ被　下置候　御判物、御文言左之通、

大樹寺法式之事

一、国中之諸士、至民以下迄、於公事中掛ハ、令糺明理
非、急度可申付事、
一、祠堂物借引之事、米銭三和利弐文子ニ相定故ハ、縦
天下一同之徳政・国次之徳政・私徳政雖入来、令除之

事、

一、寮舎へ従先規有志之族、寺領等寄附之所、其子孫令
雖渋、不可悔還事、

一、従先規之諸末寺領、先祖寄附之処、為其領悔還、巧
出公事、私ニ没収之事、其(甚カ)以可為曲事、
附、坊主於不応機ハ、可渡弟子、於無弟子ハ、可為
本寺之計事、

一、諸末寺、年頭・開山忌・別時、以上年中ニ三度可有
出仕、於懈怠ハ、堅可申付事、

一、諸役・課役令免許事、

一、方丈并衆中・被官、於仮権門之威ハ、寺内・門前可
被払事、

右条々、違背有間敷者也、仍如件、

天正七年
三月廿一日　家康　御判
大樹寺勢蓮社麿(魯聞)誉上人

右御上書
大樹寺勢蓮社麿誉上人　家康

一、御真筆新法度之　御掟書　大樹寺へ被　下置候御朱
印、御文言左之通、

大樹寺新法度之事

一、今度対所化衆、不可有喧嘩・口論事、

一、夜中ニ紛、瓦礫をうち、諸事不可有狼藉事、

一、日暮ニ女、寺家へ不可出入事、

一、住持之儀、悪事於有之ハ可申上、為私不可誹謗事、

一、於寺中、開山以来之法度、於有違犯之僧、為惣一烈(列)
可申事、

右従前々雖有不入判形之、為後代重テ申定畢、諸役等
之儀、自然国次所用之儀ニ付ハ、以朱印可申付、無朱
印ハ、一切不可有許容者也、仍如件、

天正九年辛巳
四月十六日　御朱印(徳川家康)
大樹寺

一、神君様(徳川家康)小田原攻之節、使僧を以　御窺申上候得ハ、
御直筆ニテ　御返翰被　下置候、御文言左之通、

猶々、此表之儀急速可令落着候、随テ種々送給候、
為悦之至候、以上、
芳翰披閲喜悦之至候、仍此表之儀、敵城構限へ押詰候、
北条滅亡不可有程候、猶期帰陣之時候、恐々謹言、
(天正十八年)卯月十日　　家康　御判
大樹寺

神君様(徳川家康)より御寄附之御品并拝領之御品々、左之通
一、羅漢画像　五幅
一、三尊釈迦之像　壱幅
一、大幅曼陀羅　壱幅
一、檀紫瑞筆竹之絵　壱幅
一、唐筆枇杷之絵　壱幅
一、蒔絵梨子地螺足御膳皆具　壱通
同御手舁御湯次御手拭掛共　壱通
同御衣桁　壱
但、何れも御紋附ト梅はち紋付
是ハ伝通院様(徳川家康母・水野氏)　御常用之具、従　神君様(徳川家康)　御寄附、

一、九條袈裟　但、蜀紅錦　壱肩
一、金紫香合　壱合
一、同香盆　壱枚
一、天龍寺焼香炉　壱
一、和田茶壺　壱口
但、和田姓御伝来之旨　上意ニテ御寄附被成下候、
右五品ハ十三代登誉(天室)拝領仕、什物ニテ附置候、
一、三尊弥陀之像　壱幅
一、瑠璃色香炉　壱口
一、長刀　壱振
右三品十四代成誉(一笑)上人拝領ニ御座候、
但、此長刀之儀ハ　神君様(徳川家康)、永禄三年大樹寺御陣之節、十三代登誉并一山之大衆御加勢申上、大敵敗北仕、被為在　御開運、御家臣及法師武者等供奉仕、岡崎之御城へ被為在　入御、其後戦死之僧御紀之処七拾余人、其訳次下ニ申上候、右登誉御加勢之功并十四代成誉上人ハ、　清康様(松平)之御三男　広忠様(松平)之御舎弟、　神君様ニハ伯父様ニテ、殊ニ御帰依厚く御

由緒を以、従　神君様拝領被　仰付候長刀ニ、即十
五代麿誉魯聞并代々之住持へ遺状被致置候、其文言
左之通、
家康公給所之長刀之事、如登誉（天室）上人世出共可励ニ付、
法務ハ勿論、寺門之徒相心得可致策励、仍後代之住
持被存心旨、尚松平家御武運を可祈念之条、如件、
盛道山十四代
天正三戌年四月十四日　成誉（一笑）　花押
魯聞（麿誉）上人へ
一、大蔵一覧　拾壱巻
但、神君様於駿府御城ニ、十八世乗誉（祖的）へ御直ニ被下置
候旨、即右本表紙之裏ニ相記有之候、
一、神君様大樹寺御陣之事、附、浄土御旗并惣門御関木
之事、
永禄三庚申五月某日　神君様尾州大高城を出させ給ひ、
御当山ニ入せ給ふ、其時登誉天室住持たり、　神君様
仰有けるハ、今日事急也、敵を防へき術如何と、登誉
云、我頗兵策有り、能身命を捨て擁護奉らんと、即寺
僧及近村之兵士を招き、暮に緇素若干人を得たり、遽
に白布を裁と旗と成し、其銘に厭離穢土欣求浄土と大
ニ書之、而後ニ登誉（天室）申上けるハ、抑人君としてハ、仁
慈を専とし、度生の心を懐き、禍乱を攘ひ、寇難を防
給ふニも、御心中可思召様ハ、凶徒速に殲て、文武之
道天下ニ遍く、念仏の法亦四海に行れ、此仁義の化を
以て、万民をして、二世同安穏ならしめんと、此願念
を起させ給ふ時は、諸仏も護持し、天神も加助給ふ、
されハ志慈愍に住し、口にハ仏号を称て、単刀直入し
給ふ時は、仏力加祐するか故に、敵兵自然と敗散す、
此決定心ハ全く厭離欣求の用心に由て也と、　神君様（徳川家康）
大御感有て、御決心之上、十念を受させ給ふ此時也、
寺に一僧有り、祖同と名く、勇気壮膽にして、其力七
十夫に敵す、君之為に御馬を御す、敵已ニ寺門ニ至ら
んとす、仰有けるは、門を閉拒ハ怯弱に似たり、早く
門参けと、祖同今暫くと御留申けれは、敵兵方ニ門前
ニ逼る、何の猶予する事あらんと、即御刀を以て、門
関を斫せ給ふ事数刀、其時祖同門戸を参て、御馬の口

に添て先登す、従臣突出し、大衆と倶に従て大に戦ふ、仏力寺門を衛護するや、威猛盛にして敵敗走す、夫より凱旋して岡崎城に入らせ給と云云、

右御関木御刀之痕、宛然として今尚存せり、一年尾陽之　亜相源敬公（尾張藩主・徳川義直）、此門関を一覧有りて、愀然として歎云、此ハ是　先君（徳川家康）之遺愛なり、此日の艱辛後昆、誰か思ハさらんやと、又此寺之松家に功有事を称嘆し給ゐて、嚢及函を製して収之、以て寺貨とせしむ、其

惇信院様（徳川家重）御代、錦の御幪御紋附之御箱新ニ被　下置候、

御年譜巻第一曰、

永禄三庚申五月大十九日夜、水野信元告義元、死於大高故、公待月出、引兵帰三州、二十日至三州陣于大樹寺、二十三日復帰岡崎云云、此大樹寺御陣之時、寺僧大に戦て、戦死する者凡七拾人と云り、其節を感て為に霊牌を設く、即其銘曰、摩訶衆坐宝蓮華中各位と、此牌今尚仏殿に在て、歴代念誦して以て超昇を資く、

右之御籏ハ吉例之籏也とて、御所望に依て差上候由旧記ニ御座候、

一、神君様（徳川家康）御代、重テ賜　勅願所并常紫衣之　綸旨、因茲正・三・五・九之月、各廿八日於　御祈祷殿一時千巻護念経を読誦、益御武運長久之旨、大衆一同抽丹誠、奉御祈願候旨、　親忠様（松平）御由緒之中ニ委細相認候、

一、御霊殿へ御寄附鴻鐘一基、右銘文左之通、

参州碧海庄宇称部福林寺

奉鋳懸

鴻鐘一基

右為天長地久御願円満、当郷安穏諸人快楽、六道四生平等利益、檀那并結縁与力、仍所奉鋳如件、

文和二癸巳年十一月廾七日

大檀那藤原千手丸

大工河内国丹南郷住藤原国女

此一鐘ハ、　御先祖様御代々伝承ニテ、　御当家　御吉例之陣鐘ニ御座候、依之兵具之痕数箇有之候、于時元和年中　神君様御一統之後、為御祈祷、鐘於御当山仏前、慈氏尊世ニ至迄、天下安全之懇祷、因可抽旨

上意ニテ、御奉納被為在候儀ニ御座候、
但、文和二巳年より寛政十二申年迄、凡四百四拾有余年相成、且銘中藤原千手丸と申ハ、矢作長者之儀ニ御座候、福林寺ト申ハ、当今称阿弥陀院、即御当山末寺ニテ御座候、

一、阿弥陀如来尊像　　七体
右ハ永禄年中、当国土呂針崎一向宗一揆之節、破却之寺院之本尊大小七体、御奉納　御祈祷殿ニ安置有之候、

大方丈御神殿

一、権現様（徳川家康）　尊牌御宮殿　御鎮座

一、台徳院様（徳川秀忠）　尊牌　御安置
右御道具等、従　公儀被　仰付候儀ニ御座候、

一、台徳院様　御霊屋

一、尊牌　御安置

御判物　壱通

御朱印　壱通

一、大猷院様（徳川家光）ヨリ　浚明院様（徳川家治）迄　御代々様之　御判物頂戴仕候、尤　尊牌御安置御道具等、従　公儀被　仰付候儀ニ御座候、

一、御当山之儀ハ、因　御由緒格別、従　御先祖様相継テ、　御代々様之　御掟書并御書翰等、総計百六拾余通并御先祖様　御代々様　御寄附之御品等、皆是寺宝仕候、

御一門方并御家人衆霊牌・墳墓等、御当山有之候分、左之通、

一、伝通院殿（徳川家康母・水野氏）光岳智香容誉大禅定尼　一基
右尊牌裏ニ丑八月廿九日　家康再興ト御座候、

一、龍泉院殿（徳川家康妾・西郷局）松誉貞寿大禅定尼　一基
右尊牌裏ニ天正十七年己丑四月十九日　家康室ト御座候、

一、騰雲院殿（松平信康）隆岩長越大禅定門　一基
右裏ニ天正七卯年十月十五日　家康嫡子岡崎三郎（信康）ト御座候、
但、御当山十六世透誉（慶円）焼香申上候、

一、浄光院殿（松平秀康）前黄門森巖道慰運正大居士　一基

一、天樹院殿(徳川秀忠女・千姫)栄誉源法松山大禅定尼　一基
一、性高院殿(松平忠吉)憲瑩玄白大禅定門　一基
右裏ニ、慶長十二丁未年三月五日、　家康三男
忠吉ト御座候、
一、崇源院殿(徳川秀忠室)一品大夫人和興仁清昌誉大禅定尼　一基
但、過去帳ニ尾州清須城主薩摩殿ト御座候、
一、峯巖院殿(徳川忠長)亞相晴徹暁雲大居士　一基
右裏ニ、家光公御舎弟忠長公ト御座候、
一、桂昌院殿(徳川家光妾)従一位仁誉興国恵光大姉　一基
一、南龍院殿(徳川頼宣)顗永天晃大居士　一基
右裏ニ、寛文十一亥年五月十日、紀州(徳川頼宣)大納言七十
歳ト御座候、
一、二品前亜相尾陽侯源敬公(徳川義直)　一基
一、閑照院殿(松平親忠室)皎月珠光大姉　一基
永正十年八月廿二日　親忠室ト御座候、
一、従三品前黄門泰心院(徳川綱誠)正誉徹応源誠大居士　一基
右裏ニ、元禄十二己卯年六月五日
但、御当山廿九世学誉(通光)焼香、御廟無御座候、

一、瑛林院殿峯雪春光大姉　一基
天文二十一壬子年正月十五日鎮誉(魯耕)焼香、在廟安栖
院境内、
一、瑞龍院殿(徳川光友)二品前亞相天蓮社順誉源正大居士　一基
一、芳心院殿(松平長親室)月窓清友大姉　一基
裏ニ天文七戊年八月九日　長親室ト御座候、
一、前中納言水戸府君源成公(徳川頼房カ)　一基
一、紅樹院(松平清康室)芳月清春大姉　一基
天文十七戊申年二月十六日鎮誉焼香、　清康公
室、忍阿院有廟所、
一、崇源院殿(松平定勝)前四品羽林次将雲巖円徹大居士　一基
右裏ニ寛永元甲子三月十四日　松平少將隠岐守定
勝ト御座候、過去帳ニハ桑名河内殿父ト御座候、
一、華陽院殿(松平信忠室)玉桂慈仙大姉　一基
永禄二己未年五月二日　信忠公室、
一、松岳光忠居士(松平親光)　一基
大永三癸未年十月七日　親忠様五男、安城形部(刑)丞
親光、当今松平田宮殿先祖之由、霊牌・廟所共御

座候、
一、麗容院殿月空浄雲大姉（松平信忠室）　一基
大永（六年）丙戌年十二月廿五日　信忠様妾室、玉誉（愚道）焼香、
一、浄雲院殿月光道桂大居士（松平宗次）　一基
永禄三申年五月十九日　松平喜平次宗次、当今松
平藤九郎殿先祖之由、霊牌・廟所共御座候、
一、林誉道怡禅定門（松平忠利）　一基
慶長元丙申年九月十九日　松平肥後守忠利ト御座
候、
一、一桂勢心禅定門　一基
天文六丁酉年九月七日　細川左近ト御座候、
一、花屋露光童子
宝永元甲申年十一月廿九日
一、宝心院殿天誉祐光貞松大姉　一基
享保六辛丑年五月十五日　三霊厨子入、裏ニ内藤
豊前守室ト有之、
一、花山春夢童子
宝永六己丑年三月朔日

一、全忠院殿明徹道光大居士　一基
天文九庚子年六月六日
一、栄林院殿天翁浄俊大居士　一基
永禄十二己巳年五月廾二日
当今林肥後守殿先祖、
一、嶺月浄皓　高感道崇　西屋浄安　誓誉了願　一基
裏ニ、天文十辛丑三月廿四日　永禄十丁卯六月十八日
永禄十一戊辰十一月四日　元亀三壬申三月十一日
当今本多飛騨守殿先祖、
一、黄山重玄禅定門　一基
永禄元戊午二月五日　本多九蔵、
当今万之丞殿家祖、
一、光運院情誉山叟道高禅定門　一基
文政元寅年依願贈号、
弘治二丙辰年三月五日、御当山隣誉（底鈍）焼香、松平源
三郎ト御座候、
一、孝政忠秀禅定門　三宅太郎左衛門ト御座候、
永禄五壬戌年十一月廾六日

一、浄学宗心文明十八丙午年、中村弥平吉貞　一、万誉教済永正十二乙亥年中村弥平太夫時吉
一、願誉宗哲天文廿三甲寅年中村弥三右衛門高好、右三霊　一基
一、春林慶花
　本多肥後守忠真、本多忠豊弟本多忠勝叔父、元亀三申年十二月廿二日、於遠州味方ヶ原討死、翌天正元酉年三月十九日、於御当山葬式、但、導師十二代進誉（愚耕）上人焼香、
一、当時松平主水正殿先祖より之霊牌、数基安置、廟所ハ在所奥殿ニ有之候、
一、当国伊賀八幡之神主、柴田兵部先祖より之霊牌、数基安置有之候、
右之霊牌開山堂ニ安置御座候、此外霊牌并過去帳ニ法名数多有之、墳墓等モ境内諸所ニ有之候得共、何れ之由緒ニ御座候哉、相分り不申候、
御当山塔頭霊牌・廟所等有之候分、
左之通、
一、常寿院殿前向州香誉梅厳居士
　慶長十四年十月廿九日　　石川日向守家成
一、月空道観居士
　弘治三丁巳年六月廿八日　　石川伝五郎
一、香樹道春居士
　永禄六年十二月廿二日　　石川右衛門八郎
一、栄樹道金居士
　永禄七子年二月二十日　　石川五太夫
一、登悟道雲居士
　永禄十年六月二日　　石川修理之助
一、天英晃雲善尼
　天正十一年不知月廿三日　　石川長門老母
一、華嶽宗英居士
　慶長十二丁未七月廿六日　　石川長門守
右七方廟所・霊牌善揚院内ニ御座候、此訳御当山ハ、御当家御代々様御菩提所、依之御家人方格別御崇敬有之、其節日向守家成、御当山十二世進誉（愚耕）ヘ資（師）檀契約有之、永々石川家菩提所ト相定、御山内ヘ一院建立仕度段、神君様（徳川家康）ヘ御願申上候処御聞済、願之通被　仰出、即一院建立仕、今之善揚院是也、其頃当国春野郷

大正大学図書館所蔵『大樹寺御由緒旧記之写』

小栗名之内ニテ、寺領御寄附被成下度、家成御願之趣、
御聞済之上、永禄九年五月廿一日、従　神君様此院
ヘ寺領御寄附　御判物、石川日向守ヘ被　下置、夫ゟ
西谷善揚院ヘ相納、于今珍敬仕候、尤尾州　御先祖義
直(徳川)公、御当山ヘ御参詣之節ハ、於此院御召替等御座候、
御宿坊被　仰付候、其頃御当山ヘ御仏具類被遊御寄附
候節、住持正運ヘ持参可仕旨被仰付趣、書留ニ御座候、
右御由緒を以、　大樹寺殿広忠(松平)様御年回御法事砌ハ、
毎度尾州様御代参、御宿坊相勤申候、

一、源受院殿安誉善甫大居士　元祖 酒井小五郎広親
　長禄三己卯年八月十二日
一、賢仰院殿石心誠珍大居士　二代 酒井將監氏忠
　寛正三壬午年十月十一日
一、回向院殿高岳賢勝大居士　三代 酒井左衛門尉忠勝
　文明二庚寅年十月十一日
一、玉洞院殿瑞翁善嘉大居士　四代 酒井左衛門尉康忠
　文亀二壬戌年正月十六日
一、清泰院殿称誉浄讃大居士　五代 酒井左衛門尉忠親
　天文十一壬寅年六月二十日
一、性徳院殿愚玉浄賢大居士　六代 酒井左衛門尉忠吉
　天文五丙申年四月八日

右六方霊牌・廟所、回向院内ニ御座候、
但、忠善(吉カ)廟所、魂場野ニ有之候、右菩提所故、従酒
井家ゟ毎年供養料被相送、年回・法事等も、於此院
修(執)行有之候、且此院儀ハ、御当山十二世進誉(愚耕)隠居所
ニ仕候ニ付、従　神君様(徳川家康)　御判物頂戴仕候、

一、閑照院殿皎月珠光大姉
右親忠(松平)様御室　長親(松平)公ト、加賀守(松平)乗元　御母儀、永
正十年八月廿二日御逝去、御導師御当山開山勢誉(愚底)御
焼香申上、　尊牌・御廟塔信楽院内ニ被為在候、

一、源高院殿前拾遺心蓮社深誉道徹大居士
松平和泉守乗寿、承応三甲午年正月廿六日逝去、即
廟所・霊牌此院ニ安置有之候、尤加賀守乗元公御母
儀、為御葬地を以、当院ヘ相葬候儀御座候、依之当
今松平和泉守殿ゟ、毎歳供養料被相備、勿論参詣・
代参等有之候儀ニ御座候、

一、開花院殿(松平光則)一玉白清大居士
右　信光(松平)様之御息、岩津城主称松平大炊介源五光則、大永五乙酉年五月廿一日御逝去、即於御当山ニ一院建立有之、号開花院ト、為御施餓鬼料、従光則公拾石目御寄附御判物御座候、則霊牌・廟所造立有之、右由緒を以、　御先祖様御代々　神君様迄、御当山へ御参詣之節、於此院　御装束等被為　遊候、依之
　大樹寺殿(松平広忠)道幹様御法事之毎度、従　公儀御名代御宿坊被　仰付候儀ニ御座候、

一、竹用院殿西翁心光大禅定門
右堀平十郎宗正、天正元癸酉年九月廿日逝去、　御四代左京亮親忠様、安城御在城之御時ゟ、御代々相伝之御普代、則安城ニ住居也、然ニ三州宮崎於瀧山、
　神君様勝頼(武田)ト御取合之時、堀平右衛門入道一子平十郎宗正、一番鑓を合セ、宗正敵弐人突伏、生年廿九歳討死、御当山十四世成誉(一笑)上人焼香、同年十一月
　神君様於浜松之御城、為宗正菩提　御判物被　下置、則於安城一院御建立、号竹用院、其後天正十九年　上意を以、御当山寮舎ニ移し給ふ、今之竹用院是也、此院内ニ廟塔・霊牌安置御座候、

一、宝樹珠玉大姉
右岩村六郎母儀、元亀三年六月四日逝去ニ付、為菩提一院建立之上、霊牌安置、則号宝樹院、依之　神君様　御判物被　下置、猶又御家臣遠山左衛門尉よりも寄附状御座候、且廟所其外委細之由緒等、書留無御座候、

一、芳心院殿(松平長親室)月窓清友大姉
右御五代松平出雲守長親様御室、天文七戊戌年八月九日御逝去ニ付、為御菩提之一院御建立、則号清友院、　尊牌・御廟御造立、為御供養料　御判物御寄附、且　親忠様　道閲様(松平長親)　道幹様(松平広忠)、右　御三方御花押之御書物被為　成置候、但、　長親様為御隠居所、御由緒を以棹舟院ト改称仕候、其訳委細　長親様御由緒之中ニ申上候、

一、常在院殿桂室泰栄大姉
　永禄四酉年八月二日　神君様(徳川家康)御伯母君ニ御座候、

一、伝通院殿（徳川家康母・水野氏）容誉光岳智香大姉
慶長七寅年八月廿九日　神君様御母君ニ御座候、
右御二方様　御代々様ヘ御仏詣之節、此花香院ニ御休息之由書留ニ御座候、依之　両尊牌被為在御安置候、尤此院往古　西忠様（松平親忠）御建立ニ而、即御花押之御書物被成置、道閲様（松平長親）幷鳥山三郎左衛門御書添有之、ちやちと（松平広忠室）御方印形ニ御座候、

一、香薫院花屋慶安大姉
永禄十二申年四月二日
右広忠様後之室、登誉（天室）焼香申上、尊牌御安置、御廟開山堂裏ニ有之、

一、安栖院ハ　信忠（松平）様御火葬場ニ御座候、委細ハ　信忠様御由緒之下ニ申上候、

右此度、依御尋書上申候、以上、
寛政十二申年十月　　三州　大樹寺

右之通、両通相認、同月廿九日、四日限ニ出、縁山（増上寺）請書文言左之通、

今般　御代々様御由緒幷御家人方由緒・法名・墳墓等相糺、書付可差出旨、於脇坂淡路守（寺社奉行・安董）殿被仰渡候ニ付、御書付幷御別紙之趣、奉得其意、即旧記及坊中迄モ相糺、別弐通相認差上申候間、宜御差図被下候様奉頼候、
右御請如斯御座候、以上、
十月廿九日　　大樹寺
増上寺
御役者中

忠真　肥後守　　生国三河、母不相知
奉仕
東照大権現屢励武勇
永禄四辛酉二月七日
大権現ト水野下野守信元、再戦于尾州石瀬、忠真合鎗一日六回、其身被創及七回、猶提鎗不退敵遂不退、参州勇士議其戦功、称六度半之鎗、同六年癸亥参州一向宗起兵、忠真屢有戦功、元亀三年壬申十二月廿二日、遠州三方原大戦之時織田軍先敗散、忠真従在此手主従八騎回馬、

執鎗自搏殺甲州兵六七人、敵愈進逼、忠真拾鎗更以刀戦、
従者悉歿、亦殺三人竟死、法名春林（院カ）花門、葬于参州大
樹寺、右本多中務大輔殿之抜書、

右文政五午年閏正月、於松平伯耆守殿（寺社奉行・宗発）尊牌御安置、且
書留之有無可書出旨、増上寺へ御達ニ付、役者中より急
御用ニテ申来、同月廿九日相糺書出候事、

右書上之趣ニテ、御奉行所相済畢、

増上寺大僧正倫誉（念海）上人御代
役者（所化）　秀海
察常

大樹寺眠誉上人御代
役者　実□（破損）

万延元庚申年六月書写之、
仰阿

大正大学図書館所蔵『大樹寺御由緒旧記之写』

〈キーワード〉大樹寺、松平家、徳川家、由緒書

増上寺所蔵
『旧記并書簡写』

はじめに

この史料は現在増上寺所蔵の『旧記並書簡写』（記107）と題する綴本である。これは寛延二年（一七四九）の写本であるが、天正三年（一五七五）からの古文書を所収している。この写本の成立の経緯は、寛延元年頃善導寺は本末帳を作成して知恩院に提出した。しかし知恩院側は善導寺の肩書に知恩院末寺と書き入れなかったために受取りを拒否している。善導寺は単独本山を主張したが、知恩院には聞き入れてもらえなかった。そこで善導寺は触頭であった江戸の増上寺にまで願い出て、善導寺の関連史料を調査している。その時に増上寺の所化役者察然が善導寺の使僧真如寺円宥に必要な史料を書写して与えたのがこの綴本である。増上寺所蔵のこの綴本はこの時の副本であろう。この綴本は写しであるが、現存史料の少ない善導寺にとっては貴重なものである。そのため今回は最初にこの史料の全文を翻刻して、次に利用者の便を計るために読み下し文と解説を附した。

（表紙）

旧記并書簡写
知恩院毀破之綸旨并奉書類
筑後善導寺諸記録抜

寛延二巳年十二月十一日筑後善導寺使僧真如寺円宥帰国之節、此一段者察然（増上寺所化役者）和尚別縁を以、内証ニ而写之被相渡之、巳十二月十一日、

毀破綸旨并奉書

〔正親町天皇毀破綸旨〕

当院（知恩院）之事、為浄土一宗之本寺之旨、後柏原院宸翰等明白也、然上者諸国門下出世着香衣事、不簡自他流、従当院可被致奏聞、若掠上裁於（儀カ）申請　綸旨者、雖為何時可被毀破之由、　天気所候也、仍執達如件、

天正三年九月廿五日　　左中将（中山親綱）
知恩院住持浩誉（聡補）上人御房

〔女房奉書〕
その（其）寺の事、一しゆう（宗）のほん（本）寺たるよし申入候事にて候、
しよこく（諸国）のもんか（門下）かうえ（香衣）をちやく（着）し申さるる事、それよ
り御ゆるし（許）候へく候、ほん（本）寺をそむ（背）き候ハヽ、なん（何）時も
きは（毀破）候へき　りんし（綸旨）申ととの（調）へ候へく候、
ちおんゐん（知恩院）へ　参

寛延二巳年十二月十一日筑後善導寺使真如寺円
有帰国之節、此一段書抜遣之、

〔徳川家康書状〕
増上寺従前々紫衣之儀歴然之処、今度御馳走祝着存候、
最前如申光明寺（鎌倉）・善導寺（筑後）、此三ヶ寺之外、誰々望候共、
無証拠候間、一切可被停止候、恐々謹言、
九月六日（慶長四年）　家康（徳川）　御書判
知恩院（満誉尊照）

〔後水尾天皇紫衣綸旨〕
筑後国山本郡善導寺住持、代々令聴着紫衣、奉祈　宝祚
長久不可混余寺、者　綸命如此、仍執達如件、
元和九年三月十七日　　左少辨（甘露寺時長）　在判
知恩院末寺
善導寺住持上誉（大通）上人御房
上書ニハ左少辨時長与在之、

〔女房奉書〕
新田殿御申により、御ふみ（文）のやうひろう（披露）申候へハ、ちお（知恩
んゐんまつ寺（院末寺）ちくこのくに（筑後国）山もとのこほり（山本郡）せんたう寺（善導寺）
ちうし（住持）定しえ（紫衣）の事、ちよつきよ（勅許）にてめてたく（目出度）候、かき（書）出

しハ左少辨（甘露寺時長）にて候、めてたくかしく、
上書ニハちおん院（知恩院）与在之、

〔京都所司代板倉重宗書状〕

一書申入候、善導寺上誉上人（大通）、紫衣成　綸旨之儀、三條（武家伝奏・実條）殿へ申入候処、唯今相調参候間、則為持進之候、猶期面上之節候間、不能細毫候、恐惶謹言、

三月十九日（元和九年）　板倉周防守（京都所司代）　重宗　判

知恩院方丈（城誉法雲）閣下

筑後国善導寺之衆中江

〔知恩院山役者衆書状〕

今度善導寺団誉（冏無）上人御登山ニ付、随分致御馳走被遂参内、其上江戸江御下向、両　御所様（徳川秀忠・家光）御礼被仰上、御仕合寺家御繁栄珍重存候、随分宗門儀式出世等ニ至迄、殊外御穿鑿御座候、貴寺制法被入諸念（ママ）候様ニ、団誉上人并善龍・良閑江申渡候、各可被得其意候、其地御住持於替目者、被窺当流御意候、尤ニ候、唯今如此申入事、雖似新儀、弥向後為無油断令申候、恐々謹言、

十二月廿八日（寛永三、四年）　忠岸院（知恩院山役者衆）　源察

信重院　栄順

浩翁院　宗把

筑後国

善導寺衆中江

〔善導寺団誉冏無書状〕

態以使僧申入候、仍肥後国往生院　御本山（知恩院）江罷登候、然者彼天随至当寺（善導寺）不儀仕候段、條々申遣候事、

一、今度就着帳、肥後惣門中皆々相澄候処、彼僧壱人不致名判候事、

一、前住大越迄者当寺江遂出仕、剰唱導迄仕、報謝之旨御座候ヲ、彼天随代ニ罷成、于今不参候事、爰ニ口伝有、

一、先年彼国之領主御入国之砌、九州ニ而両本寺ニ候間、

門中一番ニ可遂御礼候与申候得者、自寺奉行門中江此旨尋候処、従上代終ニ不及承候与被申候ヘハ、唯　御綸旨次第ニ捌候而、末座ニ礼申候事、

如右於度々慮外申候間、此節張本家老并寺奉行江理申候、前々ノ違筋目、当寺江茂、又熊本門中江茂、節々慮外申掛徒仁ニ而候間、替住持可然仁ヲ申付、着帳名判仕、早速可致上帳与存候処、貴寺之様罷登候、彼僧申候事、一々実正無御座候間、御取上有間敷候事、

一、彼往生院事、当寺開山聖光上人、従筑後被成御立寄、授手印迄彼寺ニ而被成御製作候事、日本之浄土宗御存知之前、彼寺ニ召置候授手印者、当寺什物二巻御座候ヲ、一巻者先年関ヶ原弓箭之砌、濫妨ニ取候ヲ、彼寺前々住然誉代ニ、長野三郎左衛門与申侍買取候而寄進申候、当寺之末寺明白之処ヲ離候ハヽ、当寺も又本山ヲ離可申乎、能々可有御吟味事、

一、西国近ヶ国掟目等ヶ條書及両度被下候、依之雖制法申付候、宗旨之背筋目、違犯之族自一国抽一人、東山（知恩院）江申上候者、如何様子細有之、被成御合点、其元ニ而

堅御法度向可被仰付候、従当寺者　御本山（知恩院）之請御意申渡事ニ御座候、各中御分別之前候、万端　聖光前可然様所仰候、恐惶謹言、

亥ノ五月八日（寛永十二年）　鎮西善導寺　団誉（冏無）判

知恩院　御役者中

常称院　九達老

忠岸院　源察老

良正院　宗把老

専念寺　信誉和尚

大超寺　誓誉和尚

本覚寺　源誉和尚

浄善寺　天誉和尚

侍者御中

〔知恩院塔頭良正院宗把書状〕

正月廿三日之尊書、三月十九日参着拝見仕候、仍貴寺（善導寺）被成御隠居度付而、満嶺上人儀者其地好身在之、後住職被

成度之由候へ共、是者不罷成候ニよつて、願者法林長老
今度帰国候際、罷成儀候ハヽ、彼住職被仰付候ハヽ忝可
奉存旨、増上寺より御状を　本寺知恩院江進候間、定御
如在有間鋪候哉、然者貴寺与肥後国往生院本末公事末相
済候由、於本寺落着可被仰付与存候、不相済内我等於帰
京者、皆々評定可承候、案外長在江戸仕候、猶期後者之
時候、恐惶敬白、

(寛永十二年)五月廿八日　　良正院　宗把　在江戸

拝答

善導寺

衣鉢閣下

猶以、法林長老於御入院者、真俗可為御繁栄与珍重
奉存候、将又為御者信金子壱歩忝存候、併公事人之
御進物不申請候間、乍慮外返進申候、以上、

〔善導寺光誉聖意書状〕

(知恩院)本山御礼申上付而、　参内之儀一両年之内相勤可申候、
今度役者中以御取持、御礼相済候、以上、

(貞享三年)十一月廿七日　　善導寺　光誉(聖意)　判

良正院

〔善導寺紅誉澄霊書状〕

一翰致啓上候、各様弥御堅固可被成御勤与、大慶奉存候、
然者去々年上京之砌頼入候、肥後往生院増地之儀、旧臘
廿八日白川之内ニ而、転地百間四方、従細川越中守(綱利)殿被
仰付候之旨申越、偏ニ御本山(知恩院)之以御威光、願相叶、於愚
寺難有仕合、往生院同意忝奉存候、右御礼為可申上如斯
御座候、恐惶謹言、

(宝永二年〜享保三年)四月二日　　筑後善導寺　紅誉(澄霊)　判

知恩院

御役者中

〔善導寺廓誉嶺笛書状〕

尚々、右之通可然様御取成頼存候、門跡様へ枕一、
唐之筆之軸一對令進上候条、可然様御取成奉頼候、
態以使札令啓上候、仍而当　方丈様（円誉廓源）東山（知恩院）御入院珍重之至
候、早々罷上御祝儀可申上處、一両年此表殊更飢饉、又
者遠国渡海不任心底無音相過候、拙僧罷上候儀延引仕候
条、先々以使僧申上候、可然様ニ御披露奉頼候、扨々其
已来遥々不得御意御床敷存候、野僧于今相替儀無之罷有
候、当年者是非共可罷上と存候へ共、右之仕合候、是式
候へ共白銀三両、紙面之験迄候、委曲使僧申達候、恐惶
謹言、
（寛永十九年）八月廿二日　善導寺　廓誉（嶺笛）　判
良正院（宗把）　侍者御中

寛文十戌年筑後善導寺、末寺肥後熊本心光寺与
同末出入ニ付、当山智鑑和尚代取計之節、

〔京都町奉行雨宮対馬守正種書状〕

一筆致啓上候、内々被仰聞候肥州熊本善導寺末寺出入之
事、双方当地（京都）江御呼登、於貴寺急度被遂御詮儀候之様ニ与、
板倉内膳正（京都所司代・重矩）殿被仰候間、左様ニ可被成御心得候、為其如
此ニ御座候、恐惶謹言、
（寛文十年）五月十二日　雨宮對馬守（京都町奉行）　正種　判
知恩院方丈　侍者御中

〔江戸幕府老中衆書状〕

一筆令啓候、筑後国善導寺、末寺肥後国心光寺与門中出
入之儀、知恩院方丈（玄誉知鑑）内存御聞届、御手前被存寄之通、内
膳正（板倉重矩）迄御紙面之趣尤存候、従　公儀急度被仰付候茂如何
候間、弥知恩院方丈宜様了簡有之而、御手前被遂内談、
其上宮崎若狭守（京都町奉行・重成）申渡候様可然候、恐惶謹言、
（寛文十年）十二月廿一日　板倉内膳正（江戸幕府老中衆）　重矩　判
土屋但馬守　数直　判
久世大和守　広之　判

稲葉美濃守　正則　判

永井伊賀守殿（京都所司代・尚庸）

寛延二巳五月、此度従善導寺被差越候返書写、

〔善導寺体誉単冏書状〕

去冬良正院方迄当寺（善導寺）本末帳并先達而之返翰差登候処、御承知被成、其帳面ニ善導寺肩書知恩院御末寺与無之故、御　上納難被成由、若子細有之候者、筆読ニ而ハ意隔ニ可罷成候哉、左候者壱ヶ寺上京登山候上、其訳御聞可被成旨、御紙面之趣ニ候得共、良正院方迄申入候通之外者、使僧差登候而、意口相違有之候共、筆談少茂相違之儀不申越候間、弥以右両帳面之儀、其通ニ而御　上納被成可被下候、為其復々以書札如茲御座候、恐惶謹言、

（寛延二年）二月廿一日　筑後　善導寺　躰誉（単冏）判

知恩院

御役者中

追啓、子細之儀有之候者、一ヶ寺致登山候様ニ御申越候得共、御存之通、去年以来方丈内不残失火故、唯今再建等ニ取紛候折節ニ御座候間、此段御賢察被成候而、何分ニ茂右之通ニ而御　上納被成候様ニ頼入存候

良正院江返書

〔善導寺体誉単冏書状〕

去冬十二月廿三日之御紙面相達致披見候、御山内無御別異、貴院（良正院）弥御堅勝ニ被成御在院候由珍重ニ存候、然者其節貴院迄本末帳并返簡指登候処、御役者中御承知之上、又々右本末帳并書状之返札、箱入壱ツ被差越致落手候、依之御役者中江返簡并両帳箱入差登候間、宜様ニ頼入存候、以上、

（寛延二年）二月廿一日　筑後　善導寺

知恩院御山内

良正院

追啓申入候、従御役者中之返簡之趣ニ、善導寺肩書

ニ知恩院御末寺与致肩書差出候様ニ御申聞候得共、此儀者先達而貴院方迄申進候訳、御役者中へ茂被及披見候上ハ、外之儀者無御座候、意隔之儀者曽而不申越候、殊更善導寺之儀者御存之通、流義之開山鎮西上人(聖光)之本蹟之事ニ候得者、對　祖師前恐多、又者江府　公辺江茂従先前、鎮西本山(善導寺)与一流相知居申事、自分儀者当時預リ職迄計之事ニ候得者、肩書等私ニ可書出候様茂無之候、此段御役者中江茂乍御世話御察得被成候様ニ、宜頼入存候、以上、

二月廿一日　筑後　善導寺

御山内

良正院

〔正親町天皇毀破綸旨〕

(読み下し文)

当院の事、浄土一宗の本寺たるの旨、後柏原院の宸翰等に明白なり。然る上は諸国門下出世着香衣の事、自他流を簡ず、当院より奏聞致さるべし。もし上儀を掠め綸旨申し請けるにおいては、何時たりといえども毀破せらるべきの由、天気に候所なり。仍って執達件のごとし。

天正三年九月廿五日　左中将

知恩院住持浩誉上人御房

(解説)

これは天正三年(一五七五)九月二十五日に知恩院の浩誉上人宛に出された正親町天皇の毀破の綸旨である。この内容は、知恩院を浄土宗の本寺と定めて、朝廷への綸旨の斡旋は全て知恩院が独占し、それ以外の寺からの綸旨の斡旋を禁止している。そして知恩院の斡旋以外で取得した綸旨は全て毀破することを伝達している。

〔女房奉書〕

（読み下し文）

其の寺の事、一宗の本寺たるよし申入候事にて候。諸国の門下香衣を着し申さるる事、それより御許候べく候。本寺を背き候はば、何時も毀破候べき綸旨申調のへ候べく候。

知恩院へ　参

（解説）

これは月日は記されていないが、前の正親町天皇毀破綸旨の女房奉書である。内容は前の綸旨と同じであるが、かな文字で書かれている。そのため読み下し文では文意をわかり易くするために適宜漢字を挿入しながら記述した。

〔徳川家康書状〕

（読み下し文）

増上寺前々より紫衣の儀歴然のところ、今度御馳走祝着に存じ候。最前申す如く光明寺・善導寺、この三ヶ寺の外、誰々望み候とも、証拠無く候間、一切停止せらるべく候。恐々謹言。

九月六日　家康　御書判

知恩院

（解説）

これは九月六日付で知恩院に宛てた徳川家康の書状である。年号は書状であるため記されていないが、増上寺の紫衣勅許が慶長四年九月六日であるため、本書状もこの時のものであろう。内容は徳川家康が知恩院住持満誉尊照に増上寺・光明寺・善導寺の三ヶ寺以外には紫衣勅許の斡旋をしないようにと伝達している書状である。なお本書状については今後充分な内容の検討が必要である。

〔後水尾天皇紫衣綸旨〕

（読み下し文）

筑後国山本郡善導寺住持、代々紫衣を聴着せしめ、宝祚長久を祈り奉り、余寺に混ずべからず。てへれば綸命此のごとし。仍って執達件の如し。

元和九年三月十七日　　左少弁　在判

知恩院本寺

善導寺住持上誉上人御房

（解説）

これは元和九年三月十七日付で善導寺の上誉大通宛に出された後水尾天皇の紫衣勅許の綸旨である。内容は筑後の善導寺の住持上誉大通が後水尾天皇から紫衣を勅許されたことを示す綸旨である。この綸旨の宛名に「知恩院末寺　善導寺住持」とあり、この頃善導寺は知恩院の末寺であったことがわかる。

〔女房奉書〕

（読み下し文）

新田殿御申により、御文の様披露申候へバ、知恩院末寺筑後国山本郡善導寺住持定紫衣の事、勅許にて目出度候。書き出しは左少弁にて候。目出度かしく。

（解説）

これは月日はないが、前の御水尾天皇紫衣綸旨の女房奉書である。かな文字で書かれているが内容は同じものである。読み下し文では適宜漢字を挿入した。

〔京都所司代板倉重宗書状〕

（読み下し文）

一書申し入れ候。善導寺上誉上人、紫衣なりの綸旨の儀、三条殿へ申し入れ候ところ、唯今相調え参り候間、則ち持せこれを進め候。なお面上の節を期し候間、細毫にあたわず候。恐惶謹言。

三月十九日　板倉周防守　重宗種　判

知恩院方丈閣下

（解説）

これは三月十九日付の知恩院住持城誉法雲に宛てた京都所司代板倉重宗の書状である。これは前の綸旨・女房奉書と一連の史料であり元和九年のものである。内容は江戸幕府側を代表して善導寺上誉大通の紫衣の綸旨の取り次ぎを担当した京都所司代板倉重宗が、交渉の結果を知恩院に伝達しているものである。この頃の綸旨関連史料は綸旨・女房奉書・本山知恩院添状・京都所司代書状の四点セットになっているものが多い。

〔知恩院山役者衆書状〕

（読み下し文）

今度善導寺団誉上人御登山に付、随分御馳走いたし参内を遂げらる。其の上江戸へ御下向、両御所様に御礼仰せ上られ、お仕合せ寺家の御繁栄珍重に存じ候。随分宗門の儀式・出世等ニ至るまで、殊の外御穿鑿御座候。貴寺制法御念に入れられ候様に、団誉上人並に善龍・良閑へ申し渡し候。各其意を得らるべく候。其の地御住持替目においては、当流の御意を窺われ候。尤に候。唯今此の如く申し入れの事、新儀に似たりといえども、いよいよ向後油断無きために申せしめ候。恐々謹言。

十二月廿八日　忠岸院　源察

信重院　栄順

浩翁院　宗把

筑後国
　善導寺衆中へ

（解説）

これは十二月二十八日付で善導寺に宛てた知恩院山役者衆書状である。この書状の年代推定の根拠は、団誉冏無の善導寺在任期間は寛永三年十一月から同十二年までである。両御所の一人徳川秀忠の忌日は寛永九年である。差出人の中で浩翁院宗把は寛永初年には良正院と改称している。これらを総合的に判断すると、浩翁院宗把の改称の時期に問題が残るが、団誉冏無が善導寺に入寺した寛永三年、または四年のものと思われる。内容は団誉冏無が善導寺新住職就任につき、御礼のため京都本山知恩院に上京し、宮中にも参内している。更に江戸に下向して将軍にも御礼をしている。これに対して知恩院山役者衆が団誉冏無の新住職就任を祝い、今後の善導寺の発展を祈念しているものである。

〔善導寺団誉冏無書状〕

（読み下し文）

わざわざ使僧を以って申し入れ候。仍って肥後国往生院御本山へ罷り登り候。然ば彼の天随当寺に至り不儀仕り候段、條々申し遣し候事。

一、今度着帳につき、肥後惣門中皆々相澄み候ところ、彼の僧壱人名判を致さず候事。

一、前住大越までは当寺へ出仕を遂げ、あまつさえ唱導まで仕り、報謝の旨御座候を、彼の天随代ニ罷成、今に不参候事。爰に口伝有り。

一、先年彼の国の領主御入国の砌、九州にて両本寺に候間、門中一番に御礼を遂ぐべく候と申候へば、寺奉行より門中へ此の旨尋ね候ところ、上代より終に承り及ばず候と申され候へば、唯御綸旨次第に捌き候て、末座に礼申候事。

右の如く度々において慮外申し候間、此の節張本の家老並びに寺奉行へ理り申し候。前々の筋目に違い、当寺へも、又熊本門中へも、節々慮外申し掛ける徒の仁にて候間、替りの住持然るべき仁を申し付け、着帳名判仕り、早速上帳致すべきと存じ候ところ、貴寺の様へ罷り登り候。彼の僧申し候事、一々実正に御座無く候間、御取上げ有まじく候事。

一、彼の往生院の事、当寺開山聖光上人、筑後より御立寄成され、授手印まで彼等にて御製作成され候事。日本の浄土宗御存知の前、彼の寺に召置き候授手印は、当寺什物二巻御座候を、一巻は先年関ヶ原弓箭の砌、濫妨に取り候を、彼の寺前々住然誉代に、長野三郎左衛門と申す侍買取り候て寄進申し候。当寺の末寺明白の処を離れ候はば、当寺も又本山を離れ申すべきや、能々御吟味有るべき事。

一、西国近ヶ国掟目等ヶ條書両度に及び下され候。これに依って制法申し付け候といえども、宗旨の筋目に背き、違犯の族一国より一人抽んで、東山へ申上げ候ば、如何様子細これ有り、御合点成され、其元にて堅御法度向仰せ付けらるべく候。当寺よりは御本山の御意を請け申し渡す事に御座候。各中御分別の前に候。万端聖光前然るべき様仰ぐ所に候。恐惶謹言。

亥ノ五月八日　　鎮西善導寺　団誉　判

知恩院　御役者中

常称院　九達老

忠岸院　源察老

良正院　宗把老

専念寺　信誉和尚

大超寺　誓誉和尚

本覚寺　源誉和尚

浄善寺　天誉和尚

侍者御中

（解説）

これは寛永十二年五月八日付で知恩院の役者衆に宛てた善導寺団誉囧無書状である。実質的には本末争いで、善導寺側が相手の往生院の不儀を訴えている訴状である。これは往生院の天随が以前に知恩院に登山して訴えたことに対する反論である。

箇条書をみると、今度作成した寛永本末帳に全員が署名しているのに、往生院はまだ署名していない。次に往生院は前住持の大越の代までは善導寺へ出仕していたのに、天随の代になると出仕していない。かっては九州では善導寺と往生院は両本寺であったが、現在は綸旨によって善導寺を本寺としている。往生院の天随が勝手なことを主張しているが証拠がないので取上げないようにしてほしい。往生院は善導寺開山の聖光上人が立寄られて授手印を製作された寺である。往生院にある授手印は善導寺什物二巻の内の一巻を、先年往生院前々住持である然誉の代に長野三郎左衛門という侍が買取って寄進したものである。このように理由をあげて善導寺側は往生院は善導寺の末寺であることが明白であると主張している。

本山知恩院でも事情をよく調べられて判断してほしい。善導寺は知恩院の意向をうけて往生院に申し渡すつもりである。すべて二祖聖光上人前に宜しくお取計い願いたいといっている。

〔知恩院塔頭良正院宗把書状〕

(読み下し文)

正月廿三日の尊書、三月十九日参着拝見仕り候。仍って貴寺御隠居成されたきについて、満嶺上人儀は其の地好身これ在り。後の住職成されたきの由候へども、是は罷り成らず候によって、願くは法林長老今度帰国候際、罷り成る儀に候はば、彼の住職仰せ付けられ候はば忝けなく存じ奉るべき旨、増上寺より御状を本寺知恩院へ進め候間、定て御如在有るまじく候や。然らば貴寺と肥後国往生院本末公事いまだ相済ず候由、本寺において落着仰せ付けらるべきと存じ候。相済ざる内我等帰京においては、皆々評定承るべく候。案外長く在江戸仕り候。なお後音の時を期し候。恐惶敬白。

五月廿八日　　良正院　宗把　在江戸

拝答
　　善導寺
　　　衣鉢閣下

なお以って、法林長老御入院においては、真俗御繁栄たるべきと珍重に存じ奉り候。はたまた御音信として金子壱歩忝けなく存じ候。併せて公事人の御進物申し請けず候間、慮外ながら返進申し候。以上。

（解説）

　これは五月二十八日付で善導寺住職団誉冏無に宛てた知恩院山役者良正院宗把書状である。この書状は団誉冏無が住職を隠居するに際して、後継住職について良正院宗把が申し入れをしているものである。そして宗把の申し入れ通りに、法林が善導寺の住職になるのが、寛永十二年十一月である。そのためこの書状はその直前の寛永十二年のものと思われる。この書状をみると、当初善導寺側は地元の満嶺を後継住職にと考えていたようであるが、増上寺から知恩院の良正院宗把経由で、増上寺所化の法林を後継住職に推薦があったことがわかる。そして法林が後継住職に選ばれることになる。

　更にこの頃善導寺と往生院との間で本末争いが起っており、知恩院山役者の長老良正院宗把が江戸に滞在してこの問題の対応にあたっていたこともわかる。最後の追而書の中で善導寺からの進物に対して、知恩院側は訴訟中の当事者からは進物をもらうことはできないといって返却している。当然ながら興味深い記述である。

増上寺所蔵『旧記并書簡写』

〔善導寺光誉聖意書状〕

（読み下し文）

本山御礼申し上げるに付て、参内の儀一両年の内相勤め申すべく候。今度役者中御取持をもって、御礼相済み候。以上。

　十一月廿七日　　善導寺　光誉判

　良正院

（解説）

これは十一月二十七日付で良正院に宛てた善導寺光誉聖意書状である。内容は光誉聖意が善導寺の新住職に就任した際に、本山知恩院と宮中への参内を誓約しているものである。光誉聖意の住職就任年次から考えて、貞享二年のものであろう。

〔善導寺紅誉澄霊書状〕

（読み下し文）

一翰啓上致し候。各様いよいよ御堅固に御勤成されるべきと大慶に存じ奉る候。然らば去々年上京の砌頼み入り候。肥後往生院増地の儀、旧臘廿八日白川の内にて、転地百間四方、細川越中守殿より仰せ付けられ候の旨申し越す。偏えに御本山の御威光をもって、願相叶、愚寺において有がたき仕合せ、往生院同意忝けなく存じ奉り候。右御礼申し上べきため斯の如くに御座候。恐惶謹言。

四月二日　筑後善導寺　紅誉　判

知恩院　御役者中

（解説）

これは四月二日付の知恩院役者中に宛てた善導寺紅誉澄霊書状である。内容は善導寺の紅誉澄霊が本山知恩院に登った際にお願をしておいた往生院の増地のことがうまくいき、領主細川越中守綱利から増地されたことに対して、知恩院の役者中にそのお礼を述べているものである。紅誉澄霊の上京は自分の善導寺入山の御礼のためと思われるので、この書状は宝永四、五年ころのものであろう。

〔善導寺廓誉嶺笛書状〕

（読み下し文）

尚々、右の通然るべき様御取り成し頼み存じ候。門跡様へ枕一、唐の筆の軸一対進上せしめ候条、然るべき様に御取り成し頼み奉り候。

わざわざ使札をもって啓上せしめ候。仍って当方丈様東山へ御入院珍重の至りに候。早々罷り上り御祝儀申し上ぐべきところ、一両年此の表ことさら飢饉、または遠国の渡海心底に任せず無音に相過ぎ候。拙僧罷り上り候儀延引仕り候条、まずまず使僧をもって申し上げ候。然るべき様に御披露頼み奉り候。さてさて其れ已来はるばる御意を得ず御ゆかしく存じ候。野僧今に相替る儀これなく罷り有り候。当事は是非とも罷り上るべきと存じ候へども、右の仕合せに候。是式に候へども白銀三両、紙面の験までに候。委曲使僧申し達し候。恐惶謹言。

八月廿二日　　善導寺　廓誉　判

良正院　侍者御中

（解説）

これは八月二十二日付で良正院宗把に宛てた善導寺廓誉嶺笛書状である。内容は知恩院に新住職が就任した時の善導寺廓誉嶺笛のお祝いの書状である。廓誉嶺笛の善導寺在任期間は寛永十四年から正保元年までである。この間の知恩院の新住職就任は寛永十九年の円誉廓源だけである。そのため本書状は寛永十九年のものと考えてよかろう。この書状の中で、廓誉嶺笛は本来すぐに上京してお祝い述べなければいけないのであるが、諸般の事情でなかなか上京できないことを詫びて、まず白銀三両を添えて、使僧を派遣している。

増上寺所蔵『旧記并書簡写』

〔京都町奉行雨宮対馬守正種書状〕

（読み下し文）

一筆啓上致し候。内々仰せ聞され候肥州熊本善導寺末寺出入の事、双方当地へ御呼登り、貴寺において急度御詮儀を遂げられ候の様にと、板倉内膳正殿仰せられ候の間、左様に御心得成さるべく候。其のため此の如くに御座候。恐惶謹言。

五月十二日　雨宮対馬守　正種　判

知恩院方丈　侍者御中

（解説）

これは五月十二日付で知恩院に宛てた京都町奉行の雨宮対馬守正種書状である。寛文十年に善導寺と心光寺が本末を争ったときに、両寺を京都に呼寄せ、知恩院において決裁するように、京都所司代板倉内膳正重矩の命をうけた京都町奉行雨宮対馬守正種が知恩院住持玄誉智鑑に伝達しているものである。

〔江戸幕府老中衆書状〕

（読み下し文）

一筆啓せしめ候。筑後国善導寺、末寺肥後国心光寺と門中出入の儀、知恩院方丈の内存を御聞届け、御手前存じ寄られるの通、内膳正まで御紙面の趣尤に存じ候。公儀より急度仰せ付られ候も如何に候間、いよいよ知恩院方丈宜き様に了簡これありて、御手前内談を遂げられ、其の上宮崎若狭守申し渡し候様に然るべく候。恐惶謹言。

十二月廿一日　板倉内膳正　重矩　判

土屋但馬守　数直　判

久世大和守　広之　判

稲葉美濃守　正則　判

永井伊賀守殿

（解説）

これは十二月二十一日付で京都所司代永井伊賀守尚庸に宛てた江戸幕府老中衆書状である。善導寺と心光寺の本末争いに関するものであり、関係者の在職期間を勘案して前の書状と同時期のものであろう。内容は両寺の本末争いについて、知恩院住職の意向を聞いて、京都所司代の判断を幕府に報告するようといっている。老中からの指示は知恩院住職の了簡通りに決裁するように京都所司代に伝達している。そしてその結果を京都町奉行から申し渡すようにといっている。

〔善導寺体誉単啓書状〕

（読み下し文）

去冬良正院方まで当寺本末帳並《なら》びに先達っての返翰差し登り候ところ、御承知成され、其の帳面に善導寺の肩書に知恩院末寺とこれ無き故、御上納成されがたき由、もし子細これあり候ば、筆読にては意隔に罷り成るべく候や、左候ば壱ヶ寺上京登山候上、其の訳御聞成さるべきの旨、御紙面の趣に候へども、良正院方まで申し入れ候通りの外は、使僧差し登り候て、意口相違これあり候とも、筆談少も相違の儀申し越さず候間、いよいよ以って右両帳面の儀、其の通りにて御上納成され下さるべく候。其のためまたまた書札を以って茲の如くに御座候。恐惶謹言。

二月廿一日　筑後　善導寺　躰誉　判

知恩院　御役者中

追啓、子細の儀これあり候ば、一ヶ寺登山致し候様に御申し越し候へども、御存じの通り、去年以来方丈内残らず失火の故、唯今再建等に取り紛れ候折節に御座候間、此の段御賢察成され候て、何分にも右の通りにて御上納成され候様に頼み入れ存じ候。

（解説）

これは二月二十一日付の知恩院役者中に宛てた善導寺体誉単啓書状である。内容は寛延元年冬に善導寺は知恩院の良正院方まで本末帳を提出した。ところが知恩院側では善導寺の肩書に知恩院末寺と書き入れがないために請取りを拒否している。善導寺側はなんとかそのままで請取ってもらいたいと願い出ている。追而書の中では善導寺は去年の火事で焼失したため、現在再建中であるので忙しくて手がまわらないともいっている。

〔善導寺体誉単冏書状〕

（読み下し文）

去冬十二月廿三日の御紙面相達し披見致し候。御山内御別異なく、貴院いよいよ御堅勝に御在院成され候由珍重に存じ候。然らば其の節貴院まで本末帳並びに返簡指登り候ところ、御役者中御承知の上、又々右本末帳並びに書状の返札、箱入壱ツ差し越され落手致し候。これによって御役者中へ返簡並びに両帳箱入れ差し登り候間、宜き様に頼み入れ存じ候。以上。

二月廿一日　筑後　善導寺

知恩院御山内

良正院

追啓申し入れ候。御役者中よりの返簡の趣に、善導寺の肩書に知恩院御末寺と肩書致し差し出し候様に御申し聞せ候へども、此の儀は先達って貴院方まで申し進め候訳、御役者中へも披見に及ばれ候上は、外の儀は御座なく候、意隔の儀はかつて申し越さず候。ことさら善導寺の儀は御存じの通り、流義の開山鎮西上人の本蹟の事に候へば、祖師前に対し恐れ多く、または江府公辺へも先前より、鎮西本山と一流相知居り申す事、自分儀は当時預り職までばかりの事に候へば、肩書等私に書き出すべく候様もこれなく候。此の段御役者中へも御世話ながら御察得成され候様に、宜しく頼み入り存じ候。以上。

二月廿一日　筑後　善導寺

御山内

良正院

（解説）

これは二月二十一日付で知恩院の良正院に宛てた善導寺体誉単冏書状である。内容は前の書状と同様である。追而書の中で善導寺の肩書に知恩院末寺と書き入れて提出するように言われたが、善導寺は鎮西聖光上人の開山にかかる寺であり、鎮西一派の本山であるので、私の一存で肩書に知恩院末寺と書き入れることはできないと善導寺側は主張している。江戸時代に元和九年三月十七日付の後水尾天皇紫衣綸旨にも知恩院末寺とあり、知恩院側は絶対に聞き入れなかったはずである。おそらく善導寺は知恩院に聞き入れてもらえなかったので、江戸まで下向して、増上寺側まで願い出たのであろう。その際に証拠史料として増上寺にある善導寺関係の史料をまとめたのがこの綴本であろう。

増上寺所蔵
『宗名一件記』

宗名一件記

（表紙）

宗名一件

安永三年年十月十八日

一、松平伊賀守殿（寺社奉行・忠順）ヨリ御呼状ニ付、潮天（所化役者）罷越候処、大橋五右衛門を以被申聞候ハ、今般両本願寺ヨリ願出候趣、彼方宗名一向宗とも称し、門徒とも称し、浄土真宗とも称し候由、依之自今ハ浄土真宗と称し度旨に付、於浄土宗相障儀ハ無之候哉、相糺候之上、書付ニテ可差出旨被申候ニ付、法義ニ相掛リ候儀ニ付、難及即答旨及対談罷帰候事、

廿日

一、松平伊賀守殿へ一昨日御尋之両本願寺ヨリ願之儀、先ッ一通御答として潮天罷越、大橋五右衛門へ致対談、宗名之儀ハ法義之至要ニ候ヘハ、卒尓ニ御答申上候儀ハ難相成旨等申入候処、口上ニテハ難致記臆（憶）候間、手控ニテ被仰聞度旨被申候ニ付、致承知候旨ニテ罷帰候之事、

廿一日

一、松平伊賀守殿役人大橋五右衛門へ致対談置候趣、手控ニテ差出候、左之通、

口上之覚

一向宗門之事、此度京都両本願寺ヨリ申出候ハヽ、浄土真宗と改、諸国之門徒一統ニ相唱申度段願出候ニ付、於浄土宗ニ相障儀無之候哉之旨御尋、此段宗門法義之儀御座候ヘハ、卒尓ニ御答難申上候、一通申上候ハヽ、浄土真宗ト申ハヽ、則浄土宗名ニテ御座候、然ルニ於彼宗、右宗名を相用候テハ、両宗相混し候、殊ニ　公儀対御宗門恐慮不少儀ニ奉存候、右之通相

障筋有之ニ付、一通之訳申上候、尤大切成御宗門ニ
拘り候儀ニ御座候ヘハ、容易ニ書付を以御答難申上
候、
右書付差出候節、法義之事ニ候ヘハ、役所計之料簡ニ
テ差支候趣、書付難差出、(知恩院・知恩寺・金戒光明寺・清浄華院)檀林会談之上、四ケ山ヘモ
申遣候上ニテ無御座候テハ、難申上旨申談被罷帰候事、

廿九日

一、松平伊賀守殿ヨリ呼状ニ付、(所化役者)順東参上之処、大橋五
右衛門を以被申聞候ハ、先達テ御達申候両本願寺ヨリ
申出候宗名之儀、浄土真宗ト申ハ、御宗門之宗名之段、
依之於彼方浄土真宗ト称候ハ差支候旨、乍然法義之事
ニ候ヘハ、御役所計之御料簡ニテハ難被差出、京都四
ケ山并十八檀林中評議之上、書付差出候様被申聞候、
右ニ付順東申候ハ、不容易儀ニ付、急ニハ右書付難差
出候間、兼テ御承知可被申旨申談罷帰候事、

十一月五日

一、知恩院ヘ去月十八日、於松平伊賀守殿両本願寺、是
迄一向宗とも、門徒とも称し候処、浄土真宗ト称し度
旨願出候ニ付、於浄土宗差障無之哉之旨、御尋之趣ニ
付、知恩院ヘ差出書状、左之通、

一簡致啓上候、然ハ去月十八日、於松平伊賀守殿一
向宗門之儀、是迄一向宗とも称し、門徒宗とも称し、
浄土真宗とも称し候処、向後ハ諸国門徒一同ニ、浄
土真宗ト称し度旨、此度京都両本願寺より願出候、
右願之通被仰付候テも、於浄土宗門相障儀無之候哉
之旨、御尋有之候、右ハ於浄土宗甚相障候之趣及返
答候処、右返答之趣書付差出候様被仰渡候ヘドモ、
宗名ニ相拘り不容易事故、卒尓ニ書付難差出候間、
来正月檀林会合之上、其御地貴山并外三ケ山ヘも御
掛合之上、書付可差出旨及返答置候、此段御承知可
然及披露被下度如斯御坐候、恐惶謹言、

十一月五日　(増上寺役者衆)四名

(知恩院)惣本山
御役者中

追啓、貴山古来之御記録ニ、若本書之趣体之御
書留ハ無之候哉、乍御面倒否之儀、御糺被仰聞

被下度存候、以上、

一、右ニ准し、三ケ山へも書状差出候事、

廿二日

一、知恩院ヨリ先達テ差出候書状返書来、左之通、

貴翰致拝見候、然ハ去月十八日、於松平伊賀守殿、一向宗門之儀、是迄一向宗ト称し、門徒宗ト称シ、浄土真宗とも称し候処、向後ハ諸国門徒一統ニ浄土真宗ト称度旨、此度両本願寺ヨリ願出候、右願之通被仰付候テも、於浄土宗門相障儀無之哉旨、御尋有之候、右ハ於浄土宗甚相障候趣、被及御返答候処、右返答之趣書付差出候様被仰渡候ヘドモ、宗名ニ相拘リ不容易事故、卒尓ニ書付難差出候間、来正月檀林会談之上、并当山及貴山へも御掛合之上、御書付可被差出旨被及御返答候段致承知、則以御紙面及披露候処、御尤之御返答被思召候、被仰越候通、宗名ニ相係リ不容易事御座候間、得(篤)ト御示合之上可被及御返答ニ之段御尤存候、従是モ記録等相考候上、重テ可得御意候、右御報如此御座候、恐惶謹言、

知恩院山役者

十一月十六日　信重院　円成　判

源光院　音栄　判

同　役者

清光寺　航誉　判

永養寺　唯誉　判

増上寺

御役者中

十二月廿日

一、知恩院へ差遣候書状返書、左之通、

一簡致啓上候、甚寒之節弥御清福被成御勤役、珍重御儀御座候、然ハ先書被仰聞候従両本願寺願之儀ニ付、粗別紙得御意候間、宜御示合所希ニ御座候、何角各位御苦労之段奉察候、猶期萬喜重便之時候、恐惶謹言、

十二月十二日

知恩院山役者

信重院

源光院

同　役者
清光寺
大雲院

増上寺
御役者中

別紙

先達テ一向宗ヨリ後来浄土真宗ト称し度旨、　公儀へ願差上候間、当宗相障筋御奉行所ヘ返答書御差出被成候ニ付、於当山モ相糺等相考、且存寄候趣モ申遣候様被仰越、則古記等及考索候之処、唯今迄如此之宗名ニ係リ、諍論ケ間鋪事ハ一向無之事故、古記之内ニ不相見候、然ハ如此宗名ニ相係リ不容易事故、従当大僧正(檀誉貞現)貴山大僧正(豊誉霊応)様迄、内々思召之趣被仰進、且又臨時面々共迄も及評談候処、　大師(円光大師・法然上人)御開宗以来浄土宗ト称し、代々正統相続致し来候テハ、当流に限リ候事ニ候、依之当山宝蔵奉納之　勅修御伝并浄土一宗本山之　綸旨、及　大師三度之徽号之　勅書等、浄土宗ト被成下、其上従　東照宮(徳川家康)様　台徳院(徳川秀忠)様被下置候御条目等モ、浄土宗諸法度ト被成下候事、当宗之外紛候浄土宗門無之故ト奉存候、然処今度彼門徒浄土真宗とも称し候様相成候時ハ、真ハ偽ニ対し、又ハ仮ニ対し候事故、　大師御開創正統之浄土宗、自然ト偽宗・仮宗之様ニモ相成、法に対し、祖師に対し甚以相障、当山ハ勿論、一宗之僧徒、例式難儀至極之事ニ候、其外相障筋之儀多端ニ可有之事御座候ヘハ、於貴山委細御評議御調之上、御書立被仰上候ハ、彼門徒之願　御免も有之間鋪哉とハ存候ヘドモ、彼方ヨリ何様之手筋を以願入候程も、難測事御座候ヘハ、心慮外御油断無之、相障筋幾重ニモ被仰立、彼等願之趣御取上無之様所希御座候、以上、

十二月十二日

廿三日

一、京都三ケ山(知恩寺・金戒光明寺・清浄華院)宿坊之面々呼出、浄土真宗之証拠ニ相成候書物有之候ハヽ、写早々差越候様、書状可差出旨、

尤来正月会談之間ニ合候様、差越候様相達候、手控左之通、
京都金戒光明寺ニ、古来浄土真宗最初門ト申　勅額欤、又ハ　綸旨欤御座候処、先年出火之節焼失仕候、然ニ其後　竹門様御真筆ニテ、右之写浄土真宗最初門ト御認被遣、表具掛物之什宝有之候由及承候、相違無御座候哉、若右之通表具御掛物御座候ハヽ、御写被成候テ、早々被遣被下度事、
一、京都浄花院ニ浄土真宗根元所ト申　勅額欤、綸旨欤有之候由相違無之候哉、何れにも右之文字御写被成候テ、早々被遣被下度事、
一、京都知恩寺ニ浄土真宗第一門ト申　勅額欤、綸旨欤有之由相違無之候哉、何れニも右之文字御認被成候テ、早々被遣被下度事、

安永四未年正月三日

一、京都三ケ山(知恩寺・金戒光明寺・清浄華院)ヨリ先達テ差出候書状返書来ル、左之通、
芳翰致薫誦候、然ハ去月十八日、於松平伊賀守殿(寺社奉行・忠順)一

向宗門之儀、前来一向宗、又ハ門徒宗、又浄土真宗ト称し候処、以来ハ諸国一同浄土真宗ト称度旨、京都両本願寺ヨリ願出候、右願之通被仰付候テも、於浄土宗相障儀無之候哉之旨、御尋ニ付、於宗門甚相障候趣、御返答被成候処、右御返答之趣書付差出候様被仰渡候ヘドモ、宗名ニ相拘リ不容易事故、来正月檀林会合之上、京都四ケ山ヘモ掛合候テ、書付差出可申旨、御返答被成置候趣、委曲被仰聞致承知、御尤之御儀ニ候、何れ御賢慮之外有御座間鋪候、猶可然御勘考所希候、何卒是迄之通、向後格別之儀御差留相成候様至願仕候、右御報如斯御座候、恐惶謹言、

十二月十五日　　金戒光明寺　神誉(感霊)　判

増上寺

御役者中

貴翰致薫誦候、然ハ去月十八日、於松平伊賀守殿一向宗門之儀、是迄一向宗とも称し、門徒宗とも称し、

浄土真宗とも称し候処、以来ハ諸国門徒一同ニ浄土真宗ト称度旨、京都両本願寺より願出候、右願之通被仰付候テモ、於浄土宗相障儀無之哉之旨、御尋ニ付、於宗門甚相障候趣、御返答被成候処、右御返答之趣書付差出候様被仰渡候ヘドモ、宗名に相拘リ不容易事故、来ル正月檀林会合之上、京都四ケ山ヘモ掛合候テ、書付差出可申旨、御返答被成置候趣、委細被仰聞致承知、御尤之御儀ニ候、何れ御賢慮之外有御座間敷候、猶可然御勘考所希候、何卒是迄潜号之分も、向後御差留ニ相成候様至願仕事候、右御報如斯御座候、恐惶謹言、

十二月十二日　知恩寺　暢誉(周円)　判

増上寺

御役者中

貴簡致薫誦候、然ハ去月十八日、於松平伊賀守殿一向宗門之儀、是迄一向宗ト称し、門徒とも称し、浄土真宗とも称し候処、以来ハ諸国門徒一同ニ浄土真宗ト称し度旨、当地両本願寺ヨリ願出候、右願之通被仰付候テモ、於浄土宗相障候儀無之候哉之旨、御尋ニ付、甚相障候段、御返答被成候処、其趣書付差出候様被仰渡候ヘドモ、右ハ宗名ニ相拘り不容易事故、書付卒尓ニ御差出難被成候之間、来正月檀林会談之上、四ケ山ヘモ御掛合之上、書付可被差出之旨、被及御返答候段、委致承知候処、御尤之至御座候、尚於此儀ハ、是迄浄土真宗ト称し来候儀も、以後御差留ニモ相成候ハヽ、当宗之為規摸事ニ存候、何分可然御取計所仰候、先ハ右為御報如此御座候、恐惶謹言、

十二月十日　浄花院　運誉(知覚)　判

増上寺

御役者中

七日

一、京都三ケ山ヘ旧臘宿坊ヨリ相達候宗名一件之儀ニ付、勅書等之儀相糺被差越候、左之通、

但、勅書文言ハ類聚ニ記之、依テ略ス、

八日

一、宗名一件会評有之候処、役所ニテ被認置候御答書之外、檀林方外ニ思召モ無之、御役所之思召之通、御取計有之度旨、尤　公辺相済候ハヽ、其旨宿坊迄御達被下度、尤記録ニ致し置度旨ニ候事、

十七日

一、去午十月十八日、於松平伊賀守殿御達有之候、京都両本願寺願出候諸国之門徒、一統浄土真宗ト称し度段、於浄土宗相障儀無之哉之旨ニ付、甚相障候旨申入候処、同月廿九日京都四ケ山并檀林中評議之上、書付差出候様被申渡候ニ付、十一月朔日来正月檀林会談之上、書付可差出旨申談置候間、京都へも申遣、并会評一決之上差出書付、左之通、

覚

此度一向宗門京都両本願寺ヨリ申出候ハ、諸国之門徒一統ニ浄土真宗ト相唱度段願出候ニ付、於浄土宗相障儀無之哉之旨、御尋ニ御座候処、相障候旨申上候へハ、其趣書付差出候様被仰渡候ニ付、相障候儀左之通ニ御座候、

此段浄土真宗ト申名ハ、大唐善導大師観経御疏之中ニ出候テ、円光大師(法然上人)最初建立之浄土宗を、則浄土真宗ト称し候事ニ御座候、依之　御先祖様始、別テ　神君様(徳川家康)御宗門ニ被為御定置、則京都四ケ山并関東十八檀林、其末々ニ至迄、一統浄土真宗ニテ御座候、然るに今般一向宗を浄土真宗ト称し候時ハ、宗名混雑仕、甚相障申候、殊に　公儀御代々様御宗門ニ御座候処、浄土真宗ト申宗名両宗ニ相唱候テハ、御先祖様、別テ　東照宮様(徳川家康)御宗門ニ被為　御定置候　尊慮ニモ相障奉恐入候、

一、浄土宗ハ円光大師開宗以来浄土真宗ニ御座候故、円光大師へ数度之　勅号被成下、殊更元禄以来大師年回御忌之毎度ニ、浄土宗本山たるにより京都知恩院へ　勅使諡号被成下、勅会御法要御座候、其上　後柏原院　正親町院両帝、真宗惣本山之　綸旨を賜り、且黒

谷金戒光明寺へハ　後小松院宸翰ニテ、浄土真宗最初門ト申七字之　勅額を被成下候事ニ御座候、依之我浄土真宗之外、他ニテ此宗名を称すへき訳、決テ無御座候、若一向宗を浄土真宗ト改メ候時ハ　勅命相障申候、

一、御当山(増上寺)へ賜リ候　勅願所　綸旨御文言に、

武蔵国増上寺　勅願所、須開真宗弘通之玄門、奉祈宝祚無彊丹棘、者　綸命如此、依執達如件、

慶長十三年十一月十一日

左少弁　花押

増上寺源誉(存応)上人御房

如此真宗弘通之旨　綸命御座候へハ、浄土真宗之号ハ浄土宗之称号ニ無紛候へハ、他門ヨリ押テ競望可仕儀ハ無御座候、若強テ改号致し候時ハ　綸言ニ相障リ申候、

一、神君様御当山観智国師(源誉存応)へ被下置候　御条目第三ケ条目ニ、厳重之儀式を以、碩学衆円頓戒相承可仕旨、御定書被成下、此儀ハ宗祖円光大師　三朝帝王之戒師ト成、摂家権門高貴之方へ円頓戒を被授、浄土真宗之弘通有之伝之相承致し来候、依之　神君様　台徳院様(徳川秀忠)大猷院様(徳川家光)ニモ円頓戒御相承被為在、于今六十余州浄土宗之僧徒ハ、世寿十五歳以上、関東十八檀林ニ掛錫致し、御条目第五ケ条目之通、学臘十五年満ニ宗脈并円頓戒相伝、廿年満ニ布薩戒相承仕、則　御条目之規則無異乱、浄土真宗之行儀相守候之一件、重々之訳を以、宗祖円光大師開宗以来、浄土真宗ト称し来候、然るに浄土真宗之号、他門ニ相称し候時ハ、御条目之表ニ相障リ奉恐入候、

一、他門ヨリ浄土真宗ト唱候時ハ、宗名頓混し、両宗同名を称し候事、古今決テ無之儀奉存候、且前書申上候通　綸命に相障リ、勿論　東照宮様　台徳院様　御条目等相障リ候段、重々奉恐入候、殊ニ法然上人之御伝四十八巻ハ、

伏見院　後伏見院　後二条院三帝之宸翰に
て、真宗弘通のため、知恩院へ被為納置候、
此　勅修御伝に浄土真宗之儀明白にて、則
勅命によりて弘通致し来り、諸宗一同共許之
宗名ニ御座候、若強テ他門ニテ浄土真宗ト称
し候時ハ、真偽之諍論、自讃毀他之基ひとも
相成候テハ、公儀御制禁ニモ相障可申哉、
其段甚奉恐入候、右依御尋申上候、以上、

正月　　増上寺　役者

右大橋五右衛門へ相渡、且松平右近将監殿（老中・武元）・田沼主殿（老中・意次）
頭殿へも入内覧置候ため、右書付壱通ツツ致持参候事、

一、右書付之写差添、本山へモ書状差出候事、

二月廿七日

一、知恩院ヨリ先達テ御奉行所へ書上候一件、差遣候返
書来候事、

三月十一日

一、松平伊賀守殿（寺社奉行・忠順）へ、潮天（所化役者）御用ニテ罷越候節、先達テ京
都両本願寺ヨリ願出候儀ニ付、差障候趣書付差上候処、
如何相成候哉之旨相伺候処、右掛リ大橋五右衛門他行
致し候由ニテ、加藤与左衛門へ対談之処、委細之儀ハ
相知不申候へドモ、両本願寺願書差戻しニ相成候段被
申聞候事、

十一月九日

一、松平伊賀守殿御転役ニ付、後役太田備後守殿（寺社奉行・資愛）へ寺社
御奉行被仰付候に付、去午年十月於伊賀守殿御尋有之
候、両本願寺ヨリ願出候浄土真宗之儀、於浄土宗差障
無之哉之旨ニ付、則差障候趣、翌正月檀林会評之上、
同月十七日伊賀守殿へ書付差出候処、其後御沙汰無之、
伊賀守殿御転役ニ付、右一件太田殿へ引渡ニ相成候、
依之両本願寺願出候趣、如何仰渡有之候哉、此方へも
御達御座候様仕度段、殊ニ右相障候趣ハ、檀林評議之
上申上候へハ、来正月檀林中へモ申達度旨申入、又候
右差障候趣之書付差出、宜御沙汰被成下旨申入、土屋（寺社奉行・篤直）
能登守殿・牧野越中守殿（寺社奉行・貞長）・土岐美濃守殿（寺社奉行・定経）・太田備後守（寺社奉行・資愛）
殿へ書付差出候、尤潮天持参、何れも寺社役請取之、
右ニ付、松平右近将監殿（老中・武元）・松平右京太夫殿（老中・輝高）・田沼主殿（老中・意次）

頭殿へモ、右書付入御内覧候事、

同月十七日

一、松平右近将監殿へ潮天罷越候節、松倉左仲へ対談之処、右宗名一件之儀ハ、先達テ奉行ヨリ其沙汰可有之筈、未何之御達モ無之趣、右近将監へ内々申聞候、右一件ハ最早先達テ相済候事ニ被存候趣、直に公用人左仲沙汰致し候旨、太田殿寺社役人へ内達可致旨、潮天へ被申聞、右之御差図モ有之候故、早速太田備後守殿役人恒岡宇左衛門へ、内々致対談罷帰候事、

十九日

一、太田備後守殿ヨリ御呼状ニ付、潮天参上之処、御渡被成候御書付、左之通、

両本願寺ヨリ被相願候浄土真宗ト宗号相唱候儀ハ、差障候趣、先達テ松平伊賀守(寺社奉行・忠順)殿へ書付被差出、則右差障候趣、両本願寺輪番へ被申渡、奉行所ニテハ一向宗ト取扱候、此度被差出候書付之儀ハ、同役衆一同預リ被置候事、

一、右書付、寺社役恒岡宇左衛門を以、御渡被成候事、

一、右ニ付早速罷帰、同役一同大僧正(豊誉霊応)へ御披露申上候上、右文言配下へ相触候ニハ難相聞候ニ付、相談之上、少々文言省略致し、此方ヨリ相認、即日備後守殿へ罷越、恒岡宇左衛門へ対談致し、松平伊賀守殿ト有之候殿之字を略之、又此度被差出候書付之儀ハ、同役衆一同預リ被置候事ト申文言を省之、右之文言相除、配下へも相触度旨申入、相障儀ハ有之間敷哉ト相伺候処、宇左衛門申候ハ、委細備後守へ可申聞候間、明日罷越候様被申聞候に付罷帰候事、

廿日

一、太田備後守殿へ潮天罷越、昨日之一件、恒岡宇左衛門を以御伺申上候処、被申聞候ハ、昨日被仰聞候書付文言省略之事、備後守へ申聞候処、其通可然旨被申候間、其旨承知可有之旨、御達有之候、依之其席にて猶又潮天相伺候ハ、右書付之趣、京都四ケ山(知恩院・知恩寺・金戒光明寺・清浄華院)・関東十八檀林并配下之寺院へモ可申遣段申上候処、宇左衛門被申聞候ハ、此儀他門へ相触候ト申ニテハ無之、自門配下へ申達候事ハ、御勝手次第ニ可被成候趣被申聞、委

細承知仕候段申置罷帰、御披露申上、同役相談之上、
諸向へも追々書付差出候、右差出候書付、左之通、
両本願寺ヨリ被相願候浄土真宗ト宗号相唱度儀ハ、
於浄土宗差障候趣、先達テ松平伊賀守方へ書付差出、
則差障候旨を以、両本願寺輪番へ申渡、奉行所ニテ
ハ一向宗ト取扱候、

未十一月

廿一日

一、太田備後守殿ニテ、一昨十九日御渡被成候書付、并
先達テ御奉行所へ差出候書付写之、山内所化月番順東、
坊中月番清光院、御別当年番最勝院、別院惣代西蓮社
并鑑蓮社呼出、於役所右書付弐通被相渡候之事、

廿二日

一、於太田備後守殿被仰渡候趣ニ付、右書付写之、知恩
院へ書状差出、左之通、
一簡致啓上候、然ハ旧冬得御意置候両本願寺より願
出候宗名之一件、当正月会談之節評議之上、於当宗
相障趣、同月十七日別紙書付之通、松平伊賀守殿へ
答書差出候之処、当月十九日於太田備後守殿、別紙
御書付之通被仰渡候、尤其旨一宗之寺院へ達置候様、
是又被仰渡候、此段御承知宜被仰上候、且又右ニ付
御当山配下之寺院へハ、別紙之通触出申候、於貴山
も右之趣を以、御門末一同御触出有之候様奉存候、
依之御吹聴旁如此御座候、恐惶謹言、

十一月廿二日　(増上寺役者衆)四判

(知恩院)惣本山

御役者中

右書状ニ、太田殿ヨリ相渡候書付并当正月松平伊賀守
殿へ差出候書付并御当山配下へ差出候達書写共差添、
宿坊呼出相達候事、
一、右之趣を以、(京三ケ寺)金戒光明寺・知恩寺・浄華院へも同様
ニ書付差出候事、

廿四日

一、宗名一件結構ニ被仰出候由ニ付、為恐悦所化月行事
大衆頭迄、坊中月行事中臘頭迄、御別当八院、別院、
何れも於集会之間、拝御十念頂受之事、右ニ付差上物、

左之通、

一、金千疋　　所化月行事　惣大衆

一、金弐百疋　御別当八院

一、金百疋　　別院

一、金三百疋　坊中

廿八日

一、太田備後守殿ニテ被仰渡候一件ニ付、府内六ケ寺(伝通院・霊巌寺・霊山寺・幡随院・誓願寺・天徳寺)并五口之寺院(三田・山之手・下谷・深川・浅草)へ差出書付、左之通、

去午年京都両本願寺ヨリ、諸国之門徒一統ニ浄土真宗ト唱度旨、寺社司松平伊賀守殿へ願出、於浄土宗相障儀無之哉之旨、御尋ニ付、当正月御会談之上相決、於浄土宗差障候趣を以、別紙之通書付差出候処、当月十九日於太田備後守殿、別紙御書付之通被仰渡候、此段承知可被成候、以上、

増上寺役者

十一月廿一日　順東

(檀林)伝通院御丈室　潮天

右寺役者へ之達書、

去午年京都両本願寺ヨリ、諸国之門徒一統ニ浄土真宗ト唱度旨、寺社司松平伊賀守殿へ願出候ニ付、於浄土宗相障儀無之哉之旨、御尋ニ付、当正月御会談之上相決、於浄土宗差障候趣書付差出候処、当月十九日於太田備後守殿、別紙御書付之通被仰渡候間、被得其意、銘々写置、向後宗門改等之節、心得違無之取計候様、支配下之寺院へ御触可有之候、以上、

十一月廿八日　増上寺　役者

伝通院

御役者中

追加、前書之通、於浄土宗差障候趣之書付ハ、御丈室へ御達申候通ニ候間、其書付をも支配下へ御達可有之候、以上、

五ケ寺へ之書付、

去午年京都両本願寺ヨリ、諸国之門徒一統ニ浄土真宗ト唱度旨、寺社司松平伊賀守殿へ願出、於浄土宗相障儀無之哉之旨、御尋ニ付、当正月御会談之上相決、於浄土宗差障候趣、別紙之通書付差出候処、当

月十九日於太田備後守殿、別紙御書付之通被仰渡候、此段御承知可被成候、尤別紙両通銘々安置、向後宗門改等之節、心得違無之取計候様、支配下之寺院へも、委敷御触可被成候、以上、

十一月廿八日　　　　増上寺　役者

（江戸檀林）霊巌寺

幡随意院

霊山寺

右之外誓願寺（浅草）・天徳寺（西久保）へハ、御会談之四字除之出、但何れも両通差添被遣候事、

一、御府内五口之寺院へ差出、左之通、

去午年京都両本願寺ヨリ、諸国之門徒一統ニ浄土真宗ト唱度旨、寺社司松平伊賀守殿へ願出候処、於浄土宗相障儀無之哉之旨、御尋ニ付、別紙之通差障候趣、当正月檀林御会談之上相決、書付差出候処、当月十九日於太田備後守殿、別紙御書付之通被仰渡候間、被得其意、別紙両通銘々写置、向後宗門改等之節、無心得違取計候様、支配下之寺院へも、委敷可被相触候、以上、

十一月廿八日　　　　増上寺　役者

一、右添書之通、田舎拾七ケ国へも差出候、尤何れも両通差添遣之、但、田舎檀林少し言ハ致相違候計也、但、拾七ケ国之内遠州・信州二ケ国寺院ハ暫除之、

右之外尾州建中寺・筑後善導寺・越前運正寺・讃州法然寺・紀州大智寺・嵯峨清涼寺へも書付差添差出、下ニ記之、

十二月二日

一、諸国紫衣寺へ宗名一件之書付両通差添、書状差出、左之通、

一簡致啓上候、然ハ去午年京都両本願寺ヨリ諸国之門徒ニ一統ニ浄土真宗ト称し度旨、寺社司松平伊賀守殿へ願出候処、於浄土宗門相障儀無之哉之旨、御尋ニ付、相障候趣書付差出候、然処去月十九日、於太田備後守殿御書付之通被仰渡候、依之別紙写両通御達申候間、配下之寺院へも御触可被成候、右吹聴旁如是御座候、恐惶謹言、

十二月二日　　　　増上寺役者　四判

筑後　善導寺
越前　運正寺
讃州　法然寺
尾州　建中寺
紀州　大智寺
嵯峨　清涼寺

右拾七ケ国とも、多分今日之日付ニテ差出候事、

十七日

一、太田備後守殿ヨリ御呼状ニ付、潮天罷越候処、恒岡宇左衛門を以御尋御座候ハ、先達テ両本願寺ヨリ被相願候宗名一件之儀、相障候趣を以、右両輪番へ申渡候段、先月中書付ニテ被相達候、右ハ諸国一統御触被成候哉、其御山ヨリ触出之書付之由ニテ、脇方ヨリ写差出候旨ニテ相見セ、此通ニ相違無之哉、若右之通触出有之候ハヽ、其趣書付を以願之上、触出可有之儀ト、備後守被存候、一統御触出有之候哉否、被仰聞候様被申候ニ付、此儀ハ同役掛リニテ触出候事ニ御座候、最早過半触出候様ニ相覚候、追テ相糺可申旨ニテ罷帰候、

但、写書付被相渡候、左之通、

去午年京都両本願寺ヨリ、諸国之門徒一統ニ浄土真宗ト称し度旨、寺社御奉行松平伊賀守殿へ願出候ニ付、於浄土宗相障儀無之哉之旨、御尋ニ付、別紙之通於浄土宗差障候趣、当正月書付差出候処、当月十九日於太田備後守殿、別紙御書付之通被仰渡候間、被得其意、銘々写置、向後宗門改等之節、無心得違取計可有之候、尤其旨支配下へも委敷可被相触候、

十一月廿八日

十八日

一、太田備後守殿へ昨日潮天申上置候宗名一件触出之儀相糺書付、順東致持参候処、恒岡宇左衛門対談有之、昨日潮天師へ致対談候趣ハ、是迄御支配下へ触出有之候書付、引戻ニハ相成間敷哉、相成候ハヽ、其趣御書付被成可被差出旨御対談申候、依之御持参之書付ハ意味合致相違候ニ付難請取候、此旨尚又御談申候様被申候、猶又備後守御談申候様、今日被申候ハ、去月十九日御達申候書付ハ、京都四ケ本山并関東拾八檀林へハ、

御触可有之儀ニ被存候、諸国之支配寺院へ御触被成候儀ハ、別段御伺之上、御触可被成事ニ被存候、然るに其儀無之候テハ、手抜有之候様ニ相成候、所詮奉行所ニテハ、前来之有形ニ心得候段被申候ニ付、順東申候ハ、拙僧共ハ左様ニハ相心得不申候、此度結構ニ被仰出、一統難有存、依之此已後宗旨印形并於御奉行所御請印等之節、一向宗門之寺院、浄土真宗ト申連名御座候へハ、宗判并御請印共ニ難致、且御奉行所へ相伺候上ニテ、支配寺院へ可触出ト申儀ハ、去月御達之節、支配之寺院へも心得違無之様相触度段申上候へハ、配下之儀ハ勝手次第可致旨、御口達御座候旨、潮天罷帰申聞候段、及御答候処、其旨備後守へ可申聞由ニテ罷立、夜ニ入土岐美濃守殿御入来、四時頃於評席御両所御列座ニテ、美濃守殿被仰聞候ハ、先達テ相達候書付ハ、京都本山方并十八檀林へハ可申遣事ニ候、支配下一統ニ相触候儀ハ、格段奉行へ相伺、許容之上可触出儀ニ候、殊ニ宗旨印形等迄相改度トノ儀ハ、百五十年来仕来候処、此度右体之事迄相改候ト申儀ハ、奉行之取計ニも難及、御老中へ披露致候上ニテ無之候テハ不相成事ニ候、此儀表立候へハ、咎人モ出来候ハン、依之右触出候書付、引戻し候様之料簡ハ有之間敷哉之旨、御内々被仰聞候ニ付、順東申上候ハ、支配下へ触出候書付、引戻候ト申儀ハ、録所ヨリ触出候書付、引戻候テハ、録所之訳一向相立不申、且宗旨印形等有形ニ仕候テハ、今般一件ニ付、松平伊賀守殿へ差出候答書之訳相立不申、此段被為聞召分可被下候、猶委細之儀ハ一存ニテハ難申上罷帰、追テ可申上旨御答仕候へハ、美濃守殿被仰候ハ、録所ヨリ触出候儀、引戻候テハ、録所不相立趣ハ至極尤候、乍然料簡も可有之事ニ候間、明日ニも可申出旨被仰渡候、尤今晩手前列座致し候由申聞候ハ、備後守殿新役之事ニ候間、相馴れ不被申候間、差添申聞候、其方ニテハ備後守殿被申聞候趣ニ、可相心得旨美濃守殿被仰聞候、評席退出、夫ヨリ例之席ニテ宇左衛門へ対談、明日ニも御答可仕旨被仰渡候へドモ、重キ儀ニ候へハ、急ニハ難及事ト奉存候段、申入候へハ、然ハ明日其旨又々御届可被成旨被

中候ニ付罷帰り候、

十九日

一、太田備後守殿へ順東罷越、恒岡宇左衛門へ対談、昨日御内々被仰聞候趣、今日之御答ニハ難相成、余程延引可仕候間、此段御聞置可被下旨申上置候事、

廿三日

一、知恩院ヨリ先達テ、於太田備後守殿被仰渡候書付等差出候、右返書左之通、

一筆致啓上候、寒気強御座候ヘドモ、道履弥御清寧被成御修務欣躍之御事候、然ハ両本願寺宗名願之趣、於当宗相障旨、委細　公辺御聞済、彼等願之趣不相済段被仰渡、御互難有安堵仕候、寔以　大師御開宗正統之法流、万世不易之弘通ト、一宗之僧俗一同難有奉感戴事御座候、依之御祝詞申述候験迄、目録之通致進覧候、恐惶謹言、

二月十日　知恩院前大僧正　檀誉（貞現）判

増上寺大僧正（豊誉霊応）

貴翰并御別紙三通、具致拝見候、然ハ去冬被仰聞候、従両本願寺願出候宗名一件、当正月御会評之上、於当宗相障候趣、同月十七日松平伊賀守殿へ、別紙御書付被差置候処、先月十九日於太田備後守殿、両本願寺願之趣不相済候段、別紙御書付之通被仰渡、尤其旨一宗之寺院ヘモ相達置候様、是又被仰渡、依之貴山御配下寺院ヘハ、別紙三通之趣、御触出被成候ニ付、於当山右之趣、門末ヘ具ニ相触候様被仰聞、則以御紙面及披露候処、結構ニ被仰出、宗門之光輝難有次第、是偏貴山御取計御鄭重之故ト、御称嘆御感喜之御事候、右宜及御酬答旨御座候、且亦当門末ヘも早速相触可申候、従来荷法御勤労之段、一宗之僧俗各致感戴候事ニ御座候、恐惶謹言、

十二月十日　知恩院山役者

信重院　円成　判

源光院　音栄　判

大光寺　眼誉　判

清光寺　航誉　判

正念寺　到誉　判
大雲院　還誉　判
永養寺　唯誉　判
聖徳寺　潅誉　判

増上寺

御役者中

廿五日

一、昨廿四日太田備後守殿へ順東罷越候、恒岡宇左衛門へ致対談、先日被仰聞候宗旨一件ニ付、触出候書付引戻之儀、急ニハ御答難仕候、事ニより来正月八日後御答ニ可及哉ト内評仕候、此段御聞置可被下段申置候事、

一、知恩院ヨリ廿三日御直書来候ニ付、右返書如左、

芳札致拝見候、甚寒之節御座候処、弥御清福御法務被成珍重之御事ニ候、然ハ去年中両本願寺より願出候宗名之儀、於当宗相障候旨、委細書付差出候処、
公辺御聞済、去月十九日被仰渡候趣、御承知被成、御紙面之通、大師御開宗正統之法流、万世不易之弘通ト御同意致大慶候、仍テ御祝詞御目録之通、被掛貴意入御念候儀、忝致祝詞候、右為御報可此御座候、恐惶謹言、

増上寺大僧正　豊誉　御判

十二月廿五日

知恩院前大僧正

廿九日

一、京知恩寺ヨリ先達テ相達候書状返書来、如左、

貴簡致薫誦候、然ハ両本願寺ヨリ願出候宗名一件ニ付、当正月御答書松平伊賀守殿へ御差出之処、去月十九日於太田備後守殿、別紙御書付之通被仰渡候之段、且宗之寺院へも達置候様、是又被仰渡候段、委曲御紙面之趣致承知候、御配下へ御触出之趣を以、当門末へも早速触出候、右為御報如此御座候、恐惶謹言、

十二月十六日　知恩寺　暢誉　判

増上寺

御役者中

追啓、両本願寺願ニ付、今般太田備後守殿ヨリ

被仰渡候趣、諸末寺へ触出候意味、委曲相認、
当地御奉行所へ役者共ヨリ為相届候、則御聞済
ニテ御座候、此段猶得御意度如茲御座候、以上、
右本文之趣ニテ、金戒光明寺ヨリも返書来候事、
一、知恩院役者中へ先達テ差出候書状文言、少々致相違
候儀有之ニ付、為心得又候書状差出候、左之通、
一簡致啓上候、然ハ両本願寺ヨリ願出候宗名之一件、
去月十九日於太田備後守殿、被仰渡候御書付之写、
同月廿二日以紙面得御意候節、其旨一宗之寺院へ達
置候様、御同所ニテ被仰渡候趣ニ申達候へドモ、右
支配下触之儀ハ、相伺候処、勝手次第ニ可致之旨被
仰渡候儀ニ御座候、其趣ニ御承知、宜御取計被下度、
右之段御内々得御意度如是御座候、恐惶謹言、
十二月廿九日　二名
惣本山
御役者中
右之趣、外三ケ山へも書状差出候事、
閏十二月十一日

一、去月十八日於太田備後守殿、宗名一件諸国支配下へ
相触候儀、備後守殿・土岐美濃守殿御列席ニテ、御内々
被仰聞候趣、兼テハ来ル正月檀林中会談之節評議之上、
御答ニ可及ト存候処、御内々ニテ被仰聞候儀、直ニ檀
林会評ニ差出候儀如何候付、先役所ヨリ御答申候儀可
然之旨致評議、今日順東備後守殿へ罷越、恒岡宇左衛
門へ及対談、役所存寄之趣申上候、其趣ニ云、先達テ
御内々被仰聞候支配下触、引戻候様之手段有之間敷哉
之旨、同役共種々料簡仕候へドモ、一旦触出候書付、
引戻候テハ録所触頭之訳相立不申候、依之御答仕兼候、
御奉行所之御賢慮を以、何分穏便ニ被成下候様奉願候
旨申上候へハ、即刻備後守殿へ宇左衛門被申達候処、
同役へも可申談旨被申聞候事、
十七日
一、尾州建中寺・紀州大智寺・筑後善導寺・讃州法然寺・
越前運正寺へ、先達テ書状差出候処、申残候儀有之ニ
付、再往宿坊之面々へ、口上書を以相達候事、
去月二日浄土宗一件ニ付、於太田備後守殿御渡被成

候御書付写等相達候節、支配下之寺院へも御触候様申達候、右ハ宗門ニ相拘リ大切之事故、為御心得別段ニ申達候へドモ、惣テ配下一統触流之儀ハ、知恩院ヨリ可被相達候間、其上ニテ可然御取計候様、右寺へ早々通達可有之候事、

廿二日

一、知恩院役者ヨリ本願寺下向之風聞ニ付書状来、如左、

一簡致啓上候、然ハ宗名一件触流之儀ニ付、其御境先達テ之趣ニ致齟齬、六ケ敷儀有之由相聞候、当大僧正御苦労被思召候、無御気遣可被成察入候、昨日承候へハ、従本願寺当地奉行所へ相届候ハ、宗名之儀ニ付願有之、其御地へ致下向候旨届候由、慥成儀承申候、御心得ニも可相成哉ト御内々得御意候、申迄も無之候へドモ、為宗法御座候間、随分御出精所希御座候、右御見舞旁如是御座候、恐惶謹言、

閏十二月十三日　（知恩院役者衆）四判如前

増上寺

御役者中

一、右ニ付、本山（知恩院）役者中へ之書状、及此方六ケ敷相成候趣、別紙差出候、左之通、

貴簡致拝見候、然ハ宗名一件触流之儀ニ付、先達テ得御意候趣ニ致齟齬、六ケ敷相成候旨、前大僧正様被聞召、御苦労ニ被遊候由、且其御地本願寺ヨリ宗名之儀ニ付、為御心得、御内々願有之、御当地へ致下向候旨、相届候段及御聞ニ付、為御心得御内々被仰聞御紙面之趣致承知候、仰之通宗法之儀ニ付、当大僧正始御府内檀林方共ニ、御内々被仰談、於拙僧共も一宗之大事ト、昼夜砕肝膽候、尤委細之訳別紙之趣ニ御座候間、御序之刻宜御沙汰所希御座候、恐惶謹言、

閏十二月廿二日　（増上寺役者衆）四判

惣本山

御役者中

追啓、本願寺下向之儀ハ自身下向ニ御座候哉、又ハ外役寺体之者罷下候儀を相届候哉、否之儀、猶又御聞糺被仰聞度奉存候、且当春権門方ニテ

風説ハ、来春西本願寺継目ニ付下向之由承伝候、若哉右体之儀を宗名ニ付、下向ト申触之儀ニハ無之哉、弥宗名ニ付致下向候ハヽ、不容易事ニ御座候間、御門主(尊峰供親王)様へ未御沙汰不申上候ニ付、此度別紙書付を以申上候間、猶又宜御沙汰御座候様致度奉存候、以上、

別紙左之通、

去月十七日於太田備後守殿御尋御座候ハ、先達テ両本願寺被相願候宗名之一件、奉行所ニテハ一向宗ト取扱候段、十一月十九日被相達候、右書付之趣ハ、諸国一宗支配下之寺院へも相触候哉之旨被仰聞候ニ付、一統触出候旨申上候処、翌十八日御内々御直ニ被仰聞候ハ、右書付京都四箇本山并関東十八檀林へハ可申遣事ニ候、諸国支配下之寺院へ相触、宗旨印形迄相改度との事ハ不容易事ニ候、依之支配下へ触出候書付、引戻候様之料簡ハ有之間敷哉之旨、御内々御尋ニ御座候、依之即席申上候ハ、右一件ハ不容易儀ニ付、檀林会談仕、御答申上候程之儀ニ御座候へハ、一存ニテ即答難仕、追テ御返答可申上旨ニテ退出、其後内談之上、当月十一日備後守殿へ順東参上、先達テ御内々被仰聞候宗名一件、支配下へ触流候儀、触戻候様之手段ハ有之間敷哉之旨、同役共種々料簡仕候へドモ、一旦配下へ触出候書付、引戻候テハ録所触頭之訳相立不申候間、此段御賢慮被成下候様、奉願候之旨申上候へドモ、即刻備後守殿へ被申上候処、同役共可申談之旨被申聞、

右之趣、於奉行所も極内々申聞候ト被仰聞候間、各位ノミ御承知之上、大僧正様へ宜御沙汰所希候、尤是等之儀、極内々得御意候間、外々へハ勿論、御随従方へモ決テ御沙汰無之様、御取計可被成候、此節之事ニ御座候へハ、区々之世評甚痛心仕候、猶又追々可得御意候、以上、

閏十二月廿二日

一、覚了院僧正(源恵)へ書状并坊官中へ之書状、如左、

一翰致啓上候、然ハ其御地両本願寺ヨリ、諸国之門徒一統浄土真宗ト称度旨、公辺へ願出候ニ付、於

浄土宗相障儀無之哉之旨尋有之、則差障候趣、役者共ヨリ書付差出候、依之於奉行所ハ一向宗ト取扱有之候旨、書付を以被仰渡候、此旨宜御執奏頼入存候、恐惶謹言、

十二月廿二日　　増上寺大僧正　御判

覚了院僧正

一簡致啓上候、然ハ去午年其御地両本願寺より、諸国之門徒一統浄土真宗ト称度旨、寺社司松平伊賀守殿へ願出候処、於浄土宗門相障儀無之哉之旨、御尋ニ付、相障候趣、別紙之通書付差出候、然処去十一月十九日於太田備後守殿、別紙書付之通被仰渡候、此旨御吹聴申達候、恐惶謹言、

閏十二月廿二日　　四判

(知恩院坊官)(ママ)小山兵部卿様

樫田(ママ)丹後守様

安永五申年正月五日

増上寺所蔵『宗名一件記』

一、知恩院役者中ヨリ去暮差出候書状返書来、左之通、

貴翰致拝見候、然ハ従両本願寺願出候宗名一件、於太田備後守殿、去ル十一月十九日被仰渡候御書付之写被差遣候節、其旨一宗之寺院へ達置候様、御同所にて被仰渡候趣ニ被仰聞候ヘドモ、右支配下へ触之儀御伺被成候処、勝手次第ニ可致旨被仰渡候儀ニ御座候ヘハ、其趣致承知宜取計候様、御紙面之趣致熟覧候、右一件任先書之旨、当山門末京・大坂・堺、其外近国ヘハ最早相触申候、貴山御配下へ先達テ御触被成候分ハ、其通ニ被差置候哉、又ハ御触直シ被成候哉、此段致承知度候否、御報可被仰聞候、恐惶謹言、

閏十二月廿三日　　知恩院山役者

信重院　円成　判

源光院　音栄　判

同　役者

正念寺　到誉　判

大雲院　還誉　判

増上寺
　御役者中老
右書状ニ付、亦々従是書状差出、左之通、
旧臘廿三日出之御返簡致拝見候、然ハ宗名一件御支配下ヘ御触出之儀ニ付、再往及御達候処、被任先書之旨、貴山(知恩院)御門末ヘ、京都・大坂・堺、其外近国ヘハ御触出被成候段、被仰聞致承知候、右先書之趣ト申ハ、去未年十一月廿二日申達候御当山(増上寺)配下ヘ相触候下書写、相添差進候趣を以、御触被成候哉、将又其節之書簡ニ、右一件一宗之寺院ヘ達置候様、被仰渡候段申進候、此文言御書加ヘ被成候テ、御触出有之候哉、若右文言御書加御触被成候ハヽ、十一月廿二日申達候、御当山ニテ相触候下書之通、御心得御取計御座候様ニト存候、此段得御意度如此御座候、
恐惶謹言、
　正月五日　　　順東(増上寺役者)
　　　　　　　　潮天
惣本山(知恩院)
　御役者中
追啓、本文ニ申達候貴山御門末ヘ御触被成候下書文言写御差越被下度候、猶又右本文之趣御承知之上、未御触出無之遠国御門末寺院ヘハ、御当山より相触候通御触候様ニト奉存候、以上、

八日

一、檀林会談前来御役所ヨリ掛合有之候趣、評議之上何れ引戻し候儀并宗判等之節、紛敷宗名有之候テハ、印形難相成趣一同御承知、尤諸事御府内檀林方ヘ御頼御任之旨ニ候事、

十日

一、知恩院役者ヘ旧臘差出候書状返書来、如左、
為御報去月廿三日発之貴簡、同廿九日夜相達致拝見候、然ハ宗名一件之儀ニ付、其地大僧正様(増上寺・豊誉霊応)始御府内檀林(伝通院・霊巌寺・霊山寺・幡随院)并各位昼夜被砕肝膽候趣、委細被仰越無御苦労之段致推察候、当地大僧正始同列共不致安心、何卒触出候趣、無異変御奉行所首尾能相済候様、日夜致至祷候、且御別紙ニ十二月十七・八両日、於太田備(寺社奉行・資

(愛)後守殿、御内々被仰聞候儀、并閏十二月十一日従各位御返答之趣、委細被仰越、則御紙面を以内々及披露候処、御返答之趣御尤至極之御事被存候、且当地奉行所へ先月初旬両本願寺ヨリ申出候ハ、宗名一件浄土宗ヨリ諸国門末へ相触候儀、御差留被下候様申出候処、於奉行所返答之趣、於関東被仰渡相済候事故、知恩院等ヨリ支配下へ触流事にて、関東ヨリ当役所へハ何れとも不申来候之故、差留候事不相成候由被申聞候へハ、然ハ江戸表へ罷下リ候由御座候、右之通役僧体之もの罷下リ候へハ、此上其御地之御沙汰如何難計事ニ御座候、右之一件当地奉行所ニテ一向取あへ無之趣、直々之物語承リ候、其後弥罷下リ候哉、実否ハ不相知候へドモ、役僧体之もの罷下リ候旨、相届候ニハ相違無御座候、右之趣ニ候へハ何分御油断被成間敷候、近国奉行所等、其外地頭・代官所ニテ取扱甚以難渋之事、右江戸表へ聞合有之由風説承候、猶又相替儀承候ハヽ、早速可申進候、
恐惶謹言、

正月二日　知恩院山役者
　信重院　円成　判
　源光院　音栄　判
同役者
　清光寺　航誉　判
　聖徳寺　淮誉　判
増上寺
　御役者中

追啓、右一件之儀、別テ此度被仰越候趣、同列之外一向不致他言、堅相秘候間、必御案し被成下間敷候、且当地奉行所之儀随分致手入置候ニ付、為心得本文之通極内々御申聞有之事ニ候へハ、且又御同列之外決テ御沙汰被下間敷候、以上、

一、(京都本山)知恩寺へ宿坊ヨリ宗名一件ニ付、両本願寺下向之旨風説有之に付、内々京奉行所へ聞合呉候様申遣候処、右之趣返書来、左之通、
一、宗名之儀ニ付、両本願寺ヨリ下向之旨、奉行所

へ相届候との事、弥左様ニ候哉、嘘実相糺可申段被
仰聞候、
此段去ル廿九日夕方、当地御奉行所へ罷越候テ、内々
承合候処、今度本願寺ヨリ願出候一件ハ、赤井越前守(京都町奉行・忠晶)殿御掛り之由申候ニ付、則赤井家へ参上候テ承合
候処、彼是ト六ケ鋪様子ニテ得(篤)ト難相分候、所詮関
東へ下向之儀ハ、御奉行所へ今日迄届無之候、只風
説ノミ之事に候、然とも何れ今般宗名願之儀、弥願
之通ニも不被仰付候へハ、両本願寺も下向候テ相願
可申趣、当地奉行所へ申遣候趣ニ御座候、扨赤井家
公用人申候ハ、本願寺之一件ハ公事方木村九郎兵衛
掛りニ候へハ、彼ニテ相分り可申旨被申聞候ニ付、
木村九郎兵衛方懇意ニ付、即刻罷越、内々ニテ本願
寺願之一件様子承候処、此儀ハ江戸寺社奉行所へ申
遣置候事故、右書付之趣難申述候間、此儀ハ御容赦
被下度旨申聞候、依之従来之懇意之処ハ、ケ様之時
節之旨申入相願候処、然ハ今夕ハ用向も御座候へハ、
正月五日迄ニ得(篤)ト相認候テ可掛御目候、且亦本願寺
下向之儀ハ訖度届ハ無之候へドモ、噂ハ有之事ニ候
へハ、実否相糺可申進旨ニ御座候、然ハ四日ニ参上
可申候間、御糺被下候様ニと天頂(知恩寺役者)及挨拶罷帰り候事、

一、二日、赤井氏公用人井口氏ヨリ来簡、如左、

先夜御願之事承合候処、彼寺参向之節ハ何れ此方へ
届有之事ニ御座候、然ニ先夜も申述候之通、今日迄
も届無之候、且彼寺様子承り候処、四月頃ニハ何れ
下向之趣ニ御座候、弥下向之事ニ候ハヽ、尚又可申
進候、以上、

一、松平右近将監(老中・武元)殿供頭伊藤軍司ヨリ、内々泰嶺へ御渡
御差越被成候、評定所へ相渡候書付、
安永四未年十一月廿五日、於評定所太田備後守(寺社奉行・資愛)殿ヨリ
請取、

太田備後守

町奉行衆

両本願寺・専修寺・仏光寺・興正寺宗号之儀、先方
ヨリハ浄土真宗ト認出候トモ、奉行所ニテ浄土真宗
ト認候テハ、差障候筋有之、先方浄土真宗ト認出候

儀差留メ候儀も、是又差支之筋有之候ニ付、伺書ハ勿論申渡、請証文等以来一向宗ト認候様、拙者ドモ申合置候間、其御役所ニテも其御心得御取計有之候様致度存候、

未十二月

一、松平右近将監殿へ新田(檀林)大光院極内々御直ニ被相渡候書付両通左之通、但十一日ニ持参、

一、他宗ニテ浄土真宗ト称し候時ハ、当宗ハ自然ト浄土偽宗、或ハ浄土仮宗之様ニ相成候、其訳ハ真とは偽ニ対し、又ハ仮に対し、実ハ虚に対し候事、世間も法義も同様ニ御座候、其例孝ハ不孝に対し、忠ハ不忠ニ対し候類、善悪邪正皆其例ニ御座候、若当宗偽宗之様ニ相成候テハ、御当家御代々様、別テ神君様(徳川家康)御崇敬被遊候御宗門ニ御座候へハ　神君様并御代々尊霊様方冥慮之程奉恐入候、法義ニテハ円光大師(法然上人)ハ三朝　天子之戒師、在世滅後数度　勅号有之候、就中滅後三度迄大師号を賜リ候事、顕著明白ニ候、如是円光大師弘通浄土偽宗之様ニ相成候テハ、一宗之僧徒痛心至極ニ奉存候、此段御賢察奉願候、

一、浄土真宗ト申名ハ、根本善導大師観経御疏に出候テ、又ハ浄土宗とも称し、又ハ真宗とも申候、但し浄土真宗と申ハ具なる宗名ニテ御座候、浄土宗、又ハ真宗ト申ハ略なる宗名ニテ御儀全く一同様ニ御座候、依之円光大師章疏之中ニも略なる宗名選択集ニは浄土宗ト釈し給ひあり、具なる宗名大原問答ニハ浄土真門と言給ふあり、其中多く略なる宗名を被出候、其訳ハ呼易く聞へ易き様ニ唯浄土宗ト記し被置候、此儀ハ法義・世法ともに其例余多御座候、其一二を出し候ハヽ、具にハ妙法蓮花宗ト可申儀を略して法花宗ト唱、真言陀羅尼宗を真言宗、達磨禅宗を禅宗ト称し、又釈迦牟尼仏之道を仏道と称し、儒者孔子之道を儒道ト称し候類、然トモ円光大師滅後には若他ニテ紛敷宗名を呼候もの有之候テハ、差支ニ御座候ニ付、小石川伝通院(檀林)開山了誉(聖冏)上人、円光大師之弘通三国祖師之系図を書顕し、題号に浄土真宗付法伝ト記し置被申候、此書板行ニテ

世間ニ流布仕候、尤円光大師弘通之宗を浄土真宗、又ハ浄土宗、又ハ真宗ト申候、唯是具略之異にて、其儀全く一同ニ御座候、此等之儀ハ一向宗開祖親鸞作之教行信証并蓮如之書物にも、円光大師最初建立之宗を浄土真宗、又ハ浄土宗、又ハ真宗ト記し候之儀ハ、所々ニ相見申候、

安永五申年　正月

去未十二月十七日御尋御座候ハ、先達テ両本願寺被相願候宗名之一件、奉行所ニテハ一向宗ト取扱候段、去月相達候右書付之趣ハ、諸国一宗支配下之寺院へも相触候哉之旨被仰聞候ニ付、一統ニ触出候旨申上候処、翌十八日御内々御直ニ被仰聞候趣、右書付京都四ケ山(知恩院・知恩寺・金戒光明寺・清浄華院)并関東十八檀林へも可申遣事ニ候、諸国支配下之寺院へ相触候儀ハ、別段奉行所へ相伺許容之上可触出儀ニ候、右ハ奉行所計之料簡ニも難及、御老中へ披露無之候テハ不相成事ニ候、然ニ無其儀支配下之寺院へ相触候事如何相心得候哉、此儀表立候へハ咎人も出来候ハン、殊ニ浄土真宗ト申来候処、宗旨印形等迄相改度ト之事ハ不容易事ニ候、依之支配下へ触出候書付引戻候様手段ハ有之間敷哉之旨、御内々御尋御座候、依之同閏十二月十一日、太田備後守(寺社奉行・資愛)殿へ順東参上御答申上候ハ、先達テ宗名一件ニ付、支配下へ触流之儀引戻し候様之手段ハ有之間敷哉之旨、御内々被仰聞候ニ付、同役共種々料簡仕候へドモ、一旦配下へ触出候書付引戻し候テハ、録所触頭之訳相立不申候、此段御賢慮被成下候之様、奉願候之旨申上候へハ、承置候段被仰聞候、此儀重テ表立仰渡御座候ハハ、左之通可申上ト奉存候、

一、去未年正月檀林会合之節致評議候ハ、於一向宗往々私浄土真宗ト相唱候由致風聞、前来如何敷存罷在候へドモ、私に相唱候儀故、聞流ニ仕置候、然処去々年一向宗両本願寺ヨリ　公儀へ被相願候ハ、諸国之門徒一統浄土真宗ト相唱度段、依之松平伊賀守(寺社奉行・忠順)殿ニテ、於浄土宗差障候儀無之哉之旨御尋に付、相障候趣、去未正月檀林中会談之上、書付を以申上候処、同十一月十九日、当御屋敷ヨリ役者潮天被召、御書

付を以被仰渡候趣、両本願寺ヨリ被相願候浄土真宗ト宗号相唱候儀ハ、於浄土宗差障候趣、先達テ松平伊賀守方へ書付被差出、則右差障候旨を以、両本願寺輪番へ申渡、奉行所ニテハ一向宗ト取扱候之段御達御座候ニ付、罷帰リ方丈始役席之者へ申聞、結構被仰出候段一同難有奉存候、右触出之儀ハ役席并末正月檀林中内談仕候ハ、未然之儀難計奉存候とも、此度松平伊賀守殿へ差出候書付、御聞届被成下候ハ、一宗之寺院へ可為知置旨ニ付、京都本山方・関東檀林中并支配下之寺院へ一統ニ追々触出候、然処京都本山并関東檀林へハ可申遣事ニ候、支配下之寺院へ一統相触候儀ハ、別段御奉行所へ相伺御評議之上可触出之筈、尤御奉行所之計之御料簡ニも難被及、御老中へ御披露無之テハ不相成との御事、此儀奉恐入候へドモ、御当山（増上寺）之儀ハ浄土一宗惣録所ニ付、一宗ニ相拘リ候儀、御奉行所ヨリ仰渡有之、支配触之御文言無之御書付ニテも、配下之寺院可心得儀ハ、惣テ不依何事支配下之面々心得違無之様、前来相達候儀仕来ニテ、御奉行所へ相伺候テ触出候儀、是迄無御座候、此度之一件ハ一宗ニ相掛リ候宗名之儀ニ御座候へハ、一宗之僧徒此段不心得ニテハ宗儀相立不申候ニ付、触出候儀ニ御座候、尤御奉行所へ相伺御許容之上可触出との御儀、此段去未十一月十九日御達之節、潮天相伺候ハ、京都四ヶ本山・関東十八檀林并支配下之寺院へも心得違無之様相触度旨申上候へハ、支配下之儀ハ勝手次第ニ可致旨御口達御座候、

一、宗旨印形等迄相改度ト之事ハ不容易事ニ被思召候段、此儀ハ凡諸宗一同宗名を立候事、法義之至要ニテ、殊ニ　御政務ニも相拘リ候儀等閑ニ難仕候、依之六十余州遠国辺土ニ至迄、厳重ニ宗門御改有之、宗号之別なるを以、諸宗自他を相分チ、宗々之立儀を相守、檀家之面々紛敷宗門ニ無之様、宗旨印形差出寺務仕候、然処両宗ニおゐて同名を相称し候時ハ、自然ト宗名混雑仕、両宗難分ケ、然時ハ宗門御改之筋も紛敷相成候テハ、御政務ニも相障候哉ト乍恐

奉存候、尤両宗同名を相称し候事、古今無之儀ハ去
未正月松平伊賀守殿（寺社奉行・忠順）へ差出候書面之通ニ御座候、右
書付之趣御聞済被成下、御奉行所ニテハ一向宗ト御
取扱御座候段、御書付を以被仰渡候上ハ、我浄土真
宗之外、他ニテ此宗名を称すべき訳、決テ無御座儀
ト奉存候、右ニ付自今宗門御改之節証文等一向宗ト
可称儀ニ奉存候、

一、諸国支配下之寺院へ触出候書付引戻候様之料簡ハ
有之間敷哉之旨、御内々被仰聞、此段前件申候通ニ
御座候、一宗之事ニ付御当山へ被仰渡儀ハ、諸国一
宗之寺院迄能々相心得可罷在儀ニ、前来取計来候、
然処触出候書付引戻候テハ、録所触之訳相立不申、
一宗之僧徒騒動之端ニも相成可申哉ト、甚奉恐入候
間、此段御賢慮被成下候様幾重ニも奉願候、以上、
右ハ此已後表向御達も御座候へハ、上件之趣を以奉
願候段、一統存含罷在候、乍然表向仰渡無御座候へ
ハ、右書付ハ差出不申候、

十二日

一、太田備後守殿（寺社奉行・資愛）ヨリ御呼状ニ付、順東（所化役者）参上之処、宗名
一件ハ今日ヨリ土岐美濃守殿（寺社奉行・定経）御掛りニ被仰聞候事、

十三日

一、土岐美濃守殿ヨリ達儀有之候間、明十四日四時一同
可罷越旨申来候ニ付、承知之旨請書遣候事、

十四日

一、土岐美濃守殿へ昨日之呼状ニ付、潮天・順東（所化役者衆）参
上、新井五郎左衛門へ対談、無程評席におゐて美濃
守殿御直ニ被仰渡候ハ、宗名一件ニ付、去未十二月
太田備後守殿（寺社奉行・資愛）相渡候書付、支配下寺院へ相触候儀ハ、
別段奉行所へ相伺、許容之上相触可申処、無其儀配
下寺院へ相触候事、不念之至ニ候、依之支配下へ触
出候書付可引戻候、若此旨不致承知候ハヽ、奉行所
ヨリ可触直候、猶其上ニも彼是申候ハヽ、奉行所ヨ
リ直ニ支配下之寺院へ触直シ可申候、左候テハ重き
御菩提所之役者をも相勤候身分、不念ニ相成候テハ
如何ニ候間、内々ニテ配下へ相触候書付引戻候儀可
然存候、此儀方丈并檀林中へ不申聞、只両僧之料簡

ニテ如何様とも可致返答候旨、御内々被仰聞候ニ付、此儀ハ御存知被成通リ、最初松平伊賀守殿(寺社奉行・忠順)御尋之節ヨリ、両僧之料簡ニテハ難申上、京都四ケ本山・十八檀林評議之上ニ無御座候テハ、御返答書難差出旨申上候ヘハ、左候ハヽ、京都四ケ本山・十八檀林致評議、書付差出候様被仰渡候、右之通御座候ヘハ、此度被仰渡候儀も御同様之事ニ奉存候、乍然猶又両僧申談、追テ御答可申旨ニテ退出、尤十八日迄ニ御答可仕ト新井五郎左衛門ヘ致対談置候事、

十八日

一、美濃守殿ヘ今日迄可及返答之旨申入置候処、右引戻儀等甚難渋之事ドモニ付、評議難決、其上順東病気ニ付、先今日御答之儀ハ御断申入可然旨ニ付、潮天罷越、新井五郎左衛門ヘ対談候テ、先日被仰渡候儀、今日迄ニ御答可仕段申上候処、順東病気ニ付、出勤迄ハ延引仕度候旨申談候処、則奉行ヘ披露有之、順東出勤之上可致返答旨、五郎左衛門申聞候事、

廿一日

一、土岐美濃守殿ヨリ御呼状ニ付、順東病気ニ付、潮天壱人罷越候処、美濃守殿御直ニ先日之返答及延引候、順東ヘ致相談、早々可申聞旨被仰聞候ニ付、潮天申候ハ、順東儀無程出勤可仕候間、今暫待可被下旨申上候処、承知之旨ニテ退出候事、

廿二日

一、土岐美濃守殿ヨリ御呼状ニ付、潮天罷越候処、於評席直に被仰聞候ハ、順東致出勤候儀程も相知不申候ヘハ、其方壱人ニテ相答候様被仰聞候ニ付、潮天申上候ハ、両僧之料簡ニも難及儀ニ候ヘハ、拙僧壱人ニテ決テ難申上旨相答候処、左候ハヽ順東出勤之上、早々可及返答旨被仰聞候事、

廿三日

一、四ツ谷成覚寺・正受院・太宗寺・西方寺、右四ケ寺罷出、今日土岐美濃守殿ヨリ愚院共呼出ニテ罷出候様被仰越候、然処外ニ覚も無之候、先達テ宗名一件、於奉行所一向宗ト御取扱被成旨被仰渡候ニ付、宗判之節於他門浄土真宗ト肩書有之候テハ、印形難相成旨、兼

テ得其意置候段、新宿名主方へ口上書ニテ申遣候処、右口上書へ致印形呉候様申来候ニ付、印形致遣候、若哉右一件ニテも可有之哉之旨申候ニ付、左候ハヽ於奉行所右一向宗ト取扱候旨被仰出候ニ付、兼テ断置候儀ニテ御座候、全宗判ニ差障候所在ニテハ無之、宗名ニ差障候儀故、断置候旨申上候様申聞候事、

右ニ付無程奉行所へ右寺院共罷越、美濃守殿へ罷越候処、御直ニ被仰聞候ハ、其方共四谷・新宿名主共へ宗判之砌、一向宗之寺院、浄土真宗ト肩書有之候テハ、宗判印形不致候旨相触候段及聞候、弥其通リニ候哉之旨御尋ニ付、寺院申上候ハ、宗判ニ差障候ト申儀ニテハ無御座、於御奉行所一向宗ト御取扱御座候旨被仰出候ニ付、宗名ニ差障申候、依之兼テ断置候儀ニテ御座候旨申上候処、其方共全宗判ニ相障候ニ相成候、宗判ニ差障候儀不埒之至リ之由御呵之上、当山（増上寺）ヨリ差出候触書、銘々差出候様被仰付候ニ付、承知仕罷帰リ候旨申出候、

廿四日

一、四谷寺院共昨日被仰付、御当山ヨリ之御触書写、銘々只今持参仕候旨申出候ニ付、於帳場内々為申聞候ハ、右触書為見合（ママ）のために候ハヽ、壱通差出可然事ニ候、然るに銘々差出候様被仰付候儀難致承知候間、右書付ハ本寺増上寺表ヨリ触出候書付ニテ御座候へハ、本寺之差図無之候テハ難差上、甚難渋仕候間、御容赦被成下候様、先一往可申入旨申候へハ、致承知候旨にて、美濃守殿へ罷越、其旨申入候処、寺社役甚腹立にて不埒之至ニ候間、達テ差出候様申候ニ付、無是非左候ハハ、本寺へ相届可差出旨申入罷帰リ候段申出候ニ付、左候ハヽ所詮右書付差出候とも、強テ差支にも相成間敷候間、本寺へ伺候処、御奉行所之仰渡ニ候ハヽ、可差出旨被申渡候段申入、可差出旨申達候処、即刻美濃守殿へ罷越、銘々触書写も差出候事、

廿五日

一、土岐美濃守殿ヨリ御呼状ニ付、潮天罷越候処、例之通美濃守殿御直ニ被仰聞ハ、四ツ谷辺之寺院宗判之節、本願寺末等之寺院肩書ニ浄土真宗ト有之候テハ、宗判

印形相障候段、内藤宿名主へ右寺院書付差出候段、則書付取寄置候、当年宗門帳之儀ハ年来仕来之通、無滞致印形候様、支配下へ可申達旨被仰渡候ニ付、追テ御請可申上旨、先一存ニテハ御請難申上旨ニテ退出之事、

一、紀州大智寺ヨリ返書来、左之通、

去月芳札忝致拝見候、先以大僧正（増上寺・豊誉霊応）様益御機嫌克被為遊御座恐悦至極奉存候、各様御清福御入被成、珍重存候、然ハ今般宗名之儀ニ付、被為仰達候趣、首尾能被為済、御安堵恐悦之御事ニ御座候、右ニ付御写両通御差越被成下致落手候、追テ配下へ相触可申候、右為御請如是御座候、恐惶謹言、

閏十二月廿八日　大智寺　響誉

増上寺

御役者中

追啓、当国之儀ハ不限何事国中へ相触候儀ハ、当国寺社奉行所へ相届候上ニテ相通候事故、御触之趣相届申候所、今暫致延引候様ニとの事御座候、夫故追テ相触可申積ニ御座候、右之趣得御意度如是御座候、以上、

一、知恩院より去ル四日出之書状之返書、左之通、

当月四日出之貴翰、昨十六日相達致拝見候、然ハ宗名一件ニ付、再往十二月廿九日ニ被仰聞候御答ニ、御先書之趣を以近国へハ相触候段得御意候ニ付、右御先書之趣ト申ハ、去未年十一月廿二日被仰聞候、貴山（増上寺）御配下へ御触被成候御草案之趣を以相触候哉、将亦其節被遣候御書簡ニ、右一件一宗之寺院へ達置候様被仰渡之段被仰聞、御文言書加へ相触候哉、若右御文言書加相触候ハヽ、十一月廿二日被仰聞候貴山御触書之下書之通、相心得取計候様被仰聞、御書面之趣致承知候、右当山（知恩院）門末へ最初相触候ハ、十一月廿二日出之御書簡ニ有之候、右一件一宗寺院へ達置候様被仰渡候段書加相触候、然処十二月廿九日出之御書面ニ、支配下へ触候儀ハ相伺候処、勝手次第ニ可致旨被仰渡ト御座候ニ付、其後相触候文言ニハ相伺候処、勝手次第可致被仰渡候ト文言書改相触候、則先達テ之触書写取、後触文言附札いたし進之候、

此段承知可被下候、右一件ニ付各位御苦労呉々察入、
是ノミ申出候、御疲労無之御丹精所希御座候、恐惶
謹言、

正月十七日
智(ママ)恩院山役者
信重院　円成　判
源光院　音栄　判
同　役者
清光寺　航誉　判
聖徳寺　滝誉　判

増上寺
御役者中

知恩院ヨリ触出候文言、左之通、
去午年両本願寺ヨリ諸国一統ニ浄土真宗ト称度旨、
寺社御奉行松平伊賀守(忠順)殿へ願出候ニ付、於当宗門相
障儀無之哉之旨、増上寺役者へ御尋ニ付、当山(知恩院)へも
再篇往復有之、当正月八日会評之上、相障候趣別紙
答書之通、同月十七日松平伊賀守へ差出置候処、去
月十九日於太田備後守(資愛)殿ニ、両本願寺願之趣不相済

張紙
其一宗之寺院へも相達度、御同所へ相伺候処、勝手次第可仕旨、是又被仰渡候、

張紙
達書より可被取計候迄之文言、後触ニハ相除候、

段、別紙写之通被仰渡候、尤其旨一宗之寺院へも相
達置候之様、是又被仰渡候、依之増上寺配下寺院へ
ハ銘々写置、向後宗門改等之節、心得違無之様支配
下へも委細可触置旨通達有之段申来候、則増上寺ヨ
リ差出候答書写并太田備後守殿ヨリ仰渡候写、右弐
通差遣候、右之趣各具承知之上、支配下へも可被相
達候、別テ知行所門前有之寺院ハ、宗名心得違無之
様被取計候、以上、

月日

追書、奉行所ニテ一宗之寺院へ達置候様被仰渡
候趣ニ付相触候、然ハ末寺之面々知行所百姓、

或ハ門前支配下宗門改等之節、心得違無之様可被取計候、必自宗自分ニ差構なき無益之論談ニ自を高挙し、他を軽蔑致し、争論ヶ間敷儀無之様可被相心得候、以上、

右ハ最初被仰越候御紙面之趣を以、京・大坂及近国ヘ相触候ヘハ、其後十二月廿九日之御飛札相達候ニ付、右張紙之通書改致追触候、尤其後触出候分ハ不残相改差出申候、

一、宗名一件ニ付、御府内寺院組合壱ヶ寺宛呼出申渡候趣、左之通、

宗名一件ニ付、去ル未年十一月相達候書付之趣ニ付、猶又申渡候ハ、宗門印形之儀ハ寺院大切之事候間、先達テ太田備後守殿ヨリ相渡候書付并御当山ヨリ相達候書付之趣致熟覧、当時奉行所より御内々被仰聞候儀も有之候ニ付、宗門印形之節混雑之名目有之砌、押印成・不成共、御当山(増上寺)役者ヘ相伺、尤右一件落着迄ハ、私に書付等差出騒動ヶ間敷儀無之、諸事相慎、別テ宗門之瑕瑾ニ不相成候様、致勘弁取計可有之候、

一、奉行所ヨリ其寺院ヘ直ニ差紙ニテ被召候儀も有之候ハヽ、早速御当山御届申上、其上ニテ罷出、勿論御用相済候ハヽ、其旨御届可申上候、右ハ従古来御定ニ候ヘハ、猶又改テ申渡候、

一、去ル十四日(正月)、土岐美濃守殿(寺社奉行・定経)両僧ヘ内々難題被仰聞候ニ付、知恩院ヘ書状、左之通、

一簡致啓上候、然ハ宗名一件太田備後守殿(寺社奉行・資愛)御掛之処、当月十二日右掛リ土岐美濃守殿掛りに相成、然処同十四日、右美濃守殿ヨリ両僧被召、又候先達テ於太田備後守殿被仰渡候通、去年十一月御達之書付等引戻候様、内々ニテ強テ被申聞候、若此段於不承知ハ触直シ可有之、猶其上ニも彼是申候ハヽ、奉行所ヨリ直ニ配下之寺院触直候との旨被申聞候ヘドモ、一旦奉行所ヨリ被仰渡、配下等ヘ相触候書付、引戻候テハ録所相立不申、仮令如何様之儀有之候トモ、触戻し之儀ハ御請不申上候所存ニ一決仕候、畢竟彼門徒ヨリ権門方ヘ種々賄賂を以奉行之心を掠候故、無筋難題被申掛候儀ト相聞候、此上右一件若表向ニ相

成候へハ、宗門ニ相拘リ大切成儀故、品ニより
御門主様（尊峰法親王）ヨリ宗義相立候様、委細之訳　公儀へ御
願被仰立筋も可有御座儀ト奉存候間、此段覚了院
僧正（源恵）始坊官中へも、兼テ御同列方ヨリ可然被仰談置
被下度、尤委細之儀追付　御門主様御使御差下之節
可申談候、是等之趣得（篤）ト御勘弁之上、宜御取計可被
下候、右得御意度御内々如此御座候、恐惶謹言、
　　正月廿五日　　　　二名
惣本山
　　御役者中
追加、御門主様へ是迄右体之儀申上候儀ハ有
之間敷事ニ候へドモ、宗義ニ相拘リ不容易事故、
弥表向ニ相成候節ハ、本書之趣御願被仰立候筋
も可有之儀ニ奉存候、此段得（篤）ト御勘弁被成御掛
合之上、御報被仰聞可被下候、以上、
　　廿六日
一、土岐美濃守殿（寺社奉行・定経）、昨日被仰渡候一件ニ付、潮天・順東（所化役者衆）
一同ニ罷越、昨日被仰渡候宗判之儀、年来仕来之通可
致印形旨、支配下へ可申達之段、御内々被仰聞候へド
モ、配下之寺院承知仕間敷ト奉存候、依之両僧種々申
談候へドモ、御請難申上候段申上候処、美濃守殿直ニ
被仰聞候ハ、此度申渡候趣ハ表向相達候、内々之事ニ
テハ無之候間、表向之取計ニテ相答候様被仰渡、則御
書付御渡被成候ニ付、先つ御請申罷帰リ候、右御渡被
成候書付、左之通、
　宗門改之節、帳面両本願寺末、専修寺・仏光寺末寺
院、肩書ニ只今迄浄土真宗・一向宗・本願寺門徒ト
肩書有之候を、浄土真宗と肩書有之候テハ、浄土宗
於寺院印形相障候テハ、宗門改之時節ニ相成候ニ付、
両本願寺ヨリ願中ニ候へハ、惣テ願吟味事等糺中ハ、
仕来之通致し候様、奉行所ヨリ申付候儀ハ通例ニ候
間、当年之儀願糺中之事ニ付、異論有之候テハ、宗
判相滞候ニ相当リ候間、当年宗門帳之儀ハ年来仕来
之通、両本願寺末等之寺院、宗号肩書へ無滞印形致
し候様、可申達旨申渡候事ニ候、
右書付被相渡、明朝五つ時迄ニ致返答候様被仰渡候ニ

付、退テ即刻於例席、新井五郎左衛門へ対談、明日五時迄ニハ御答難仕段御断申入候処、左候ハハ右之趣明朝御届可被成旨被申聞候ニ付、承知之旨ニテ罷帰リ候事、

廿七日

一、美濃守殿へ今朝五時迄順東参上、昨日新井五郎左衛門対談之通、昨日被仰渡候御書付之御答、五時迄ニ御答可仕旨被仰渡候へドモ、不容易儀ニ付、方丈へも申聞候上、御答可仕候間、延引仕度旨申上候へハ、其旨書付差出候様被仰聞候ニ付、例席ニテ認差出候、左之通、

　宗門改之節、帳面両本願寺末、専修寺・仏光寺末寺院、肩書ニ只今迄浄土真宗・一向宗・本願寺門徒と肩書有之候を、浄土宗於寺院印形相障候テハ、宗門改之時節ニ相成候ニ付、両本願寺より願中ニ候へハ、惣テ願吟味事等御糺中ハ、仕来之通致し候様、奉行所ヨリ被仰渡儀ハ通例ニ候間、当年之儀ハ願御糺中之事ニ付、異論有之候テハ宗判相滞候ニ相当リ候間、当年宗門帳之儀ハ、年来仕来之通、両本願寺末等之寺院、宗号肩書ニ無滞致印形候様、可申達旨被仰渡候事、此段拙僧ドモ限リニテ御請申上、末寺へ相触候儀ハ難仕候間、方丈へも申聞、評議仕候上ニ無御座候テハ、相触候儀難仕候、依之申上候、以上、

　正月　　増上寺　役者

一、右之通先断書差出置、江戸檀林（伝通院・霊巌寺・霊山寺・幡随院）内会致し、右返答書并檀林方惣代願書等相認、夜ニ入役僧を以印形申請ニ罷越候事、

廿八日

一、土岐美濃守殿へ、今日右返答書并檀林願書可差出積ニテ相談相決、為惣代霊巌寺（江戸檀林）相詰候処、願書之文言等決兼、勿論大僧正（増上寺・豊誉霊応）之願も先つ見合候様相成候ニ付、今日ハ及延引候事、

廿九日

一、此間之会評大僧正之思召しは致相違候趣ニ付、今日亦々遂会談、書付尚又相調、大僧正之願書ハ相止、役者中之答書并檀林中願書差出候積リニ相決、各退出被

成候事、

二月朔日

一、去月廿六日、土岐美濃守殿御書付を以被仰渡候宗判之儀、配下寺院へ申達候儀難仕ニ付、役所并江戸檀林中会評之上、願書両通土岐美濃守殿へ持参之処、新井五郎左衛門被申候ハ、重き願之儀ニ候間、拙者料簡ニテハ難請取候間、美濃守帰宅之節持参候様被仰聞候ニ付、承知之旨罷帰り、夕方持参之処、美濃守殿へ被相達候上、新井五郎左衛門預置候段申聞候事、但檀林惣代として霊巌寺智堂并潮天・順東同道罷越候、右差出候書付、左之通、

覚

宗判之儀ニ付、増上寺役者へ以書付被仰渡候趣、檀林一同可致評議旨、増上寺方丈被申付、江戸檀林増上寺へ罷出致評議、則増上寺役者ヨリ評議決択之趣書付差出候、右一件ハ最初従彼宗浄土真宗ト宗号相唱度旨願出候節、十八檀林一統会談之上、右浄土真宗ト相唱度旨ハ、於当宗差障候趣、御奉行所へ申上候儀ニ御座候へハ、宗判之砌浄土宗ニ混雑之宗名有之候テハ、右差障候趣を以離候儀ニハ無之、依之増上寺役者ヨリ差出候書付之通御聞届被成下、今年ヨリ於他門、宗判之砌肩書此方宗名浄土真宗ト不認候之様、以　御威光被仰付被下度、檀林一同奉願候、以上、

二月　　檀林惣代

（江戸檀林）小石川　伝通院

浅草　幡随院

本所　霊山寺

深川　霊巌寺

宗門改之節、帳面両本願寺末、専修寺・仏光寺末寺院、肩書ニ只今迄、浄土真宗・一向宗・本願寺門徒ト肩書有之を、浄土真宗ト肩書有之候テハ、浄土宗於寺院印形相障候テハ、宗門改之時節ニ相成候ニ付、両本願寺ヨリ願中ニ候へハ、惣テ願吟味事等紅中候ハ、仕来之通いたし候様、奉行所ヨリ申付候儀ハ通例ニ候間、当年之儀ハ願紅中之事ニ付、異論有之候

テハ、宗判相滞候ニ相当リ候間、当年宗号肩書ヘ無滞印形致し候様可申達旨、右之通被仰渡候、

此段方丈へ申聞候処、宗義ニ相拘リ不容易事故、江戸檀林へも右御達之趣被致評議、方丈始檀林中拙僧(所化役者)共一同申上候ハ、従両本願寺願中ニ候へハ、惣テ吟味事等御糺中ハ、仕来之通いたし候様被仰付候儀通例候間、当年宗門帳之儀ハ年来仕来之通、浄土真宗・一向宗・本願寺門徒ト肩書有之候テも、浄土宗ハ寺院無滞印形致し候様、配下之寺院へ可申達旨被仰渡候ヘドモ、此段申渡候テも支配下之寺院承知仕間敷ト奉存候、訳ハ去ル未十一月十九日、於太田備後守(寺社奉行・資愛)殿御書付を以被仰渡、於奉行所一向宗ト御取扱被成候上ハ、何方ニテも一向宗ト称し可申儀ニ奉存候、此度被仰渡候御書付之通、彼宗ニテ宗号不限一名ニ称し来候ハハ、差支も無之宗名を以、宗判等之節肩書仕可然儀ニ奉存候、御吟味中ハ仕来之通ト被仰付候儀、通例之御取扱と御座候ヘドモ、於当宗ハ御吟味中とは不奉存候、其訳ハ彼宗ヨリ願出候儀も無之、御奉行所ヨリ何之仰渡も無御座以前に候ハハ、是迄之姿ニテ等閑事ニ候ヘドモ、前書之通御奉行所ニテ一向宗ト御取扱御座候段被仰渡候上ハ、諸国一統御奉行所御取扱之宗号を準縄ニ可仕儀ト奉存候、宗判之儀ハ　公儀御政事ニも相拘リ、重き儀ニ御座候へハ、何宗ト其宗号を相認、紛敷宗門ニ無之旨印形差出候儀ニ御座候、殊に　公儀御代々様御宗門之儀ニ御座候処、浄土真宗ト申宗名、両宗ニ相唱候時ハ御先祖様始、別テ　東照宮様(徳川家康)御宗門被為　御定置候神慮ニも相障、奉恐入候ニ付、差障リ無之宗名を用、宗判無滞様可被仰付儀哉ト奉存候、依之御達御座候御書付、支配下へ申達候儀、御奉行所ヨリ被仰渡候儀を違背仕候ニテハ無御座候ヘドモ、前書之意味合故申渡仕兼候、尤宗判相滞候ニ当リ候旨、被仰渡候段ハ奉恐入候ヘドモ、彼宗門におゐては宗名不限一名、若御奉行所願中ニ候ハハ、御糺相済候迄ハ、御奉行所御取扱之宗号相認候様被仰付候へハ、宗判滞候ニ相当リ申間敷哉ト奉存候、此段御賢察之程、

幾重ニも奉願候、以上、

二月　　増上寺　役者

右両通願書外三ヶ所へも差出候処、土屋殿(寺社奉行・篤直)ニテハ豊田藤馬預リ置候旨、牧野越中守殿(寺社奉行・貞長)ニテハ谷蔵之進、太田殿(寺社奉行・資愛)ニテハ川副作兵衛、何れも預リ置候旨、追テ可致披露旨及挨拶候事、

二日

一、右願書差出候ニ付、府内・府外并(浅草)誓願寺・(西久保)天徳寺、各宿坊相招、早速右之趣被相達、尤書付相認并書状ニテ可達事ニ候ヘドモ、差急書取候暇も無之候間、如何様ニも銘々写取、早々直参ニテ御達申候様、於役所被申渡候事、

一、右願書差出候趣、所化月番へも相達候事、坊中月番ニハ未書付出来不致候ニ付、追テ可申達旨ニ候事、

一、京都四ヶ山(知恩院・知恩寺・金戒光明寺・清浄華院)へ書状差出、左之通、

一簡致啓上候、然ハ宗名一件ニ付、去月廿六日土岐(寺社奉行・定経)美濃守殿、拙僧共両人被呼出、宗判之儀当年ハ年来仕来之通、両本願寺末等之寺院、宗号肩書浄土真宗ト有之候テも、浄土宗寺院無滞印形いたし候様、支配下之寺院へ可相達旨被仰渡候、此儀不容易事ニ付、江戸檀林中(伝通院・霊巌寺・霊山寺・幡随院)并拙僧共評議致し候処、前来御掛合申候通、宗門大事不過之、仮令如何様之預御咎候トモ、右被仰渡候趣、御請難相成旨致評議、大僧正(増上寺・豊誉霊応)へ申上候処、評定之通御決択被遊、依之檀林中并拙僧共(所化役者)願書、別紙両通之趣、昨朔日土岐美濃守殿へ差出候、尤御同列(寺社奉行)三ヶ所へも同様之書付両通宛差出候、猶又此上御老中方へも右書付可差出ト存候、此段御承知可被下候、勿論御当山(増上寺)配下之寺院へハ、別紙之通書付を以致内達候之間、其御門末寺院へも、右之趣を以御内達有之度候、是等之趣宜御披露頼入存候、恐惶謹言、

二月二日　　四判(所化・寺家役者)

(知恩院)惣本山

御役者中

一、外三ヶ寺へハ美濃守殿掛リニ相成候趣不申遣候間、右文言之趣書加へ遣ス、左之通、

一簡致啓上候、然ハ宗名一件之儀、是迄ハ太田備後(寺社奉行・資愛)守殿掛リニテ御座候処、去月十二日ヨリ土岐美濃守(寺社奉行・定経)殿掛リニ相成、同廿六日ヨリ拙僧共両人被呼出、宗判之儀当年ハ年来仕来之通、両本願寺末之寺院、宗号肩書浄土真宗ト有之候テも、浄土宗寺院無滞印形いたし候様、支配下之寺院へ可相達旨被仰渡候、此儀不容易事ニ付、江戸檀林并拙僧共評議致候処、前来御掛合申候通、宗門之大事不過之、仮令如何様之預御咎候トモ、右被仰渡候趣、御請難相成旨致評議、大僧正へ申上候処、評定之通御決択被遊、依之檀林中并拙僧共願書、別紙両通之趣、昨朔日御掛リ土岐美濃守殿へ差出候、尤御同列三ヶ所へも同様書付両通宛差出候、尚又此上御老中方へも右書付可差出ト存候、此段御承知可被下候、勿論御当山配下之寺院へも、別紙之通書付を以及内達候間、其御門末寺院へも、右之趣を以御内達有之度候、是等之趣為可得貴意如是御座候、恐惶謹言、

二月二日　　四判

京　知恩寺

右之通外二ヶ所(金戒光明寺・清浄華院)へも差出候事、

一、御府内五口(三田・山之手・下谷・深川・浅草)之寺院へ、来五日・六日・七日迄之内、各銘々印形所持被参上候様達遣候事、

四日

一、寺社奉行所へ差出候両通之書付、今日内々ニテ御老中五ヶ所へ持参、松平右近将監(老中・武元)殿ニテハ那波牧太、松平右京大夫(老中・輝高)殿ニテハ関源八、松平周防守(老中・康福)殿ニテハ小村平之丞、板倉佐渡守(老中・勝清)にては吉田左一右衛門、田沼主殿頭(老中・意次)殿ニテハ井上伊織、御側御用取次稲葉越中守(正明)殿ニテハ木曽九郎兵衛被請取置候、右之通内々相頼、委細申談置候事、

五日

一、末山之寺院追々参上、於大方丈役僧罷出、去ル朔日土岐美濃守(寺社奉行・定経)殿へ願書差出候趣為読聞、右ハ去月廿六日於土岐美濃守殿御書付を以被仰渡候趣、御請難被成ニ付、評議之上檀林方并御役所ヨリ願書差出候、右之趣各寺承知ニ候ハハ、請書印形可有之候、勿論鎮西流(浄土宗)僧

徒ハ違背之僧有之間敷候ヘドモ、右承知ニ候ヘハ、宗判等之節紛敷宗名有之候テハ、印形相成間敷事ニ候、尤宗判ニ差障候ニテハ無之、宗名ニ相障候儀ニ候間、此段承知可有之旨、逐一申聞、請印取候事、

右請書印形別紙ニ有之候故略之、

六日

一、覚了院（知恩院・源恵）僧正ヨリ仰状并坊官中ヨリ返書来、如左、

芳翰致薫誦候、然ハ当地両本願寺ヨリ諸国之門徒一統浄土真宗ト称度旨、公辺へ願出候ニ付、則差障候趣書付被差出候、因茲於奉行所ハ一向宗ト取扱有之候旨、書付を以被仰渡候之段、御紙面之趣遂披露候処、御満足思召候、此段宜申入之旨御座候、恐惶謹言、

正月十八日　　覚了院僧正　源恵判

増上寺大僧正（豊誉霊応）

御状致拝見候、然ハ去午年当地両本願寺ヨリ諸国之門徒一統浄土真宗と称度旨、寺社司松平伊賀守（忠順）殿へ願出候処、於浄土宗門相障儀無之哉之旨御尋ニ付、相障候趣、御別紙之通書付被差出候処、去十一月十九日於太田備後守（寺社奉行・資愛）殿、別紙書付之通被仰渡候ニ付、御吹聴被仰聞候、御紙面之趣致承知候、右為御報如此御座候、恐惶謹言、

正月十八日　　樫田筑後守（知恩院坊官）　直良　判

小山侍従　泰章　判

増上寺

役者御中

追啓、奉行所へ被差出候書付之写并太田にて相渡候御書付之写、右両通申請度候間差留置候、以上、

一、京都智（知）恩寺ヨリ宗号之儀、京四ヶ山（知恩院・知恩寺・金戒光明寺・清浄華院）ヨリ触流候儀、土岐美濃守殿ヨリ京都奉行所へ相糺呉候様、内々被頼遣候ニ付、京奉行所ヨリ四ヶ山へ尋有之間、尤知恩寺ヨリハ先達テ相届置候ニ付、右之趣ニ付相届、左之通、

口上

此度両本願寺ヨリ宗号之儀相願候一件ニ付、四ヶ山

ヨリ門末寺院ヘ触出候書付等、得（篤）ト相糺呉候様、土岐美濃守殿ヨリ京都奉行所ヘ、御内々御頼被仰越候由ニ付、四ヶ山役者共被召出、御尋ニ御座候、

知恩寺分ハ、去十二月触出候砌、委細書付奉行所ヘ御届申上置候ヘドモ、猶又此度御糺御座候ニ付、別紙之通差出候、此段御届申上候、以上、

未正月廿七日　京　知恩寺（本山）

増上寺

御役者中

京都奉行所ヘ差出候、左之通、

去午年京都両本願寺ヨリ諸国之門徒浄土真宗ト相称し度旨、寺社御奉行所ヘ願出候ニ付、於浄土宗相障儀無之哉之旨御尋ニ付、別紙之通於当御宗門相障候趣、当正月従増上寺役者中書付被差出候処、当月十九日於太田備後守殿（寺社奉行・資愛）、別紙御書付之通被仰渡候、且又相伺候処、其旨一宗之寺院ヘ達置候様被仰渡候段、従増上寺申来候間、被得其意、銘々写置、向後宗門改等之節、心得違無之様取計可有之候、尤此段支配下ニも委細可被達置候、以上、

未正月　本山知恩寺　役者

右之通、当山諸末寺ヘ触出申候、以上、

申正月　知恩寺役者　天頂

御奉行所

十日

一、紀州一国浄土真宗ト可相称旨触有之候風聞有之候ニ付、大智寺ヘ実否為聞糺書状、内々差出候、左之通、

一簡致啓上候、然ハ於其御国元一向宗門之寺院、元来一向宗ト書来候処、近来浄土真宗ト可称旨、其御方寺社役人中ヨリ、其国中ヘ御触有之候様、於御当地風聞有之候、右虚実難相分候間、早々御糺御内々被仰聞度存候、右得御意度如是御座候、恐惶謹言、

二月十日　（増上寺役者）二名

紀州　大智寺

一、山内月行事幷大衆惣代差出候書付、左之通、

以書付奉願候

一、宗号一件ニ付、去未十一月中於太田備後守殿（寺社奉行・資愛）、

以御書付被仰渡候趣、宗門之眉目難有奉存候、然処去月中於土岐美濃守（寺社奉行・定経）殿、別意趣之御書を以被仰渡候ニ付、惣檀林中并御役所ヨリ以御書付、御答願被仰上候段、山内へも被仰聞奉承知、御尤至極ニ奉存候、右御願ニ付、大衆一同異儀申者無御座候、依之一文字中ヨリ月番まて、右御願之通幾重ニも被仰立被下候様願出候、万一右御願之通相済不申候ハヽ、幾度も御願被仰立被下候様、仲間一同奉願候、以上、

安永五申年二月

仙秀　印
快伝　印
了璇　印
義善　印
善住　印
鸞山　印
周仁　印
聖道　印
円徹　印

方丈
御役者中

一、田舎檀林方ヨリ追々請書書状来候事、

一、去ル二日、（京都）四ヶ山へ書状差出候節、（増上寺）当山配下寺院へ触出候之趣、下書差添遣候、左之通、

去年中相達候宗名一件、去月十二日土岐美濃守殿掛リニ相成、同廿六日御同所ニテ宗判之儀、当時両本願寺ヨリ願中ニ候間、当年之儀ハ是迄仕来之通、浄土真宗ト宗門帳肩書ニ有之候テも、浄土宗寺院無滞致印形候様、配下寺院へ可申達旨、御書付を以被仰渡候、右ハ宗儀に拘リ、殊ニ一旦於御奉行所ニ一向宗ト御取扱之旨、御書付を以被仰渡候上ハ、御請難相成趣、檀林并役所ヨリ御同所へ書付差出、御奉行所御取扱之通、一向宗ト相認、浄土真宗ト不認候様被仰付被下度段、願書差出候間、各可被得其意候、尤此段為心得及内達候間、其旨を存知、配下寺院へも可被達候、以上、

二月　　　増上寺　役者

右此書付、当山配下寺院、信州・遠州を除キ十七ヶ

国配下へ、二月廿三日触出候、但府内之分ハ呼出、
印形取之候事、如別帳、

十二日

一、坊中ヨリ差出書付、左之通、

以書付奉願候

一、宗名一件ニ付、去ル未十一月中、於太田備後守殿以御書付被仰渡候趣、誠ニ宗門之光暉ト難有奉存候、然処去月中於土岐美濃守殿、別意趣之書付を以仰渡御座候ニ付、諸檀林方并御役所ヨリ御答願被仰置候段、一昨日坊中へも被仰聞、御尤至極承知仕候、此上何分ニも被仰置、御願通ニ相済候之様、一同奉願上候、右御願ニ付候テハ、宗門一大事之時節ト奉存候間、何様之御用ニテモ被仰付被下候様、坊中一同奉願候、以上、

安永五申年二月　(坊中)貞松院　印

雲晴院　印

清光院　印

天光院　印

常照院　印

常行院　印

良雄院　印

安養院　印

源宝院　印

月界院　印

方丈

御役者中

一、御府内配下寺院請書印形取候文言、(知恩院)本山役者大光寺へ写内々相渡候事、

十三日

一、知恩院役者大光寺参上、於例席役者中対話之処、当時宗名一件、彼是御辛労之程、(増上寺・豊誉霊応)大僧正ニも被察入候、依之為見舞被相贈候旨ニテ、金弐百両被差越候事、

十四日

一、知恩院ヨリ先月廿五日差出候書状返書来、左之通、

先月廿五日出之貴簡、昨五日相達致拝見候、然ハ宗名一件、太田備後守殿御掛之処、去月十二日土岐殿

掛リニ相成候由、然処同十四日従美濃守殿、御両所共ニ被成御呼出、先達テ於備後守殿被仰渡候通、去年十一月御達之書付等引戻候様、御内々強テ被仰聞、若此段於不承知ハ触直可有之、猶其上ニも彼是申候ハヽ、奉行所ヨリ御直ニ配下寺院ヘ可被成御触直旨被仰渡候由、然ドモ一旦従奉行所被仰渡配下ヘ被成御触候書付、被引戻候テハ難相立、仮令如何様之儀有之候とも、触戻之儀ハ御請無之段一決被成候由、御尤之御事候、此上右一件若表向ニ相成候ハヽ、大切成儀故、品ニより従　御門主(尊峰)様宗義相立候様、公辺ヘ御願被仰立候之様、覚了院僧正(源恵)始坊官中ヘ兼テ申談、宜取計旨、御紙面之趣致承知及披露候処、各位御苦労之段御察之御事候、早速　御殿ヘ致通達候様被仰付、則今日永養寺(知恩院役者衆)・源光院致参殿、坊官中迄御書面之趣、委申入候処被致承知、宗義ニ掛リ大切之事ニ候ヘハ、同役共申談御窺之上、拙僧共まて可及返答旨ニ御座候、委細之儀ハ近日坊官中ヨリ左右次第、早速可得御意候、京都之儀ハ随分可致出情(精)候、右御報如此御座候、恐惶謹言、

知恩院山役者
信重院　判
二月六日
源光院　判
同　役者
正念寺　判
永養寺　判

増上寺御役者
潮天和尚
順東和尚

追啓、御端書之趣致承知候、旦　御殿年頭御使、今年ハ秋ヘ相延申候、此段為御心得得御意候、
以上、

一簡致啓上候、然ハ只今従　御殿呼状来、永養寺(知恩院役者)参殿、坊官小山侍従(泰章)・薗刑部卿(乗白)并樫田筑後守(直良)列席ニテ被申達候ハ、先刻被差出候増上寺役者ヨリ之書面之写を以及言上候処、宗旨ニ相拘リ候事候ヘハ、奉行所之申渡、表向ニ相成候ハヽ、如何様ニも御願可被仰

立候、此段増上寺へ可申遣旨被申渡候、尚又侍従被
申候ハ、当春年頭御使ハ秋へ相延候、若御願被仰立
之品ニより御相談之上、壱人罷下宜候ハヽ、下向可
申程ニ何も存候旨、内々被申聞候、此段可得御意如
是御座候、恐惶謹言、

知恩院山役者

二月六日　信重院　判

源光院（役者）　判

正念寺　判

永養寺　判

増上寺御役者

潮天和尚

順東和尚

一、知恩院ヨリ当月二日差出候書状返書来、左之通、
本月二日出之御連署、一昨八日夜ニ入着致拝見候、
然ハ宗名一件ニ付、去月廿六日於土岐美濃守（寺社奉行・定経）殿、宗
判之儀当年ハ年来仕来之通、両本願寺末等之寺院、
宗号肩書浄土真宗等ト有之候テも、浄土宗之寺院無
滞致印形候様、支配下之寺院へ可相達旨被仰渡候由、
此儀不容易事ニ付、御府内檀林方并各位御評談之上、
兼テ被成御掛合候之通、宗門大事不過之、仮令如何
様之御咎御座候トモ、右被仰渡之趣難被成御請旨、
御評議御治定、大僧正（増上寺・豊誉霊応）様へも被仰上候処、御評定之
通被遊御決択、依之檀林方并各位御願書両通、御懸
リ土岐美濃守殿へ、当月朔日被成御差出候、尤御同
列三ヶ所へも御同断、尚又此上御老中方へも、右御
書付可被成御差出思召ニ御座候由、且又貴山（増上寺）御配下
寺院へハ、御別紙写之通被成御内達候之間、当山（知恩院）門
末寺院へも右之趣内達有之候様、御紙表之趣致承知、
則御紙面を以及披露候処、御尤之御事、貴山大僧正
様始、檀林方別テ各位為宗法、御自身々々之後難を
も不顧、千辛万苦之御取計、於此地も甚御感痛之御
事候、尤於銘々も千万致感佩候、実宗門一大事之期
ニ相成候へハ、従当山も御同様被成御願候思召ニ御
座候間、近日願書差出可申候、右ニ付当地之儀ハ、
御所司（京都所司代）奉行所を歴る事ニ候へハ、差図如何有之哉難

計候ヘドモ、同役之内壱人致来府相願候様思召候、
何れも評談致治定候、幸ひ大光寺(知恩院役者)在府ニ御座候ヘハ、
年頭御礼一通相済候ヘハ、滞留有之候様申遣候、
一、当　御門主(尊峰法親王)へ此間当大僧正御対顔之節、宗名難渋
ニ相成候事、御物語被仰上、弥難渋相募候ハヽ、是
非御威光を以、先達テ被仰出候通、御願被下候之様
被仰上、御承知之御事御座候、依之御願所司代迄御
差図可有御座候、是も品により坊官中壱人下向可有
之候、奉行所ニテ一旦被仰出候事ニ候ヘハ、落着之
処如何可有御座哉、難渋至極致痛心候、於当山も為
一宗候ヘハ、所存ハ御同然致一決罷在候、随分無御
油断御出情(精)所希御座候、恐惶謹言、

知恩院山役者
信重院　判
源光院　判
同　役者
正念寺　判
永養寺　判

増上寺
御役者中

二啓、随分御疲労無之可被成御出情(精)候、是又宗
旨改相滞候ハヽ、此方より滞らせ候ニハ無之、
彼宗ヨリ相滞候様致事ニ御座候、猶此方ハ先達
テ被仰出候通、当宗ニ相障候故、公儀仰付を
相守、宗判不仕事ニ御座候、彼宗ハ　公儀ヨリ
被仰出候一向宗を相用候ヘハ、宗判不滞事ニ御
座候処、公儀之御取扱不相用故、相滞候事御
座候、依之門末へも御内達之通相触可申候、已
上、

一、先達テ差出願書之趣、未御沙汰無之候ヘドモ、風説
承候処、六ヶ敷可相成哉ニ付、猶又評議之上、大僧正
御願書可差出之旨申上、且又御内証方所存区々ニテ一
決いたし兼候ニ付、其段をも申上、一同治定之上、御
願書差出候ニ相成、尤御用番并御月番へ御出駕積リニ
相定候事、

十七日

一、今朝六時半、御用番松平(老中・輝高)右京大夫殿御掛り、土岐美(寺社奉行・定経)濃守殿へ大僧正御出駕、御願被仰入候、尤御用番ニテハ公用人請取之、美濃守殿ニテハ御逢、直ニ書付被請取候、其外御老中・寺社司・御側取次へハ、為使僧役者中書付持参之事、右御書付、左之通、

口上覚

浄土真宗ハ即浄土宗之宗号ニテ、法義に相拘り、殊御代々様御宗旨ニ御座候へハ、決テ他門ニ不称用様、御威光を以被　仰付被下度奉願候、此段宜御披露頼入存、以上、

二月　増上寺大僧正(豊誉霊応)

一、右ニ付、府内檀林中(伝通院・霊巌寺・霊山寺・幡随院)、先達テ願書差出候節、致治定候へドモ、尚又後難之程も難計ニ付、弥変心無之趣誓約有之候事、

一、御願書美濃守殿へ御持参之処、御直被請取、不軽願ニ候間、同役共可申談候、御書付ハ先預り置候段被申候、御用番松平(老中・輝高)右京大夫殿へ御直参之処、公用人山岡官太罷出、書付請取之、右京大夫殿へ申聞候処、同列中可申談候、懸御目可及御挨拶候へドモ、御用取調候之間、乍略儀懸御目不申候旨申聞候、其外へハ御使僧、松平(老中・武元)右近将監殿ニテハ公用人久松覚兵衛請取之、板倉(老中・勝清)佐渡守殿ニテハ吉田左一右衛門請取之、田沼(老中・意次)主殿頭殿ニテハ三浦庄二請取之、何れも只今御城ニ罷在候間、帰宅之節可申聞旨被申聞候、土屋(寺社奉行・篤直)能登守殿ニテハ近藤兵大夫請取之、御書付預り置候段被申聞候、以上順東(所化役者)持参、松平(老中・康福)周防守殿ニテハ内藤忠右衛門請取之申聞候処、預り置候旨被申聞候、牧野(寺社奉行・貞長)越中守殿ニテハ本橋六右衛門請取之、太田(寺社奉行・資愛)備後守殿ニテハ山角甚内請取、御側御用取次稲葉(正明)越中守殿ニテハ木曽九郎右衛門請取之、何れも　御城ニ罷在候間、帰宅次第可申聞旨ニ候、以上潮天(所化役者)持参之事、

一、右書付差出候ニ付、御府内檀林方も御待請并両月行事待請候事、

十八日

一、知恩院へ右書付差出候ニ付、当月十日之御報旁書状差出、左之通、

当月二日之御報、同十日出之貴簡、昨十六日相達致拝見候、然ハ宗名一件土岐美濃守殿ヨリ以書付被達候ニ付、檀林方并拙僧共より願書差出候趣御披露之処、尤ニ被　思召、実ニ宗門一大事之期ニ候へハ、於其御山も御願被成候思召ニ付、所司代并奉行所へ伺之上被任御差図、御同列之内御壱人下向之上、御願之筈ニ被成御治定、幸大光寺(知恩院役者)為年頭御使出府御礼等相済候ハヽ、滞留可有之旨被仰越、且亦　御門主(尊峰法親王)様へ貴山大僧正様ヨリ前来之趣、委細御物語被仰上候処、逐一御承知ニテ、所司代(京都)迄御願被仰立可有御座旨、尤品ニより坊官中壱人、是又下向可有之条、御細書之趣を以及披露候之処、左モ可有御座御儀ト致承知候、当大僧正御願書も、今日御用番松平右京大夫殿(老中・輝高)并右掛り土岐美濃守殿(寺社奉行・定経)へ出駕ニテ御願被仰入候、其外御老中・寺社司・御側御用取次へハ、御使僧として拙僧を以、御願書被差出候、右之趣御承知宜被仰上可被下候、是等之趣得御意度如此御座候、恐惶謹言、

二月十七日　　(増上寺役者衆)四判

(知恩院)惣本山

　御役者中

追啓、御門主御方へも坊官中迄、本文之趣宜御沙汰被仰入、勿論　御門主様御願并其御山御願書、所司代を経候事故、如何御差図可有之哉、御計ひ難被成候へとも、御同役之内御出府御願之思召、御評議致治定、幸大光寺在府之事故、滞留有之候様被仰越候段致承知候、於御当地右一件御奉行所御吟味筋ニも至リ候ハヽ、猶更之儀、尚追々可得御意候、以上、

尚々、願書写差進候事、

一、御門主様へ披露状、左之通、

一翰致啓上候、御門主御方倍御勇健被成御座、珍重之御儀奉存候、然ハ宗号之儀、彼是致混雑候段、御門主御方達　御聞、御願被仰立候旨致承知、於愚老(増上寺・豊誉霊応)欣然之至不過之奉存候、実に邪正弁別此期極法末澆季之所、痛心此事ニ候へハ、幾重ニも　御門主御

方御余光所仰御座候、是等之趣、早速御演達頼入存
候、恐惶謹言、

二月十七日　増上寺大僧正(豊誉霊応)　御判

覚了院僧正(源恵)

一、坊官中へ之書状、左之通、

一簡致啓上候、然ハ先達テ粗申達候宗名一件、其後彼是取もつれ候段、御門主様達　御聞、宗義に拘リ不容易被思召、御願被仰立候儀被仰付候由、其方丈役者中ヨリ申来、当大僧正被致承知、右一件如何様ニ取もつれ候トモ、従　御門主様御願被達　仰候上ハ、重き御儀ニ御座候ヘハ、速ニ可済寄儀ト被致大慶、拙僧共一同難有仕合奉存候、何分此上　御門主様御威光を以、宗儀相立候様、御願被達　仰候様、当大僧正始外十七檀林并拙僧共一同奉願候、尤品ニより各之内御壱人下向可被成段、御苦労之御事ニ候ヘドモ、早速御下向御願被下候様、幾重ニも奉願候、当大僧正方今日御用番老中、掛リ寺社司へ、右為願被致伺公候、此等之趣御奏達奉希候、猶委曲追々可得貴意候条、不能審候、恐惶謹言、

二月十七日　(増上寺役者衆)四判

(坊官衆)小山侍従(泰章)様

薗刑部卿(乗白)様

樫田筑後守(直良)様

追加、覚了院僧正へ従当方丈書簡を以御頼被申上候間、宜御取計所希候、以上、

一、三ヶ山(知恩寺・金戒光明寺・清浄華院)へ書状、左之通、

一簡致啓上候、然ハ宗名之儀ニ付、去ル二日委細以紙面得貴意候処、相達候哉、如何今以御報無御座候、右一件ハ不容易事故、今日御掛リ土岐美濃守殿(寺社奉行・定経)、御用番松平右京大夫殿(老中・輝高)へ　大僧正御出駕、別紙之通御願被仰入、外御老中・寺社司不残、御側御用取次稲葉越中守殿(正明)へハ、御使僧を以御願被仰上候、此段御承知可被成候、且知恩院并　御門主様ヨリも御願御差出可被成由申来候ヘハ、貴山ニも可被准右之儀ニト奉存候、此等之趣得貴意度如是御座候、恐惶謹言、

二月十七日　四判

知恩寺　外二ヶ寺同断

猶以、法義ニ拘り候間、申訳此通ニテ無據意味合、経論等之儀迄も書付仕立、追々可差出ト奉存候、此段前方ニ得貴意置候条、其節々ニハ申達間敷候、以上、

一、五口(三田・山之手・下谷・深川・浅草)之寺院へ書付差出、左之通、

宗名之儀ニ付、御掛り土岐美濃守殿、御用番松平右京大夫殿へ、今日大僧正御出駕、御願書御差出被遊候、右ハ前来申達候通、不容易儀ニ候ヘハ、宗門之僧徒此節別テ相慎、無據寺役を除、猥ニ外出可為無用、且臨時不得止事用筋ハ格別、其余ハ願筋ニテも見合、寺務堅固ニ可被相守候、右之趣各寺可被得其意、尤末寺有之寺院ハ、其旨可被相達候、以上、

二月　増上寺　役者

一、滝山(田舎檀林)大善寺呼出度旨ニ付書状、左之通、

一簡致啓上候、然ハ宗名一件ニ付、得貴意度事御座候間、早々御出府被下度奉頼候、尤鴻巣様(田舎檀林・勝願寺)へも右之段以紙面申上候、何分如何様之御寺役御座候トモ、是非急ニ御出府被下様御頼申候、此段得其意度如是御座候、恐惶謹言、

二月十八日　二名(所化役者)

滝山
大善寺

猶以、右用向至テ差急候間、宗義ニ候へハ、万事御捨置、一刻も早く御出府奉頼候、以上、

一、田舎檀林方宿坊呼出、大僧正願書差出候趣、可相達之旨申渡候事、

十九日

一、土岐美濃守殿(寺社奉行・定経)ヨリ今七時両僧一同罷越候様御呼状来候ニ付、則七時過両僧(潮天・順東)罷越候処、於評席美濃守殿・土屋能登守殿(寺社奉行・篤直)御列席ニテ被仰聞候ハ、此度宗判之儀ニ付、先達テ方丈始檀林ヨリ宗義ニ相拘り候事故、帳面肩書ニ一向宗之寺院、浄土真宗ト宗名を認候事、差障候段道理尤ニ候、併当年ハ最早宗門改之時節に相成、殊ニ日光　御社参有之事ニ候ヘハ、先当年ハ在来之通無故障宗判相済候様、此儀ハ御老中方ニテも其沙汰有之事

ニ候ヘハ、得(篤)ト致料簡、此段方丈へも可被申聞旨被仰渡候、依之両僧申候ハ、此儀前来之通、両僧之料簡を以御答難申上候之間、罷帰方丈へも申聞、追テ可申上旨申述候テ退出之事、

一、夜ニ入牧野越中守殿(寺社奉行・貞長)ヨリ、明廿日五時両僧共罷出候様呼状来候事、

廿日

一、昨夜呼状ニ付、今朝五時越中守殿ヘ両僧参上之処、牧野越中守殿・太田備後守殿(寺社奉行・資愛)列席ニテ、於評席被仰聞候趣、昨日於美濃守殿被仰渡候通リニ付、御答之趣も昨日申上候通申上罷帰候事、右御両所ニテ被仰渡候趣罷帰リ及御披露候事、

一、右ニ付御府内檀林方(伝通院・霊巌寺・霊山寺・幡随院)へ急ニ呼状差出候、且浅草誓願寺・西久保天徳寺儀も、昨日奉行所へ願書直参ニテ御願被仰入候ニ付、今日御相談呼状差出候事、

一、京都円福寺(西山派本山)継目為御礼下向致し候ニ付参上、今般宗名一件、先達テヨリ粗致承知居候処、今般御当地(江戸)へ罷越、委細致承知驚入候、右ニ付テハ兼テ愚寺へも御触書被下候様ニもと存罷在候処無其儀、派ハ違候ヘドモ、宗義ハ一同ニ候間、何れ御勘弁被下度候、勿論右ニ付誓願寺(西山派本山)・粟生光明寺等へも申談、願書差出度旨被申候ニ付、役者中被申候ハ、去未年十一月、於太田備後守殿御書付を以、於奉行所ハ一向宗ト取扱候旨被仰渡候ニ付、貴寺へも御達申候積リニ御座候処、無程もつれ候故、差控居候旨及挨拶、尤此度願書御差出之儀ニ御座候ハ、猶又致評議可申旨申談候事、

右ニ付、尚又宿坊を以内々役僧迄被申越候ハ、前来之御書付何卒御渡被下候様致度旨、勿論最初太田殿ヨリ被仰出候御触書、御達不被下候段ハ、恨ニ存候旨申越候ニ付、其旨御役所へ申上候テ、御吹聴状ニ相認、十二月二日出之振合に、別紙両通差添役僧呼出、委細申談候テ相渡候、尤誓願寺(西山派本山)等之外三ヶ寺(円福寺・光明寺・禅林寺)へも御沙汰可有之趣ニ、追啓ニ申遣候事、

但、口上ニテ配下触之儀ハ、差支候儀も有之候ニ付、難及差図旨申遣候事、

一、知恩院ヨリ書状来候ニ付、大光寺(役者)持参、左之通、

一簡致啓上候、然ハ宗名之儀ニ付、去月廿六日於土岐美濃守殿両本願寺ヨリ願紀中之事故、宗判帳面肩書、当年ハ年来仕来之通、無滞致印形候様被仰渡候ニ付、当月二日出之貴札ニ委細被仰聞致承知、則五日限之飛札を以及返書候、其節粗得御意候通、一宗之大事此節ニ御座候故、当山《（知恩院）》ヨリも其御地奉行所へ願差出候様、当大僧正《（知恩院・檀誉貞現）》被思召、則今日当地奉行所へ願書之写差出、当表届相済申候、依之同役之内壱人罷下リ相願可申処、大光寺在府之事故、年頭御礼一通相済候上、致滞府相願候様、大光寺へ被仰付候、此段御披露可被下候、且又諸般御心被添、願書相納候様、宜御指揮頼存候、此段得御意度如此御座候、恐惶謹言、

二月十四日　知恩院山役者

信重院　円成　判

源光院　音栄　判

同　役者

正念寺　到誉　判

永養寺　唯誉　判

増上寺

御役者中

右願書文言、左之通、

覚

去午年両本願寺ヨリ諸国之門徒一統ニ浄土真宗ト相唱度段願出候ニ付、増上寺役者ヲ被召、於当宗門相障儀無之哉之旨御尋ニ御座候、依之其趣増上寺ヨリ当山《（知恩院）》へ申来候故、彼門徒にて浄土真宗ト相唱候時ハ、甚以当宗ニ相障儀重々相記し、増上寺表へ差遣候、且又関東檀林会談之上相障候旨、増上寺ニおゐて委細相調、去未正月十七日役者ヨリ書付を以申上候処、同年十一月十九日、両本願寺輪番へ浄土真宗ト宗号相称候儀、於浄土宗差障候趣を以被仰渡、御奉行所ニテハ一向宗ト被成御取扱候段被仰渡之趣、増上寺役者へ御書付を以被仰渡、此段諸国門末へも相達、一宗之僧侶難有奉存候、然るに当正月廿六日、増上寺役者被召出、宗門改之節、帳面両本願寺末、専修

寺・仏光寺末寺院、肩書ニ只今迄浄土真宗・一向宗・本願寺門徒ト肩書有之候を、浄土真宗ト肩書有之候テハ、浄土宗於寺院印形相障候テハ、宗門改之時節ニ相成候ニ付、両本願寺より願中ニ候ヘハ、惣テ願吟味事等糺中ハ、仕来之通いたし候様、奉行所ヨリ申付候儀ハ通例に候之間、当年之儀ハ願糺中之事ニ付、異論有之候ハヽ、宗判相滞候ニ相当候間、当年宗門帳之儀ハ、年来仕来之通、両本願寺末等之寺院、宗号肩書ヘ無滞印形致し候様可申達旨、右之通被仰渡候由、此儀ニ付増上寺役者等ヨリ願上候趣も申来、一宗ニ相拘リ甚以奉恐入候事ニ御座候、当年之宗判ニ不相改、彼宗より浄土真宗ト書出候ニ、当宗ヨリ不差構宗判仕候テハ、先達テ御裁断相済被仰渡候ニ相障ト申儀も、乍恐不相立様ニ相成、一宗之者共甚倒(当)惑仕候事ニ御座候、彼宗ニテ浄土真宗ト申候テハ、当宗ニ相障候故、 公儀仰付を相守、宗判不仕事御座候、彼宗にハ従 公儀被仰出候一向宗ト御取扱を不相用、自分ヨリ浄土真宗ト書出候故、宗判等相滞候儀ト奉存候、然ハ乍恐今年ヨリ一向宗ト計相認、浄土真宗ト不相認、宗判之差滞無之様、被仰渡被下候様偏奉願候、畢竟浄土真宗ト申ハ、先達テ増上寺役者ヨリ差上候書付之通、法義ハ勿論、当山ヘ被成下候 勅書 御判物等御文言、其外多端相障筋顕然之御事御座候、猶又当二月増上寺役者ヨリ宗判之儀ニ付、委細書付を以奉願候之趣、且檀林中ヨリ御願申上候通、宜御聞済被成下、先達テ被仰渡候通、只一向宗ト御取扱、彼門徒より浄土真宗ト不相認候様、以 御威光被為仰付被下候様、一宗之門末末々之寺院迄一同偏奉願候、以上、

知恩院
役者

二月

右書状并書付大光寺持参、役者中対談之上、一両日中ニ願書可差出旨ニ相決候事、且大僧正(檀誉貞現)之御願ハ追テ可差出之旨被申聞、尤其節ハ永養寺(知恩院役者)ニテも最壱人下向致し候様致度旨、大光寺申候、夫ニ付、大光寺迄此方ヨ

り其旨手紙にても被仰聞度旨申候ニ付、手紙にて大光寺へ申遣候事、

一、御府内檀林方(伝通院・霊巌寺・霊山寺・幡随院)并天徳寺(西久保)・誓願寺(浅草)会合、且又鎌倉光明(田舎檀林)寺内々出府ニ付、相招一同御評議之上、四奉行ヨリ達之趣、返答之致方等申合有之候処、何れニも当年之処ハ無滞相済候様ニト有之候テも、御請難相成筋、併日光　御社参前、彼是労繁之事ドモ申上候も恐入、殊ニ御祈願ニも相掛り居候折柄ニ御座候ニ付、何れ右御答之儀ハ、　御社参後迄御差延之儀を、大僧正之御口上にて申上候様可致旨、評議決択有之候事、

一、御府内末山之寺院、組合々々ヨリ、仮令如何様之蒙御咎候トモ、右宗名一向宗ト不相改候テハ、宗判印形決テ不仕候間、幾重にも先達テ仰渡之通、浄土真宗ト不相認御取扱之通、幾度も御願被下度旨、追々願出候事、尤右文言数多之事故略之、一件袋に有之候事、

廿一日

一、末山門中、或ハ組合、追々為伺御機嫌目録差上之候ニ付、御披露之上、目録ハ御内証ヨリ御返し被成候事、

一、田舎檀林方も新田(大光院)・館林(善導寺)・滝山(大善寺)・江戸崎(大念寺)・鴻巣(勝願寺)等内々出府有之事、

廿三日

一、去ル十九日、土岐美濃守殿(寺社奉行・定経)并牧野越中守殿(寺社奉行・貞長)ニテ被仰渡候趣、評議之上、今日両僧(潮天・順東)を以手覚ニテ、土岐殿并牧野殿へ申入候、左之通、

宗判之儀ニ付、役者へ被仰聞候趣、委細愚老へ申聞候、然るに宗名、法義・宗判共ニ　御政事を不相離儀ニ御座候へハ、右法義・宗判一体之儀故、宗義之意味合申上度候へドモ、此節日光　御社参前繁多之御時節中ト申、殊更於愚老(豊誉霊応)も別行ニテ　御祈願申上罷在候へハ、右重々之意味合并配下ヨリも難渋申出候を乍存、此節彼是申上候儀奉恐入候、然上ハ　御社参被為済候迄、御答之儀御差延被下度奉願候外無之候へドモ、此儀ハ　御政事ニ拘り候儀ニ御座候へハ、此方ヨリ難申上事ニ御座候、右之段宜御賢察頼入存候、

右手控ニテ、土岐殿へ両僧罷越口上ニテ、新井五左衛

門へ申入候処、手控達テ所望ニ付相渡候処、本紙ハ彼方へ留置写し被相渡候、右手控之趣美濃守殿へ被申上候処承置、同役共へ申合、従是可達旨被仰聞退出、尤牧野殿(寺社奉行・貞長)へも為念申上候段をも申入候事、夫より牧野殿へ口上ニテ申入候処、承置候旨本橋六右衛門を以被仰聞候事、

一、右之趣ニ付罷帰リ、即刻御披露申上候事、

一、本山役者大光寺へも、右御答之趣奉行所へ申入候段相達候事、

一、本山役者大光寺参上、今日宗判一件、拙僧共願書土岐美濃守殿へ願書差出候段相届候事、右願書文言前ニ記之、

一、去未十二月、諸国へ触出候節、信州・遠州二ヶ国触残し置候処、今日触差出、左之通、

去ル午年、京都両本願寺ヨリ諸国之門徒一統に浄土真宗ト唱度旨、寺社司松平伊賀守殿へ願出候之処、於浄土宗相障儀無之哉之旨御尋ニ付、別紙之通差障候趣、去未正月檀林会談之上相決、書付差出候処、同未十一月十九日、於太田備後守殿別紙御書付之通被仰渡候、然処右一件去月二日、土岐美濃守殿掛リニ相成、同廿六日御同所ニテ宗判之儀、当時両本願寺ヨリ願中ニ候間、当年之儀ハ是迄仕来之通、浄土真宗ト宗門帳肩書ニ有之候テも、浄土宗寺院無滞致印形候之様、配下へ可申達旨被仰渡候へドモ、宗義ニ拘リ不容易儀、殊ニ一旦於御奉行所一向宗ト御取扱之旨被仰渡候上ハ、御請難相成趣、檀林并役所ヨリ御同所へ書付差出、御奉行所御取扱之通、一向宗ト相認、浄土真宗ト不認候様、被仰付被下度段、願書差出候、右之趣各ニテハ中々乍内々も被申事ニ無之候、可被申儀有之候へハ、御奉行所へ差向可被申候、又別ニ内々被申候謂なきニも無之候、御側勤被致候故、其御側勤之所ニテ、至極内々申候事、

一、増上寺御宗門之儀ニ付、同号他ニ有之候テハ、不相成儀何れも逸々致承知被居、尤ニ候事、

一、当四月宗門帳印形之儀、増上寺ヨリ致難渋有之旨被申候事、

一、増上寺ヨリ御願、宗号之儀ト右宗門帳印形之事ハ、筋合格別ニ被存候事、

一、如例年宗門帳印形被相調候テハ、先達テ被相触候趣も有之ニ付、触返しニ相成差支候由、是ハ触返しにてハ無之、再触ニ致可然被存候事、

一、再触と申ハたとへハ、当宗門之儀、弥浄土真宗ニ無相違、先達テ相触候通ニ候、且又其節於他宗門浄土真宗ト認候儀、無之筈ニ候旨相触候処、至此節ニ宗門帳差支候故、先無貪着、去ル年・去々年致し来候帳面之通可被相用候、 公儀於御宗門 御政事ニ障リ候儀有之間敷事ニ候之間相触候、右振合ニも候ハヽ、全く再触趣意ニ可相成候事、

一、当時相済候ハヽ、甚時節能事ニ被存候事、

右書付最上寺役寮へ持参ニ付、早速在府之檀林中、潮天寮へ相招、夜中評議有之、右書付に逐一料簡書致し候へドモ、難申入意味合も有之候ニ付、先つ何れ直談之上不承候テハ、往復難尽ニ付、翌日順東和尚(所化役者)・最上(下谷)寺同道、井上伊織方へ罷越、種々最初ヨリ之儀を申談候へドモ、所詮昨夜書付候趣之外無之ニ付罷帰、又候府内・田舎檀林方評議有之、末山・配下共に可致承知訳合之書付ニテも不被下候テハ、可取鎮手立無之段、帳場已下之者ヨリ申立、評議之上、其儀相決し、此方ヨリ文言相好書付、最上寺を伊織へ相頼候処、承知之上主殿頭殿へも内々申入、少々文言書たし被差越候、左之通、

増上寺御宗門之儀ニ付、同号他ニ有之候テハ不相成儀尤ニ候、乍然当年宗判之儀ハ差掛リ 御政事ニ相障候間、去年・去々年之通、当年之処ハ無滞印形可致候、宗名混雑之儀ハ追テ被得其意、両通写置、宗門改等之節、無心得違取計候様、配下寺院へも可被達候、以上、

二月二日　　増上寺　役者

右書付ニ最初伊賀守殿(寺社奉行・松平忠順)へ差出候書付并去未十一月十九日、太田備後守殿(寺社奉行・資愛)ヨリ相渡候書付両通差添、当月三日之日付にて差出候事、

廿四日

一、昨日土岐美濃守殿并牧野越中守殿ヘ申入候趣并承置、同役共ヘ申合、従是可達旨被仰渡候趣、山内三月番呼出相違候事、

廿五日

一、田沼主殿頭殿(老中・意次)内井上伊織菩提寺、下谷最上寺急ニ呼に被差越候ニ付、早速最上寺伊織方ヘ相越候処、極内々御渡被成候書付、左之通、

一、増上寺宗名之儀ニ付、代々之方丈御懇意ニテ役者中も不外被存候ニ付、不得止事内存之趣至極内々ニテ申達候、御老中之御役場吟味之上可被仰出候間、方丈願書、日光　御社参後、早々可被差出候、但し方丈以下文言彼方ヨリ書たし給リ候、

廿七日

一、右文言ニ御用番松平右京大夫殿(老中・輝高)被仰渡候旨、書たし被下度旨、猶又順東(所化役者)罷越頼入候処、承知被致候、然処右文言之内方丈願書ト有之候処を、方丈答書ト御用番右京大夫殿御直し御差図之由ニテ、一字直し被遣之候付、順東罷帰り評議仕候処、答書ト有之候ヘハ、田沼候之所存とは致相違候、其訳は方丈願書ト有之候ヘハ、右願書を以願之通御取捌有之候テ　公儀御宗門之儀ニ候ヘハ、他ニ可称謂無之候間、向後宗判之節も混雑無之様ニとの思召と相心得候、然るに答書と有之候テハ、先達テ土岐美濃守殿并土屋殿等、内々之由ニテ仰渡有之候、宗名・宗判之儀、当年ハ無滞可致旨被仰出候ニ付、其答ハ法義ニ相拘リ、重々申上度事候ヘドモ、此節日光　御社参前申上候ハ恐入存候旨、大僧正口上を以申入候儀ニテ候、左候ヘハ振合相替リ候ニ付、猶又明朝最一往可頼入之旨致評議候事、

廿八日

一、昨夜之書付、今朝井上伊織方ヘ順東又々罷越申談候処、所詮右右京大夫殿被仰渡候ト有之候ヘハ、御用番表掛リ之事故、方丈御答書ニテ無之候テハ、道理不相済候、勿論別心ハ有之候ト申儀ニテハ無之趣ニ被仰聞候、右之趣意委細難相分ニ付、猶又大僧正(豊誉霊応)極意承届度ニ付、寮坊主霊伝を以口上ニ、六十余州宗門之僧徒、愚老一人之身ニ掛リ候ヘハ、一統承知致し候様取計度

一、右書付ニ先達テ大僧正口上書を以申入候、御差延之手控差添被相渡候、依之右御請之儀ハ方丈并檀林へも申聞候上、御答可申上旨申入罷帰リ候、同役一同相揃御披露申上、畢テ夜中御府内六ヶ寺へ、明廿九日参上可被成旨、書付差出候事、

一、御府内寺院へハ、壱組々々へ御勝手ヨリ飛脚を以、明廿九日参上候様相達候事、

廿九日

一、今朝土岐殿ヨリ呼状ニ付、潮天参上之処、昨日ハ御書付之趣御請之儀、明日迄相延し候事ハ如何ニ候間、今日御請可申上之旨、則御請申上候事、

一、今朝田沼殿へ順東罷越、内々御請之儀申入候処、主殿頭(田沼)直ニ御逢、方丈ニも此方存寄之趣、乍内々御承知被下置存候趣、挨拶有之候事、

一、末山之寺院、昨夜之呼状ニ付、追々参上ニ付、前来之趣意を申聞、右書付之趣承知ニ候哉否之儀相糺、請書印形取之、書付組々へ壱枚宛遣之候事、

一、六ヶ寺(江戸)も追々御入来、於御前可被仰渡之処、今日ハ

候間、御請相成候様致度候、御勘弁被下度旨為念委細此方之難渋之趣等申談候処、何れ異心も有之間敷趣ニ田沼侯之御挨拶、極内々被仰聞候事、

一、昨廿七日朝、順東罷越候節、伊織被申候ハ、僧家之儀、法義相立候へハ宜、法義不相立候時ハ、身命も捨候抔ト申ものニ候、併官僧之儀ハ左様ニも無之、少しは　公儀忠勤之筋も可有之事ニ候間、他門之宗号改候抔ト申儀ハ有之間敷、得(篤)ト申入、騒敷無之様可取計旨申聞候事、

一、七時、土岐美濃守殿ヨリ呼状ニ付、潮天(所化役者)参上処、御直ニ御渡候御書付、左之通、

増上寺御宗門之儀ニ付、同号他ニ有之候テハ不相成儀尤ニ候、併当年宗判之儀ハ差掛リ　御政事ニ相障候間、去年・去々年之通ニ、当年之処ハ無滞印形可致候、宗名混雑之儀ハ追テ吟味之上可被仰出候、方丈答書日光　御社参後、早々可被差出候、

二月

右之通右京大夫(老中・松平輝高)殿御書付を以被仰渡候、

御草臥ニ付、役者中被達候事、
一、葛西・岩渕筋寺院へも呼状差出候事、
三月朔日
一、田舎檀林并大沢(円通寺)・岩城(専称寺)宿坊呼出、土岐殿ヨリ相渡候書付ニ添書相添、委細訳合申談、早々通達可有之、尤配下寺院へ、得(篤)ト致承知候様可達旨申渡候事、右添書、左之通、

両本願寺ヨリ願出候浄土真宗之儀ニ付、別紙之通去月廿八日、於土岐美濃守殿御書付を以被仰渡候間、被得其意、差掛リ宗判相滞候ハヽ、御政事ニも相障リ、殊ニ日光　御社参前ニも候間、当年之処ハ無滞宗判可被致候、尤宗名之儀ハ御書付之通、御社参被為済候後、如何様ニも御願可被仰立候、此段配下寺院へも得(篤)ト承知有之候様、御達可被成候、以上、

三月朔日　増上寺　役者

一、知恩院役者へ書状、左之通、
一簡致啓上候、然ハ去ル十九日、土岐美濃守殿にて被仰渡候、当年宗判一件、日光　御社参後迄御答延引被下度旨、大僧正(檀誉貞現)御口上之趣、手控ニテ去ル廿三日申入候処、右御口上之趣も御進達有之、御評議之上別紙之通、昨廿八日御書付を以、拙僧共へ被仰渡候ニ付、大僧正ニも先御請被成、当年差掛リ候宗判之儀ハ、無滞致印形候様、配下へも相達候間、右之趣御承知御取計可被成候、尤委細之儀ハ大光寺へ達候間、同寺ヨリ通達可致候条、不能多毫候、此段宜被仰上候、恐惶謹言、

三月朔日　(増上寺役者衆)四判

(知恩院)惣本山
御役者中

追啓、別紙御書付之通御座候ヘハ、大僧正様御願書を以下向之御方、四月下旬迄ニ当地へ到着之御積リニ、御発足被成候様ニト存候、且御当山配下へ相触候下書写差遣候間、右之趣御承知御取計候之様ニト存候、以上、

一、知恩院御門主(尊峰法親王)へ書状、左之通、
一簡致啓上候、然ハ宗名一件之儀、去月十九日於土(寺)

岐美濃守殿（社奉行・定経）・土屋能登守殿（寺社奉行・篤直）御列席ニテ、今般宗判帳面ニ一向宗之寺院、肩書ニ浄土真宗ト認有之候テハ差障候段尤候、併当年ハ最早宗門改之時節ニも相成、殊日光　御社参前之儀ニテも有之候ヘハ、先当年之処ハ無故障宗判相済候様可致旨被仰渡候、依之同廿三日、大僧正口上手控を以、宗名・宗判不相離儀ニテ、宗義之意味合委細申上度候ヘドモ、御社参前御繁多之時節ニ付、答之儀　御社参後迄延引被下度旨申入候処、右手控も御進達有之候上、別紙書付之通、去月廿八日於土岐美濃守殿被仰渡、無拠大僧正ニも先御請、配下へも其旨相達、御社参被為済候上、委細御願可被申上候間、此段御承知被成、従御門主様ヘ被仰立之為御使下向之儀も、四月下旬迄ニ御当地へ着被成候積リ、御発足可被成候、右之趣得御意度如斯御座候、恐惶謹言、

三月朔日　　四判

（坊官衆）（泰章）小山侍従様

（乗白）薗刑部卿様

（直良）樫田筑後守様

二日

一、三ヶ山（知恩寺・金戒光明寺・清浄華院）へ書状、左之通、

一簡致啓上候、然ハ宗名一件之儀、去月十九日於土岐美濃守殿・土屋能登守殿御列席ニテ、今般宗判帳面ニ一向宗之寺院、肩書ニ浄土真宗ト認有之候テハ、差障候段尤ニ候、併当年ハ最早宗門改之時節ニも相成、殊日光　御社参前之儀ニも有之候ヘハ、先当年之処ハ無故障宗判相済候様可致旨被仰渡候、依之同廿三日大僧正口上手控を以、宗名・宗判不相離儀ニテ、宗義之意味合委細申上度候ヘハ、　御社参前御繁多之時節ニ付、答之儀　御社参後迄延引被下度旨申入候処、右手控も御進達有之候上、別紙書付之通、去月廿八日於土岐美濃守殿被仰渡、無據大僧正ニも先御請、配下へも其旨相達、　御社参被為済候上、委細御願可被仰上候間、此段御承知御取計被成候様、可得御意如此御座候、恐惶謹言、

三月朔日　　（増上寺役者衆）四判

三ヶ山

追啓、御当山配下寺院へ相達候下書写差進候、

以上、

三日

一、京都円福寺（西山派本山）へも先達テ吹聴状差出ニ付、今般右書付幸出府致し被居候ニ付、役僧呼出相達候事、

四日

一、土岐美濃守殿へ順東参上、先日御渡被成候、当年宗判無滞印形可致候様之儀、六拾余州へ差出候儀ニテ、差掛リ宗判差急候所も可有之候、所ニ寄リ間ニ合兼候儀も可有之ト存候間、此段兼テ御聞置被下候様ニと届置候事、但新井五郎左衛門へ対話、

五日

一、拾七ヶ国配下寺院へ今日右書付差添触書差出、但岡崎西岸寺へも差出候事、

当宗門浄土真宗之儀、去未十二月相触候通ニ候、猶又宗判之儀ニ付、去月中相達候処、同廿八日於土岐美濃守殿、別紙之通御書付を以被仰渡候ニ付、先御請被成候間、被得其意、差掛リ宗判相滞候テハ、御政事ニ相障、殊ニ日光　御社参前ニも候間、当年之処ハ無滞宗判可被致候、尤宗名混雑之儀ハ、　御社参被済候後、如何様ニも御願可被仰立候、此段得其意、配下寺院へも得（篤）ト承知有之候之様可被達候、

已上、

三月五日　　増上寺　役者

七日

一、岡崎西岸寺へハ、当正月土岐美濃守殿掛リニ相成候事、檀林并役所ヨリ願書差出候趣等も、粗趣意相認、今般相渡候書付差添出候、大方相知候事故、文言略之、

一、遠国紫衣寺之分へ、今般相渡リ候書付差出候ニ付、添書左之通、

両本願寺宗名、於奉行所一向宗ト御取扱之旨、去未十一月十九日御書付を以被仰渡候ニ付、宗判印形等無心得違御取計候様、同十二月二日御達申候、然処当正月廿六日宗判之儀ハ、未御吟味中ニ付、年来仕来之通致印形候様、配下寺院へ可申達旨、於奉行所

被仰渡候へドモ、一旦一向宗ト御取扱之旨被仰渡、其段配下寺院へ申達候上ハ、御請難成、是迄無残処御願申立候へドモ、差掛リ　御政事ニ相障リ、殊ニ日光　御社参前、彼是御差支之由被仰聞、当年之処ハ、去年・去々年之通可致印形旨、去月廿八日別紙之通被仰渡候間、当年宗旨印形ハ無滞相済候様、御取扱可有之候、宗名混雑之儀ハ　御社参後、如何様ニも御願可被仰立候、此段も御承知可被成候、以上、

三月廿六日　　増上寺　役者

大智寺(紀伊)　建中寺(名古屋)　善導寺(久留米)　運正寺(越前)　法然寺(高松)

追加、本書之趣、従惣本山(知恩院)可申達候へとも、為念自是も申遣候、以上、

一、知恩院役者中ヨリ書状、左之通、

当月十七日之御報簡、同廿四日相届致拝見候、然ハ宗名一件ニ付、貴山大僧正様御願書、御用番松平右京大夫殿并御掛リ土岐美濃守殿へ御出駕、御願被仰入、其外御老中・寺社司・御側御用取次へハ、各位為御使僧御願書御差出被成候之由、及披露候処、宜得御意旨御座候、

一、当御門主(尊峰法親王)御方ヨリ、右一件御願被仰入候付、為御使小山侍従(泰章)、来廿九日当地被致出立、委細之儀ハ大光寺迄申遣候、且又従当山之願書、去十四日差出申候、最早御相談之上、御願出可申ト存候、右御報旁此等之趣得御意度、如此御座候、恐惶謹言、

知恩院山役者　信重院

二月廿六日　　源光院

同　役者　正念寺

永養寺

増上寺

御役者中

猶以、御別紙之通　御殿へ御書、坊官中へ之御状、早速相届申候、即返書参リ候ニ付差下申候、猶追々可得御意候、以上、

御門主ヨリ之書状、左之通、

尊翰致薫誦候、然ハ宗号之儀、彼是致混雑候段達
御門主御聴、此度御願被仰立候、依之委細被仰聞候
御紙面之趣遂披露候処、入御念候儀ニ思召候、則右
為御願、坊官頭急々差下候儀ニ御座候、此段宜申入
旨御座候、恐惶謹言、

二月廿六日　覚了院僧正　源恵　判

増上寺大僧正

貴札致拝見候、然ハ先達テヨリ粗被仰聞候宗名一件、
彼是取もつれ候ニ付、此度従　御門主様被　仰立候、
依之委細被示聞候御紙面之趣致承知候、則小山侍従
当月廿九日当地発足ニテ、其御地ヘ罷越候、委細之
儀ハ侍従ヘ御掛合可被成候、猶追々可得御意候、右
為御報如是御座候、恐惶謹言、

二月廿六日　樫田筑後守　直良　判
小山侍従　泰章　判
薗刑部卿　乗白　判

増上寺
役者御中

一、京知恩寺ヨリ之書状、左之通、
貴翰致薫誦候、然ハ宗名一件之儀、去月十二日土岐
美濃守殿掛リニ相成、同廿六日御同所ヨリ、各位之
内御両僧被召出、宗判之儀当年之儀ハ、年来仕来之
通、両本願寺末等之寺院、宗号肩書浄土真宗等ト有
之候テも、浄土宗寺院無滞印形致し候様、当宗門之
寺院ヘ可相達旨被仰渡候、然ドモ此段不容易事ニ付、
江戸檀林中并各位方会評之処、宗門大事不過之、仮
令如何様之預御咎候テも、右被仰渡候趣御請難相成
旨、御評談之上、大僧正前ヘ被申上候之処、評定之
通御決択被成候、因茲檀林中并各位御願書、御別書
之通、今月朔日御掛リ土岐美濃守殿ヘ御差出有之、
且又御同列三ヶ所ヘも、同様御書付両通宛御差出被
成候間、猶此上御老中方ヘも、右書付可被差出哉之
儀、且其御山御支配下之寺院ヘ御別紙之通、御内達
之御書付写等、委細御申聞致承知候、於当山も右之
趣を以、門末之寺院ヘ及内達候、右為貴答如是御座

候、恐惶謹言、

二月十二日　知恩寺　暢誉(周円)判

増上寺

御役者中

一、二月二日、御本丸老女高岡殿・花薗殿・飛鳥井殿・滝川殿・花しま殿・野むら殿へ、此度宗名一件、今日江戸檀林方役者中願書、土岐美濃守殿へ被差出候訳、且願之通相済候様、御内々御願之次第、文を以委く御頼進られ候、外ニ西丸岩橋殿ハ、惇信院様(徳川家重)御附ニも御座候テ、別テ御当山御親敷ニ付、高岡殿・花薗殿・岩はし殿三名ニテ、格別ニ厚御頼被成、御文ニテ被仰進候、右御大切之一件御頼ニ付、前日おこな参られ候之様頼遣、おこなへ御直ニ被仰進候、依之おこなへ金五百疋被下之、且右一件格別に花その殿へ御内頼筋、阿部式部殿奥方ハ、則松しま殿御娘分ニテ、花薗殿姪之続有之候ニ付、其由緒を以兼々文周(増上寺行者・田中)右屋敷へ出入致し候間、別段是又文周参リ相頼、花その殿へ委細申進候事、但此段内々にて為知来等之儀蜜事故、不及書記、文周掛リ合候事、

一、二月十七日、今日日光　御社参御祈願　黒本尊前御札・供物被差上候ニ付、おこな前日に参候様申遣置候処、参リ候ニ付、乍序今日宗名一件　御前御願書被差上候写、右老女かた六人列名一通并高岡殿・花その殿・岩橋殿三人、別段文を以被仰入候事、

一、此度右京大夫殿ヨリ仰渡候宗名書付写、今日おこな呼候テ、右御老女方六人列名御文添被遣之、且外三人へも、別段ニ御礼被仰遣候、乍序ぬり重入干菓子、且亦黒ぶんこ入羽二重弐疋宛被遣之、岩はし殿・冨野とのへも同様被遣之、おこなへも隅田川三升入壱樽、金千疋下之、且又最初冨野殿へ別テ御頼被申候ニ付、ふらすこ入名酒徳利名入被遣候事、

一、先達テ御老女方参詣之節、両度迄冨野殿御口付(破損)、右一件厚く御頼、尤御懇ニ御世話なされ候事、

此弐冊順東和尚(所化役者)記録正本写置もの也、

建中寺所蔵

『尾張國浄土宗寺院由緒書』

目次

（表紙）「元禄八乙亥年十月

鎭西流寺院由緒書

徳興山崇仁院建中寺

御用部屋控」

開山縁起

尾張國愛智郡古井邑寶龜山相應寺者、奉爲相應院殿信譽（徳川家康妾・義直母）公安大禪定尼、二品前亜相義直（徳川）卿所被創建、因封民戸數十家當三百石、解民之徑（マヽ）役爲四時供料、粤開山本蓮社眼譽上人呑屋和尚者所生甲州人不詳氏族、幼而離家、同國以教安寺七（九カ）代寂（呑宿）譽上人爲剃落之師寂譽當州來應爲高岳院開山、自爾留學相州鎌倉光明寺、而以傳察（深譽）和尚爲付法師、逮積臘三十年□（破損）時件頭焉、蓋屋師所嚴（マヽ）皆世高德故、大禪尼歸依異他、是以命于屋曰、庶師居尾陽當弘通眞宗而已、嚴命難辭、乃應嘉召、寛永五年住高岳院、居十六年、然後貴尼寛永十九年九月十六日逝去、於茲所營建當寺、其翌年癸未（寛永二十年）歳落成、號相應寺、瘞靈骨於堂乾矣、同年秋八月前亜相（徳川義直）公以呑屋爲開山、從高岳移當寺住持四年、被擬于洛東黑谷（金戒光明寺）之住職、正保三年丙戌三月二十一日移金戒光明寺、居七稔、敬欲謝貴尼之鴻恩、営一宇安靈牌、因名公安院、東山之中紫雲（金戒光明寺）山側今尚在、承應元年遁黑谷、蟄居當國布池之邊、其所居地前亜相公賜之、後號自然院當山末寺、以眼譽爲開山、維時寛文八年歳次戊申四月二日、壽八十二安祥示寂、

元禄八乙亥年十月日　知恩院末寺　相應寺住　辨譽

尾張國知多郡大野村照高山洞仙寺、開山燈蓮社性譽上人白雲和尚、所生三州人、姓氏不詳、落髪・付法之師、法崛・積臘亦不分明矣、於此村有檀信平野氏、曾一郡之令矣、遁世而後日、洞高教仙俗名曰三郎左衞門身巳雖交囂塵、心常捿

淨域、是故天正四年創造草堂而、吾名卽爲寺號、願結縁焉、幸哉、性譽來此地、請住之矣、教仙曰、是何人乎、性曰、予是修西方業之、客恒勸念佛、欲世人於運濟、教仙嘆其德留之爲開山、居住十二年也、于時天正十六戊子歳六月十七日、齢五十三遷化、

元祿八乙亥年十月日　尾州相應寺末寺大野村 洞仙寺　覺譽

尾州春日井郡大森村興舊山大森寺、開山行蓮社信譽上人大龍和尚

一、姓　酒井氏、

一、生所　肥之後州熊本人也、

一、同所西福寺釋譽龍無弟子也、

一、兩脈之師　叡譽聞悅上人

一、布薩之師　頓譽智哲上人

一、寛永十四丁丑年草創之寺也、
至元祿八乙亥年五十八年也、

一、遷化　延寶元年癸丑二月四日、世壽七十九歳、至元祿八乙亥年二十三年也、

開山畧記

釋大龍、姓酒井氏、肥之後州熊本人也、事于同所西福寺釋譽、三五(十五)薙髮、天性至孝、欲報師恩、止東關學在師膝下、奉事師長二十有二年也、時寛永六己巳年秋八月、釋譽示寂、而後其閑居之地建立一宇號松音寺、爲釋譽開基、住于此八年、寛永十三丙子秋有事下向東武、無量山(傳通院)之衆長成譽廓呑者、幸因法縁淹留旬餘日、傳通院函丈叡譽聞悅上人一相見如舊知、更不許本邦之歸航、翌年正月尾陽君(德川)光友卿祖母相應院(德川家康妾)殿、龍好儀容俊偉深懷敬重、則光友卿母氏爲歡喜院(德川義直妾)殿、傳通院側造営一宇、稱歡喜院、使龍領其寺務、時是寛永十四丁丑年也今至元祿八乙亥年凡春秋五十有八年也、龍四十四歳、寛永十五戊寅年傳兩脈於叡譽(聞悅)上人、明暦二丙申年稟承布薩戒於頓譽(知哲)上人、而後寛文元年光友公引歡喜院於尾陽起立一寺、同年夏六月號山於興舊、改寺於大森、請使龍住之、龍曰、予已向七旬、如何勤伽藍主乎、辭再三、公重曰、寺務令屬弟子、汝唯可住閑居之思云々、依之不

能固辞、恭従君命、爲鼻祖也、時延寶元癸丑年二月四日、世壽七十有九歸寂（至元祿八乙亥年、二十三年也）延寶三乙卯年本山知恩教院玄譽萬無和尚、嘆龍譽名多（一、伽藍開祖徳、二、厚君寵徳、三、平僧而不殘淨土諸傳徳）、奏達天聽賜贈上人綸 旨明也矣、

元祿八乙亥年十月日　尾州大森村（知恩院末寺）大森寺

尾州愛智郡名古屋南寺町大雄山性高院、開山圓蓮社滿譽上人玄道凝信和尚、不詳氏族、傳言、所生者駿州府中人、修學檀林者相州鎌倉光明寺也、雖然不知薙髪・附法之二師、住職性高院以後、閑居三州岡崎源空寺、寛永三丙寅歳十月二十九日、春秋七十一示寂、

當院開基由來

薩摩守忠吉公（松平）武州崎玉郡忍庄爲城主時、母君寶臺院殿（徳川家康妾）之尊牌、安于庄之正覺寺（古跡也、滿譽住）、慶長五庚子年忠吉公替移城於尾州春日井郡清須郷、維時於清須奉爲寶臺院殿、新建立一寺、而是亦稱大雄山正覺寺焉、結構梵地、於庄內寄附佛供於百石矣、公嘗有深契、招滿譽爲開山（忍正覺寺之住持也）、惜哉、公（行年二十八）慶長十二丁未稔三月五日於武州芝逝去（觀智國師有燒香）、送遺骨於清須、立靈廟於大雄山、法名號性高院殿憲瑩玄白、慶長十五庚戌歳牽清須城移于名護屋、時寺亦隨徙（從）矣、肆改正覺寺、號翻性高院、即忠吉公成菩提所、當寺是也、清須之寺跡起立一宇、名正覺寺、今有之、又以滿譽爲開山、自清須開基、至元祿八年凡九拾三年也、

元祿八乙亥天十月日　（知恩院末寺）性高院　香譽

尾刕春日井郡清須大雄山正覺寺、開山圓蓮社滿譽上人玄道凝信和尚

開山上人之行狀并寺起立之由來、如顯本寺性高院緣起、慶長十五年城移名古屋之時、寺跡地從國主（徳川義直）賜之、建立一宇而爲滿譽開山、成性高院末寺、今有之、本依爲寶臺院（徳川家康妾）殿尊牌前（所カ）、國主獨禮之寺也、

元祿八乙亥年十月日　（名古屋性高院末寺）清須　正覺寺

尾州海東郡津嶋村岳翁山西方寺、開山長源上人、姓氏・

生所・剃髪之師・修學檀林・附法之師・寺移住次第不分明、天文三甲午年三月四日、行年六十而遷化、又寺起立由來・舊記無之、

元祿八乙亥歳十月日　　名古屋性高院末寺 津嶋村　西方寺

尾州愛智郡名護屋持名山菩提心寺高岳院、起立之由緒并開山行狀之事

當院者國主古大納言義直卿(徳川)、同氏一胞之舍兄仙千代公(相應院子)、法名高岳院殿華窓林陽公大禪童子菩提所也、慶長十三戊申年於當國春日井郡清須城下有建立、而被奇附寺領百石矣、然僅歴四箇年、慶長十六辛亥曆清須城曳移名古屋、時寺亦移當境、今地是也、

寺建立之由致者、仙千代公依早世、母卿相應院殿(徳川家康妾)深愁傷餘、使彼仙公之乳母蓮譽宗珠佐枝氏主馬助内室告白、上君(徳川家康)若爲仙公菩提、新修造佛閣者、我晨夕斷腸姑(ママ)夫安寧乎、粤彼宗珠卽得其旨趣、所勤　家康公之嚴瑠、幸哉、契當于尊懷而、巨細犬山城主平岩主計頭親吉方仁被　告

令成下、是時相應院殿之愁氣、果然如雲霧晴、家門衆屬誰人不賀之乎、然則主計頭爲支配伽藍建立、寺領納附、開山請待等事悉令成就畢、自爾以來國主代々被納黑印於當院、諸堂修理等于今無怠減而令相續者也、

一、當院開山照蓮社寂譽呑宿不黑上人、生所并姓氏未分明、遺弟傳曰、甲府之大家妾腹之產子也、剃髮師者甲州教安寺方丈、依止師者同塔頭專修院見宿大德也、學林者岩筑淨國寺、傳燈師者卽淨國開山惣譽(清巖)上人也、抑寂上人天姿(資)聰明、而螢雪鑽仰之勤異他故、修學功成、進件頭席故、可爲淨國第二之世住雖蒙尊命、法縁之地難避而、遂住職教安寺、爲第七世之的祖、於此寺一夏引率彼淨國之大衆、縱恣建行法幢、九旬間師學最無難而、粗有靈感、人口傳之矣、然後讓寺于門弟、同州靑沼退居而、靜念閑誦之暇、倍振法化焉、爰有淺野隱岐守、歸依渴仰之餘、於彼幽地新造營殿堂、敬乞住世弘通故、寂上人深感他仰信、乃移衣鉢於其道場、號極樂寺而、以法輪常轉賞焉、後日又於當國建立當精舍、既

令成就、時寂上人行解圓備之德風自然而高、因穿仙公家門之衆耳、屢有嚴請者、遂不得止爲當山基住、而乃興南山之古風、激吉水之舊流矣、粤又有信州松本城主小笠原右近太夫(秀政)、爲慈母峯譽高月禪尼草創一宇梵刹號峯高寺、今相續于、悉祝藏累世家父之靈牌而、謂家臣曰、將欲令択明德之僧寶、以爲我氏寺萬代之鼻祖、且夫淨門衲僧今有何處、汝等咨詢宜拜誦之耳、於茲衆臣相議云、遙聞、尾陽高岳寂上人者智道兼備而法德拔群也、故自大相國公(德川家康)以下當家之豪屬歸敬之尊宿也、若使斯上人請以爲開山者、當時眉目來葉規模寧夫大歟、是時百評忽一任而、三請既鄭重也、先師撫(憮)然曰子孝道之至也、感激有餘、雖爾吾及老耄、脫屣於當山發駕于遠境、似名利馳騁、失心地淸操、且辭之、不如遁他之誹謗焉、報云、唯敢非求久住、只欲遺師初住之牌名於後代也、儻夫暫時假住者愚望將足耳、師默許、而卽飛錫其山、頭振拂彼階上、執行入佛轉眼之法會、相定蓮門日用之淸規、自貼開山住之世牌而、便當山歸家穩坐畢、凡在住十五年間臨世上、則自正禮義、以誡民家之放蕩妙、感夢想能決日徒之諍論、感夢想自信州歸當國、有決日宗之諍論事、亦居室中、則堆禪教兩關、常試投機、開聖淨二門、日導衆、蒙所以國家之信伏露ノ如朝深、法侶之參到星ノ如夕盛也、一時告滅於大衆、垂示于面前曰、獨生獨死獨去獨來、汝等知否那箇、是獨言訖、滿座寂寞一心稱名外、更無用他語、勵聲數刻後、身無若痛怡然坐逝終焉妙應有信、各々雖有感得、恐繁不記、于時元和八壬戌曆正月二十三日、世臘滿八十歳也、蓋以一生受貴家之崇敬三轉極樂・高岳・峯高三處爲法山之開基也、寔寂師超凡之風光不可得稱者歟、加之法孫之長榮殆有勝于師者、所謂有始當所相應開山後洛陽黑谷(金戒光明寺)一代賜紫上人、或有建中前住紫袍沙門兩輩、其外數箇門葉、各住古山居名寺而、盛挑法燈事不遑勝記、皆是師之陰德深重所致也、故因記之云爾、

元祿八乙亥十月

知恩院末寺
高岳院

尾州智多郡平嶋村知荒山西方寺、開山龍譽安惠上人、不

知一世之行狀、天正元壬酉歳三月十四日遷化、寺起立由
來不分明、

元祿八乙亥年十月　高岳院末寺 西方寺

尾州愛智郡名古屋東寺町逞龍山西蓮寺、開山慶蓮社逞譽
祖的上人

姓武田氏、所生者甲州人、剃髪之師・學問檀林・附法之
師者下総國生實鄕大岩(嚴)寺開山道譽逞(貞)把上人也、
寺起立之由來者、逞譽既西蓮院殿貞叡淳松大姉依被受厚
恩、爲酬恩、於當國清須建立一寺、號西蓮寺、逞譽卽成
開山、自爾至今年百二十六年、慶長年中從清須越移當地、
今地是也、寛永二乙丑九月廿七日、逞譽齢八十而示滅、
已上、

元祿八乙亥天十月日　知恩院末寺 西蓮寺

尾劦愛智郡名護屋東寺町攝取山遍照院、開山本蓮社願譽
念宗和尚、姓氏・生所・剃髪師匠・修學之檀林・附法之
師不知何處何人、元和七辛酉年霜月九日、行年七十一、
於當院遷化、
當院起立者、尾州靑山彌次兵衞尉元和七辛酉年、從國主(徳川義直)
得寺地建立之、已上、

元祿八乙亥年十月日　知恩院末寺 遍照院

尾州愛智郡名古屋南寺町終南山光明寺、開山溪蓮社湛譽
岌井上人

岌井世姓不詳、當國愛智郡中村人也、其師岌蓮居同鄕、
以隱逸德知名、投彼菴薙髪、奉師有孝、然蓮不日化、終
求法於東域、成學於累年、漸歸來古鄕中村矣、應永廿五
次戊戌年爲師恩開蓮旧跡成寺、則號終南山光明寺、盛立
法幢化皁白、從居住既十一年、正長元(年脱カ)四月初忽臥疾、八
日唱辞世句謂、鐘呼生死睡大事一聲休稱彌陀示寂、報齢
五十七、于後移寺於春日井郡清須、慶長年中又轉于名古
屋、営構今地矣、岌井修學之法席・嗣法之師・什記脫之
也、

元祿八乙亥歲十月日

知恩院末寺
光明寺

尾州愛智郡名古屋南寺町重寶山無量院養林寺、前住知恩寺廿八代・當寺開山天蓮社曉風岌長上人

岌長姓織田氏、信長一家也、明應元年生濃州岐阜、幼雅(稚カ)而後父母天性嫌魚肉、自然賤童遊僧徒好、爲其法器令將、爲薙染未知何寺何宗、永正年中自負笈、離古郷遠尋師遊洛陽矣、然前知恩寺岌翁和尚者、元祖(法然)二十七代的傳正統宗旨、本山棟梁而道高當世、終會彼席下提撕祖釋累月鑽仰秘決、歷年浴寫瓶水蒙兩戒許、剃抽令爲長德山(知恩寺)四七祖、於是誕敷玄風利群萌高曜皓月示末流、貴賤如林聚、阜白如市來矣、維時天文廿二歲次癸丑三月恭　帝(後奈良院)　勅辨司、上人岌長乘輿昇殿、趺坐見君五箇日間、講選択集大意、

帝感喜餘、林鐘下五日准上人元祖先例而、勅賜上人號綸旨、褒譽超他、此時百萬返(知恩寺)成常紫衣寺、永祿元年上人告衆曰、吾歲既闌齡尤傾、不如閑居而唯念佛、速辞於本山、歸濃陽岐阜、営構一宇幽居矣、數途二紀行遊尾陽名古屋、于時林作州林佐度守也、信長若冠之時父備後守所附置四老人之其一也、和尚以爲主君之一家敬之、尤深厚館內結草廬、立慈父梵紀牌、爲和尚休地、奉贍佛餉、擧世呼養林老和尚、岐阜舊房永祿元年則以閑居歲月、作州欲爲開基檀越、依之和尚自爲開祖、附法資岌盛、號養林寺、同六年八月二日高聲十念、面容如笑滅示養林淨刹、報壽實七十二、僧臈五十有餘也、天正八年林作州被所遠流、此時一家及落居寺地衰敗、二代岌盛從寺於濃阜引移尾州清須、其後慶長年中又移來當地、建立今處也、

元祿八乙亥年十月日

百萬返末寺
養林寺

尾州愛智郡名古屋寺町無量山壽經寺、開山正蓮社鏡譽上人

姓氏・生所・剃髪之所・師匠・學問檀林・附法之師・寺移住、皆不明白、天文二十辛亥十月廿六日、行年八十而遷化、今年迄百四十五年也、寺開基由來、起立之年月無舊記、於當國淸須草創而、成知恩院末寺、山號・寺號從本山(知恩院)賜之、慶長年中淸須城越名古屋時、引移寺於今地而

立之、已上

元祿八乙亥年十月日　知恩院末寺 壽經寺

尾州名古屋五臺山尋盛寺、開山西蓮社慶譽上人、所生者當國春日井郡清須之人、不詳氏族矣、剃髮所・師匠・學問之檀林・附法之師、皆以不分明、

寺起立者慶譽於清須邑、文祿三甲午年自建立而、卽成開山、從本山(知恩院)賜寺號・山號、慶長年中引移寺於今地、慶長拾四己酉歲八月九日、開山慶譽行年七拾而、滅示此蘭若、

已上、

元祿八乙亥天十月　知恩院末寺 尋盛寺

尾州愛智郡名護屋教営山瑞寶寺、開山正蓮社呈譽玄治上人、生所者勢州長嶋鄉矣、姓氏・剃髮之所并師範・學問檀林及附法師、當寺開基已前移住次第、皆不悉、

當寺起立、文祿年中於當國清須有草創、然不知其年月、慶長年中越移當地、寛永二乙丑歲二月廿一日、開山逞譽報壽七十八而於當寺示寂、

元祿八乙亥稔十月日　知恩院末寺 瑞寶寺

尾州名古屋萬德山法藏寺、開山大蓮社光譽上人融覺和尚、不詳姓氏、又不知何許人、受戒・付法之二師、修學法席亦不悉、於當國清須鄉、天文十辛丑年営構此寺、居住有年、永祿十一戊辰歲三月十八日、世壽八十九示滅、然後慶長年中避清須、移寺於此處、已上、

元祿八乙亥天十月日　知恩院末寺 法藏寺

尾州愛智郡名護屋久野山清安寺、開山淳蓮社完譽上人月秀和尚、姓氏・生所・剃髮之處并學問檀林・附法之師不詳、行狀・寺移住者始住于當地之壽經寺、自壽經寺轉住當寺、從當寺移轉勢州松坂樹敬寺、自樹敬寺閑居同國日永兩聖寺、寛文六丙午歲秋八月廿日、行年七拾一遷化、

寺起立者當國愛智郡南野村有古跡之阿彌陀堂、及大破、正保三戌年春當家中士久野七郎右衞門、爲亡父清安菩提

再興此地而、號久野山清安寺、已上、

元祿八乙亥天十月日

知恩院末寺
清安寺

尾州愛智郡名古屋正覺山阿彌陀寺、開山心蓮社本譽無角上人、生所者當國春日井郡清須村人也、姓氏并剃髪之所・同師匠・學問之檀林・附法之師不委悉、寛永二乙丑年八月十日、行年七拾四、在住三十三年、於當寺遷化、當寺起立文祿二癸巳歳、於當國清須村開山本譽建立之、清須城越名古屋之時、寺亦引移今之地、已上、

元祿八乙亥天十月日

知恩院末寺
阿彌陀寺

尾州愛智郡名護屋性海山梅香院、開山信蓮社單譽性海吟哲上人、姓者青山氏、父者當國犬山城主平岩主計頭(親吉)家臣正吉也、六十四年以前寛永十一年、當地養林寺中興第六世專譽廓道入室、正月廿五日受戒出家而奉事七年、然後志學於東武、同十七年十七歳而到于三縁山增上寺矣、傳受五重於業譽(還無)上人、稟承兩脈・布薩戒於頓譽(知哲)上人、學席積臘二十有三年、寛文二寅歳九月住職于師跡養林寺五年、寛文六年應國主(德川光友)之命而、住職于同所高岳院十八年、天和三亥春隱居矣、

當院起立、貞享三寅稔八月、同國中嶋郡奥田村觀蓮寺及退轉、求其舊寺、引移今之地令起立之、翻性海山梅香院、成本山知恩院末寺、隱居吟哲又住于茲成開山、元祿六年十月二十五日、行年七十二、於當院示寂、已上、

元祿八乙亥稔十月日

知恩院末寺
梅香院

尾州愛智郡名古屋巾下高木山寶周寺、開山覺蓮社正譽陽州上人、姓氏・生所不悉、剃髪之師者同國岩倉村誓願寺第三代講譽宗演上人也、學問之檀林者武州神田知恩寺、附法之師者則幡隨意(神田知恩寺開山)和尚也、

寺起立來歷者、當國榮村稱阿彌陀院而有古跡、即知恩院末寺也、彼寺頽破、寛永八辛未年寶周院殿妙安成施主、再興寺於此地而、號高木山寶周寺寶周院ハ高木氏、招陽州爲開山矣、再興之趣達于本山知恩院處、古跡相續無異隔之条、

賜證文有于當寺、
陽州戒臘二十年餘、四十歳之時師跡岩倉誓願寺始而入院、從誓願寺轉住濃州兼山淨音寺、從淨音寺移轉當寺、在住十三年、此間勸化遠近之道俗緇素悉歸依、念佛其行德于今傳人口、寛永廿癸未年壽六十七、於當寺遷化、已上、

元祿八乙亥歳十月日　知恩院末寺　寶周寺

尾州中嶋郡片原一色村相頓山善應寺、開山念蓮社一譽越詮上人

姓氏・生所・剃髮之師・學問檀林・附法之師、具不知其行狀、

寺起立者天文元壬辰年、橋本伊賀守、法名善應院殿、當村所領之時爲菩提所建立一寺、號相頓山善應寺、卽越詮上人爲開山矣、越詮在住十五年、天文十五丙午九月朔日於當寺示寂、

元祿八乙亥年十月日　知恩院末寺　善應寺

尾州海東郡中一色村栖臺山西方寺、開山安蓮社住譽上人久讃和尚、生所者三州岡崎、剃髮之處者同國大樹寺也、何之代乎其師不分明、姓氏・學問・檀林・附法師亦不明白、慶長八癸卯年二月廿六日、行年六十八於當寺遷化、寺起立者天正拾壬午歳、開山住譽於當村建立之、來歷不委、已上、

元祿八乙亥十月日　知恩院末寺　西方寺

尾州智多郡石濱村淨土山一乘院明德寺、開山善蓮社心譽秀山上人

姓氏・生國・剃髮之師・學問檀林・附法之師無傳記、貳百九年以前長享元戊申年九月二十七日、於當寺遷化、

寺起立由來・年月等無舊記、

元祿八乙亥十月日　知恩院末寺　明德寺

尾州智多郡小川村海鐘山終南院善導寺、開山證蓮社信譽上人、生所・姓氏・剃髮師・修學檀林・附法之師・遷化

之年月等、不知其行狀、
寺起立年月是亦不明矣、由緒者善導大師直筆眞影依有之
爲寺號、厥後天文拾九庚戌歳言(マヽ)寶譽上人、從紀州來而住
職于當寺也、寺及頽破造營之、以爲中興也、　家康公尊
母太方(水野氏・お大)卿號傳通院殿、當村往昔水野氏居城之地、　太方
卿依爲御所生地、當寺江每度有御參詣、成御菩提所、維
時被寄附佛供田貳拾一石餘矣、寺納記錄別有之、已上、

元祿八乙亥十月日　知恩院末寺 善導寺

尾州智多郡矢口村法林山濟乘院、開山天蓮社眞譽上人、
姓氏・生所・剃髮所・師匠・學問檀林・附法之師・寺移
住次第不分明、應永九壬午年起立、當寺在住九年也、應
永十七庚寅稔七月十五日遷化、今年迄貳百八十六年也、
已上、

元祿八乙亥歳十月　知恩院末寺 濟乘院

尾州智多郡角岡村龍臥山雲谷寺、開山金蓮社法譽龍性上
人、生所・姓氏・剃髮之所并師匠・學問檀林・附法之師
絕什記、
寺起立不知其年月、傳言、往昔台家之蘭若也、百五拾年
以前令改宗、成淨土宗寺矣、法譽龍性改宗開山也、已上、

元祿八乙亥年十月　知恩院末寺 雲谷寺

尾州丹羽郡岩倉村智德山誓願寺、開山榮譽秀興慶傳上人、
不詳姓氏・生所、剃髮之所者京都淨花院也、不知其師、
學問檀林者鎌倉光明寺相續也、
寺起立天文十四年、當所織田伊勢守信安卿在城之節、從
內室被建立之、開山在住二十四年、永祿十二年十一月十
日入寂、

元祿八乙亥天十月日　知恩院末寺 誓願寺

尾州春日井郡大泉寺村賜恩山退休寺、開山心蓮社念譽呑
茂上人、姓氏不分明、剃髮之師同國名古屋高岳院開山寂
譽呑宿上人也、呑茂初入寺檀林傳通院、厥后移增上寺座

下、修學臘二十五年、附法之師傳通院住定譽隨波上人也、
寛永二十未年當國師跡高岳院江入院、在住廿四年也、寛
文六午年轉住相應寺、在住八年、延寶元丑歳轉住建中寺、
在住九年、天和元酉年九月四日於建中寺遷化、行年七拾
六、已上、

當寺建立者正保元申年、當國亞相光友(德川)公傳役小野澤又七
郎吉清法名道嘉、再建古跡大泉寺而、號賜恩山退休寺、寺領
三拾石者從光友卿被寄附之、呑茂高岳院住職之間、願主
道嘉爲歸依故立開山牌、已上、

元祿八乙亥天十月　　知恩院末寺　退休寺

尾州海東郡葉苅村法性山長福寺、開山想蓮社岌清上人、
姓氏・生所、薙染・嗣法之兩師、修學之法席不分明、天
文九年春營構當寺矣、然岌清法資有數、各住于諸寺而、
勤師禮於當寺、自成末寺、今當山所屬十有餘之寺是也、
岌造立當寺、同年六月六日行年八十七示寂、已上、

元祿八乙亥十月　　百萬返末寺　長福寺

尾州丹羽郡犬山邑一部山專念寺、開山讃譽故念上人者土
岐氏、濃州人也、幼歳而投貞忍和尚出家、入相州鎌倉光
明寺習(修)學焉、貫穿教義研究宗旨、承宗脈於光明寺焉矣、
蓋志遠遊、辭鎌倉行脚之間奄留于玆、以專修稱號、令邑
郡勸誘、城市尚道士民慕化、正協於時緣、遂卜居是地創
建一宇、以弘治元年宿次乙卯八月落成、號一部山專念寺、
粤而犬山之守池田信輝日紀伊守後號勝入與念師有聯族緣故、令寺地
於安堵、住三十有餘年、弟子天榮和尚嗣住于玆、然而洛
陽大雲院貞安和尚者念師之嗣弟、因被招于安公、晩年辭
犬山赴洛都居一條邊、於此利導日隆、道德益高、卽所居
之地又營建一宇號專念寺、凡師之所到乎德不孤群歸化、
師悚然、以爲王畿事繁聚洛物宣、兼量臨終行儀、耄年之
頃遯入吉野山、專修淨業日夕不暇、以慶長四年歳在己亥
五月十七日示寂、壽八十有六、嘗居京師間一日延佛工、
自端坐合掌曰、可刻予之此影像乎、工諾雕造之二軀、其
一送犬山專念寺置之、其一留洛陽專念寺安之、

元祿八乙亥年十月日

知恩院末寺 專念寺

尾劦智多郡篠嶋西方寺、開山安譽良仙上人、隱遁人也、不知一世之行狀、寺開基永正十三丙子年也、

元祿八乙亥曆十月日

知恩院末寺 西方寺

濃州可兒郡兼山村海潮山淨音寺、開山眞蓮社諦譽智安上人、姓氏不詳、不知何許人、剃染・受戒之師・修學檀林・附法之師不委悉矣、當寺草創者天文年中也、往昔兼山城主齊藤大納言(正義・道三養子)、爲智安淨業指南之眼目故、歸依崇敬異他、因玆營造當寺、請智安以爲開山、天文十辛丑九月九日智安示寂、住世之星霜不知幾年、亦是世壽・戒臘何歲不悉、

元祿八乙亥十月日

知恩院末寺 淨音寺

濃州惠那郡落合村中央山高福寺、開山圓譽上人、姓氏・生所・剃髮之師、及學問之檀林・附法之師・遷化之年月、皆以不知、寺起立者天文拾二癸卯年也、不知其由來、

元祿八乙亥天十月

知恩院末寺 高福寺

濃州方縣郡折立村廣大山超勝寺、開山源蓮社眞譽故念上人、天正十三乙酉曆草創當寺而住山十五年、慶長四己亥年七月十七日遷化、壽六十八、開山姓氏・生所・剃髮之師・檀林・附法之師、惣而不知一世之行狀、已上、

元祿八乙亥十月日

超勝寺

濃州厚見郡岐阜下矢嶋町易行山本誓寺、開山唐蓮社演譽凝念上人、姓氏・生所・剃髮之師・檀林・附法之師・移住次第、皆以不分明、開山遷化者天文二癸巳歲五月廿四日、行年七十一、

一、寺開基由緒亦是不分明、當山寺役免許者、織田中納言秀信公之黑印有之、

一、織田秀信公落城之砌、從羽紫(柴)左衛門太夫(福島正則)殿、繼目之黑(墨)付、當寺中興釋譽(達無)上人被頂戴、于今有之、

一、從先年美濃國一宗御改之節、當寺江濃州之僧錄、從本山(知恩院)被仰付、依之黑(墨)付數通有之、已上、

元祿八乙亥天十月　知恩院末寺　本誓寺

濃州厚見郡岐阜下矢嶋町易行山本誓寺末寺、同國同郡加納宿寂靜山西方寺、開基者本寺本誓寺中興德蓮社釋譽達無上人也、姓久松氏、三州產也、當地城主奧平美作守信昌之乳母爲兄弟故、招請此地而爲開山矣、當寺草創者慶長六年樂當城半也、上人住職十有五年、慶長廿乙卯歲六月五日、世壽七十九寂矣、剃髮之所・檀林・附法之師不悉、已上、

元祿八乙亥歲十月日　岐阜本誓寺末寺　西方寺

濃州厚見郡岐阜善光寺大門遍照山法圓寺、本者於同國山縣郡大桑村令開基之、自爾天文年中引移當寺、在寺百四拾年餘、

開山浮翁誾永上人、後花薗院御宇寬正三壬午三月八日、壽八十而示寂、至今年貳百三十四年也、

開山誾永、姓氏・生所・剃髮之所幷師匠・學問檀林・附法之師・寺起立由緒不分明、已上、

元祿八乙亥年十月　知恩院末寺　法圓寺

濃州惠那郡中津川中道山大泉寺、開山岌往上人、生所大和國奈良人也、姓氏・剃髮之所幷師匠・修學檀林・附法之師・移住次第・遷化年號月日・行年等、惣不知生涯事、

元祿八乙亥歲十月　知恩院末寺　大泉寺

三州賀茂郡寺部村
極樂山隨應院由來

一、先年者曰淨土院、同郡力石村ニ有之、住持者法譽上人也、

一、當寺從昔寺地ニ而有之處、及頽破致中絕土地計有之

由、因玆長享二戊申暦力石村之極樂山淨土院、山號・寺號トモニ寺部村江右之法譽上人被移之、從其以前ハ分明ニ知不申候、

一、地頭鈴木日向守殿、則法譽上人ヲ直ニ開山ニ被請待處、法譽師匠同國大樹寺開山勢譽（愚底）上人第一弟子、忠蓮社專譽上人申、是ヲ致開山度之由、建立施主日向守殿江被相屆、爲專譽開山、專譽遷化者大永七丁亥年六月七日、今年迄百六拾六年也、入寂以後弟子法譽入院、卽二代目也、當寺八世見蓮社生譽上人迄者淨土院ト申也、成渡邊飛驒守母儀菩提所而、本寺大樹寺江被遂斷、承應元辰天八月十日改極樂山隨應院、

一、右力石村淨土院者號金重山高昌院、成當寺之末寺、于今有之、

元祿八乙亥歲十月日

大樹寺末寺
隨應院

三州不動堂村明圓寺、開山專蓮社法譽上人、元龜三壬申天三月十六日入寂、天文十五丙午歲寺開基、今年迄百五拾年也、

隨應院末寺
明圓寺

同州上野山村蓮臺寺、開山源蓮社然譽上人、慶安元戊子歲八月二十三日入寂、寬永二乙丑天寺開基、今年迄七十一年也、

隨應院末寺
蓮臺寺

同州力石村金重山高昌院、開山專蓮社法譽上人、行狀不委、寺起立者文明十一己亥年、今歲迄貳百拾五年也、其昔寺地ニテ有之由、然レトモ不知由來、已上、

元祿八乙亥稔十月日

隨應院末寺
高昌院

三州賀茂郡澁川村岡野山性源寺、開山安蓮社玄譽上人、不知一世行狀、明應六丁巳暦十月廿七日遷化、今年迄貳百二年也、

寺起立者明應四乙卯暦、今年迄貳百四年也、傳言、澁川

村稱岡野山而有山、地頭將監爲歸依玄譽上人故、此山建立一宇而、卽號岡野山性源寺、請待玄譽爲開山、已上、

元祿八乙亥年十月日　三州澁川村知恩院末寺　性源寺

信州筑摩郡木曾谷光岩山法然寺常照院、起立初發之開山不分明、中興之開山者鴻巣勝願寺一代惣蓮社圓譽上人不殘法草和尙也、由來者當寺本者當所上町有之、八十八年以前慶長十三戊申歲寺之上江山崩埋寺、因玆同中町河原江移寺、此時右不殘上人通路之序、聞彼寺頽破無住之由致、爾者予再建此寺成開山、宜使爲我弟子了感後住焉、果而建立終、不日勝願寺江有歸寺而、了感上人嗣第二之住、從是于今列祖瓞々令相續者也、不殘和尙直筆名號、了感和尙入院之砌持參、爲什物納寺、于今有之、不殘遷化元和三丁巳年九月三日、姓氏・生所・剃髮等行狀不委、已上、

元祿八乙亥天十月日　知恩院末寺　法然寺

尾州愛智郡本地村法王山善住寺、根本者高田宗、僧顯智之開基也、雖然時代年號月日・寺起立濫觴不分明、四十五年已前慶安四卯天十月、音蓮社潮譽誓達代、捨本宗歸今宗、而同國建中寺成末山、則禮建中開山成譽廓呑上人爲戒師、餘(予)姓成田氏、生所者卽當村也、學問檀林者小金東漸寺、附法師者卽代廣(順長)譽上人也、而後令頂戴　綸旨、歸來當寺、住職于今相勤者也、

元祿八乙亥歲十月日　建中寺末寺　善住寺

尾劦愛智郡南野村攝取山光照寺者、根元高田宗、當國住人山田次郞重忠開基也、其由來年月不明白、傳言、後鳥羽院御宇矣、四十五年以前正蓮社覺譽廓應代改宗、而同國建中寺成末寺、餘(予)剃髮之師者建中開山成譽廓呑上人、學林者岩築淨國寺、附法之師者淨國一代玄(萬無)譽上人也、予所生者當南野村、姓者山田氏也、恭汲鎭西餘流、施一分法潤、改宗成開祖、于今在住、已上、

元祿八乙亥歲十月日　建中寺末寺　光照寺

尾州愛智郡南野村稱名山正行寺、本者高田宗、當國住人山田次郎重忠之建立而、四十五年已前迄令相續者也、慶安四卯年十月源逝代改宗、而同國建中寺成末寺、卽開山歸依于成譽廓呑上人、受戒成弟子、號愚蓮社禿譽源逝也、姓鈴木氏、生所者南野村、修學檀林者小金東漸寺、附法之師者卽一代廣譽(順長)上人也、令頂戴　綸旨、住職于當寺而、成改宗之鼻祖、已上、

元祿八乙亥年十月　建中寺末寺 正行寺

三劦碧海郡重原庄野田村壽永山昌福寺涼淸院、開基應永十五戊子年也、開山永專坊、高田宗而第五世迄相繼、第六世維時承應元壬辰十二月廿八日、住持存慶避本宗改今宗、附于同國建中寺末寺、而卽開山拜於成譽廓呑上人成弟子矣、爰昌福寺之號自成譽上人賜之、存慶生所者本宗之時永專坊寺中之產也、而後下東武入岩築淨國寺、積席二十有年也、相傳五重於成譽廓呑上人、稟承兩脈於玄譽萬無上人淨國七世、號念蓮社專譽存慶、萬治二年二月朔日令頂戴　綸旨、歸來當寺住職有年、天和二壬戌秋七月廿五日、世壽六十一示寂、

元祿八乙亥曆十月日　建中寺末寺 昌福寺

三劦碧海郡重原庄小垣江村本願山超勝院誓滿寺、本者高田宗、開山者西願、文明八丙申正月十五日卒、當年迄貳百拾六年、寺起立由來并年號不分明、一代住持善榮、承應元壬辰年改宗而、尾州建中寺成末寺、則成開山成譽上人弟子矣、學問檀林者岩築淨國寺、附法之師者卽萬無上人也、令頂戴　綸旨、今宗之成開山、住于當寺二十七年、元祿三庚午曆六月五日、行年五十九遷化、聲蓮社聞譽善榮上人、姓平野氏、生所同郡同村也、已上、

元祿八乙亥年十月日　建中寺末寺 誓滿寺

尾州徳興山建中寺塔頭七院、為尾陽源敬公(徳川義直)御菩提、慶安四辛卯年起立之、

一、正信院　竹腰山城守(正信)建立
開山長蓮社心譽傳益上人、生所・姓氏・剃髪之師・學問之檀林・附法之師不分明、正信院住職之後、江州浦生郡山ノ上村西光院ヘ移住、遷化ハ寛文十一辛亥年十月八日、
元祿九年子三月日

一、宗心院　成瀬隼人正(正成)建立
開山本蓮社覺譽露秀上人、生所・姓氏・剃髪之師・學文(問)檀林・附法之師不分明、宗心院住職之後、江州岡山村善照寺ヘ移住、遷化ハ延寶元癸丑年七月十九日、
元祿九年子三月

一、全順院　寺尾土佐守(直政)建立
開山行蓮社念譽廓春、生所・姓氏不分明、剃髪之師建中寺開山成譽廓呑上人也、明歴(暦)元乙未年三月十二日卒、
元祿九年子三月

一、甲龍院起立者　志水甲斐守(宗清)
開山卽蓮社相譽安説、剃髪之師當國西蓮寺四代滿蓮社貞譽吏山上人弟子也、生所者尾州日置村人、于今存命ニ而罷在候、
元祿九年子三月

一、養壽院　阿部河内守(正興)建立
開山性蓮社根譽廓養、生所・姓氏・剃髪之師不分明、遷化承應二癸巳年八月廿日、
元祿九年子三月

一、光壽院　間宮大隅守建立
開山眼蓮社覺譽呑能、生所尾劦、牧野氏、剃髪之師相

應寺開山眼譽呑屋上人、元祿七甲戌年六月廿四日卒、
元祿九年子三月

一、清安院　　渡邊飛驒守(治綱)建立
開山法蓮社聞譽玄我、生所長州萩、剃髪之師・姓氏等不分明、行年七拾四歳、天和二壬戌年三月四日卒、
元祿九年子三月

尾州建中寺末寺高濱山平田院、初發者高田宗ニ而、高濱山法藏寺与申候、當國犬山城主平岩主計頭殿削朝臣親吉建立也、主計頭殿慶長拾六年辛亥十二月晦日逝去、則法藏寺ニ而吊申候、其節之住寺(持)致改宗、建中寺末寺ニ罷成候、住寺(持)名鏡蓮社大譽圓智直道和尚、是改宗之開山ニ而御座候、當國高岳院開山寂譽上人、右大檀那主計頭殿、法名平田院殿越翁休岳大居士与被致改名候故、此時改法藏寺平田院与申候、開山圓智附法之師、建中寺開山成譽廓呑上人也、父者當寺高田宗之時、一代之住誘海与申ニ而御座候、圓智住職二十九年、寛文三癸卯二月十一日死去、行年五拾六、當院從清須曳移今地、八拾四年ニ罷成候、以上、
元祿九年子三月

尾州建中寺末寺愛知郡名護屋東田町、護念山證誠寺、平僧寺、開山者高岳院二代底譽呑岌上人弟子、平僧ニ而近蓮社緣譽山頂与申候、于今存命ニ而罷有候、右開山氏者本多上總守殿家來石川忠兵衞二男、生國者參州、西尾寺起立ハ先年ゟ建中寺末ニ而、愛知郡押切村有之候所、貧寺故致中絶、依之開山山頂、延寶八庚午年名護屋東田町へ移寺、號建立寺者也、右押切ニ有之候節之開山・起立由緒不分明候、
元祿九年子三月

尾州建中寺(末寺脱カ)同州中嶋郡南廡續(續)村眞福寺、開山清譽秀山、平僧、姓氏・生所・剃髪之師匠不詳、住職二十五年、寛

元祿九年子三月

一、究境院　市邊出羽守建立

開山覺蓮社正譽呑哲、生所安藝國、鈴木氏、剃髮之師相應寺開山眼譽呑屋上人弟子、存命、

元祿九年子三月

一、春正院　山下市正建立

開山眞蓮社順譽岌觀、生所尾州、龍崎氏、剃髮之師同國高岳院二代底譽呑岌上人弟子、遷化元祿四辛未年八月十一日、

元祿九年子三月

一、寶林院　志水甲斐守(宗清)建立

開山實蓮社誠譽呑春、生所尾州、浦野氏、剃髮之師同國高岳院開山寂譽呑宿上人弟子、遷化貞享元甲子年五月六日、

文九己酉年於當寺往生、行年六拾九歲也、寺者則開山秀山、正保二乙酉年令起立之、不知由緒候、以上、

元祿九年子三月

尾州建中寺末寺海東郡長牧村圓光寺、起立開山之儀不分明、圓光寺中興開山行譽玄伯、居住拾貳年、寬永十六己卯年五月十四日、七拾五歲ニ而於當寺往生、姓氏・生所・剃髮之師不知之、

元祿九年子三月

尾州寶龜山相應寺塔頭五院、爲相應院(德川家康妾・義直母)殿御菩提、寬永廿癸未年起立之、

一、東月院　竹腰山城守(正信)建立

開山榮蓮社往譽了可、生所攝津國、淺井氏、剃髮之師甲州敎安寺中專修庵一代周譽見宿弟子、遷化慶安二己丑年正月十九日、

元祿九年子三月

一、玉相院　　成瀬隼人正(正成)建立

開山相蓮社傳譽呑受、生國・生所・氏所不分明、剃髪之師尾州高岳院寺中賀月院開山乘譽受頓弟子、遷化天和二壬戌年十月七日、

元祿九年子三月

右五院建立、今年迄五拾四年、

一、尾州愛智郡名護屋南寺町性高院寺中稱名院、開山西蓮社方譽暫念

暫念姓氏并生所・剃髪・附法之二師共ニ不詳候、

當院起立者、薩摩守(松平)忠吉公御城下武州崎玉郡忍庄ニ而天正十七己丑年建立、慶長五庚子年忠吉公、尾陽春日井郡清須江御國替、維時本寺滿譽(玄道)上人依御招請、貳軒之寺家共ニ、右清須江引越建立、慶長拾五庚戌年自清須牽名護屋時、又本寺ヘ隨從、今地是也、當院住職後同國同郡中根村觀音寺江閑居、慶長廿乙卯年七月廿五日ニ行年六十歳ニ而示寂、

元祿九年子三月　　性高院寺中 稱名院

一、尾州愛智郡名護屋南寺町性高院寺中一行院、開山往蓮社願譽全故

全故姓氏并生所・由緒・移住・剃髪・附法之二師知レ不申候、

當院起立者、薩摩守(松平)忠吉公御城下武州崎玉郡忍庄ニ而天正十七己丑年建立、慶長五庚子年忠吉公尾陽春日井郡清須江御國替、維時本寺滿譽(玄道)上人依御招請、貳軒之寺家共ニ、右清須ヘ引越建立、慶長拾五庚戌年自清須牽名護屋之時、又本寺江隨從、今地是也、寛永四丁卯年五月七日、七拾歳ニ而示寂、

元祿九年子三月　　性高院寺中 一行院

一、尾州愛智郡名護屋性高院末寺天龍山涼源寺、開山照

蓮社光譽呑公上人
光譽生所者甲斐國与及承候、姓氏并修學之檀林・附法之師不詳、剃髮之師匠者、甲州誓願寺一代尊譽上人、則師跡誓願寺ニ一代住職、爾後尾州城下性高院ニ一代住職、寺起立由緒者、本寺性高院爲隱居、寛永(十三)丙子年建立當寺、正保四丁亥年七月十五日、行年五拾歳ニ而示寂、

元祿九年子三月　尾州性高院末寺鐵炮町 涼源寺

一、尾州愛智郡名護屋性高院末寺祂廣山林松寺、開山圓蓮社法譽益欣上人、則於當寺慶長四己亥年七月十七日、七拾二歳ニ而示寂、
益欣上人、姓氏并生所・剃髮之師・寺移住・學問之檀林・附法之師匠不詳、寺起立之由緒者、往昔武州崎玉郡忍庄ニ而、富永丹波守慈父榮雄淨繁居士爲菩提所、文祿四乙未年建立有之候、
薩摩守(松平)忠吉公清須江御國替之時、丹波御供仕、依之當寺茂清須江引越、慶長拾六辛亥年從清須名護屋江引越、今地是也、

元祿九年子三月　尾州性高院末寺同所東寺町 林松寺

一、尾州愛智郡名護屋性高院末寺朝日山善國寺、開山信蓮社誠譽存翁
誠譽、生所・姓氏并寺移住・由緒・剃髮・附法之二師知レ不申候、寺起立者尾州春日井郡清須北市場ニ而、慶長拾二丁未年建立有之候、寛永十六己卯年九月十日、五拾歳ニ而示寂、
慶長拾五庚戌年清須自北市場名護屋江引越、今地是也、

元祿九年子三月　尾州性高院末寺八重町 善國寺

一、尾州愛智郡名護屋性高院末寺北城山藥師寺、開山岌圓堅信
堅信、生所者甲斐國与及承候、姓氏并剃髮・附法之二師・寺移住・由緒知レ不申候、寺起立者天文五丙申年

尾州春日井郡清須北市場ニ而建立、慶長拾五庚戌年清須自北市場名護屋江引越、今地是也、天正八庚辰年二月廿日ニ六拾歳ニ而示寂、

元祿九年子三月　尾州性高院末寺同所西鍛治町　藥師寺

一、尾州愛智郡名護屋性高院末寺北條山観音寺、開山西蓮社方譽暫念

暫念、姓氏并生所・剃髮・附法之二師共ニ知レ不申候、暫念開基之由緒者、本寺性高院寺中稱名院一代住職、其後爲隱居慶長十九甲寅年建立當寺、慶長二十乙卯年七月廿五日、六拾歳ニ而示寂、

元祿九年子三月　尾州性高院末寺同所中根村　観音寺

一、尾州愛智郡名護屋性高院末寺天福寺、開山心譽呑茂

呑茂、生所・姓氏并由緒・剃髮・附法之二師知レ不申候、寺起立者慶長拾乙巳年建立、明暦三丁酉年九月六日、八拾歳ニ而示寂、

元祿九年子三月　尾州性高院末寺同所中嶋郡戸塚村　天福寺

一、尾州愛智郡名護屋性高院末寺平愈山報還寺、開山本譽願故、生所・姓氏并由緒・剃髮・附法之二師知レ不申候、寺起立者慶長拾四己酉年建立、同年十二月廿五日ニ行年六拾八歳ニ而示寂、

元祿九年子三月　尾州春日井郡沖村　報還寺

一、尾州春日井郡清須正覺寺末寺正念寺、開山者本寺六代尊蓮社三譽玄周上人、三譽、生所者甲斐國与承傳候、姓氏知レ不申候、剃髮之師匠者甲州誓願寺一代照蓮社光譽呑公上人、(傳察)學問之檀林岩付淨國寺、附法之師匠者則淨國寺一代深譽上人之由及承候、寺起立ハ萬治二己亥年建立、天和四甲子年二月廿四日、八拾四歳ニ而示寂、

元祿九年子三月　尾州正覺寺末寺同所上原新田　正念寺

一、尾州春日井郡清須正覺寺末寺信教寺、開山者本寺六代尊蓮社三譽玄周上人、三譽、生所者甲斐國与及承候、姓氏知れ不申候、剃髪之師匠者、甲州誓願寺一代照蓮社光譽呑公上人、學問之檀林岩付淨國寺、附法之師匠者、則淨國寺一代(傳察)深譽上人之由及承候、寺起立之由來者、當所ニ寺院無御座候故、村中之百姓願申ニ付、明暦三丁酉年三譽開基仕候、天和四甲子年二月廿四日、八拾四歳ニ而示寂、

元祿九年子三月　尾州正覺寺末寺同所寺野村　信教寺

一、尾州春日井郡清須正覺寺末寺照光寺、開山不詳、中興開山者本寺六代尊蓮社三譽玄周上人、三譽、生所者甲斐國与及承候、姓氏知れ不申候、剃髪之師匠者、甲州誓願寺一代照蓮社光譽呑公上人、學問之檀林岩付淨國寺、附法之師匠者、則淨國寺一代(傳察)深譽上人之由及承候、寺再起立之由來者、及大破中絶、村中之百姓願申ニ付、明暦二丙申年三譽玄周上人修造仕候、天和四甲

子年二月廿四日、行年八拾四歳ニ而示寂、

元祿九年子三月　尾州正覺寺末寺同所丹羽郡外崎村　照光寺

一、尾州海東郡津嶋塘下西方寺末寺源空寺、開山信蓮社深譽上人、深譽、生所・姓氏并寺移住・起立由緒・學問之檀林、剃髪・附法之二師共ニ知不申候、開山慶安三庚寅年四月十七日示寂、

元祿九年子三月　尾州津嶋西方寺末寺同所海西郡本部田村　源空寺

一、尾州海東郡津嶋塘下西方寺末寺和州山長谷寺、開山空圓、生所・姓氏并寺移住・由緒・剃髪・附法之二師共ニ知不申候、寺起立者文龜三癸亥年九月三日建立、示寂年號知不申候、

元祿九年子三月　尾州津嶋西方寺末寺同所　長谷寺

尾州高岳院塔頭六院開基由緒之事

淨峯院起立

尾陽源敬公(徳川義直)御母儀相應院殿(徳川家康妾・義直母)御父志水加賀守(清家)、法名松岳院殿清譽淨峯大禪定門爲御菩提之、元和三丁巳年相應院殿之御建立也、開基大蓮社榮譽了悦、生所者甲斐之府、姓者未分明、氏者天野三州中山庄渡村住人天野三郎左衞門孫也、父者同石(名カ)庄左衞門、剃髪之所者甲州教安寺、師匠者同塔頭專修院見宿也、了悦在住十箇年、行年四拾一歳、寛永三丙寅年四月廿一日死去、此外開基一代之由緒等無之、

賀月院起立

相應院殿(徳川家康妾・義直母)御母儀法名龍雲院殿賀月妙慶大禪定尼爲御菩提之、元和三丁巳年相應院殿之御建立也、開基教蓮社乘譽受頓、姓氏・生所・剃髪之所并師匠不相知、在住廿一年、寛永十三丙子年三月死去、行年不知、

西趣院起立

爲竹腰助九郎(光昌)菩提、元和三丁巳年相應院殿(家康妾・竹腰正信母)之御建立、開基頂蓮社甲譽秀圓、姓氏・生所不相知、剃髪所者甲州教安寺也、師匠者同塔頭專修院見宿也、寺在住十二年、寛永五戊辰年隱居、寛文八戊申年死去、行年不知、右之外寺起立由緒、開基由來等無之、

助正院起立

平岩主計頭(親吉)殿舍弟同氏助六爲菩提之、慶長十八癸丑年主計頭建立也、開基上蓮社增譽岌傳、姓氏・生所・剃髪之所并師匠不知、在住十八年也、寛永七庚午年死去、行年不知、此外開基由來、寺起立之由緒不相知、

松壽院起立

寛永十九壬午年要蓮社終譽圓也建立也、開基要蓮社終譽圓也、姓氏・生所不相知、剃髪之所甲州教安寺、師匠者高岳院開山寂譽上人也、寛文八戊申年死去、行年不知、寺在住廿七年、此外由緒・由來不相知、

相福院起立

寛永十九壬午年當山中興眼譽上人建立、開基樂蓮社極譽九呑、姓氏・生所不相知、剃髪之所者高岳院也、師匠同塔頭助正院開基岌傳也、寺在住十八年、萬治二己亥年隠居、行年八拾歳ニ而延寳五己午年死去、此外寺由來・由緒等無之、

元祿九子三月

高岳院末寺

尾州中嶋郡上赤池村松榮山西岸寺、開山縁蓮社三譽西岸呑湖、姓者不知、氏者三上、生所者甲斐之府、父者三上勘左衞門、江州三上里之人也、剃髪之所者甲州教安寺、師匠者高岳開山寂譽呑宿上人也、行年八拾六歳ニ而、延寳九辛酉年四月十七日死去、此外由緒不知、西岸寺起立元和九癸亥年、開山呑湖建立也、

高岳院末寺

尾州春日井郡藥師寺村藥師寺、開山之由緒・來歴并寺起立年代不相知、高岳院開山寂譽上人立中興開山牌者也、

中嶋郡上赤池村 松榮山西岸寺

春日井郡藥師寺村 鳳儀山藥師寺

高岳院末寺尾州知多郡平嶋村西方寺末寺、同郡同村寳國寺、開山慶忍大德、姓氏・生所・剃髪之所并師匠・寺起立之年代・開山之由緒等不相知、天正十二甲申年死去、行年不知、

西方寺末寺知多郡清水村之普門寺、開山淨因比丘、姓氏・生所・剃髪之所并師匠・死去之年代・行年・寺起立之來歴・由緒等不相知、

高岳院之末寺知多郡平嶋村西方寺末寺 寳國寺

同所 普門寺

一、尾州相應寺末寺卷窓院者、承應二癸巳年卷窓晴雲禪

定尼起立之、開山本譽宗閑、生所尾州名古屋、伊藤氏、
剃髮之師相應寺二代臺譽南龍上人、遷化元祿四辛未年
八月廿八日、承應二癸巳年ヨリ今年迄四拾四年、
元祿九丙子年三月
尾州相應寺末寺南寺町
巻窓院

一、尾州相應寺末寺自然院者、相應寺開山眼譽上人、寛
永二十辛未年建立、
開山本蓮社眼譽呑屋上人、生所甲州、氏族不分明、剃
髮之師同國教安寺七代寂譽呑宿上人弟子、附法之師匠
相州鎌倉光明寺傳察（深譽）和尚、遷化寛文八戊申年四月二日、
建立ヨリ今年迄五拾四年、
元祿九丙子年三月
尾州相應寺末寺黒谷町
自然院

一、尾州大森寺末寺松音寺者、古跡ニ而中古致大破候故、
開山・開基知れ不申候、大森寺二代信蓮社深譽呑益上
人再興有之、深譽上人中興開山ニ而御座候、野口氏、
姓者不知、所生者武州江戸、剃髮之師大森寺開山信譽
大龍上人、修學者小石川傳通院、兩脈之師頓譽智哲上
人、布薩之師者眞譽相閑上人、深譽上人遷化者元祿七
戌年三月四日、寺起立ヨリ今年迄拾五年相當也、
元祿九丙子年三月
尾州春日井郡大森村大森寺末寺丹羽郡山王村
松音寺

京都知恩院末寺尾州愛智郡名古屋東寺町淨長山光照院者、
明蓮社光譽照入与申僧、元和六庚申年右之寺起立仕、則
開山罷成候、在住貳拾六年、正保三丙戌年八月十日寂、
師匠并附法師・生所・姓氏不明、右之外由緒・來歴無御
座候、以上、
元祿九年子三月
光照院

京都知恩院末寺尾州愛智郡名古屋萱屋町谷汲山觀音院
一、開山定蓮社心譽久安比丘、則於當寺承應元壬辰年八
月九日、行年七拾五歳ニ而寂、
一、久安、姓氏・生所・剃髮之師匠知不申候、
一、寺起立者開山從　國守寺地致拜領、寛永二乙丑年建

立仕候、

元祿九年子三月　　　　觀音院

一、京都知恩院末寺尾州愛智郡名古屋東寺町定覺山善光寺、

一、開山東蓮社定譽覺山和尚、姓氏・生所・剃髮之師不知申候、

一、寺起立者信濃國本多善光之造立、本尊者一光三尊之如來、一探(撲カ)手半之阿彌陀之像、本多善光致制作令安置、依之善光寺与申傳候、昔者同國中嶋郡黒田之郷ニ在之候所、度々依亂世、名古屋村へ結草庵在之候所、慶長年中名古屋越ニ付引移、今地建立仕候、以上、

元祿九年子三月　　　　善光寺

京都知恩院末寺尾州愛智郡名古屋東寺町吉秀山貞祖院

一、開山寂蓮社照譽林把、西堂、則於當寺寛永元甲子年霜月朔日、行年七拾歲ニ而寂、

一、林把、姓氏・生所・剃髮之所并師匠・學問之檀林・附法之師匠、舊記無之故不知申候、

一、寺起立者、尾州春日井郡清須之城守(主)　薩摩守忠吉(松平)公殿養母押賀茂卿(押鴨城主松平忠久女お密)、慶長十三戊申年建立之被遊候、同十六辛亥年從清須引越、只今之地建立仕候、

元祿九年子三月　　　　貞祖院

京都知恩寺末寺尾州愛智郡名古屋東寺町宏綱山養蓮寺、

前住知恩寺廿八代・當寺開山天蓮社曉風岌長上人、右岌長上人、姓者織田氏、信長公一家也、生濃州岐阜庄、爾前知恩寺廿七代岌翁上人剃髮弟子并爲附法之師由、歷年抽爲長德山廿八代之祖、然所信長公家臣林佐渡守(通勝)、以爲主君一家被致招請、于時天文廿四乙卯年辭本山歸尾州、依之林佐州岌長上人之爲隱居所、同國愛智郡名古屋村之內、高木町ニ造營一宇、且亦林佐州崇敬被申、爲慈父宏綱梵紀牌所、則爲開基之檀越、其後岌長上人岐阜江被致閑居、當寺二代住弟子岌益江令附屬之所、昔高木町草創、

其後慶長年中名古屋越在之時、同暦年中ニ引移、今所建立之、右岌長上人行年七拾二、僧臈五拾有餘ナル由、永祿六年癸亥八月二日遷化、

元祿九年子三月　　　　養蓮寺

(表紙)
「
元祿九年子三月
淨土鎭西流
　寺院由緒書

建中寺
御用所　控
」

尾州名古屋南寺町光明寺　寺家貳軒

一、吟宗院開基吟宗と申僧ニ而御座候、併事跡不詳候、中絶以後、光明寺第七代岸的爲隱居所、重而取立申候、爾來岸的開山与唱申候、是又諸事不分明候、

一、願故院開山願生と申候、事跡不詳候、

元祿九年子三月　吟宗院
　願故院

尾州名古屋南寺町光明寺　末寺貳軒

一、春日井郡阿原村極樂寺、開山諦道与申候、諸事不分明候、

一、同郡平田村淨蓮寺、開基以後中絶、諦善与申候僧、重而取立、乍中興開山与呼申候、是亦不詳候、

元祿九年子三月　極樂寺
　淨蓮寺

尾州名古屋南寺町尋盛寺　寺家

一、庚申院、開山者尋盛寺開山慶譽上人剃髮之弟子龍花と申僧、生所者尾州清須之由申傳承候、

一、寺建立之儀者、尋盛寺開山慶譽上人、尾陽於清須文祿四乙未年建立、右之龍花住職仕罷在候、其後慶長年中尋盛寺と一所(緒)ニ只今地ニ引移居申候、元祿九子年迄百貳年罷成候、

一、龍花儀、寛永拾七庚辰年五月十七日、於庚申院歸寂

仕、元祿九子年迄五拾七年ニ罷成候、行年者知不申候、
右之外、開山一代之由緒等不具候、以上、
元祿九子年三月　　庚申院

尾州名古屋阿彌陀寺　寺家
一、源受院、開山然譽林覺和尙、生所尾州名古屋、姓氏知レ不申候、
一、剃髪所・同師匠者阿彌陀寺四代之住還譽呑秀上人、
一、起立者寛永十一甲戌年ニ而候、先年者貞照院と申候得共、四拾六年以前、慶安四辛卯年二代目祖山住持之時、源受院と改號仕候、
一、林覺、慶安元戊子年十月廿五日、行年四拾貳歳、於當院入寂、
元祿九年子三月　　源受院

尾州名古屋阿彌陀寺　寺家
一、長谷院、開山經蓮社觀譽圓宗上人、生所者當國春日井郡清須村、姓氏并剃髪之所・同師匠・學問之檀林・附法之師、何茂知レ不申候、
一、起立者慶長十八癸丑年ニ而候、先年ハ圓宗院と申候得共、院内ニ觀音堂御座候、此觀音者和州長谷寺觀音と同木・同作之由申傳來ニ付、四拾三年以前、承應三甲午年三代目宗傳住持之時、長谷院と改號仕候、
一、觀譽上人、寛永八辛未年正月五日、行年八拾八歳、於當院遷化、
元祿九年子三月　　長谷院

尾州名古屋阿彌陀寺末寺當國海東郡津嶋村弘淨寺
一、當寺開山・初建時代、何茂知不申候、
一、岌栖光春和尙住職之時、永祿二年ニ當寺を取立、致再建申候付、夫ゟ以來光春を開山ニ致來候、光春生所者當國當所之由申傳候、氏姓・剃髪之所・師匠知レ不申候、
一、光春和尙、元龜元庚午年十月十二日、於當寺遷化、

元祿九年子三月　　弘淨寺

尾州名古屋阿彌陀寺末寺同國海東郡善太新田圓光庵

一、當庵開山、惣而由緒、何茂知レ不申候、

一、當庵、元者當國知多郡平嶋村西方寺末寺ニ而、同村ニ御座候所、延寶九酉年當村へ引移、夫ゟ阿彌陀寺末寺ニ罷成、阿彌陀寺當住寂譽上人を開山ニ仕候、但シ是ハ名牌計立置申候、當村へ引越申候而、住持之始者寂譽上人弟子益道ト申僧、只今阿彌陀寺寺家長谷院在住仕候、昔之圓光庵屋鋪、右之平嶋村御座候而、則當庵引得ニ而御座候、

元祿九年子三月　　圓光庵

尾州名古屋南寺町法藏寺末寺

一、名古屋大久保見町　傳光院

開基文久与申僧ニ而御座候、事跡・由緒不詳候、以上、

元祿九年子三月　　傳光院

名古屋東寺町遍照院末寺春日井郡大曾根村萬德山圓滿寺

一、開山光譽存西大德、則於當寺明暦三丁酉年六月七日、行年者五拾壹歳ニ而寂、

右存西、姓氏・生所・剃髪之師匠并移住・寺起立知レ不申候、

元祿九年子三月　　圓滿寺

名古屋巾下寶周寺末寺尾州丹羽郡曾野村神淸院

起立者開山庄蓮社嚴譽周光、平僧、姓氏・生所不分明候、師匠者丹羽郡岩倉村誓願寺第二世之住宗演上人之弟子、元和六庚申年當寺へ入院、在住四拾三年、行年八拾壹歳、寛文三癸卯年於當寺往生、

元祿九年子三月　　神淸院

尾州丹羽郡曾野村神淸院末寺三井村観音寺、起立者開山

梵譽祐海、平僧、寛永十癸酉年、姓氏・生所・剃髪之師知不申候、住職二十年、承應元壬辰年六拾九歳、於當寺往生、以上、

元祿九年子三月

尾州名古屋西蓮寺寺家　貞養院

一、當院開山讃譽巡把大德、

一、剃髪・附法之師匠知レ不申候、

一、生國・姓氏知レ不申候、

一、當院建立ハ慶長年中ニ建立被致候由ニ御座候、今年迄九拾年之餘ニ罷成候、

一、開山死去、元和元年七月死去被致候、當年迄八拾貳年ニ罷成候、以上、

元祿九年子三月　貞養院

尾州名古屋西蓮寺寺中　松吟院

一、當院開山三譽的應大德、

一、姓氏ハ三谷氏、生國ハ勢州伊澤村ニ而御座候、

一、剃髪・附法之師匠、勢州伊澤村祐福寺住持庄蓮社嚴譽上人、

一、當院建立之年數、今年迄七拾八年ニ罷成候、

一、開山死去之年號ハ延寶七己未三月、行年六拾八ニ而死去、當年迄拾八年ニ罷成申候、以上、

元祿九年子三月　松吟院

名古屋西蓮寺末寺

一、尾州春日井郡間々村飛車山龍音寺、

一、當寺開山寶譽祖玄大德、

一、剃髪・附法之師範知レ不申候、

一、生國・姓氏相知レ不申候、

一、開山死去知レ不申候、

一、當寺建立ハ慶長年中ニ建立被致候由ニ御座候、今年迄百年ニ罷成候、以上、

元祿九年子三月　春日井郡間々村　龍音寺

名古屋西蓮寺末寺

一、尾州春日井郡下飯田村寶池山清蓮寺、

一、當寺開山搜譽久玄大德、

一、姓氏相知レ不申候、

一、剃髪之師・附法之師知レ不申候、

一、開山逝去之年號者永祿十二己巳八月十五日、今年迄百廿八年ニ而御座候、以上、

元祿九年子三月

春日井郡下飯田村
清蓮寺

名古屋西蓮寺末寺

一、尾州春日井郡小幡村一乘山淨土院、

一、當院開山蓮譽順貴、生國・姓氏知レ不申候、

一、開山之師範・剃髪之所知レ不申候、

一、當院建立ハ天正四年、開山遷化之年號、同年三月十三日ニ卒シ被申候、當年迄百九年ニ罷成申由ニ御座候、

以上、

元祿九丙子年三月

春日井郡小幡村
淨土院

名護屋西蓮寺末寺

一、尾州春日井郡河内屋新田金龍山高岸寺、

一、當寺開山聖應上人、

一、蓮社號・譽號知レ不申候、

一、生國・姓氏・剃髪師匠・學文(問)檀林・附法師知レ不申候、

一、當寺建立之儀、古來信州木曾谷奈良井ニ而建立被致候處ニ、延寶年中ニ當國寺社奉行所江御斷申、右河内屋新田江移被申候、其節住持廓譽玄了与申候、

一、於信州建立之年號知レ不申候、

一、當地江引越申候、年數今年迄二十三年ニ罷成候、跡々之儀知不申候、

一、開山遷化之年號知レ不申候、以上、

元祿九年子三月

春日井郡河内屋新田
高岸寺

名古屋西蓮寺末寺
一、尾州春日井郡守山村岡嶋山誓願寺、
一、當寺開山知レ不申候、中興開山藏譽理法、是亦由緒
知レ不申候、
一、當寺建立者、右理法代寛永貳乙丑年、當寺旦那岡嶋
半右衛門、寺再興被仕候由ニ而御座候、今年迄七拾貳
年ニ罷成候、以上、
元祿九年子三月　　岡嶋山誓願寺

名護屋西蓮寺末寺
一、尾州愛智郡岩崎村松高山大應寺、
一、開山庄蓮社嚴譽龍的上人、
一、生所者當國愛智郡長久手村、
一、姓氏者川本氏之由申傳候、
一、剃髪之師者、右西蓮寺開山逞譽祖的上人、
一、學文(問)檀林・附法之師知レ不申候、
一、當寺建立者元和年中、今年迄七拾七、八年ニ罷成候、
一、開山遷化者慶安元年六月十九日、世壽七拾六歲而卒
被申候、當年迄四拾六年ニ而御座候、以上、
元祿九丙子年三月　　愛智郡岩崎村 大應寺

名護屋西蓮寺末寺
一、尾州中嶋郡梅須加村觀音寺、
一、當寺開山臺譽知順大德、
一、生國・姓氏知不申候、
一、剃髪・附法之師匠知不申候、
一、當寺建立者元龜年中ニ起立被致候、當年迄百貳拾七
年ニ罷成候、
一、開山逝去之年號元龜二年十一月廿二日、行年六拾貳
歲ニ而卒シ被申候、當年迄百貳拾六年ニ罷成候、以上、
元祿九年子三月　　中嶋郡梅須加村 觀音寺

名護屋西蓮寺末寺
一、尾州愛智郡笠寺村南方山善東寺、

一、開山本譽源喜大德、
一、姓氏知レ不申候、
一、剃髮之師・附法之師知不申候、
一、開山逝去之年號知レ不申候、
一、起立者永祿年中ニ而、今年迄百卅七、八年ニ成申候
由申傳へ候、以上、

元祿九年子三月　愛智郡笠寺村　善東寺

名古屋西蓮寺末寺
一、尾州春日井郡山小牧村寶樹山西林寺、
一、當寺開山本譽祖玄大德、
一、生國者同國春日井郡白山村之由申傳候、
一、姓氏相知レ不申候、
一、剃髮・附法之師範者、右西蓮寺開山慶蓮社逞譽上人、
一、當寺由緒・建立之年數知レ不申候、
一、開山死去之年號者寬永十九壬午八月十四日ニ、生年
八拾七歲ニ而死去、當年迄五拾五年ニ罷成候、以上、

元祿九年子三月　春日井郡山小牧村　西林寺

攝取院、開基者正保二乙酉年養林寺第六世專譽上人、開
山者右專譽弟(子脫カ)實清和尚ニ而御座候、以上、

養林寺寺家　攝取院

尾州愛知郡南寺町隆正寺、開基者承應元壬辰年、相應院(徳川家康妾・義直母)
殿御妹隆正院殿爲菩提、嫡子山下市正建立、開山ハ養林
寺第六世稱蓮社專譽實門上人也、開山檀林・附法之師未
分明、氏者榊原、寬文七丁未年霜月晦日遷化、世壽六十
五、僧臈五十有餘、以上、

元祿九年子三月　養林寺末寺　隆正寺

尾州愛知郡東寺町玄周寺、先年清須ニ御座候處、名護屋
越之節、只今之地ニ建立仕候、開山者義蓮社岌榮玄周上
人、於清須開基之年號不分明、勿論檀林・附法之師知不
申候、以上、

養林寺末寺清淨山
玄周寺

尾州愛知郡中山村信正寺、開基ハ明暦元乙未年養林寺第六世專譽上人、開山者右專譽弟(子脱カ)實清和尚にて御座候、以上、

元祿九年子三月

養林寺末寺
信正寺

知恩院末寺　定福寺

一、當寺開山岌譽淨胤、姓氏・生所并剃髪師匠知レ不申候、

一、當寺者文保元丁巳年平定蓮居士建立之由申傳候、當年迄三百八拾年、

右之外由緒無御座候、以上、

元祿九年丙子三月

尾州中嶋郡北嶋村
定福寺

一、尾州知多郡小川村善導寺末寺同郡北尾村極樂寺、

一、當院開基・開山知レ不申候、中興善榮、寛永拾一甲戌年七月十日ニ往生仕候、自是當住迄六代也、

元祿九丙子三月

極樂寺

一、尾州知多郡小川村善導寺寺家乘林院、開基知レ不申候、其後善導寺中興九譽上人隠居仕居申候、從元和二乙卯年元祿九申(ママ)戌年迄八拾年、當住迄五代也、

(年月日なし)

知多郡小川村
乘林院

一、尾州知多郡小川村善導寺末寺同郡大府村專唱院、

一、當院開基・開山知レ不申候、中興傳譽周源、慶長九甲戌年、從是當住迄五代也、

元祿九年子三月

知多郡大府村
專唱院

一、濃州惠那郡中津川村中道山大泉寺末寺嶺松院、起立寛永二拾癸未年二月十五日、

一、開山直譽單信、寛永年中より當年迄住職仕候、

一、氏宮崎、

一、生所中津川村、
一、剃髪之處、同村大泉寺宗譽源茂弟子ニ而御座候、以上、
元祿九年丙子三月　嶺松院

尾州知多郡角岡村雲谷寺末寺
一、同國同郡宮津村谷性寺、開山法譽心及、生處・姓氏・剃髪之處并師匠知レ不申候、死去之年號并行年不分明候、
一、寺開基・年號月日・由來知不申候、
一、開山心及以來百三拾九年ニ罷成候、其外由緒・來曆等相知不申候、代々平僧寺ニ而御座候、以上、
元祿九年子三月　同郡宮津村　谷性寺

尾州知多郡角岡村雲谷寺末寺
一、同國同郡卯之山村弘誓院、開山善譽呑及、生所・姓氏・剃髪之處并師匠・移住之次第・死去之年號・行年之儀知不申候、
一、寺開基、當年迄百六拾四年ニ罷成候、其外由緒・來曆等知不申候、代々平僧ニ而御座候、以上、
元祿九年子三月　同郡卯之山村　弘誓院

一、尾州丹羽郡犬山專念寺寺家眞譽院、開祖正譽西願、
一、專念寺九代進譽在運上人之弟子ニ而御座候、
一、生國者和州奈良、姓氏者知レ不申候、
一、寛永二十癸未年當院起立仕候、
一、延寶八庚申年八月廿四日遷化仕候、
右之外、一代之由緒知不申候、以上、
元祿九年子三月　尾州犬山專念寺寺家　眞譽院

一、尾州丹羽郡犬山專念寺寺家圓光院、開祖榮譽盛典、
一、專念寺開山讚譽上人之弟子ニ而御座候、
一、生國者尾州、姓氏者知レ不申候、
一、慶長元丙申年當院起立仕候、

一、元和二丙辰年六月六日遷化仕候、
右之外、一代之由緒知レ不申候、
元祿九年子三月　尾州犬山専念寺寺家　圓光院

一、尾州丹羽郡岩倉村誓願寺末寺同國春日井郡小木村淨音寺、開山安譽宗悦大德、
一、氏・所生・剃髪之師知レ不申候、
一、安譽宗悦、元龜三壬申年當寺江入院、天正八庚申二月二日於當寺往生、
寺起立ヨリ今年迄百拾二年相當也、
元祿九年丙子三月　淨音寺

尾州中嶋郡片原一色村善應寺寺家光龍坊、當房開基者天譽光龍、平僧、寛永三丙寅年、姓氏・生所・剃髪之師不明白候、在住二拾壹年、正保三丙戌年十月九日、行年七拾五歳ニ而於當庵相果申候、以上、
元祿九丙子年三月

尾州中嶋郡片原一色村善應寺末寺
一、同郡志水村寶林寺、開基風譽秀山、平僧、姓氏・生所・剃髪之師知不申候、在住廿九年、慶長十五庚戌年十一月十一日、行年六拾二、於當寺死去、
一、寺起立者天正九辛巳歳、開山秀山建立ニ而候、
元祿九子三月　志水村　寶林寺

濃州可兒郡兼山村海潮山淨音寺寺家千手院、開基越譽正山、宮嶋氏、兼山村之人、剃髪之師匠者淨音寺一代春賀上人也、淨音寺中興正譽上人在住之時、寛永二乙丑歳、從檀越於塔中建立一宇而號千手院、招正山而令住之、在住三十二年、明暦二丙申年六月八日逝、以上、
元祿九子三月　淨音寺寺家　千手院

京都知恩院末寺
一、尾州中嶋郡千代村長慶山西入寺、

一、開基・開山知不申候、

元祿九年子三月　　中嶋郡千代村 西入寺

濃州惠那郡落合村瑠璃山醫王寺、開山不分明候、中興開山正譽存徹、生所・姓氏・剃髪之師知不申候、當寺住四十八年也、寛永（九）壬申年二月、行年八十八歳而、於當寺死去、以上、

元祿九子三月　　知恩院末寺 醫王寺

尾州海東郡佐屋村知恩院末寺福常寺、開山勝蓮社超譽誓故上人、姓氏・生所・學門（問）之檀林・附法之師等、何茂知不申候、寛文（五）乙巳年八月朔日、行年六拾八歳、於當寺遷化、

元祿九丙子年三月　　福常寺

一、濃州本巣郡北方村月光山西運寺、開基月光西運大德也、然共年號月日者相知不申候、開山死去十一月十二日ト代々申傳候、右之外開山・姓氏・（生脱カ）所・剃髪之師、想（惣）而一世之行狀知不申候、以上、

元祿九丙子年三月　　濃州厚見郡岐阜善光寺大門遍照山法圓寺末寺同國北方村 西運寺

京都知恩院末寺

一、尾州中嶋郡毛受村金剛寺、

一、當寺開山念譽正運大德、

一、姓氏知不申候、

一、剃髪師匠・附法之師知不申候、

一、當寺建立者、當村城主淺井玄蕃殿老母之菩提所ニ而永祿年中ニ被致建立候由申傳候、今年迄百廿七、八年ニ罷成候、

一、開山寛永元甲子十月廿五日、行年七十九歳ニ而往生被申候、當年迄七拾貳年ニ而御座候、以上、

元祿九年子三月　　中嶋郡毛受村 金剛寺

尾州海東郡宇治村光明寺、開山相蓮社岌清上人、岌清、

姓氏・生所并剃髪・附法之兩師不詳、傳聞、於海東郡中
一色村起立西方寺、以後隱居當村、又建立一時(寺)而號光明
寺、則弟子而間(閑)居蛭間村、又起立寺、是亦號大德寺、而
後當天文九年春營構葉苅村長福寺、同年六月六日行年八
拾九歳ニ而示寂也、

元祿九年子三月　海東郡葉苅村長福寺末　光明寺

尾州海東郡蛭間村大德寺、開山想蓮社岌清上人也、前光
明寺同開山故、略之也、

元祿九年子三月　海東郡葉苅村長福寺末寺　大德寺

同郡犬井村善福寺、開山改譽俊甫、俊甫、姓氏・生所并
剃髪・附法之兩師不詳、年號月日失之也、

元祿九年子三月　同末寺　善福寺

同郡苅安賀村鎭西寺、開山冠蓮社團譽、團譽、姓氏・生
所不詳、天正二年甲戌正月朔日歸寂也、

元祿九年子三月　同末寺　鎭西寺

同郡丹波村正念寺、開山雲蓮社傳譽、傳譽、姓氏・生所
并剃髪・附法之兩師不明、天文十四年乙巳三月十五日歸
寂、

元祿九年子三月　同末寺　正念寺

同郡葉苅村長谷寺、開山壽法比丘、壽法、姓氏・生所并
剃髪・附法之兩師不明也、元和六庚申年歸寂也、

元祿九年子三月　同末寺　長谷寺

同郡篠田村桑光寺、開山・戒名・年號不明也、但中興空
譽呈諌、慶長三(年脱カ)八月朔日示寂、是亦姓氏・生所不明也、

元祿九年子三月　同末寺　桑光寺

中嶋郡目比村安養寺、開山心譽清覺、清覺、姓氏・生所
不詳、慶長九(年脱カ)七月八日示寂、

元祿九年子三月　同末寺　安養寺

同郡三宅村延命寺、開山欣譽、欣譽、姓氏・生所并剃髪・附法之師不詳、元龜元年丙辰歸寂也、

元祿九年子三月　同末寺　延命寺

同郡寺野村明安寺、開山・戒號・行年失之、但中興清譽存秀、是亦姓氏・生所不詳也、元和元年示寂也、

元祿九年子三月　同末寺　明安寺

同郡下切村地藏寺、開山・戒名・年號失之也、但中興然譽岌徹、出生神守村、剃髪之師葉苅村長福寺一代行譽、然示寂元祿八年七月廿八日也、

元祿九年子三月　同末寺　地藏寺

丹羽郡岩倉村誓願寺末寺

尾州丹羽郡岩倉羽根村廣福寺、起立者開山庄蓮社嚴譽周光、平僧、姓氏・生所不分明候、師匠者本寺誓願寺第二世之住宗演上人也、慶長十一丙午年當寺江入院、在住十四年、行年三拾九歳、元和六庚申年丹羽郡曾野村神清院江入寺、以上、

元祿九年子三月　廣福寺

尾州知多郡矢口村濟乘院寺家壽正庵、開山正蓮社頓譽作的上人、寛永元甲子年起立、在住拾壹年、寛永十一年甲戌五月廿三日遷化仕候、右之外、姓氏・生所・剃髪之所并師匠・學問之檀林・附法之師匠・移住次第、行年・由緒等、慥不申候、以上、

元祿九年子三月　濟乘院寺家　壽正庵

一、當寺開山信蓮社源譽良悅、

一、生所尾州知多郡卯山村之人、加藤氏、寛文十二壬子年五月九日遷化、今年迄貳拾五年、剃髪之師并附法之師不詳、

一、寺従草創今年迄五十一年相當也、
元祿九丙子年三月　尾州知多郡大野村洞仙寺末寺同郡小倉村
蓮生寺

尾州知多郡篠嶋村西方寺末寺同郡同村安養寺、開山源作大德、由緒知不申候、寺起立者慶長六年辛丑天、雖然由來不分明、以上、
安養寺

尾州知多郡篠嶋村西方寺末寺同郡同村東善寺、開基長圓大德、行狀不明白、文祿二癸巳年寺起立、由緒不知之、以上、
元祿九子三月　東善寺

あとがき

私は先年直腸癌と宣告され、一時期体調が不調であった。入院して手術をうけるまでに、これまでの私の研究を集大成するために、取り急ぎ私が著書や雑誌などに発表してきた論文や史料を中心に、新規のものを合せて、体系的に整理して、研究書と史料集を刊行することにした。具体的には、研究書としては、浄土宗史関係のもの、新義真言宗史関係のもの、南光坊天海関係のもの、自坊である十連寺史関係のもの、に整理した。史料集としては、南光坊天海関係のもの、浄土宗史関係のもの、知恩院の近世文書などである。

その後、医師の適切な治療により、直腸癌の摘出手術と、その後の抗癌剤の使用により、現在はほぼ完治して通常の日常生活を送ることができるような状態にまで回復した。

お陰様で、これまでに出版計画は順調に進行して、研究書として『近世浄土宗史の研究』(青史出版刊)、『近世新義真言宗史の研究』(同)、『南光坊天海の研究』(同)、『十連寺史』(文化書院刊)などを刊行した。史料集として『南光坊天海関係文書集』(青史出版刊)、『知恩院史料集　近世文書編一』(知恩院史料編纂所刊)を刊行した。当初の計画で残ったのはこの『近世浄土宗史料集』だけとなった。私の最後の出版物として本書を企画したが、幸運にももう少し研究生活が続けられそうであるが、私の七十七歳の喜寿の記念出版として本書を刊行することに予定を変更した。巻頭の解題に記したように、既刊の史料紹介をそのまま利用しているので、凡例や組版の体裁が不統一であることをご容赦いただきたい。

私は研究を進める際には、まずこのように史料を収集・整理してから論文を執筆してきた。これらの史料集に私の研究姿勢があらわれていると思っていただければ幸いである。

平成三十一年一月二十五日

宇高良哲

著者略歴

昭和十七年　埼玉県生まれ
昭和三十九年　大正大学文学部卒業
昭和四十四年　同大学院博士課程修了
大正大学教授・三康文化研究所研究員
などを経て、
現　在　大正大学名誉教授　文学博士
□　□

〔主要編著書〕
『江戸浄土宗寺院寺誌史料集成』（大東出版社）
『関東浄土宗檀林古文書選』（東洋文化出版）
『近世関東仏教教団史の研究』（文化書院）
『近世浄土宗史の研究』（青史出版）
『南光坊天海発給文書集』（吉川弘文館）
『南光坊天海の研究』（青史出版）
『南光坊天海関係文書集』（青史出版）
『近世新義真言宗史の研究』（青史出版）
『触頭制度の研究』（青史出版）

近《きん》世《せい》浄《じょう》土《ど》宗《しゅう》史《し》料《りょう》集《しゅう》

平成三十一年（二〇一九）二月二十五日　第一刷発行

編　者　宇《う》高《だか》良《よし》哲《あき》

発行者　渡辺　清

発行所　青史出版株式会社
郵便番号一六二―〇八二五
東京都新宿区神楽坂二丁目十六番地
MSビル二〇三
電　話　〇三-五二二七-八九一九
FAX　〇三-五二二七-八九二六

印刷所　株式会社三陽社
製本所　誠製本株式会社

ISBN978-4-921145-65-1 C3015